WELT DES ISLAM

WELT DES ISLAM

GESCHICHTE UND KULTUR IM ZEICHEN DES PROPHETEN
HERAUSGEGEBEN VON BERNARD LEWIS

Texte von
Bernard Lewis
Richard Ettinghausen
Oleg Grabar
Fritz Meier
Charles Pellat
Shiloah
A. I. Sabra
Edmund Bosworth
Emilio García Gómez
Roger M. Savory
Norman Itzkowitz
S. A. A. Rizvi
Elie Kedourie

ORBIS VERLAG

Die Originalausgabe erschien unter dem Titel *The World of Islam* im Verlag Thames and Hudson, London.
Die deutsche Ausgabe erschien 1976 erstmals im Georg Westermann Verlag, Braunschweig.
Diese Ausgabe erscheint als Lizenzausgabe im Orbis Verlag.

Der Text wurde aus dem Englischen übertragen von
Franz Allemann, Bern
Dr. Hartmut Fähndrich, Bern
Monika Nagel, Bonn-Bad Godesberg
Dr. Dorothee Rondorg, Bonn

ISBN 3-572-01327-5

© 2002 by Orbis Verlag in der Verlagsgruppe FALKEN/Mosaik,
einem Unternehmen der Verlagsgruppe Random House GmbH, 81673 München
© der englischen Originalausgabe 1975 by Thames and Hudson Ltd.

Satz: Georg Westermann Verlag, Druckerei und Kartographische Anstalt GmbH & Co., Braunschweig
Printed and bound in Slovenia by Mladinska Knjiga

817 2635 4453 6271

05 04 03 02

INHALT

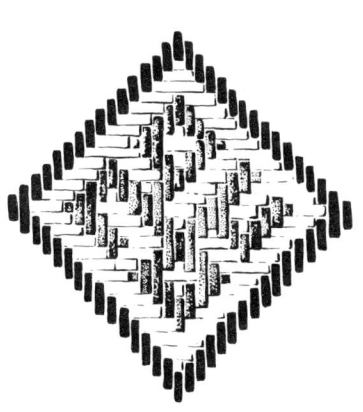

VORWORT

Es dauerte lange, bis die Christenheit den Islam als eine selbständige Religion und historische Tatsache anerkannte. Jahrhundertelang begnügten sich die Christen damit, die Muslime einfach als Ungläubige zu bezeichnen; wenn eine genauere Bestimmung notwendig war, verwendeten sie die ethnischen Namen der verschiedenen muslimischen Völker, denen sie begegneten – Sarazenen, Mauren oder Türken. Selbst von den zum Islam Bekehrten sagte man, sie seien ‚Türken‘ geworden. Als das christliche Europa sich schließlich entschloß, für seinen großen Nachbarn einen Namen aus dem religiösen Bereich zu wählen, setzte es fälschlicherweise voraus, daß Muhammad den Muslimen das gleiche bedeutete wie Christus den Christen, und nannte das Volk Mohammedaner und seinen Glauben Mohammedanismus.

Allerdings machten die europäischen Gelehrten seit der Renaissance den ernsthaften Versuch, die Sprachen der Muslime zu erlernen und ihre Religion und Zivilisation zu verstehen. Es gibt heute eine eindrucksvolle Menge wissenschaftlicher Untersuchungen, die sich mit den einzelnen Aspekten des islamischen Glaubens, seiner Geschichte und der Kultur beschäftigen. Auf den folgenden Seiten wird der Leser mit einigen besonderen Fähigkeiten und Leistungen des Islam vertraut gemacht.

Das Buch beginnt mit einem einleitenden Kapitel, das dem Glauben und den Völkern, die sich zu ihm bekennen, gewidmet ist. Es folgt eine Reihe von Kapiteln, die sich vorwiegend mit den Ländern und Zeitabschnitten befassen, in denen der Islam seine größte Machtfülle besaß, also mit dem Nahen Osten und Nordafrika, vom Aufbruch des Islam im 7. Jahrhundert bis zu der mongolischen Eroberung im 13. Jahrhundert. Diese Kapitel beschäftigen sich mit Verwaltung und Kunst, Sūfīs, Literatur, Musik, Wissenschaft und Kriegshandwerk. Die nächsten vier Kapitel betreffen Spanien, Persien, das Osmanische Reich und Indien (die drei letztgenannten gehören in die nachmongolische Zeit). Das letzte Kapitel behandelt den Einfluß, den der Westen seit dem 18. Jahrhundert auf den Islam ausübte, und die Reaktionen der betroffenen Völker.

Zu den bemerkenswertesten Leistungen der islamischen Kultur gehört die Kunst, durch die auch der Außenstehende Einblicke erhält, die er sonst nur durch lange und schwierige philologische Studien gewinnen könnte. Deshalb spielt in diesem Buch das Bildmaterial, das die einzelnen Themen darstellen und erläutern hilft, eine besonders wichtige Rolle.

BERNARD LEWIS

Hinweis zur Datierung: Die Daten bestehen aus zwei Jahreszahlen. Die erste bezieht sich auf den muslimischen, die zweite auf den christlichen Kalender, zum Beispiel 548/1153. Das Jahr 1 der muslimischen Zeitrechnung wird auf den 16. Juli 622 festgesetzt. Nach dem früheren arabischen Kalender war dies der erste Tag des Jahres, in dem Muhammad und seine Gefährten zur *hijra* aufbrachen, beziehungsweise Mekka verließen, um in Medina das erste Zentrum des neuen Glaubens zu gründen. Weil das muslimische Jahr kürzer als das christliche ist, stimmen die beiden Daten nie ganz überein. Wenn der genaue Zeitpunkt eines Ereignisses in beiden Kalendern verzeichnet ist, kann exakt umgerechnet werden; in allen anderen Fällen haben wir die nächstmögliche Entsprechung verwendet. Das Ergebnis zeigt allerdings Abweichungen bis zu einem Jahr, aber in unserem Falle ist dies dem bisweilen angewandten lästigen Verfahren vorzuziehen, bei dem für jedes muslimische Jahr zwei christliche Daten angegeben werden.

Die Jahrhunderte entsprechen einander so weit, daß man sie als Leitfaden akzeptieren kann, zum Beispiel: VI./12. Jahrhundert. Zu Anfang differiert die Zeitrechnung etwa um 20 Jahre (81/700), aber das muslimische Jahr 700 entspricht genau dem christlichen 1300. Später klafft die Zählung in entgegengesetzter Richtung wieder etwas auseinander (siehe die Zeittafel auf Seite 348).

Wie allgemein üblich, wurden Daten aus dem 19. und 20. Jahrhundert nur nach dem christlichen Kalender angegeben.

Bei der Umschrift der arabischen Wörter wird in diesem Buch ein im englischen Sprachraum entwickeltes, auch international angewendetes System benutzt, von dem wir glauben, daß es dem Laien beim Lesen weniger Schwierigkeiten bereitet als die in der deutschen Fachliteratur oft anzutreffende komplizierte Transkription der Deutschen Morgenländischen Gesellschaft.

Ein waagerechter Strich über einem Vokal bedeutet die Dehnung dieses Vokals; *j* ist etwa wie *dsch* auszusprechen; *th* entspricht dem stimmlosen englischen *th* (etwa in ‚thing‘); *dh* gibt das stimmhafte *th* wieder (etwa in ‚they‘); *sh* und *ch* entsprechen *sch* und *tsch*; *kh* ist wie das deutsche *ch* in dem Wort ‚Bach‘ auszusprechen; *gh* klingt ähnlich wie ein am Gaumen gebildetes *r*; *q* ist wie *k* zu sprechen.

Wir danken allen Personen und Institutionen, die uns bei der Vorbereitung dieses Buches behilflich waren. Besonderen Dank schulden Herausgeber und Verlag Dr. Yolande Crowe für die wertvolle Hilfe bei der Bebilderung und Professor Edmund Bosworth für die Umschrift und Bearbeitung der arabischen Wörter. Bei der Zusammenstellung der Bildteile waren uns alle Autoren mit Rat und Hinweisen behilflich. Professor Ettinghausen hat darüber hinaus außer seinem eigenen noch zahlreiche andere Kapitel betreut. Wir danken ferner Professor Nurhan Atasoy, Istanbul; Manijeh Bayani, London; Dr. Kemal Cig, Istanbul; Dr. Colin Heywood, London; Madame M. Hirschkopf, Paris; Professor M. S. Ipsiroglu, Istanbul und Miss Norah Titley, London.

ISLAMISCHE GESCHICHTE IM ÜBERBLICK

Der Prophet Muhammad starb im Jahre 11/632, nachdem er in weiten Teilen Arabiens einen muslimischen Staat gegründet hatte. Seine Nachfolger waren die Kalifen. Der Staat wurde jedoch bald geteilt zwischen den Anhängern 'Uthmāns, des dritten Kalifen, und denen des vierten Kalifen, 'Alī, der Muhammads Schwiegersohn war. Auf diese Trennung sind die zwei großen religiösen Gruppierungen zurückzuführen, die noch heute existieren – die Sunniten, die sich von 'Uthmāns Anhängern herleiten, und die Schiiten, die auf 'Alī zurückgehen.

Die Dynastien der Kalifate

Die vier rechtgeleiteten Kalifen, die im westlichen Arabien regierten, wurden 41/661 von der ersten Dynastie der Umayyaden unterworfen, die ihren Hauptsitz in Syrien hatte. Während ihrer Regierungszeit dehnten sich die Grenzen des islamischen Reiches im Westen bis an den Atlantik und die Pyrenäen und im Osten bis Indien und China aus. Das Kalifat der Umayyaden wurde durch Rebellionen zerstört; ihm folgte im Jahr 132/750 die Dynastie der 'Abbās. Die 'Abbāsiden verlegten die Hauptstadt von Syrien in den Irak, Bagdad wurde ihr Regierungssitz. Diese Kalifen herrschten bis 656/1258. Doch schon bald im ersten Jahrhundert dieser Epoche entstanden in Persien lokale Dynastien, besonders die Tāhiriden, Saffāriden und Sāmāniden, denen es gelang, in Zentralasien ein ausgedehntes Gebiet unter ihre Herrschaft zu bringen und so die Grenzen des islamischen Reiches zu erweitern. Das erste Land, das sich im Westen aus der Abhängigkeit von Bagdad löste, war Spanien; dort gründete ein aus dem Osten geflohener Umayyaden-Fürst 138/756 ein unabhängiges Emirat. Weitere unabhängige Dynastien in Marokko, Tunesien und Ägypten folgten.

In der ersten Zeit lag die Kontrolle über die Kalifate in den Händen der arabischen Eroberer oder ihrer Nachkommen. Später waren sie gezwungen, die Macht mit nichtmuslimischen Völkern, die zum Islam übergetreten waren, zu teilen, im Osten besonders mit den Persern, im Westen mit den Berbern. Während des IV./10. und V./11. Jahrhunderts wurden persische Dynastien zu Zentren einer neuen Blüte persischer Kultur.

Zur gleichen Zeit erschien im Nahen Osten eine dritte Volksgruppe – die Türken. Während des V./11. Jahrhunderts zogen sie nördlich und südlich des Kaspischen und Schwarzen Meeres nach Westen. In den wichtigsten Ländern des Islam wurden sie von der Familie Seldschük angeführt, die als neue Institution das Sultanat gründete und die Macht über den gesamten sunnitischen Islam beanspruchte. Mit dem Kalifat wurde eine Koexistenz angestrebt. Während der türkischen Vorherrschaft drang der Islam in weitere Gebiete vor, so in Zentralasien, wo die zum Islam bekehrten Türken den neuen Glauben kämpfend und predigend zu ihren noch ungläubigen Brüdern brachten; in Indien, wo die türkischen Eindringlinge ein neues islamisches Reich schufen, und in Kleinasien, wo türkische Stämme und Heere im V./11. Jahrhundert erfolgreich vordrangen. Hier entstand ein muslimisches Fürstentum, das von den Angehörigen des Hauses Seldschük regiert wurde.

Die Fātimiden und die spanischen Umayyaden

Die unabhängigen Dynastien, die allmählich innerhalb des 'abbāsidischen Kalifats entstanden waren, hatten stets die Vorherrschaft der 'Abbāsiden anerkannt, die sie für die einzigen rechtmäßigen Führer des Islam hielten. Das änderte sich, als im Westen während des IV./10. Jahrhunderts die Fātimiden-Dynastie aufstieg. Sie erschien zunächst im Jahre 297/909 in Tunesien und eroberte dann 358/969 Ägypten. Die Fātimiden waren keine Sunniten, sondern Anhänger der Schia, und sie bestritten die Rechte der 'Abbāsiden, die sie als Usurpatoren betrachteten. Sie errichteten ein eigenes Kalifat, das eine Zeitlang in großen Teilen Nordafrikas, in Ägypten, Syrien und im Westen und Süden Arabiens herrschte. Dieses Kalifat der Fātimiden in Nordafrika veranlaßte den umayyadischen Emir im spanischen Córdoba, sich ebenfalls zum Kalifen zu proklamieren, so daß es in der islamischen Welt eine Zeitlang drei Kalifen gab.

Als das Umayyaden-Kalifat von Córdoba im Jahre 422/1031 unterging, folgte ihm eine Reihe kleiner lokaler Dynastien. Das Kalifat der Fātimiden in Ägypten wurde 566/1171 nach einem langen Zerfallsprozeß von Saladin, einem aus dem Osten kommenden kurdischen Offizier, unterworfen. Er gründete die Dynastie der Ayyūbiden, die bis zum VII./13. Jahrhundert in Ägypten, Palästina und Syrien regierten; dann wurden sie allmählich von dem Sultanat der Mamlūken aufgesogen.

Die Mongolen

Im IV./10. und V./11. Jahrhundert begann die Wanderung der Steppenvölker, die aus Mittel- und Ostasien in den Nahen Osten vordrangen. Diese Bewegung erreichte ihren Höhepunkt im VII./13. Jahrhundert mit dem Erscheinen der Mongolen, die ganz Südwestasien eroberten und es einem Reich einverleibten, dessen Hauptstadt erstmals im Osten lag, zunächst in der Mongolei, später in Peking. Die Mongolen herrschten über Zentralasien, Persien und den Irak und dehnten ihre Oberhoheit bis nach Anatolien aus; einige Male fielen sie in Syrien ein. Später wurden sie zum Islam bekehrt: So entstanden im Nahen Osten einige neue islamische Staaten mit einem speziellen türkisch-mongolischen Charakter.

Nach den Mongolen

Nach dem Mongoleneinfall gab es in der islamischen Welt fünf politische Zentren. An erster Stelle standen die Osmanen, die nach dem Fall von Konstantinopel im Jahre 857/1453 das größte aller islamischen Reiche beherrschten.

Das zweite Zentrum war das Sultanat der Mamlūken in Ägypten, Palästina und Syrien, das den Einbruch der Mongolen überlebte und zeitweise zum Hort der alten arabisch-islamischen Kultur wurde. Später wurden auch diese Länder erobert und gingen 922–23/1516–17 im Osmanischen Reich auf.

Der dritte islamische Staat entstand in Persien. Dort gründete die im Nordwesten des Landes ansässige Dynastie der Safawiden zu Beginn des XI./17. Jahrhunderts eine mächtige Monarchie. Die Safawiden waren Schiiten, und sie machten ihren Glauben in Persien zur Staatsreligion. Auch der moderne Iran ist schiitisch.

Das vierte Zentrum befand sich in Indien, dessen Nordteil von muslimischen türkischen Dynastien beherrscht wurde. Im X./16. Jahrhundert folgte ihnen das Herrscherhaus der Moghuln, gegründet von Bābur, einem Nachkommen des Tamerlan. Sein Reich wurde erst Jahrhunderte später von den Engländern zerstört.

Das fünfte und letzte Kerngebiet islamischer Macht waren die Steppen in Südrußland und Mittelasien. Hier hatten die islamisierten Mongolen zwei große Staaten geschaffen: das Reich der Goldenen Horde und das Tschagatai-Khanat; beide sind später im Russischen Reich aufgegangen.

In dieser Zeit konnte der Islam in verschiedenen Gebieten Erfolge verzeichnen, mußte aber andererseits auch Rückschläge hinnehmen. In Südwesteuropa wurden die Muslime aus Spanien, Portugal und Sizilien vertrieben; zeitweise fielen die siegreichen Spanier und Portugiesen sogar in Nordafrika ein. In Osteuropa trugen die osmanischen Türken den Islam bis vor die Tore von Wien und mußten dann doch die meisten Eroberungen wieder aufgeben. Andererseits gelang es der Goldenen Horde, ihre Herrschaft zeitweise bis auf das Großfürstentum Moskau auszudehnen.

Am erfolgreichsten war der von arabischen und indischen Händlern getragene islamische Kolonisation in Südostasien. Bereits im X./16. Jahrhundert wurden große Teile des Malaiischen Archipels islamisch.

Die letzten 500 Jahre

Vom X./16. Jahrhundert an befand sich der Islam auf dem Rückzug und geriet immer stärker unter den Einfluß der europäischen Expansion. Der Prozeß begann mit der Rückeroberung Rußlands und Spaniens. Westeuropäer umsegelten Afrika und bauten ihre Machtpositionen an den Küsten Asiens immer weiter aus. Rußland und Westeuropa nahmen den Islam von Norden und Süden aus in die Zange. Diese Entwicklung konnte durch die große militärische Stärke der Osmanen, Perser und Moghulen eine Zeitlang aufgehalten werden, doch schließlich war der Vormarsch Europas nicht mehr zu stoppen.

Die Vorherrschaft des Westens dauerte bis zum Ende des Zweiten Weltkriegs; dann begann der allmähliche Zerfall der britischen, französischen, niederländischen und italienischen Kolonialreiche. Die ehemals westlichen Besitzungen wurden unabhängig, die östlichen wurden Sowjetrepubliken. Es bleibt abzuwarten, welche Gruppierungen sich in der Zukunft noch bilden werden.

EINFÜHRUNG

Bernard Lewis

Muhammad war beinahe vierzig, als der erste Ruf Gottes an ihn erging. Laut traditioneller Prophetenbiographie kam in einer Nacht des Monats Ramadān, als er allein auf dem Berge Hirā' schlief, der Engel Gabriel zu ihm und sagte: ‚Rezitiere!' Muhammad aber zauderte; da preßte ihn der Engel dreimal so fest an sich, daß er fast erstickte. Schließlich fragte Muhammad: ‚Was soll ich rezitieren?' Da sprach der Engel: ‚Rezitiere im Namen deines Herrn, der alles erschuf, der den Menschen aus geronnenem Blut erschuf! Rezitiere, denn allgütig ist dein Herr, der mit der Feder lehrte, der den Menschen lehrte, was er nicht wußte!'

Diese Worte bilden die ersten vier Verse von Kapitel 96 des Korans. ‚Koran' kommt vom arabischen *qur'ān* und bedeutet ‚(Vor)Lesung' oder ‚Rezitation'; man bezeichnet damit das Buch, das die Offenbarungen enthält, die Gott auf Muhammad herabsandte. Alle göttlichen Botschaften, die er nach diesem ersten Anruf vernahm, verkündete er seinen Landsleuten und forderte sie auf, ihren Götzendienst aufzugeben und an den einen, einzigen, universalen Gott zu glauben.

Muhammad wurde um 571 n. Chr. in der kleinen Oasenstadt Mekka, in der westarabischen Landschaft Hijāz, geboren. Die Halbinsel – damals am Rande der zivilisierten Welt – grenzte an das byzantinische und persische Reich, ohne aber einem von beiden untertan zu sein. In den wasserreichen Tälern im Südwesten gab es von jeher eine reiche Landwirtschaft und blühende Städte; der größere Teil Arabiens aber war Steppe und Wüste mit weit verstreuten Oasen und einigen wenigen Karawanenstraßen. Die Mehrheit der Bevölkerung lebte als Nomaden, die ihre Herden weideten und Raubzüge gegen rivalisierende Stämme und in die Oasen und Randgebiete unternahmen. Einige bebauten in den wenigen fruchtbaren Gegenden das Land; andere trieben Handel, besonders dann, wenn wegen Ereignissen in der übrigen Welt die transarabischen Routen wieder wichtig wurden. Gerade im 6. Jahrhundert, als die beiden Großmächte Byzanz und Persien im Nahen Osten erneut aufeinanderprallten und in und um Arabien sehr aktiv wurden, begann eine solche Epoche. Mekka – ursprünglich eine südarabische Niederlassung, später aber vom Stamm Quraysh bewohnt – gehörte zu den wenigen arabischen Kleinstädten, die vom Handelsverkehr zwischen dem Mittelmeer und dem Mittleren und Fernen Osten lebten.

Die gemeinsame Schriftsprache und die reiche poetische Literatur trugen viel zur Entwicklung des späteren Identitätsverständnisses der Araber bei. Ein gemeinsames

politisches System aber kannten sie bislang nicht; in ihrer heidnischen Religion verehrten sie verschiedene Gottheiten, die einem einzigen höchsten Gott, genannt Allah, unterstanden. Sie hatten auch andere Religionen kennengelernt; es gab ja in Arabien Kolonien von Juden und Christen, und einige Araber hatten sich zu ihrem Glauben bekehrt. Anderen wiederum, die in der arabischen Tradition als *hanīfen* bekannt sind, mißfiel zwar der Götzendienst; sie konnten aber weder im christlichen noch im jüdischen Glauben wahre Befriedigung finden.

Muhammad gewann mit seiner Predigt bald Anhänger, zunächst nur in seiner eigenen Familie, dann auch in weiteren Kreisen. Das erregte schon nach kurzer Zeit Widerstand in Mekkas führenden Familien, welche die neue Lehre als eine Gefahr für ihren Glauben und ihre Interessen betrachteten. Mit verschiedenen Druckmitteln, und vielleicht sogar mit physischer Gewalt, versuchte man, seine Anhänger von ihm zu trennen. Das Verhältnis zwischen ihm und seinen Landsleuten verschlechterte sich zusehends, so daß schließlich einige der Neubekehrten in Äthiopien Zuflucht suchen mußten.

Im Jahre 622, ungefähr dreizehn Jahre nach seiner Berufung, schloß Muhammad einen Vertrag mit einer Gesandtschaft aus Yathrib, einer anderen, etwa 450 km nördlich von Mekka gelegenen Stadt im Hijāz. Die Leute von Yathrib erklärten sich bereit, ihn aufzunehmen und zu ihrem Schiedsrichter zu ernennen und ihn und die Gläubigen, die mit ihm von Mekka kämen, wie sich selbst zu verteidigen. Muhammad schickte ungefähr sechzig Familien, die sich in Mekka mit ihm vereinigt hatten, in kleinen Gruppen nach Yathrib und folgte ihnen schließlich selbst nach, wahrscheinlich im September 622.

Yathrib, nunmehr das Zentrum der neuen Glaubensgemeinschaft, wurde einfach Medina (al-Madīna) – ‚die Stadt' – genannt. Der Auszug – die *hijra* – Muhammads und seiner Anhänger von Mekka nach Medina wird von den Muslimen als das entscheidende Moment in der Sendung des Propheten angesehen. Mit diesem Ereignis im Jahre 622 beginnt daher das Jahr 1 der islamischen Zeitrechnung.

In Mekka hatte Muhammad einfach als Privatperson einen neuen Glauben verkündet – gegen die Gleichgültigkeit oder offene Feindschaft der Mächtigen. In Medina war er zunächst ein Gemeindeoberhaupt, später aber ein Herrscher, der nicht nur politische und militärische, sondern auch religiöse Machtbefugnis hatte.

Diese neue Rolle spiegelt sich in den Lehren und Taten Muhammads wider, besonders in der Art der Offenbarungen, deren man zur Leitung der Gemeinde bedurfte. Während sich die mekkanischen Kapitel des Korans hauptsächlich mit dogmatischen und ethischen Fragen befassen, behandeln die medinensischen viele gesetzliche und politische Probleme aus dem Alltagsleben der muslimischen Gemeinde, die nun ein muslimisches Staatswesen geworden war.

Nach der *hijra* führte Muhammad die Gemeinde noch während zehn Jahren in Krieg und Frieden und unterwies sie im islamischen Glauben. Sein Einflußbereich wurde mit Überredungskunst und Waffengewalt erweitert; im Jahre 9/630 eroberte man selbst Mekka und brachte es unter muslimische Oberhoheit.

Am 8. Juni 632 starb der Prophet nach kurzer Krankheit. Er hatte Bedeutendes geleistet. Der Bevölkerung Westarabiens hatte er eine Religion gebracht, die mit ihrem Monotheismus und ihren ethischen Grundsätzen auf einem unvergleichlich höheren Niveau stand als das frühere Heidentum. Er hatte den Gläubigen eine Offenbarungsschrift hinterlassen, die mit der Zeit für viele Millionen Menschen zur Richtschnur des Denkens, Glaubens und Handelns werden sollte. Außerdem hatte er eine neue religiöse Gemeinschaft und einen neuen wohl organisierten und gut bewaffneten Staat gegründet, der bald zum dominierenden Faktor in Arabien wurde.

Das Wesen des islamischen Staates

Muslime und andere verstehen das Wort 'Islam' gewöhnlich als '(Selbst)Hingabe' des Gläubigen an Gott. Mit 'Muslim', dem aktiven Partizip desselben Verbs, bezeichnet man einen, der den Akt dieser '(Selbst)Hingabe' vollzieht. Ursprünglich hatte wohl das Wort Islam noch eine andere Bedeutung – die der Ganzheit. Ein Muslim war dementsprechend einer, der sich 'voll und ganz' nur Gott allein, das heißt keinen anderen Göttern, 'hingab', also ein Monotheist im Gegensatz zu den Polytheisten, unter denen der Prophet im I./7. Jahrhundert in Arabien auftrat.

Zweifellos hatten Muhammad und die ersten Muslime in diesem Sinne Islam nicht als etwas völlig Neues, sondern als Fortsetzung empfunden, als eine neue, zu dieser Zeit allerdings endgültige Phase im langen Kampf zwischen Monotheismus und Polytheismus. Die früheren monotheistischen Propheten und ihre Anhänger galten ebenfalls als Muslime, und das Wort Islam bezeichnete den wahren Glauben, den alle von Gott gesandten Apostel gelehrt hatten. So galten sowohl Judentum als auch Christentum zur Zeit ihres Entstehens als wahre Religionen, einfach frühere göttliche Offenbarungen. Nach muslimischer Ansicht waren sie jedoch durch die Sendung Muhammads ersetzt worden. All ihre Wahrheiten wurden in seiner Botschaft eingeschlossen; was darin keine Aufnahme gefunden hatte, war eben falsch und das Resultat späterer Verdrehung.

Der Islam kann historisch als ein Neubeginn angesehen werden, als die Grundlage einer neuen Religion, eines neuen Weltreiches und einer neuen Kultur. In einem wichtigen Punkt unterschied sich Muhammads Laufbahn ganz deutlich von der Jesus' und anderer Propheten, deren Nachfolge er in zeitlich-weltlichem Sinne angetreten hatte: Am Anfang trat auch Muhammad nur als ein bescheidener und verfolgter Prediger auf; sein Leben endete aber nicht im Martyrium, er war schließlich der mächtigste Mann im jungen Staat.

Durch die Aktivitäten seines prophetischen Begründers war der Islam gleich von Anfang an mit politischer Macht verknüpft. Spätere Ereignisse machten die muslimische Gemeinde von Medina, die ja zugleich ein Staatswesen war, zum Mittelpunkt eines Reiches. Nach muslimischer Ansicht war die höchste Staatsgewalt bei Gott hinterlegt; von ihm erhielt der Prophet seine Autorität und sein Gesetz. Muhammad überbrachte Gottes Offenbarung, verkündete Gottes Willen und herrschte, von Gottes Gnaden, über Gottes Gemeinde der Gläubigen. Jesus hatte die Christen gelehrt, dem Kaiser zu geben, was des Kaisers ist, und Gott, was Gottes ist.

Während der dreihundertjährigen Verfolgung wurde diese Unterscheidung in der christlichen Lehre und Praxis zu einem festen Prinzip, und die christliche Religion schuf sich ihre eigene, vom Staat getrennte Institution – die christliche Kirche, ihr Gesetz und ihre Hierarchie. Die große Wende kam mit der Bekehrung des römischen Kaisers Konstantin zum Christentum und der damit verbundenen unseligen Verkettung von Kirche und Staat in der Christenheit.

Diese Zweiteilung gibt es im Islam nicht; und Wortpaare wie 'säkular und kirchlich', 'geistlich und weltlich' finden im klassischen Arabisch keine Entsprechungen. In Rom war der Kaiser ein Gott; in der Christenheit teilten Gott und der Kaiser die Macht unter sich auf. Im Islam ist Gott der Kaiser, und das jeweilige Haupt der muslimischen Gemeinde ist sein Statthalter auf Erden.

Als Muhammad starb, war seine geistige und prophetische Sendung erfüllt. Sein göttlicher Auftrag hatte darin bestanden, den wahren -- später entstellten – Monotheismus der früheren Propheten wiederherzustellen; den Götzendienst abzuschaffen; die Offenbarung Gottes, die die wahre Religion und das göttliche Gesetz in sich vereinigte, zu verkünden. Das tat er zu seinen Lebzeiten. Nach muslimischer Auffassung war er der letzte der Propheten; nach ihm gibt es auch keine Offenbarungen mehr. Die geistige Grundlage war geschaffen; jetzt galt es, das göttliche Recht durchzusetzen, es zu verteidigen und es auch der übrigen Menschheit nahe zu bringen. Diese religiöse Aufgabe ließ sich nur unter Anwendung politischer und militärischer Macht – in einem Wort: unumschränkter Staatsgewalt – in einem Staatswesen erfolgreich lösen.

Die erste Krise: das Kalifat

Der Tod des Propheten stürzte den Islam in eine erste Krise. Muhammad hatte nie mehr sein wollen als ein sterblicher Mensch, der sich vor anderen nur dadurch auszeichnete, daß er Gottes Wort verkündete und der Führer des Gottesvolkes war. 'Muhammad', sagt der Koran (III, 138), 'ist nur ein Gesandter; schon vor ihm gingen die Gesandten dahin. Wenn er nun stirbt oder fällt, werdet ihr umkehren auf euren Fersen?' Muhammad hatte jedoch keine klaren Anweisungen darüber hinterlassen, wer nach ihm die Führung der Gemeinde und des Staates übernehmen sollte; und die Muslime hatten aus dem vorislamischen Arabien wenig politische Erfahrung zur Leitung eines Staates mitgebracht.

Der Prophet war tot, und es würde keiner mehr auftreten. Der Vorsteher der Gemeinde war tot und mußte ersetzt werden. In dieser Notlage huldigten die Fähigsten und Tatkräftigsten unter seinen Anhängern dem Abū Bakr, einem der ersten und angesehensten Muslime. Sie verliehen ihm den Titel *khalīfa*, der im Arabischen einen willkommenen Doppelsinn hat und soviel wie 'Nachfolger' oder 'Stellvertreter' bedeuten kann. So entstand das Kalifat, in dem das allumfassende Amt des Kalifen grundsätzlich durch Wahl übertragen wurde.

Das Prinzip der Erbmonarchie war zwar den Arabern damals nicht unbekannt. Die beiden großen Reiche an der Nordgrenze Arabiens, Byzanz und Persien, die für die Araber die Welt der fortgeschrittenen Kultur repräsentierten, waren ja dynastisch regiert. Auch über die seßhaften Staaten in Südwestarabien hatten bis vor kurzem lokale Erbkönige geherrscht. Bei den Nordarabern, die anfänglich die Hauptträger der neuen Ordnung waren, gab es ebenfalls eine Art Legitimismus: Sie wählten ihre Stammesführer in der Regel aus den Mitgliedern einer einzigen vornehmen Familie, ohne aber dabei ein festes Nachfolgeprinzip zu beachten. Oft war diese Familie nicht nur adelig, sondern auch im Rufe der Heiligkeit, und die Nachkommen eines heiligmäßigen Stammvaters konnten etwa das erblich bedingte Recht auf das Wächteramt an einem Heiligtum beanspruchen.

Auch wenn die Araber die Monarchie also kannten, so mochten sie sie doch nicht, und das Königtum wurde in vorislamischer Zeit gewöhnlich nur mit feindseligem Unterton erwähnt. Ansehen bedeutete nicht gleichzeitig Machtbefugnis; die Wahl eines neuen Stammeshäuptlings erfolgte allein aufgrund persönlicher Qualitäten des Kandidaten – vor allem der Fähigkeit, Loyalität zu erwecken und sie sich zu sichern. Mit dem Aufkommen des Islam wurde dieses antidynastische Gefühl noch durch ein zusätzliches antiaristokratisches verstärkt, das im islamischen Glauben an die Brüderlichkeit und die Gleichheit aller Gläubigen besonders zum Ausdruck kam; nur religiöse und persönliche Verdienste erlaubten eine gewisse Vorrangstellung. Das Kalifat war zwar in Wirklichkeit später vielen Veränderungen unterworfen; dessenungeachtet hielt man aber in der islamischen Lehre weiterhin am Grundsatz der Wahlnachfolge fest, und von allen Kalifendynastien wurde die Fiktion der Wahl stets beibehalten.

Abū Bakr und 'Umar, die beiden ersten Kalifen, stammten aus Familien, die im alten Mekka nur ein geringes Ansehen genossen hatten. Der dritte Kalif aber, 'Uthmān ibn 'Affān, gehörte dem großen Hause der Umayya an, der einzigen bedeutenden Familie unter den ersten Gefährten des Propheten. Diese Wahl war für die mekkanische Aristokratie ein Sieg und zugleich eine günstige Gelegenheit, die sie nicht ungenützt vorübergehen ließ.

Eine einstweilige Einstellung der Feindseligkeiten an den Grenzen verschaffte den Nomadenstämmen die Muße, über ihre Benachteiligungen nachzudenken und entsprechende Klagen vorzubringen. Diese Konflikte und Rivalitäten führten zu mehreren verheerenden Bürgerkriegen.

Der erste Streit brach im Jahre 36/656 aus, als 'Uthmān umgebracht wurde, und 'Alī, der Schwiegersohn und Vetter des Propheten, seine Nachfolge antrat. Zum erstenmal war ein muslimischer Herrscher ermordet worden. Muslimische Heere zogen gegeneinander, und 'Alī wurde ebenfalls umgebracht; das Wahlkalifat hatte damit ein Ende. Es begann das – eindeutig monarchische – Kalifat der Umayyaden. Bezeichnenderweise verlegten sie den Regierungssitz von Arabien nach Syrien, einer jüngst eroberten Provinz, die tief durchdrungen war von den politischen und administrativen Traditionen der alten nahöstlichen Reiche.

In diesem Kampf tat sich eine Gruppe bald besonders hervor: die Leute um 'Alī ibn Abī Tālib. Als Gatte der Prophetentochter Fātima hätte 'Alī kaum besondere Aufmerksamkeit erwarten dürfen – solche Verwandtschaft gilt in einer polygamen Gesellschaft wenig. Als Muhammads Blutsverwandter konnte er aber, vor-

islamischem Brauch entsprechend, als Anwärter sowohl für die politische als auch die religiöse Nachfolge des Propheten auftreten. Bereits aufgrund von persönlichem Verdienst und Ansehen ein starker Kandidat, vermochte er außerdem die Unterstützung zahlreicher Leute zu gewinnen, die glaubten, daß nach dem Ende des Wahlkalifats nur ein Nachfolger aus der Prophetenfamilie die wahre, ursprüngliche Botschaft des Islam wiederherstellen könnte. Seine Anhänger nannte man die ‚Partei 'Alīs', Shī'at 'Alī, und später einfach die Shī'a (Schia).

Das umayyadische Kalifat hielt sich fast ein Jahrhundert lang; eine Reihe von Kompromissen und interimistischen Abkommen bewahrte die Einheit des Islam und der islamischen Gesellschaft. Eine aristokratische Vorherrschaft der Araber über die Nichtaraber, muslimische Nichtaraber miteingeschlossen, und ein imperiales Regierungs- und Verwaltungssystem, das immer mehr Einrichtungen und auch Personal von den früheren Großmächten übernahm, waren allerdings der Preis, der dafür bezahlt wurde.

Es gab viele, die sich diesem Prozeß widersetzten. Eine Gruppe von 'Alīs Anhängern, die Khārijīten – ‚diejenigen, die hinausgehen' – war von ihm abgefallen und hatte sich gegen ihn gewandt; nach seinem Tode opponierten sie auch gegen die Umayyaden und deren Nachfolger. Sie vertraten einen ganz extremen Stammesanarchismus, indem sie eine Autorität, zu der sie nicht ihre eigene freie, stets widerrufbare Zustimmung gegeben hatten, nicht anerkannten und darauf bestanden, daß jeder Gläubige, ungeachtet seiner Herkunft, von der Gemeinde zum Kalifen gewählt werden könne. Mehrere Anführer der Shī'at 'Alī, die verschiedenen Mitgliedern der Prophetenfamilie treu ergeben war, versuchten das umayyadische Kalifat zu stürzen.

Der zweite Bürgerkrieg begann mit einem kleineren Aufruhr, der kaum politische und militärische Folgen nach sich zog, dafür aber religiös und historisch von großer Bedeutung war. Im Jahr 61/680 leitete Husayn, der Sohn 'Alīs und Enkel des Propheten, einen Aufstand gegen die Herrschaft der Umayyaden. Am 10. Muharram trafen Husayn, seine Familie und seine Parteigänger bei Karbalā im Irak auf ein umayyadisches Heer, erlitten eine Niederlage und wurden ermordet. Der Überlieferung nach sollen ungefähr siebzig Leute umgekommen sein; ein krankes Kind, das man in einem Zelt zurückgelassen hatte, Husayns Sohn 'Alī, soll als einziger Überlebender das Ereignis geschildert haben. Dieses Martyrium der Prophetennachkommen und die Angst und Zerknirschung, die es bewirkte, gaben der schiitischen Bewegung neuen Aufschwung, ließ sie sich doch jetzt von so nachhaltigen Motiven wie Opfer, Schuld und Sühne leiten.

Das Blut der Opfer von Karbalā verwandelte die schiitische Partei in eine Sekte, die Splittergruppe in eine neue Religionsgemeinschaft. Im Verlauf des zweiten Bürgerkrieges war das Kalifat wieder in eine Krise geraten, die erst mit der Thronbesteigung des Umayyaden 'Abd al-Malik endete; ihm gelang es, das monarchische Prinzip wieder einzuführen und zu behaupten.

Er erwirkte aber nur einen kurzen Aufschub. Ein dritter Bürgerkrieg endete mit dem Sturz der Umayyaden, an deren Stelle die 'Abbāsiden, ein anderer Zweig der

Prophetenfamilie, traten. Das hatte viele Veränderungen zur Folge; die augenfälligste war die Gründung einer Dynastie. Außerdem verlegte man die Residenz in den Irak, nach Bagdad. Die arabische Rasse verlor allmählich ihre Vorrangstellung im Reich; aus Muslimen verschiedener Herkunft, deren Kommunikationsmittel Arabisch war, bildete sich eine neue kosmopolitische Führungsschicht.

Nach dem Tode des 'Abbāsidenkalifen Hārūn ar-Rashīd im Jahre 194/809 brach zwischen seinen beiden Söhnen al-Amīn und al-Ma'mūn ein vierter Bürgerkrieg aus, in dem wiederum verschiedene soziale, nationale und regionale Interessen deutlich zu erkennen waren.

Die Araber verlieren die Macht

Die Einstellung der Eroberungen war eine der bedeutendsten Veränderungen, die sich in diesen ersten Jahrhunderten feststellen lassen. Zu Beginn des III./9. Jahrhunderts hatte die arabische Expansion ihre äußersten Grenzen erreicht – im Osten in den Randgebieten Indiens und Chinas, im Westen an der Küste des Atlantiks und in Spanien. Eine Weile hatte es zwar geschienen, als ob der Islam weiterhin rasch und uneingeschränkt vordringen würde, bis die gesamte Welt der Herrschaft der Araber und dem islamischen Glauben unterworfen wäre. Nun aber glaubten die Muslime, die endgültige Eroberung und Islamisierung der Welt seien bis in die messianische Endzeit aufgeschoben. Die 'Abbāsiden fanden sich mit dem faktischen Ende des Eroberungskrieges ab und versuchten die Koexistenz mit den nichtmuslimischen Staaten jenseits der mehr oder weniger dauerhaften Grenzen. Der *jihād* – der ständige Heilige Krieg der muslimischen Gemeinde zur Verbreitung des Islam – wurde weiterhin in Gesetz und Tradition als eine religiöse Pflicht angesehen, aber mehr als friedliche und weniger als militärische Aktion interpretiert.

Eine weitere Veränderung zeigt sich in der territorialen und politischen Zersplitterung der Kalifatsgewalt. Unterstanden einst alle islamischen Länder der Führung eines einzigen Kalifen, so wurden die Provinzen nun von de facto unabhängigen Gouverneuren regiert, deren Amt oft erblich war. Mit der Zeit verloren die Kalifen sogar in der Hauptstadt ihre Macht und gerieten in die Gewalt ihrer Söldnerführer und schließlich einer selbständigen politisch-militärischen Institution – des Sultanats.

Die theoretische Einheit des Islam blieb trotzdem erhalten, in zunehmendem Maße aber als eine Einheit der Sprache, der Kultur, der Religion, des Brauchtums und der Kunst. Das Kalifat wirkte sogar noch in Zeiten eigener Schwäche und Dekadenz einigend.

Bisweilen hat man behauptet, die islamische Religion sei gewaltsam verbreitet worden. Das stimmt so nicht, obwohl eigentlich erst die parallelen Prozesse von Eroberung und Kolonisation die Ausbreitung des Islam und des Arabertums ermöglichten. Als der Prophet im Jahre 11/632 starb, war sein Glaube, der Islam, nur in Arabien bekannt; die Araber und das Arabische, die Sprache seiner Offenbarung – ,Wir haben einen arabischen Koran herabgesandt, so daß ihr ihn vielleicht versteht' (Koran XII, 2) – hatten die arabische Halbinsel und die Wüsten am Rande des Fruchtbaren Halbmonds noch nicht verlassen. Erst ein Jahrhundert später

herrschten die muslimischen Araber als Erben Muhammads über ein Weltreich, in dem der Islam die dominierende Religion war, und das Arabische die anderen Sprachen rasch verdrängte und mit der Zeit zum wichtigsten Medium von Regierung, Handel und Erziehung wurde. Die Inspiration des muslimischen Glaubens, die Gönnerschaft der islamischen Staatsverwaltung und der Reichtum der arabischen Sprache brachten eine lebendige und originelle Kultur zur Entfaltung, die, obwohl von Männern und Frauen verschiedener Rasse und Religion geschaffen, doch durch arabische Tradition und Ausdrucksweise und islamische Wertmaßstäbe charakteristisch geprägt war.

Das Prestige der Sprache einer Eroberraristokratie, die Vorzüge der Verwaltungs- und Geschäftssprache, die mannigfachen Möglichkeiten einer imperialen Zivilisation und die Verehrung des heiligen Idioms, in dem der Koran und seine Exegese aufgeschrieben waren, dies alles trug auf verschiedene Weise dazu bei, den Prozeß der Assimilation und Arabisierung zu fördern.

Im Laufe der Jahrhunderte verloren die Araber ihr Vorrecht auf das Kalifat. Obwohl sie die politische und militärische Macht in dem Reich, das sie geschaffen hatten, zunächst nur teilweise, dann aber ganz an andere Völker abtreten mußten, bewahrten doch ihre Sprache, ihr Glaube und ihr Gesetz die Erinnerung an ihre Herrschaft und ihre Leistungen.

Das Ende der politischen Vorherrschaft der Araber hielt diesen Prozeß der Arabisierung nicht auf; in den meisten Provinzen des arabischen Reiches lebte nur wenig von den einstigen Sprachen und Eigenheiten weiter. Von den Ländern, die die Araber im I./7. und II./8. Jahrhundert erobert hatten, blieben einzig Spanien, Portugal und Sizilien nicht länger muslimisch, sondern kehrten zu ihrem christlichen Glauben und zu ihrer abendländischen Kultur zurück; die muslimische Herrschaft hat aber gerade in diesen Ländern viele Spuren hinterlassen.

Die Ausnahme: Iran

Da ist ein Land, das, obwohl von den Arabern erobert und zum Islam bekehrt, niemals seine nationale Eigenart aufgegeben hat – der Iran. Wie die anderen unterworfenen Völker im arabischen Reich besaßen auch die Perser ihre eigene alte Sprache und Kultur. Ihnen hatte aber, anders als jenen, ein Reich gehört, das erst durch den Vormarsch der Araber zerstört wurde. Irak unter persischer, Syrien, Palästina, Ägypten und Nordafrika unter byzantinischer Fremdherrschaft – sie alle hatten längst ihren einstigen Ruhm vergessen und tauschten bloß einen Herrscher gegen einen anderen aus. Die Byzantiner gaben mehrere ihrer Provinzen auf, behielten aber die Kernländer und die Hauptstadt, wohin nun viele byzantinische Magnaten aus den von den Arabern besetzten Ländern flohen. Iran wurde ganz überrannt und hörte auf, ein eigener Staat zu sein. Seine Hauptstadt geriet in die Hände der Araber, und die Oberschicht blieb zum größten Teil im Lande und bewarb sich um die neuen Regierungsposten. Mit ihrer reichen Kenntnis und Erfahrung konnten sie unendlich viel zur Entfaltung der islamischen Zivilisation beitragen: Sie bereicherten Gesellschaft und Kultur, Regierung und Opposition und sogar die islamische Religion, in der immer mehr Perser einen Ausweg aus Verzweiflung und Not fanden.

Persische Muslime trugen einiges zur weiteren Ausbreitung des Islam in Zentralasien bei. Weit größere Verdienste erwarben sie sich aber auf dem Gebiet der islamischen Kultur, besonders der internationalen islamischen Literatur in arabischer Sprache. Dabei bewahrten sie jedoch auch ihre eigene Sprache, die, nach einer stillen Zwischenzeit, in neuer Gestalt wieder auflebte – in arabischer Schrift und mit vielen arabischen Lehnwörtern, aber immer noch unverkennbar iranisch.

Der Niedergang des Kalifats bot neue Möglichkeiten: Im III./9. und IV./10. Jahrhundert trat Iran auch auf der politischen Bühne wieder auf. Persische Dynastien regierten in manchen Gegenden des Landes, und es entfaltete sich eine neue persische Kultur, die sich nach dem Geschmack der persischen Höfe und Mäzene ausrichtete und ein neu erwachtes Gefühl für die kulturelle Eigenart Persiens innerhalb des Islam widerspiegelte. Arabisch, das bislang die universale Literatursprache im Islam gewesen war, wurde zwar weiterhin für bestimmte religiöse und juristische Texte überall verwendet und blieb natürlich in den Arabisch sprechenden Ländern die alleinige Hochsprache. In Iran und im gesamten iranischen Kulturkreis aber wurde das Persische zum vorherrschenden Idiom, und seine klassische Literatur lieferte die Grundlage der Bildung und das Muster für literarische Vollkommenheit.

Kreuzfahrer und Mongolen

Im V./11. Jahrhundert befand sich die gesamte islamische Welt in einer Krise. Türken fielen von Osten, Kaukasier von Norden, Beduinen und Berber von Süden und Franken von Westen her in das geschwächte Reich ein. Die muslimischen Historiker sehen die spanische Reconquista und die Kreuzzüge in diesem Kontext.

Die Ankunft der Kreuzfahrer in Palästina blieb nicht ohne Folgen. Die bedeutendste war der Ausbau des Mittelmeerhandels zwischen der islamischen Welt und dem Westen. Unter den Kreuzfahrern blühte er ganz besonders in den Häfen der Levante auf und überdauerte ihren Abzug in dem Maße, wie die Führer der islamischen Rückeroberung die vielen Vorteile dieses Handelsverkehrs entdeckten.

Daß sich die Lage der nichtmuslimischen Minoritäten zusehends verschlechterte, war ein weiteres Resultat der Kreuzzüge. Als die Kreuzfahrer in Syrien und Palästina eine Reihe von Fürstentümern gegründet hatten, hielt man die einheimischen Christen – oft sicher zu Recht – für Kollaborateure oder wenigstens Sympathisanten der Glaubensfeinde. Verfolgungen blieben zwar selten, aber die Fronten verhärteten sich, und die Beziehungen zwischen den Muslimen und jenen angeblich unzuverlässigen Subjekten und potentiellen Verbündeten eines gefährlichen Feindes wurden dadurch sehr gestört.

Von den Invasoren, die im Mittelalter in die islamische Welt eindrangen, sind zwar die Kreuzfahrer am besten bekannt. Die Steppenvölker aus dem Norden aber wurden für den Islam weit wichtiger. Die Türken, die bedeutendsten unter ihnen, übernahmen als erste die politische Führung und eröffneten ein zweites großes Zeitalter islamischer Macht und Expansion, indem sie den *jihād* wieder aufnahmen und neue Gebiete Asiens und Europas eroberten, bekehrten und kolonisierten. Zunächst kamen sie als Einzelpersonen, als Sklaven, die man als Knaben aus Zentralasien einführte, aufzog, ausbildete, zum Islam bekehrte, und dann zum Dienst in den islamischen Armeen einzog. Solche Militärsklaven, arabisch *Mamlūken* (,Leute, die man besitzt'), bildeten bald den Hauptteil des Heeres. Später wanderten freie Türkenstämme unter der Führung ihrer eigenen Häuptlinge in die islamischen Gebiete ein, nahmen den Islam an und wurden seine tauglichste Kampftruppe.

Im frühen V./11. Jahrhundert führte der türkische General Mahmūd von Ghazna ein Heer von östlichen Grenzbewohnern nach Indien hinein, wo ihre Saat in den bedeutenden islamischen Kulturzentren des Subkontinents reich aufblühte. Kurz danach nahmen die seldschukischen Türken den Byzantinern in Kleinasien neue Gebiete ab und begannen sich dort anzusiedeln und zu assimilieren, so daß jenes Land mit der Zeit den Namen ,Türkei' erhielt. Später, unter den osmanischen Nachfolgern der Seldschuken, drangen die Türken weit nach Europa vor und gründeten ein Reich, das ein halbes Jahrtausend bestand – die letzte und bedeutendste islamische Monarchie.

Im VII./13. Jahrhundert leiteten die Mongolen, ein heidnisches Volk aus Ostasien, mit ihrer Eroberung des Mittleren Ostens eine neue Phase ein. Sie verwüsteten die islamischen Länder und vernichteten im Jahre 651/ 1258 das Bagdader Kalifat. Das war ein gewaltiger Schock, und zeitgenössische Muslime betrachteten es als einen Wendepunkt in der islamischen Geschichte. Die neuen Mongolenstaaten im Mittleren Osten standen eine Zeitlang unter der Oberhoheit des Großkhāns, der zuerst in der Mongolei, später in Peking residierte. Mit der Zeit aber wurden auch die Mongolen assimiliert; sie nahmen den Islam an, ihre Heere und Gefolgsleute wurden türkisiert, und die von ihnen gegründeten Staaten nach muslimischem Vorbild verwaltet.

Die Feldzüge des großen Eroberers Tīmūr-i Lang, im Westen auch als Tamerlan bekannt, eröffneten eine neue Epoche in der Vorherrschaft der Steppenvölker. Im Verlauf seiner dramatischen Karriere erwarb er im VIII./ 14. Jahrhundert ein riesiges, aber kurzlebiges Imperium. Im X./16. Jahrhundert eroberten die Usbeken neue Gebiete. Danach fanden die Invasionen der Nomaden aus den nördlichen Steppen ein Ende; diejenigen aber, die bereits im mittelöstlichen Raum lebten, wurden allmählich in Dörfern und Städten seßhaft und dienten sich im Verwaltungsapparat hoch.

Mit den Mongolenstürmen erreichte die nichtmuslimische Vorherrschaft einen dramatischen Höhepunkt, der durch katastrophale Niederlagen für den Islam und die Unterwerfung der islamischen Kernländer gekennzeichnet war. Obwohl nur Teil eines jahrhundertelangen Prozesses, bewirkten die Mongoleneinfälle doch tiefgreifende Veränderungen in der mittelöstlichen Zivilisation und brachten sie auf neue Wege.

Nach den Mongolen

Ein charakteristisches Merkmal dieser neuen Phase ist die allumfassende politische und militärische Vorherrschaft der Türken. Überall, von Ägypten bis Indien und Zentralasien, waren sie die Herrscher, die Militärs, die Gouverneure, kurzum die herrschende Schicht; ja man nahm es hin, daß normalerweise die Türken den Krieg und die Regierungsgeschäfte führten – oft sogar sie allein.

Dieser Wandel brachte eine neue territoriale und institutionelle Stabilität. Unter den von den Steppenvölkern neu geschaffenen Einrichtungen ist das Sultanat besonders bemerkenswert. Es war eine unabhängige politisch-militärische Autorität, eine Ergänzung des Kalifats, das nun nur noch für religiöse und gesetzliche Belange zuständig war.

Das Auftreten der Türken stärkte den Islam und verlieh ihm die Kraft, sich den Kreuzfahrern zu widersetzen, sie schließlich zu schlagen und sogar einen neuen Vorstoß ins Innere Europas zu wagen. Türkisch wurde neben Arabisch und Persisch die dritte islamische Hauptsprache, nahm jedoch der politischen Bedeutung nach bald die erste Stelle ein.

Nach der Mongolenzeit gab es vier wichtige Machtzentren in der islamischen Welt. Ägypten und weite Teile Syriens unterstanden dem sogenannten Mamlūkensultanat, das, obwohl Türken und Tscherkessen über die einheimische arabischsprechende Bevölkerung herrschten, nichtsdestoweniger die Hochburg der älteren arabischen Kultur blieb. Persisch und Türkisch wurden kaum verwendet; Arabisch war weiterhin Verwaltungs-, Handels-, Schul- und Literatursprache. In der Geschichte der arabischen Kultur stellt das mamlūkische Ägypten ein silbernes Zeitalter dar, eine Ära der Kompilation und der Kommentare. Das Mamlūkensultanat war in gewissem Sinne eine Art arabisches Byzanz, eine Bastion der älteren Kultur, die den neuen, von den Türken, Mongolen und ihren Nachfolgern im Norden vertretenen Strömungen widerstand.

Das zweite Zentrum befand sich in Persien, das zunächst von den Il-Khānen, den Erben der mongolischen Eroberer, dann von mehreren mongolischen und türkischen Dynastien, unter denen die Familie Tamerlans die bedeutendste war, beherrscht wurde. Sie brachen der Reihe nach zusammen, und es folgte eine Periode der Anarchie; sie endete erst zu Beginn des X./16. Jahrhunderts mit dem Auftreten der Safawidendynastie, die eifrig für die Sache der Schia, fortan Irans Staatsreligion, eintrat. Das von den Safawiden gegründete iranische Königreich hat, fast unverändert, bis heute überlebt.

Weiter westlich, in Anatolien, zerfiel das türkische Seldschūkensultanat in mehrere kleine Sukzessionsstaaten. Der bedeutendste unter ihnen, das Fürstentum der Osmanen in Westanatolien, dehnte sich durch Eroberungen beiderseits der Dardanellen allmählich zu einem weiten Imperium aus.

Der osmanische Staat durchlief verschiedene Stadien. Er entstand zunächst als ein Fürstentum von Söldnern. Dann wurde er eine islamische Monarchie und der Erbe des Rūm-Seldschūken-Sultanats. Zuletzt sahen seine Führer in ihm ein neues islamisches Weltreich, den Nachfahren des islamischen Kalifats und des Römischen Reiches. Als Herren von Griechenland und Anatolien brauchten sie nun eine neue Reichshauptstadt, einen Schlußstein für das mächtige Gewölbe, das sie gebaut hatten. Am 29. Mai 1453, zwei Jahre nach seiner Thronbesteigung, eroberte Sultan Mehmed II. Konstantinopel und besiegelte damit die Vereinigung von zwei Kontinenten und Traditionen. Das letzte Glied in der Kette

war eingesetzt. Traditioneller Ansicht nach bedeutete dies für Europa das Ende des Mittelalters. Im Islam eröffnete es das Zeitalter des Osmanischen Reiches.

Eine Zeitlang stritten sich die osmanischen Sultane und die Safawidenshāhs um die Vorherrschaft im Mittleren Osten. Schließlich gelang es den Osmanen, die Safawiden zu schlagen, ohne aber dadurch Iran unter ihren Einfluß zu bringen. Danach richteten sie ihr Augenmerk auf das Sultanat von Ägypten, das sie ohne Schwierigkeit besiegten, wobei sie sein Hoheitsgebiet – Ägypten, Syrien und Westarabien – dem Osmanischen Reich einverleibten. Von 924/1517 an gab es im Nahen und Mittleren Osten nur noch zwei wirklich bedeutende Staaten: die Türkei und Iran.

Die vierte größere türkische Monarchie war die von Nordindien. Nach den Eroberungen Mahmūds von Ghazna herrschten türkische Sultane, bekannt als die Sklavenkönige von Delhi, über einen muslimischen Staat in Indien. Ihre Monarchie zerfiel zu gegebener Zeit, und an ihre Stelle trat das größere und mächtigere Reich Bāburs, eines Tīmūriden, der zu Beginn des X./16. Jahrhunderts Indien eroberte und die sogenannte Moghuldynastie gründete.

Neben diesen vier großen Monarchien entstanden sowohl auf altem als auch auf jüngst erobertem Territorium andere muslimische Staaten: in Nord- und Zentralafrika, in Zentralasien und in weiten Gebieten Südostasiens, die auf friedliche Weise für den Islam erschlossen wurden. Nur in Südeuropa war der Vormarsch des Islam endgültig aufgehalten und zurückgeschlagen worden; nach einem langen und erbitterten Kampf waren die Muslime schließlich von der Iberischen Halbinsel und den Inseln im mittleren und westlichen Mittelmeer vertrieben worden. Daß aber die Osmanen bis an die Mauern Wiens vordrangen, die islamisierten Mongolen sich die moskowitischen Fürsten untertan machten, und die Muslime stetig weiter ins hinduistische Indien vorstießen, schien jenen Verlust mehr als genug auszugleichen.

Doch der Glanz der vier großen islamischen Reiche war trügerisch und verbarg die Tatsache, daß die Beziehungen zwischen Islam und Christenheit sich grundlegend veränderten. Ende des IX./15. Jahrhunderts begann Europa seine großen Entdeckungs- und Eroberungsfahrten, durch die schließlich fast die ganze Welt in den Bann Europas und seiner Zivilisation geriet. Die Expansion Europas hatte zwei Ausgangspunkte: Die Seefahrernationen im Westen brachen von Süden her auf dem Seeweg in die islamische Welt ein, und die Russen im Osten rückten von Norden her auf dem Landweg gegen sie vor. Während die muslimischen Staaten auf der Krim, im Don- und Wolgabecken und in Zentralasien unter russische Herrschaft kamen, gerieten diejenigen in Süd- und Südostasien und im Mittleren und Nahen Osten nacheinander in vollständige Abhängigkeit von den Neuankömmlingen aus Westeuropa.

Wiederum, wie zur Zeit der Mongolenstürme, waren die islamischen Kernländer nichtmuslimischer Herrschaft untertan; der dadurch bewirkte Schock und die Reaktionen der muslimischen Bevölkerung auf diese Herausforderung und die daraus resultierende allmähliche Veränderung der islamischen Gesellschaft sind die beherrschenden Themen islamischer Geschichte in der Neuzeit.

Mekka, das Zentrum der Welt: Titelbild aus einem arabischen Atlas (958/1551). Am Rand des Kreises sind die Namen aller islamischen Länder aufgeführt; die Strahlen bestimmen ihre Himmelsrichtung von der Ka'ba aus. Mekka verlor seine politische Bedeutung innerhalb weniger Jahre nach Muhammads Tod. Es blieb aber weiterhin geistiges Zentrum des Islam, Brennpunkt der Frömmigkeit und Ziel der Pilgerfahrt. (1)

Die historischen Länder des Islam erstrecken sich von Marokko bis Südostasien und liegen alle auf einem Streifen zwischen ca. 20° N und 40° N. In den meisten Gegenden fällt Regen nur spärlich, so daß die Landwirtschaft – und somit die Zivilisation – rund um Oasen und entlang der Flüsse auf engem Raum zusammengedrängt ist. Oben: ein marokkanisches Dorf; ganz überraschend liegt manchmal ein grünes Fleckchen Erde inmitten kahler Gebirgslandschaft. Rechts: Landschaft bei Mekka. ‚Wüste' bedeutet nicht immer ‚Sandwüste'. (2, 3)

Wasser erzeugt Leben. Hier der Tigris in der Nähe von Bagdad; er gewährleistet eine ertragreiche Landwirtschaft. Der fruchtbarste Boden findet sich in jenen Landstrichen, die regelmäßig von Schlamm und Wasser überflutet werden. Kunstvolle Bewässerungsanlagen ermöglichen auch in höheren Lagen noch Ackerbau. Tigris und Euphrat entspringen beide in Anatolien. Da sie sich von Firnschnee nähren, führen sie auf ihrem langen Weg zum Persischen Golf überall reichlich Wasser. (4)

Unter den Umayyaden wandelte sich die islamische Kultur grundlegend. Sie blieb nicht länger rein arabisch, sondern nahm mehr und mehr Persisches und Byzantinisches auf. Die frühe umayyadische Kunst bediente sich vorwiegend hellenistischer Stilarten. Oben: Stukkatur eines Kopfes aus Khirbat al-Mafjar bei Jericho, erste Hälfte des II./8. Jh. Unten: Tanzendes Mädchen auf einer bemalten Glasschale aus Syrien, gleiche Datierung. (5, 6)

Die Palastruinen von Qasr Amra, Mshatta, Khirbat al-Mafjar und 'Anjar (oben) legen Zeugnis ab vom luxuriösen Lebensstil, dessen sich die Umayyadenkalifen erfreuten. 'Anjar, das zwischen dem II./8. und dem III./9. Jh. erbaut wurde und heute teilweise rekonstruiert ist, zeigt die gleichen architektonischen Grundzüge wie zeitgenössische frühchristliche und byzantinische Bauten. (7)

Das Schachspiel kam aus Indien in den Islam. Diese Figur aus Elfenbein stellt einen bewaffneten Reiter dar und stammt aus Persien, II./8. bis III./9. Jh. (8)

Die Symbole für Macht und Vergnügen übernahmen die Kalifen von ihren byzantinischen
und sāsānidischen Vorläufern. Die Stukkatur
links kommt aus Khirbat al-Mafjar: die Löwen zu Füßen des Kalifen gehen auf altper-
sische Vorbilder zurück. Die weibliche Figur
(unten links) stammt aus dem gleichen Palast;
beide Werke entstanden zur Zeit des Kalifen
al-Walīd II., 125–26/743–44. (9, 10)

Die Bildfragmente (oben) aus dem 'Abbāsi-
denpalast in Samarra (Mitte des III./9. Jh.)
zeigen, daß er reich bemalt war, in einem Stil,
der eher aus Zentralasien als aus der klassischen Welt stammt. Die Fresken stellten wahrscheinlich Szenen aus dem Hofleben dar. (11)

Unter den Fāṭimiden von Ägypten lebte die
klassische Tradition weiter. Eine Elfenbeinzierleiste (rechts) zeigt Jagd-, Ernte- und Fest-
szenen (V./11. bis VI./12. Jh.). (12)

Obwohl alle Rassen nach islamischer Lehre gleich sind, und der Koran einzig zwischen Gläubigen und Ungläubigen unterscheidet, wurden in der ersten Zeit alle einflußreichen Ämter ausschließlich von Arabern verwaltet. Selbst als man später dieses Prinzip aufgeben mußte, verhalf arabisches Blut weiterhin zu höherem Ansehen. Der arabische Fürst und sein Hofstaat (oben links), aus den *Maqāmāt* des Harīrī wurden Mitte des VII./13. Jh. gemalt. (13)

Türken treffen wir schon früh im islamischen Reich an, zunächst als Soldaten, dann auch als Herrscher. Das Bild des türkischen Militärbeamten (oben) entstammt ebenfalls den *Maqāmāt*. (14)

Ein Schiff segelt von Basra nach Oman, scheinbar mit indischer Besatzung und arabischen Passagieren. Die Miniatur aus den *Maqāmāt* erlaubt einen flüchtigen Blick auf die soziale Rollenverteilung und erinnert an die Reichweite arabischer Unternehmen. (15)

وَسَتَى الْإِمَامُ إِلَى عُمَانَ فَاكْتَفَى أَبُو زَيْدٍ بِالنَّخْلَةِ وَاهَبَ لِلرِّحْلَةِ فَلَمْ يَسْمَحِ الْوَالِي

Auch in fernen Ländern waren die Gelehrten gewöhnlich Araber. Das Bild aus den *Maqāmāt* (oben) zeigt den Fürsten einer ‚östlichen Insel' im Indischen Ozean. Zwei arabische Astrologen, links und rechts neben ihm, bestimmen das Horoskop seines Sohnes. (16)

‚Nie zuvor hatte eine solche Katastrophe die ganze Welt, vor allem jedoch die Araber, heimgesucht!' schrieb Ibn al-Athīr über die Plünderung Bagdads durch die Mongolen im Jahre 656/1258. Rashīd ad-Dīn vertritt in seiner *Weltgeschichte* (spätes VIII./14. Jh.),

aus der diese Miniatur stammt, die gleiche Ansicht (unten). Der größere geschichtliche Überblick zeigt aber, daß das Kalifat bereits dem Untergang geweiht war, und die neue Pax Mongolica die alten Zustände in mancher Hinsicht verbesserte. (17)

Die Mongolen nahmen den Islam an. Obwohl theoretisch Untertanen des Groß-Khāns von China, waren sie gegen Ende des VII./ 13. Jh. de facto unabhängig. Ihre internationalistische Haltung leitete eine neue Epoche der islamischen Geschichte ein. Zu Beginn des IX./15. Jh. trat der Turko-Mongole Tamerlan (Tīmūr-i Lang) als großer Eroberer auf. Seine Dynastie, die Tīmūriden, herrschte eine Zeitlang über die türkischen, persischen und indischen Teilreiche. Oben links: Das Mausoleum von Tamerlan in Samarkand, ursprünglich als Grabstätte für seinen Neffen geplant. Unten: Der Mongolenherrscher Tahmaras, ‚der voll Bewaffnete‘, zusammen mit einem arabischen Schreiber. Die Mongolen waren, wie die Araber zu Beginn ihrer Expansion, in der Staatsverwaltung auf die Hilfe der weiter fortgeschrittenen Völker, die sie unterworfen hatten, angewiesen. (18, 19)

I

DER GLAUBE
UND DIE GLÄUBIGEN

Bernard Lewis

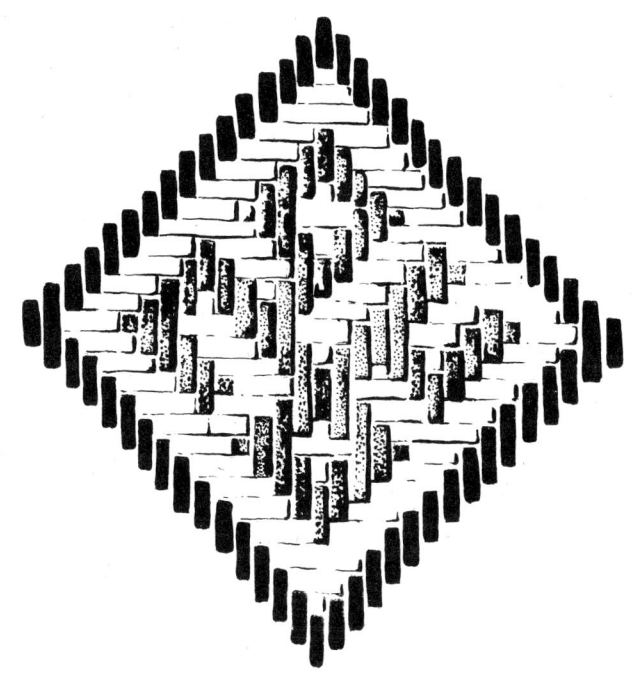

Das Wort Islam hat verschiedene Bedeutungen. Nach traditionellem muslimischem Verständnis bezeichnet es die einzig wahre göttliche Religion, die mehrere Propheten mittels einer Offenbarungsschrift den Menschen verkündet hatten. So hatten die Propheten Moses, David und Jesus die Thora, den Psalter und das Evangelium gebracht. Muhammad galt als der letzte und größte Prophet; und sein Buch, der Koran, vervollständigte und ersetzte zugleich alle früheren Offenbarungen.

In diesem Sinne waren alle jüdischen Propheten und Helden vor Christus und die Christen vor Muhammad Muslime – abgesehen von denen, die die auf sie herabgesandten Offenbarungen verfälschten und irregingen. Gewöhnlich verwendet man den Begriff Islam für das letzte Glied in der Kette der Offenbarungen – die Religion Muhammads und des Korans. Und hier sollte man wiederum verschiedene Bedeutungen unterscheiden: In erster Linie bezeichnet Islam den Glauben, den Muhammad selbst mit Hilfe des Korans und seiner eigenen Lehre und Praxis verkündet hatte. Darüber hinaus wendet man den Begriff auf das ganze komplexe System von Dogma, Gesetz und Brauchtum an, das in den Jahrhunderten nach seinem Tod aufgrund seiner eigenen und anderer, ihm zugeschriebener Lehren sorgfältig ausgearbeitet wurde.

In noch weiterem Sinne verwenden die Historiker, besonders die nichtmuslimischen, das Wort Islam oft nicht als Äquivalent zu Christentum, sondern zu Christenheit und bezeichnen damit die gesamte islamische Kultur.

Die grundlegenden Lehren des Korans sind bereits in den frühen Kapiteln enthalten, die dem Propheten noch in Mekka geoffenbart wurden, bevor er mit seinen Anhängern nach Medina auszog. Sie lauten: Es gibt nur einen Gott, den allmächtigen und allwissenden Schöpfer aller Dinge; die Menschen sind verpflichtet, sich ganz dem Willen Gottes zu unterwerfen; wer sich gegen den gottgesandten Propheten auflehnt und im Unglauben verharrt, wird sowohl im Diesseits als auch im Jenseits dafür bestraft; nach dem Tode gibt es einen Himmel und eine Hölle, wo die Guten belohnt und die Bösen gezüchtigt werden; am Jüngsten Tag findet nach der Auferweckung der Toten ein Weltgericht statt.

Der Koran als Quelle islamischer Lebensführung kann ergänzt werden durch den sogenannten *hadīth* (‚Mitteilung'), Berichte über die Taten und Aussprüche des Propheten, von dem die Muslime glaubten, er sei bei allem, was er sagte und tat, göttlich inspiriert gewesen. Diese wurden zunächst mündlich überliefert und später in Sammlungen niedergeschrieben, die bei den Muslimen beinahe so hohes Ansehen genießen wie der Koran selbst. Schon im Mittelalter stellten muslimische Gelehrte die Authentizität mancher dieser Überlieferungen in Frage. Westliche Wissenschaftler taten das gleiche, nur noch viel gründlicher, ohne aber die Autorität, die diesen Traditionen bei den Muslimen zukommt, ernsthaft zu erschüttern.

Koran und *hadīth* bilden die Basis der *sharī'a*, des Heiligen Gesetzes. Dieses gewaltige, von vielen Juristen- und Theologengenerationen sorgfältig ausgearbeitete Korpus, in dem das Gesetz als von Gott erlassen und vom Propheten promulgiert erscheint, zählt zu den großen intellektuellen Leistungen des Islam und ist in mancher Hinsicht die umfassendste Charakter- und Wesensäußerung der islamischen Kultur. Es beruht nicht, wie andere Gesetzessysteme, primär auf der legislativen Tätigkeit von Regierungen, obwohl, wie die Tradition sagt, die Entscheide des Propheten und der Führer der islamischen Gemeinde nach ihm sein Entstehen maßgebend beeinflußten. Als seine Quelle gilt für die Muslime die Offenbarung, wie sie sich in Koran und *hadīth* manifestiert und von den Juristen ausführlich dargelegt und interpretiert wurde. Die Rechtsgelehrten stützten sich bei dieser Arbeit auf wohlerprobte Argumentations- und Interpretationsmethoden. Da sie nicht Staatsbeamte, sondern Privatgelehrte waren, galten ihre Entscheidungen nicht als allgemein verbindlich und stimmten sehr oft auch nicht überein.

Die *sharī'a* erfaßt alle Aspekte des öffentlichen und privaten Lebens eines Muslim und setzt die religiösen Pflichten der Gemeinde und des einzelnen fest. In manchen ihrer Vorschriften, vor allem in denen, die sich auf

25

Die fünf Hauptvorschriften des Islam – Glaubensbekenntnis, Gebet, Pilgerfahrt, Fasten und Geben von Almosen – können durch eine geöffnete Hand symbolisiert werden. Diese ist im Schlußstein eines Torbogens der Alhambra in Granada eingemeißelt. (2)

Eigentum, Heirat, Erbschaft und andere persönliche Angelegenheiten beziehen, gilt sie als normativer Gesetzeskodex, den die einzelnen Menschen zu befolgen und die Gesellschaft durchzusetzen haben. In anderen, ganz besonders in politischen Bestimmungen bietet sie vielmehr ein System von Idealen an, denen der einzelne und die Gesellschaft nachstreben sollten. Muslimische Gelehrte teilten das Gesetz in zwei Hauptteile ein. Der eine befaßte sich mit dem Verstand und dem Herz des Gläubigen, das heißt mit Dogmatik und Individualethik, der andere mit den äußeren Handlungen in bezug auf Gott und die Mitmenschen, das heißt mit dem Gottesdienst und mit Zivil-, Straf- und Staatsrecht. Beide hatten den Zweck, eine Pflichtenlehre zu definieren, die den Gläubigen befähigt, im Diesseits rechtschaffen zu leben und sich für das Jenseits vorzubereiten.

Die fünf Säulen des Islam

Von allen islamischen Vorschriften gelten fünf als zentral und grundlegend. Die erste ist die *shahāda* oder das ‚Zeugnis‘, das Glaubensbekenntnis, in dem der Gläubige bezeugt, daß es keinen Gott außer Gott gibt und daß Muhammad der Prophet Gottes ist. Dieses Bekenntnis zur Einheit und Einzigkeit Gottes und zur Sendung Muhammads bildet die Grundlage des islamischen Glaubens, und die meisten muslimischen Theologen stimmen darin überein, daß jeder, der es unterschreibt, als Muslim gelten kann. Zu verschiedenen Zeiten und an verschiedenen Orten haben Philosophen und Theologen mit großem dogmatischem Scharfsinn ausführlichere Glaubensbekenntnisse entworfen; doch

jene einfache Formel bleibt das äußerste Minimum, zu dem sich jeder bekennen muß, der sich Muslim nennen möchte.

Die zweite Säule des Islam ist das Gebet, von dem es zwei Arten gibt. Die eine, *du'ā'*, ist das persönliche, spontane, nichtrituelle Gebet. Die andere, *salāt*, ist das formelle Ritualgebet, das man mit genau vorgeschriebenen Formeln und Gebärden fünfmal täglich – bei Sonnenaufgang, mittags, nachmittags, bei Sonnenuntergang und abends – verrichten soll. Es gilt für alle erwachsenen Muslime, Männer und Frauen, als religiöse Pflicht; nur die Kranken sind davon befreit. Der Betende muß in rituell reinem Zustand an einem rituell reinen Ort sein Gesicht gegen Mekka, die Geburtsstadt des Propheten, wenden. Als eigentliches Gebet rezitiert er das Glaubensbekenntnis und einige Koranstellen. Die Gebetszeiten werden durch den *adhān*, den Gebetsruf, der gewöhnlich vom Minarett herab ertönt, angekündigt.

Das Gemeinschaftsgebet findet Freitag mittags in der Moschee statt. Das Wort Moschee kommt vom arabischen *masjid*, das ‚Prostrationsplatz‘ bedeutet. Das Gebäude war primär für das Gemeinschaftsgebet bestimmt. Aber es wäre irreführend, die Moschee als ein islamisches Äquivalent zur christlichen Kirche oder jüdischen Synagoge zu beschreiben. Als eine Kultstätte, an der der wöchentliche Gemeindegottesdienst gefeiert wird, läßt sie sich zwar tatsächlich mit jenen vergleichen. In einem anderen Sinne entspricht sie aber ganz dem römischen Forum und der griechischen Agora. In der Moschee traf man sich nicht nur zum gemeinsamen Gebet, sie war auch das Zentrum der muslimischen Gesellschaft, besonders in den neuen Städten, die die Muslime in den eroberten Gebieten gründeten. Die Kanzel, *minbar*, in der Moschee war die Plattform, wo man wichtige Beschlüsse und Meldungen bekanntgab, und wo sich neue Herrscher und Gouverneure dem Volke vorstellten. In den frühesten Stadtanlagen bildeten die Moschee, die Regierungsgebäude und die Truppenunterkünfte zusammen eine Art Zitadelle, und der Herrscher oder Statthalter gab wichtige Verlautbarungen persönlich von der Kanzel herab bekannt. Der Kanzelredner hielt gewöhnlich ein Schwert, einen Stab oder einen Bogen als Symbol für die Souveränität und die Suprematie des Islam in der Hand.

Als der Staatsapparat mächtiger und komplexer wurde, büßte die Moschee den größten Teil ihrer politischen Bedeutung ein, ohne sie aber ganz zu verlieren. Ernennungen und der Regierungsantritt eines neuen Kalifen wurden weiterhin von der Kanzel herab bekanntgegeben, und die wöchentliche *khutba*, die Kanzelpredigt, blieb politisch bedeutsam, weil in ihrem Bittgebet der Herrscher und der Statthalter erwähnt wurden. Das war eines der Zeichen, die die Souveränität des Islam deutlich zum Ausdruck brachten.

Die Moschee ist nicht nur zu den offiziellen Gebetszeiten geöffnet. Sie kann stets auch für Meditation, Studium, spontanes Gebet und viele andere Beschäftigungen benützt werden; früher diente sie oft als Gerichtshof, da das islamische Recht göttliches Recht war und Gesetz und Religion untrennbar miteinander verbunden waren. Daneben erteilte man in der Moschee auch Unterricht, und später war ihr häufig eine Schule

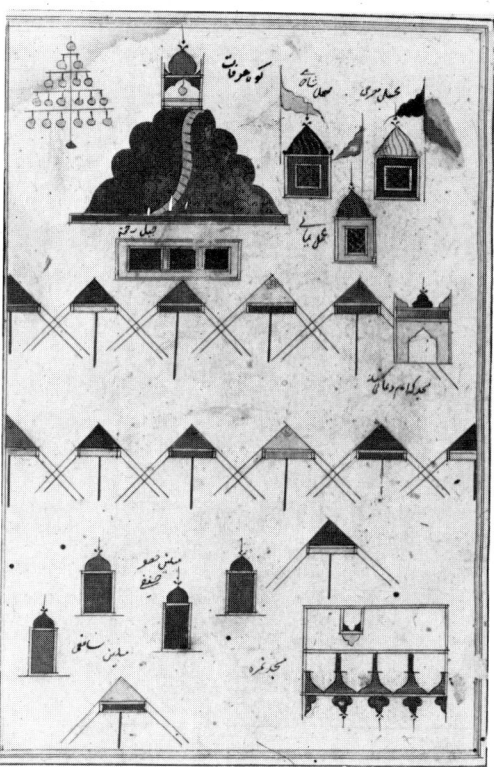
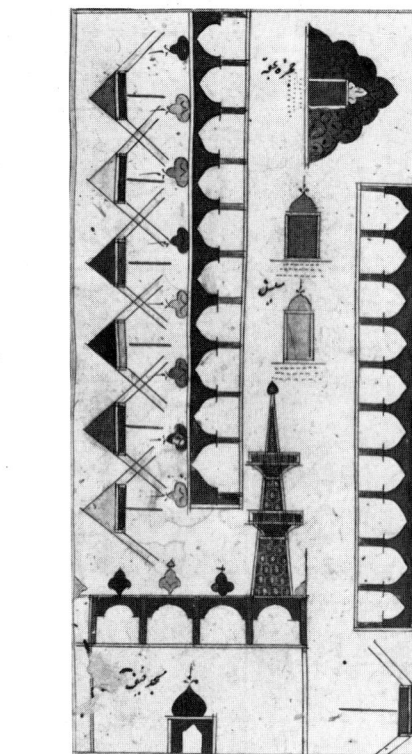

Zwei Zeichnungen aus dem X./16. Jh.; sie gehören zu einer Dichtung über die Pilgerfahrt. Die erste zeigt die Zelte der Pilger vor dem Berg ʿArafāt, oben rechts erkennt man drei mahmals, zeremonielle Kamelsänften. Die zweite ist eine schematisierte Darstellung des Tales von Minā mit der Jamrat al-ʿAqaba, wo jeder Pilger sieben Steinchen gegen eine Säule wirft und so symbolisch den Satan steinigt. (3, 4)

angegliedert, an der nicht nur der Koran, sondern auch alle anderen islamischen Wissenschaften gelehrt wurden.

Das Innere der Moschee ist einfach und nüchtern gehalten. Es gibt kein Allerheiligstes und keinen Altar; die islamische Religion kennt keine Sakramente, keine Mysterien und auch kein Priesteramt. Der Imam leitet das Gebet, und jeder Muslim, der die Gebete und die Rituale kennt, kann als solcher auftreten. Die Moschee als Gebetsplatz oder Gottesdienstgebäude läßt sich zwar mit der Kirche vergleichen, aber es gibt im Islam nichts, was der Kirche als Institution entspräche.

Die dritte Säule des Islam ist die Pilgerfahrt, der *hajj*. Jeder Muslim muß mindestens einmal im Leben nach den beiden heiligen Städten in Arabien pilgern und den Auszug des Propheten von Mekka nach Medina nachvollziehen. Frauen dürfen nur mit ausdrücklicher Erlaubnis ihres Ehegatten und unter sicherem Geleitschutz an der Wallfahrt teilnehmen. Wer außerstande ist, selbst zu gehen, darf diese Pflicht einem anderen überantworten, sogar testamentarisch. Die Pilgerfahrt findet zwischen dem siebten und zehnten Tag des Monats Dhu'l-Hijja statt und erreicht mit dem Opferfest, dem sogenannten Großen Fest, ihren Höhepunkt.

Die jährliche Pilgerfahrt, die Muslime aus aller Herren Länder in einem einzigen Frömmigkeitsakt vereinigt, übt eine starke einigende Wirkung in der islamischen Welt aus. Um diese religiöse Pflicht zu erfüllen, verlassen jedes Jahr unzählige Muslime aus allen Teilen der muslimischen Welt, Männer und Frauen verschiedenster Rasse und sozialer Herkunft, ihre Heimat und unternehmen eine lange und häufig mühsame Fahrt. Jede derartige Reise ist ein freiwilliger, individueller Akt, dem ein persönlicher Entschluß vorausgeht, und der dem einzelnen manche weitreichende Erfahrung vermittelt.

Diese Art physischer Beweglichkeit, die vor Beginn der Neuzeit sonst unbekannt war, hatte wichtige soziale, geistige und wirtschaftliche Konsequenzen im mittelalterlichen Islam. Wenn der Pilger reich war, begleitete ihn vielleicht eine Anzahl Sklaven, von denen er einige auf der Reise als eine Art Travellerschecks verkaufte, um seine Auslagen zu begleichen. War der Pilger ein Kaufmann, so konnte er aus seiner Pilgerfahrt eine Geschäftsreise machen, indem er überall, wo ihn sein Weg hinführte, Waren kaufte und wieder verkaufte und auf diese Weise Märkte, Produkte, Kaufleute, Sitten und Gebräuche anderer Länder kennenlernte. Falls er ein Gelehrter war, konnte er die Gelegenheit benützen, um Vorlesungen zu besuchen, Kollegen zu treffen und Bücher zu kaufen, und so auch am Austausch und an der Verbreitung wissenschaftlicher Erkenntnisse und Ideen mitwirken. Um die Pilgerfahrt zu erleichtern, mußte man ein entsprechendes Verkehrsnetz zwischen den oft weit voneinander entfernten islamischen Ländern unterhalten – auf diese Weise erhöhten die religiösen Pflichten den Bedarf an Behörden und Handel. Die Pilgerfahrt gab den Anstoß zu einer reichhaltigen Reiseliteratur, die viele nützliche Informationen über ferne Gegenden vermittelte. All das verlieh den Muslimen mit der Zeit das Gefühl, zu einem einzigen, großen Ganzen zu gehören.

Die vierte Säule ist das Fasten im Ramadān, dem neunten Monat des muslimischen Jahres. Alle erwachsenen Muslime, Männer und Frauen – ausgenommen Alte und Kranke – müssen es einhalten. Wer sich gerade auf einer Reise befindet, kann das Fasten verschieben. Während des ganzen Monats Ramadān müssen sich die Gläubigen jeweils von Morgengrauen bis Sonnenuntergang des Essens, des Trinkens und des Geschlechtsverkehrs enthalten. In der Nacht werden spezielle Gebete verrichtet. Beim Erscheinen des Neumonds endet die Fastenzeit, man feiert das ‚Kleine Fest‘, den ʿīd al-fitr, das dreitägige Fest des Fastenbrechens.

Die fünfte und letzte Säule ist die *zakāt*, eine finanzielle Abgabe der Muslime an die Gemeinde oder den

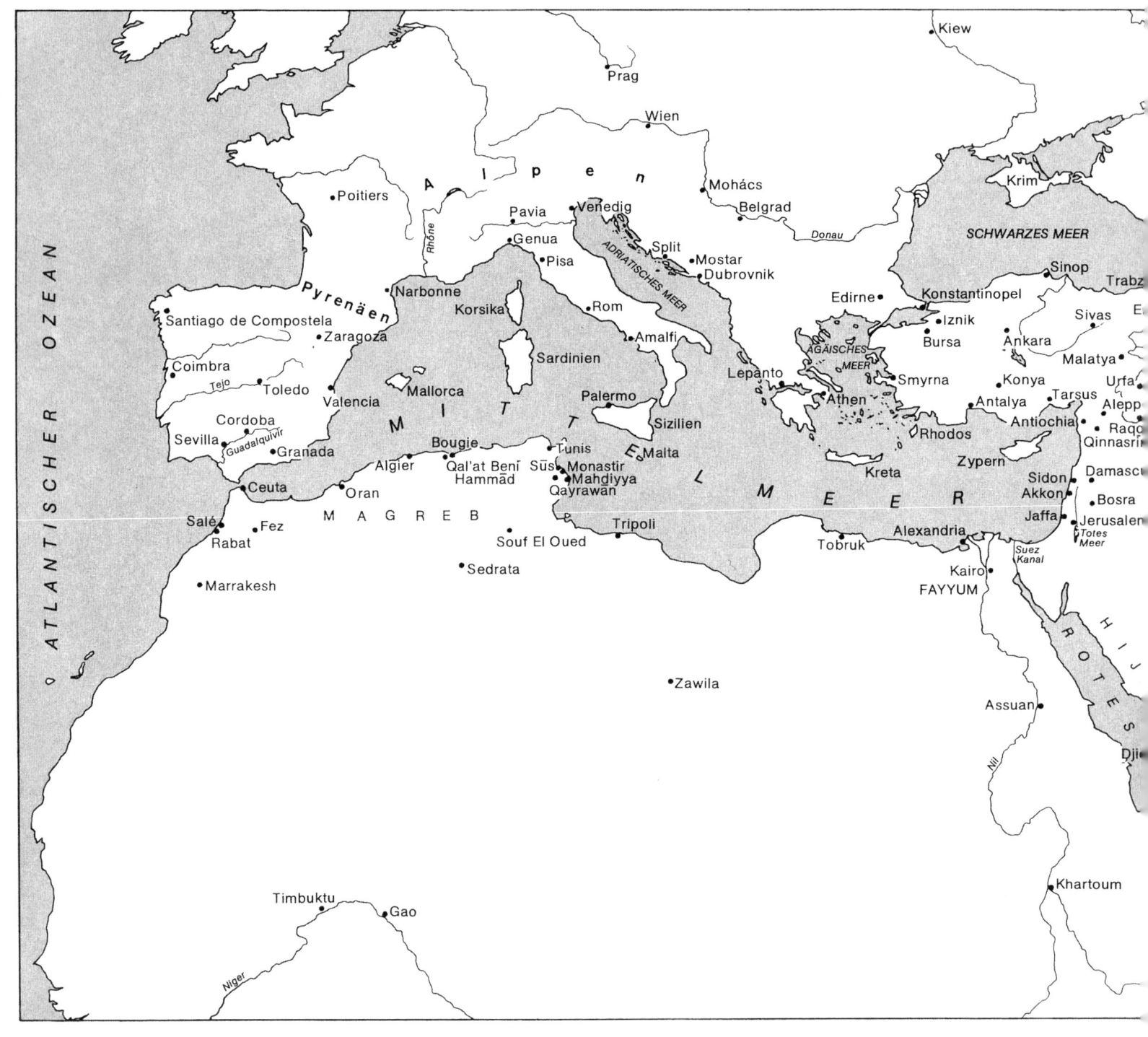

Staat. Ursprünglich spendeten sie die Gläubigen als Almosen für fromme Zwecke; später wurde sie zu einer Art Tribut oder Steuer, durch die der zum Islam Bekehrte formell zum Ausdruck brachte, daß er die Autorität des Islam annehme und dem muslimischen Staatswesen die Treue halte.

Glaube, selbständige Entscheidung und Toleranz

Moderne Verfasser brauchen oft Worte wie Orthodoxie und Häresie, um die Hauptrichtung des islamischen Glaubens und die Abweichungen davon zu kennzeichnen. Solche Begriffe passen jedoch nicht zur islamischen Situation. Sie stammen aus dem Bereich christlicher Geschichte und Institutionen und spiegeln Voraussetzungen wider, die im Islam keine Entsprechung finden.

Der Islam in seiner klassischen Form kannte keine Priesterhierarchie und keine kirchliche Autorität. Es gab weder Konzilien noch Synoden, die verbindliche Dogmen formulierten, auch keine kirchenähnliche Institution, die sie dann zur offiziellen Wahrheit erklärte. Wo es keine Orthodoxie gab, da konnte es auch keine Häresie geben, weil Häresie einen Irrtum, ein Abweichen von der autoritativ definierten Wahrheit bedeutet.

Die Ulema – von arabisch 'ulamā', Plural zu 'ālim („einer, der weiß, Kenntnis besitzt') – bilden allerdings fast eine Art Klerus im Islam. Es sind dies Theologen und Juristen, die allein oder in Schulen Dogmen formulieren und die Schrift interpretieren; sie verstehen sich aber nicht als eine verfassungsmäßige kirchliche

Die islamische Welt: Die Karte zeigt die Gebiete, die in diesem Buch erwähnt werden, sie bezieht sich jedoch nicht auf eine bestimmte Epoche. (5)

Behörde, die eine alleingültige orthodoxe Glaubenslehre und Auslegung festlegt und jede Abweichung zur Häresie erklärt.

Der einzige allgemein anerkannte Test für den richtigen Glauben ist der *ijmā'*, die Übereinstimmung der Gläubigen, was man in moderner Terminologie etwa mit Meinungsklima unter den Gelehrten und Mächtigen übersetzen könnte. Solch ein Konsensus mag vage und unbeständig scheinen, variiert er doch zeitlich und örtlich. In der Frühzeit des Islam ist das sicher so gewesen; da ließ man menschlichem Denken und persönlicher Ansicht einen weiten Spielraum. Mit der Zeit aber waren nur noch für unbedeutende Randprobleme individuelle Lösungen möglich. Es entstand eine gewaltige, fast überall anerkannte Sammlung von Re-

geln für das korrekte Verhalten und den rechten Glauben – die Kernpunkte von Gesetz und Theologie im Islam. Wegleitendes Prinzip bei ihrer Gestaltung war der Respekt vor der Tradition – das heißt vor der Sunna. Im alten Arabien bedeutete dieses Wort soviel wie ,Verhaltensweise der Ahnen', ,Stammesbrauch'. In der Frühzeit des Islam war die Sunna die lebendige, ständig wachsende Tradition der Gemeinde, wie sie sich aufgrund der Haltung und der Politik des Propheten und der ersten Kalifen entwickelte. Im II./8. Jahrhundert setzte sich eine strengere Auffassung von Tradition durch. Die Sunna wurde nun mit der Praxis und der Lehre des Propheten, wie sie die angeblich authentischen Berichte in den Traditionssammlungen beschrieben, gleichgesetzt und galt bald als einzige Wegleitung neben dem Koran. Als man sogar ein allgemein anerkanntes Korpus von Traditionen zusammenstellte, um damit die Gesetzgebung des Propheten verbindlich festzuhalten, wurden die selbständige Entscheidung und folglich auch der Konsensus stark eingeschränkt, aber nie ganz eliminiert. So war die Basis geschaffen für eine islamische Orthodoxie im Sinne eines zentralen Kerns traditioneller Lehre und Praxis; jede Abweichung davon konnte nun, den Umständen entsprechend, als Irrtum, Verbrechen oder Sünde verurteilt werden.

Diejenigen, die sich zu dieser Rechtgläubigkeit bekannten, nannte man Sunniten – ein Ausdruck, der weit mehr Treue zur Gemeinde und Anerkennung ihrer Traditionen in sich schließt als der christliche Begriff der Orthodoxie, der ein bestimmtes Glaubensbekenntnis und den Gehorsam gegenüber einer kirchlichen Autorität umfaßt. Die gleichen, auf die Gemeinde und die Tradition bezogenen Implikationen kann man in den verschiedenen Fachausdrücken erkennen, die die Muslime verwenden, um ein Abweichen von der Sunna zu kennzeichnen.

Die größte Ähnlichkeit mit dem christlichen Begriff der Häresie hat vielleicht der muslimische Ausdruck *bid'a*, Neuerung. Festhalten an der Tradition ist gut, und der sunnitische Islam ist damit definiert; Abweichen von ihr ist *bid'a* und schlecht, insofern es sich nicht für einen besonderen Fall als gut erweist. Die extrem traditionalistische Ansicht zeigt uns ein dem Propheten zugeschriebener Ausspruch: ‚Die übelsten Dinge sind die Neuheiten. Jede Neuheit ist eine Neuerung, jede Neuerung ist ein Irrtum, und jeder Irrtum führt ins Höllenfeuer.‘ Eine Lehre als *bid'a* verwerfen, hieß in erster Linie nicht, daß sie falsch war, sondern, daß sie neu war – ein Bruch mit der Tradition, die man aufgrund des muslimischen Glaubens an die Endgültigkeit der Offenbarung Muhammads ganz besonders hochhielt.

Es besteht also ein wesentlicher Unterschied zwischen der christlichen Vorstellung von Häresie und der muslimischen von *bid'a*. Häresie ist eine theologische Übertretung – eine falsche Auswahl oder ein falscher Akzent in der Lehre. Neuerung ist mehr ein soziales als ein theologisches Vergehen. Genau gleich verhält es sich mit dem Vorwurf, der in einem anderen Fachausdruck enthalten ist: *ghuluww*, Übertreibung, gehört zu einer arabischen Wurzel, die ‚zu weit gehen, die Grenzen überschreiten‘ bedeutet. Ein wenig Meinungsverschiedenheit innerhalb der Gemeinde wurde als harmlos, ja sogar nützlich, hingenommen. Es gibt vier verschiedene, auch heute noch stillschweigend tolerierte Rechtsschulen mit eigenen Prinzipien, eigenen Gesetzbüchern und eigener Gerichtsbarkeit. Innerhalb der Gemeinde treten sogar größere Meinungsverschiedenheiten auf; es muß aber Grenzen geben. Diejenigen, die ihre Divergenzen bis zum *ghuluww* treiben, gelten nach Ansicht der meisten Theologen nicht (mehr) als Muslime.

Muslimische Theologen beschuldigten Lehren, die ihrer eigenen Meinung widersprachen, recht schnell der Neuerung, des Abweichens oder des Extremismus; sie verfolgten jedoch diese Vorwürfe nur selten bis zu ihrem logischen Schluß. Da in der islamischen Theologie und Rechtslehre Häresie und Häretiker keine anerkannten Kategorien sind, so galten muslimische Vertreter einer Lehre, die als nichtislamisch verurteilt wurde, als Apostaten und waren der höchsten gesetzlichen Strafe gewärtig. Der Sektierer hingegen blieb, auch wenn seine Glaubensansichten gemäß Konsensus nicht mit der Hauptströmung im Islam vereinbar waren, ein Muslim und hatte vor dem Gesetz Anspruch auf den Status und die gesellschaftlichen Privilegien eines Muslim: Er durfte eigenes Vermögen besitzen, heiraten, eine Erbschaft antreten, als Zeuge aussagen und ein öffentliches Amt bekleiden. Als Kriegsgefangener mußte er wie ein Muslim behandelt werden: Er wurde nicht zum Sklaven gemacht; seine Familie und sein Besitz standen unter dem Schutze des Gesetzes. Er war zwar ein Sünder, aber kein Ungläubiger, und durfte sogar das ewige Heil erwarten. Die lebenswichtige Scheidewand lag nicht zwischen Sunnit und Sektierer, sondern zwischen Sektierer und Apostat. Abfall vom Glauben galt gleichermaßen als Verbrechen und Sünde, und der Abtrünnige war sowohl im Diesseits als auch im Jenseits verdammt. Sein Verbrechen bestand darin, daß er die Gemeinde, zu der er gehörte und der er Treue schuldete, verließ und verriet. Er hatte sein Leben und sein Eigentum verwirkt; er war ein totes Glied, das man abschneiden mußte.

Der Vorwurf der Apostasie war nicht ungewöhnlich, und Ausdrücke wie ‚Ungläubiger‘ und ‚Abtrünniger‘ waren früher in der religiösen Polemik allgemein gebräuchlich. ‚Die Frömmigkeit der Theologen‘, sagt al-Jāhiz (gest. 256/869), ‚besteht darin, Andersdenkende sofort als Ungläubige zu denunzieren.‘ Al-Ghazālī (gest. 505/1111) spricht mit Verachtung von denjenigen, ‚die die unermeßliche Barmherzigkeit Gottes allein seinen Dienern und das Paradies nur einem kleinen Theologenklüngel zukommen lassen möchten.‘ Tatsächlich aber wirken sich solche Beschuldigungen kaum ungünstig auf das Alltagsleben der Betroffenen aus. Als später das muslimische Recht genau systematisiert war, fühlten sich nur noch wenige Theologen dazu fähig, jemandem, der eine andere Meinung vertrat, Abtrünnigkeit nachzuweisen und seine gesetzliche Bestrafung zu fordern. Einzig Leute, die hartnäckig eine extreme und aggressive Lehre befolgten, liefen Gefahr, die Grenzen des in der islamischen Gemeinde Erlaubten zu überschreiten.

Das Fehlen einer verbindlichen dogmatischen Orthodoxie liegt nicht in einem Versäumnis begründet, sondern in der Abneigung gegen eine Haltung, die nach Ansicht der sunnitischen Muslime dem Geist ihres Glaubens fremd und für die Interessen ihrer Gemeinde gefährlich war. ‚Es gibt keinen Zwang im Glauben‘, sagt der Koran (II, 257). Ein dem Propheten zugeschriebener Ausspruch geht noch weiter: ‚Meinungsverschiedenheit in meiner Gemeinde ist eine Offenbarung der göttlichen Barmherzigkeit.‘

Die Zugehörigkeit zum Islam bestand letztlich nicht in einem Glaubensbekenntnis, sondern in einer Art treuer Gefolgschaft. Nur hartnäckiges und militantes abwegiges Verhalten war als Unglaube zu verwerfen. Der Übeltäter mußte widerrufen und bereuen; wenn er es nicht tat, mußte er hingerichtet werden.

Das heißt nicht etwa, daß die Unterdrückung abweichender religiöser Meinungen im Islam unbekannt

*Die ersten vier Kalifen waren Ge-
fährten Muhammads. Ihnen folgten
die beiden Dynastien der Umayyaden und ʿAbbāsiden. Während der
ersten eroberte der Islam in einem
erstaunlichen Siegeszug ganz Nordafrika und Westasien, von Marokko
bis Persien. Die zweite sicherte und
verwaltete dieses Gebiet trotz wach-
sender Bedrohung. Hier sind zwei
hervorragende Kalifen abgebildet:
der Umayyade ʿAbd al-Malik (links)
(65–86/685–705) – diese Münze
zeigt vermutlich erstmals das Schwert
des Islam – und der ʿAbbāside al-
Muqtadir (295–320/908–32). (6, 7)*

war. Leute, die mißliebige Glaubenslehren vertraten,
wurden meistens der Subversion beschuldigt, verhaftet,
vor Gericht gestellt, und zu Freiheits- und Körperstra-
fen oder gar zum Tode verurteilt. Inquisition war zwar
selten, aber die ordentlichen islamischen Richter konnten auch gegen religiöse Irrlehren ermitteln, sie bestrafen und verbieten. Sekten, die den Staat, die Dynastie,
die Gesellschaftsordnung oder die allgemein anerkannten Verhaltensnormen gefährdeten, wurden für ungesetzlich erklärt und unterdrückt; während andere freilich von der offiziellen Tradition weit abwichen und
dennoch Toleranz genossen.

Im Laufe der Jahrhunderte entstanden im Islam
viele religiöse Gruppen, für die der christliche Ausdruck ‚Sekten‘ recht gut paßte. Teils lassen sie sich
kaum vom zentralen islamischen Konsensus unterscheiden;
teils vertreten sie fremde Glaubenslehren, die weit
von der Hauptrichtung abweichen. Obwohl sich die
religiösen Gruppen in der islamischen Geschichte nicht
vorwiegend über Brauch und Ritus stritten, verursachten letztere doch oft Zwist und gegenseitige Beschuldigungen. Die folgenschwersten Differenzen, die die
längsten und erbittertsten Feindschaften und Kämpfe
hervorriefen, bezogen sich auf die Frage der Gemeinde-
führung, des Kalifats – grundsätzlich eher eine Frage
politischer als eine religiöser Natur.

Die Mehrheit der Muslime gehörte, und gehört auch
heute noch, der Hauptrichtung, der Sunna, an. Die
größte Gruppe von Andersdenkenden ist die Schia, die
ihrerseits wiederum in mehrere kleinere Gruppen zerfällt, deren wichtigste die Zwölferschia ist. Sie heißt
so, weil ihre Anhänger glauben, daß es nach dem Propheten zwölf Imame gab – ʿAlī und seine Nachkommen – und daß der Zwölfte nicht gestorben, sondern
verschwunden sei, und am Ende der Zeiten wieder-
kehren werde. Seit dem X./16. Jahrhundert ist die
Zwölferschia die Staatsreligion Irans. Sie unterstützt
auch bedeutende Minoritäten im Irak, in Indien, Pakistan und anderswo.

Die Rechtsstaatlichkeit

Der islamische Staat ist nach der Vorstellung frommer
Muslime ein auf göttlichem Recht basierendes religiöses
Gemeinwesen. Seine Souveränität stammt von Gott;
die erste Aufgabe seines Herrschers, des Kalifen, be-

steht in der Erhaltung und Verbreitung des Islam. Sein
Gesetz ist das von Gott geoffenbarte und von den anerkannten Exegeten ausführlich dargelegte Heilige Gesetz, das sich nicht nur mit Glauben, Gottesdienst und
religiöser Praxis befaßt, sondern auch mit Zivil-, Straf-
und Staatsrecht und anderen Angelegenheiten, um die
sich sonst die rein weltlichen Autoritäten kümmern.
Nach klassischer islamischer Lehre gibt es keine weltliche Autorität und kein weltliches Gesetz. ‚Kirche‘ und
‚Staat‘ sind ein und dasselbe. Der Kalif gilt als das
alleinige Oberhaupt. Das Heilige Gesetz, dessen Hüter
er ist, regelt das gesamte menschliche Leben. Wo die
grundlegende Bindung zwischen Untertanen und Herrscher als eine religiöse verstanden wird, verschmelzen
politisches und religiöses Verhalten zu einer Einheit.
Politischer Protest, mag er auch rein sozial begründet
sein, bedient sich religiöser Ausdrucksweise; religiöser
Dissens erlangt politische Bedeutung. In einer solchen
Gesellschaft manifestieren sich sowohl das Festhalten
an der bestehenden Ordnung als auch der Widerstand
gegen sie vornehmlich in religiöser Gestalt – in Hal-
tungen und Ideologien, die man im Westen wahrscheinlich als Orthodoxie und Häresie charakterisieren würde.
Manche Kritiker vertreten eher gemäßigte Richtungen
und leisten nur passiven Widerstand; andere aber weichen ganz radikal vom anerkannten Glauben ab und
versuchen mit Mitteln, die man als revolutionär bezeichnen könnte, das System gewaltsam zu verändern.

Es gabe viele derartige religiös motivierte Aufstände
im Islam, der ja am Anfang selbst eine revolutionäre
Bewegung gewesen war, indem er eine neue Staatslehre
und eine neue Sozialethik vertrat und damit die bestehenden Institutionen und Ideen zu verändern und
zu ersetzen suchte. Im Islam sollte es nach Auffassung
der ersten Muslime keine Kirche und keine Priester,
keine Könige und keine Aristokraten, keine Kasten und
keine Klassen und keine anderen Privilegien geben als
die natürliche und rechtmäßige Überlegenheit derer, die
den Glauben annahmen, über diejenigen, die ihn ablehnten.

Obwohl sich tatsächlich ein tiefgreifender religiöser
und gesellschaftlicher Wandel vollzogen hatte, waren
doch einige von der alten Ordnung ererbte Ungleichheiten – die Benachteiligung der Frau und der Sklaven
– im neuen System beibehalten worden. Gewiß, der

Islam hatte sie abgeschwächt. Ein Sklave war nicht mehr bloßer Besitz, sondern ein menschliches Wesen mit bestimmten legalen und moralischen Rechten. Die Frau, obschon noch immer der Polygamie und dem Konkubinat ausgeliefert, genoß in bezug auf Eigentum und einige andere Dinge beträchtlichen Rechtsschutz. Nach den damaligen moralischen und sozialen Vorstellungen galten weder die Sklaverei noch die untergeordnete Stellung der Frau als anstößig. Indem der Islam diese Verhältnisse erkannte und sie gesetzlich regelte, konnte er die Situation der beiden Gruppen doch etwas verbessern.

Die Spannungen und Konflikte, die die islamische Gesellschaft im Mittelalter erschütterten, wurden nicht durch diskriminierende Ungleichheiten, die der Islam gebilligt und gesetzlich geregelt hatte, verursacht, sondern vielmehr durch solche, die trotz des Islam und unter Verletzung seiner Gesetze weiterbestanden. Obwohl in den ersten Jahrhunderten die Muslime nur eine kleine herrschende Minderheit im islamischen Reich bildeten, entstand die Opposition nicht bei den nicht-muslimischen Untertanen, sondern meist innerhalb der muslimischen Gemeinde selbst, wo einzelne Gruppen glaubten, die Rechte und der Status, die der Islam ihnen gewährte, wären ihnen versagt, und folglich hätte der Staat die Prinzipien des Islam mißachtet und aufgegeben. Nicht Sklaven, sondern Freie, die über ihren neuen Status enttäuscht waren, übten Kritik und lehnten sich auf. Nichtaraber, die sich zum Islam bekehrten, fühlten sich betrogen, wenn sie merkten, daß ihnen der Übertritt zum Islam nicht die erhoffte Gleichstellung mit den Herrschenden brachte. Und sogar unter den arabischen Eroberern selbst gab es Ungleichheiten und Interessenkonflikte, die erbitterte Kämpfe verursachten.

Im Abendland der Spätantike und des frühen Mittelalters bewirkten weder die Ausbreitung des Christentums noch der Einbruch der Germanen einen so unvermittelten politischen und gesellschaftlichen Umbruch, wie er sich aus den Eroberungen der Araber und dem Aufstieg des Islam ergab. Diese Eroberungen und die Ausbreitung des Islam vollzogen sich viel rascher als die Prozesse der Völkerwanderung und der Bekehrung im Westen. Das Christentum war erst nach dreihundertjähriger Unterdrückung die offizielle Religion des Römischen Reiches geworden. Die Germanen drangen nach und nach ein und übernahmen im Verlaufe ihrer Einwanderung das Christentum und das römische Staatswesen, indem sie beide ihren eigenen Bedürfnissen und Vorstellungen anpaßten. Die arabischen Eroberer des I./7. Jahrhunderts brachten ihre eigene Religion mit und gründeten ihren eigenen Staat. Diese beiden Bereiche prallten in der frühen islamischen Geschichte oft aufeinander, so daß daraus viele Spannungen und Konflikte entstanden.

Im Prinzip war der islamische Staat dazu geschaffen, der islamischen Religion zu dienen und sie zu verbreiten. Statt dessen diente er, nach Ansicht vieler zeitgenössischer Kritiker, den Interessen einer kleinen Gruppe ehrgeiziger Männer, die ihn immer deutlicher nach Art des vom Islam eroberten Perser- oder Römerreiches verwalteten. Fromme Araber und aufgebrachte Nichtaraber bezichtigten die Kalifen öffentlich der Glaubens-

Während des VI./12. und VII./13. Jh. wurde die islamische Welt von zwei Seiten angegriffen, von den Kreuzrittern und den Mongolen. Der berühmteste Widersacher der Kreuzfahrer war Salāh ad-Dīn, im Westen als Saladin bekannt, der von 564/1169 bis 589/1193 in Ägypten und Syrien herrschte. Er gründete die Dynastie der Ayyūbiden, die den Fātimiden folgte. Bezeichnenderweise war er kein Araber, sondern ein Kurde, der aus dem nördlichen Mesopotamien stammte. (8)

verfälschung und der Tyrannei oder schlossen sich aus verschiedenen Gründen zum Aufstand gegen diese vermeintliche Gewaltherrschaft zusammen und verursachten durch ihre Aktionen eine Reihe von Bürgerkriegen, die die Gemeinde und den Staat in Aufruhr versetzten und spalteten.

Der angebliche Streitpunkt war das Kalifat selbst. Wer war der rechtmäßige Kalif? Wie sollte er an die Macht kommen und regieren? Die Aufständischen behaupteten von sich, sie trachteten die Usurpatoren zu stürzen und den echten Islam wiederherzustellen. Tatsächlich aber bewirkte jeder Kampf, ob ihn die Aufständischen gewannen oder nicht, eine Ausweitung des staatlichen Machtapparates und einen weiteren Schritt in Richtung einer zentralistischen Autokratie nach altorientalischem Muster.

Die muslimische Gemeinde hatte sich in einem Paradoxon verfangen. Ihre Identität und ihr Zusammenhalt konnten nur in einem starken Staat erhalten bleiben; aber je mächtiger der Staat wurde, desto weiter entfernte er sich von den sozialen und ethischen Idealen der islamischen Offenbarung. Man erkannte diesen Prozeß und widersetzte sich ihm; doch selbst erfolgreicher militärischer oder politischer Widerstand war vergeblich, da auch siegreiche Aufständische sich gezwungen sahen, den gleichen Weg zu gehen.

Außerhalb dieser Auseinandersetzungen trat eine Reihe verschiedenartiger religiöser Gruppen auf, deren gemeinsames Ziel darin bestand, der ursprünglichen Dynamik dessen, was ihrer Ansicht nach authentischer Islam war, wieder zum Durchbruch zu verhelfen. In früheren Zeiten, als Araber und Muslime noch mehr oder weniger identisch waren, hatte der Religionskrieg die Bedeutung eines Bürgerkrieges zwischen Arabern. Später, als immer mehr Nichtaraber zum Islam bekehrt wurden, begannen besonders die Perser in zunehmendem Maße eine Rolle zu spielen. Es könnte keinen besseren Beweis für die Anziehungskraft und die Macht der islamischen Botschaft geben als die Tatsache, daß sämtliche bedeutenden Widerstandsbewegungen im islamischen Reich als innerislamische Bewegungen nie gegen den Islam gerichtet waren, indem sie nicht die Zerstörung des Glaubens, sondern seine Läuterung, Erneuerung und Festigung beabsichtigten.

Vielen Muslimen, besonders dem einfachen Volk, entsprach die scholastische Religion der Ulema mit ihrem nüchternen Gottesdienst gar nicht. Dieses Unbehagen wurde noch größer, als im ausgehenden Mittelalter die Ulema näher an das Staatsoberhaupt heran und, folglich, weiter vom Volk abrückten. Die daraus resultierende Unzufriedenheit äußerte sich im Schiismus und in anderen Abweichungen vom Konsensus. Im VII./13. Jahrhundert, zur Zeit der großen Mongolenstürme, verlor der Schiismus seinen Einfluß in der islamischen Welt. Hier und da praktizierten und propagierten auch weiterhin kleine schiitische Gruppen ihre Religion; aber in den Hauptzentren des islamischen Orients bekannten sich die Theologen und das Volk, die während der Doppelinvasion der Kreuzfahrer und Mongolen das gleiche Schicksal erlitten, fortan zum gleichen sunnitischen Glauben, der lediglich in Einzelheiten des systematischen Aufbaus und der kultischen Praxis von Region zu Region und von Gruppe zu Gruppe variierte.

Die allgemeine Anerkennung des sunnitischen Konsensus bedeutete nicht, daß die alte Dichotomie zwischen offizieller Religion und Volksfrömmigkeit ein Ende hatte. Seit dem VII./13. Jahrhundert trat diese Zweiteilung hauptsächlich in der Wechselwirkung zwischen der gesetzlich-dogmatischen Religion und der Mystik zutage. Trotz mehrerer Vermittlungsversuche gingen die beiden stets getrennte Wege, indem sie sich aber, bisweilen als Verbündete, bisweilen als Widersacher und bisweilen als besorgte Leidensgenossen, in verschiedener Weise veränderten und beeinflußten.

Freie, Freigelassene und ‚Leute des Schutzvertrages‘

Wie in beinahe allen geschichtlich bezeugten Gesellschaftsformen, lassen sich auch in der muslimischen zwei Hauptgruppen, die man ganz allgemein als Ober- und Unterschicht bezeichnen könnte, unterscheiden. Die erste bestand aus gebildeten und vorwiegend wohlhabenden Leuten von Rang und Würden, mit deren Taten, Bedürfnissen und Gedankenwelt sich Geschichte und Literatur hauptsächlich befaßten. Die übrige stumme, gestalt- und namenlose Masse bildete die zweite Gruppe. Die islamischen Bezeichnungen für diese beiden Schichten lauten *khāssa,* das Besondere, und *'āmma,* das Allgemeine.

Die Unterscheidung war eigentlich ungesetzlich, obschon das Gesetz, von seinen egalitären Prinzipien abweichend, bestimmte Privilegien und Standesunterschiede anerkannte. Sie war nicht primär wirtschaftlich begründet; der mittellose Edelmann und der reiche Proletarier sind nämlich auch in der klassischen islamischen Gesellschaft keine Ausnahmeerscheinungen — obwohl der Unterschied zwischen solchen, die über Privatbesitz und Geldmittel verfügten, und anderen offensichtlich nicht belanglos ist. Herkunft, Geburt, Geburts-

ort, Bildung, Stand, Beruf und Vermögen werden, den jeweiligen örtlichen und zeitlichen Verhältnissen entsprechend, in der Rangordnung berücksichtigt. Und wie in anderen Gesellschaftsformen, vermögen auch hier soziale Unterschiede die wirtschaftlichen und politischen Gegebenheiten, die sie bedingt haben, zu überdauern. Wo Macht und Reichtum dahinschwinden, bleibt nur Snobismus.

Die Klassen der Oberschicht besitzen bestimmte gemeinsame Charakterzüge. Sie sind im großen und ganzen kosmopolitisch oder, anders ausgedrückt, imperial ausgerichtet. Die *khāssa* setzt sich im gesamten islamischen Gebiet aus den gleichen Leuten zusammen und tritt überall mit dem gleichen Selbstbewußtsein auf — beinahe wie die oberen Klassen in Europa vor der Französischen Revolution. Im islamischen Nahen und Mittleren Osten, in Nordafrika, Indien und Zentralasien waren nur zwei oder drei Sprachen wirklich bedeutend – Arabisch, Persisch und später Türkisch. Ohne Rücksicht auf die jeweiligen Dialekte und Idiome pflegten die Leute der *khāssa* ihre eigenen Hochsprachen, in denen sich ihre eigene gemeinsame Kultur äußerte.

Man kann die islamische Gesellschaft auf mehrere Arten unterteilen. Das muslimische Recht gliedert die Bevölkerung des islamischen Reiches theoretisch und praktisch in vier Hauptgruppen, die gesetzlich festgelegte Kategorien mit verschiedenen Rechten und Pflichten bilden. Die erste umfaßt die muslimischen Freien, wobei das Wort ‚frei‘ *(hurr)* eine juristische und nicht eine politische Bedeutung hat. Sie waren die eigentlich vollwertigen Glieder der Gesellschaft. In der ersten Zeit waren sie – fast alle Araber – eine kleine Minderheit, eine Eroberararistokratie. Sie besetzten alle hohen Posten, stellten die Truppen und bezahlten wenig Steuern, bezogen aber aus der Staatskasse Gehälter und Pensionen. Im Laufe der Zeit wurde jedoch ihre Position immer schwächer. Die Zahl der Muslime nahm infolge der natürlichen Vermehrung und besonders der Bekehrung rasch zu. Viele Ämter, die früher den muslimischen Freien vorbehalten waren, übertrug man jetzt den Freigelassenen und später sogar den Sklaven; letzteren wurden vor allem militärische Funktionen anvertraut, so daß mit der Zeit die Armee und daher auch der islamische Staatsapparat ganz von Sklaven beherrscht wurde. Die Freien verloren, den Umständen entsprechend, an Ansehen, ihr rechtlicher Status blieb jedoch unverändert.

Die zweite Gruppe bilden die *mawālī* (sing. *mawlā),* die Freigelassenen oder Klienten. Der Status des *mawlā* im mittelalterlichen Islam stellt die Verbindung zweier verschiedener Traditionen dar – er entspricht einerseits im römischen Recht dem Stand des Freigelassenen, der ein Angehöriger oder Klient seines vormaligen Herrn wird, andererseits dem des adoptierten Mitgliedes eines arabischen Stammes. In der Frühzeit des Kalifats waren Islam und Arabertum so eng miteinander verflochten, daß man glaubte, ein Nichtmuslim könne nur als *mawlā* – eine Art eingebürgerter oder adoptierter Araber – Muslim werden.

Die zum Islam bekehrten Nichtaraber standen also sozial und rechtlich nicht auf der gleichen Stufe wie die Araber; und das rief ernste Probleme und Spannungen hervor. In Altarabien gab es zwei Arten von *mawālī*

In Mekka und Medina ausgestellte Urkunden über die Pilgerfahrt bestätigten dem Pilger die lange mühsame Reise. Hier ein Fragment aus dem VI./12. Jh. (9)

– solche, die es, als Sohn einer Sklavin und eines Freien, von Geburt an waren, und solche, die Schutzbefohlene eines Stammes wurden. Die *mawālī* konnten nicht willkürlich Vollmitglieder des Stammes heiraten, und ihre Mitgliedschaft war noch verschiedenen anderen Restriktionen unterworfen. Vor den großen Eroberungen waren praktisch alle *mawālī* Araber. Auch in der Umayyadenzeit gab es noch arabische ‚Klienten'; ihre Zahl verringerte sich jedoch, und das Wort *mawālī* wurde zum üblichen Terminus technicus für die freigelassenen nichtarabischen Sklaven der Eroberer und kennzeichnete ihr Verhältnis zu den vormaligen Herren, das in vieler Hinsicht der Blutsverwandtschaft sehr ähnlich war. Der *mawlā* wurde ein Mitglied des Stammes, zu dem sein ehemaliger Herr gehörte, und diese Mitgliedschaft wurde von einer Generation auf die andere vererbt. Einige Gesetzeslehrer erlaubten einem *mawlā* sogar, seinen Schutzherrn zu beerben, aber die meisten Juristen verweigerten in der Praxis dieses Recht. Der *mawlā* mußte auch bestimmte wirtschaftliche, fiskalische und soziale Nachteile in Kauf nehmen. Später erlangten die *mawālī* die volle Gleichberechtigung. Es gibt dafür zwei Hauptursachen: der ständig wachsende politische Einfluß der Sklaven, der die Unterschiede zwischen Freien und Freigelassenen unwichtig werden ließ, und die Fremdherrschaft, unter der die Trennung zwischen Arabern und arabisierten Nichtarabern ihre Bedeutung verlor. Schließlich kam das Wort selbst außer Gebrauch.

Die dritte gesetzliche Kategorie bilden die *dhimmīs* oder *ahl al-dhimma*, die Leute des Schutzvertrages, ein juristischer Terminus für nichtmuslimische Untertanen, namentlich Christen, Juden und Zoroastrier, die

geduldet waren, in einem gesetzlich festgelegten Verhältnis zur muslimischen Gemeinde standen und die Sicherheitsgarantie des islamischen Staates genossen. Ihr Status war durch einen Schutzvertrag, *dhimma*, zwischen der muslimischen Gemeinde und den nichtmuslimischen Religionsgemeinschaften geregelt. Die *dhimma* bestand grundsätzlich darin, daß die nichtmuslimischen Religionsgemeinschaften die Suprematie des Islam und die Autorität des muslimischen Staates anerkannten und sich mit einer untergeordneten Stellung zufrieden gaben; sie mußten nämlich auf bestimmte soziale Rechte verzichten und eine Kopfsteuer bezahlen, die von den Muslimen nicht eingezogen wurde. Dafür erhielten sie Schutz ihres Lebens und Eigentums, Schutz vor ihren Feinden, freie Religionsausübung und ein sehr großes Maß an interner Selbstbestimmung zugesichert. Die *dhimmīs* besaßen mehr Rechte als die Sklaven, aber weniger als die freien Muslime, von denen sie in doppelter Hinsicht klar abgetrennt waren – sie bezahlten höhere Steuern und waren von Gesetzes wegen unfähig, Waffen zu tragen.

Die soziale Situation der *dhimmīs* war aber in Wirklichkeit besser als ihr gesetzlicher Status. Die häufige Wiederinkraftsetzung der Erlasse gegen die *dhimmīs* zeigt, daß die ihnen vom Gesetz auferlegten Restriktionen nicht richtig befolgt wurden. Am Anfang bildeten in allen islamischen Ländern, außer auf der arabischen Halbinsel, die *dhimmīs* die überwältigende Mehrheit der Bevölkerung. Als Anhänger einer anerkannten und tolerierten Religion, des Juden- oder Christentums, wurden sie – abgesehen von gelegentlichen und außergewöhnlichen fanatischen Ausbrüchen – niemals gezwungen, den Islam anzunehmen, ja man hielt sie früher sogar davon ab, weil sich dadurch die Staatseinnahmen vermindert und zugleich die Ausgaben vergrößert hätten. Trotzdem nahm aber die Zahl der Bekehrten stetig zu, und irgendwann war in jedem Lande des Nahen und Mittleren Ostens und Nordafrikas die Mehrheit der Bevölkerung muslimisch geworden, während die früheren Religionen langsam verfielen und mancherorts ganz verschwanden.

Die ganze Zeit über spielten aber Juden und Christen eine wichtige Rolle in der Verwaltung der islamischen Staaten. Es scheint, daß man im allgemeinen nichts gegen die Beschäftigung von *dhimmīs* im Staatsapparat einzuwenden hatte. Gewaltakte gegen diese Leute waren selten und meist darauf zurückzuführen, daß man glaubte, Angehörige der einen oder anderen *dhimmī*-Gemeinschaft hätten ihre Machtbefugnisse ungebührlich und unzumutbar überschritten.

Obwohl die *dhimmīs* im großen und ganzen ein hohes Maß an Toleranz genossen, ließ man sie niemals ihren niedrigeren Stand vergessen. Sie durften vor muslimischen Gerichten nicht als Zeugen auftreten und wurden für Ungerechtigkeiten schlechter entschädigt als Muslime. Sie durften nicht ohne weiteres muslimische Frauen heiraten; es waren ihnen in bezug auf Kleidung, Hausbau und Umgang mit anderen bestimmte Vorschriften auferlegt, auf die man sich, obwohl sie gewöhnlich nicht streng eingehalten wurden, stets berufen konnte. Wenn auch die *dhimmīs* oft beachtliche finanzielle Macht erlangten, mußten sie doch auf die sozialen und praktischen Vorteile, die solche Amtsgewalt normalerweise verschaffte, verzichten und ließen sich deshalb dazu verleiten, sowohl die *dhimmīs* selbst als auch Staat und Gesellschaft der Muslime – gegebenenfalls sogar mit Hilfe von Intrige – nachteilig zu beeinflussen.

Sklaven

Die vierte und letzte Kategorie ist die der Sklaven. Die Sklaverei existierte schon im vorislamischen Arabien, wo Sklaven entweder auf dem Schlachtfeld erbeutet oder aus Afrika, meist aus Äthiopien und den angrenzenden Gebieten, eingeführt wurden. Damals gab es noch keine Gesetze, die die Sklaven schützten; ihre Herren konnten voll und ganz über sie verfügen. Nach islamischem Gesetz behält zwar der Herr sein Eigentumsrecht über den Sklaven bei, ist aber verpflichtet, ihn gütig zu behandeln und nach Möglichkeit freizugeben, indem er ihn einfach freiläßt oder ihm erlaubt, sich freizukaufen. Obwohl der muslimische Sklave rechtlich einem niedrigeren Stand angehört als der freie Muslim, so gilt er doch als sein Bruder und ist ihm in religiöser Hinsicht gleichgestellt. Die ersten Kalifen hatten das Versklaven von Muslimen abgelehnt, und die Juristen hatten es für unmöglich erklärt; wenn sich aber ein Sklave zum Islam bekehrte, endete damit nicht sein Sklavendienst. Es war auch nicht erlaubt, einen säumigen Schuldner zum Sklaven zu machen, oder sich selbst oder seine Kinder als Leibeigene zu verkaufen. Die muslimischen Juristen setzten voraus, daß der natürliche Zustand des Menschen die Freiheit sei, und daß nur Kinder einer Sklavin und ungläubige Kriegsgefangene in die Sklaverei geraten können.

Die humane Tendenz in der islamischen Einstellung zur Sklaverei wurde bis zu einem gewissen Grade dadurch wieder abgeschwächt, daß die Araber sich durch das römische Recht und die Praxis, die sie in den neu eroberten Provinzen vorfanden, beeinflussen ließen, und durch Eroberung und Kauf die Zahl der Sklaven ständig stieg. Sklaven waren ihrem Stand entsprechend gesetzlich benachteiligt. Sie waren von jeder juristischen Funktion ausgeschlossen und wurden weniger hoch bewertet als Freie; die gesetzliche Strafe für ein Vergehen gegen einen Sklaven war nämlich nur halb so hoch wie die für ein Vergehen gegen einen Freien. Der Sklave besaß hinsichtlich Eigentum, Erbschaft und Hinterlassenschaft nur wenige bürgerliche Ehrenrechte. Im Alter hatte er aber Anrecht auf medizinische Versorgung und Lebensunterhalt, und ein *qādī*, ein religiöser Richter, konnte verfügen, daß ein Herr, der diesen Verpflichtungen nicht nachkam, seine Sklaven freilassen mußte. Ein Eigentümer durfte seinen Sklaven nicht überanstrengen und war gehalten, ihn human zu behandeln. Ein Sklave konnte mit Zustimmung seines Herrn heiraten – theoretisch sogar eine freie Frau, obschon das in Wirklichkeit wohl kaum vorkam. Ein Herr konnte seine Sklavin erst heiraten, nachdem er sie freigegeben hatte.

Laut Gesetz gab es zwei Wege zur Gewinnung neuer Sklaven – Geburt und Gefangennahme. In der Praxis aber wurden zwei andere Methoden – Tribut und Kauf – in größerem Umfange angewandt, beide aber nur in Gebieten, die außerhalb der direkten Jurisdiktion des muslimischen Staates und Gesetzes lagen.

In der Zeit der ersten großen Eroberungen war die Gefangennahme die einzige bedeutende Nachschubquelle. Später, als die Grenzen sich festigten, vermochte der Heilige Krieg die Nachfrage nicht mehr zu decken. Grenzüberfälle brachten zwar noch eine gewisse Anzahl Sklaven ein, aber die meisten von ihnen wurden wieder losgekauft oder gegen muslimische Kriegsgefangene ausgetauscht. Die Aktivitäten muslimischer Seeräuber auf dem Mittelmeer und Kriege und Raubzüge in den afrikanischen, indischen und zentralasiatischen Grenzgebieten lieferten zwar noch Nachschub, aber mit der weiteren Verbreitung des islamischen Glaubens waren immer mehr Kriegsgefangene Muslime und konnten deshalb nicht zu Sklaven gemacht werden.

Muslimischer Überlieferung nach kämpften im Jahre 31 der *hijra* (651/52) die arabischen Heere in Ägypten gegen die Nubier und schlossen mit ihnen einen Waffenstillstand, in dem beide Parteien übereinkamen, einander nicht mehr anzugreifen; die Nubier verpflichteten sich, den Muslimen alljährlich eine bestimmte Anzahl Sklaven zu liefern, während die Muslime den Nubiern Fleisch und Linsen besorgen wollten. Der Vertrag soll 360 Sklaven pro Jahr genannt haben, nach Aussage anderer Autoritäten aber 360 als allgemeine Beute der Muslime und zusätzlich 40 für den Statthalter. Obwohl die Echtheit dieses Vertrages zweifelhaft ist, wurde er doch von den meisten Juristen anerkannt und diente als Grundlage einer äußerst praktischen Vereinbarung, durch welche Nubien zwar außerhalb des islamischen Reiches, aber in Wirklichkeit ihm tributpflichtig blieb. Das muslimische Gesetz schränkte die Versklavung ein, und verbot die Verstümmelung und setzte auf diese Weise dem Angebot an Sklaven und Eunuchen eine Grenze. Dennoch konnte man beides bequem über Nubien aus nichtislamischen Ländern beziehen.

Später kaufte man die Sklaven meist von Händlern, die sie von weither bis an die Grenzen brachten, und transportierte sie über wohlbekannte Routen auf die großen Sklavenmärkte im Inneren des Reiches – afrikanische Sklaven nach Nordafrika, Ägypten und Südarabien; Sklaven aus Osteuropa und den asiatischen Steppen nach Derbend, Aleppo, Mosul, Buchara und Samarkand.

Die Sklaven waren sehr verschiedener Herkunft, da man sie aus sämtlichen Ländern einführte, die an das islamische Reich grenzten. Aus Europa holte man Slawen und andere weiße Sklaven. Wieder andere kamen aus dem Kaukasus und aus Indien. Die weitaus wichtigsten Gruppen bildeten aber die Sklaven, die aus dem Norden und aus dem Süden kamen – aus den türkischen Nomadenvölkern der eurasischen Steppe und der schwarzen Bevölkerung Afrikas. Sie alle gehörten nicht zur islamischen Ökumene und konnten deshalb, wenn sie in Gefangenschaft gerieten, legal zu Sklaven gemacht werden. Türken- und Negerstämme lieferten den Großteil der Sklavenbevölkerung im islamischen Reich.

Die Sklaven erhielten verschiedene Funktionen. In der islamischen Welt beruhte jedoch die Wirtschaft keineswegs, wie in der griechisch-römischen Welt, in erster Linie auf einem Sklavensystem. Die Landwirtschaft lag weitgehend in den Händen von freien und halbfreien Bauern; Handel und Gewerbe wurden ebenfalls hauptsächlich von freien Kaufleuten und Handwerkern betrieben. Es gab allerdings wichtige Ausnahmen. Unzählige Sklaven, meist Neger aus Afrika, wurden in bestimmten Gegenden für großangelegte Wirtschaftsprojekte eingesetzt. Recht früh schon hören wir von Kolonnen schwarzer Sklaven, die mit der Entsalzung der Ebenen im südlichen Irak beschäftigt waren. Infolge äußerst schlechter Arbeitsbedingungen brachen mehrere Sklavenaufstände aus; einer davon brachte im III./9. Jahrhundert sogar die Reichshauptstadt ernstlich in Gefahr. Schwarze Sklaven arbeiteten auch in den oberägyptischen und sudanesischen Goldminen, in den Salzbergwerken der Sahara und anderswo.

Sklaven wurden jedoch hauptsächlich im Hausdienst und im Militär gebraucht. Im Haushalt, in Läden und Moscheen arbeiteten vorwiegend afrikanische Sklaven. Militärsklaven – meist Türken, gelegentlich Tscherkessen, in Ägypten und Nordafrika manchmal auch Neger – bildeten in zunehmendem Maße die eigentliche Kriegsstärke der islamischen Armeen und übernahmen schließlich gar die militärische und politische Führung im islamischen Reich.

Sklavinnen verschiedenster ethnischer Zugehörigkeit wurden in riesiger Zahl für die Harems der islamischen Welt erworben – als Konkubinen oder Dienerinnen, zwei Funktionen, die nicht deutlich unterschieden werden. Bisweilen erhielten Sklavinnen eine höhere Bildung, und einige machten sich gar in der arabischen Literatur einen Namen. Sklaven wurden oft zu Tänzern, Sängern und Musikern ausgebildet, und manche gelangten sogar zu Ruhm und Ehre und verdienten sich ein Vermögen, über das bis zu ihrer Freilassung selbstverständlich ihre Herren verfügten.

Die Frauen bilden natürlich in allen vier Gruppen eine eigene gesetzliche Kategorie. Die bedeutsamsten Standesunterschiede stellen wir bei den freien Frauen fest. Der Islam verbesserte die Stellung der arabischen Frau, indem er ihr unter anderem das Recht auf Eigentum zusprach und sie in einem hohen Maße vor ehelicher Mißhandlung schützte. Das Töten weiblicher Säuglinge, ein im heidnischen Arabien anerkannter Brauch, wurde verboten. Trotzdem blieb die Stellung der Frau weiterhin schwach und verschlechterte sich auch wieder, als die ursprüngliche islamische Lehre ihre Kraft verlor und unter dem Einfluß vorhandener Sitten und Gebräuche modifiziert wurde. Polygamie galt auch im Islam als legitim, war allem Anschein nach aber nur in den herrschenden Kreisen allgemein verbreitet. Daneben gab es natürlich das Konkubinat. Der Herr konnte gemäß Gesetz voll und ganz über eine unverheiratete Sklavin verfügen; eine freie Frau hatte selbstverständlich keine solchen Rechte über ihre Sklaven. Die Stellung der Frau war in erster Linie durch ihre Funktion in der Familie als Tochter, Schwester, Gattin oder Mutter, und nicht durch die ihrer Person zustehenden Rechte bestimmt. Zum Ausgleich dafür war sie in einigen eigentumsrechtlichen Belangen dem Manne gleichgestellt und wurde für religiöse Vergehen weniger hart bestraft – zum Beispiel für Apostasie nur mit Gefängnis oder Folter, anstatt mit dem Tode. Doch das war eher ein Zeichen von Minderwertigkeit als ein

Privileg. Wie dhimmīs und Sklaven, die anderen Benachteiligten der Gesellschaft, mußte auch sie sich wegen ihres niedrigeren gesetzlichen Standes an bestimmte formelle Vorschriften halten. Bei der gerichtlichen Zeugenaussage, in Erb- und Blutgeldangelegenheiten galt sie nur halb soviel wie der Mann.

Neben der offiziellen gesetzlichen Einteilung in Freie, Freigelassene, dhimmīs und Sklaven gab es auch andere Kategorien, die auf sozialen, wirtschaftlichen und funktionellen Unterschieden beruhten. Sie waren nicht weniger wichtig, und das Gesetz hatte sie sogar bis zu einem gewissen Grade anerkannt, namentlich in den Erlassen über das Prinzip der kafā'a, der Ebenbürtigkeit, bei der Heirat. Eine freie, zurechnungsfähige muslimische Frau durfte sich selber verheiraten, man erwartete jedoch, daß ihr Gatte von gleichem sozialem Rang sei. Die Regelung verbot nicht direkt unstandesgemäße Heiraten; sie gab aber einem Vater oder einem anderen gesetzlichen Vormund die Möglichkeit, einzuschreiten, oder, unter bestimmten Umständen, eine unpassende, ohne seine Erlaubnis geschlossene Ehe zu annullieren. Die Juristen erörtern sehr ausführlich, daß man bei der Beurteilung eines solchen Mannes seine Frömmigkeit, sein moralisches Verhalten, seine Freiheit, seinen Islam, seine Herkunft und seinen Beruf genau untersuchen müsse; dabei berühren die vier letztgenannten Punkte eindeutig Standesfragen. Ein muslimischer Sklave konnte nach Gesetz eine freie muslimische Frau heiraten, was aber scheinbar kaum vorkam; ein dhimmī durfte niemals eine muslimische Frau heiraten, obwohl das Gegenteil erlaubt und recht häufig war. ,Freiheit' und ,Islam' werden im Gesetz über die kafā'a vor allem in Hinblick auf die Freigelassenen, die Bekehrten und ihre Nachkommen gefordert, weil sie erst in der vierten Generation für ebenbürtige Freie und Muslime gehalten werden. Herkunft und Beruf sind ganz offensichtlich gesellschaftsbezogen und werden deshalb verschieden bewertet. Es gibt aber auch ethnische Prioritäten: An erster Stelle stehen die Quraysh (der Stamm, dem der Prophet angehörte), an zweiter die Araber allgemein, und an dritter und letzter die Nichtaraber. Diese drei Klassen werden dann ihrerseits nochmals unterteilt.

,Leute der Feder'

Mittelalterliche Schriftsteller unterteilen die herrschende Gesellschaftsschicht in zwei Hauptgruppen, die ,Leute der Feder' und die ,Leute des Schwertes'. Letztere beschäftigten sich mit den verschiedenen Gebieten des Militärwesens; zu den erstgenannten gehören sowohl die zivile Beamtenschaft als auch die Religionsgelehrten.

Es ist paradox, daß sich im mittelalterlichen Islam, der eine Unterscheidung zwischen Kirche und Staat nicht kannte, trotzdem etwas entwickelte, was es im Abendland nicht gab – eine von den religiösen Wissenschaften deutlich abgetrennte säkulare Gelehrtenklasse. Der islamische Staat hatte die gesamte Bürokratie von seinen byzantinischen und iranischen Vorgängern übernommen. Unter den ersten Kalifen blieben die gleichen Regierungsstellen mit den gleichen Beamten besetzt – im Osten mit Persern, im Westen mit Christen – und arbeiteten in der herkömmlichen Art und Weise weiter, indem sie immer noch nach den alten Gesetzen die

Steuern festlegten und einzogen, sie aber jetzt den arabischen anstatt den iranischen oder byzantinischen Herrschern überwiesen. Sogar die Verwaltungssprache blieb die gleiche wie vorher – Persisch in den östlichen, Griechisch in den westlichen, ehemals byzantinischen Provinzen des Reiches. Mit der Zeit kamen aber die älteren Sprachen außer Gebrauch; Arabisch trat an ihre Stelle, und allmählich wurde im ganzen Reich ein einheitliches Verwaltungssystem eingeführt. *Dhimmīs* verschiedener Herkunft spielten weiterhin eine wichtige Rolle in der Bürokratie; und später, als die Muslime in der Verwaltung vorherrschten, waren viele von ihnen persischen, koptischen und anderen nichtarabischen Ursprungs; es stiegen auch immer wieder Christen und gelegentlich Juden zu hohen Regierungsposten auf.

Die Angehörigen dieser Beamtenschicht nannte man gewöhnlich *kuttāb* (sing. *kātib*), Schreiber. Die zahlreichen Schreiber, die man an ihrem weiten, vorne geschlitzten Umhang, der *darrā'a*, erkannte, bildeten eine mächtige und einflußreiche Gruppe in der islamischen Gesellschaft. Ihr Chef war der Wesir, der höchste zivile Beamte. Diese nichtklerikale Gelehrtenschicht schuf mit der ihr eigenen umfassenden, vorwiegend literarischen Bildung einen großen Teil der arabischen Literatur. Klassische Prosa und Poesie widerspiegeln deshalb ganz besonders ihre Ansichten, Bedürfnisse und Ideale. Die Schreiber wurden mit Geld entlohnt; höhere Posten waren mit beträchtlichen Summen dotiert. Später, als der Geldwert sank, wurden sie mit Landgütern belehnt oder erhielten eine Steuerpfründe.

Der Aufstieg der Militärregime im Hochmittelalter beeinträchtigte den Status der Bürokraten. Sie blieben aber für die Führung der Staatsgeschäfte unentbehrlich und leisteten einen entscheidenden Beitrag zur Stabilität und Kontinuität der mittelalterlichen islamischen Staaten. Das Mamlūkensultanat in Ägypten zum Beispiel verdankt seine lange Lebensdauer – von der Mitte des VII./13. Jahrhunderts bis ins frühe X./16. Jahrhundert – ebensosehr der ägyptischen und syrischen Zivilverwaltung wie den türkischen und tscherkessischen Soldaten. Die zivilen Beamten waren teils Einheimische, teils rekrutierten sie sich aus den islamisierten und arabisierten Angehörigen der Mamlūkenemire, die aufgrund des Mamlūkensystems selbst von der militärischen Führungselite ausgeschlossen waren. Viele von ihnen gründeten bedeutende Beamtendynastien, deren Angehörige von Generation zu Generation immer wieder die gleichen Ämter bekleideten.

Im Islam existiert kein Priestertum, da es keiner priesterlichen Vermittlung zwischen dem Betenden und seinem Gott bedarf; es gibt keine Sakramente, die nur ein geweihter Priester spenden kann, und keinen organisierten Klerus, der eine besondere Kaste in der Gesellschaft oder im Staat bildet – also keine Priesterschaft im theologischen Sinne. Dafür begegnen wir aber einer im soziologischen Sinne religiösen Berufsklasse. Die Ulema, die (Religions-)Gelehrten, bildeten eine klar definierte Gesellschaftsschicht, zu der Religionslehrer, Imame, die den Gottesdienst in den lokalen Moscheen leiteten, und professionelle Theologen und Juristen – die Doktoren des Heiligen Gesetzes – gehörten.

Da es weder Ordination noch Hierarchie gab, war der Gebrauch der Bezeichnung *'ālim* schwankend und unbestimmt. In früher Zeit bezeichnete man einen Menschen offenbar einfach aufgrund allgemeiner Anerkennung als einen ‚Gelehrten'. Später berechtigte erst die *ijāza* zum Tragen dieses Titels; jeder etablierte *'ālim* konnte diese Lizenz einem Schüler, der bei ihm erfolgreich studiert hatte, erteilen. Schließlich aber wurde er nur noch den Absolventen der *madrasas* gewährt; solche theologischen Seminare gab es ja seit dem V./11. Jahrhundert überall in der islamischen Welt.

Das äußere Zeichen der Ulema war der Turban. Schon in der Umayyadenzeit nahmen diese Leute einen hohen gesellschaftlichen Rang ein. Die Umayyadenkalifen kümmerten sich im allgemeinen selbst um die politischen Aspekte ihres Amtes, überließen die Religion im engeren Sinne den Dogmatikern und Traditionariern im Hijāz und Irak und förderten auf diese Weise eine unbeabsichtigte Trennung zwischen religiöser und politischer Autorität, die bald als normal galt. Die 'Abbāsiden konnten diese Entwicklung nicht mehr rückgängig machen, obwohl sie versuchten, die Ulema in den Staatsdienst einzugliedern und eine offizielle Orthodoxie zu begründen. Die Ulema sonderten sich noch mehr vom Staat ab, dessen Dienst für sie als erniedrigend galt. Es entwickelte sich zwischen dem Staat und den Ulema eine offizielle Gewaltentrennung; man anerkannte allgemein, daß im Bereich des Heiligen Gesetzes allein die ‚Leute der Religion' *(ahl ad-dīn)* zuständig waren. Sie erlangten dadurch höchste moralische Autorität und bildeten, wenigstens de facto, eine besondere Klerikerschicht. Gesetz bedeutete im Islam viel mehr als im Abendland; und das Heilige Gesetz regelte fast alle sozialen und persönlichen Belange und verschaffte deshalb seinen bevollmächtigten Exponenten eine beherrschende Stellung in der Gesellschaft. Die große Masse des Volkes war von den Ulema vollständig abhängig, weil sie hinsichtlich Besitz, Heirat, Scheidung, Erbschaft und dergleichen ihren Rat und sogar ihre Entscheidung brauchte; und ihr Einfluß nahm daher ständig zu.

Theoretisch bestand zwischen den sunnitischen und den schiitischen Ulema ein großer Unterschied. Nach sunnitischer Ansicht war selbständige Forschung, *ijtihād*, bei der Interpretation des Heiligen Gesetzes nur in den ersten zweieinhalb Jahrhunderten des Islam zulässig gewesen. Die Gelehrten hatten damals mit Analogieschlüssen und durch persönliche Ermittlung den Koran und die Prophetentradition ergänzt und interpretiert und Fragen, die in jenen beiden Quellen nicht ausdrücklich behandelt wurden, selbst beantwortet. Zu Beginn des 4. Jahrhunderts der *hijra*, ungefähr um 900 n. Chr., waren scheinbar sämtliche sunnitischen Rechtsgelehrten der Meinung, daß alle wichtigen Fragen bereits beantwortet wären und sich ein Konsensus feststellen ließe. Deshalb war, wie die Juristen sagten, das Tor des *ijtihād* geschlossen; und seither sind die Rechtsgelehrten, und mit ihnen alle Muslime, zum *taqlīd* verpflichtet, das heißt, sie müssen sich blindgläubig an die von den autorisierten Schulen festgelegten Lehrmeinungen halten. Die Schia ließ diese sunnitische Lehre vom geschlossenen Tor des *ijtihād* nicht gelten, sondern nahm statt dessen für sich das Recht in Anspruch,

Dieser hufeisenförmige Teller aus Kāshān ist ein einzigartiges Zeugnis früher schiitischer Frömmigkeit. Die Inschrift berichtet, daß 711/1312 ein Bürger Kāshāns in einem Traum ein Zelt erblickte, neben dem ein Pferd und ein Dromedar angebunden waren. Aus dem Zelt trat ein junger Mann von außerordentlicher Schönheit, und im Innern wurde eine noch herrlichere Gestalt sichtbar, die Rüstung und Schwert trug. Es war ʿAlī, der Führer der Gläubigen. Er befahl dem Träumenden, eine besonders schöne Wallfahrtsmoschee zu bauen. Im Erwachen sah der Mann aus Kāshān auf dem Boden den Abdruck eines riesigen, 28 cm großen Hufeisens. Die Form glich dem erhöhten Rand des hier abgebildeten Tellers. Die wichtige Rolle, die ʿAlī in dieser Geschichte spielt und der persische Ursprung sind ein sicheres Zeichen dafür, daß diese fromme Stiftung einen schiitischen Hintergrund hat. (10)

das bisher übliche Verfahren weiterhin anzuwenden. Schiitische ‚Leute der Religion‘ werden in der Tat gewöhnlich nicht *ʿulamāʾ* genannt, sondern *mujtahidūn*, das heißt ‚diejenigen, die den *ijtihād* praktizieren‘. Der Unterschied zwischen sunnitischer und schiitischer Praxis war aber in Wirklichkeit rein theoretisch. Obwohl die schiitischen *mujtahidūn* Neuerungen einzuführen behaupteten, waren sie in der Regel genauso konservativ wie die Sunniten; die sunnitischen Ulema waren zwar theoretisch an die Präzedenzfälle gebunden und mußten festen Regeln folgen, trafen aber tatsächlich ebensooft wie die Schiiten völlig unabhängige Entscheidungen. Der wichtigste theoretische Unterschied zwischen beiden bestand darin, daß die sunnitischen Ulema durch die Lehre des Konsensus verpflichtet waren, die herrschende politische Ordnung zu akzeptieren, während die Schiiten, gleichermaßen durch ihre Lehren, gehalten waren, sie als Usurpation abzulehnen.

Das Verhältnis der ‚Leute der Religion‘, seien sie nun Sunniten oder Schiiten, zum Staat wirft interessante Fragen auf. Der passive Widerstand der ersten Pietisten in Arabien war völlig theoretisch. Die Ulema entwarfen dann eine politisch unmögliche Lehre über Rechte und Pflichten; Herrscher, die auf die Unterstützung jener Leute bedacht waren, mußten ein ideales Regierungssystem anwenden, das sich aus einer geheiligten und mythischen Vorzeit ableitete. Die dadurch bedingte ausweglose Situation führte dazu, daß sich die Ulema immer mehr vom politischen Leben absonderten. Natürlich wurde ein Modus vivendi gefunden und eine Art Waffenstillstand zwischen dem Staat und

den Ulema geschlossen. Die staatlichen Autoritäten anerkannten grundsätzlich das Heilige Gesetz und vermieden offenkundige Verstöße gegen seine Gebote, insbesondere gegen das Ritual und die öffentliche Moral; und hin und wieder zogen sie die Ulema auch zu Rate und boten ihnen sogar einflußreiche Ämter an. Die Ulema ihrerseits wichen einer zu engen Verknüpfung mit dem Staat aus. Wenn sie ein öffentliches Amt annahmen, taten sie es mit geziemendem Widerwillen – es ist ja in frommen Biographien immer wieder die Rede davon, daß ein *ʿālim* einen einträglichen Staatsposten erst nach langem Bedenken angenommen oder, noch besser, abgelehnt habe. Al-Ghazālī, einer der bedeutendsten Religionswissenschaftler, hat diese Haltung näher erläutert: Der Staat verschaffte sich seine Einkünfte durch Unterdrückung und Erpressung – auf äußerst sündhafte Weise. Wer deshalb eine bezahlte Staatsstelle annahm, beteiligte sich an diesen gewaltsamen Praktiken und beging eine große Sünde. Die frommeren Ulema glaubten im allgemeinen, der Staatsdienst beflecke die Seele und müsse deshalb gemieden werden. *Qādīs*, religiöse Richter, wurden durch den Staat ernannt und daher von den Ulema mißtrauisch betrachtet. Es gibt in der Tat viele Sprichwörter und Anekdoten, die zeigen, wie gering man *qādīs* schätzte und wie wenig man ihnen vertraute. Andererseits unterstützten Ulema bisweilen Aufstände gegen den Staat.

Dieses zwiespältige Verhältnis zum Staat führte dazu, daß sich die Ulema mit der Zeit in zwei Gruppen spalteten. Zur einen gehörten die Strenggläubigen, die sich vom Staate absonderten, sich ihm oft widersetzten und in den Augen ihrer Kollegen und der Masse des Volkes als die aufrechten und frommen Hüter der Wahrheit galten; die andere, man könnte sie als willfährig und wirklichkeitsnah bezeichnen, umfaßte diejenigen Ulema, die eine Staatsstelle annahmen und, weil sie damit Gewalt(anwendung) bejahten, ihre moralische Autorität verloren. Ein solches System, wo die leichtfertigeren und skrupelloseren Ulema in den öffentlichen Dienst eintraten, die gottesfürchtigeren und gewissenhafteren hingegen ihn mieden, wirkte sich sowohl auf den Staat als auch auf die Religion nachteilig aus. Die Sympathie des Volkes lag zweifellos auf seiten der Entsagenden, und viele Empfehlungen frommer Schriftsteller bezweckten eigentlich einen Boykott des Staatsdienstes.

Mit der Zeit entstand aus den Ulema allmählich und unmerklich eine selbständige, hierarchisch gegliederte Körperschaft. Dieser Prozeß fand unter den Osmanen seinen Abschluß, als die Ulema – zweifellos teilweise nach byzantinischem Vorbild – vollständig in den Staatsapparat integriert waren.

Diejenigen Ulema, die im Staatsdienst standen, wurden wie die übrigen Beamten entlohnt. Die größere und wichtigere Gruppe der Ulema, und besonders diejenigen, die dem Staatsdienst entsagten, verdienten sich ihren Lebensunterhalt auf andere Weise. Manche betrieben ein Handwerk oder Handel; und in Wirklichkeit gehörten wohl viele von ihnen der Kaufmannsschicht an, deren Weltanschauung und Ethik sie teilten. Allem Anschein nach erhielten sie ihren Lebensunterhalt aus religiösen Stiftungen, die in Form von gewinnbringendem und unveräußerlichem Land- oder sonstigem Besitz für fromme Zwecke, etwa zum Unterhalt von Moscheen und *madrasas,* errichtet wurden. Leute aus den Reihen der Ulema waren häufig die besonderen Nutznießer und beinahe immer die Verwalter dieser Stiftungen, die mit der Zeit über ein beträchtliches Vermögen verfügten und zu einem wirtschaftlichen Faktor von größter Wichtigkeit wurden.

Wer besaß das Land?

Die ‚Leute der Feder‘ und die ‚Leute des Schwertes‘ sind in bezug auf ihre Funktion hinreichend gekennzeichnet und beziehen ihr Einkommen aus Gehältern, Landrechten, Steuerpfründen und religiösen Stiftungen. Eine im engeren Sinne wirtschaftliche Einteilung, die die Besitzverhältnisse berücksichtigt, ist viel schwieriger, zumal in einer Gesellschaftsform, in welcher der Staat so allmächtig und Privatbesitz kaum gesichert ist. Zweifellos waren in einer Kultur, die vor allem von der Landwirtschaft abhängig war, die Verteilung des Grundbesitzes und die Kontrolle darüber von besonderer Bedeutung. Die Grundbesitzer bilden tatsächlich eine wichtige Gruppe in der klassischen islamischen Gesellschaft. Den unabhängigen Kleinbauer, wie man ihn in anderen Kulturformen kennt, treffen wir im islamischen Orient nur selten; diese Art des Grundbesitzes findet wenig Verbreitung in einer Ackerbaukultur, die, weil sie weitgehend von künstlicher Bewässerung abhängig ist, notwendig einer zentralen Leitung und Aufsicht bedarf. Deshalb waren hier verschiedene Typen von Großgrundbesitz allgemein bekannt. Moderne Abhandlungen über die Wirtschaftsgeschichte des islamischen Orients kennzeichnen sie häufig mit Begriffen wie Feudalismus und Lehenswesen, die eigentlich nur für die lokale Geschichte Westeuropas spezifische Bedeutung haben; die Verwendung solcher Ausdrücke zur Charakterisierung sozialer und wirtschaftlicher Phänomene des islamischen Nahen und Mittleren Ostens führt bestenfalls zu unlogischen Analogieschlüssen, meist aber zu extremen Mißverständnissen.

Ein Großgrundbesitzer konnte sein Land in verschiedener Weise besitzen und verwalten. Einmal als *milk,* als freien Grundbesitz. Er bestand hauptsächlich aus Bauland, Wein-, Obst- und Gemüsegärten und ähnlichem und war nur in den Städten üblich.

Der größte Teil des Agrarlandes wurde den Großgrundbesitzern in irgendeiner Form vom Staat zur Nutzung überlassen. Die ersten Kalifen vergaben an einzelne Muslime, gewöhnlich an Angehörige der arabischen Erobererschicht, bestimmte Güter aus dem Staatsbesitz, das heißt Land, das offiziell dem Staat gehörte, weil er es durch Eroberungen erworben hatte. Davon gab es zwei Arten: ehemalige Staatsdomänen, das heißt Ländereien, die in persischem oder byzantinischem Staatsbesitz gewesen, und Güter, die von ihren früheren Besitzern verlassen worden waren. Als die Araber Syrien, Palästina, Ägypten und Nordafrika eroberten, flohen viele byzantinische Großgrundbesitzer und überließen ihren Landbesitz den Eroberern. Dieser wurde dann zunächst Staatsbesitz, genau wie die vormaligen Staatsdomänen. Das sogenannte tote, das heißt unbebaute, unbenutzte Land konnte in gleicher Weise vergeben werden.

Derartige Ländereien, die grundsätzlich alle dem Staate zur Verfügung standen, wurden Privatpersonen auf unbegrenzte Zeit unwiderruflich überlassen. Ein solches Nutzungsrecht war übertragbar, vererbbar und nicht durch einen Dienst oder Rang bedingt. Der Empfänger mußte der Staatskasse den Zehnten zahlen und durfte dafür von den Einwohnern seines Landes Steuern einziehen; die Differenz der beiden Beträge ergab seinen eigenen Profit.

Dieses System wurde nach dem Ende der Eroberungen allmählich durch ein anderes ersetzt. Der Staat vergab nicht mehr Land, sondern nur noch das Recht, in einem bestimmten Landkreis Steuern einzuziehen; gewöhnlich erhielten höhere Staatsbeamte und Militärs dieses Recht anstelle eines festen Salärs. Oft mußten Personen, denen solche Rechte übertragen wurden, die Steuern auch selbst eintreiben. Der Zessionar seinerseits bezahlte natürlich dem Staat keine Steuern; er durfte den gesamten Betrag, den ihm der Staat eigentlich für seinen Dienst schuldete, für sich behalten.

Da eine solche Zession in erster Linie durch eine staatliche Funktion bedingt war, mußte der Beamte, wenn er von seinem Dienst zurücktrat, die entsprechenden Rechte wieder dem Staat abtreten. Diese Vergabe war im Prinzip zeitlich begrenzt und konnte wieder rückgängig gemacht werden, sobald die ursprünglichen Bedingungen nicht mehr galten. Obwohl sie weder übertragbar noch vererbbar war, gab es viele Mißbräuche, und ein Beamter behielt oft auch noch nach dem Austritt aus dem Staatsdienst seine Privilegien bei. Das eben geschilderte System gleicht sicher in mancher Hinsicht dem Feudalwesen im europäischen Mittelalter; die weitreichenden Hoheitsrechte des europäischen Feudalherrn fehlen aber hier ganz. Der Besitzer einer solchen Staatsgarantie hatte keine anderen Rechte über die Einwohner des ihm zugeteilten Gebietes als die, von ihnen Steuern einzuziehen und, wenn nötig, dabei entsprechende Gewalt anzuwenden. Im Gegensatz zum abendländischen Gutsherrn sprach er nicht Recht, teilte sein Gebiet nicht in kleinere Lehen auf und unterhielt keine Privatarmee. Weder residierte er, wie der westliche Feudalherr, in seinem Landkreis, noch regierte er ihn wie ein unabhängiges Fürstentum.

In einem anderen Übereinkommen, das vertraglich geregelt wurde, tauschte der Staat die Steuereinnahmen einer Region gegen eine feste Summe ein. Dabei zog er seine Steuereintreiber zurück und befaßte sich überhaupt nicht mehr mit dem entsprechenden Steuerwesen. Gemäß Vertrag wurden diese Geschäfte einem Vermittler übertragen – einem Stammesführer, dem Oberhaupt einer religiösen Gemeinschaft oder einfach einem Unternehmer, der zu seinem eigenen Vorteil eine Steuerpacht erwarb. Wer einen solchen Vertrag mit der Staatskasse geschlossen hatte, war lediglich verpflichtet, die vereinbarte jährliche Summe abzuliefern; wieviel er einzog und wie er die Steuer eintrieb, war seine Sache.

Jeder Zessionar neigte natürlich stets dazu, sein Gebiet zu vergrößern. Ein reicher und mächtiger Grundbesitzer bot zum Beispiel seinen kleineren und schwächeren Nachbarn, die nicht fähig waren, in schwierigen Zeiten für sich selber zu sorgen, seinen Schutz und seine Unterstützung an und konnte so allmählich ihren Besitz und ihre Rechte faktisch übernehmen. Bisweilen geschah das sogar freiwillig, wenn etwa ein kleinerer Landbesitzer erkannte, daß er sich in Kriegszeiten nicht selber verteidigen konnte, suchte er bei einem mächtigen Nachbarn Hilfe, garantierte ihm dafür ein festes Einkommen und übertrug ihm seine Rechte. Von Zeit zu Zeit, wenn ein Regime, durch Eroberung oder einen erfolgreichen Aufstand, gestürzt wurde und ein neues an die Macht kam, wurden die alten Grundbesitzer vertrieben und neue eingesetzt. Manchmal wurde die frühere Aufteilung der Land- und Steuerbezirke beibehalten; häufiger aber brachte man alle diese Einheiten unter die Kontrolle des Staates und verteilte sie nach einem neuen Plan an andere Nutznießer.

Zur *khāssa* gehörten auch Kaufleute und Gewerbetreibende, deren Oberschicht eine Art städtisches Patriziat bildete, und die übrigen gelernten Berufe. Die bedeutendsten unter ihnen waren die Ärzte, die teils eine freie Praxis betrieben, teils im Dienste der Herrscher und Wesire standen. Ferner kann man die Naturwissenschaftler, Astronomen, Lehrer, Ingenieure, Agrono-

men und Architekten erwähnen, die meist eine bezahlte Staatsstelle oder einen reichen Gönner hatten.

Über die *'āmma*, das gewöhnliche Volk, wissen wir sehr wenig. Die große Mehrheit der Bevölkerung bestand natürlich aus Bauern. Aus den Quellen, die uns über die islamische Geschichte informieren, erfahren wir kaum etwas über ihr Denken und Fühlen. Ab und zu vermochten zwar Leute aus dem Bauernstand in die höheren Gesellschaftsschichten aufzusteigen und wurden Kaufleute, Ulema, Grundbesitzer, Minister oder Soldaten; dann entsprach aber ihr Denken und Fühlen längst nicht mehr ihrer Herkunft. Auch heute noch ist es, trotz moderner Ideologien und Kommunikationsmittel, sehr schwierig herauszufinden, wie der gewöhnliche Bauer in diesen Ländern denkt und fühlt.

Über die Sklaven, die meistens in den Städten lebten und, infolge ihres täglichen Umgangs mit der *khāssa*, bisweilen aus der anonymen Masse ausbrachen, hören wir mehr; etwa über die Militärsklaven, die sich ihren Weg in die Geschichte ,erkämpfen' mußten; die Haremssklavinnen, die als Geliebte oder Mütter der Monarchen von ihrem abgeschirmten Platz aus die Staatsgeschäfte beeinflussen konnten; und die Haussklaven, die als Diener einer prominenten Persönlichkeit gelegentlich in der Literatur beschrieben oder erwähnt wurden.

Recht viel wissen wir über die Handwerker, die in den Städten und Dörfern lebten und Häuser bauten, Textilwaren, Gebrauchs- und Luxusgegenstände produzierten und Kunstwerke schufen. Sie begegnen uns in Traktaten und Handbüchern über ihre Zünfte; in der mystischen Literatur, in der so viele von ihnen ihre religiösen und sozialen Sorgen und Nöte ausdrückten; und vielleicht am allermeisten in ihren Werken, die zu den typischsten und universalsten Schöpfungen der islamischen Kultur zählen.

Ein berühmter Islamwissenschaftler, S. D. Goitein, hat den Islam sehr treffend die Zwischen-Kultur genannt. Das goldene Zeitalter des Islam liegt als wichtige Übergangszeit zwischen den wegbereitenden antiken Kulturen – der altorientalischen und hellenistischen – und dem Beginn der Neuzeit. Der Islam breitete sich vom östlichen Mittelmeerraum bis zu den weit entfernten Kulturkreisen Asiens und Afrikas aus, mit den ersteren durch unzählige Bande gemeinsamer Tradition und Errungenschaften verbunden, mit den letzteren durch die Bemühungen vieler Generationen von Soldaten und Kaufleuten, Künstlern und Kunsthandwerkern, Gelehrten, Lehrern und Heiligen. Von vielen Völkern und Traditionen geprägt und getragen, drückte der Islam ihnen allen sein Siegel auf und bildete den anregenden Hintergrund für einen tiefgreifenden, selbständigen und bedeutsamen Beitrag zur Kultur der Menschheit.

,Rezitiere!' sprach der Engel Gabriel zu Muhammad. ,Rezitiere im Namen deines Herrn, der alle Dinge erschuf, der den Menschen aus Blutklumpen erschuf!' *Qur'ān*, das Wort für ,Rezitation' oder ,(Vor)Lesung', ist die Bezeichnung für die gesammelten Offenbarungen, die Muhammad gewährt wurden. Sie bilden die Basis des Islam, sie sind die Autorität, auf die sich die Muslime bei der Lösung jedes Problems – sei es dogmatischer, ethischer, juristischer oder politischer Art – berufen. Diese lebendig wirkende Miniatur des Erzengels wurde im frühen VIII./14. Jahrhundert in Ägypten oder Syrien gemalt. (1)

وَمِنْهُمْ جَبْرَئِيلُ

قَالَ دَانِيَالُ أَمِينُ الْوَحْيِ وَخَازِنُ الْقُدْسِ وَيُقَالُ لَهُ أَيْضًا الرُّوحُ الْأَمِينُ وَالرُّوحُ الْقُدُسِ وَالنَّامُوسُ الْأَكْبَرُ وَطَاوُسُ الْمَلَائِكَةِ جَاءَ فِي الْخَبَرِ أَنَّ اللهَ تَعَالَى إِذَا تَكَلَّمَ بِالْوَحْيِ سَمِعَ أَهْلُ السَّمَاءِ صَلْصَلَةً كَجَرِّ السِّلْسِلَةِ عَلَى الصَّفَا فَيُصْعَقُونَ وَلَا يَزَالُونَ كَذَلِكَ حَتَّى يَأْتِيَهُمْ جَبْرَئِيلُ فَإِذَا جَاءَهُمْ فُزِّعَ عَنْ قُلُوبِهِمْ فَقَالُوا يَا جَبْرَئِيلُ مَاذَا قَالَ رَبُّكَ فَيَقُولُ الْحَقَّ فَنَادَوْا لِلْحَقِّ الْحَقَّ وَجَاءَ فِي الْجُمْلَةِ أَنَّ النَّبِيَّ صَلَّى اللهُ عَلَيْهِ وَآلِهِ وَسَلَّمَ قَالَ لِجَبْرَئِيلَ إِنِّي أُحِبُّ أَنْ أَرَاكَ عَلَى صُورَتِكَ فَقَالَ إِنَّكَ لَا تُطِيقُ قَالَ

Im Islam unterscheidet man nicht zwischen ‚Kirche‘ und ‚Staat‘, geistlicher und weltlicher Autorität. In der Moschee versammelte man sich sowohl zum Gebet als auch zu öffentlichen Bekanntmachungen aller Art. Diese Miniatur aus dem VIII./14. Jh. zeigt, wie Dschingis Khān, der ja nicht einmal Muslim ist, von der Kanzel, dem *minbar*, herab den Leuten von Buchara verkündet, daß er von Gott gesandt sei, um sie zu bestrafen. (2)

Der Gläubige verrichtet das Gebet fünfmal täglich – bei Sonnenaufgang, mittags, nachmittags, bei Sonnenuntergang und abends – in rituell reinem Zustand und das Gesicht Mekka zugewandt, jedoch nicht unbedingt in einer Moschee. Zum Gemeinschaftsgebet trifft man sich jeden Freitagmittag. Die Szene aus Harīrīs *Maqāmāt* veranschaulicht die maßgebenden Merkmale der Moschee: *mihrāb*, *minbar*, Moscheeampeln und Minarett. (3)

Die Richtung nach Mekka von jedem gegebenen Punkt aus zu bestimmen, erfordert zuverlässige wissenschaftliche Fachkenntnis. Diese Scheibe aus der Türkei (XII./ 18. Jh.) ist mit einem beweglichen Zeiger ausgestattet, der auf der Karte bei Mekka fixiert ist; wenn man den Zeiger mit dem Namen des entsprechenden Ortes in eine Linie brachte, konnte man die erforderliche Richtung der *qibla*-Wand (in welcher die *mihrāb*-Nische als eigentlicher Richtpunkt eingefügt wurde) herausfinden. Die Rückseite der Scheibe (rechts) stellt Mekka dar, mit der Ka'ba im Zentrum eines von Arkaden umgebenen Hofes. (5, 6)

Die weiträumigen Höfe der Moscheen (links), als deren Vorbild der Hof von Muhammads Haus gilt, wurden für Zusammenkünfte und für die rituelle Waschung benutzt. Diese Aufnahme vom Hof der Großen Moschee zu Aleppo entstand vor über achtzig Jahren. Gläubige haben sich mit dem Gesicht zur *qibla*-Wand in zwei Reihen zum Gebet versammelt. (4)

Wer die Pilgerfahrt nach Mekka – eine der fünf Hauptvorschriften des Islam – unternimmt, verziert noch immer sein Haus mit traditionellen Mustern. Ein Hauseingang in Jerusalem (rechts) ist mit einem einfachen Bild der Ka'ba und eines Minaretts geschmückt. (7)

,Es gibt keinen Gott außer Gott, und Muhammad ist sein Gesandter': Das Glaubensbekenntnis ist die erste der fünf Hauptvorschriften des Islam. Auf einer typischen türkischen Fayence (unten) – sie gehörte zur Keramikverkleidung einer Kanzel aus dem XI./17. Jh. – stehen die Worte des islamischen Credos, umrahmt von einem naturalistischen Blumendekor. (9)

Das Ziel der Pilgerfahrt waren Mekka, Medina und deren Umgebung. Mekka ist auf unzähligen Miniaturen, Teppichen und Fayencen dargestellt, so auch auf dieser osmanischen Kachel von ca. 1077/1666. Die abgebildeten Gebäude stehen im Zusammenhang mit der Pilgerfahrt, die einen mehrtägigen, dem Gebet und rituellen Handlungen gewidmeten Aufenthalt in Mekka einschloß. (8)

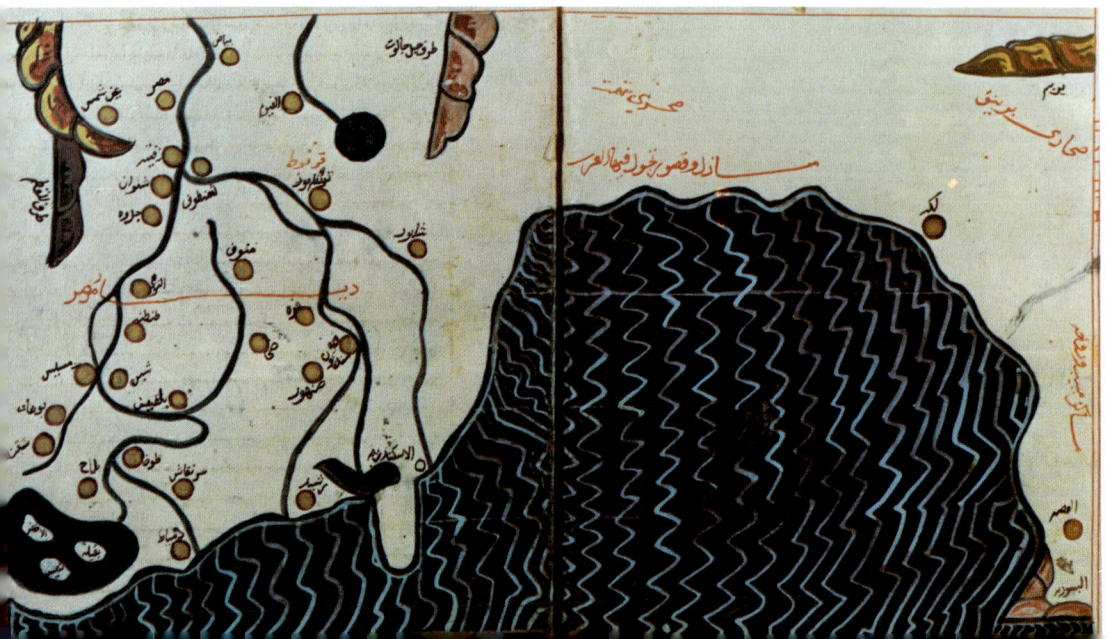

Die Bedürfnisse der Pilger gaben den Anstoß zur Beschäftigung mit der Kartographie und den zugehörigen Wissenschaften. Eine der wichtigsten Zwischenstationen für die Pilger aus Nordafrika war Kairo. Diese Karte des Nildeltas stammt aus Idrīsīs Atlas (549/ 1154). (10)

Majnūn besucht die Kaʻba:
eine Episode aus *Laylā und
Majnūn,* der populärsten
aller muslimischen Liebesgeschichten (Miniatur aus
einer Handschrift des IX./
15. Jh.). Majnūn wurde von
seinem Vater zur Kaʻba gebracht, damit er dort um
Heilung von seiner schmerz-
lichen Liebe zu Laylā beten
sollte; statt dessen aber bat
er Gott darum, daß sie noch
weiter wachse. Die Kaʻba ist
ein schmaler, fensterloser
Würfel, der Überlieferung
nach von Abraham erbaut.
Vor Muhammad waren in
ihr Götterbilder aufgestellt,
und sie wurde besonders
verehrt wegen des Schwar-
zen Steins (wahrscheinlich
ein Meteorit), der in einer
ihrer Ecken eingemauert ist
und der, wie die Sage überliefert, von Gabriel dem
Abraham geschenkt wurde.
Muhammad ließ die Idole
ausräumen; und so wurde
die Kaʻba zum zentralen
Heiligtum des Islam. (11)

Zu den ‚Leuten der Feder‘ gehörten auch die Schreiber. Diese
Miniatur mit den *notarii Saraceni*
(oben links) findet sich in einer
christlichen Handschrift, die 1195
in Sizilien, wo alle Kulturen zu-
sammentrafen, angefertigt wurde.
(12)

‚Leute des Schwertes‘: ein Krieger auf einer Messingschale, die
als Baptistère de St. Louis bekannt ist (oben); erste Hälfte des
VIII./14. Jh. (13)

Der qāḍī – Richter oder Gerichts-
beamter – schlichtete alle praktischen Streitfälle in der Gemeinde.
Die Illustrationen zu den *Maqāmāt* zeigen ihn stets als Angehörigen des Bürgertums, in gleicher
sozialer Stellung wie die Menschen, über die er zu Gericht sitzt.
Hier schlichtet er einen Streit zwischen Vater und Tochter. (14)

Die Gesellschaft wurde von mittelalterlichen Schriftstellern in vier Gruppen gegliedert: Freie (der Adel und die Oberschicht), Freigelassene oder Klienten, ‚Leute des Schutzvertrages‘ (Nichtmuslime) und Sklaven. Politische Schriftsteller unterteilten die herrschende Elite in ‚Leute des Schwertes‘, ‚Leute der Feder‘, Kaufleute und Bauern.

Als ‚Leute des Schutzvertrages‘ galten in erster Linie Christen und Juden. Sie genossen Kultusfreiheit und Rechtsschutz, erfuhren aber in einigen bestimmten sozialen Belangen Einschränkungen und bezahlten eine Sondersteuer. Rechts oben: Madonna mit Kind, aus einem Evangelienbuch, das zwischen 1216 und 1220 in Mosul abgeschrieben wurde. Unten: die Passahfeier, aus einer hebräischen Handschrift, entstanden im muslimischen Spanien. (15, 16)

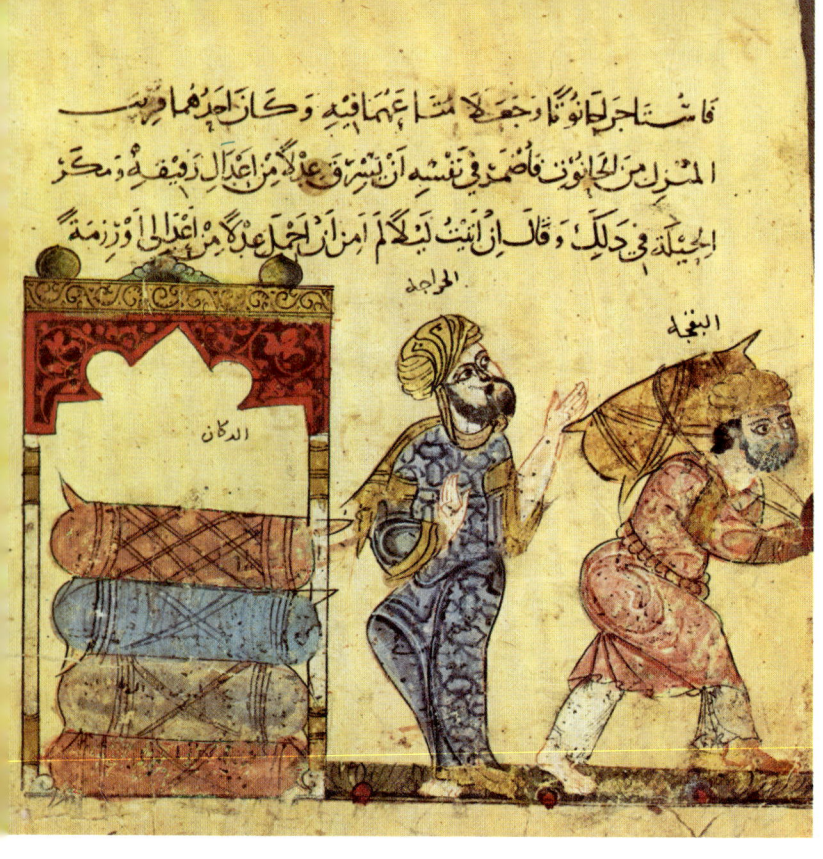

Zu den ‚Geschäftsleuten' gehörten auch diejenigen Gewerbetreibenden, die oft Schlüsselfiguren des städtischen Lebens waren und zu den stabilisierenden Elementen in der islamischen Gesellschaft zählten: ‚die Kaufleute', die in so vielen volkstümlichen Erzählungen auftreten, wie zum Beispiel in Harīrīs *Maqāmāt,* wo wir diese beiden Illustrationen finden (links und unten). Nahrungsmittel transportierte man oft über weite Distanzen, gelegentlich exportierte man sie auch nach dem christlichen Europa. Sizilien, Thrakien und Ägypten waren, wie schon zur Zeit der Römer, die Kornkammern der Mittelmeerwelt. (17, 18)

Geld war zur Zeit Muhammads in Arabien selten. Wie so vieles andere auch, übernahmen die Araber es von ihren kultivierteren Untertanen. Für den Silberdirham (links) kennt man einen byzantinischen Prototyp, während der syrische Dinar (links außen) aus der Zeit vor 71/690 die genaue Kopie einer sāsānidischen Münze ist, lediglich mit einer arabischen Inschrift versehen. ‚Dirham' kommt vom griechischen *drachma,* ‚Dinar' vom lateinischen *denarius.* (19)

Sklaven besaßen ebenfalls Rechte, so begrenzt sie auch waren. Im Alter konnten sie auf medizinische Versorgung, Nahrung und Unterhalt Anspruch erheben, und sie durften auch eine bestimmte Summe als eigenes Vermögen besitzen. Dem Gesetz nach wurde ein Mensch nur durch Geburt oder Gefangennahme zum Sklaven; in der Praxis aber erwarb man sich Sklaven als Tribut oder einfach käuflich – meist aus Zentralasien und Afrika. Oben: der Sklavenmarkt von Zabīd im Jemen, eine weitere Illustration aus den *Maqāmāt* (635/1237). Rechts: Ein fātimidisches Glasgewicht, wie man es bei Handelsgeschäften verwendete. (20, 21)

Lange Kamelkarawanen waren in den meisten islamischen Ländern ein vertrautes Bild. In diesen Gebieten sind die einzelnen Städte und Anbauzonen, anders als im Westen, durch Gebirgszüge und Wüstenstriche weit voneinander getrennt. Der Rand dieses iranischen Keramiktellers aus dem frühen VII./13. Jh. zeigt eine Kamelkarawane. In der Mitte thront einer der vielen Lokalfürsten, die vor den Mongolen das Land beherrschten. (22)

Die Karawansereien waren die notwendigen Etappenorte auf den langen Reisen. Sie befanden sich sowohl in den Wüsten als auch mitten in den Städten, wo man sie gewöhnlich ganz in der Nähe der Basare baute. Einige von ihnen erfüllen auch heute noch ihren ursprünglichen Zweck. Rechts: die As'ad Pasha Karawanserei in Damaskus, aus dem XI./17. Jh.; die Aufnahme wurde vor 1900 gemacht. Rechts unten: die Karawanserei von Mahyar, Iran; im Vordergrund Kleinvieh der Stammesangehörigen. (25, 26)

Die Welt der Reisenden ist das Milieu mancher Geschichten in Harīrīs *Maqāmāt*. Unten: die Erzählung von einem Unglück auf dem Euphrat. Das Schiff besitzt Segel und Ruder zugleich; es verfügt auch über ein Steuerruder, etwas, das im christlichen Mittelmeerraum erst wesentlich später verwendet wird. Rechts: Szene aus der Karawanserei von Wāsit. (23, 24)

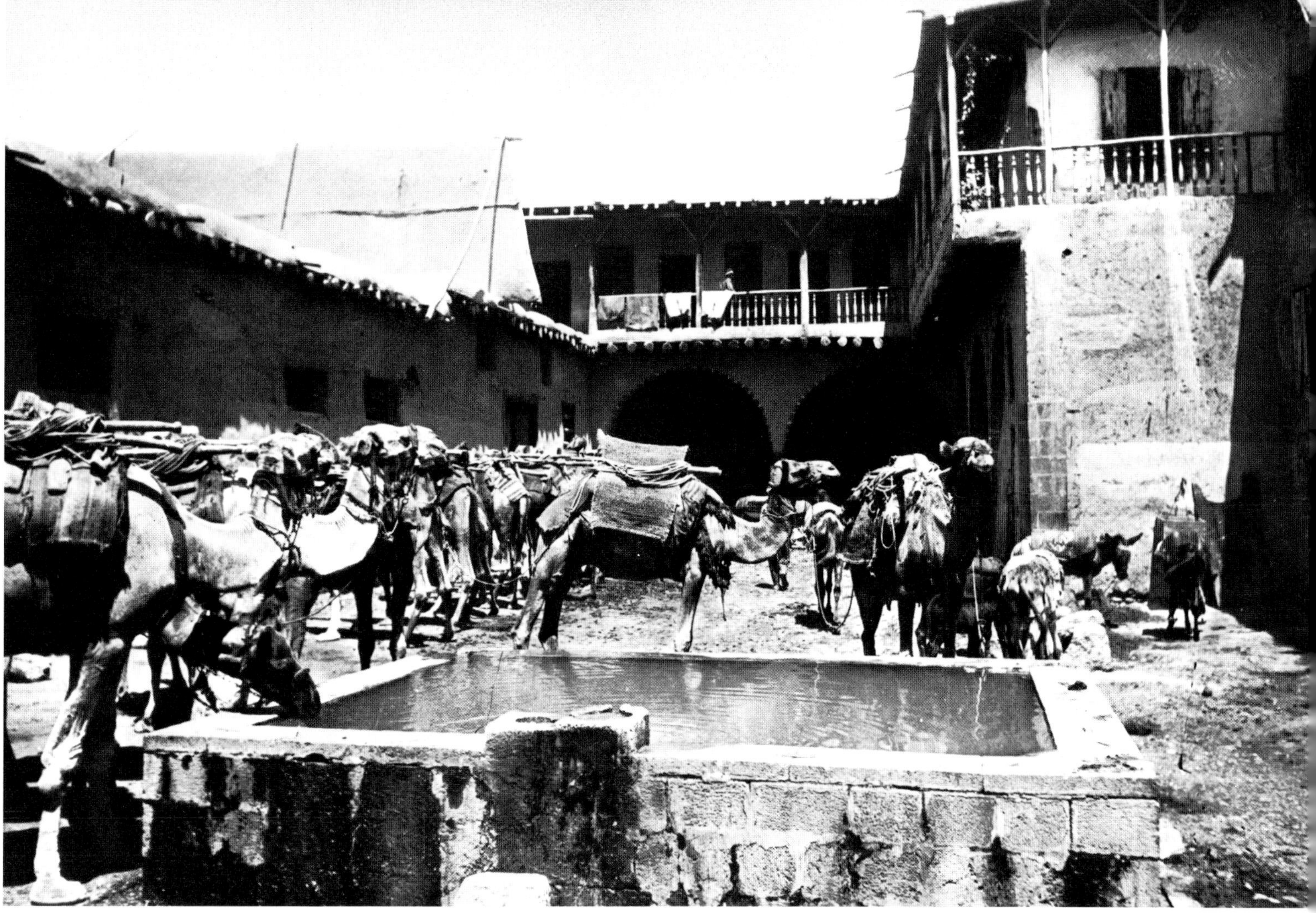

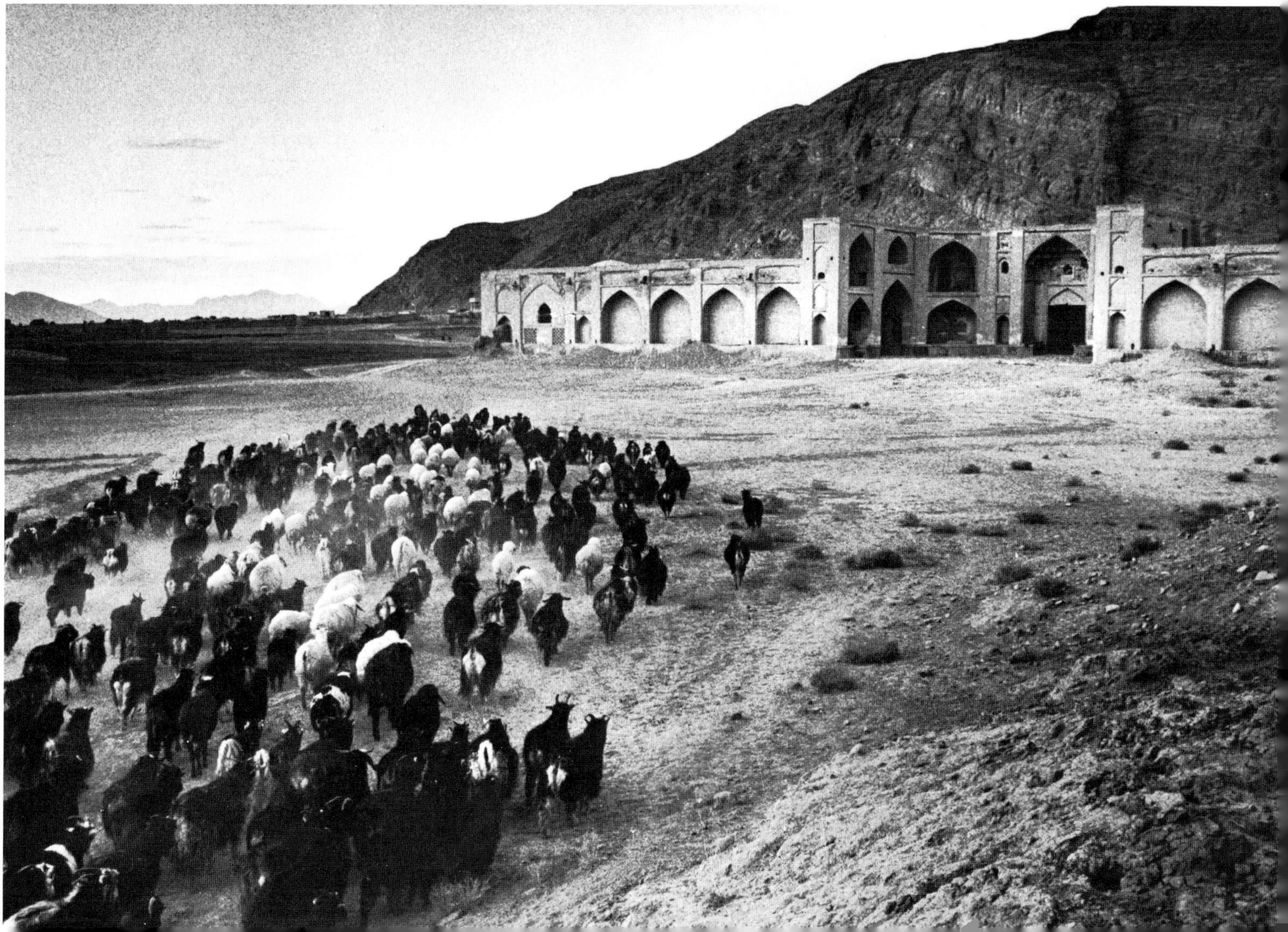

Das Leben des einfaches Volkes wird in Kapitel III ausführlich dargestellt. Die Miniaturen auf diesen zwei Seiten stammen aus einem persischen Wörterbuch des frühen X./16. Jh. Links: **Pflügen** mit Ochsen. Der Bauer treibt die Tiere mit einem Stachelstock an. (27)

Mitte links: **Zerstoßen von Getreide.** (28)
Oben: **Buttern.** (29)
Links: **Aushauen eines Mühlsteins** mit Hammer und Meißel. (30)

Baumwollherstellung: Diese vier Miniaturen zeigen, wie man das Naturprodukt zu verschiedenem Gebrauch verarbeitete: 1. Sieben der Blüten. 2. Karden der Fasern. 3. Kämmen. 4. (rechts) Spinnen; die eine Hand dreht die Kurbel, die andere hält die Spindel mit dem Faden. (31–34)

Das Färben von Stoffen (unten). Sehr ähnliche Bottiche sieht man heute noch in islamischen Städten (vgl. S. 105). (35)

Herstellung von Golddraht. Der eine Handwerker zieht den Draht mit einer Beißzange auf ein Spindel auf. Die technischen Vorgänge sind auf all diesen Miniaturen sehr genau dargestellt; der idyllische, ländliche Hintergrund aber wirkt schablonenhaft. (36)

Die Münzprägung begann zur Zeit der Umayyaden-Kalifen. Zunächst richtete man sich nach persischen und byzantinischen Mustern, die oft Darstellungen zeigten, die dem islamischen Wesen fremd waren. Später trugen die Münzen nur Inschriften, und daraus entwickelte sich bald eine eigene Kunstform.

Aus Khurāsān stammt dieser Silberdirham (rechts) des Umayyaden-Statthalters ‘Abdallāh ibn Khāzim. (37)

Die ‘Abbāsiden traten im Jahre 132/750 an die Stelle der Umayyaden; sie hatten sich aber schon vorher eine Hausmacht mit dem Zentrum Nīshābūr aufgebaut. Dort wurde dieser Silberdirham geprägt. (38)

Unter dem Bagdader Kalifat erlebte die islamische Kultur vom II./8. bis V./11. Jh. ihre reichste Entfaltung. Hier sind Münzen zweier Kalifen aus dem III./9. Jh. abgebildet, von al-Mu‘tasim und al-Mutawakkil; das

Dromedar auf der Rückseite mag eine nostalgische Erinnerung an ihre beduinische Abstammung sein. (39, 40)

Die Būyiden herrschten vor dem Auftreten der Seldschūken in Persien und im Irak. Links: Golddinar aus Nīshābūr, zwischen 387/997 und 420/1029. (41)

Die Fātimiden hatten im IV./10. Jh. Ägypten und Syrien unter ihrer Kontrolle. Diesen Viertel-Dinar ließ al-Mustansir (427–87/1036–94) in Sizilien prägen. (42)

Artuqiden und Zangiden waren zwei der Dynastien türkischer Herkunft, die im VI./12. Jh. Teile des alten Seldschūkenreiches in ihre Gewalt brachten. Wir sehen hier Bronzemünzen des Zangiden Mas‘ūd I. von Mosul und des Artuqiden Najm ad-Dīn Alpi von Mārdīn, mit dem Profil eines griechischen (!) Kopfes. (43, 44)

Dschingis Khān (Silberdirham links) hatte bis 625/1227 in Asien ein gewaltiges Reich erobert. Auch unter mongolischer Oberhoheit gab es noch christliche Königreiche. In Tiflis setzte die georgische Thronregentin Turakina ihre eigenen Silberdirhams – mit einem hellenistischen *sagittarius* auf der Bildseite – in Umlauf. (45, 46)

In den islamischen Ländern betreibt man den Klein-
handel noch immer wie vor tausend Jahren. Ein Basar
oder *sūq* ist eine große schattige Markthalle, in der die
Läden dem Warenangebot entsprechend Gruppen bilden.
Der ganze Komplex sieht aus wie ein riesiges, von vielen
sich gegenseitig konkurrierenden Geschäftsführern ge-
leitetes Warenhaus, das auf öffentlichem Grund und
Boden steht. Hier der Stoffmarkt im Basar von Aleppo;
eine solche Szene hat sich seit dem Mittelalter wohl kaum
grundlegend verändert. (47)

55

Landwirte, die Ackerbau trieben, waren letzten Endes die tragende Kraft im islamischen Leben; wie in den meisten Kulturen, wurde jedoch ihre Arbeit kaum besungen und bildlich dargestellt. Dieses Bild aus Pseudo-Galenus' *Buch der Gegengifte* zeigt das Ernten, Dreschen und Worfeln des Getreides – links oben wird gerade das Essen für die Arbeiter gebracht. Die islamische Landwirtschaft war im allgemeinen arbeitsintensiver als die des mittelalterlichen Europa, weil das Land den Verhältnissen entsprechend weniger kultivierbar war, und auch das Wasser viel spärlicher floß. So konnten die muslimischen Bauern ihren christlichen Kollegen in bezug auf Bewässerungstechnik und Vielseitigkeit landwirtschaftlicher Kultur Unterricht erteilen. Sie spezialisierten sich auch auf die Produktion getrockneter, haltbarer Früchte, wie Aprikosen, Feigen und Weinbeeren. (48)

II

DES MENSCHEN WERK

Richard Ettinghausen

Reiter mit einer Standarte: eine irakische Lüsterschale aus dem IV./ 10. Jh. Es ist typisch für die figürliche Kunst des Islam, daß der Gegenstand stilisiert und oft zur Silhouette reduziert wird. (1)

Eine Darstellung der islamischen Kunst muß mit einer Grundfrage beginnen: gibt es so etwas wie islamische Kunst, das heißt eine Kunst, die für die Kultur in ihrer Gesamtheit charakteristisch ist? Auf den ersten Blick scheint es nahezu unmöglich, sachdienliche Bemerkungen über die Natur der islamischen Kunst als Ganzes zu machen und Gründe für ihre einzigartige und allgemein verbreitete Qualität zu finden.

Die künstlerische Tradition erstreckt sich mit ihrer natürlichen Folge zahlreicher Stile über eine lange Zeitspanne, vom Ende der Antike im späten I./7. Jahrhundert über die Periode der Völkerwanderungen bis zum XII./18. und frühen 19. Jahrhundert, wo sie von europäischen Vorstellungen überlagert wurde. Sie bildete sich in einem Gebiet, das von Spanien und Marokko im Westen bis nach Zentralasien und zum indischen Subkontinent im Osten reichte und das viele kulturelle Brennpunkte oft sehr individueller Eigenart besaß. Sie traten klarer zutage, als sich das Kalifat im III./9. und IV./10. Jahrhundert in viele getrennte politische Bereiche aufzulösen begann, die einander oft feindlich gegenüberstanden und von Herrschern sehr verschiedenen künstlerischen Geschmacks geleitet wurden. Dies gilt besonders für die Zeit nach der Aufhebung des Kalifats 656/ 1258. Außerdem gehörten die Einwohner dieses weiten Gebietes wenigstens fünf verschiedenen Rassen an; es waren Araber, Iraner, Berber, Türken und Inder. Innerhalb der Rassen gab es Gegensätze, so zum Beispiel zwischen den Muslimen aus Indien, Kaschmir, Bengalen und dem Deccan. Überdies umfaßten von Anfang an die größeren Staaten auch nichtmuslimische Gemeinschaften.

Auch die Kunst war verschiedenen sozialen Klassen zugeordnet: Da gab es die zahlreichen Höfe mit ihrer Liebe zum Luxus; die breite Schicht der oft gebildeten städtischen Mittelklasse, die weitgehend an Handel und Handwerk orientiert war; die überall anzutreffenden nomadischen Stämme, aus denen zum Beispiel in Iran die meisten Dynastien hervorgingen; und die Masse des einfachen Volkes, das trotz seiner beschränkten Möglichkeiten nicht selten einen Sinn für das Schöne entwickelte, etwa, wenn es Balken für seine Häuser schnitzte. Da waren auch die stets fluktuierenden religiösen, mystischen und rechtlichen Gruppen, die sich gegenüber jenen luxu-

riösen Seiten des Lebens, zu denen auch die Künste gehören, sehr unterschiedlich verhielten. Die Mannigfaltigkeit künstlerischen Ausdrucks erklärt sich auch daraus, daß für Künstler und Handwerker in der islamischen Welt keine festen Richtlinien existierten; dieser Mangel wurde begleitet von einem abfälligen Verhalten gegenüber den feineren Formen manueller Arbeit. Obwohl Kunsterzeugnisse im bürgerlichen Bereich sehr willkommen waren, da sie die Grundlage eines lebenswichtigen lokalen und weltweiten Handels darstellten, wurden doch Tätigkeiten, die sich mit Regierung, Militär, Religion, Rechtswesen, Literatur und Handel befaßten, weit höher eingeschätzt.

Die grundlegenden Voraussetzungen der islamischen Kunst würden somit für eine nur lose zusammenhängende und wenig homogene Kultur sprechen. Schon ein flüchtiger Überblick scheint dies zu bestätigen: Form und Dekoration eines Minaretts zeigen unmittelbar, in welchem Land und in welcher Periode es erbaut wurde; Keramik ist von Land zu Land, ja von Stadt zu Stadt und von Jahrhundert zu Jahrhundert verschieden.

Dieselben multinationalen und multireligiösen Umstände erstreckten sich nicht nur auf die Künste, sondern wirkten auch in der islamischen Kultur. Das wurde in der zweiten Hälfte des III./9. Jahrhunderts von den Mitgliedern des philosophischen Bundes der Ikhwān as-Safā' ausdrücklich erkannt:

> Der ideale und sittlich vollkommene Mann sollte ostpersischer Abstammung sein, arabisch im Glauben, irakisch erzogen, ein Jude an Scharfsinn, ein Schüler Christi im Verhalten, ebenso fromm wie ein griechischer Mönch, ein Grieche in den individuellen Wissenschaften, ein Inder in der Deutung aller Mysterien, schließlich und insbesondere ein Sūfī in seinem gesamten geistigen Leben.

Es gab jedoch Kräfte, die ungünstige separatistische Richtungen milderten und dazu verhalfen, eine Kunst universalen und einheitlichen Charakters zu schaffen.

Allgemeine Aspekte

Wie in der Architektur die integrierenden Kräfte wirkten, zeigt die Verwendung des Iwans, einer hohen gewölbten Halle, die sich, gewöhnlich im Zentrum eines Gebäudetraktes gelegen, mit der ganzen Front zu dem benachbarten Hof hin öffnet. Diese Architekturform war westparthischen und sāsānidischen Ursprungs. Sie wurde im mittelalterlichen und spätmittelalterlichen Iran und Irak vorherrschend, in der Folgezeit auch in Syrien, Anatolien, Ägypten und Marokko, und blieb bis ins 19. Jahrhundert in Gebrauch. Ebenso findet sich eine bestimmte Art von Nekropolen des VIII./14. und IX./15. Jahrhunderts mit lose gruppierten kubischen Gebilden, die von melonenförmigen Kuppeln bekrönt waren, an so weit entfernten Orten wie Samarkand und Kairo. Die Herstellung von Teppichen etwa war in der gesamten muslimischen Welt außerordentlich beliebt, vor allem in den Gebieten zwischen der Türkei und Zentralasien, jedoch auch in Ägypten, Nordafrika, Spanien und sogar auf dem Balkan. Diese Industrie bestand in Spanien und auf dem Balkan sogar nach der christlichen Wiedereroberung als muslimisches Vermächtnis fort. Ein eher technisches Beispiel ist der *shāhdirvān* (in Indien *chadar* genannt), eine Wassergleitfläche für Wandbrunnen oder künstliche Gärten, bestehend aus geschnittenem Marmor mit Zickzackmuster. Auch er hat eine lange Tradition und ist weit verbreitet. Das früheste bekannte Exemplar befindet sich in einem algerischen Palast des V./11. Jahrhunderts, geht aber zweifellos auf einen früheren Ursprung zurück und wurde vielleicht aus Spanien oder Marokko entlehnt. Er ist weiterhin in einer sizilianischen arabischen Villa des VI./12. Jahrhunderts nachweisbar, bildete später einen Anziehungspunkt in den Moghulgärten des XI./17. Jahrhunderts und in den iranischen Gärten des 19. Jahrhunderts.

Homogenität entstand auch, weil zwischen sakralem und profanem Bereich nicht unterschieden wurde. Die Iwanbauten in vierfacher Anordnung um einen zentralen Hof dienten nicht nur als Moscheen und theologische Schulen *(madrasas)*, sondern auch als Paläste, Karawansereien oder Hospitäler. Desgleichen ist schwierig zu entscheiden, ob bestimmte Leuchter für einen heiligen Schrein oder für eine königliche Empfangshalle hergestellt wurden, genauso wie ein Gebetsteppich mit dem charakteristischen symbolischen Bogen der Gebetsnische *(mihrāb)* eine Moschee dekorieren, oder nur ein gewöhnlicher Teppich oder eine Matte für jedweden Zweck sein konnte. Abgesehen von diesem einen bescheidenen Gebrauchsgegenstand, dem *mihrāb* und der Kanzel waren keinerlei liturgische oder rituelle Gegenstände für den eigentlichen Moscheedienst vonnöten. Infolgedessen entwickelte der Islam – ungleich dem Christentum – keine ausschließlich sakrale Kunst.

Ein weiterer verbindender Faktor war die leichte Übertragbarkeit einer Technik oder eines Entwurfs von einem Medium ins andere. So wurden dreidimensionale abstrakte Muster, bestehend aus facettierten kurvigen Linien, zuerst im III./9. Jahrhundert im Irak in Stein, Stuck und Holz geschnitten. Dann kamen sie auch in Ägypten, Iran und Zentralasien vor; in Iran etwa verwendete man sie auch bei getriebenen Silberarbeiten. Oder man malte sie zweidimensional auf Töpferware. Man bezog diese Allzweckmusterung aber nicht nur auf abstrakte Gebilde, für die sie hervorragend geeignet war, sondern – weniger passend – auch auf Tierdarstellungen. Desgleichen wurden Stern- und Kreuzmuster ebenso wie Sechsecke, ursprünglich für Stucksockel entwickelt, auf Töpferwaren oder Metallgefäße verpflanzt, für deren zwiebelförmige Oberfläche sie ganz ungeeignet waren; oder illustrative Traditionen, die für Handschriften ausgearbeitet waren, wurden auf Töpferware, Kacheln, Glas, Federkästen, Bucheinbände, bemalte Dosen oder sogar Teppiche und Textilien übertragen.

Der im Grunde anonyme Charakter der Künste war ein anderer gleichmacherischer Faktor. Obwohl es Signaturen der ausführenden Künstler gibt, besagen ihre Namen im ganzen wenig, und das Werk bleibt im allgemeinen unpersönlich. Aber die Qualität der Produktion war dynamisch genug, den künstlerischen Talenten sogar der Nichtmuslime in der Gemeinschaft entgegenzuwirken und sie zu absorbieren. Religiöse oder ethnische Minderheiten trugen aktiv zur islamischen Kunst bei, ohne ihre Natur zu verändern. Zum Beispiel brachten die Ausgrabungen des Palastes von Khirbat al-Mafjar bei Jericho aus dem frühen II./8. Jahrhundert eine Marmorplatte mit hebräischer Beschriftung zutage, aber nichts in der reichen Dekoration oder Struktur des Palastes zeigt eine jüdische Note. Es gibt persische und türkische Keramikgefäße aus dem X./16. und XI./17. Jahrhundert mit armenischen Inschriften; aber sie verraten keinen deutlich armenischen Charakter.

Auf der anderen Seite tragen die Künste dieser nichtmuslimischen religiösen Gemeinschaften alle Merkmale der muslimischen Umwelt. So enthält ein Manuskript über die Propheten, geschrieben 890 in Tiberias, mehrere ganz unfigürliche Teppichseiten, die in ihrem allgemeinen Charakter gleichzeitigen Titelseiten in Koranhandschriften ähneln. Und die Holzschnitzereien des koptischen Klosters Dayr al-Banāt bei al-Fustāt oder die Holztüren der Synagoge von Ben Ezra in Kairo sind in ihrer Art identisch mit solchen, die vom Palast des Fātimidenkalifen in derselben Stadt erhalten geblieben sind. Erst wenn es um rituelle Bedürfnisse ging und besonders um die Ausbildung religiöser Ikonographie zur Illustration heiliger Bücher, bestanden die Gemeinschaften ‚des Volkes des Buches‘ auf der Fortsetzung ihrer eigenen Tradition. Doch sogar hier ist die Einwirkung der muslimischen Umwelt unverkennbar.

Wegen dieser ausgleichenden Tendenzen können eine Reihe von Monumenten und Kunstprodukten ohne identifizierende Inschriften nicht genau datiert und lokalisiert werden. So ist ein großartiges Mausoleum in Tūs (angeblich das des großen Theologen al-Ghazālī) im nordöstlichen Iran verschieden datiert worden – vom V./11. bis VIII./14. Jahrhundert. Selbst wenn zwei Medien, etwa Kalligraphie und Illumination, betroffen sind, wie im Fall einiger Koranmanuskripte des III./9. bis IV./10. Jahrhunderts, die ‚Teppichseiten‘ enthalten, war es nicht möglich, auch nur eines von ihnen genauer zu datieren oder sie einem bestimmten Land zuzuweisen. Ein anderes Beispiel ist die Fassonierung der Bergkristalle. Durch al-Bīrūnī ist bekannt, daß die Kunst, diesen harten und seltenen Halbedelstein zu schneiden, im IV./10. und V./11. Jahrhundert in Ägypten und im Irak verbreitet war. Keiner aber hat bisher irakische Stücke aussondern können, obgleich die politische Feindschaft zwischen den beiden Ländern zwei verschiedene Stile vermuten ließe. Schließlich wird eine Gruppe von Teppichen, die man bisher Iran im X./16. Jahrhundert zuschrieb, jetzt als türkisches Produkt des 19. Jahrhunderts angesehen.

Was also waren die mächtigen und allseits vorhandenen Kräfte, die zu dieser inneren Übereinstimmung der islamischen Welt führten?

Die Kräfte der Einheit

Drei Hauptvoraussetzungen können vielleicht bestimmt werden, zuerst natürlich die normative Kraft des Islam selbst als Basis der ganzen Kultur. Der Glaube beeinflußte die Kunst nicht offiziell, sondern indem er eine Lebensweise und ein allgemeines Verhalten hervorbrachte, das überall akzeptiert wurde. Einerseits herrschte ein strenges Bewußtsein von der Zugehörigkeit zur *umma*, der ganzen muslimischen Gemeinschaft, anderseits gab es ein gemeinsames Ziel, durch alle geteilten Rituale und Glaubensvorstellungen hindurch. Diese schließen ein tiefes Bekenntnis zur geoffenbarten Botschaft des Koran, die Bejahung der Hauptpflichten eines Muslims und eine gemeinsame Anschauung vom ganzen Kosmos ein. Das beeinflußte wiederum die religiöse Architektur, führte zum vornehmlichen Gebrauch der arabischen Sprache und Schrift als dem Vehikel der göttlichen Offenbarung und bestimmte Reichweite und Charakter der Ikonographie und die Behandlung des Ornaments.

Darüber hinaus gehörten die Muslime einer Ordnung an, in der sowohl die Religion als auch die Regierung einen monolithischen Charakter aufwiesen, eine Tatsache, die zu einer allgemeinen Koordinierung von Glaubensweisen und -praktiken führte. Religiöserseits war dies dem allgemeinen Prinzip der *ijmā'* zuzuschreiben, das heißt dem Konsensus der theologischen Meinung als der annehmbaren Norm. Die Gleichförmigkeit wurde durch den Grundsatz gefördert, daß ,die Menschen der Religion ihrer Herrscher folgen'.

Ein zweiter Einigungsfaktor bestand darin, daß die islamischen Kernländer mit Ausnahme Arabiens jahrhundertelang Teil eines großen politischen und kulturellen Ganzen, des Römischen Reiches, waren, oder allgemeiner, der Mittelmeerwelt. Entferntere Länder wie Iran oder Indien und sogar Südarabien hatten zumindest ihren Einfluß gespürt. Zwar wirkte sich dieses Erbe auf die Künste in begrenzter Form und oft nur indirekt aus; es schuf jedoch ein einheitliches psychologisches Klima und rief Verhaltensweisen hervor, die den verallgemeinernden Tendenzen der Künste günstig waren.

Die große Mobilität der muslimischen Kultur ist der dritte Faktor, der von besonderer Bedeutung für die Angleichung der Künste war. Ganz abgesehen von den Nomadenstämmen waren auch größere und kleinere Bevölkerungsgruppen, ebenso wie Höfe und bedeutende Persönlichkeiten, unterwegs, lebten in weit von ihrem Ursprungsort entfernten Gegenden und waren dort schöpferisch tätig. Die wichtigste unter den Wanderungen ganzer Bevölkerungsgruppen war die der Seldschuken im V./11. Jahrhundert, die nicht allein Iran und den Fruchtbaren Halbmond, sondern auch Anatolien berührte, welches dadurch in ein muslimisches Land mit einer sehr reichen Kunst verwandelt wurde. Zu den wandernden Völkern gehörten auch die marokkanischen Almora-

viden und die Almohaden mit ihren berberischen Gefolgsleuten in Spanien und, in ganz Südwestasien östlich Syriens und Palästinas, die Mongolen.

Hinzu kam, daß die Herrscher vieler Länder Fremde waren. Vom II./8. bis zum IV./10. Jahrhundert wurde der Maghreb von zahlreichen fremdstämmigen Herrschern regiert: von den Umayyaden, den Idrīsiden, den Rustamiden, den Aghlabiden, den Tūlūniden, den Ikhshīdiden und den Fātimiden. Iran wurde so beständig von Nichtiranern beherrscht, daß man das späte III./9. und das IV./10. Jahrhundert, die eine Ausnahme von dieser Regel bildeten, ein iranisches Intermezzo nannte. Könige und Sultane verstanden zuweilen nicht einmal die Sprache ihrer Untertanen oder pflegten zumindest ihre eigene vorzuziehen. An ihren Höfen blühten jedoch oft in hohem Maße die Künste, und das nicht zuletzt dank der Wechselwirkung zwischen herkömmlichen einheimischen Einflüssen und importierten Stilen.

Auch die Mittelschichten waren oft geographisch beweglich. Nach den Geniza-Urkunden erlebten Ägypten und Nordafrika kurz vor dem Jahr 391/1000 einen Zustrom von Kaufleuten, hauptsächlich aus Iran, dem Irak und Syrien. Danach jedoch leiteten wirtschaftliche und politische Zwänge eine Gegenbewegung nach Osten ein. Die künstlerische Auswirkung dieser städtischen mittelständischen Wanderung ist aus dem Vorhandensein eines iranischen Haustyps in Ägypten oder aus der Tatsache zu erschließen, daß große Mengen irakischer (und möglicherweise iranischer) Töpferwaren des IV./10. Jahrhunderts in Fustāt aufgefunden wurden und schließlich fātimidische Waren beeinflußten. Einen weiteren ästhetischen Beweis dieser Ost-West-Bewegung liefern die Lüsterfliesen in der Großen Moschee von Qayrawān (etwa um 248/862), die offensichtlich aus Bagdad eingeführt wurden, oder die der Ibn Tūlūn-Moschee in Kairo, deren Bautechnik und Dekoration fraglos irakisch sind.

Die Wanderungen der Architekten oder Künstler, gleich ob sie an einem wirtschaftlich wohlhabenderen Ort Arbeit suchten oder von einem kunstliebenden Herrscher eingeladen wurden, halfen in jedem Fall, künstlerische Ideen zu verbreiten. Bauinschriften, Texte auf Metallgegenständen, Keramikgefäßen oder Kacheln und Kolophone in Handschriften legen Zeugnis für diese allseitige Befruchtung ab. Beispielsweise wurde in Kairo der Nilometer von 247/861 von einem Mathematiker und Astronomen aus Farghāna in Zentralasien entworfen; die Stadttore von 480/1087 stammen von einem Festungsspezialisten aus Urfa (Edessa) am oberen Euphrat; die beiden Minarette der Amīr Qūsūn-Moschee von 730/1329 von einem Architekten aus Tabrīz. Im VIII./14. Jahrhundert stellte Ibn Khaldūn fest:

> Wenn das Herrschaftsgebiet einer Dynastie viele Provinzen und Untertanen umfaßt, gibt es Arbeiter in Fülle; sie können von allen Seiten und Regionen herbeigeführt werden, und überdies verfügt sie über eine höhere soziale Organisation und technisches Geschick.

Unfreiwillige Wanderungen von Künstlern trugen ebenfalls zur Verbreitung von Ideen bei, ob sie nun Flüchtlinge, Militärdienstpflichtige oder Handwerker waren, die zwangsweise in eine fremde Hauptstadt gebracht wurden. Zwangsarbeit existierte bereits in umayyadischer Zeit: griechische und koptische Handwerker aus Syrien und Ägypten wurden vom Kalifen al-Walīd 88–90/707–709 verschickt, um die Moschee von Medina wiederaufbauen zu helfen, während Facharbeiter aus Ägypten zwischen 87/706 und 96/714 gewaltsam für den Bau der Moschee von Damaskus eingestellt wurden. Auf eine ähnliche Weise konnte die 'abbāsidische Hauptstadt Samarra in einer Rekordzeit erbaut werden. Ein hervorragendes Beispiel für die gewaltsame Beschaffung von Kunsthandwerkern gibt Tamerlan, der, nach dem spanischen Botschafter Clavijo, vorsorglich für seine Hauptstadt Samarkand Weber, Bogenmacher, Waffenschmiede sowie Maurer aus Syrien und der Türkei verschleppte.

Bisweilen war es nicht der Künstler, der versetzt wurde, sondern der Herrscher, der ins Exil gehen mußte und dort beiläufig seinen Kunstgeschmack verbreitete. So nahm Mitte des II./8. Jahrhunderts der Umayyade 'Abd ar-Rahmān seine Vorliebe für syrische Kunst mit nach Spanien, was sich beträchtlich auf die maurische Architektur, besonders ihr größtes Denkmal, die Große Moschee von Córdoba, auswirkte, etwa im Gebrauch des Hufeisenbogens und der Kombination roter und weißer Steine. Um 1540 entwickelte der Moghulkaiser Humāyūn im Verlauf seines Zwangsaufenthaltes in Iran eine spezielle Neigung für persische Miniaturen, die zur Folge hatte, daß in der sich herausbildenden indo-muslimischen Malerei deutliche Anleihen aus dem iranischen Kanon zutage kamen.

Die breiteste künstlerische Wechselwirkung war vermutlich den ausgiebigen Handelsaktivitäten zuzuschreiben. Hier waren S. D. Goiteins Studien der Geniza-Urkunden besonders erhellend. Ein Händler aus Kairo etwa pflegte häufig in ferne Gegenden zu reisen: nach Nordafrika, Sizilien und Spanien im Westen, oder nach Syrien, Palästina, Aden und Indien im Osten. Politische Grenzen waren kaum hinderlich, noch schreckten die Entfernungen ab, trotz der Gefahren des Schiffbruchs und der Seeräuberei.

Vier andere Faktoren vergrößerten diese Beweglichkeit. Erstens gab es im Basar keine deutliche Trennung zwischen Fabrikation und Verkauf der Ware. Das führte zu rascheren Ergebnissen. Zweitens war es ein festes Prinzip, Waren ins Ausland mitzunehmen und nicht mit Geld, sondern mit anderen Waren zurückzukommen, um sie zu Hause zu veräußern. Drittens übte die Kaufmanns-

klasse durch ihren weitreichenden Einfluß oft große politische Macht aus. Große Händler wurden zeitweise für mächtiger gehalten als Wesire. Der vierte Faktor ist die allen Muslimen auferlegte Grundforderung des Islam, wenigstens einmal die Pilgerfahrt nach Mekka durchzuführen (Sure III, 97).

Die Nachahmung modischer, doch teurer Importe war ein weiterer Schritt zur Verschmelzung fremder und einheimischer Errungenschaften, besonders bei Textilien, die über weite Entfernungen verschifft werden konnten und den Launen und Moden einer internationalen Kundschaft unterworfen waren. Leute aus Qayrawān in Tunesien trugen Stoffe aus Iran; in Alexandria handelte man mit irakischer Seide; und Exporte von Sizilien nach Ägypten enthielten auch Tustarī-Gewänder, so genannt nach einer Stadt im südwestlichen Iran. Der Export und die anschließende lokale Nachahmung senkten zuweilen die Preise der Stoffe und sorgten für ihre Verbreitung. Zunächst konnten sich nur die 'abbāsidischen Kalifen wie al-Mahdī (158–69/775–85) eine besondere Tuchart aus Tabaristān im nördlichen Iran leisten. Um 391/1000 wurde sie so berühmt, daß Händler aus dem Irak, Syrien, Khurāsān, den Randgebieten Indiens und Zentralasiens nach Āmul, der Hauptstadt Tabaristāns gekommen sein sollen, um das Produkt zu erwerben. Derselbe Stoff muß in großen Mengen Ägypten erreicht haben, weil er im IV./10. Jahrhundert in Kairo ein bevorzugter Gegenstand in den Aussteuerlisten wohlhabender Bräute war. Vielleicht wurde dieses Tabarī-Tuch am Ort nachgeahmt.

International gehandelt wurde auch mit den Erzeugnissen anderer Gewerbe. Fertige viereckige Bucheinbände kamen aus dem Maghreb nach Ägypten, während Töpferwaren aus Tinnīs nach Ramla in Palästina verschifft wurden. Die Handelsverbindungen zwischen dem Nahen Osten und Indien waren besonders ausgedehnt und einträglich. Nach den Geniza-Dokumenten exportierte Indien Bronze- und Messinggefäße, Seide, Baumwolle und Lederwaren, während zu seinen Importen Textilien, Tuche, Silbergefäße und Ornamente, Glas, Teppiche und Matten gehörten. Ausgrabungen in Ägypten haben viele mittelalterliche Baumwollfragmente aus Indien zutage gefördert, während irakische Malereien der ersten Hälfte des VII./13. Jahrhunderts einen sehr sonderbaren Zug verraten, das sogenannte ‚weit vorspringende Auge‘, ein typisch indisches Motiv der Epoche. Dieselbe Einflußquelle haben ägyptische Dämonendarstellungen indischen Typs. Im äußersten Westen des Islam vollzog sich ähnliches. Das beste Beispiel für die Nachahmung in einem entlegenen muslimischen Land ist ein Seidenstoff aus der ersten Hälfte des VI./12. Jahrhunderts, der zwei gegenständige Sphinxen in Medaillons zeigt. Die Inschriften besagen, daß er in Bagdad hergestellt wurde; und natürlich glaubte man zunächst, daß er auch von dort kam. Später aber erwies er sich aus technischen Gründen, wegen der Farbe und eines in Maghribī geschriebenen Wortes innerhalb der Inschrift, als spanische Kopie.

Die Einheit der Symbolik: die arabische Schrift

Die typischste und verbreitetste Kunstform islamischen Charakters ist vielleicht die kalligraphisch behandelte arabische Schrift. Es gibt sie in der ganzen islamischen Welt und zu allen Zeiten. Zuerst war sie in einfachem Duktus ausgeführt, seit dem III./9. Jahrhundert wurde

Detail einer Bronzeschale mit Silbereinlagen aus dem späten VII./ 13. Jh. Es zeigt arabische Schriftzeichen mit menschlichen Köpfen, dazwischen tummeln sich Tiere. (2)

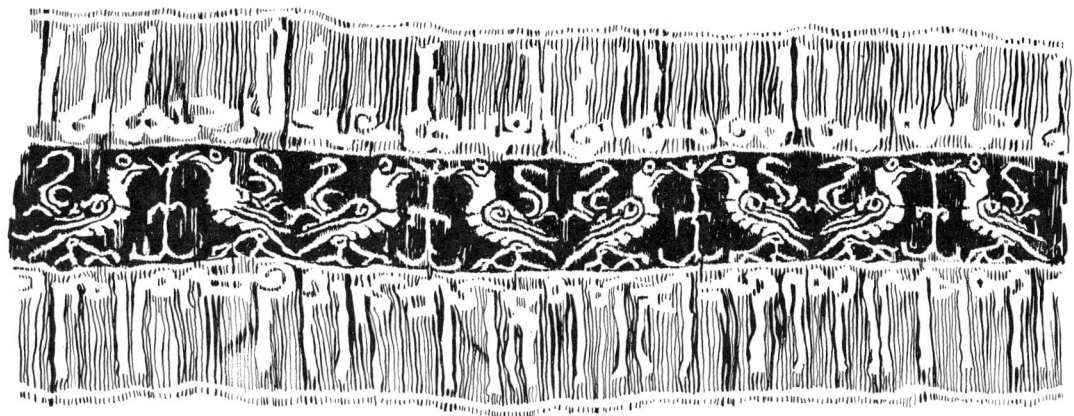

Teil eines Saumes von einem Ehrengewand aus Ägypten, darauf der Name des Fātimidenkalifen al-Hākim, 386–411/996–1021. Einer der drei Streifen zeigt Vögel, die anderen beiden zeigen stilisierte Buchstaben in einem Schrifttyp, der Kūfī genannt wird. (3)

sie immer gezierter, für gewöhnlich in abstrakter Weise. Der Grund für diese Entwicklung liegt in der Natur des Propheten des Islam und seiner Prophezeiung. Muhammad behauptete, ein gewöhnliches menschliches Wesen zu sein, das lediglich zum Boten zwischen Gott und den Muslimen bestimmt worden war. Der Islam gründet deshalb, anders als das Christentum, nicht auf den außerordentlichen Lebenserfahrungen und dem Martyrium eines wundertätigen Propheten. Statt dessen sind das göttliche Buch – der Koran – und seine Botschaft von höchster Wichtigkeit. Inschriften, und zwar zuallererst solche mit einschlägigen Abschnitten aus dem Koran, ersetzen die figurale Ikonographie anderer Religionen.

Bezeichnenderweise wird die arabische Schrift schon ausgiebig in dem frühesten erhaltenen islamischen Bauwerk, dem Felsendom in Jerusalem, benutzt. Er wurde von dem Kalifen 'Abd al-Malik 72/691 als Symbol des neuen Supremats des Islam und seiner unitarischen Lehren geplant; gleichzeitig sollte er ein Denkmal des Sieges über die Byzantiner und Iraner sein. Bald wurde er jedoch als Memorialbau in Erinnerung an Muhammads Himmelfahrt interpretiert, die traditionsgemäß mit diesem Ort verbunden wird. Bemerkenswert und bedeutsam ist die monumentale 240 m lange Inschrift in Goldmosaik auf blauem Grund. Ihr Erscheinen zeigt an, daß sie auch eine dekorative Funktion gehabt haben muß. Die leitenden Prinzipien der epigraphischen Dekoration treten in diesem frühen Dokument wie in zahlreichen späteren Inschriften hervor. Sie geben durch Koranabschnitte den Zweck des Gebäudes an und schließen mit dem Namen des Kalifen (später durch den des 'Abbāsiden al-Ma'mūn ersetzt) und dem Datum. Die meisten späteren Inschriften verdeutlichen den Zweck der Bauten, an denen sie angebracht sind, entweder durch passende Koranzitate oder, bei weltlichen Bauten, durch Verse oder Prosasätze; auch werden der Name des Herrschers oder irgendeines Mäzens und das Datum genannt, vielleicht auch der für den Bau unmittelbar verantwortliche Beamte, der Architekt, der Ornamentiker oder Schreiber. Die Inschrift von Jerusalem veranschaulicht die pragmatische Art der Kultur, zu der sie gehört, und in der der Schreiber mit seinen Urkunden und der Großhändler mit seinen Rechnungen so wichtige Rollen spielen. Wie im Felsendom erscheinen solche Inschriften an hervorragender Stelle, gewöhnlich unter der das Bauwerk krönenden Kuppel, beim *mihrāb*, im Brennpunkt jedweden Heiligtums oder als Rahmung des monumentalen Eingangstors.

Bezeichnenderweise wurde die Jerusalemer Inschrift in der hieratischen Form des Kūfī geschrieben, mit einem Minimum an diakritischen Punkten zur Unterscheidung der Buchstaben. Sie war daher schwer zu lesen, zumal man die Schrift sehr hoch angebracht hatte. Dies galt erst recht für andere Bauinschriften, die mehr und mehr mit floralen und geflochtenen Motiven geschmückt, mit anderen Inschriften verbunden oder vor eine Hintergrunddekoration gesetzt wurden. Die Mühe, ein oft komplexes Arabisch zu lesen, erübrigte sich, wenn der betreffende Bau in einem der vielen Länder stand, in denen üblicherweise nicht Arabisch gesprochen wurde. Es ist in der Tat deutlich geworden, daß die fromme Inschrift nach ihrer ersten Verwendung vornehmlich als Symbol gemeint war und sich mehr an Gott als an die Menschen wandte. Sie erhielt die Funktion eines schönen Glaubensbekenntnisses und sollte nicht länger Wort für Wort von den Andächtigen oder Vorübergehenden entziffert werden.

Der symbolische Charakter arabischer Schrift kann aus einer noch spezielleren Situation abgeleitet werden. Auf den vielen großen iranischen Kacheln des VII./13. oder VIII./14. Jahrhunderts, deren Bögen sie als Gebetsnischen für die Dekoration der nach Mekka gerichteten Moscheewände kennzeichnen, sind die Inschriften immer in reliefierten kobaltblauen Buchstaben wiedergegeben. Sie sind aus jedem Blickwinkel unverändert sichtbar. Dagegen ist der Hintergrund immer mit Rankenwerk und Arabesken in Lüstermalerei ausgeführt. Im Gegensatz zu dem dichten Blau hat Lüster eine dahinschwindende Beschaffenheit, so daß bestimmte begrenzte Partien nur unter bestimmten Winkeln gesehen werden können; sobald der Betrachter seinen Standort oder den Blickwinkel wechselt, verschwindet der vorher sichtbare Teil der Zeichnung und ein anderer erscheint. Dem reflektierenden muslimischen Geist, besonders demjenigen, der in der Symbolik mystischer Schriftsteller in der Art Jalāl ad-Dīn Rūmīs erzogen ist, kann das nur bedeuten, daß das Gotteswort ewig dauert, während der Mensch und sein Werk bestenfalls eine flüchtige Existenz besitzen.

Die symbolische Absicht der Schrift wird von der Tatsache bestätigt, daß nach 79/698–99 die muslimische Münzprägung mit sehr wenigen Ausnahmen rein epigraphisch ist. Wie die Inschriften im Felsendom gibt sie Koranzitate oder andere fromme Texte wieder, die mit Auskünften über den herrschenden Kalifen, den Münzherrn, das Datum und den Ort der Prägung verbunden sind. Gleich aufschlußreich ist die muslimische Gewohnheit, einer zu ehrenden bemerkenswerten Persönlichkeit ein Ehrengewand *(khil'a)* zu überreichen, in das der Name und die Titel des Kalifen, die Werkstatt und die Namen ihres Leiters, Ort und Datum der Herstellung in feierlichem Kūfī oder in einer späteren Kursivschrift hineingewebt sind. Einige Inschriften sind so stark mit dekorativen Elementen durchsetzt, daß ihre Entschlüsselung sogar für einen geübten Epigraphiker schwierig ist. Selbst für die ursprünglichen Besitzer müssen sie unleserlich gewesen sein; nichtsdestoweniger bleibt ihre symbolische Funktion unbestritten.

Die Ablehnung der Skulptur

Ein anderes allislamisches Merkmal – obgleich ein negatives – ist das nahezu völlige Fehlen der Skulptur. Zwar existieren schon seit umayyadischer Zeit eher schwerfällige, manchmal sogar plumpe, freistehende menschliche und tierische Figuren in Stein und Stuck. Sie waren jedoch ein Erbe früherer Epochen, östliche Versionen der hellenistischen Kunst. Der chinesische Einfluß tritt in den Stuckfiguren mit stark fernöstlichen Physiognomien zutage, die aus der späten seldschukischen, beziehungsweise der mongolischen Periode stammen. Steinfigurenreliefs sind auch aus einigen anderen Zeitabschnitten und aus Randgebieten, besonders dem seldschukischen Anatolien und dem Kaukasus, erhalten; aber diese sind ebenfalls für die muslimische Kultur als Ganzes untypisch.

Damit ist die weitere Frage nach der gegenständlichen Kunst im Islam verbunden. Der große Umfang figürlicher Darstellungen in europäischen und amerikanischen Museen ist in gewisser Weise irreführend. Für den Westen ist Gegenständlichkeit der Prüfstein für die Bewertung von Kunst; somit haben westliche Sammler islamischer Kunst durchweg dieses Genre gesucht, trotz seines geringen Anteils am Kunstschaffen insgesamt.

Es gibt keine spezifischen frühen Aussagen über figürliche Künste als solche, vielmehr kann die generelle Einstellung zu ihnen vom Koran und den Denkmälern selbst, besonders jenen aus den ersten Jahrhunderten, erschlossen werden. Aus einigen wenigen Abschnitten im Koran (Sure V, 92; VI, 74) geht hervor, daß Muhammad Statuen mit heidnischen Idolen verband. Allah ist der wahre Bildner (*musawwir*, Sure 59, 24); er allein – nicht der menschliche Bildner, der Maler – ist fähig, seiner Schöpfung den Lebensodem einzuhauchen (Sure III, 43). Der *hadīth* vom II./8. Jahrhundert arbeitete diese Konzeption aus und stellte fest, daß am Jüngsten Tag der menschliche Künstler, der es in seiner Hybris gewagt habe, Bilder anzufertigen, aufgerufen werde, diesen Leben einzugeben. Selbstverständlich wird er dessen unfähig erachtet und verdammt werden. Diese Ablehnung figürlicher Bilder erstreckte sich auf Koranhandschriften; obwohl sich gewisse Erzählungen um den Propheten und biblische Gestalten von selbst für ein solches Unterfangen angeboten hätten, wurden solche Personen erst seit dem VIII./14. Jahrhundert dargestellt. Auch bei der Ausschmückung der Moscheen wurden keine figürlichen Motive verwendet. Tiere sind zum Beispiel auf der Fassade des weltlichen Teiles des ummayyadischen Wüstenschlosses von Mshatta wiedergegeben, fehlen aber im Bereich vor der Moschee. Diese Denkweise bestimmte auch die soziale Stellung der Künstler, die für figurative Werke verpflichtet wurden. Vom theologischen Standpunkt aus standen sie auf der niedrigsten Stufe, wie sonst nur Wucherer, Tätowierer und Käufer jagduntauglicher Hunde. Als einzige der Gilden Istanbuls im XI./17. Jahrhundert konnte sich die Figurenmaler keines Patronatsheiligen rühmen.

Aus dieser Einstellung folgte, daß sich die Künstler – vom III./9. Jahrhundert bis zur Begegnung mit der europäischen Kunst – in jenen Ländern, die figürliche Darstellungen begünstigten, darum bemühten, Tiere im Silhouettenstil zu entwerfen, also ohne Körperlichkeit, als bloßen Schatten oder Sinnbild der wirklichen Kreatur. Als dann später auf Teppichen Tiere und menschliche Wesen realistisch erfaßt wurden, waren sie gewöhnlich geschickt in einer dichten landschaftlichen Szenerie verborgen. Zusätzlich besagten *hadīth* und *fiqh*, daß es ihren Wert minderte, wenn man auf ihnen saß oder auf sie trat.

Die Mißbilligung figürlicher Muster durch die Orthodoxie rückte andere harmlosere Formen in den Vordergrund. So ist die muslimische Kunst, insbesondere im öffentlichen und religiösen Sektor, sehr reich an pflanzlichem, geometrischem und epigraphischem Schmuck und sogar an figurenlosen Landschaften. Das ganze schöpferische Vermögen, welches in anderen Kulturen breiter gestreut war, wurde im Falle des Islam auf die sogenannte Kleinkunst der Dekoration konzentriert. Auch machten die sehr geringen rituellen Erfordernisse in den Moscheen es unvermeidbar, daß Kunst vorherrschend weltlich war.

Trotz all dieser Erwägungen wurde eine begrenzte Zahl figürlicher Wandmalereien und eine weit größere Menge an Handschriftenilluminationen hervorgebracht. Wie war das möglich? Erstens waren vorislamische Bildtraditionen noch in Abständen wirksam, so zum Beispiel das klassische Erbe, sowohl der lebensvolle hellenistische Stil als auch die streng stilisierten Formen der byzantinischen Kunst; oder die Kunst des sāsānidischen Iran, insbesondere bei der Wiedergabe höfischer Themen; desgleichen jene Zentralasiens und Indiens. Diese Überlieferungen waren so stark, daß sie nicht nur lange Zeit fortdauerten – die klassische zum Beispiel bis ins VIII./14. Jahrhundert –, sondern auch exportiert werden konnten, um neue Formen und Aktivitäten anzuregen. Aus Syrien verbreitete sich die arabische Malerei byzantinischer Prägung bis zum Maghreb, während in Sizilien ein gemischter klassisch-iranischer Stil aufkam. Die iranische Art in ihrer später entwickelten Form wurde ohne weiteres nach der Türkei und Indien weitervermittelt, wo sie sich dann örtlichen Tendenzen anpaßte. Der erste starke Fremdeinfluß auf die iranische Malerei kam aus dem Fernen Osten, als Nachwirkung des Mongoleneinfalls im VII./13. Jahrhundert. In der türkischen Malerei begann sich der europäische Einfluß im späten IX./15. Jahrhundert zu zeigen. Besonders ausgeprägt trat er in Moghul-Indien im späten X./16. Jahrhundert auf und von der Mitte des nächsten Jahrhunderts an auch in Iran.

Der zweite Faktor, der zur Belebung figürlicher Malerei beitrug, ergibt sich aus dem Thema der zu illustrierenden Werke. Wissenschaftliche Texte werden durch Miniaturen verständlicher. Inspiriert durch Bilder in griechischen Manuskripten, die übersetzt worden waren, wurden arabische und persische wissenschaftliche Bücher vom V./11. bis XI./17. Jahrhundert mit erklärenden Illustrationen versehen; diese stellen bei Gelegenheit auch Personen und Tiere dar. Als sich der Geschmack an darstellender Kunst einmal den Weg gebahnt hatte, konnte man ihn trotz Mißbilligung durch den Klerus befriedigen. Gönner verbargen die illustrierten Manuskripte in ihren Privathäusern, während die Herrscher solche Werke besitzen oder ohne Einwände in Auftrag geben konnten. Sie waren auch die wichtigsten Kunstmäzene. Nach iranischer Tradition wurden Malereien, besonders Wandbilder, aber auch Erinnerungen an Schlachten in Buchform, zu Demonstrationen herrscherlicher Macht und Glorie. Löwen, Adler und bestimmte Fabeltiere wurden in gleicher Weise als Symbole des Königtums benutzt.

Wenn auch die figürliche Malerei für die offizielle religiöse Institution des Islam stets unannehmbar blieb, so lockerte sich diese strenge Haltung doch mit der Zeit merklich. Ein Schriftsteller wie Saʿdī sah in der Zeichnung von Tieren keine Blasphemie mehr, sondern betrachtete sie als Geschöpfe, die wie alles andere Gott zum Ursprung haben und aus seiner Inspiration kommen. Der große Mystiker Jalāl ad-Dīn Rūmī ging noch weiter. Er hat es nicht nur unterlassen, die Wiedergabe religiöser Themen zu tadeln, er glaubte sogar an ihren didaktischen Wert und meinte, daß sie der geistlichen Kontemplation würdig seien. Zuletzt wurde der Pinsel als Werkzeug des Malers dem gleichen künstlerischen und geistigen Niveau zugeordnet wie das Schreibrohr (qalam) – ein Vermittler göttlichen Wissens und sogar Gegenstand eines koranischen Schwures (Sure 68, 1; 96, 3–4).

Die Moschee: Ursprünge und Bedeutung

Das Zentrum des religiösen Lebens in der muslimischen Welt war die Moschee, genannt *masjid* oder Ort, an dem man sich niederwirft; in den Hauptstädten wurden die großen Moscheen *jāmiʿ* (,Versammlung') genannt oder *masjid al-jumʿa*, Freitagsmoschee. Es gibt allerdings keine allgemein gültige Bauweise, keine ,islamische Moschee' als solche, nur verschiedene regionale Typen, arabisch, iranisch oder türkisch. Zu diesen Hauptkategorien könnte man Spielarten aus Moghul-Indien, Kaschmir und China hinzurechnen. Zunächst wurde der Grundriß der arabischen Moschee fast allgemein übernommen, aber am Ende spiegelte sich im Moscheebau die traditionelle Hausarchitektur der jeweiligen ethnischen Einheit oder Region wider. In jedem Fall wurden diese Formen mit Ideen aus der lokalen vorislamischen Architektur bereichert und technisch weiter ausgearbeitet. Bei der Entwicklung der Moschee waren jedoch religiöse Anforderungen minimal, und die Gliederung selbst unterschied sich von vorislamischen entsprechenden Bauten nur durch gewisse Vervollkommnungen.

Der Prototyp der arabischen Moschee war das einfache städtische Haus aus sonnengetrockneten Ziegeln oder spezieller: Muhammads Haus in Medina. Nach historischen Quellen bestand es aus einem großen Hof mit mehreren Eingängen. Auf einer Seite befand sich eine offene Säulenhalle, welche sich über die volle Breite erstreckte, aber nur so hoch war wie zwei Reihen das Dach tragender Baumstämme, die als Säulen dienten. Dies war der wichtigste Teil des Hauses, wo der Prophet seine Anhänger traf. Gegenüber befand sich ein ähnlicher Portikus, freilich halb so breit wie der Hof und mit nur einer Säulenreihe. Er diente als Obdach für einige ärmere Anhänger des neuen Glaubens. Die Privatbezirke waren mehr ein Anhang zu diesem Hauptkomplex und bestanden aus einer Anzahl kleiner quadratischer Schlafzellen für jede der Frauen des Propheten. Die öffentlichen Teile dieses Hauses wurden später zur Moschee, die

Inneres einer persischen Lüsterschale, VI./12. Jh. Der große Vogel, dessen Krallen den floralen Rand durchbrechen, verbindet in charakteristischer Weise wappenhafte Stilisierung mit Vitalität. (4)

Hauptsäulenhalle übernahm die Funktion des eigentlichen Heiligtums, während die kleineren Zellen vergrößert wurden, um den ganzen Hof zu umgreifen und als schattige Zufluchtsstätte vor der Sonne und als möglicher Treffpunkt der Beter vor und nach ihren gottesdienstlichen Verrichtungen zu dienen. Diese Raumanordnung, besonders die des Sanktuariums, war für die allgemeinen Anforderungen des Gottesdienstes geeignet, obschon die vielen Säulen ein Hindernis darstellten, besonders später in den weiten hypostylen Versionen. Alle Moscheen wurden nach Mekka mit der Kaʿba, dem zentralen Heiligtum, ausgerichtet. Die Beter, geführt von dem Vorbeter, traten gewöhnlich in parallelen Reihen an, um der nach Mekka gerichteten Wand so nah wie möglich zu kommen. Deshalb ist ein nicht tiefes, längliches Gebäude am geeignetsten.

Während die einfache hypostyle Anordnung von Muhammads Haus für Zusammenkünfte der Beter genügte, erforderte das geistige und kommunale Zentrum eines siegreichen Staates einen monumentalen Stil. Der Wandel wurde durch politische und militärische Umstände erleichtert. In Städten, die sich den arabischen Eindringlingen ohne Widerstand ergaben, konnten die Anhänger bestehender Religionen – Christen, Juden und Zoroastrier – ihre Gotteshäuser behalten. Diese wurden jedoch in Moscheen verwandelt, wo Widerstand aufkam, zuerst vor allem in Syrien. Praktisch hieß das, daß diese großartigen basilikalen Kirchen, die viel länger als breit und ostwärts orientiert waren, in nach Süden, gegen Mekka, gerichtete Moscheen umgewandelt wurden. Folglich wurde die Längsrichtung nun zur Querrichtung des Gebäudes und die ursprünglich begrenzte Breite die neue Tiefe, gemäß den Grundproportionen von Muhammads Haus. Aber durch ihre Höhe und die Marmorsäulen und Kapitele wirkten die Bauten großartiger und waren geeigneter für die Hauptzentren des Islam, besonders in

Städten, wo der Staat eine zahlreiche christliche Bevölkerung beeindrucken wollte. Wenn eine solche völlige Umwandlung nicht möglich war, wurden diese Kirchen in ihren Hauptzügen nachgeahmt. Alte Tempel wurden ihrer Säulen und Kapitelle beraubt, nicht nur um Material zu gewinnen, sondern der Vorgang sollte ein Symbol sein für den Triumph des Islam über die alte Religion. Östlich von Syrien, wo keine Marmorsäulen zu haben waren, wurde das Dach von massiven, mit Stuck überzogenen Backsteinpfeilern getragen, die den Gebetsraum begrenzten. In allen diesen Fällen erzeugten die vielen Reihen von Stützen, besonders im spitzen Winkel gesehen, einen gewaltigen, obwohl auch verwirrenden Eindruck, vor allem wegen der wenigen richtungweisenden Merkmale.

Während die Raumeinheit in der Moschee der Bereich zwischen vier Säulen oder Pfeilern war, bezeichneten die Reihen der das Dach tragenden Glieder die raumbildenden Elemente. Diese konnten in der Länge und/oder seitwärts ergänzt werden, um einen bestehenden Bau zu erweitern – wie zum Beispiel in der Großen Moschee in Córdoba. Es war dasselbe additive Prinzip, das auch die Komposition der Dichtung, besonders von der Art der *Maqāmāt*, beherrschte.

Mehrere Sonderentwicklungen wandelten den herkömmlichen Aufbau zur eigentlichen Moschee um und unterstrichen ihre besondere Ausrichtung. Dazu gehört der *mihrāb*, eine wirkliche oder vorgetäuschte Nische im Zentrum der Wand gen Mekka, der sogenannten *qibla*-Wand. Er bezeichnete den Teil der Moschee, dem man sich während des Gebets zuwenden soll; das ist jedoch eher symbolisch gemeint als praktisch durchführbar, da er für gewöhnlich so klein ist, daß er von den meisten Betenden nicht gesehen werden kann. Der oftmals besonders ausgeschmückte Bereich beim *mihrāb*, die *maqsūra* genannt, war für die Gebetshandlungen der Fürsten vorbehalten, in vielen Fällen mit einer kleinen baldachinartigen Kuppel überdeckt oder durch eine reich geschnitzte hölzerne Herrscherloge gekennzeichnet.

In der Praxis wird der *mihrāb* heute leer gelassen. Ehemals mag eine Lampe, möglicherweise aus Glas, im Scheitelpunkt aufgehängt worden sein, wie sie gewöhnlich auf den Lüsterfliesen der iranischen *mihrābs* des VII./13. Jahrhunderts und in Versionen aus Anatolien aus dem IX./15. Jahrhundert dargestellt ist. Wenn dem so war, ging dieses Merkmal vermutlich auf Koransure 24, 35 zurück:

Allah ist das Licht der Himmel und der Erde. Sein Licht ist gleich einer Nische, in der sich eine Lampe befindet. Die Lampe ist in einem Glase ...

Die Dekoration des *mihrāb* ist meist nach Land und Zeit verschieden, das heißt sie besteht aus geschnittenem Stein oder Stuck, glasierten Kacheln, dekorativer Malerei, Mosaiken oder *opus sectile*-Arbeit; bisweilen bleibt er unverziert. In der Türkei sind *mihrābs* des XI./17. und XII./18. Jahrhunderts gelegentlich mit flachen Wiedergaben der Ka'ba in Mekka geschmückt. Die Nische kann auch zwei Leuchter enthalten oder von ihnen flankiert sein.

Zur Betonung des *mihrāb* führt ein breiteres und manchmal höheres axiales Schiff vom mittleren Eingang zum Heiligtum, so zum Beispiel in der Großen Moschee

von Damaskus. Die T-förmige Moschee in Samarra, der zeitweiligen 'abbāsidischen Hauptstadt aus dem III./9. Jahrhundert, entstand dadurch, daß das Schiff entlang der *qibla*-Wand erweitert wurde, deren Bedeutung auf diese Weise stärker hervortrat.

Außerdem gibt es in Freitagsmoscheen das Pult oder den *minbar*, rechts von der Gebetsnische. Von ihm aus verkündet der Leiter der Versammlung die Freitagspredigt und den Treueeid gegenüber dem Kalifen. Der *minbar* besteht grundsätzlich aus zwei reichverzierten Dreiecken aus Holz oder Stein mit Stufen dazwischen; diese führen zu einer kleinen Plattform, die oft mit einem kleinen kuppelartigen oder pyramidenförmigen Baldachin überdeckt ist.

Der Hof *(sahn)* hat einen praktischen Zweck und soll zugleich ästhetisch wirken. Gewöhnlich enthält er ein großes Wasserbecken für die vorgeschriebene Waschung vor dem Gebet und ist ein Freiluftraum – sicherlich in bevölkerten Städten willkommen – und ein Ort der Begegnung. In bestimmten Moscheen, besonders in der al-Azhar-Moschee in Kairo, fand in der Säulenhalle auch die Unterweisung statt. Einige Höfe waren außerdem mit einem feinen geometrisch gemusterten Pflaster von farbigem Marmor in *opus sectile*-Technik ausgeschmückt. Wohlbekannte Beispiele sind unter anderem die Große Moschee in Aleppo und die Madrasa Sultan Hasans in Kairo. Die Proportionen des Hofes variieren. Im Maghreb und in Spanien waren sie klein im Verhältnis zum Gebetsraum. Andererseits zeigte die sehr große, jetzt zerstörte Moschee von Rabat außer dem eigentlichen *sahn* vor dem Gebetsraum zwei seitliche Höfe innerhalb der großen hypostylen Halle. In Anatolien wurde während des VII./13. Jahrhunderts der Hof der Moscheen arabischen Typs, zusammen mit dem Brunnen, unter einem Dach, oder öfter unter einer Kuppel mit offenem *oculus*, nach innen gezogen. Eine andere türkische Praxis war es, nach dem Vorbild christlicher Kirchen auf den Hof überhaupt zu verzichten, wie in den Holz-Säulen-Moscheen des VII./13. und VIII./14. Jahrhunderts.

Für den Fremden oder Reisenden war der Turm, das Minarett (türkisch-arabisch *mināre*) dasjenige Element der Moschee, das sie als solche kennzeichnete. Von seiner Spitze aus rief der Muezzin die Gläubigen zum fünfmaligen Gebet auf. In Syrien, Spanien und Nordafrika, früher auch in Iran und Irak, war das Minarett ursprünglich quadratisch, den Türmen christlicher Kirchen nachgeahmt. In Samarra und Fustāt entwickelte sich ein spiralenförmiges Minarett nach sāsānidischen Bauten; in Iran, Irak, Anatolien und im Osmanischen Reich wurde der konisch zylindrische Typ maßgebend. Das mamlūkische Ägypten dagegen bevorzugte einen gemischten Typ. Ein eigentlicher Turm ist in der Tat nicht unbedingt nötig. In Anatolien, Ägypten und Iran wurde derselbe Zweck durch kleine überdachte Plattformen auf dem Dach erfüllt. Auch ist die Stellung des Turmes im Verhältnis zur Moschee selbst nicht eindeutig bestimmt. Er kann mit der Moschee verbunden sein wie in Damaskus, Qayrawān und Córdoba, oder freistehen, in unmittelbarer Nähe des Gebäudes, wie in Samarra, in Fustāt und in den seldschukischen Moscheen Irans.

In seldschukischer Zeit (zweite Hälfte des VII./13. Jahrhunderts) flankierten erstmals zwei Minarette das Eingangstor einer Moschee in Konya, dann mehrerer *madrasas* in Anatolien. Dieser monumentalisierende Zug wurde möglicherweise von iranischen Vorbildern angeregt. Jedenfalls war in Iran selbst das Doppelminarett in mongolischer, tīmūridischer und safawidischer Zeit sowohl für die Eingangstore wie für die Moschee-Iwane weithin in Gebrauch. In osmanischer Zeit wurden bei bedeutenderen Moscheen drei, vier und sogar sechs Minarette verwendet.

Angesichts seiner herausragenden Erscheinung und seiner liturgischen Funktion war es nur natürlich, daß das Minarett eine spezifisch muslimische Bedeutung erlangte, die es praktisch zu einem Symbol machte. Zusätzlich hatte das Minarett demonstrativen Charakter, besonders in großen und kalifalen Moscheen. Als Sultan Ahmad I. seine Moschee in Istanbul (1018–25/1609–16) mit sechs Minaretten zu versehen beschloß, mußte die Zahl der Minarette in Mekka von sechs auf sieben erhöht werden.

Die charakteristische Gestalt der Moschee war etwas Neues in der Architektur und hat ihre bezeichnenden Parallelen in anderen Kunstformen. Frühe Koranhandschriften hatten zum Beispiel ein querrechteckiges Format im Gegensatz zu den senkrechten Kolumnen der griechischen Papyrusrollen, Codices und Konsulardiptychen. Es gab auch kein christliches Äquivalent zu einem Betort mit großem Hof. Schließlich waren frühe Moscheen (wie die meisten Häuser des Nahen Ostens) nach außen hin bescheiden, und die Architekten beschäftigten sich mehr mit dem Innern. Nur gelegentlich haben die Eingänge wie in Córdoba ein reicheres Rahmenwerk. Fassaden gibt es erst verhältnismäßig spät, seit dem V./11. und VI./12. Jahrhundert, etwa an der al-Hākim- und al-Aqmar-Moschee in Kairo.

Bezeichnenderweise haben diese Bauten ungeachtet ihrer christlichen Prototypen arabische Wurzeln. Das Haus Allahs erinnerte noch immer an ein arabisches Wohnhaus, auch wenn man es nun in großem Maßstab baute. Der *mihrāb* wurde als Terminus in der vorislamischen arabischen Literatur benutzt und auf arabischem Gebiet sogar dargestellt. Der *minbar* erinnerte an die Freitreppe, von der aus der Stammesrichter oder -führer seine öffentlichen Erklärungen abgegeben hatte. Für einen historisch denkenden Araber mußte sogar die Kuppel *(qubba)* vor dem *mihrāb* – wie zum Beispiel in den großen Moscheen von Damaskus, Qayrawān, Kairo und Córdoba – eine Bedeutung haben. In vorislamischen Zeiten war die *qubba* ein kleines, von einem Kamel getragenes ledernes Zelt, in dem bestimmte Stämme heilige Steine aufbewahrten. Der Stammesführer – ‚der Herr der *qubba*‘ – benutzte es, um dort im Krieg und Frieden Vorzeichen zu erhalten. Daher verband man vor und nach dem Aufkommen des Islam überkuppelte Tabernakel mit einem heiligen Gegenstand oder mit Führerschaft.

Die iranische Moschee

Die hypostyle Moschee arabischen Typs war in Iran zunächst weit verbreitet, wie die noch stehenden Moscheen von Dāmghān (II./8. Jahrhundert) und Nāyin (IV./10. Jahrhundert) und die ausgegrabene in Susa zeigen. Es gab sie auch noch in ziemlich moderner Zeit, wie der kürzlich entdeckte Bau aus dem 19. Jahrhundert in Marāgha, im nordwestlichen Iran, bezeugt. Ein anderer spezifisch iranischer Moscheetyp, Kioskmoschee genannt,

wurde gleichzeitig mit dem arabischen benutzt. In ihm setzte sich die Form des *chahār tāq*-Feuertempels fort, der aus einem quadratischen Bau mit vier breiten Bogenöffnungen und einer überhöhenden Kuppel bestand. Diese oft hoflosen Bauten waren in den Ausmaßen eher bescheiden und genügten folglich besonders kleinen Städten und Dörfern. Um diesen Mangel auszugleichen wurden hypostyle Hallen manchmal seitlich an den Kuppelbau angesetzt. Nur dieser letztere, haltbare Teil aus gebrannten Ziegeln konnte überdauern.

In der seldschukischen Epoche ging die Entwicklung dahin, die Kuppel und den hypostylen Bau mit einem Hof zu verbinden. In der Mitte der vier Seiten befindet sich jeweils ein großer Iwan, der erste dient als Eingang, der zweite und dritte befinden sich an den Seitenflügeln, der eher flache vierte gegenüber dem Eingang. Er öffnet sich gegen den prächtigen Kuppelraum vor dem *mihrāb,* der gleichsam als *maqsūra* dient. Die erste Kombination dieser Art gab es vielleicht im späten V./11. Jahrhundert. Aber die erste erhaltene Vieriwanmoschee, die direkt als solche entworfen wurde, steht in der kleinen Stadt Zavareh und ist 530/1135 datiert. Das größte und eindrucksvollste Monument dieser Art ist der Masjid-i Jum'a in Isfahan, begonnen in der būyidischen Periode und durch viele nachträgliche Veränderungen im späten V./11. und frühen VI./12. Jahrhundert ergänzt. Glänzende Beispiele gibt es auch in Varāmīn (VIII./14. Jahrhundert), Mashhad (IX./15. Jahrhundert), Isfahan (frühes XI./17. Jahrhundert) und anderswo, bis ins 19. Jahrhundert hinein.

Das Vorbild für den Iwanbau ist das iranische Haus mit ein bis vier einfachen Iwanen. In Form von größeren herrschaftlichen Häusern gab es ihn schon in parthischer Zeit, vielleicht als vergrößerte Version des Grundtyps. Unter den Seldschuken wurde dieser große Vieriwanbau wahrscheinlich für die neuerrichteten theologischen Schulen oder *madrasas* benutzt, die unter der Leitung des Staates die Unterweisung im kanonischen sunnitischen Glauben pflegten. Diese Art von Architektur war daher einflußreich und weit verbreitet. In der *madrasa* dienten die großen Iwane als Vortragssäle. Die Studenten hausten in den ein- oder zweistöckigen Bereichen dazwischen. Die Verbindung von Iwanheiligtum und überkuppelter *mihrāb*-Kammer ist von einem anderen iranischen Vorbild, nämlich dem Palast, inspiriert, der, wie sāsānidische Beispiele zeigen, ebenfalls einen flachen Eingangsiwan besaß, der zu einem überkuppelten Throngemach überleitete. Diese höfische Assoziation ist gelegentlich noch spürbar; in Isfahan wird sie durch eine Inschrift unter der Südwestkuppel angedeutet. Zwei Tatsachen zeigen das Vorherrschen des *madrasa*-Schemas: Alle geographischen Handbücher und Reisende der ersten Hälfte des VIII./14. Jahrhunderts in Iran sprechen eher von *madrasas* als von Moscheen; und zweitens sind spezifische Gründungen wie die von Sultan Husayn 1118–26/1706–14 gebaute *madrasa* auf dem Chahār Bāgh in Isfahan typologisch nicht von den großen Moscheen der Seldschuken und späterer Zeiten unterschieden.

Die dramatische Erscheinung der iranischen Moschee wird akzentuiert durch zwei flankierende Minarette auf jeder Seite der Tore und später auch der Iwane des Heiligtums. Ein sehr dekoratives Element waren außerdem die *muqarnas,* ungenau mit Honigwabengewölbe übersetzt. Es wurde, zuerst vielleicht als verstärkendes Element, in den vier Trompen der Zone zwischen der rechteckigen *mihrāb*-Kammer und der darüberschwebenden Kuppel eingesetzt; es bestand aus gestaffelten Reihen von Halbnischen, in denen die zweite höhere Reihe sich auf der Linie der vorspringenden Punkte der ersten befindet, die dritte Reihe auf derjenigen der zweiten und so fort in abnehmender Zahl. Es ist zuerst in einem Mausoleum bezeugt, bekannt als Arab Ata in Tim in der Usbekischen SSR (datiert 367/977–78), und findet sich nicht nur in Iran, sondern in der ganzen muslimischen Welt als architektonisches Motiv im sakralen und profanen Bereich. Die Hohlräume anderer Bogenkonstruktionen, beispielsweise die Spitzen der Iwane, wurden in gleicher Weise gefüllt: *muqarnas* können Friese bilden oder jegliche gebogene Fläche überziehen. Eindrucksvolle Beispiele liefern die reichverzierten Eingänge syrischer und anatolischer *madrasas*, die Pendentifs ägyptischer Mausoleen, und am großartigsten im Maghreb, in Fez, die Qarawiyyīn-Moschee des VI./12. Jahrhunderts oder der Alhambra-Palast in Granada aus dem VIII./14. Jahrhundert, der mit einer noch überschwenglicheren Variation, dem sogenannten Stalaktitengewölbe, ausgestattet ist.

Dieser neuartige Mischcharakter der iranischen Moschee ist sicherlich sehr eindrucksvoll. Die stark vergrößerten Iwane schaffen rhythmische Akzente, und der große Kuppelraum gibt klar die Richtung der *qibla*-Wand an. So wird die Monotonie der Säulenhallen und die Richtungslosigkeit arabischer hypostyler Moscheen überwunden. Allerdings gegen einen Preis: Die seitlichen Iwane wurden nur gelegentlich bei Überfüllung durch Beter benutzt, wenn besonders diese Seite der Moschee im Schatten lag. Die zellengleichen Einheiten der zwei seitlichen Eingangstrakte des Hofes dienten als Wohnungen und hatten daher keine rituelle Funktion in einer Moschee; und der *mihrāb*-Bereich war von der Menge der Gläubigen in den Seitenflügeln durch die massiven Stützen der mächtigen Kuppel abgetrennt. Der Zuwachs an anderen Kompartimenten für Beter, Meditation, Unterricht oder Empfänge bedeutete eine weitere Segmentierung des Raumes. Aber der dramatische Aspekt des Ganzen und sein Mehrzweckcharakter gefielen den Iranern; diese Form wurde zur Normalmoschee und -*madrasa*; und da sie auf dem iranischen Haus basierte, verwandte man natürlicherweise den Grundriß auch für Karawansereien und, wenigstens in Anatolien und Syrien, für Hospitäler.

In Indien führte er zu einem Sondertyp, der Moghulmoschee des XI./17. Jahrhunderts, bei der der Eingangsiwan zu einem hohen eindrucksvollen Tor über einer Flucht von Treppen entwickelt wurde, während über dem hypostylen Heiligtum drei große zwiebelförmige Kuppeln ruhen. Für *madrasas* wurde der iranische Grundriß im ganzen Islam kopiert.

Die türkische Moschee
Während die arabische hypostyle Moschee und die iranische Vieriwanmoschee bald weitgehend festgelegt waren, weist die Moscheearchitektur in Anatolien, und später in Istanbul (VI./12. bis IX./15. Jahrhundert), viele typologische Varianten auf. Nur im X./16. Jahrhundert wurde eine Grundkonzeption vorherrschend.

Nach der Eroberung Anatoliens 463/1071 verwendete man weiterhin den Plan der hypostylen Moschee, mit schweren dachtragenden Pfeilern und schlanken hölzernen Säulen. Die Iwanmoschee war ebenfalls bekannt, aber wenig beliebt. Typisch türkisch waren die Einkuppelmoschee über quadratischer Basis und die Moschee nach dem Modell christlicher Kirchen mit Längsschiff und Seitenschiffen. Ihnen allen gemeinsam war die Verwendung betonter Kuppeln vor dem *mihrāb* und anderswo, entweder einer Einzelkuppel oft großen Ausmaßes oder mehrerer aneinandergereihter Kuppeln. Zwei Beispiele veranschaulichen diese neue Verwendung der Kuppel in Anatolien. Im VII./13. Jahrhundert wurde der Hof einiger seldschukischer Vieriwan-*madrasas* von einer großen Kuppel überdeckt, die das Gebäude zentralisierte. Später, im osmanischen VIII./14. Jahrhundert, entwickelte man einen anderen Moscheetyp, der auf dem *madrasa*-Schema aufbaute, und der sich in der ersten Hälfte des folgenden Jahrhunderts in Bursa entfaltete: eine Kuppel bedeckte den kubischen heiligen Bereich und eine zweite den äußeren quadratischen Hof.

Der erste Antrieb zur Verwendung einer Kuppel, besonders im technischen Sinn, kam unzweifelhaft von der byzantinischen Architektur. Aber es muß eine psychologische Bereitschaft zur Annahme dieses Merkmals gegeben haben. Wie andere ethnisch beeinflußte Moscheetypen mag auch die türkische Moschee letztlich auf Hausarchitektur zurückgehen, hier auf den *yurt*, das altererbte gewölbte Zelt.

Nachdem die Osmanen 857/1453 Konstantinopel eingenommen hatten, stieg die Bedeutung der Kuppeln. Einen Antrieb bildete die große kaiserliche Hagia Sophia. Sofort nach der Eroberung wurde sie gewohnheitsgemäß in eine Moschee mit dem Namen Aya Sofya verwandelt und mit *mihrāb* und Minaretten versehen. Ihre ungeheure Größe, die hochschwebende Kuppel mit ihren zwei seitlichen Halbkuppeln und die Schönheit ihrer Einzelheiten beeindruckten die Eroberer sehr. Ein zeitgenössischer Beamter und Schriftsteller, Tursūn Beg, drückt dieses Gefühl zum erstenmal in einem Doppelvers aus:

Wenn du das Paradies suchst, oh du Sūfī,
so ist der oberste Himmel die Aya Sofya.

Und er erläutert weiter:

Was für eine Kuppel, die wetteifert mit den neun Sphären des Himmels! In diesem Werk breitet ein vollkommener Meister die ganze architektonische Wissenschaft aus. Mit Halbkuppeln, eine über der andern, mit spitzen und stumpfen Ecken, mit unvergleichlichen Wölbungen wie die gebogenen Brauen herzraubender Mädchen, mit Stalaktitornamenten machte er das Innere so groß, daß es 50 000 Personen faßt (nach einer Übersetzung von Bernard Lewis).

Diese Weite umschloß nicht nur eine große Zahl von Gläubigen, wie schon die hypostylen Moscheen von Samarra und Córdoba, sondern sie tat es in einem Inneren, das keine hemmenden Säulen oder Pfeiler enthielt; zum erstenmal konnten alle angesichts des richtungweisenden Symbols des *mihrāb* beten, der, wie der *minbar* auch, dementsprechend groß war.

Die Entwicklung der kaiserlichen türkischen Moscheen von 907/1501 bis 983/1575 bringt nur Variationen zu einem gewaltigen Thema. Man wollte den Durchmesser der Aya Sofya von ca. 31 m nicht nur erreichen, sondern übertreffen; die seitlichen Teile unter kleineren Kuppeln und Halbkuppeln in den Hauptraum integrieren, und, wenn möglich, die traditionelle muslimische Breite anstelle der Längsrichtung des byzantinischen Vorbilds herstellen und schließlich alles als ausgewogene Komposition darbieten, die in dem Aufwärtsdrang der zentralen Kuppel gipfelt. Der Architekt Sinān (gest. 996/1588) versuchte dies in den großen aber noch unzulänglichen Shehzade- und Süleymaniye-Moscheen 955/1548 und 963/1556 und war schließlich überaus erfolgreich in seiner Moschee Selims II. in Edirne (977–83/1569–75). Von außen überraschen uns diese osmanischen Bauten aus unverziertem grauem Stein mit ihren kompakten Einheiten. Kuppeln, Halbkuppeln und Strebepfeiler umgeben die gebirgsähnliche zentrale Kuppel, deren erdverbundene Formen geschickt mit schlanken spitzen Minaretten kombiniert sind, welche wie Wurfspeere gen Himmel ragen. Kein Wunder, daß man diese Bauten im ganzen Reich nachahmte. Es sind die osmanischen Moscheen von Konya, Damaskus und Kairo, die den Horizont dieser Städte beherrschen, nicht die Bauten in lokaler Tradition, so glänzend und mächtig sie auch sind.

Bei der Konstruktion der Kuppeln greifen die türkischen Architekten auf byzantinische Vorbilder zurück. Um den iranischen Strebebogen zu vermeiden, benutzen sie das gewölbte dreieckige Pendentif, das in der Hagia Sophia und anderswo angewandt ist. Charakteristischerweise aber wird dieses Motiv von den Seldschuken nicht sklavisch kopiert, sondern aufgelöst in eine Reihe großer, auf der Spitze stehender Dreiecke. Oder die Übergangszone zwischen Rechteckraum und Kuppel wurde zu einer Folge von Dreiecken, die abwechselnd ihre Richtung änderten.

Die iranische Moschee hatte schon einem doppelten Zweck gedient, als *masjid* und *madrasa;* manchmal auch als Gasthaus für Reisende. Auch im mittelalterlichen Syrien und Anatolien erfüllt die *madrasa* zweierlei Aufgaben, als Ort der Unterweisung und des Begräbnisses für den Stifter und seine Familie. Der Gedanke kommunaler Bindung wurde in den Moscheen des VIII./14. Jahrhunderts aufgenommen und im folgenden Jahrhundert in Bursa weiterentwickelt. Die Moschee Murāds I. Khudāvendigār (767–87/1366–85) in Bursa wurde speziell für die dreifache Funktion von *masjid, madrasa* und Gasthaus oder Eremitage *(zāwiya)* gebaut. Als jedoch die sozialen Belange der Städte und ihrer Gemeindezentren wuchsen, wurde die Unterbringung jedweder Funktion unter einem Dach immer schwieriger. Die Lösung war die jetzt übliche *külliyye,* ein Komplex öffentlicher Bauten, den es als Typ zwischen dem VIII./14. und XII./18. Jahrhundert gab. Eine große, jedoch noch nicht geordnete Baugruppe errichtete Bāyazīd I. in Bursa 802/1399. Sie wurde erst nach seinem Tod 806/1403 vollendet. Ihr ummauerter Bereich umfaßt zwei Tore und eine Moschee, eine *madrasa*, ein königliches Mausoleum, einen Brunnen, eine Armenküche *('imāret),* ein öffentliches Bad *(hammām),* eine Wasserleitung und einen Palast. In der Nähe stehen ein Hospital (im *madrasa*-Schema), ein Derwischkloster und eine Karawanserei. Dieser Grundriß war vorbildlich für alle großen Moscheen Bursas und Istanbuls.

Seit der Zeit Mehmeds II. Fātih (867–75/1462–70) wurden die *külliyyes* symmetrisch angeordnet. Die Mo-schee des Eroberers liegt im Zentrum eines großen Platzes mit vier *madrasas* auf zwei Seiten, während bei der *külliyye* Bāyazīds II. in Edirne von 892/1486 an der einen Seite der Moschee ein großes Hospital und eine Arztschule, an der anderen eine Suppenküche, eine Bäckerei und ein Speisesaal stehen.

Unkanonische Aspekte

Im Islam gibt es allgemein anerkannte Verhaltensweisen, die dem orthodoxen Glauben gerecht werden und die religiösen Bedürfnisse zutiefst befriedigen. Hier und da greifen sie aber auch auf vorislamische Formen der Religiosität zurück, wie beispielsweise in der Architektur das Mausoleum.

Der Prophet hielt sich für ein gewöhnliches menschliches Wesen, unfähig Wunder zu wirken, und der Koran verurteilt die Verehrung von Heiligen (Sure IX, 31). Da keiner eine bevorzugte Stellung beim allgemeinen Gebet einnahm (außer der Fürst, um seiner persönlichen Sicherheit willen), gab es im frühen Islam keine besondere Ausschmückung von Begräbnisstätten. So bemerkte ein Dichter um 66/685 laut al-Balādhurī: ‚Die Gräber der Reichen und Armen sind gleich.‘ Dennoch folgte der Islam mit der Zeit einer entgegengesetzten Praxis.

Die erste Änderung vollzog sich bei der Verehrung der Gräber von Heiligen. Diese führte, wie Oleg Grabar gezeigt hat, im späten III./9. und im IV./10. Jahrhundert zur Errichtung von Memorialbauten über bestimmten Gräbern, besonders wenn es sich um schiitische Heilige handelte. Solche Gedächtnisbauten gab es schon lange, speziell in Iran und Zentralasien für Herrscher von Grenzgebieten oder halb unabhängigen Landesteilen, die oft nichtsunnitischen Glaubensrichtungen anhingen. Als Symbole weltlicher Macht waren diese Bauten prunkhaft, die der Heiligen von eher lokaler Bedeutung waren einfacher. Mausoleen wurden auch für biblische Personen errichtet, für Gefährten des Propheten und Schüler, für populäre Helden und *ghāzīs* (Glaubenskämpfer) in den Grenzprovinzen. Die Namen vieler auf diese Weise geehrter Heiliger wurden später vergessen, so daß jetzt ihre Mausoleen anonym sind oder legendären, dunklen Persönlichkeiten zugeschrieben werden. Seit dem VI./12. Jahrhundert waren diese Gebäude als weltliche Mausoleen beliebt, besonders seit dem IV./10. und V./11. Jahrhundert in Ägypten und Zentralasien, dann im nördlichen und nordöstlichen Iran und Anatolien, in Indien und Nordafrika. Man baute sie weiterhin für geistliche und weltliche Führer. Moderne Memorialbauten dieser Art sind zum Beispiel Firdausī, Avicenna, ‘Umar Khayyām, Āghā Khān und dem Dichterphilosophen Iqbāl gewidmet, besonders imposante dagegen Rizā Shāh Pahlavī, Atatürk und Muhammad ‘Alī Jinnāh.

Es gibt grundsätzlich zwei Typen von Mausoleen: den runden, turmähnlichen und den oft mächtigeren viereckigen oder polygonalen. Beide sind entweder mit einer Kuppel oder einem konischen oder pyramidenförmigen Dach versehen. Oft entstehen um die Gräber bestimmter Heiliger größere Baukomplexe wie beim Grab des mystischen Dichters Jalāl ad-Dīn Rūmī in Konya, oder des Bāyazīd in Bistām (713/1313). Für die Zusammenlegung herrscherlicher Bauten an einem Ort sind die Beispiele der tīmūridischen Shāh-i Zinda-Gruppe in Samarkand aus dem späten VIII./14. und IX./15. Jahrhundert, die mamlūkischen Gräber von Kairo und die Marīniden-Mausoleen in Chella bei Rabat aus dem VII./13. und VIII./14. Jahrhundert typisch.

Die ersten erhaltenen Gräber von Heiligen, vielleicht aus dem späten III./9. oder frühen IV./10. Jahrhundert, sind das Mausoleum der Fāṭima, der Schwester des Imams ʿAlī ar-Riḍā in Qum und des Kalifen ʿAlī in Najaf, beides Schiiten. Die frühesten Fürstengräber sind besser erhalten und offenbaren deshalb deutlicher ihren ursprünglichen Charakter. Das gilt für das Grab des ʿAbbāsidenkalifen al-Muntasir, der 248/862 in Samarra zusammen mit seinen Nachfolgern, den Kalifen al-Muʿtazz und al-Muhtadī, begraben wurde. Es war als überkuppelter quadratischer Bau mit oktogonalem Umgang geplant. Das Mausoleum der Sāmāniden in Buchara, angeblich das Grab Ismāʿīls, entstand vor 332/943 als quadratischer Bau mit großer Zentralkuppel und vier kleineren Eckkuppeln über einer Galerie. Durch Verwendung von Ziegeln ergeben sich an verschiedenen Stellen interessante Muster.

Tausende von Mausoleen haben sich in der ganzen muslimischen Welt erhalten. Von den frühesten ist das bemerkenswerteste Grab das des bekannten Ziyāriden Shams al-Maʿālī Qābūs, an dessen Hof in Gurgān iranische Größen wie Avicenna, al-Bīrūnī und ath-Thaʿālibī lebten. Dieses strenge Monument von 397/1006–07, aus gebrannten Ziegeln errichtet, besteht aus einem leicht zugespitzten Turm, zehn Strebepfeilern und einem konischen Dach. Der einzige dekorative Schmuck sind zwei Inschriften in einfachem Kūfī mit dem Namen des Erbauers, der Absicht und dem Datum des Baus.

Das großartigste der prächtigen Mausoleen, das des Il-Khāns Sultan Öljeytu, war von ihm ursprünglich als letzte Ruhestätte für den Kalifen ʿAlī und den Imam Husayn und insofern als geräumige Pilgerstätte gedacht. Begonnen 710/1310, bestand es aus einem gewaltigen Oktogon, ausgezeichnet durch eine Galerie unter einem *muqarnas*-Kranzgesims, von dem eine große spitze Kuppel, 24 m im Durchmesser, aufsteigt. Sie wird von einer Krone aus acht Minaretten, eines an jeder Ecke des Oktogons, umgeben. Innen und außen entfaltete das Gebäude eine verschwenderische Fülle an Dekorationsmotiven: verschiedenfarbig glasierte Ziegel, Kombinationen aus Fayencestreifen, geschnittener und bemalter Stuck, ornamentale Wandmalereien, epigraphische Einheiten und zum ersten Mal in Iran Fayencemosaike, die ganze Wände füllen. Das ähnlich auffällige Grab Tamerlans in Samarkand, gebaut 806/1403, wird beherrscht von einer hohen melonenförmigen Kuppel, deren gerippte äußere Schale über einer inneren 22 m hohen Decke zu einer Gesamthöhe von über 34 m aufragt. Die dekorierten Rippen biegen sich leicht nach innen, bevor sie die hohe runde Trommel erreichen, wo wiederholt in kūfischen Buchstaben dem sterblichen Betrachter erklärt wird, ‚daß (allein) Allah ewig ist‘.

Erwähnenswert sind auch vier kaiserliche, in Gärten liegende Moghulgräber, die einer ganz anderen Tradition folgen. Zwei tragen eine mächtige Kuppel: das Grab Humāyūns (gest. 963/1556) in Delhi aus rotem Sandstein und weißem Marmor und der Tāj Mahal, seit 1042/1632 in Agra von Shāhjahān für seine Lieblingsfrau Mumtāz Mahal in weißem Marmor mit Halbedelsteinen in Einlegearbeit (*pietra dura*) errichtet. Das Grab der Mumtāz Mahal liegt zusammen mit einer kleinen Moschee und einer Versammlungshalle aus rotem Sandstein in einem Gartenterrain und ist durch ein großes Tor zugänglich. Das Mausoleum Akbars (gest. 1014/1605) in Sikandra besteht dagegen aus drei in der Breite abnehmenden Stockwerken aus rotem Sandstein, das vierte enthält den Kenotaph aus weißem Marmor. Dasjenige seines Sohnes Jahāngīr (1037/1627) bei Lahore ist ein niedriger Bau mit vier hohen massiven Minaretten in den Ecken, ebenfalls teils aus rotem Sandstein, teils aus weißem Marmor.

Ebenso unkanonisch wie der Gräberkult war auch der verbreitete Glaube der Muslime an die Astrologie; auch er stand im Widerspruch zum Koran und war trotzdem tief verwurzelt. Die Hauptaspekte der Astronomie werden im Detail von A. I. Sabra in Kapitel VII behandelt. Hier kann nur kurz auf die Formen eingegangen werden, die sie in der Kunst annimmt.

Häufig wurden die sieben Planeten und die Tierkreiszeichen dargestellt, die letzteren zuerst nachweisbar auf einer Metallschale der ghaznawidischen Periode (V./11. Jahrhundert), dann unendlich oft auf Bronzen und Messinggegenständen, in Manuskripten oder gelegentlich auf Keramiken. In der seldschūkischen und mongolischen Periode erscheinen sie sogar auf Münzen. Eine kaufmännisch orientierte Gesellschaft, wie die des mittelalterlichen Islam mit ihren weitreichenden Handelsverbindungen – von Räubern, Erpressung, ungünstigen Winden, Schiffbruch und Piraterie bedroht – war natürlich empfänglich für astrologische Hilfestellung. Die früheste Wiedergabe der in den entsprechenden Zeichen des Tierkreises stehenden Planeten befindet sich an einem wichtigen Punkt des internationalen Handelsverkehrs, an der großen Tigrisbrücke von Jazīrat ibn ʿUmar aus dem VI./12. Jahrhundert.

Astrolabien zur Messung der Höhe eines Sterns und zur Aufstellung von Horoskopen wurden seit dem II./8. Jahrhundert, wenn nicht früher, hergestellt. Das älteste datierte Instrument stammt von 348/959. Die Herstellung solcher Astrolabien war ein alteingeführtes und anerkanntes Kunsthandwerk, und ihre Schöpfer trugen einen besonderen Titel (*asṭūrlābī*).

Farbe: die Antwort auf die Umgebung

Trotz der ungeheuer weiten Verbreitung des Islam vom Atlantik bis zum Chinesischen Meer herrschen bestimmte Charakteristika allerorts vor. Ein großer Teil der Landschaft ist wüst, von einer einzigen stumpfen Farbe und gewöhnlich ohne unterscheidende Züge. Es gibt hauptsächlich Wüsten, baumlose Berge und die Einförmigkeit unendlicher Ausblicke, eine sengende Sonne und heiße Winde bei Tag, schneidende Kälte bei Nacht. Der Mensch konnte diesen Bedingungen nicht entgehen, nur sich ihnen anpassen.

Der äußerlich monotone Charakter der Dörfer und Städte zeigt deutlich den Einfluß dieser Umwelt. Sie mußten mit dem vorherrschenden Baumaterial erstellt werden: sonnengebrannten Lehmziegeln für einfachere Häuser, gebrannten Ziegeln für solche mit anspruchsvolleren Funktionen und grauem oder rotem Sandstein für die wichtigeren Gemeindehäuser. Ein europäischer Reisender des 19. Jahrhunderts reagierte auf die wohlhabende alte Stadt Damaskus folgendermaßen:

Die Straße wird durch die Paläste der führenden *agas* von Damaskus gebildet; sie sind der Adel des Landes; die Fassaden der Paläste an der Straße ähneln den langen Mauern von Gefängnissen oder Hospitälern, Mauern aus grauem Lehm . . . (Lamartine, 1865).

Das gleiche könnte man von Städten Irans oder Nordafrikas sagen, obgleich im Maghreb die Wände einheitlich weiß getüncht sind.

Die Monotonie der Landschaft und des städtischen Rahmens erforderte zumindest eine psychologische Entlastung. Dafür sorgte an erster Stelle die Farbe, die bei der Kleidung, bei den Dingen des täglichen Gebrauchs oder der Ausschmückung der Architektur vorkam.

Eine gewisse Vorstellung von zeitgenössischen Trachten und anderen Gewebearten kann man der hier zitierten Textstelle von S. D. Goitein entnehmen, die auf den ägyptischen Geniza-Dokumenten des V./11. und VI./12. Jahrhunderts basiert:

Während man heute gewöhnlich mit verschiedenen Schattierungen von Grau, Braun, Blau, Schwarz oder Weiß zufrieden ist, liebte der mittelalterliche Mensch zusätzlich Grün, Rot und ein intensives Gelb, vor allem aber feine Nuancen mit allen Arten des Glitzerns und Schillerns bei Litzen, Verzierungen und Mustern. Die Teppiche, Sofas und Stoffdekorationen der Räume zeigen die gleiche Vielfalt in Farbe und Bearbeitung wie die Kleidung.

Goitein erwähnt eine Bestellung von Mänteln: ‚Einer von der Farbe des Gazellenbluts, einer rein violett, einer moschusfarben (das heißt rötlich-braun), einer silbrig, einer intensiv gelb, zwei andere in reinem, ins gelblich spielenden Weiß.' Er erwähnt auch, daß selbst so unauffällige Dinge wie Schuhe der übrigen Kleidung angepaßt sein sollen, wie man es auch bei beiden Geschlechtern auf arabischen Miniaturen des VII./13. und VIII./14. Jahrhunderts sehen kann. Zu Recht spricht Goitein von dem ‚Farbenrausch' dieses Zeitalters.

Zeugnis für diese hohe Farbempfindlichkeit legt ein Handbuch des tunesischen Zīridenherrschers al-Muʿizz ibn Bādīs (406–53/1016–61) ab, das sich mit der Herstellung von Büchern befaßt. Seine Anleitungen für die Zubereitung von Schreibtinten umfassen ein Spektrum, das über unseren Vorrat an Schwarz, Blau oder Rot weit hinausgeht und sich auf die Farben der Pfaue, der Rose, der Pistazie und der Aprikose ausdehnt, daneben auf Rubinrot, Purpur, Grün, Gelb und Weiß neben anderen geheimnisvollen Tinten von spezieller rätselhafter Art.

Die mittelalterlichen ägyptischen Teppiche, auf die Goitein aufmerksam macht, sind vorwiegend aus literarischen Quellen bekannt; aber türkische Teppiche des VII./13. Jahrhunderts und solche, die später aus anderen Bereichen der islamischen Welt erhalten geblieben sind, unterstreichen seine Ergebnisse. Wieder waren die Kunden nicht zufrieden mit den natürlichen Farben der pelztragenden Tiere – weiß, schwarz und braun –, sondern verlangten die größtmögliche Farbskala und kontrastreiche Muster.

Den gleichen Farbsinn bezeugt die Keramik. Seit dem III./9. Jahrhundert wird die begrenzte Farbskala der klassischen und sāsānidischen Periode abgelöst von einer Reihe sehr unterschiedlicher Glasuren, die zur Dekoration von Gefäßen benutzt werden. In der Keramik hatte die glitzernde Qualität mittelalterlicher ägyptischer Textilien ihre Entsprechung im Lüster, der, aus einem dünnen Metallfilm bestehend, in einem zweiten Brand auf der weißen Glasur befestigt wird. Diese Technik war weit verbreitet, bis nach Ägypten, Irak, Iran, Syrien und Spanien. Die verschiedenen keramischen Traditionen der muslimischen Welt bedeuten einen technischen und künstlerischen Höhepunkt, und es ist nur natürlich, daß sie über den Islam hinaus nach Byzanz und Italien wirkten.

Andere Kunstgewerbezweige sorgten ebenfalls für einen kräftigen farbigen Akzent. Um das V./11. Jahrhundert erreichte in der Glasindustrie der Gemmen- und Reliefschnitt einen hohen Grad der Vollkommenheit. Offensichtlich war Glas zunächst als eine Art von künstlichem Bergkristall betrachtet worden, dessen schwierige, aber farblose Dekorationsweise man nachahmte. Im III./9. Jahrhundert wurde beim Kameenschnitt zum erstenmal Farbe verwendet. Im VII./13. und VIII./14. Jahrhundert erreichte in Syrien und Ägypten die Ornamentierung mit Gold und farbigem Email einen Höhepunkt. Besonders diese Art der Glasverzierung inspirierte die venezianischen Künstler zur Nachahmung.

Metall war für farbige Behandlung weniger geeignet, obwohl die vorhergehende byzantinische Periode Farben und Strukturen durch eingelegtes Silber in die Bronzearbeit einbezogen hatte; auch sāsānidische Kunsthandwerker hatten oft Niello auf Silbergegenständen verwandt. Beide Techniken wurden nachher in der islamischen Periode aufgenommen. Niello auf Silber benutzte man in begrenztem Maße etwa vom II./8. bis XI./17. Jahrhundert in Iran, während Einlegearbeiten in Messing und Bronze von der Mitte des VI./12. bis zum VIII./14. Jahrhundert besonders in Iran, Mosul, Syrien und Ägypten beliebt waren. Durch den Zusatz eines schwarzen unbekannten Materials (vielleicht eine Paste oder Niello) zu Kupfer-, Silber- und Goldeinlagen wurde eine Farbskala bis zu vier Tönen erreicht. Die farbigste Metalltechnik – den Zellenschmelz – verwendete man offensichtlich nur in geringem Umfang bei der Schmuckherstellung während der fātimidischen Periode in Ägypten und während der umayyadischen Zeit in Spanien, dort außerdem zur Zeit der Nasriden für Schmucksachen, Pferdegeschirr und Waffen. Vielleicht war die Emailtechnik, ähnlich wie das Mosaik mit würfelartigen Steinchen, zu stark mit dem Rivalen Byzanz verbunden, um muslimische Mäzene anzuziehen.

Die Miniaturmalerei, vor allem die iranische aus dem IX./15. und X./16. Jahrhundert und, in geringerem Umfang, die türkische des X./16. bis XII./18. Jahrhunderts, legt ein weiteres Zeugnis für diese hohe Farbempfindlichkeit ab. Die Intensität vieler reiner und einiger gemischter Farben auf dem begrenzten Raum einer Manuskriptseite ist nicht mehr zu übertreffen. Die lineare Zeichnung und feine Schattierungen wurden dagegen in den frühen Perioden wenig gepflegt, und wenn, dann nur unter chinesischem Einfluß oder als eine Art von ‚Chinoiserien'. Als sie sich schließlich in Iran um die Mitte des X./16. Jahrhunderts als neue künstlerische Ausdrucksform allgemeiner durchsetzten, führte das zum Niedergang der Kunst.

Die Verwendung von Farbe in der Architektur ist eine spezifisch islamische Leistung und steht im Gegensatz zu der zurückhaltenden Verwendung von Farben in der westlichen Baukunst. Der Reisende, der sich ermüdet einer iranischen Stadt oder Ortschaft nähert, wird belebt von dem Anblick der türkisfarbenen oder blauen Kacheln an einer Kuppel oder an dem konischen Dach eines Heiligengrabes oder einer Moschee. Von einer iranischen Hauptstadt wird allerdings weit mehr erwartet. Und wirklich zeigen die Gebäude hier innen und außen die glänzendste Keramikverkleidung, die je erfunden wurde. Zu diesem Zweck brannte man jede gefärbte glasierte Kachel bis zur Erreichung höchster Leuchtkraft in einem Kiln, um dann die Muster herauszuhämmern und zu komplexen ‚Fayencemosaiken' zusammenzusetzen. Nach zögernden Teilexperimenten in Iran im VI./12. und VII./13. Jahrhundert wurde diese Dekorationsart im Jahre 640/1242 von einem Meister aus Tūs in Khurāsān zur vollständigen Verkleidung eines Gebäudes verwendet; sie diente der Ausschmückung der Sircalı Madrasa in Konya, der seldschükischen Hauptstadt Anatoliens. Im VIII./14. und IX./15. Jahrhundert verfeinerte man die Technik für das Innere und Äußere großer Gebäude bis zu den vollendeten Entwürfen an tīmūridischer Architektur des frühen IX./15. Jahrhunderts in Herat. An den tīmūridischen Bauten Transoxaniens, besonders an den Mausoleen Samarkands aus dem späten VIII./14. und IX./15. Jahrhundert sind farbige Fayenceverkleidungen in verschiedenen Techniken verwendet worden. Die letzte Blüte des Fayencemosaiks und anderer Formen des Kachelwerks liegt im späten X./16. und frühen XI./17. Jahrhundert in Isfahan, das damals die Hauptstadt von Shāh 'Abbās war. Der Masjid-i Shāh und der Masjid-i Shaykh Lutf Allāh sind die schönsten dieser Schöpfungen. Die sogenannte Madrasa-yi Mādar-i Shāh in Isfahan aus den Jahren 1118–26/1706–14 und auch spätere Denkmäler beweisen die Langlebigkeit dieser Technik.

Im X./16. und XI./17. Jahrhundert, in der Blütezeit der kaiserlichen Türkei, erreichte die Kachelherstellung wiederum einen Höhepunkt. In Jerusalem wurde der obere Teil des Oktogons von außen farbig umkleidet, während in der Rüstem Pasha-Moschee in Istanbul farbig gemusterte Kacheln in geringerer Menge außen und in verschwenderischer Fülle innen verwendet werden.

Obwohl der Reichtum dieses architektonischen Stils am Außenbau niemals in gleicher Weise außerhalb Irans, der Türkei und Zentralasiens erreicht wurde, gab es doch auch anderorts eine Vorliebe für die Farbe in der Architektur. Das mamlūkische Ägypten versuchte sich im Gebrauch von glasierten Kacheln, ging aber zugunsten anderer chromatischer Wirkungen wieder davon ab. Bei den Moscheen, Palästen und Mausoleen der Moghuln werden weißer Marmor mit eingelegten verschiedenfarbigen Halbedelsteinen und rotem Sandstein kombiniert.

In anderen Ländern gab es reichfarbige Innendekorationen. Seit dem III./9. Jahrhundert benutzte man in Iran und Irak gemeißelte und bemalte Stuckplatten als eine Form der Täfelung. In Spanien und Nordafrika dienten polychrom gemusterte glasierte Kacheln demselben Zweck, während man dort für Decken komplexe geschnittene und bemalte muqarnas-Formen entwickelte. Vom VI./12. bis zum VII./13. Jahrhundert erfanden die iranischen Kunsthandwerker vielfarbige Kachelzusam-

menstellungen, gewöhnlich in Form von lüsterbemalten achtzackigen Sternen und dunkelblauen oder türkisfarbigen Kreuzen. Auf Böden und an Palastbrunnen, in Bädern, Privathäusern und madrasas im mamlūkischen Ägypten sowie an den qibla-Wänden der Moscheen und Mausoleen fügte man verschiedenfarbigen Marmor zu geometrischen Mustern in der opus sectile-Technik zusammen. In Patrizierhäusern Syriens stattete man weiterhin bis ins 19. Jahrhundert Fußböden und Brunnen in dieser Art aus, wohingegen der Boden in vornehmen Häusern Marokkos aus polychromen glasierten Kacheln bestand. In das Rauminnere gelangte Farbe ferner durch die Einführung von gefärbten Glaseinheiten in Gipsfassung, die als Fensterfüllungen dienten, eine Technik, die sich seit dem frühen Mittelalter bis ins 19. Jahrhundert hielt.

Der Hang zum Dekorativen

Die künstlerischen Bemühungen vieler ethnischer und religiöser Gruppen zeigen eine starke Neigung zur Flächendekoration. In traditionellen Gesellschaften sind die Darstellungen gewöhnlich symbolisch oder gegenständlich, und im Westen bis zum Beginn der Renaissance selten rein ornamentaler Natur. In der islamischen Kunst (das heißt vor allem in der Kleinkunst) ist der dekorative Antrieb stärker als anderswo, und rein ornamentale Motive herrschen vor.

Dafür gibt es verschiedene Gründe. Die Hauptursache war wahrscheinlich eine psychologische Reaktion auf die weite, unfruchtbare Landschaft um die Städte und Dörfer. Hatte ein Gegenstand des täglichen Lebens eine glatte Oberfläche, so erinnerte er damit im Unterbewußtsein an die nackte Umwelt, ihre Unfreundlichkeit und ihre Gefahren infolge von Wasser- und Nahrungsmangel, an das Fehlen von Komfort und die Gegenwart ständig lauernder Räuber und Dschinn. Durch Ornamentierung verlor der Gegenstand diese Assoziation, und das Spiegelbild einer schrecklichen und primitiven Welt wurde sozusagen gezähmt, kultiviert und erfreulich gestaltet.

Drei Faktoren verstärkten diese Haltung. Zuerst wurde ein Vokabular abstrakter Dekoration geschaffen, das von jedermann überall anerkannt wurde und leicht anwendbar war. Da alles Kunststreben nach dieser allgemeinen künstlerischen Sprache beurteilt wurde, gab es verhältnismäßig wenig darstellende Kunst (außer Wandmalereien und Textilillustrationen) und kaum Einfluß aus der lokalen Folklore. Zweitens waren die Kosten für künstlerische Arbeit extrem niedrig. Das meiste mußte für den Rohstoff bezahlt werden. Im Basar war ein stärker dekoriertes Stück, das den gleichen Wert hatte wie ein einfaches, deshalb attraktiver und leichter verkäuflich. Drittens bot ein reich verzierter Gegenstand mehr Möglichkeiten für soziale Ansprüche (siehe auch Kapitel III).

Das folglich hohe Niveau der Dekoration beeinflußte natürlich auch die religiöse Sphäre. In den Moscheen war der mihrāb und seine Umgebung gewöhnlich reich ornamentiert, obwohl – sieht man von den kalligraphisch behandelten Inschriften und den Lampen ab – die Ausschmückung nicht spezifisch religiöser Natur war.

Es ist ein erstaunlicher Aspekt der islamischen Kunst, daß häufig Gefäße, Geräte und die Innenwände der Bauten, das heißt also die Innenwelt, nicht aber das Äußere der Architektur reichlich ausgeschmückt wurden. Die glatten Außenmauern der Großen Moscheen von Qayrawān und Córdoba, der Madrasa Sultan Hasans in Kairo und der Kaisermoschee von Istanbul bestätigen dies. Es mag sehr wohl sein, daß der Anflug von Zurückhaltung und Sparsamkeit im Islam, sowie die bloße Masse und Höhe der Monumente zusammen mit der religiösen Assoziation ihrer Kuppeln, Minarette und Tore ein Gefühl der Ehrfurcht schufen, das in sich selbst ruhte. Wo dekorative Momente, besonders Inschriften, für nötig gehalten wurden, brachte man sie folglich an den bezeichnenden Stellen – Kuppeln, Minaretten und Toren – an und verteilte sie nicht über den ganzen Bau.

Staub, Hitze und Gärten

Die feindliche Umwelt und das rauhe Klima brachten noch einen anderen künstlerischen Ausdruck hervor, den Garten. Er war durch religiöse Inspiration als diesseitige Widerspiegelung des Paradieses gedacht. Die Tatsache, daß die Höhepunkte in der Entwicklung des Gartens schon im V./11. Jahrhundert beginnen und bis ins 19. Jahrhundert reichen, und in ähnlichen Formen in Spanien, Iran, Zentralasien und Indien zu finden sind, spricht nicht nur für eine einheitliche Reaktion auf die Umgebung, sondern unterstreicht auch den universellen Charakter der islamischen Kunst. Als Antwort auf eine dürre monotone Landschaft wurde der Garten formal geplant, mit geometrisch angelegten Pfaden und Wasserläufen, die eine reiche Vegetation hervorbrachten, besonders Bäume, aber auch Blumen in genau eingegrenzten Beeten. Die frühesten mittelalterlichen Gärten wurden in Spanien ausgegraben und rekonstruiert. Gärten aus dem XI./17. und XII./18. Jahrhundert gibt es in Marokko und Indien, in den Hauptstädten des Moghulreiches und den Residenzen der Rajahs. Die wenigen in Iran erhaltenen sind zwischen dem XI./17. und 19. Jahrhundert datiert.

Alle diese ausgedehnten Gärten mit ihrer Verschwendung des kostbaren Wassers wurden in abschüssige Gebiete außerhalb der Städte gelegt und stellten den Reichtum und das Privileg der Herrscher und führender Mitglieder der Gesellschaft dar. Aber auch die weniger Wohlhabenden schufen sich eine minimale Verbindung zur Natur. In den Höfen ihrer Häuser wurden Bäume, Büsche, Weinreben und Blumentöpfe um ein zentrales Wasserbassin oder einen Brunnen gruppiert. So klein diese zellenartigen Minigärten auch waren, bildeten sie doch den atmenden Kern und die Wonne der Wohnhäuser. Wie die Gärten der Vornehmen sind sie eine panislamische Eigenart.

Der Gartenkult beeinflußte auch die dekorativen Künste. Früher datiert und auch kunstvoller als die ältesten erhaltenen persischen Gärten sind die Kopien solcher Anlagen auf Teppichen des X./16. Jahrhunderts. Solche formalen Nachschöpfungen von Landschaftsarchitektur wurden, selbst in provinziellen Gegenden Nordwestirans, zwei Jahrhunderte lang fortgeführt. Für die Mittelklasse war diese Tradition ein Ersatz der Realität, ein Abbild des Gartens, das jederzeit genossen werden konnte.

Als die Kunstrichtungen in der Türkei während der Mitte des X./16. Jahrhunderts und in Iran und Indien im XI./17. Jahrhundert realistischer wurden, begann man auf Kacheln, Textilien und Teppichen viele identifizierbare Blumen abzubilden, sogar in den Randdekorationen der Manuskripte und Alben, wo man den Geist des Gartens weiterhin beschwor.

Auch die Haus- und Sakralarchitektur spiegelt das irdische Bestreben, die Härten der Umwelt und des Klimas zu überwinden. In Anatolien wurde schon im VII./13. Jahrhundert so viel Wasser wie möglich in Form von Brunnen in die Moscheen einbezogen. Privathäuser, *madrasas* und Klöster in Ägypten und Syrien hatten spezielle Ventilationsanlagen, man denke etwa an die beweglichen Dächer, die auf irakischen Miniaturen des VII./13. Jahrhunderts abgebildet sind. In Gebieten nahe der Tropen wurden schornsteinähnliche Windtürme errichtet. Die Innenräume hatten hohe Decken und Stein- oder Marmorfußböden. In Ägypten oder Palästina benutzte man kühle Matten zum Sitzen, in kühleren Gegenden und im Winter wollene Teppiche.

Trinken, Waschen und Baden waren wichtige Bestandteile des täglichen Kampfes gegen Hitze und Staub. In jedem Haus wurde Wasser in unglasierten Krügen aufbewahrt, damit es durch Verdampfung kühl blieb. Diese manchmal beträchtlich großen Gefäße, besonders die aus dem Irak vom VI./12. und VII./13. Jahrhundert, zeigen oft reichen epigraphischen, ornamentalen und figuralen Schmuck. Die meisten dieser Krüge wurden für die Mittelklassen hergestellt und sind ein wichtiger Schlüssel zum Geschmack und zu den ikonographischen Bedürfnissen dieser Gesellschaftsschicht. Trinkgefäße hatten unterschiedlichere und manchmal phantasievolle Formen, besonders dann, wenn sie für den Gebrauch am Hof und zum Weintrinken bestimmt waren. Die schönsten stammen aus dem VI./12. und VII./13. Jahrhundert aus Iran und sind Tonwaren mit Überglasurmalerei. Gefäße aus Syrien, die der gleichen Periode angehören, erhielten die Form der emaillierten Glasbecher und waren in der ganzen muslimischen Welt und darüber hinaus verbreitet. Die kostbarsten Trinkgefäße aber sind die aus Jade, die im IX./15. Jahrhundert in Iran und im XI./17. Jahrhundert in Indien hergestellt wurden.

Man wusch sich mit Hilfe von Kannen, Becken und Eimern. Die edelsten Gefäße zeigen ziselierte Dekorationen und Einlegearbeit. Das allgegenwärtige *hammām* (das öffentliche Badehaus) wurde in Heiztechnik und Vierteilung (Entkleidungszimmer, kalter, lauwarmer und heißer Raum) vom römischen Bad abgeleitet, obwohl seine Dekoration streng islamisch war, so zum Beispiel die Glaseinlagen in den Kuppeln, die als Miniaturhimmelslichter dienten.

Der islamische Innenraum: Gewebe

Es gab in der muslimischen Welt beinahe gar keine hölzernen Möbel: keine Kleiderschränke, Bettgestelle, Tische oder Stühle. Wir kennen nur kleine Truhen nach erhaltenen ägyptischen Beispielen aus dem II./8. bis III./9. Jahrhundert und nach irakischen Miniaturen des VII./13. Jahrhunderts. Die Leute saßen auf Hockern oder niedrigen, mit Stoff bezogenen Bänken oder Sofas und aßen und schliefen auf dem Boden, wo sie es sich mit Teppichen, Polstern und Matratzen bequem machten. Bücher und andere Gegenstände wurden in Nischen verwahrt. Kleidung und Bettzeug wurden in Schränken und Truhen oder einfach in einer Ecke des Zimmers gestapelt. Zu den edleren Zimmermannsarbeiten gehörten Türen, Fensterläden, Deckenbalken und Täfelungen.

Die Stoffindustrie war für die muslimische Welt so entscheidend, wie die Stahlindustrie es heute ist. Jene sorgte nicht nur für Kleidung, sondern auch für Vorhänge, Bettzeug, Ruhesofas, Kissen, Teppiche, Zelte und, wie wir aus Miniaturen erfahren, für Baldachine und Gartenumzäunungen.

Textilien waren unzerbrechlich und leicht transportierbar. Der ausgedehnte Handel mit ihnen ergab einen ständigen fruchtbaren und gegenseitigen Austausch von Mustern innerhalb der islamischen Welt, ein Prozeß, den man dort beobachten kann, wo heute noch Teppiche hergestellt werden. Zweitens führte die Vertrautheit mit Stoffen zu einer schnellen Übernahme flacher unendlicher Muster auch in andere Medien. So wurde zum Beispiel die Architekturdekoration oft als eine Art Kleid um den Körper des Gebäudes verstanden. Das erklärt die textile Eigenschaft vieler architektonischer Entwürfe. Eine Tendenz zur bloßen Oberflächenbehandlung existierte schon in der byzantinischen Architektur und erscheint so an dem frühesten, noch stehenden muslimischen Bau, dem Felsendom aus dem Jahr 72/691. In gleicher Weise wurde Metall kaum jemals in dreidimensionalem Stil behandelt, sondern nur mit einer flachen Zeichnung bedeckt. Iranische Einlegearbeiten des VI./12. und VII./13. Jahrhunderts zeigen oft eine Reihe figürlicher Medaillons in der Tradition sāsānischer und seldschukischer Stoffe. Spanische und türkische Kachelverkleidungen erinnern ebenfalls an Gewebe, während die Titelbilder in persischen Manuskripten vom IX./15. bis XI./17. Jahrhundert zeitgenössischen Teppichen gleichen. Auf nichttextilen Medien sind aber die Muster im allgemeinen komplizierter und sorgfältiger ausgeführt. Das beweist, daß der Stoffcharakter selten auf direkten Vorbildern beruht, sondern eher eine verwandte ästhetische Einstellung spiegelt.

Einflüsse zwischen den Kulturen

Viele Merkmale, die als typisch islamisch gelten, reichen in die Zeit vor Muhammad zurück. Moscheegrundrisse basierten, wie wir sahen, auf vorislamischen Konzeptionen, während der *hammām* einem römischen Typ folgt. In den dekorativen Künsten haben Wein- und Traubenmuster, der Schrägschnittstil und die Kreismotive auf Geweben eine vorislamische Geschichte. Dasselbe gilt für bestimmte Techniken wie Silbereinlagen in Bronze und Niello auf Silber. Gerade ein so typisch islamisches Handwerk wie das Teppichweben folgt iranischen Vorläufern und ist etwa tausend Jahre älter als der Islam.

Die Malerei der ersten sieben muslimischen Jahrhunderte leitet sich, vor allem in arabischen Ländern, von orientalisierten spätklassischen oder byzantinischen Prototypen her oder wurde zumindest von ihnen inspiriert. Hier vollzog sich jedoch ein Wandel in der ikonographischen Interpretation. So wurden biblische Themen aufgenommen und kehrten in einem neuen Sinnzusammenhang wieder.

Trotz der direkten Einflüsse, die der Islam auf andere Kulturen ausübte, sind nur wenige seiner künstlerischen Techniken im Nahen Osten erfunden worden. Zu ihnen gehört die Überglasurmalerei auf Keramikgefäßen und das Fayencemosaik. Andere, wie die Lüstermalerei auf Töpferwaren, wurden in Europa nachgeahmt. Dasselbe gilt für bestimmte Entwürfe, besonders für die elegante Arabeske. Obwohl dieses typischste islamische Muster seit dem IV./10. Jahrhundert tausendfach weiterentwickelt wurde, ging es doch ursprünglich auf die byzantinische Kunst zurück. Am Ende war dieses Motiv so vollkommen ausgebildet, daß es seinerseits im X./16. Jahrhundert in Europa eine weitverbreitete Mode inspirierte.

Eine Frage bleibt: Gab es im Islam ein ähnliches Phänomen wie die Renaissance in Europa, die die Künste zu einem kritischen Zeitpunkt ihrer Geschichte neu belebte? Für den größten Teil der islamischen Welt ist die Antwort negativ.

Eine Ausnahme bildet Iran, wo seit dem IV./10. Jahrhundert ein starkes nationales Selbstbewußtsein eine Rückkehr zu künstlerischen Idealen aus der vorislamischen Vergangenheit hervorrief. Es fand besonders in Firdausīs Epos *Shāh-nāma* seinen Ausdruck, das, in reinstem Persisch geschrieben, von der vorislamischen iranischen Geschichte handelt. Kurz nach dieser politischen und literarischen Wiedergeburt verwendete man für Moscheen parthische und sāsānische Architekturvorbilder, und es erschienen wieder altiranische Motive, besonders Szenen um das Königtum. Diese kulturelle Neuorientierung führte zwischen dem V./11. und VII./13. Jahrhundert zu einem Höhepunkt phantasievoller Kunstfertigkeit für die ganze islamische Welt.

Vom VII./13. bis zum XI./17. Jahrhundert erlebten Ägypten, Spanien, Iran, die Türkei und Indien Perioden hoher künstlerischer Vollendung, aber nach 1650 sank in diesen Ländern das Niveau der Kunst, und im XII./18. und 19. Jahrhundert stieg das Maß der Entartung. Vielleicht mit Ausnahme der Qājārenmalerei in Iran erwies sich der europäische Einfluß auf viele Bereiche der islamischen Kunst des späten XII./18. und des 19. Jahrhunderts als unglücklich. Neuerdings aber scheint die Mischung traditioneller Formen mit neuen Konzeptionen und Techniken vor allem in der Architektur zu beweisen, daß uralte schöpferische Kräfte wirksam sind und vielleicht fähig sein werden, bemerkenswerte Monumente und andere Kunstwerke hervorzubringen.

Die Schaffung von Mustern ist ein zentrales Anliegen der islamischen Kunst. Einerseits stand die religiöse Orthodoxie figürlichen Darstellungen entgegen; aber auch sonst scheint der islamische Künstler eher zur Abstraktion als zur Wiedergabe der Erscheinungswelt zu neigen. Selbst bei Motiven wie etwa Blättern ist oft durch starke Stilisierung das Vorbild aus der Natur kaum noch zu erkennen. Die Geometrie des Musters erlaubt eine unendliche Vervielfältigung, die freilich durch den Rand willkürlich unterbrochen wird, wie etwa bei diesem Titelblatt eines Korans, das ungefähr im Jahr 803/1400 in Ägypten gemalt wurde. Die dichte Flächenfüllung, die Aufteilung in Felder und die Verbindung geradliniger und geschwungener Formen sind Charakteristiken, die in fast allen islamischen Kunstgattungen immer wieder auftauchen. (1)

Die arabische Schrift gehört zu den frühesten und am weitesten verbreiteten Dekorationsmotiven des Islam. Zunächst als Medium verehrt, in dem die Lehren des Propheten überliefert sind, wurde sie schnell um ihrer selbst willen als hochentwickelte Kunst geschätzt und bis zur Unlesbarkeit stilisiert. Die auf diesen beiden Seiten gezeigten Beispiele aus sehr verschiedenen Zeiten und Regionen machen deutlich, wie an die Stelle der sakralen figürlichen Ikonographie der westlichen Kunst im Islam das Wort tritt.

Im Felsendom in Jerusalem (links) ist zum erstenmal ein monumentales Schriftband verwandt, das auf 240 m Länge in goldenen Buchstaben vor blauem Grund die Errichtung der Moschee im Jahre 72/691 mit entsprechenden Koranversen rühmt. (2)

Das Minarett von Jam (rechts) in Zentralasien aus dem VI./12. Jh. ist ganz mit Koranversen aus türkisfarbenen glasierten Ziegeln bedeckt. Wie man sieht, hat die küfische Schrift im Laufe von vier bis fünf Jahrhunderten eine andere Form erhalten. Türkis war die früheste und beliebteste Glasurfarbe der islamischen Kunst. (5)

Eine Moscheelampe aus Syrien (links außen), VIII./14. Jh. Ihre Lotosmuster zeigen den Einfluß von chinesischen Textilien, die seit längerem im Vorderen Orient eingeführt wurden. (3)

Mihrāb-Nischen wurden gewöhnlich mit einer Koraninschrift auf drei Seiten des Rahmens versehen (siehe z. B. die in Córdoba auf S. 239). Diese muldenförmige Kachel (links) stammt aus Kāshān, aus dem VII./13. Jh. Sie zeigt den *mihrāb*, in dessen Zentrum, der ursprünglichen Anordnung entsprechend, eine Lampe hängt –, Symbol göttlichen Lichtes. (4)

Die Fassade des Klosters von Natanz in Persien (rechts), gebaut 725/1324–25, zeigt zwei Schrifttypen nebeneinander: das rechteckige Kūfī und die kursive Schreibweise. (6)

Die gleichzeitige Verwendung ähnlicher Muster an verschiedenen Orten und in verschiedenen Materialien bezeugt die Einheit der islamischen Kultur, macht aber die Datierung und Herkunftsbestimmung mancher Kunstwerke schwierig, wie etwa am Beispiel dieser Sternflechtmuster gezeigt werden kann.

Messing (oben links): Ein iranisches Becken des VIII./14. Jh. kombiniert in seinem Ornament sitzende, stehende und reitende Figuren mit Sternbildungen, die in den bogenförmigen Ausschnitten der Ränder gipfeln. (7)

Leder (oben): Marokkanischer goldverzierter Ledereinband, 655/1256. Die Lasche wird über das Manuskript geklappt und unter den oberen Deckel gesteckt. (8)

Stein (unten links): Detail der seldschūkischen Karawanserei des Sultan Han, östlich von Konya, Anatolien (siehe S. 286), erste Hälfte des VII./13. Jh. (9)

Kacheln (unten): Vier *mudéjar*-Kacheln, Keramikmosaik imitierend, Spanien, VII./13. Jh. (10)

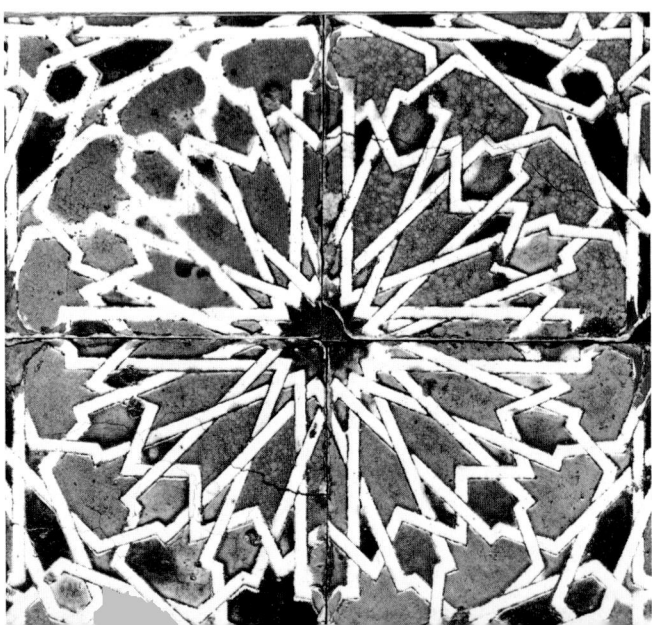

Holz (oben): Detail aus der Grünen Moschee (Yeshil Jāmiʻ) von Bursa, 818–27/1414–25. (11)

Holz und Bronze (oben rechts): Die runden Formen des Türklopfers an der Kathedrale von Sevilla, VI./12. Jh., bilden zwar einen Kontrast zu den eckigen Formen der Tür, dennoch werden beide Teile durch die Schrift verbunden. (12)

Bronze (unten rechts): Teil der Tür der Sultan Hasan Madrasa, Kairo, 757/1356. (14)

Papier (unten): Koranseite mit Maghribī-Schrift und einem in sich abgeschlossenen Muster, VI./12.–VII./13. Jh.. (13)

Der ‚**Versammlungsraum**‘ der Gläubigen heißt *jāmi'*, die Moschee. Da der Islam keine Liturgie kennt, wird die Ausgestaltung der Moscheen nicht wie die der christlichen Kirchen von den Bedürfnissen des Ritus bestimmt.

Traditionelle Elemente der Moschee sind der *mihrāb*, die Nische, die auf die Richtung nach Mekka

hinweist, und der *minbar,* die Kanzel; hier belegt am Beispiel der Sultan Hasan-Moschee, Kairo (rechts). Frühe Moscheen wie die von Qayrawān in Tunesien (oben links) sind Säulenhallen, die Kapitelle klassischer Bauten verwenden; so noch in seldschükischer Zeit, z. B. die Alaeddin-Moschee in Konya (unten links). Zu jeder größeren Moschee gehört ein Versammlungshof mit Reinigungsbrunnen. Oben: Hof der al-Azhar-Moschee, Kairo. (15–18)

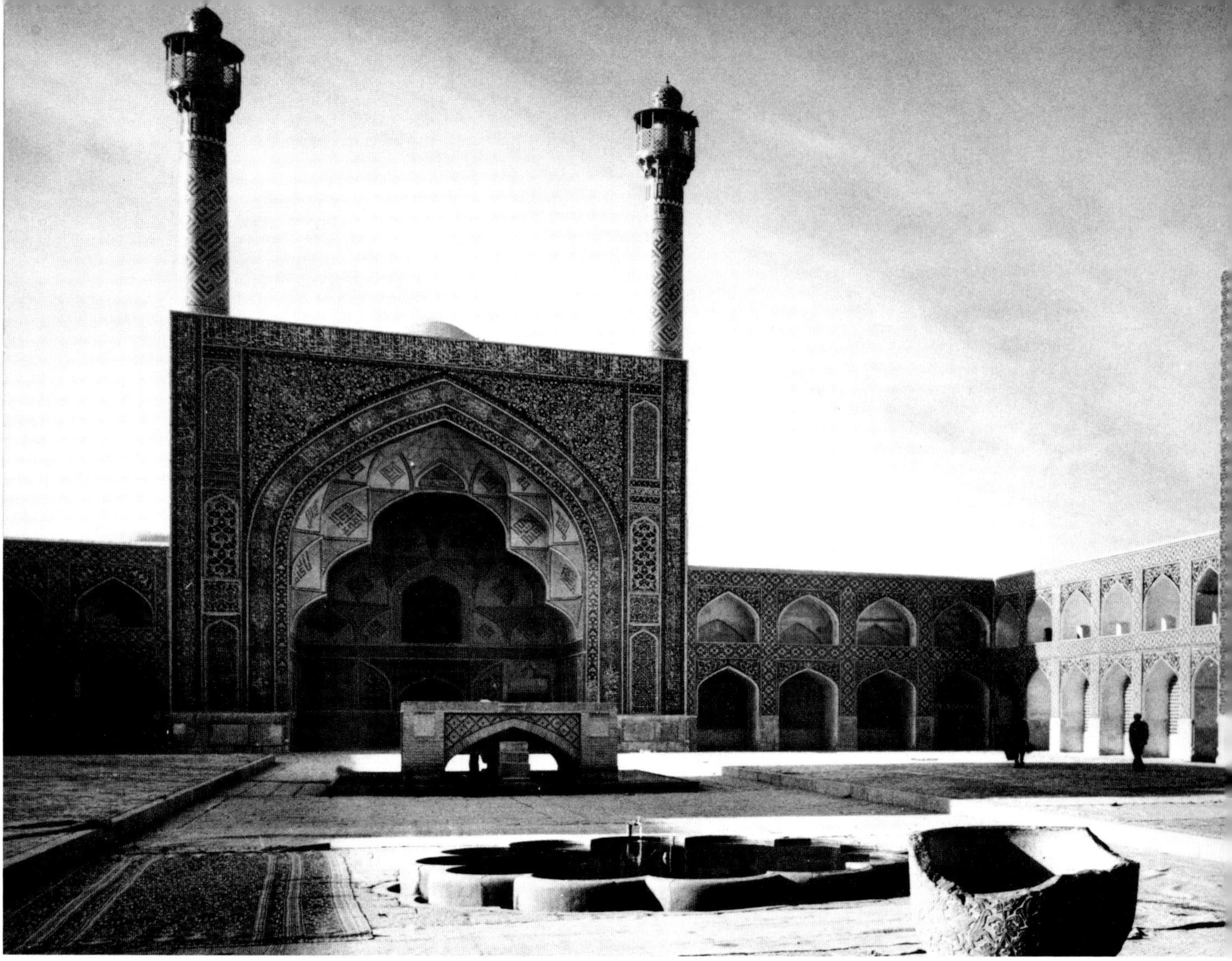

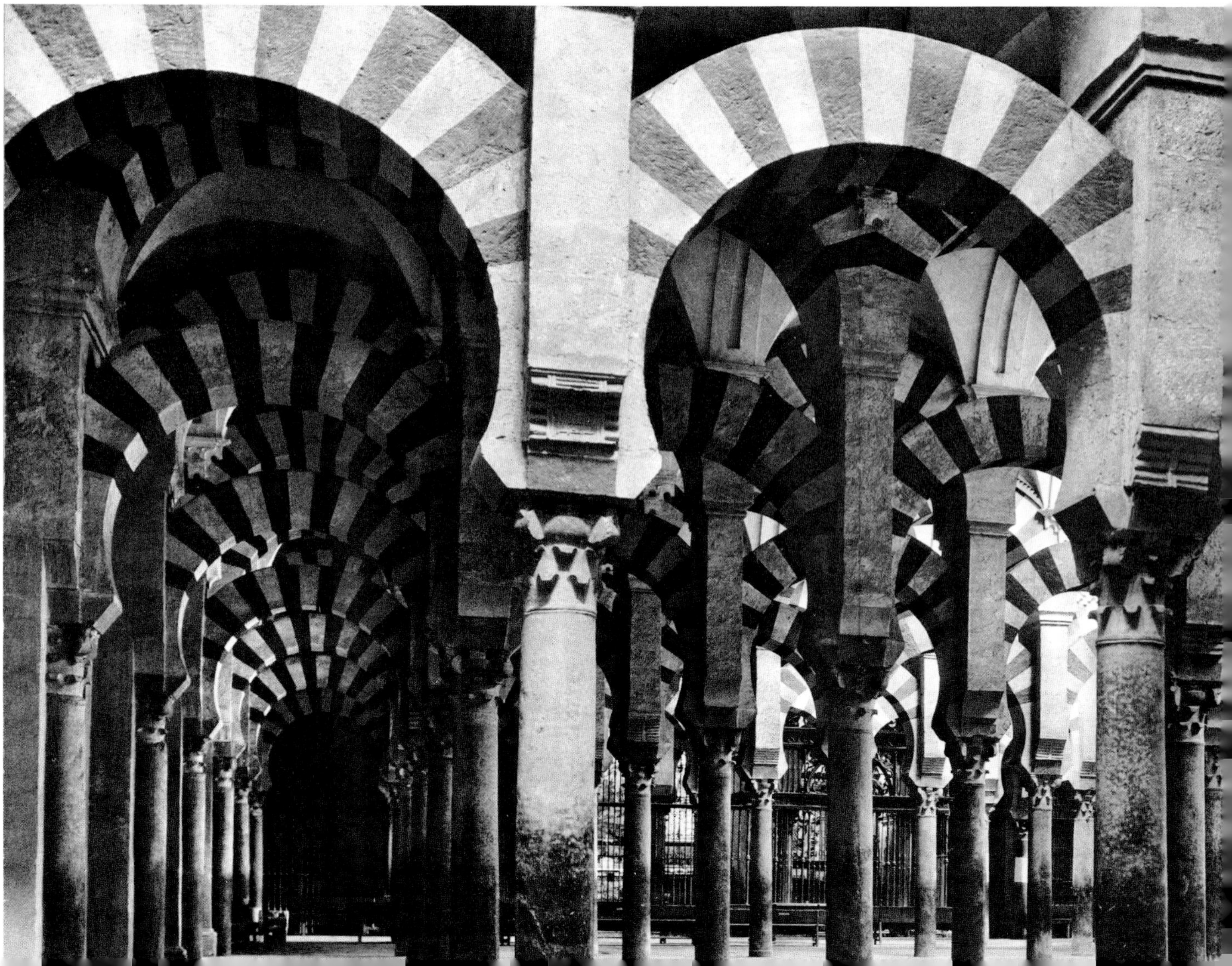

Die iranische Moschee hat eine eigene Hofform entwickelt mit einem hohen Iwan an jeder Seite; einer bezeichnet den Eingang zum Hof, der andere führt in die Gebetshalle, die beiden übrigen gehören zu den Seitenhallen. Manchmal ist der tiefe Hallengang mit honigwabenartigen Gewölben *(muqarnas)* geschmückt, besonders prächtig an der Masjid-i-Jum'a (der ‚Freitagsmoschee') in Isfahan (links). (19)

Die türkische Moschee ging aus der frühanatolischen überkuppelten Halle hervor und wurde seit der osmanischen Eroberung Konstantinopels weiterentwickelt nach dem Vorbild der Aya Sofya. Dem Architekten Sinān verdanken wir den vereinheitlichten Innenraum mit großer, auf Pedentifs ruhender Zentralkuppel und vier flankierenden Halbkuppeln. Als Beispiel wird hier die Iskele Jāmi' in Üsküdar gezeigt. (21)

Die arabische Moschee geht auf Muhammads Haus in Medina zurück. Alle Moscheen sind mit ihrer *qibla*-Wand nach Mekka orientiert, der üblichen Gebetsrichtung. Die frühen Gebäude sind breit, aber nicht sehr tief. Die Moschee von Córdoba (links) wurde nach und nach vergrößert, *qibla*-Wand und *mihrāb* wurden immer wieder versetzt. Dabei ergab sich ein Wald von Säulen. (20)

81

Blumenfelder als Dekorationsmuster auf Buchillustrationen, Textilien, Wänden und Gewölben beruhen ursprünglich auf der Idee des Gartens. Der Blumendekor des Ardabīl-Teppichs, (rechts) aus Tabrīz, 946/1539, gehört zu einem auch in anderen Materialien viel benutzten Typ. Oben: Kachelverkleidungen am Portal der Masjid-i Shāh (1010–28/1601–18), Isfahan. Das Wandfeld links wiederholt einige Muster aus dem Teppichdekor. (22, 23)

Florale Stoffmuster begegnen uns z. B. auf einer persischen Miniatur aus Istanbul, 964–1557, die einen safawidischen Herrscher in seinem Zelt zeigt. Zelt und Kleider sind mit Blumenmustern bedeckt. Die Gebetshalle der Masjid-i Shāh in Isfahan (unten) ähnelt solch einem Zelt, allerdings aus dauerhafterem Material, glasierten Kacheln. (24, 25)

In der Metallkunst kann sich der islamische Dekor voll entfalten.

Eine Moscheelampe (links) aus Bronze, vielleicht IV./9. oder V./10. Jh. Man sieht auf ihr kūfische Inschriften in Silhouettenwirkung vor perforiertem Grund. (26)

Ein Schreibkasten (unten links) aus Mosul, frühes VII./13. Jh., eine Arbeit aus Bronze mit Kupfer- und Silbereinlagen, dient der Aufbewahrung von Federn, Tinte und einem angefeuchteten Läppchen zum Reinigen. Er hat im Deckel eine arabische Inschrift vor dichtem Rankenwerk und außen Medaillons mit Tierkreiszeichen. (27)

Schriftkunst und Malerei werden auf ein ihnen ursprünglich fremdes Medium, Metall, übertragen. Der Messingkrug (gegenüber, unten links) aus Iran, VI./12. Jh., zeigt Knospenornamente und hat am oberen Rand einen plastischen Vogelfries. Gegenüber rechts: der sog. Bobrinsky-Eimer aus Herat, Khurāsān, 559/1163 datiert. Hier finden sich neben höfischen Szenen verschiedene Arten des Kūfī, auch die sog. ‚Lebende Schrift': am oberen Rand scheinen Menschen aus den Strichen herauszuwachsen. (30, 31)

Wilde Tiere in stark stilisierter Form sind ein beliebtes Thema der islamischen Kunst. Rechts: Großer Bronzegreif (heute in Pisa); Herkunft und Datierung sind umstritten, ein Beweis für die Verbreitungsmöglichkeit eines Stils im ganzen islamischen Bereich. Unten: Räuchergefäß in Löwenform, VI./12. Jh., Iran. (28, 29)

Inmitten von Staub und Hitze kam dem Garten und seinen ausdrucksvollen Formen besondere Bedeutung zu. Er war üppig in einer dürren, farbig in einer monotonen, gestaltet in einer ungestalteten Umgebung. Wenige Gärten sind erhalten, sie wurden aber auf Miniaturen und Teppichen dargestellt. Rechts: Babūr überwacht einen Garten mit charakteristischen kreuzförmigen Wasserkanälen. Moghulschule. Unten: Einziger teilweise intakt gebliebener Garten des klassischen Islam, der Myrtenhof der Alhambra in Granada, vielleicht VII./13. Jh. (32, 33)

Einen Paradiesgarten zeigt dieser hervorragende safawidische Teppich aus dem XI./17. Jh. Er ist über 5 m lang und fast 4,5 m breit. In dem H-förmigen Kanal schwimmen Fische, in dem mittleren Teich auch Enten. An den Ufern wachsen Bäume, Büsche und Blumen, meist in rechtem Winkel zum Wasser, begleitet von vielerlei Tieren und Vögeln. (34)

In Anatolien haben die überkuppelten Grabkammern pyramidenförmige Dächer, vielleicht in Erinnerung an benachbarte Architektur um den Van-See. Dieses Mausoleum (links) am Westufer in Ahlāt ist eines der vielen, die im VII./14. Jh. gebaut wurden. Es hat eine rechteckige Basis, die durch Abschrägung zu einem Oktogon reduziert wird. Dieses geht schließlich in ein Zwölfeck über. Das eigentliche Grab befindet sich unter dem Hauptraum, in dem lediglich ein Kenotaph steht. (35)

Gruppen von Gräbern bilden Friedhöfe; sie sind noch immer ein bemerkenswerter Teil islamischer Städte. Oben: Drei Gräber des südlich von Kairo gelegenen Friedhofs, sie stammen von 736/1335, 910/1504 und 834/1430. (37)

Reich ausgestattete Gräber, obwohl im Koran verworfen, waren im Islam weit verbreitet. Die frühesten entstanden über den Gräbern von Heiligen, bald wurden sie allerdings auch von herrschenden Familien errichtet. Das Mausoleum der Sāmāniden in Buchara (links) gehört zu einem verbreiteten Typ mit rechteckigem Grundriß und Kuppel; ungewöhnlich sind jedoch die kunstvollen Ziegelmuster. (36)

III

STÄDTE UND STÄDTER

Oleg Grabar

Islamisches Stadtbild: Bitlis in der Türkei, eine Zeichnung aus Nāsūh al-Matrakīs Itinerar, X./16. Jh. (1)

Im Museum für islamische und arabische Kunst in Kairo befindet sich eine Inschrift aus dem Jahre 402/1011–12, die nach einer Anrufung Gottes und nach einem Koranzitat folgendermaßen lautet:

Um vor Gott und im Jenseits bestehen zu können, baute al-Husayn ibn 'Abdallāh ibn Muhammad ibn Silsila, der Tuchhändler, diese Moschee. Gott erbarme sich aller, die seiner im Gebet erwähnen. Die Palme vor der Moschee sei Nahrung für die Muslime; sie ist unverkäuflich.

Niemand kennt die Herkunft der Inschrift, den Standort der Moschee oder die Person des Tuchhändlers. Doch führt uns dieses Dokument mit seiner einfachen, durch eine Palme im Hof einer kleinen Moschee verkörperten Frömmigkeit in eine Welt, die anders ist als die der Herrscher oder Soldaten, die Länder erobern und regieren, Paläste bauen und Goldmünzen und Ehrenkleider an verdienstvolle Untertanen oder Hofschranzen verteilen. Auch ist es weder die Welt der strengen Denker, die Vernunft und Offenbarung wägen, noch der Mystiker, die über eine andere, höhere Wirklichkeit nachdenken. Wenn auch alles dieses darin verwoben ist, so gibt uns die Inschrift gleichwohl die Möglichkeit, eine praktische und pragmatische und doch gottesfürchtige Ebene der klassischen islamischen Gesellschaft herauszukristallieren. Die Moschee, gleichgültig ob in einer ägyptischen Kleinstadt oder in einem Stadtteil Kairos gelegen, hatte sicher nur soweit Bedeutung, wie ihr Minarett sichtbar war. Doch war der Stifter zweifellos wohlhabend und unterschied sich von den Armen, für die er die Früchte der Palme bestimmte, und von denen, die das Tuch herstellten.

Es ist nicht nur die Inschrift von Kairo, die uns einen Blick auf Männer wie al-Husayn ibn 'Abdallāh erlaubt. Ein hanbalitischer Gelehrter aus Bagdad, Ibn al-Bannā', hinterließ uns ein Fragment seines Tagebuchs für den Zeitraum von August 461/1068 bis September 462/1069. Es enthält eine außergewöhnliche Darstellung des täglichen Lebens eines ‚Bürgers' der Hauptstadt, berichtet von Geburten, erläutert Träume und erzählt, was allgemein passiert und was die Leute reden. Der Autor berichtet von einem Aufstand am 31. Januar 462/1069 als Folge eines Zwischenfalls zwischen türkischen Soldaten und Betenden in einer Moschee. Um den Streit beizulegen, sandte man eine Abordnung zum *dīwān* oder Regierungssitz. Diese bestand aus Rechtsgelehrten *(fuqahā')*, Vornehmen *(sharaf)*, Kaufleuten *(tujjār)* und Notabeln *(amāthil)*. Es fanden verschiedene Zusammenkünfte statt, die der Koranrezitation und der Sammlung von Geld dienten; zugleich verteilte man zur Beruhigung der Bevölkerung Kleider und Nahrungsmittel. Wie in vielen anderen Abschnitten des Tagebuchs erscheint auch hier nicht ein einzelnes Individuum, sondern eine in Politik und Glaubenssachen aktive Notabelnklasse, eine Klasse, die weder formelle Macht hatte, noch an Aufständen teilnahm.

Schließlich machen uns jüngst veröffentlichte damaszenische Kaufverträge und Stiftungsurkunden *(waqf)* aus dem IV./10. und V./11. Jahrhundert mit einem weiteren Tuchhändler, al-Husayn ibn 'Ubayd, bekannt, der weite Ländereien mit beträchtlichem landwirtschaftlichen Einkommen erwarb.

Man könnte die Beispiele vom Leben und Treiben dieser Klasse leicht vermehren; einer Klasse, welche die islamische Welt nicht beherrschte, obgleich sie einen großen Teil des Reichtums und der Tätigkeiten kontrollierte, und die eher zum Konsumieren als zum Erschaffen der geistigen und materiellen Kultur neigte. Man nannte sie Notabeln, in neuerer Zeit auch Patrizier; doch ist es wohl am angemessensten, sie als Bürgertum zu bezeichnen, da dieser schwer zu definierende und vieldeutige Ausdruck am besten die zahlreichen Aspekte dieser Klasse wiedergibt.

Drei Erscheinungen sind auf Anhieb typisch für das islamische Bürgertum. Da ist erstens der große Anteil von Kaufleuten, besonders Tuchhändlern. Die geographische Lage des Nahen Ostens und die gesellschaftlich-ideologische Herkunft der frühislamischen Führer aus der Kaufmannsschicht von Mekka und Medina erklären die bevorzugte Stellung des Händlers in der islamischen Gesellschaft. Zweitens nennen wir die enge Beziehung zwischen dem Bürgertum und innerislamischen Sekten- oder Splittergruppen und auch die Rolle, die es bei Veränderungen innerhalb der Orthodoxie spielte. Ohne die aktive Unterstützung durch das Bürgertum

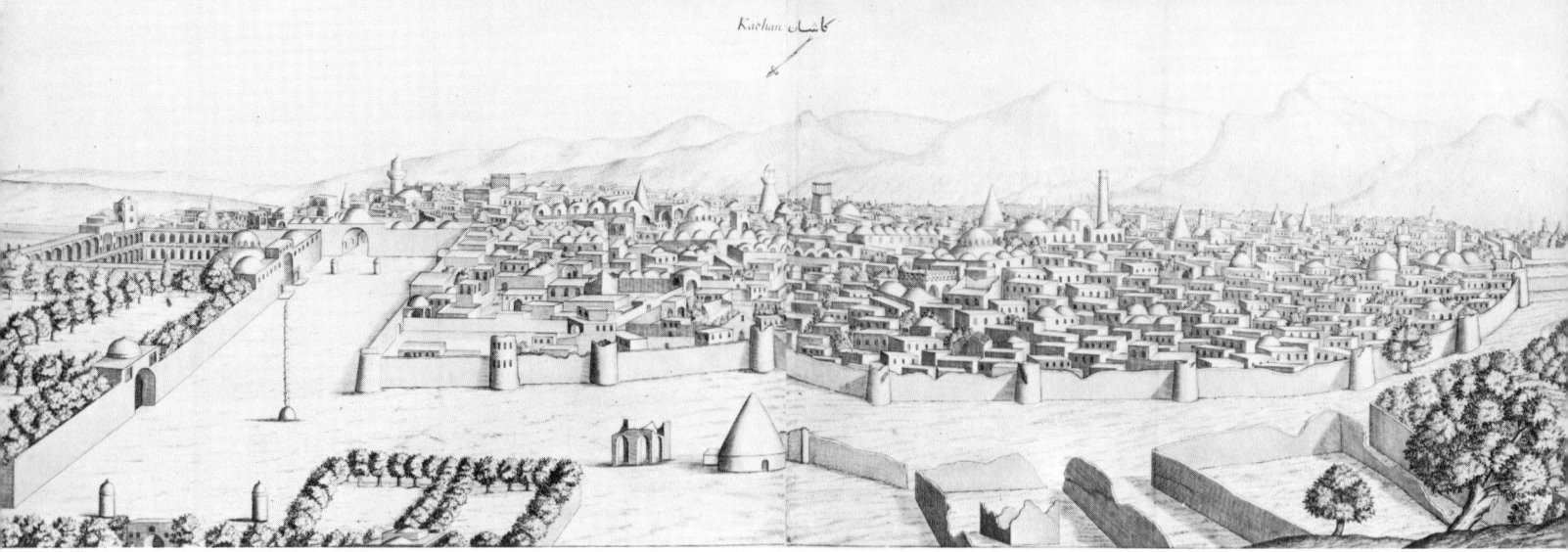

Ansicht von Kāshān, Iran, im frühen XII./18. Jh. Der Stich stammt aus einem 1123/1711 in Amsterdam veröffentlichten Reisebericht. Wenngleich in Einzelheiten wohl unzuverlässig, vermittelt er einen *schönen Eindruck von der dichtbebauten ummauerten Stadt, von Kuppeln und Minaretten überragt. Links eine große Karawanserei. Kāshān war ein Zentrum persischer Keramik. (2)*

hätten sich so verschiedene religiöse und pietistische Bewegungen wie Schiiten, Hanbaliten und Sūfīs wohl nicht entwickeln können.

Die dritte Erscheinung bezieht sich auf das Verhältnis einer bestimmten Gesellschaftsschicht zu ihrer Umwelt und zu Besitz und Macht. Einerseits stand, nach S. D. Goitein, der frühe Islam wirtschaftlichen Tätigkeiten, Luxus und Kapitalanhäufung positiv oder doch nachsichtig gegenüber. Andererseits sprachen sich viele Mystiker und sogar ein so typischer *honnête homme* wie Ibn Miskawaih (IV./10. Jahrhundert) gegen den Erwerb übermäßigen Reichtums und besonders gegen aufwendigen Privatbesitz aus. Sicher waren ihre Gründe verschieden. Die Mystiker betrachteten Reichtum als Übel, während Ibn Miskawaih darin nur eine erniedrigende Leidenschaft sah; doch als Ergebnis bleibt ein ambivalentes Verhältnis dem Reichtum gegenüber. Ebenso wichtig, und in jüngster Zeit häufig erörtert, ist die Frage nach den Wirtschaftseinrichtungen des Islam, seinen Gilden und Organisationen und nach seinem Mißerfolg bei der Schaffung städtischer Einrichtungen. Alle diese Fragen lassen sich am besten im Rahmen eines wesentlichen aber schwer zu fassenden Aspekts des islamischen Bürgertums erläutern: dem seiner engen Beziehung zur Stadt und deren Organisation.

Abgesehen von der großen Gemeinschaft der Gläubigen – der vom Kalifen als Nachfolger des Propheten regierten *dār al-Islām* – gab es für die meisten Muslime keine feste dynastische oder regionale Bindung außer ihrer Stadt. Infolgedessen bilden entweder allgemeine islamische Geschichtswerke oder Stadtgeschichten die Grundlage mittelalterlicher Geschichte. Doch obwohl letztere auf Arabisch ‚Geschichte' *(ta'rīkh)* genannt werden, sind sie doch keine chronologischen Berichte über die Entwicklung der Städte; trotz der häufigen topographischen Beschreibung der jeweiligen Stadt zur Zeit des Autors bestehen diese Geschichtswerke zumeist aus langen Listen und Biographien bedeutender und gelehrter Stadtbewohner. Diese Tausende von Lebensbeschreibungen sind bisher noch nicht systematisch bearbeitet worden, stellen aber den Hauptteil schriftlicher Überlieferung des Bürgertums dar. Unausgesprochen liegt dem die Ansicht zugrunde, die Stadt sei weniger eine unmittelbare physische Erscheinung als die Summe der Lebensläufe

und Taten der erfolgreichsten Glieder ihrer bedeutenden Familien.

Vom VI./12. Jahrhundert ab besitzen wir auch Quellen über Städte an sich, nicht nur über Stadtbewohner oder über bestimmte charakteristische Erscheinungen.

So ist al-Maqrīzīs *Khitat Misr,* das in der Mitte des IX./15. Jahrhunderts entstand, eine ungemein detaillierte Beschreibung einer der bedeutendsten islamischen Hauptstädte. Leider gibt es für keine andere Stadt etwas Vergleichbares; die Edition der *Khitat* hat zudem viele Mängel, und bisher wurde nur wenig davon übersetzt.

Auch das Interesse, das der Islam besonders während der ersten Jahrhunderte seiner Existenz am Bau neuer und an der Erhaltung und dem Ausbau alter Städte zeigte, läßt eine Betrachtung des Bürgertums innerhalb der Stadt sinnvoll erscheinen. Nur wenige Dinge verlangten einen so ununterbrochenen finanziellen Aufwand wie Städte. Obwohl Texte allein es schwer machen, von Verallgemeinerungen zu den Details einer bestimmten Siedlung oder des städtischen Lebens zu gelangen, beleuchten doch hin und wieder die in Chroniken berichteten Vorfälle einzelne Aspekte einer bestimmten Stadt. Aber insgesamt gewinnen wir unser Bild mittelalterlicher islamischer Städte weniger aus literarischen Quellen als mit Hilfe der Archäologie. An bekannten Orten und dort, wo man Städte vermutete, wurden Ausgrabungen vorgenommen, so in Fustāt, in Sīrāf in Südiran und bei Qasr al-Hayr in Syrien, doch sind die beiden letztgenannten so weit von den Zentren islamischer Macht entfernt, daß sie als archäologische Information nicht mehr sehr nützlich sind.

Außer Archäologie und literarischen Quellen gibt es weitere Hilfsmittel zur Bestimmung des Bürgertums. Da sind zunächst die verschiedensten Gegenstände, die zum täglichen Leben dieser Klasse gehörten. Sie zu untersuchen erfordert eine große Anzahl sehr verschiedenartiger Methoden, die von der Statistik bis zur Kunstgeschichte reichen. Zweitens wären bildliche Darstellungen zu nennen. Bis in die Osmanenzeit gibt es wenige Karten, Pläne oder Bilder von Städten. Doch existiert aus dem VII./13. Jahrhundert ein eindrucksvolles, noch nicht vollständig veröffentlichtes Dokument zum Leben des Bürgertums, nämlich Illustrationen der *Maqāmāt* des Harīrī.

Mein Hauptinteresse gilt hier der Verbindung des physischen Bildes der Stadt mit dem Leben, Treiben und den Einrichtungen der städtischen Elite. Dabei wird die Betonung immer auf dem Zeitraum von 800 bis 1300 liegen, dem anerkannten Höhepunkt der islamischen Handelsgesellschaft. Hier und da werden auch Informationen aus späterer Zeit herangezogen.

Zeit, Ort und Rang

Drei veränderliche Größen müssen wir bei der Betrachtung islamischer Städte immer in Betracht ziehen: die Größe und Bedeutung der Stadt, die historische Zeit und den geographischen Raum. Diese drei Variablen seien im folgenden kurz erläutert.

Der Geograph al-Maqdisī versuchte eine Hierarchie aufzustellen von Metropole (misr), Hauptstadt (qasaba), Stadt (madīna) und Landstadt (balad). Legalistischere Geographen betrachten städtische Zentren unter dem Gesichtspunkt des Besitzes eines minbar, das heißt einer Kanzel, von der aus die khutba im Namen des Herrschers gehalten wurde. Alle diese Merkmale taugen nicht viel. Bei der tatsächlichen Verwendung der Begriffe al-Maqdisīs entstehen Inkonsequenzen, und eine Inflation der minbars ließ sie als Kriterium für die Hierarchie ebenfalls ausscheiden. Da es keine Rangordnung oder Typologie von Städten gibt (wie zum Beispiel die Bischofssitze im Westen oder die römischen Garnisonen), kann die Hierarchie der Städte vom Gesichtspunkt des Einflusses des Staates aus bestimmt werden, also der Gesamtheit gesellschaftlicher, politischer oder anderer Kräfte, die theoretisch oder praktisch auf die Einheit der islamischen Welt hinwirkten.

Dieser Einfluß hatte verschiedene Formen. So wurde seit dem Beginn des Islam eine Anzahl von Städten zu Verwaltungshauptstädten, und die Gegenwart der Regierung beeinflußte den Charakter dieser *préfectures*. Eine andere Art des Einflusses könnte man katalytisch nennen. Isfahan zum Beispiel entstand aus einer Anzahl von Dörfern und Kleinstädten. In bestimmten entscheidenden Augenblicken wurden diese getrennten Einheiten durch Autoritäten von auswärts vereint, zum Beispiel durch einen 'abbāsidischen Gouverneur im späten II./ 8. Jahrhundert und durch die Būyidendynastie im IV./ 10. Jahrhundert. Die Stadt entstand also als Produkt lokaler Entwicklungen und auswärtigen Handelns. Wieder andere Städte waren nur offizielle Schöpfungen. Sie gehören einer großen Gruppe von Orten an, die neuerdings ‚fiat'-Städte genannt werden. Sie konnten kaiserliche Schöpfungen sein wie Samarra, wo das Bürgertum fast gar keine Rolle spielte, oder Sitze von Dynastien wie Bagdad im Irak, Tinmal in Marokko, Sultāniyya in Iran oder Kairo in Ägypten, die sich mitunter zu großen städtischen Zentren entwickelten. Sie konnten auch Grenzstädte sein wie Tarsus oder Massīsa in Kilikien und Rabat in Marokko. Sie konnten schließlich Siedlungen für ortsfremde Muslime sein wie Kūfa und Basra im Irak, Qayrawān in Tunesien, Gurgān in Iran. Charakter und Entwicklung dieser Städte unterschieden sich stark; ihren Anfang verdanken alle dem Staat.

Die Zeitvariable läßt sich grob in drei Perioden einteilen, deren erste die Jahre bis 900 umfaßt, eine Zeit verhältnismäßig zentralisierter Macht: Neue städtische Siedlungen wurden meist vom Kalifen selbst oder seinen ihm unmittelbar unterstellten Gouverneuren veranlaßt und finanziert. Zwischen 900 und 1300 verwandelte das Aufkommen von Lokaldynastien, die meist von ethnisch fremden Soldaten getragen wurden, fast jede Stadt in einen Herrschaftssitz. Diese Entwicklung ließ viele Städte bedeutend und reich werden, und so war jene Periode, trotz der offensichtlichen politischen Instabilität, eine Zeit des Wohlstands und des Wachstums für das Bürgertum. In der dritten Periode, nach der mongolischen Eroberung, ist die Entwicklung nicht mehr einheitlich. So übten die verschiedenen iranischen Dynastien einen anderen Einfluß auf die Städte aus als die anatolischen *beyliks*, die nordafrikanischen und spanischen Lokaldynastien oder die komplexen Herrschaftssysteme in Syrien und Ägypten.

Die Raumvariable ist am schwierigsten zu beschreiben, da sie viele verschiedene Gesichtspunkte umfaßt. Zwei dieser Aspekte sollen hier zur Sprache kommen. Einer davon ist die Herkunft und Verteilung von Wasser. Mesopotamische und ägyptische Städte, die an großen Flüssen mit regelmäßigen oder unregelmäßigen Überschwemmungen gelegen sind, entwickelten ein anderes Gesicht als von qanāts (s. S. 249) abhängige iranische Städte oder als Jerusalem mit seinen Zisternen. Ein weiterer Gesichtspunkt sind vorislamische Siedlungen. Aus Stein erbaute Städte wie Damaskus und Aleppo verschoben ihr Zentrum weniger häufig als Samarkand oder Nīshābūr, wo aufeinanderfolgende Besiedlungen sich meist nicht überlagerten, sondern eher nebeneinander bauten. Eine Auswertung dieser historischen, hydrographischen und geographischen Faktoren gibt es bisher nur für einige wenige städtische Zentren, und gültige Verallgemeinerungen sind noch nicht möglich, obgleich jedem Reisenden oder Historiker die Unterschiede zwischen verschiedenen Teilen der islamischen Welt deutlich werden.

Auch wenn wir alle diese Variablen in Betracht ziehen, können wir nur versuchen, die Gestalt der Stadt und ihrer Bewohner anzudeuten. Nach der Ansicht eines zeitgenössischen Stadthistorikers hat jede islamische Stadt zwar ihre Besonderheiten, aber es gibt auch eine Anzahl allgemeiner Erscheinungen, so etwa im V./11. Jahrhundert ,die Herrschaft der Sklavenarmee, die Viertel und die religiösen Gemeinschaften in Form von Rechtsschulen'. Mittelalterliche Autoren haben sich jedoch über dieselben Städte auf ganz andere Weise geäußert. Al-Jāhiz, der bekannte *littérateur* des III./9. Jahrhunderts, schrieb: ,Es gibt zehn Metropolen (amsār): Bagdad für edle Tugend, Kūfa für Eleganz, Basra für Fleiß, Misr (Fustāt in Ägypten) für Handel, Ray für Untreue, Nīshābūr für Tyrannei, Merw für Geiz, Balkh für Prahlerei und Samarkand für Handwerk.' Der Geograph al-Maqdisī schließt an die Überlieferung dieses Berichts seine eigenen Urteile derselben Art an, die zum Verständnis einer Stadt nichts beitragen und doch wohl die Anerkennung der Zeitgenossen fanden. Al-Jāhiz und al-Maqdisī waren *adab*-Autoren (s. S. 141); ihr Ziel war es, zu belehren und zu unterhalten. Und wenn man auch heute von diesem Urteil über Städte kaum beeindruckt werden dürfte, deutet es doch darauf hin, daß es jenseits der drei Kriterien des Sozialhistorikers noch eine Wertkomponente gibt, ein Urteil über die Qualität einer Stadt. Zum Teil läßt sich diese Komponente kaum wissenschaftlich analysieren, zumal nicht in den moralischen Kategorien, wie sie al-Jāhiz benutzt. Doch impliziert sie auch die Existenz eines vielleicht präzisierbaren städtischen Geschmacks. Schließlich beschäftigen sich mittelalterliche Quellen und archäologische Untersuchungen mit dem Reichtum von Städten. Manchmal erfahren wir darüber etwas durch Steuerlisten, häufiger durch die Darstellung charakteristischer Produkte oder Tätigkeiten, zum Beispiel durch Hinweise auf die Herstellung von Metalleinlegearbeiten in Herat und Mosul oder durch Ibn Hawqals Beschreibung der Landwirtschaft, die von den Städten am mittleren Euphrat betrieben wurde.

Folgende fünf Themen werden wir bei der Darstellung der klassischen islamischen Stadt behandeln: die Viertel, die religiöse Gemeinschaft, den Reichtum, den Staat und den Geschmack. Am Schluß wollen wir dann versuchen, diese fünf Aspekte in einen größeren Rahmen einzufügen und zu erörtern, welche Rolle sie für die typisch islamische Stadt und das Bürgertum spielen.

Die Viertel

Nahostreisende bemerkten, zumindest bis zum Zweiten Weltkrieg, die Aufteilung islamischer Städte in Viertel, welche durch Stammes- oder Religionszugehörigkeit oder durch andere Bindungen zusammengehalten wurden. Allgemein wurde angenommen, dieses Muster sei auch auf frühere Zeiten übertragbar; doch das ist problematisch.

Die Norm des bürgerlichen Lebens war das Haus, *dār*, welches, gleichgültig ob klein oder groß, meist einen offenen Innenhof besaß; selten, bei Merw zum Beispiel, handelte es sich um einen überdachten Raum. Von diesem Platz aus erreichte man die Zimmer *(bayt)*. Unterschiede zwischen den Häusern gab es hinsichtlich der Größe, der Anzahl der Zimmer, dem Vorhandensein von Springbrunnen und Wasserspielen, der künstlerischen Ausgestaltung und dem Ausbau von Privateinrichtungen. Eine einfache Senkgrube gab es immer, private Bäder nur selten, und der schwatzhafte *littérateur* des IV./10. Jahrhunderts, at-Tanūkhī, berichtet von einem reichen Kaufmann in Bagdad, der sein Geld in seiner Toilette aufbewahrte. Selten hatten Häuser einen nach außen hin schmuckvollen Eingang. In dem frühesten ansehnlichen Haus, das erhalten ist – in der frühislamischen Siedlung bei Qasr al-Hayr Ost – gelangt man vom Eingang durch einen langen dunklen Gang auf den Innenhof.

Für den Mangel an äußerem Schmuck gibt es viele Gründe. Einer ist sicherlich der Schutz der privaten Sphäre der Ehefrauen, der Kinder, Diener und Sklaven; viele Geschichten aus *Tausend und eine Nacht* lassen sich nur im Kontext eines engen Familienlebens verstehen. Ein weiterer Grund war praktischer Art: aus Furcht vor Besteuerung und Konfiszierung wollte man keine Aufmerksamkeit auf Besitz und Vermögen lenken.

Über das häusliche Leben des Bürgertums kann man nur wenig erfahren. Einige Geschäfte wurden dort abgeschlossen, und viel Klatsch wurde dort ausgetauscht. Miniaturen aus dem VII./13. Jahrhundert geben einige Details vom Inneren der Häuser: Vorhänge trennten Zimmer oder unterteilten Räume, Einrichtungen zur Luftkühlung hingen an der Decke, ein Krug mit frischem Wasser stand unter einer Treppe, Betten und ein paar Stühle bildeten das Mobiliar. Im Haus wurde gesponnen, und zum Essen, einem oft wichtigen Vorgang, versammelten sich die Männer um große, mit Brot, Fleisch und Früchten beladene Schüsseln; meist wurde das Essen im Freien vorbereitet, Küchen kennt man erst seit osmanischer Zeit. In manchen Häusern gab es viele Bücher, und die Ausbil-

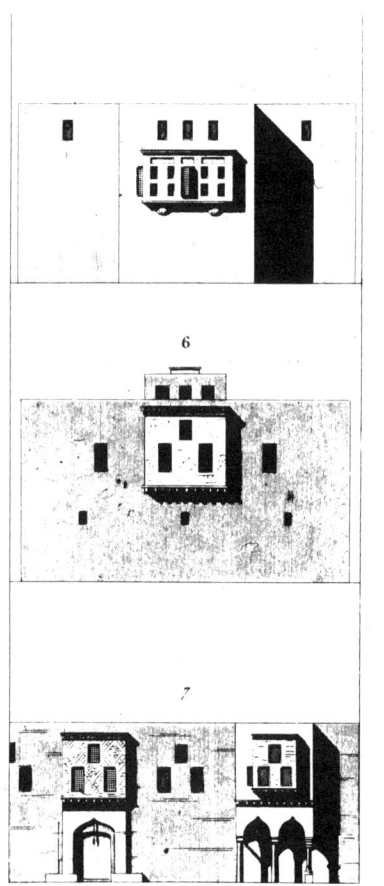
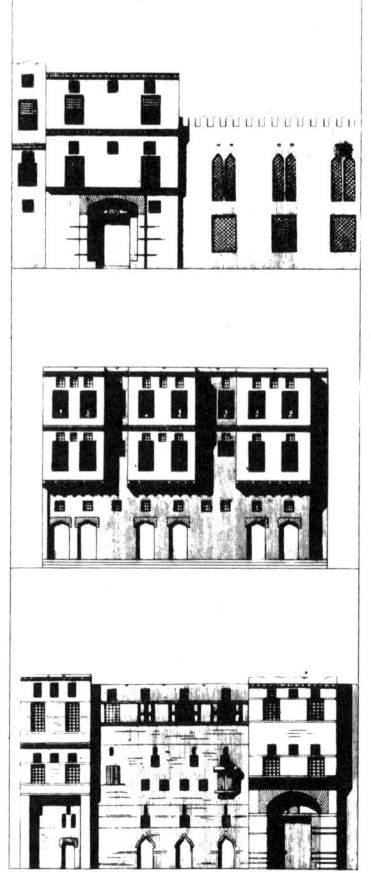

Ägyptische Hausarten im frühen XIII./19. Jh. Islamische Privathäuser waren insgesamt nach innen gerichtet; es gab zwar auch recht große Außenfenster, die aber normalerweise verhangen waren, um den Frauen unbeobachtetes Hinausschauen zu ermöglichen. (3)

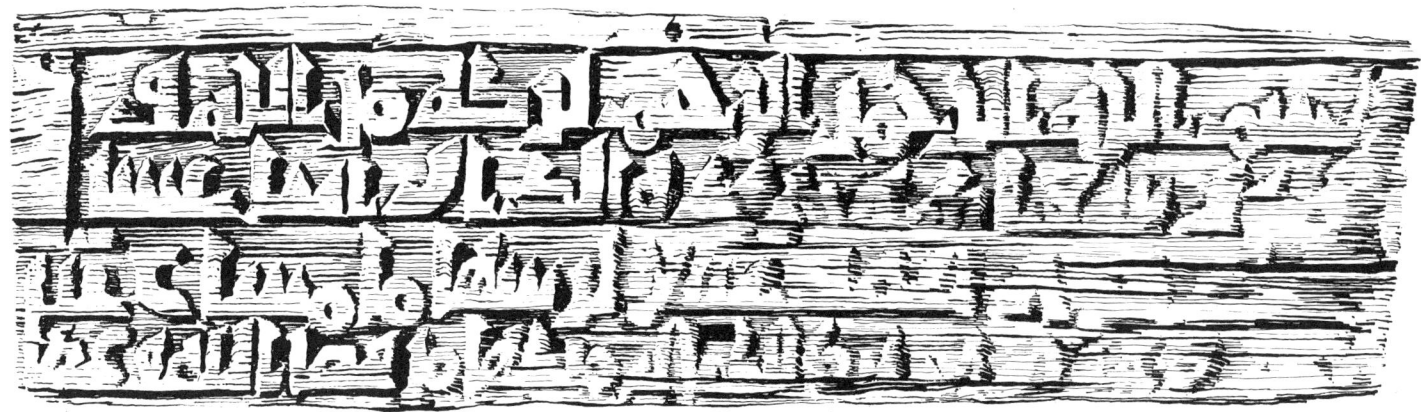

Dieses hölzerne Fragment aus Ägypten (III./9. oder IV./10. Jh.) verzeichnet den Besitz eines Hauses, wahrscheinlich einer frommen Stiftung, in Fustāt. Der Text lautet: ‚Im Namen Gottes, des Barm- *herzigen. Gottes Segen, Erfolg und Glück. Zwölf von vierund-zwanzig Teilen dieses Hauses gehören N ... durch Gottes Gnade und Güte.‘ (4)*

dung der Kinder fand zum Teil im Haus statt. Besucher kamen und gingen, manchmal vermögende Kaufleute, manchmal Fremde, heilige Männer oder Scharlatane, Geschichtenerzähler, Reisende. In den Geschichten in al-Harīrīs *Maqāmāt* bildet oft der *majlis* oder Zirkel städtischer Notabeln die Kulisse; in frühislamischer Zeit war dies auch häufig der Rahmen für politische Intrigen, und später fanden dort religiöse und wissenschaftliche Debatten statt. In solchen Privathäusern in Nīshābūr gab es im III./9. Jahrhundert die ersten *madrasas*, jene theologischen Schulen, die wir später in monumentaler Architektur wiederfinden.

Die Beziehungen zwischen den Hausbesitzern waren nicht immer idyllisch. Rechtsbücher und die Geniza-Fragmente sind voller Auseinandersetzungen um Eigentumsrechte und Reparaturen. Hauptstreitpunkte waren das Besitzrecht an Trennwänden und das Benutzungsrecht von Straßen und Gassen. Besonders letzteres ist wichtig zum Verständnis der Stadt; offenbar gab es eine ständige Spannung zwischen dem öffentlichen Interesse an der Erhaltung freier Durchfahrtswege und den sich langsam in die Straße vorschiebenden Privathäusern. Das islamische Gesetz betrachtete den Bereich um das Haus herum als zum Grundbesitz gehörig. Nur um das Ausmaß dieses Bereiches war man sich uneinig. Streitigkeiten gab es auch hinsichtlich des Wassers, wobei es manchmal um Anrecht auf sauberes Wasser ging, manchmal um Fragen des Abwassers. Auch Tiere und Mühlen verursachten Dispute. Wenn nicht *de jure*, so bewegte sich die islamische Welt doch *de facto* auf eine Stadtraumplanung zu.

Die Wohnviertel wurden durch Wasserbeschaffung und Baumaterialien bestimmt. So entwickelte Jerusalem, welches auf Zisternen und teure Aquädukte angewiesen war, ein anderes Aussehen als Damaskus oder Fez, die über große Mengen leicht zugänglichen Wassers verfügten; und alle drei unterschieden sich von Yazd und Kirmān, die durch lange unterirdische *qanāts* mit Wasser versorgt wurden. In Iran lagen die Häuser der Wohlhabenden näher an der Wasserversorgung, während in Syrien die Nähe zum Stadtzentrum oder zu einem wichtigen Gebäude als bevorzugte Lage galt. Auch konnten iranische Häuser aus Lehmziegeln leicht verlassen und anderswo neu aufgebaut werden, während die Gebäude

aus Stein in Syrien und Palästina dauerhafter waren und ständig repariert wurden. Daher blieb dort auch städtischer Grund und Boden länger im Besitz derselben Familie, was zu größerer Macht des städtischen Bürgertums führte und die Errichtung monumentaler Bauwerke für lokale Herrscher verhinderte, die für Iran typisch waren. Doch trotz aller äußerer aufzeigbarer Unterschiede gab es einen inneren Zusammenhalt im islamischen Wohnviertel, der seine Ursache im stark ausgeprägten Familiensinn hatte. Das Familienhaus war die Hauptzelle städtischen Lebens; es war eine abgeschlossene Einheit, die ein nach innen gerichtetes Eigenleben führte.

Nur wenige islamische Städte lassen sich ohne ihre Vororte, *rabad*, verstehen. Damaskus und Aleppo entstanden aus Vororten, die in die Stadt ‚eingemeindet‘ wurden. In vielen iranischen Städten verschob sich, ebenso wie in Bagdad und Raqqa, die Bedeutung von der frühen Stadt auf den Vorort, wobei Rhythmus und Ursache dieses Vorgangs von Ort zu Ort verschieden waren.

Ob es nun in der Altstadt oder in einem Vorort lag, ob man dort nur wohnte oder auch arbeitete, in jedem Fall war das Viertel mit seinen verschiedenen Häusern, seinen Nachbarschaftsproblemen, die Abwasserleitungen und über die Straße ragende Balkone betrafen, seinen Zirkeln für Klatsch und Diskussion das Kernstück des städtischen Lebens des Bürgertums. Es besaß keine offizielle Verwaltung; dennoch übernahmen offensichtlich ausgewählte Notabeln die Interessenvertretung des Viertels und übermittelten auch Entscheidungen und Forderungen des Staates. Die Vorsteher eines Viertels wurden meist als *sharīf* und als *ra'īs* (oder *muqaddam*) bezeichnet. Ersteres bedeutete zunächst eine Art Geburtsadel, später speziell die Nachkommen des Propheten. Letzteres war der Titel eines ernannten oder gewählten Beamten. Doch in beiden Fällen wechselte die Bedeutung und änderten sich die Funktionen. Diese Einrichtung des Bürgertums verfügte über verschiedene Druckmittel. Das wichtigste war eine Art paramilitärische Truppe, die *'ayyarūn*, *ahdāth* oder *fityān*, die sich zum Teil aus Pöbel, zum Teil aus einer Miliztruppe zusammensetzte und gelegentlich die Tätigkeiten und das Leben einer Stadt kontrollierte und sie außerdem gegen Diebe und Räuber schützte. Es gibt Fälle, in denen Gouverneure von der lokalen Führungsschicht des Bürgertums abgesetzt wurden. Aus praktischen Gründen lag jedoch die Ordnungsgewalt eines Viertels in den Händen des Richters, der ohnehin alle Probleme des Alltags löste, vom Wassernutzungsrecht bis zu den Erbstreitigkeiten. Interessanterweise zeigen die Illustrationen der *Maqāmāt* den *qādī* immer als Glied des arabischen Bürgertums, der sich von den Leuten, mit denen er zu tun hatte, nur durch das lange Tuch, *taylasān*, über Kopf und Schultern unterschied; er erscheint nie als Ortsfremder. Auch das komplexe islamische Gesetz mit seinen vielen praktischen Details entstand in dieser Welt des Bürgertums, die dadurch einen der bedeutendsten Beiträge zur islamischen Kultur leistete.

Die religiöse Gemeinschaft

Theoretisch ist das Leben der islamischen Gemeinschaft auf die Moschee, die Gemeinde- oder Freitagsmoschee, *masjid al-jāmiʿ*, gerichtet. Sie war und ist das größte und ansehnlichste Gebäude der Stadt, das allen Muslimen offenstand. Doch war dieser *masjid al-jāmiʿ*, seit dem IV./10. oder V./11. Jahrhundert kurz *jāmiʿ* genannt, in vieler Hinsicht weniger Ausdruck der Gemeinschaft einer bestimmten Stadt als vielmehr das Symbol und Instrument höherer Autorität, nämlich der des Kalifen und seiner Vertreter. In großen Städten war die Moschee zu weit entfernt und wohl auch zu unpersönlich geworden, um die *umma* des Ortes verkörpern zu können. Es gab eine andere Einrichtung, die möglicherweise besser den Bedürfnissen der Bevölkerung einer Stadt entsprach. Es war dies der *musallā* oder Gebetsplatz. Meist gab es einen pro Stadt, und meist lag er außerhalb der Stadtmauer, häufig, besonders in Iran, in der Nähe des Hauptfriedhofs. Im allgemeinen wurden dort religiöse Feste und Volksfeste gefeiert, doch scheint er, im Unterschied zur Gemeindemoschee, nie genau umschriebene Funktionen gehabt zu haben. Seine wirkliche Aufgabe im städtischen Leben ist noch unklar, doch ist es merkwürdig, daß man diesen Gebetsplatz in Marokko und in einigen spanischen Städten *sharīʿa*, Gesetz, nannte.

Neben der Gemeindemoschee und dem *musallā* gab es fast von Anfang an auch kleinere *masjids* für die einzelnen Viertel oder Stämme. Zahl und Art dieser privaten und abgeschlossenen Gebets- und Versammlungsplätze veränderten sich in späterer Zeit beträchtlich. So existierten gegen Ende des VII./13. Jahrhunderts in Aleppo 208 *masjids* innerhalb der Stadtmauern, 10 an den Stadtmauern und fast 300 in den Vororten. Vergleichbare Angaben gibt es für Damaskus, Kairo und Fez, um 1300 soll die Zahl der heiligen Stätten dort 785 betragen haben. Für den Irak und für Iran sind die Ziffern niedriger; möglicherweise gab es bedeutende regionale Unterschiede in der Entwicklung des *masjid*. In den arabischen Kernländern wurde er mehr und mehr auf bestimmte gesellschaftliche Gruppen beschränkt, auf Familien, Quartierbewohner oder auch Berufsgruppen. Von einem frühen Fall in Bagdad, wo der Traum einer Frau zum Bau einer Moschee führte, bis in das Aleppo oder Damaskus des VII./13. Jahrhunderts, wo eine Moschee der Reue Stätten des Trinkens und der Prostitution verdrängte – fast immer führten lokale Bedürfnisse oder Bestrebungen zum Bau von Moscheen. Mitunter handelte es sich um eindrucksvolle Werke der Architektur und künstlerischen Ausgestaltung, die sich in ihrer Gestalt an die Bedürfnisse des Stadtlebens anpaßten. Andere waren recht klein; so die jüngst in Sīrāf ausgegrabene. Im Unterschied zu den Privathäusern besaßen Moscheen häufig äußeren Schmuck wie Tore, Verzierungen oder, besonders in iranischen Städten des V./11. und VI./12. Jahrhunderts, hohe und raffiniert gebaute Minarette. Merkwürdigerweise wurden verschiedene berühmte Minarette in und um Isfahan, deren Moscheen längst verschwunden sind, nicht von Herrschern, sondern von der Lokalaristokratie erhalten.

Zu sehr ähnlichen Ergebnissen kann man bei der Betrachtung des zweitwichtigsten religiösen Bauwerks der mittelalterlichen Stadt, der *madrasa*, gelangen. Es scheint gesichert, daß im V./11. Jahrhundert eine private Einrichtung der lokalen Patrizier, welche der Gelehrsamkeit der führenden sunnitischen Schicht diente, bewußt in ein Instrument des islamischen Staates verwandelt wurde. Erst nach dieser Umwandlung entstehen die ersten monumentalen *madrasas*, doch wird ihre Anzahl (über 40 in Aleppo um 1300; 74 in Kairo im IX./15. Jahrhundert) nur dadurch verständlich, daß sie ein städtisches Bedürfnis befriedigten. Zum Teil war es nur das Bedürfnis nach juristischen und geistlichen Führern; andererseits fanden aber gerade dort die Bestrebungen des örtlichen Bürgertums, welches diese Einrichtungen unterhielt, ihre gesetzliche Rechtfertigung. *Madrasas* gingen zurück, wo immer das städtische Bürgertum an Macht verlor, doch jahrhundertelang waren sie zentrale Punkte städtischen Lebens; so großartige Beispiele wie die *madrasa* des Sultan Hasan in Kairo wurden im allgemeinen von Fürsten gestiftet, leiten sich aber typologisch und funktional von den bescheideneren Quellen und Bedürfnissen des Bürgertums her.

Viel komplexer ist das Problem der dritten Gruppe religiöser städtischer Gebäude, der Heiligtümer, die als *mashhad* (,Märtyrergrab'), *mazār* (,Pilgerstätte'), *qubba*, *turba* oder *imāmzad* (,Mausoleum') bekannt sind. Zwei Traditionen frühislamischer und sogar vorislamischer Herkunft laufen bei der Entwicklung von Grabstätten heiliger Männer oder von Plätzen zur Feier heiliger Ereignisse zusammen: erstens das Vorhandensein unzähliger heiliger Orte, die ihre Anziehungskraft behalten hatten und deshalb früher oder später islamisiert wurden, und zweitens die innerislamische vielgestaltige Tendenz, Handlungen und Legitimierungen durch bestimmte Persönlichkeiten zu begründen. So machten zum Beispiel die Schiiten die Gräber der Nachkommen ʿAlīs – Karbalā, Najaf, Qum und Mashhad – zu gewaltigen Gedenkstätten und Pilgerzentren. Die Sunniten dagegen hoben die Propheten des Alten Testaments hervor; doch auch das Grab des Traditionariers ash-Shāfiʿī in Kairo wurde ein wichtiges Heiligtum. Auch die Gräber von Sūfīs verehrte man, wahrscheinlich aber nicht vor dem V./11. oder VI./12. Jahrhundert. Der Friedhof wurde langsam zu einem der wichtigsten Bestandteile der Stadt; dort versinnbildlichten Pilgerfahrten, Zusammentreffen, Erweckungen und mitunter sogar Orgien ein weites Spektrum der Beziehungen zu den Toten. Einige dieser Heiligtümer hatten gesamtislamische Bedeutung, manche waren regional, die allermeisten aber spielten nur eine lokale Rolle. Einige wurden schließlich von Herrschern oder von der Militäraristokratie ausgebaut und weiterentwickelt, so die großen Friedhöfe in Kairo, die irakischen und iranischen Zentren der Schiiten oder der Shāh-i Zinda in Samarkand. Sehr häufig aber, wie zum Beispiel im Falle von Jonas' Heiligtum in Ninive, bestehen diese heiligen Orte aus lokal gestifteten Baulichkeiten, und selbst in Fällen monumentaler Anlagen waren Herrscher zwar für den Ausbau verantwortlich, doch war es die Frömmigkeit der örtlichen Bevölkerung, welche diese heiligen Orte schuf und beanspruchte. Um viele entwickelte sich ein System von Herbergen, Unterkünften, Verpflegungsstellen, Bibliotheken und Krankenhäusern. Viele wurden von der städtischen Bevölkerung finanziell getragen, verschiedentlich auch für bestimmte mystische Orden. So bildeten die Heiligtümer Verbindungsglieder zwischen den verschiedenen Städten, und Reisende wie Ibn Battūta trafen sie überall in der islamischen Welt an. Die Städte der Toten wurden Städte Gottes.

Private *masjids, madrasas,* Heiligtümer und Friedhöfe waren nicht nur Monumente oder Orte, an denen sich die Bewohner zu bestimmten Gelegenheiten zusammenfanden, etwa in der snobistischen Absicht, einem stimmbegabten Muezzin zu lauschen oder wegen eines gelehrten, mystischen oder praktischen Vorhabens (Heilung eines Kranken). Sie waren auch Orte, wo sich politische, soziale oder intellektuelle Gruppierungen bildeten, wo sich die Bürgerschaft einer Stadt in Parteien spaltete, also sozusagen das Gegenstück zur Pilgerfahrt nach Mekka, dem größten einigenden Faktor in der *umma.* Wahrscheinlich war die häufige Parteienbildung in oder um religiöse Einrichtungen ein Grund dafür, daß klassisch-islamische Gruppierungen so häufig religiöse, oder doch pietistische Formen annahmen, und daß Zentralregierungen so häufig versuchten, Einrichtungen aufzubauen oder zu manipulieren, die in den Bedürfnissen der städtischen Bevölkerung begründet waren.

Die aus religiösen Gründen errichteten Gebäude waren zwar die Hauptzentren öffentlicher Aktivitäten und die Orientierungspunkte bürgerlicher Zugehörigkeit; doch waren sie nicht die einzigen. Denn auch die zahlreichen Bäder in den mittelalterlichen Städten dienten als gesellschaftliche Zentren. Unzählige, im allgemeinen sehr kleine Bäder sind zwischen Zentralasien und Granada erhalten. Außerdem gab es einige nicht örtlich gebundene Organisationen wie die *futuwwa*, die noch in anderem Zusammenhang zu besprechen sein wird.

So besaß die städtische Landschaft der traditionellen islamischen Welt neben den durch das Familienwohnhaus charakterisierten Vierteln ein Netz konfessionell definierter, gesamtstädtischer Zentren, an welche sich das Bürgertum gebunden fühlte und die es bei der Ausgestaltung seines Glaubens unterstützten. Innerhalb der islamischen Gemeinschaft änderten sich diese Zentren ständig. In früher Zeit waren sie durch Stamm und Volk definiert, später durch die orthodoxen *madhhabs;* ab dem IV./10. Jahrhundert wurden sie von sunnitischen oder schiitischen und noch später häufig von sūfischen Einflüssen bestimmt. Doch hinter diesen Ausgestaltungen lag immer eine tiefe Frömmigkeit, die sich echt islamisch in Werken, Gebäuden und Bekenntnissen ausdrückte. Das Interesse am Wohlbefinden anderer zeigt sich in der zu Beginn erwähnten Palme, in dem Bagdader Kaufmann, der Decken und Kleider an islamische Gefangene in Byzanz schicken ließ, oder in einem anderen reichen

Der suq, *die überdachte Geschäftsstraße, ist eine der charakteristischsten Erscheinungen der islamischen Stadt. Hier der von Isfahan, ein kompliziertes, einzigartiges Bauwerk. (5)*

Bagdader Bürger, welcher geständige Gefangene aus dem Kerker auszulösen pflegte. Nur wenige solcher Beispiele sind in Urkunden oder Monumenten erhalten, doch sie deuten die gesellschaftlich und menschlich wichtigsten Dimensionen der traditionellen islamischen Gesellschaft hinreichend an.

Reichtum

Landbesitz war im klassischen Islam die bedeutendste Quelle für Reichtum. Eine Stadt wie Raqqa mochte beliebig viele Funktionen und Aufgaben haben, eine davon war es, Hauptstadt eines reichen Agrarlandes mit neuen Bewässerungsanlagen zu sein. Güter und ganze Dörfer waren nicht Besitz ihrer Bewohner, sondern gehörten Städtern, und ihre Einkünfte kamen, zumindest nach dem VI./12. Jahrhundert, der Stadt zugute.

Auch Einkünfte aus handwerklichen Tätigkeiten spielten für die Stadt eine wesentliche Rolle. Solchen Arbeiten ging man zum Teil innerhalb der Viertel nach, doch gab es für viele Berufe, besonders wenn sie wie beim Färber, Metzger und Ziegelbrenner mit unangenehmen Gerüchen verbunden waren, besondere Viertel, die meist am Rande der Stadt lagen. Ungeklärt ist bis heute die Frage, wie systematisch die einzelnen Handwerke innerhalb der Stadt voneinander getrennt waren, doch entdeckte man jüngst in Sīrāf einen Metallwarenbasar, und die Anlage der herrlichen *sūqs* von Aleppo oder Kāshān geht möglicherweise auf frühe Vorbilder zurück.

Die dritte wichtige Quelle des Reichtums in der islamischen Stadt war der Handel; er wurde in verschiedenen Formen sichtbar. Am Stadtrand gab es große Karawansereien, meist von einem freien Gelände umgeben, welches als Rastplatz für die Tiere diente. In Iran sind aus dem X./16. und XI./17. Jahrhundert großartige Beispiele dieses Gebäudetyps erhalten; auch in Sīrāf wurde vor kurzem eine Karawanserei entdeckt. Ein daneben liegendes Bad hatte wohl eine ähnliche Funktion wie die gesundheitspolizeiliche Überwachung, die heute an unseren Grenzübergängen stattfindet.

Innerhalb der Stadt gab es Warenhäuser, genannt *khān, funduq, qaysāriyya* oder *wakāla*. Jede dieser Bezeichnungen hat ihre eigene lange Geschichte, ihre besondere Bedeutung und wahrscheinlich ihre spezielle gesetzliche Verwendung; wichtig ist nur, daß im Zentrum – manchmal auch an mehreren Zentren – der Stadt große Lagerhäuser standen, die, wie im Falle Aleppos, wirklich monumental sein konnten. Diese Häuser waren im allgemeinen in ein System überdachter Ladenstraßen, den *sūq*, eingebaut. Sein Grundriß ist meist entweder strahlenförmig, ausgehend von mehreren Knotenpunkten, oder er besteht aus parallel verlaufenden Straßen, die sich ab und zu auf größere Plätze hin öffnen. Die Läden sind einfach, die Lagerhäuser häufig sehr groß. Der Basar ist durchsetzt mit Bauwerken praktischer Frömmigkeit: Brunnen, kleinen *masjids, madrasas*, Bädern oder Krankenhäusern. In älterer Zeit wohnten dort nur wenige Menschen, doch ist dieses städtische Handelszentrum selten weit entfernt von der Freitagsmoschee und von den Amtssitzen und Wohnungen der Herrscher und Gouverneure. Basarnähe war zwar zum Wohnen nicht wünschenswert, erhöhte aber offenbar, so läßt der Azem-Palast in Damaskus vermuten, das öffentliche Ansehen. Auch frühere Bauten in Kairo, an denen man den ansehnlichen Verbrauch der Herrscher ablesen kann, stehen alle dicht beieinander und fast immer an derselben, nahe am Basar verlaufenden Straße, welche zwei Hauptmoscheen miteinander verbindet.

Es ist nicht schwer, sich das Tun und Treiben im städtischen Handelszentrum vorzustellen, das endlose Hin und Her von Menschen, Waren und Tieren. Hier und da richtete sich, wie uns eine Illustration der *Maqāmāt* zeigt, ein Barbier ein, und überall wurden unzählige Dienstleistungen angeboten: von Wasserträgern, Köchen und vielen anderen. Die Aufsicht über dieses Treiben lag in der Hand des *muhtasib*, eines Beamten, dem besonders die Überwachung von Maßen und Gewichten, von Geldqualität und von Handelsabschlüssen oblag. Strafen für Unregelmäßigkeiten im Handel scheinen häufiger und härter gewesen zu sein als für private Unmoral.

Kein Bericht über Rechts- und Berufsorganisationen des islamischen Wirtschaftslebens kommt ohne die Erwähnung der *futuwwa* aus. Dabei handelt es sich um eine ausschließlich städtische Bewegung mit komplizierten Einführungsriten, zum Teil geheimen Verhaltensregeln und mystischen Lehren. Sie war sowohl ein Mittel, örtliche Bedürfnisse zu formulieren, als auch ein lockeres gesamtislamisches System sozialer und politischer Kontakte. Häufig war sie von Sūfībewegungen nicht zu unterscheiden, und wir werden später sehen, daß sie wohl auch einen Einfluß auf die Künste ausübte. Die Beziehung zwischen dem Bereich des staatlich eingesetzten *muhtasib* und dem der örtlichen *futuwwa* ist nicht leicht zu bestimmen, aber die doppelte Zugehörigkeit und die doppelte Verpflichtung, auf welche die Existenz beider Bereiche hindeutet, führt zu einer wichtigen, später noch zu erläuternden Schlußfolgerung.

Der ‚Staat‘

Nur wenige städtische Zentren konnten sich dem entziehen, was man früher den ‚Staat‘ nannte, das heißt dem Gefüge von Kräften der Verwaltung, des Militärs und der Ideologie, welche eine über die Stadt hinausgehende Einheit repräsentierten und welche von fremden Personen oder Gruppen verkörpert wurden.

Verschiedene Gebäudetypen machten die Präsenz des Staates sichtbar. In der Frühzeit war der häufigste die *dār al-imāra*, ‚das Haus der Regierung‘. Zwei umayyadische Beispiele dieses Typs sind bekannt. Das eine in Kūfa ist eine Art Burg innerhalb der Stadt; es besitzt einen Haupthof, von dem aus man in einen Audienzsaal gelangt oder in kleinere Verwaltungs- oder Wohneinheiten. Das andere, in Qasr al-Hayr ash-Sharqī, unterscheidet sich von normalen Häusern nur durch die leichte Zugänglichkeit und durch die Menge der Verzierungen. Aus literarischen Quellen ist uns bekannt, daß andere *dār al-imāras*, so zum Beispiel die von Abū Muslim in Merw erbaute, reich verziert waren. Doch insgesamt waren sie nicht mehr als ‚Häuser‘, welche die von der Zentralregierung geschickten Beamten aufnahmen.

Aus den Quellen geht nicht klar hervor, wann Begriff und Funktionen der *dār al-imāra* in Vergessenheit gerieten, doch ein grundlegender terminologischer und typologischer Wandel erfolgt nach der Gründung von Bagdad im Jahre 139/756. Von da ab wurden Verwaltungsgebäude von den Wohn- und Wirtschaftsvierteln getrennt und befanden sich, zumindest im Falle Bagdads, innerhalb der inneren Stadtmauern. Außer dem offiziellen Herrscherpalast gab es innerhalb der Stadt noch den oft *qasr*, Burg, genannten privaten Palast. Diese in den meisten Hauptstädten anzutreffenden Gebäude trugen häufig merkwürdige Namen, zum Beispiel Kronenpalast, Plejadenpalast, Palast der Ewigkeit. Oft waren sie von Gärten umgeben, und mitunter bestanden sie nur aus Pavillons wie die der späten Safawiden und Osmanen in Isfahan oder Istanbul. Für das Bürgertum und andere Stadtbewohner wurde der Herrscherpalast zum Mythos.

Die tagtägliche Verwaltungsarbeit wurde kaum je in diesen Palästen geleistet, sondern in den *dīwāns*. Wie diese aussahen, weiß man nicht; ein Gebäude in Sīrāf wurde vorläufig als Bürogebäude gedeutet. Es ist aber merkwürdig, daß in den Illustrationen der *Maqāmāt* al-Harīrīs die herrscherliche Wohnung als außergewöhnliches Gebäude dargestellt wird, während ein *dīwān* oder eine *dār al-nizāra* wie ein normales Haus aussieht.

Diese Illustrationen entstanden natürlich recht spät und sind auf den Irak beschränkt, und inzwischen war ein neuer Typ Regierungssitz entstanden: die Zitadelle, *qalʻa* oder *arg*. Nicht alle Zitadellen beherrschen die

Das Talismantor in Bagdad war eine der letzten 'abbāsidischen Ergänzungen; es stammt aus dem Jahre 618/1221. Schon 657/1258 eroberten die Mongolen Bagdad und setzten dem Kalifat ein Ende.

Das Tor wurde 1917 zerstört. Die Terrakotta-Verzierungen stellen zwei Drachen mit verschlungenen Schwänzen und eine menschliche Figur dar. (6)

Stadt wie die von Aleppo, welche hoch auf einem teils natürlichen, teils künstlichen Hügel angelegt war, doch meist waren sie die größten und eindrucksvollsten Bauwerke der Stadt, so die gänzlich um ein römisches Theater herumgebaute Zitadelle von Bosra. Zitadellen sind so alt wie Städte, doch sind sie in frühislamischer Zeit außer in Grenzgebieten recht selten. Erst im IV./10. Jahrhundert begann ihre Verbreitung, und das älteste bekannte Beispiel stammt, zufällig oder nicht, von der islamischen Nordostgrenze. Ibn Hawqal beschreibt eine Zitadelle in Buchara, die gerade außerhalb der Stadt lag, ein Anlagemuster, das wir in Aleppo, Damaskus, Kairo und Granada wiederfinden. Sie war nicht einfach ein befestigter Raum für das Militär, sondern häufig eine Art Kleinstadt mit einer Moschee, mit Palästen, Zisternen und Häusern. Auch in Kairo wird gegen Ende des IV./10. Jahrhunderts eine solch abgeschlossene städtische Einheit geschaffen, welche die Stadt beherrschte. Das eindrucksvollste Beispiel dafür ist jedoch die Alhambra in Granada. Die Entwicklung der Beziehung zwischen Zitadelle und Stadt spiegelt, so wurde am Beispiel Aleppos gezeigt, die Entwicklung der Beziehung zwischen ortsansässigem Bürgertum und Militäraristokratie.

Eng mit der Zitadelle verbunden waren die Befestigungsanlagen. Frühislamische Städte hatten nur in Ausnahmefällen Verteidigungsanlagen, doch im IV./10. Jahrhundert werden Stadtmauern systematisch errichtet, zum Teil neue, zum Teil wiederhergestellte alte.

Interessant sind an diesen Befestigungsanlagen besonders die Tore. Ihre Lage gibt über die gesamte Umgebung Auskunft, über innerstädtische Erscheinungen wie Märkte und Viertel, über Vorstadtmerkmale wie zum Beispiel ein Heiligtum, oder Handwerksbetriebe wie etwa eine Gerberei, die meist außerhalb der Stadt angesiedelt war. Die Tornamen deuten oft die merkwürdige Symbiose zwischen der Welt des Herrschers und der Stadt an. Erstere erscheint in Geheimtoren, *bāb as-sirr*, oder in der symbolischen Versetzung von Toren von einer Stadt in eine andere. So geschah es mit den Toren von Bagdad und angeblich auch einmal mit denen von Aleppo. Tore waren Symbole herrscherlichen Besitzes und wurden häufig mit Skulpturen, meist Löwen oder Schlangen, geschmückt. Es ist merkwürdig, daß in der islamischen Welt, in der es fast keine offiziellen Skulpturendarstellungen gibt, für Tore – von Buchara bis Kairo – durchgehend eine Ausnahme gemacht wurde. Wir wissen wenig über die Quellen dieser Darstellungen oder die Assoziationen, die sie erweckten. In einigen Fällen, besonders in Anatolien, helfen zweifellos zentralasiatische, nichtislamische, türkische oder buddhistische Erklärungen weiter, doch häufig kamen noch lokale Talismane, Kulte und Aberglauben dazu, wie bei dem von einem Daylamitenherrscher in Hamadān erbauten Löwentor, den mit Schlangen verzierten Toren von Aleppo oder den in Isfahan wiederverwendeten vorislamischen Toren mit Sonnensymbolen. Man vermutet, das verschwundene Talismantor in Bagdad, auf dem eine kleine Figur zwei symmetrisch angeordnete Drachen erwürgt, sei eine Darstellung der Vernichtung von Heterodoxien durch den Kalifen an-Nāsir. Aber meist beziehen sich Tornamen auf Menschen und Tätigkeiten in ihrer Nähe, und mittels dieser gesammelten Namen kann man, wie im Marrakesh des VI./12. Jahrhunderts, Stammes- und Wirtschaftsorganisation der Stadt rekonstruieren. Andererseits spiegeln in Jerusalem die sich wandelnden Tornamen die komplizierte religiöse Ordnung der Stadt wider.

Palast, Zitadelle, Befestigungsanlagen, Tore, Moschee: das sind die sichtbarsten und wichtigsten Zeichen der Gegenwart des Staates in der Stadt. Manchmal gehörten auch Gefängnis und Münze dazu, doch entwickelten diese keine eigenen Formen. Etwas mehr weiß man über den großen offenen Platz innerhalb oder dicht neben der Stadtmauer. Der *maydān* oder die *raḥba* (letztere wohl auf das Stadtinnere beschränkt) dienten sowohl für Militärparaden und Exerzieren als auch für das Polospiel, also herrscherliche Tätigkeiten. Der von Ibn Ṭūlūn in seinem Viertel nahe Fusṭāt angelegte *maydān* lag innerhalb der Stadt und besaß reich verzierte Tore für verschiedene Zeremonien. Alle zentralasiatischen Städte hatten vermutlich große offene Plätze vor der Zitadelle, und wenn diese Bereiche wohl überwiegend für staatliche Zwecke verwendet wurden, so dienten sie doch in vielen Städten auch als Marktplätze, besonders für Viehmärkte, und oft wurde der *maydān* ein wesentlicher Bestandteil der äußeren Stadtentwicklung. Im späteren Iran galt er als Mittelpunkt alles städtischen Lebens und war mitunter auffallend ausgebaut, doch ist es schwierig, den Beginn dieser Entwicklung festzulegen.

Der unmittelbare, tagtägliche staatliche Eingriff in das städtische Leben erfolgte durch die Polizei, *shurṭa*, und durch Steuererhebung, deren praktische Durchführung wir aber nicht genau kennen. Doch war der Staat auch innerhalb der Stadt für einiges verantwortlich. So wurden Wasserbeschaffung und -verteilung staatlich geregelt, und städtische Durchfahrtswege wurden staatlich kontrolliert – ob sie für der Herrscher Pferde, der Händler Kamele und der Privatleute Esel breit genug waren.

Geschmack

Von einem Aspekt städtischen Geschmacks war schon weiter oben die Rede. Das nach innen ausgerichtete Haus an einer engen Gasse oder das private Heiligtum inmitten eines Wohnviertels oder eines Basars sind charakteristische Bestandteile eines städtischen Geschmacks; resultieren sie doch aus einzig städtischen Bedürfnissen und beeinflussen Verhaltensweisen und Gewohnheiten in der Stadt. Weitere Beispiele sind die Mythen, welche sich um Herrscher und um fremde Länder oder die Taten und Untaten des städtischen Bürgertums rankten. Große Teile der *adab*-Literatur, von at-Tanūkhīs Klatsch bis zu al-Harīrīs Wortkaskaden, entstanden in der Welt von Händlern und Handwerkern. Doch außerdem gab es im mittelalterlichen Islam eine besondere Art, in der darstellende Kunst das städtische Leben spiegelte. Das wird deutlich im Kunstgewerbe, besonders in der Keramik und Metallarbeit, wovon uns viele Beispiele erhalten sind.

Drei Aspekte des Kunstgewerbes sind besonders wesentlich für uns. Einer davon ist die Entwicklung neuer Techniken – in der Keramik waren es Lüster, Polychromglasuren und verschiedene Mittel, Wiedergabe und Färbung von Darstellungen zu verbessern; in der Metallarbeit war es die Neuentdeckung silberner Einlegearbeit in Bronzegegenstände, und ähnliche Veränderungen gab es auch bei der Glasherstellung und der Bücherausstattung. Diese Techniken haben zweierlei gemeinsam. Sie sollen mit möglichst geringem Aufwand möglichst viel Glanz erzeugen, und sie sollen an sich bescheidene Gegenstände, Krug, Schüssel, Mörser, Federetui, möglichst ansehnlich machen. Ihre Motive, besonders die auf Keramikgegenständen, sind von erstaunlicher Vielfalt. Jüngst brachte eine Veröffentlichung von Gegenständen aus Nīshābūr, einer der großen Metropolen des mittelalter-

Tonstempel für Brotlaibe wurden in Ägypten ausgegraben. Sie haben eine Vielzahl einfacher, oft gegenständlicher Muster und stammen aus dem V./11. bis VII./13. Jh. (7)

lichen Islam, Tausende verschiedener Themen ans Licht: von einfachen Sprichwörtern und Segenswünschen vor unverziertem Hintergrund reichen sie bis zur Darstellung von Personen, Tieren, Blumen und anderem. Die Themen zur Verzierung von Metallarbeiten sind weniger vielfältig. Die meisten stammen aus dem Herrscherleben: Jagd, Trinken, Polospiel, Astrologie, Vergnügung. Doch weisen gelegentliche Unregelmäßigkeiten über einfache Darstellungen des Herrscherlebens hinaus. Einige Gegenstände zeigen Szenen des täglichen Lebens in spezifischem und wörtlichem Sinn. In einem besonders außergewöhnlichen Fall sieht man christliche Szenen inmitten königlichen Zeitvertreibs; auch zeigen Inschriften, daß der berühmte Bobrinski-Kessel oder Eimer in der Eremitage aus dem Jahre 559/1163 ebenso wie ein merkwürdiges kuhförmiges Wassergefäß aus dem Jahre 600/1203, das im selben Museum steht, für Kaufleute hergestellt wurden, während ein Federetui aus dem Jahre 543/1148 (der früheste erhaltene Gegenstand mit kompletter Einlegearbeit) von einem Städter für seinen vom *hajj* heimkehrenden Bruder gefertigt wurde. Diese und viele andere Beispiele lassen vermuten, daß die meisten Gegenstände ihren Stellenwert hatten in einem komplexen System persönlicher und gesellschaftlicher Beziehungen innerhalb des städtischen Bürgertums.

Schließlich bestätigen auch die Darstellungen auf diesen Gegenständen, soweit wir sie erklären können, die enge Beziehung, die das städtische Bürgertum speziell zur Keramik hatte. Ein großartiger Teller aus dem III./9. Jahrhundert aus Nordostiran ist mit hausbackenen und prosaischen Sprichwörtern oder mit Grußformeln verziert. In seiner prosaisch-aphoristischen Art beleuchtet er die Welt der den frühen sunnitischen *madhhabs* zugehörigen gottesfürchtigen und frommen Kaufleute und Händler. Ihr Leben und ihre Welt erscheinen häufig auf ägyptischer Keramik. Auf einem berühmten Teller in der Freer Gallery in Washington ist eine mystische literarische Metapher dargestellt: Ein junger Mann hat seine irdischen Wünsche aufgegeben (auf dem Teller als reiterloses Pferd dargestellt) und betrachtet nun eine Seele, vielleicht seine eigene, die mit dem Göttlichen vereint ist und in ihm lebt wie der Fisch im Wasser. Als letztes Beispiel sei ein Wasserkrug aus dem VI./12. Jahrhundert im Museum von Tiflis genannt, auf dem ein langes Gedicht steht, in welchem teils in naiv persönlichen, teils in mystischen Worten des Herstellers oder Besitzers Wertschätzung des Gegenstands zum Ausdruck kommt. Es ist sicher kein Zufall, daß die Entstehungszeit der beiden letzten Gegenstände mit dem Auftreten der *futuwwa* und der Mystik in der Stadtkultur zusammenfällt.

Schwieriger ist die Frage, ob die Existenz einer städtischen bürgerlichen Kunst auch für die Architektur gilt. Die Mittel zur Errichtung größerer Bauwerke waren meist in den Händen des Staates, und die meisten Widmungsinschriften nennen Herrscher oder Höflinge als Schirmherren der Architektur. Es gibt aber zwei Bereiche, in denen der Geschmack des Bürgertums wohl ständig, zumindest bis 1300, die Architektur beeinflußte. Einer ist die Funktion der Bauwerke; mit Ausnahme der Paläste und militärischer Gebäude hingen eigentlich alle Aufgaben, die der Architektur zufielen, mit der Welt des Bürgertums zusammen, von der Karawanserei bis zur

madrasa, oder sie dienten seinen Zwecken, selbst wenn die Prachtentfaltung von Bauwerken wie der Sultan Hasan-*madrasa* in Kairo oder mancher anatolischer Karawansereien wohl herrscherlichen Ursprungs ist. Der andere Bereich des Einflusses, den das städtische Bürgertum ausübte, sind besondere Formen, beziehungsweise die Arten ihrer Verwendung. Wer traditionelle Stadtteile islamischer Städte besucht oder viele Gegenstände darin betrachtet, ist in erster Linie beeindruckt von der Allgegenwart von Inschriften und dann von der Art, wie der Rhythmus des lebhaften Treibens auf den Straßen vom Tor eines Heiligtums oder von einem Brunnen unterbrochen wird. Doch sind es immer weniger der Eingang oder der Brunnen selbst als die Verzierungen, welche beeindrucken. Sie zwingen den Besucher anzuhalten, das Bauwerk zu betreten, dem Treiben der Stadt zu entfliehen, das Muster zu betrachten und die Inschrift zu lesen. Der Torbogen, der Brunnen oder auch das Minarett bringen Formeln in Erinnerung, die man häufig in Inschriften findet: *al-mulk lillāh* oder *al-bāqī lillāh*, ‚Gottes ist die Macht' oder ‚Gottes ist die Dauer'. Dies sind keine bedeutungslosen Klischeeausdrücke, sondern sie erinnern an die Quintessenz des Islam, daß es niemanden und nichts außer Gott gibt. Da Frömmigkeit in ihren vielfältigen Ausgestaltungen deutlich ein lokales Phänomen war, darf man annehmen, daß das Bürgertum seinen Stil auch architektonischen Formen und Gebrauchsgegenständen aufprägte; und dieser Stil bestand in der Ausgestaltung von Mustern, die den Betrachter zwangen, stehenzubleiben und sich auf Gott und solche Dinge zu besinnen, die außerhalb unmittelbarer Einsicht und direkter Lebensnotwendigkeit lagen.

Die islamische Stadt: Spannung und Elastizität

Aus dem impressionistischen und im wesentlichen deskriptiven Überblick über die klassisch-islamische Stadtlandschaft läßt sich eine Reihe von Schlußfolgerungen ziehen. Zwei davon scheinen mir besonders bedeutsam.

Erstens kann man die islamische Stadt kaum als gewollte, bewußte, sozusagen ‚programmierte' soziale und physische Einheit verstehen, sondern vielmehr als eine Reihe von Spannungen zwischen gegensätzlichen, mitunter unvereinbaren Polen, die immer den Variablen von Zeit und Raum unterworfen waren. Die Stadt ist bestimmt durch Handel und Handwerk, doch stammt ein Großteil ihres Reichtums von der Landwirtschaft, und die Trennung in städtischen Bereich und landwirtschaftlichen Bereich ist nie sehr deutlich. Die Stadt ist definierbar durch eine einzige Gemeinde- oder Freitagsmoschee, doch besitzt sie auch Hunderte privater Heiligtümer und Gebetsplätze. Sie ist die Welt eines lokalen Bürgertums, doch hat nur zu häufig eine Militäraristokratie fremder Gouverneure die größte Macht inne. Die Wohnviertel sind bestimmt durch Stammes-, Religions- oder Volkszugehörigkeit, doch bildet das Handelszentrum die Achse der Stadt, und dort kommen Menschen verschiedenen Glaubens und verschiedener Herkunft zusammen. Mauern werden zum Schutz der Stadt errichtet und sofort entstehen Vororte. Zweck und Funktion der Gebäude werden von den Bedürfnissen der Stadt bestimmt, doch nur der Staat hat die finanziellen Mittel und die Macht, größere Gebäude zu errichten. Innerhalb des Bürgertums gibt es ähnliche Spannungen, zwischen

Familien- und Berufszugehörigkeit, zwischen Orthodoxie und Mystik, zwischen Lokalpatriotismus und überregionalem Interesse, zwischen Individualismus und Gruppeninteresse.

Es wäre recht bequem, daraus zu schließen, daß alle diese zweipoligen Spannungen auf ein oder zwei widerstreitenden strukturellen Grundtendenzen der islamischen Welt basierten, die, in unserem Fall, Einfluß auf die städtische Ordnung haben. Und zweifelsohne kann man zu fast allen Zeiten Spannungen entdecken zwischen Militär und Bürgertum, zwischen Orthodoxie und Mystik, zwischen lokalem Partikularismus und gesamtislamischen Bedürfnissen.

Sollten wir also behaupten, es habe nie eine ‚islamische' Stadt oder ein ‚islamisches' Bürgertum gegeben, sondern nur eine Anzahl lokaler Entwicklungen und Erscheinungen, deren Beziehung zueinander islamische Formen annahm? Bis zu einem gewissen Grad ist das wirklich so, und in jüngster Zeit hat ein Teil der Forschung lokale Besonderheiten auf Kosten starker kultureller Verallgemeinerungen betont. Doch selbst der kurze hier gegebene Überblick deutet eine zweite Schlußfolgerung an, nämlich die auffallende Beständigkeit so vieler islamischer Städte – eigentlich aller außer solcher wie Sīrāf, die von vornherein nur begrenzte Ausstrahlung besaßen. Da nun die islamische Welt, trotz aller Konflikte, Invasionen und Zerstörungen, so häufig durch städtisches Leben bestimmt ist und da so viele Städte ihren Reichtum über manches Jahrhundert bewahrten, ohne ihre Zugehörigkeit zur *umma* aufzugeben, müssen wir annehmen, daß diese Städte etwas gemeinsam hatten, etwas, was wohl zum Beispiel russischen Städten fehlte, von denen viele den Mongolensturm nicht überlebten, etwas, was wohl auch Städten des Languedoc fehlte, die Jahrhunderte brauchten, um sich von der Zerstörung durch die Kreuzzüge des VII./13. Jahrhunderts zu erholen. Zum Teil hatte die Widerstandskraft der islamischen Stadt ihre Ursache in der nur lockeren Verbindung der städtischen Institutionen untereinander. Denn es wurden weder die Institutionen des Altertums noch des mittelalterlichen Europa übernommen, also auch nicht die sklerotischen Organismen, die die Bewegungsfähigkeit beeinträchtigen

konnten. Die islamische Stadt war auf einer Reihe von Bindungen zwischen Individuen und Einheiten verschiedener Art gegründet, wobei die Bindungen selten schriftlich fixiert waren, sondern eher von Generation zu Generation weitergegeben wurden. Daher konnte sie sich, wie in dem oben zitierten Abschnitt von al-Jāhiz, ethisch oder religiös definieren, da ihre Grundlage die Beziehung zwischen Menschen und nicht zwischen Institutionen bildete. Dieser menschliche Gesichtspunkt erklärt viel im Äußeren der Stadt: ansehnliche neue Häuser und Bauwerke neben verfallenen, die einst dieselbe Aufgabe erfüllten, ständig neuhergerichtete Basare, eine dauernde Verbindung zu den Toten mittels großer Friedhöfe und die schnelle Aufgabe von Grabstätten vergessener Menschen. All das war möglich, da nicht feste Einrichtungen, sondern Menschen überdauerten, die sich an neue Verhältnisse anpassen konnten. Außerdem ermöglichte dieser islamische Stil, der allen auftretenden Institutionen und Problemen zu eigen war, den Andalusiern, nach Marokko zu ziehen und den Marokkanern, nach Iran zu gehen, und machte es möglich, daß die halbe islamische Welt von den Osmanen regiert wurde. Durch den Islam erhielten die islamische Stadt und ihr Bürgertum ihre Widerstandkraft, nicht weil in ihm alle städtischen Probleme erkannt waren, sondern weil er über die abstrakten Formen verfügte, mittels derer sie gelöst werden konnten.

Aus diesem Grunde ist es problematisch und gefährlich, ursprüngliche äußere Erscheinungen einiger islamischer Städte – den großartigen symbolischen Grundriß von Bagdad, das komplexe Basarsystem in Kāshān und Isfahan, die quadratische Anlage von Herat – als Ausdruck von Eigenschaften dieser, und nur dieser Kultur anzusehen. Oft überlebte in solchen Fällen, so am deutlichsten in Bagdad, die ursprüngliche Anlage kaum eine Generation. Es gibt einige Beispiele abstrakter Städteplanung in der islamischen Welt; doch diese waren fast immer das Ergebnis herrscherlicher Launen, nicht ein typischer Ausdruck der Kultur. Letzterer fand sich im einmaligen Charakter islamischen Lebens und Verhaltens; beides blieb uns nur durch die bürgerliche Stadt erhalten.

Zwei bedeutende islamische Städte sind auf der gegenüberliegenden und auf der folgenden Doppelseite abgebildet: Aleppo und Jerusalem. Beide sind weit älter als der Islam, beiden waren Schlüsselrollen unter der neuen Religion zugedacht. **Aleppo** war vor der islamischen Eroberung im Jahre 15/636 hethitisch, assyrisch und hellenistisch. Während der folgenden tausend Jahre ging es durch die Hand der Byzantiner, Fātimiden, Seldschüken, Kreuzritter, Mongolen, Mamlūken und Osmanen. Errichtet auf einem weitläufigen Hügel mitten in der Stadt, war seine Zitadelle (mehr darüber im Kapitel über Kriegführung, S. 218–19), eine der stärksten Festungen der Welt. Die Miniatur auf der gegenüberliegenden Seite stammt aus einer Handschrift (X./16. Jh.) von Nāsūh al-Matrakīs *Itinerar*, einer Beschreibung der Feldzüge Sultan Sulaymāns des Prächtigen in den Jahren 941–43/ 1534–36. Trotz der schematischen Darstellung ist die Stadt genau wiedergegeben: fast quadratisch; Zitadelle im Zentrum, erreichbar auf einer über den Graben führenden Brücke. Wie in allen islamischen Städten finden sich in Aleppo zahlreiche Moscheen, deren Minarette die Silhouette bestimmen. (1)

Folgende Doppelseite: Luftbild der Altstadt von **Jerusalem**, in Richtung Osten gesehen. Deutlich sichtbar (rechts oben) ist der Haram (Tempelbezirk), eine rechteckige Plattform, die einst den Grundriß von Herodes' Tempel bildete. In der Mitte steht der Felsendom, rechts davon die Aqsā Moschee; beide gehören zu den heiligsten Stätten des Islam. Die Altstadt ist in ‚Viertel' gegliedert, welche die lange Geschichte religiösen Zusammenlebens spiegeln. Nördlich (d. h. links) des Haram liegt das muslimische Viertel, westlich davon (im Vordergrund der Aufnahme) das christliche. Rechts sieht man das jüdische (dem Tempel am nächsten) und das armenische Viertel. Außerhalb der Stadtmauer (im Bild oben) zieht sich das Kidrontal hin; jenseits davon (nicht mehr im Bild) liegt der Ölberg. (2)

Die Stadt bildete eine geschlossene und organische Einheit, in der das Öffentliche und das Private, das Heilige und das Profane glatt ineinander übergingen. Die beiden Pole ‚bürgerlichen' Lebens waren Moschee und Basar,

Im Basar wurde alles unter demselben Dach verkauft – eine Idee, die erst kürzlich im Westen Eingang fand. Eine Illustration aus dem frühen VII./13. Jh. (unten) zeigt

die oft dicht beieinander standen; sieht doch der Islam im Wunsch, Geld zu verdienen, nichts Tadelnswertes. Dieses Panorama von Ankara (oben) stammt von einem französischen Künstler aus dem XII./18. Jh. Entlang des

einen Juwelier, einen Apotheker, einen Metzger und einen Bäcker. Alle Läden waren zur überdachten Straße, zum *sūq* hin, geöffnet. (4)

Platzes stehen Läden. Die Frauen sind zwar verschleiert, aber sie begegnen den Männern frei und ungezwungen. Hinten, fast in der Mitte, ist das Obergeschoß eines Privathauses sichtbar. Darunter wiegt ein Geldwechsler

Färbereien und andere Gewerbe, die Schmutz oder unangenehme Nebenprodukte verursachten, wurden im allgemeinen in besonderen Vierteln vereint oder an den

oder Juwelier seine Waren. Daneben steht die Moschee. Rechts davon weitere häusliche Szenen: man kocht, raucht, webt. Vor der Stadt werden Schafe geschoren, und eine Handelskarawane überquert den Fluß. (3)

Stadtrand verlegt. Unten abgebildet sind Färbereien aus dem heutigen Fez. Die Elemente islamischen Stadtlebens haben sich bisher als ziemlich beständig erwiesen. (5)

Unter bürgerlichem Patronat wurden viele erlesene Kunstgegenstände hergestellt, die einen der städtischen Mittelklasse eigenen und von dem des Hofes unterschiedenen Geschmack zeigen.

Ein Lüsterteller aus Ray, Iran (links), bemalt mit einer Szene, die vielleicht Laylā und Majnūn beim Unterricht darstellt (ihre Liebesgeschichte wird noch einmal auf S. 154/55 illustriert). Der Lehrer sitzt in der Mitte; jeder Schüler hat eine Tafel mit derselben Schreibübung darauf. Der Teller stammt vom Ende des VI./12. Jh. (6)

Aus Mosul in Mesopotamien stammt der unglasierte Wasserkrug (unten) aus Steingut, verziert mit Blumen und Tierreliefs. Datierung: VI./12.–VII./13. Jh. (8)

Eine Wasserbüffelkuh säugt ihr Kalb (unten), offenbar ohne den ihren Höcker angreifenden Löwen zu bemerken. Diese Statue wurde im Jahr 603/1206 für einen Kaufmann hergestellt; sie diente als Wasserbehälter. (7)

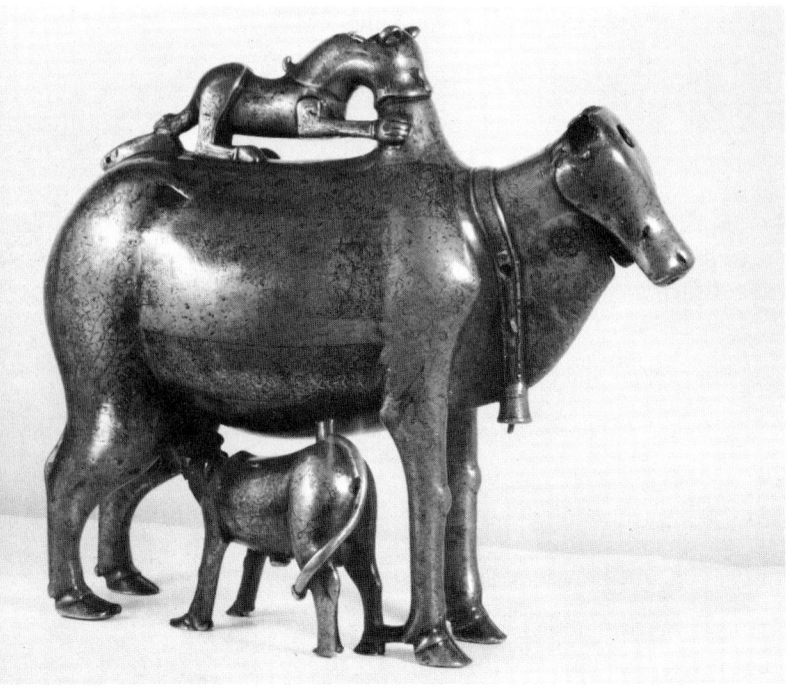

Metalleinlegearbeiten wie diese Messingkanne (unten) zeigten oft ein Repertoire ‚höfischer‘ Szenen – Jagd, Falkenbeize, Musizieren – zum Ergötzen ihrer bürgerlichen Besitzer. Die Einlage besteht aus Silber und Kupfer; Herkunftsort ist Mosul, Herstellungsdatum das Jahr 630/1232. (11)

Die ‚Freer Feldflasche‘ (oben) zeigt ein seltsames Szenengemisch; einige sind christlich, so der Einzug in Jerusalem und Christi Geburt. Doch sind Technik und Motive völlig islamisch, ein Beweis für die Integration von Nichtmuslimen in der islamischen Stadt. (9)

Der hübsche Esel (oder das Dromedar?) aus Glas in Flaschenform (unten) stammt aus Aleppo; II./8.–III./9. Jh. (10)

Stadtformen variieren in der islamischen Welt, doch gibt es bestimmte Gemeinsamkeiten. Die kleinste Einheit ist das Familienwohnhaus *(dār).* Sanʿāʾ im Jemen (oben) zeigt eine Tendenz zu hohem Bauen, was dieser Stadt die ihr eigene Betonung der Vertikalen verleiht. Verbreiteter ist die Ausdehnung der *dār* zu ebener Erde, wobei die Räume um einen zentralen Innenhof gruppiert sind. Rechts: Yazd in Iran. Im Vordergrund sieht man den Innenhof einer Moschee, dahinter die dichte Ansammlung von Hauseinheiten, getrennt durch fensterlose Mauern. (12, 13)

Ein Labyrinth enger Straßen
verband die Einzelgrundstücke zu
einem dichten, nicht immer harmonischen Viertel. Streitereien über
Zufahrtsrechte, Reparaturen, Wasserversorgung, Tierhaltung und
das Besitzrecht an Trennwänden
nahmen kein Ende. Eine Luftauf-
nahme wie nebenstehende von El
Oued, Algerien, erklärt in diesem
Zusammenhang vieles. (14)

Wasser war schon immer von großem Interesse in der islamischen Welt. Die meisten muslimischen Länder sind trocken. So wurden das Vorhandensein von Wasser und die Sammel-, Speicher- und Verteilmethoden entscheidende Faktoren bei der Besiedlung und verantwortlich für Unterschiede zwischen islamischen Gebieten. Wasser spielt eine wichtige Rolle in der Landwirtschaft, im gesellschaftlichen, kulturellen und religiösen Leben.

Große Wasserräder (arabisch *nā'ūra*) fanden sich entlang dem Nahr-al-'Asī, dem antiken Orontes, in Syrien. Sie wurden vom Fluß angetrieben und schöpften in kleinen Behältern Wasser, das sie oben in Verteilerkanäle entleerten. Solche Räder wurden schon im VI./12. Jh. benutzt. (15)

Brunnen waren oft private Stiftungen. Rechts oben: der Brunnen von 'Abd ar-Rahmān Katkhudā, Kairo. Rechts unten: der Najjārīn-Brunnen in Fez. (16, 17)

Karawansereien, Herbergen für reisende Kaufleute und ihre Lasttiere, waren die bedeutendsten städtischen Handelsgebäude. Meist wurden sie in Stadtrandgebieten errichtet und waren, wie die Brunnen, das Ergebnis privater Stiftungen. Das Bild rechts zeigt die al-Ghūrī Karawanserei in Kairo. (19)

Das Bad, aus dem römischen Bad entstanden, diente nicht nur der Entspannung, es erfüllte auch gesellschaftliche Aufgaben. Diese Miniatur aus dem Jahre 935/1528 zeigt den Kalifen al-Ma'mūn (in der Mitte, sitzend) beim Genuß der Annehmlichkeiten eines Bades. Er läßt sich die Haare schneiden. Links wird mittels eines von einem Ochsen betriebenen Aufzugs Wasser geschöpft. Unten wird ein Mann massiert. (18)

Krankenhäuser entstanden, wie Schulen und Armenhäuser, in der Nähe der Moscheen und gehörten verwaltungsmäßig zu ihnen. Ein schönes Beispiel ist das Krankenhaus von Divrigi (rechts) in der Türkei, erbaut im Jahre 626/1228. (20)

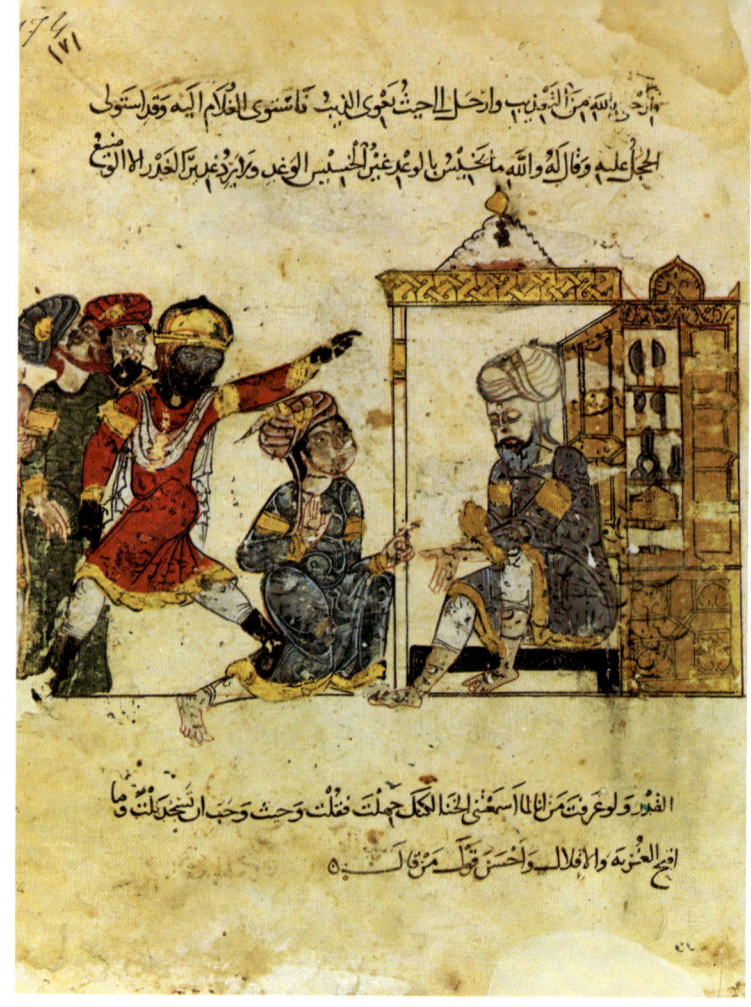

Einen Blick in die Vergangenheit gewähren uns frühe Illustrationen von al-Harīrīs *Maqāmāt*, in denen das tägliche Leben einer Stadt des VII./13. Jh. dargestellt ist. Oben links: in einer Moschee, in der gerade der Imam vom *minbar* herab predigt; im Hintergrund der *mihrāb*, davor eine alte Frau, die zwischen den Zuhörern umhergeht. Oben rechts: im Barbierladen; Rasiermesser und Schere liegen auf dem Regal. Unten links: in der öffent- lichen Bibliothek von Hulwān bei Bagdad; die Bücher liegen in Nischen im Hintergrund. Unten rechts: in einer Schule; die Lehrer diskutieren, die Schüler lauschen; einer schwingt einen Fächer. Nächste Seite: Reisende kommen in ein Dorf, das mit ländlichen Details ausgeschmückt ist; doch auch hier gibt es eine Moschee mit einem Minarett. Auf allen Bildern verbindet sich Detaildarstellung mit karikaturistischen Zügen. (21–25)

Das Herz der Stadt war die Moschee – nicht getrennt vom täglichen Leben, sondern in dieses integriert, sichtbares Symbol der Einheit der islamischen Welt. Hier sind die Höfe von vier großen Moscheen aus verschiedenen Teilen der islamischen Welt zu sehen. Oben: Bādshāhī Moschee, Lahore. Unten links: al-Azhar Moschee, Kairo. Unten rechts: Umayyaden Moschee, Damaskus. Gegenüberliegende Seite: Goldene Moschee, Bagdad; unter den beiden Kuppeln liegen zwei Imam-Gräber als Kern, von dem aus die ganze Anlage wuchs. (26–29)

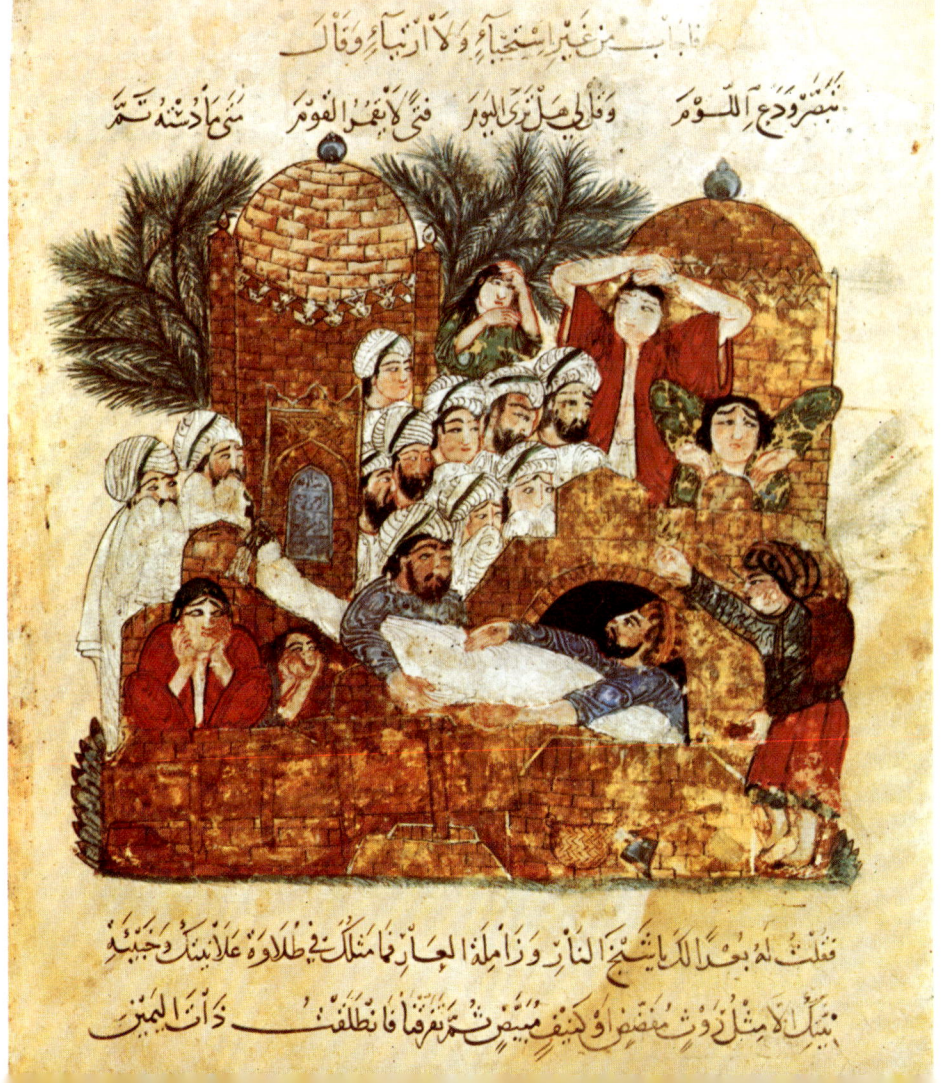

Die Ehrerbietung für die Toten, die keineswegs koranische Vorschrift war, ließ eine ganze Gruppe städtischer Gebäude entstehen – die Gräber von Herrschern oder ‚Heiligen'. Wo diese Grabstätten nicht, wie in Bagdad, Anlaß zum Bau von Moscheen waren, bildeten sie doch den Kern von Friedhofsanlagen, die ihrerseits zu Treffpunkten für Pilgerfahrten und zum Schauplatz für Zeremonien wurden, was zur Errichtung von Herbergen, Verpflegungsstellen, Bibliotheken und Krankenhäusern führte. Oben: die frühtīmūridischen Mausoleen in Samarkand (heute UdSSR), zu denen auch das von Tīmūr-i Lang (Tamerlan) gehört. Links: Beisetzung, dargestellt in den *Maqāmāt* (VII./13. Jh.); die Grabkuppeln und die immergrünen Bäume zeigen einen typischen Friedhof. (30, 31)

IV

DER MYSTISCHE WEG

Fritz Meier

Sīmurgh, der sagenhafte Vogel, der in einer mystischen Allegorie Gott vertritt: Teil von Tafel 18. (1)

Schon zu Lebzeiten Mohammeds (gest. 11 H./632 n. Chr.) gab es Anhänger seiner Lehre, die sich nicht mit der Erfüllung seines Gesetzes begnügten, sondern in eine engere Beziehung zu Gott zu treten suchten. Ähnlich den christlichen Mönchen, doch nicht unbedingt ehelos, fanden sie den Weg dazu in einem Abbau der Bindungen an den Leib und die Welt, in einer Reinigung der Seele von Eigenschaften, die ihnen als schlecht hingestellt worden waren oder ihnen eine nur aufs irdische Wohlbehagen ausgerichtete Gesinnung zu verraten schienen. Diese Bewegung wuchs zahlenmäßig mit der Ausbreitung des Islams im I./7. und II./8. Jahrhundert, sei es, daß arabische Asketen in den neuen Ländern Nachahmer fanden, sei es, daß nichtarabische Neumuslime diese weltflüchtige Frömmigkeit aus ihrer früheren Religion schon mitbrachten. Diese Suche nach Gott trieb manche in die Absonderung von den Menschen und führte andere zu einem vertieften religiösen Leben inmitten der menschlichen Gesellschaft. Die das vorgeschriebene Maß überschreitende Verinnerlichung wurde nicht einhellig anerkannt. Sie lenkte das Augenmerk vom sprachlichen und rechtlichen Aspekt der heiligen Überlieferung, das heißt des Korans und der Prophetensprüche, ab auf den Ertrag für die Seelenführung und zeigte auch für dogmatisch-metaphysische Fragen kein sonderliches Interesse. So entstand eine neue Theologie – wenn man diesen Ausdruck verwenden darf – eine Wissenschaft frommer Introspektion und einer darauf hinzielenden inneren Betrachtung der islamischen heiligen Schriften. Zwei Hauptvertreter dieses frommen Denkens waren al-Hasan al-Basrī (gest. 110/728) und Muhāsibī (gest. 243/857). Die Breite des Stromes dieser Bewegung reichte von der weinerlichen Askese bis zur tiefsinnigen Spekulation und umfaßte personell sowohl einfachere Gemüter als auch hochgebildete Geister. Wir wollen ihre Vertreter hier, in behelfsmäßiger Übersetzung des arabischen *nussāk* (sing. *nāsik*), Religiosi nennen. Die von ihnen geschaffene neue Wissenschaft erhielt später verschiedene Namen, darunter das zweideutige ‚Wissenschaft vom Innern‘, aber auch ‚Lehre von den Werken des Herzens‘.

Die vorklassische Sūfik
Zu diesen Religiosi zählten im II./8., vor allem im späten II./8. Jahrhundert, auch die sogenannten *sūfiyya, sūfiy-*

yūn (sing. *sūfī*) oder *mutasawwifa* (sing. *mutasawwif*). Mit größter Wahrscheinlichkeit hießen sie so, weil sie (oder wenigstens einige von ihnen) durch das Tragen von Wollkutten (*sūf* ‚Wolle‘) auffielen oder auffallen wollten. Die Bezeichnung mochte sich aufdrängen, weil das wollene Bußgewand seit alters, auch im christlichen Mönchstum, die Kleidung derer war, die sich der frommen Armut verschrieben, während das Wort ‚Armer‘ (*faqīr*, pl. *fuqarā'*) ja nicht unbedingt den Begriff der Frömmigkeit enthielt. Doch wurde auch ‚Armer‘ verwendet, wobei dem arabischen *faqīr* das persische *darwēsh*, jünger *darwīsh*, entspricht, davon deutsch Derwisch. Worin sich diese Sūfiyya von den anderen Religiosi außerdem unterschieden, ist nicht ganz klar. Einigen scheint ein gammlerischer Zug und eine gewisse Verachtung für die bestehende Gesellschaft und deren theologische Helfershelfer eigen gewesen zu sein. Sie fragten sich, wieweit ein Zusammenleben und eine Zusammenarbeit mit ihr überhaupt noch möglich sei, fühlten sich bald zu einem gleichgültigen Verhalten, bald zu einem provokanten Widerstand gegen die Sitten ihrer Vertreter berufen und lebten, einzeln oder in Gruppen, ihren besonderen Lebensstil. Ohne Zweifel gaben sie mehr auf ihre persönliche religiöse Erfahrung als auf die eingebürgerten Formen und glaubten sich gerade dabei in besserem Einklang mit dem Sinn der Religion als die Spitzen der etablierten Frömmigkeit oder gar des weltlichen Lebens. Es ist nicht ausgeschlossen, wenn auch sehr unsicher bezeugt, daß die Sūfiyya schon im II./8. Jahrhundert das Hören von Dichtung und Musik (*samā'*) als Mittel benutzten, ihre Liebesgefühle für Gott zu steigern und in Ausnahmezustände zu geraten, in denen sie eine Art Berührung mit Gott zu spüren vermeinten. Die koranische Empfehlung, soviel wie möglich Gottes zu gedenken (*dhikr allāh*), hatte schon zu Lebzeiten des Propheten zur Abhaltung von Versammlungen geführt, in denen religiöse Fragen, auch solche des Gesetzes, erörtert wurden. Sie fanden ihre Fortsetzung im Kreise der genannten Religiosi und erfuhren mancherlei Veränderungen. Bei den Sūfiyya kam es in diesen Versammlungen, vielleicht ebenfalls schon im II./8. Jahrhundert, zur gemeinsamen Wiederholung gewisser Formeln, insbesondere des ersten Satzes des islamischen Glaubensbekenntnisses ‚Es gibt keinen Gott außer Gott' (lā ilāha illā llāh), womit ebenfalls Ausnahmezustände hervorgerufen wurden. Beide Übungen (samāʿ und dhikr) konnten in ein und derselben Versammlung miteinander kombiniert werden. Die Ṣūfiyya sahen ihr Ziel gewiß nicht darin, religiöse Gesetze zu mißachten, aber das Gesetz trat bei ihnen auf den Rang einer Vorstufe zurück, und mancher hat es in seinem Eifer überschritten.

Noch ungelöst ist die Frage, wo diese alte Sūfik entstanden ist. Die erhaltenen Nachrichten deuten unbestimmt in das Kulturland außerhalb des eigentlichen Arabiens: auf Mesopotamien, Syrien, Palästina, Ägypten, insbesondere Nordsyrien. Doch um 200/815 war sie auch in Mekka, im Jemen, in der Gegend des Oxus verbreitet.

Die klassische Sūfik

Die gelehrten Theologen nahmen die Ursūfiyya nicht für voll, und manche beobachteten auch die ‚Wissenschaft vom Innern', die die Religiosi trieben, mit Zurückhaltung. Spätestens am Anfang des III./9. Jahrhunderts hatte der Begriff Sūfī auch bei den nichtsufischen Religiosi einen guten Klang und wurde von ihnen vielen Definitionsversuchen unterworfen. Das bedeutet, daß die Männer der ‚Wissenschaft vom Innern' an ihren Außenseitern, den Sūfiyya, in ähnlicher Weise ein schönes Ideal entdeckt hatten wie etwa an den ‚Jungmannschaftlern' (fityān), deren Edelmut sie inspirierte. Wir wissen nicht, was bei ihnen stärker am Werke war: ein Wille, sich zu Gammlern und Ungelehrten zu erniedrigen oder diese auf den rechten Weg zu führen, eine falsche Verallgemeinerung oder eine falsche Gleichsetzung durch Außenstehende, der sie zum Opfer gefallen waren – jedenfalls begann der Begriff Sūfik im Laufe des III./9. Jahrhunderts nicht mehr nur jenen etwas anrüchigen Flügel der revolutionären, sondern auch die Mitte und schließlich fast die ganze Front der ‚Wissenschaft vom Innern', meist unter Einschluß der strengsten Asketik, zu bezeichnen. Alleinherrschaft besaß diese Benennung freilich nie, und manch einer, der seinen Verlautbarungen nach zu den Sūfiyya im neuen Sinne gerechnet werden könnte, hat es abgelehnt so genannt zu werden. Überdies machte ihr von der anderen Seite her ein ganz anderer, sehr hoher Begriff, der der ‚Erkenntnis' und des ‚Erkenners', das Feld streitig.

Im III./9. Jahrhundert dehnt die kleine Randerscheinung Sūfik ihren Namen auf die ganze Bewegung der Religiosi und der ‚Wissenschaft vom Innern' aus und geht dann selber in ihr unter. Große Meister der ‚Wissenschaft vom Innern', nunmehr meist Sūfiyya genannt, wie Dhū n-Nūn al-Miṣrī in Ägypten, Abū Saʿīd al-Kharrāz, Ibn ʿAṭā und Junayd in Mesopotamien, Abū Yazīd al-Basṭāmī, Abū Hafs al-Naysābūrī und Abū Bakr al-Wāsiṭī in Iran, neben vielen anderen, arbeiten im III./9. und IV./10. Jahrhundert aus dem rohen Stoff einer oft zu faulen und oft zu stürmischen Gottsuche und Gottseligkeit die klassische Sūfik heraus, eine islamische Mystik, die zwar im einzelnen Verschiedenheiten entwickelt, aufs Ganze gesehen aber doch ein einheitliches Aussehen gewinnt. Die anerkannten Autoritäten versuchten die

Schosse, die der Baum der Erlebnisfrömmigkeit über die Mauern des Religionsgesetzes hinausgetrieben hatte und immer wieder hinaustreiben wollte, zurückzuschneiden und die Wildnis der Seelenwelt in einen gepflegten Garten zu verwandeln. Man schied Lobenswertes von Tadelnswertem, teilte Tugenden ab von Gefühlen, stellte eine Skala innerer Verhaltensweisen auf, wies die inneren Fähigkeiten bestimmten nichtphysischen Organen (Herz, Geist usw.) zu, glaubte ethische und erkenntnistheoretische Gesetzmäßigkeiten feststellen zu können und gab Möglichkeiten und Grenzen geistiger Abenteuerfahrten an, kurz, man entwickelte eine fein durchgearbeitete Seelenkunde im Hinblick nicht auf eine Erforschung des Menschen, sondern auf die religiöse Läuterung, die der Beflissene an sich vorzunehmen hatte. Darüber stand und wurde in vielen Varianten dauernd neu herausgestellt der Gedanke des ‚Monismus' (tawḥīd), der besagte, daß Gott ein Einziger sei und alles, einerseits das ganze Schicksal und Leiden des Menschen, andererseits das Gute und die Gebote, nur er wolle, ermögliche und verwirkliche, mit anderen Worten, daß das menschliche Subjekt ein Scheingebilde sei und es vor Gott nur von Gott selbst geschaffene und gesteuerte Objekte gebe. Mit dieser Lehre sollte der Widerstand des Menschen gegen den doppelten Willen Gottes, der sich einerseits im Schicksal, andererseits in Gottes Geboten ausprägt, als sinnlos und das Ziel der wahrhaften und rückhaltlosen Ergebung als natürlich hingestellt werden. Bei der vorzunehmenden Läuterung hatte der Mystiker demgemäß Gott nicht nur vor Augen, sondern wußte ihn sich auch als treibende Kraft im Rücken.

Mit der Überzeugung von Gott als dem einzigen Schöpfungs- und Handlungssubjekt stand die klassische Sūfik auf dem Boden des Traditionariertums eines Ibn Qutayba (gest. 276/889) und förderte die Neubegründung der ‚Orthodoxie' durch Ashʿarī (gest. 324/935–36). Ashʿarīs sūfischer Zeitgenosse Abū Bakr al-Wāsiṭī trieb den Monismus so weit, daß er das Bittgebet als einen Verstoß gegen das Gebot der Unterordnung unter den unverrückbaren Willen Gottes brandmarkte. Von der Orthodoxie setzte sich die Mystik ab durch die Praxis der Läuterung, mit der sie das Seelenleben des Menschen ganz in dieser Richtung zu verändern und die Entwerdung des Pseudosubjektes zu bewerkstelligen suchte.

Die Philosophie lobte an der Sūfik ihre Bestrebung, die Seele zu läutern, vermißte an ihr aber die Erkenntnisbemühung, die daran anzuschließen habe, und tadelte an ihr auch die Selbstherabsetzung zu einem Nichts.

Nicht mit Unrecht bezeichnete später der andalusische Gelehrte Lisān ad-Dīn ibn al-Khaṭīb (gest. 776/1374) die klassische Sūfik als ‚Mystik des ethischen Verhaltens' (at-taṣawwuf al-khulukī).

Die Lehrbücher und der Umbruch

Am Anfang des 10. Jahrhunderts machte sich der aus Südpersien stammende Hallāj durch spitze Bemerkungen gegen den herkömmlichen Islam und kritische Äußerungen zur bestehenden Sūfik verdächtig. Er vertrat die These, daß Gott dem Menschen in allen Fasern ontologisch gegenwärtig sei, zerbrach dann aber an dem vergeblichen Versuch, sein Bewußtsein so an Gott heranzudrängen und über ihn zu stülpen, daß eine wirkliche Einheit zwischen Ich und Gott zustande kam. Er drückte seine Sehnsucht auch in Liebesgedichten aus, die nicht alle von ihm selbst stammen und in denen die Redensarten der profanen Liebeslyrik verwendet sind. Man darf diese nicht dogmatisch nehmen und Rückschlüsse auf Hallājs Gotteslehre daraus nur mit größtem Vorbehalt ziehen. Sollten einige seiner Aussagen, in denen Todessehnsucht zu Worte kommt, echt sein, so hätte schon er selbst nur den Tod als Ausweg gesehen. Allerlei Umstände, auch politische Ränke, führten schließlich zu seiner Hinrichtung in Bagdad 309/922. Dieser Schlag war nicht gegen die Sūfik als solche gerichtet und traf sie auch nicht. Aber er verstärkte das Bedürfnis, die mystische Frömmigkeit zu regeln und gewisse Normen zu setzen. So entstanden im IV./10. und V./11. Jahrhundert mehrere sūfische Lehrbücher, die aus den überlieferten Aussprüchen der Klassiker und alter Vertreter der ‚Wissenschaft vom Innern' die passenden auswählten und wenn nötig unpassende als warnende Gegenbeispiele anführten. Bezeichnenderweise ließ man dabei Hallāj nur selten zu Worte kommen. Ein Gegner Hallājs, Khuldī (gest. 348/959–60), sicherte sich dadurch gegen ihn ab, daß er die Linie seiner geistigen Väter an Hallāj vorbei über Junayd bis nahe an die Zeit des Propheten heranzog. Er schuf damit die erste Gewährsmännerkette für die Sūfik und leitete damit ein Beglaubigungsverfahren ein, dessen auch die spätere Sūfik nicht mehr entraten zu können glaubte.

Zugleich versuchte man durch eine straffere Erziehung des Nachwuchses nicht nur einen erfolgversprechenderen Unterricht zu gewährleisten, sondern auch bessere Vorkehrungen gegen Mißbildungen zu treffen. Der frühere, eher akademisch freie Lehrgang bei einem Meister des Faches wich allmählich einem mehr schulhaften Internatsbetrieb, bei dem der Novize stärker unter der Aufsicht seines Lehrers stand und für jedes Tun und Lassen den Befehl des Lehrers erhielt. Er hatte sich dem Meister (arabisch *shaykh*, persisch *pīr*) als einem Stellvertreter Gottes rückhaltlos zu eröffnen und zu ergeben, bis die Ausbildung abgeschlossen war.

Die nachklassische Sūfik

Die Sūfik seit etwa dem Ende des V./11. Jahrhunderts zeichnet sich durch eine höhere Bewertung des visionären Elements und der okkulten Erlebnisse aus. Die Grundlage für die volle Rezeption dieser Begleiterscheinungen des mystischen Strebens schuf der Theologe Muhammad al-Ghazālī (gest. 505/1111), der im Vorkommen mystischer Erkenntnisse, der auditiven und visuellen höheren Wahrnehmungen einen Beweis für die Prophetie und damit für die Glaubwürdigkeit der islamischen Religion, also in der ‚kleineren Tradition' der Mystik einen Beweis für die Richtigkeit der ‚größeren Tradition' der Religion, erblickte. Die visionären Schauungen, die in der klassischen Sūfik möglichst an den Rand gedrängt, ja vielfach ausgeschieden worden waren, sollten zwar auch nach den Richtlinien der nachklassischen Sūfik nicht überschätzt oder gar zum Selbstzweck erhoben werden, gewannen aber als Symptome für den inneren Stand und die seelischen Krankheiten und Fortschritte des Schülers erhöhte Bedeutung. Der Lehrer interpretierte ihm seine Träume und Visionen, und Ansätze zu einer Bedeutungslehre der wahrgenommenen Zeichen machen sich bemerkbar, denn wenn auch die direkte Wahrnehmung höherer Welten

Ein Sūfī wärmt sich die Füße. Die Handschrift aus dem X./16. Jh. ist persisch, aber Einzelheiten im Gesichtsschnitt und Wolken weisen auf eine mongolische Quelle. (2)

anerkannt wurde, so war doch die indirekte Wahrnehmung zum Beispiel eigener Seeleneigenschaften im Abbild verschiedener Tiere auf eine Entsprechungslehre angewiesen. Das eigentliche Ziel war jedoch nur zu erreichen, wenn man die Erscheinungen auch dieser Zwischenwelten wieder überwand.

In der Nachklassik taucht gelegentlich auch die Theorie von einem göttlichen Funken im Menschen auf, wahrscheinlich die Folge einer Berührung mit der Philosophie und vielleicht auch mit schiitischen Gedankengängen, die ihrerseits wieder auf gnostische Vorstellungen zurückgehen. Aus dieser Sicht nimmt sich das mystische Bemühen als die Befreiung und Zurückführung eines Lichts zu seinem Ursprung aus.

Häufig wird das Befreiungswerk in den Zusammenhang einer Weltanschauung gestellt, die philosophischen Überlegungen und nichtkoranischen Systemen entnommen ist. Einen bevorzugten Platz nimmt die Lehre von der Emanation der Welt aus Gott über verschiedene Stufen bis zum leblosen Stoff der Gesteine ein. Der Weg der Gotteserkenntnis ist aber keine Rückwanderung über die gleiche Strecke, die das Werden der Welt zurückgelegt hat, denn der Mensch steht nicht auf dem Tiefpunkt der ‚Gottesferne', sondern asymmetrisch bereits auf dem aufsteigenden Ast, an der Spitze der Naturreiche. Von da aus nimmt er seine Höherentwicklung zum ‚Vollkommenen Menschen', wie der Fachausdruck etwa lautet, durch die erwähnte innere Läuterung. Yaḥyā as-Suhrawardī (gest. 587/1191), der Gott mit dem absoluten Licht und das Nichtsein mit der absoluten Finsternis gleichsetzt und die dazwischenliegenden Dinge des Daseins in einer Stufenfolge immer schwächer werdenden Lichts und immer stärkerer Verschattung unterbringt, stellt sich neben dieser kosmogonischen Lichtausstrahlung eine zweite der ‚Bescheinung‘ oder ‚Erleuchtung‘ *(ishrāq)* vor, durch die die bereits bestehenden Lichtinstanzen einander in mannigfacher Weise, aber immer von oben nach unten oder allenfalls noch seitwärts, gleichsam geistig belichten. Erst durch diese sekundäre Hilfe gewinnt das eingekörperte Licht des Menschen die Kraft und die Lust, sich der Verlockung der Materie zu entziehen, und die Möglichkeit, nach Abstreifung des Leibes im Tod einem noch tieferen Fall in Tierkörper, aus denen es keine Errettung mehr gibt, zu entgehen. Ibn al-ʿArabī (gest. 638/1240) ersetzte diesen Lichtmonismus durch einen Seinsmonismus, in dem alle Erscheinungen nichts als Gesichter des mit Gott gleichgesetzten Seins sind. In beiden Systemen bewegt sich die Mystik zwischen der abstrakten Erkenntnis und dem erlebenden Innewerden dieser letzten Einheit im ursprünglichen Grundstoff des Lichtes oder des Seins. Beide Theosophen haben in der ganzen Folgezeit weitergewirkt, Ibn al-ʿArabī ungleich viel nachhaltiger als Suhrawardī und bis an die äußersten geographischen Grenzen der islamischen Welt. Seine Lehre blieb ein Zankapfel selbst in den islamischen Teilen Indonesiens vom XI./17. Jahrhundert an.

Stand die Sūfik in der klassischen Zeit am Rande der Gesellschaft, und zwar so sehr, daß in der nichtmystischen Literatur damals kaum von ihr die Rede war, so tritt sie in der nachklassischen Epoche immer mehr ins Blickfeld auch der anderen Menschen, sowohl der Machthaber als auch des Volkes. Sie schiebt sich neben die zünftige Geistlichkeit und nimmt deren Gehaben an. Viele Sūfīscheiche lassen sich wie die anderen Großen in Lobgedichten preisen, heiraten in hohe Familien und besitzen und verwalten oft große Reichtümer, denn die Frage, ob Besitz oder Besitzlosigkeit das Richtige sei, war abgetan als etwas, was nur am Äußeren Klebende interessieren konnte; worauf es ankam, war etwas Inneres: in der Armut Geduld und im Reichtum Dankbarkeit. In zunehmendem Maße greift, insbesondere seit dem VII./13. Jahrhundert, eine Propaganda wenn nicht zur Vergöttlichung, so doch zur Vergötterung der Scheiche um sich. Ihr Anspruch, göttliche Weisheit zu verkünden, wird allgemeiner anerkannt, ja sie werden von größeren Massen in diese Rolle gedrängt. Es ist mit der Sūfik ein ähnlicher Wandel vor sich gegangen wie im Lebenslauf des Propheten zwischen der mekkanischen und der medinischen Periode: die Sūfik hat sich durchgesetzt.

Bis etwa ins IV./10. Jahrhundert hatten sich die Sūfiyya im Wohnhaus ihres Meisters oder in den Moscheen zu ihren Lehrveranstaltungen und Andachten getroffen. Seit dem IV./10. Jahrhundert sind uns aber auch eigene Versammlungshäuser bezeugt, die oft zugleich als Unterkunft für Ansässige und Durchreisende dienten und wo ihnen und den armen Leuten nicht selten auch Speise und Trank verabreicht wurden, denn gerade Seelsorge und Armenhilfe waren Betätigungen, die sich manche Sūfiyya angelegen sein ließen und mit denen sie eine Lücke schlossen, die die herkömmliche islamische Wohltätigkeit offen

gelassen hatte. Diese Konvente standen oft im Besitz eines Scheichs und seiner Familie, oft auch waren sie Eigentum eines reichen Erbauers, der sie den Sūfiyya zur Verfügung stellte, vom VI./12. Jahrhundert an nicht selten eines Regenten oder der frommen Frau eines Regenten. Die Kosten für den Unterhalt und das Personal wurden manchmal aus den Erträgen von Stiftungen, bestehend aus Ländereien und Dörfern, und aus freiwilligen oder regelmäßigen Zuwendungen bestritten. Mosul zählte im Jahr 656/1258 insgesamt 27 Konvente, in der zweiten Hälfte des XII./18. Jahrhunderts noch zehn.

Sehr häufig blieb der Konvent Aufenthaltsort des Scheichs auch über dessen Tod hinaus, da er und seine Nachfolger sich oft darin oder dabei begraben ließen. Der Konvent konnte aber auch an oder über einem schon bestehenden Grab errichtet oder vom nichtsüfischen Stifter als sein zukünftiges Grabmal vorgesehen sein. Die Sūfiyya bildeten jedenfalls vielfach die fromme Besatzung einer Nekropole, die religiösen Gefühle der Menschen richteten sich auf den Segen, der einer solchen Grabstätte anhaftete, und hohe Herren machten sich eine Ehre daraus, die frommen Hüter zu beschenken und zerfallene Mauern zu restaurieren. Zuweilen ersetzte der Konvent oder das Grabmal, wie manche Moscheen, ein älteres, vorislamisches Heiligtum. Die verehrten Heiligen, verstorbene Sūfiyya, waren oft die Erben früherer göttlicher oder halbgöttlicher Wesen. Aber der islamische Heiligenkult stand unter dem Gedanken, daß der Verstorbene ein Freund Gottes sei und durch sein Ansehen bei Gott direkt oder indirekt Hilfe zu leisten vermöge, wo andere versagten. In der nachklassischen Zeit kamen die Sūfiyya mehr und mehr in diesen Geruch und stiegen auch die alten Vorbilder zu solchen Ehren empor.

Die Orden
Schon in der klassischen Zeit hatten sich eine Art Schulen *(tarīqa, pl. tarāʾiq)* herausgebildet dadurch, daß gewisse Sūfiyya sich stärker nach der Lehre und dem Leben eines bestimmten Scheichs richteten. Davon ist zu trennen die Gemeinschaft der Schüler, die sich konkret um einen bestimmten Scheich scharte *(tāʾifa, pl. tawāʾif)*. Doch gehen die beiden Begriffe durcheinander und können beide auch die Sūfik als Ganzes und dann auch Orden bedeuten. Von eigentlichen Orden wird jedoch erst dann gesprochen werden können, wenn sich Gruppen selbst so verstehen und nach einem Patron oder einem Gründer bezeichnen. Der Verfasser des ersten persisch geschriebenen süfischen Lehrbuchs Jullābī aus dem V./11. Jahrhundert kennt erst Schulen, noch keine Orden. Sein Zeitgenosse Ansārī (gest. 481/1089) im heutigen Afghanistan erwähnt aber *chishtiyān*, das heißt Anhänger oder Abkömmlinge eines Mannes aus Chisht oder Bewohner des Ortes Chisht bei Herat, die eine geschlossene Gruppe bildeten. Und da und dort hatten sich schon früher Sūfiyya zu örtlichen Vereinigungen zusammengeschlossen. Die Armenfürsorge, die Abū Isḥāq-i Kāzarūnī (gest. 426/1035) in Südpersien aufzog und zu deren Durchführung er und seine Schüler Hospize errichteten, kam ohne ein Mindestmaß von Organisation sicher nicht aus, und im Mutterhaus zu Kāzarūn walteten nach seinem Tod Nachfolger aus seiner Verwandtschaft. Die Grenze zwischen dem Familienunternehmen und dem Orden wurde wohl da überschritten, wo sich die Anhänger nach der Familie benannten.

Dieser Schritt wurde vielleicht von der zweiten Hälfte des VI./12. Jahrhunderts, sicher vom VII./13. Jahrhundert an in vielen Fällen getan. Ein sicheres Beispiel aus dem VII./13. Jahrhundert ist der Orden der Rifāʿiyya, dessen Vorgeschichte sich von einer Einrichtung schon des Onkels von Ahmad ar-Rifāʿī (gest. 578/1182) über das Wirken Rifāʿīs selbst zu dessen Neffen hin verfolgen läßt. Eine Nachkommenschaft dieses Neffen bildete dann die Firstlinie, die die Gemeinschaft vom Mutterhaus aus, in UmmʿAbīda (Mesopotamien), leitete. Die ausgebildeten Scheiche hießen ‚Nachfolger‘ *(khulafāʾ,* sing. *khalīfa)* oder ‚Stellvertreter‘ *(nuwwāb,* sing. *nāʾib)* und standen oft auswärtigen Niederlassungen vor, wo sie dem Orden neue Mitglieder erzogen. Der Novize stieg über zwei Stufen zum Stellvertreter auf. Vor jeder Beförderung war der Wink der Zentrale in UmmʿAbīda einzuholen. Zahl und Art der durchzuführenden Klausuren war geregelt. Der Aufgenommene wurde auf die Treue zur Familie des Stifters verpflichtet. Entsprechend wirkten vom Ende des VII./13. Jahrhunderts an die Zweigleiter der Mawlawiyya besonders in Anatolien und verpflichteten ihre Zöglinge auf die leitende Familie in Konya. Aber nicht alle Orden waren oder blieben von einer Firstlinie abhängig. Viele begnügten sich mit einem Rückbezug auf den Gründer oder den Patron und verzweigten sich, oft unter neuen Zusatznamen, ziemlich frei. Die Lehren der Orden blieben keineswegs immer fest. Anhänger und Gegner Ibn al-ʿArabīs hatten in ein und demselben Orden Platz. Ein Bruch in der Lehre konnte aber auch eine Änderung der Abhängigkeitsverhältnisse bewirken. Als um 906/1500 die Zentrale der Ardabīliyya einen schiitischen Umsturz einleitete, konnten ihr manche auswärtige Jünger nicht mehr folgen, und der Orden verwandelte sich in der Diaspora in ein Geflecht freier Verzweigungen und neuer Hauptlinien, das nur noch an dem Faden der historischen Herkunft mit Ardabīl verknüpft war. Geographische Entfernung, eine starke Persönlichkeit und Insubordination gegen einen Nachfolger konnten Firstlinien spalten. Viele Konvente waren Häuser nur für Ordensmitglieder.

Daneben bestand die nicht in Orden gegliederte Sūfīk weiter. Zu dieser gehörten hervorragende eigenständige Denker und auch die meisten ‚heiligen Narren‘, die durch ein wunderliches, oft gegen die islamische Religion verstoßendes Benehmen auffielen und sich gegen hoch und niedrig allerlei Frechheiten herausnahmen.

Vom Orden grundsätzlich zu scheiden ist die Nachkommenschaft eines Scheichs. Diese ist zwar stets eine Aristokratie, kann dies aber innerhalb und außerhalb eines Ordens sein oder quer durch verschiedene Orden laufen, das heißt, der eine kann diesem, der andere jenem Orden angehören oder diesen oder jenen Orden oder Zweigorden gründen. Nordafrikanische Geschlechter dieser Art nennt man Marabutfamilien und Marabutstämme, von Marabut aus arabisch *murābit* ‚Glaubensstreiter, Klausner, Heiliger‘.

Frauenorden gab es nicht, wohl aber für Frauen reservierte Konvente. Weibliche Sūfiyya gehörten entweder einem der bestehenden Orden an oder führten ihr eigenes religiöses Leben. Im Verband mit Männern und als mystische Schülerinnen oder Lehrerinnen blieben sie meist durch einen gewissen Abstand, durch Schleier und Vorhänge, vom anderen Geschlecht getrennt. Die Tochter Awhad ad-Dīn-i Kirmānīs (im VII./13. Jahrhundert) war *shaykha* in 17 Konventen von Damaskus.

Das Leben der Sūfiyya war in der nachklassischen Zeit durch viele Satzungen geregelt, die in Einzelheiten von Scheich zu Scheich und von Orden zu Orden auseinandergingen. Das Aufnahmezeremoniell enthielt das Bekleiden mit dem Flickenrock, der bei einigen am Anfang, bei anderen am Schluß des Noviziats verliehen wurde. Diese zeremonielle Übergabe des alten Sūfīgewandes an den Neuling soll in der Generation des Shīrāzer Scheichs Ibn-i Khafīf (gest. 371/981) aufgekommen sein. Später gesellte sich auch das Haarscheren dazu. Die Vorschriften erstreckten sich auf die Formeln des Gottesgedenkens in der Klausur und auf die Art, wie der Novize dabei den Körper zu halten und zu bewegen hatte, auf die Nahrung, die er in dieser meist 40 Tage dauernden Zurückgezogenheit zu sich nehmen durfte, auf die Zulassung zu den Musikveranstaltungen, auf die verwendbaren Instrumente, auf die richtige Zuteilung der im Tanz abgeworfenen Kleidungsstücke, auf das Benehmen bei Einladungen, beim Betreten und Verlassen eines Konvents, auf die Beilegung von Streitigkeiten, auf den Erwerb des Lebensunterhalts und so fort. Ein hochangesehener Scheich in Bagdad, Abū Hafs as-Suhrawardī (gest. 632/1234) – nicht zu verwechseln mit dem früher genannten Yahyā as-Suhrawardī – suchte, auf Autoritäten der klassischen Sūfīk gestützt, aber unter Berücksichtigung der inzwischen erfolgten Entwicklung, also beispielsweise der Entstehung des Konvents, allgemeingültige Richtlinien zu ziehen. Sein Werk fand weiteste Verbreitung, aber eine einheitliche Praxis vermochte es nie herzustellen.

Schon die detaillierten Regeln der Rifāʿiyya aus dem VII./13. Jahrhundert sehen anders aus und beanspruchen ihrerseits oberste Gültigkeit. In ihnen bringt sich ein weiterer Zug der nachklassischen Sūfik zum Ausdruck: das Formelwesen. Gebete und Litaneien waren schon in der klassischen Zeit in den sūfischen Andachten heimisch, vor allem das Gottesgedenken. Aber jetzt werden Litaneien mit künstlichem Wortreichtum und nicht selten mit eigenen Titeln verfaßt, die zu ganz bestimmten Zeitpunkten und zur Erzielung genau umschriebener Wirkungen hergesagt werden müssen. Das opus operatum der Gebetssprüche, das noch Qushayrī im V./11. Jahrhundert in enge Grenzen zurückgedrängt wissen wollte, füllt nun den Tageslauf und den Lehrgang des Novizen aus und bildet oft ein Unterscheidungsmerkmal der Orden.

Die Ordensmeister und Sūfiyya fühlten sich als Schrittmacher des Islams und begründeten damit ihre lauten gottesdienstlichen Veranstaltungen wie das gemeinsame Gottesgedenken (dhikr) und die Musikversammlungen (samāʿ). Einige Orden pflegten nur das Gottesgedenken, andere nur das Musikhören, einige kannten beides, trennten aber die Übungen, andere legten beides in eine einzige Sitzung zusammen, die dann nach dem unverfänglicheren Teil ,Gottesgedenken' (dhikr) hieß, aber auch andere Namen trug. Spektakulär war die Rolle, die dem Musikhören bei den Mawlawiyya in Anatolien zugedacht wurde. Die Musik, der schon der Eponymos Mawlānā Rūmī (gest. 672/1273), wohl unter dem Einfluß seines Mentors Shams-i Tabrīzī, durch Tanzbewegungen zu größerer Wirkung verholfen zu haben scheint, wurde im Laufe der Zeit mit dem Tanz zu einer so vollständigen Einheit verschmolzen, daß die Tanzkonzerte wie ein Ritual durchgeführt wurden, zum Preis Gottes und als Antrieb zu schönem Erleben. Die von den gewöhnlichen Regelbüchern nur beschränkt geduldeten Hilfsbewegungen (tawājud) des Körpers beim Hören von Liedern waren bei den Mawlawiyya in dieser Form in den Rang einer religiösen Handlung emporgehoben. Wundertaten, die zu wirken dem ,Gottesfreund' oder ,Heiligen' unter den Sūfiyya vergönnt war, sollten nach alter Theorie möglichst geheimgehalten werden im Unterschied zu Wundern, die ein Prophet tue, da dieser sie zur Beglaubigung seines Auftrags brauche. Dieser Theorie steht die Tatsache gegenüber, daß die Lebensbeschreibungen von Sūfiyya von Wundererzählungen wimmeln und der eine oder andere die Theorie nicht anerkannte. Einige Orden legten es geradezu auf öffentliche Zurschaustellung thaumaturgischer Praktiken an, tranken Gift, stießen sich Messer durch den Leib, gingen in Öfen, ließen sich in Tiefen fallen, um die Macht Gottes, die in ihnen wirke, andern vor Augen zu führen. So die Rifāʿiyya. Mag auch ihr Namensstifter Ahmad ar-Rifāʿī solche Taten noch nicht vollbracht haben: die schon von arabischen Schriftstellern aufgestellte Behauptung, daß sich mongolischer Import darin abzeichne, scheitert daran, daß sich diese Thaumaturgie schon bei einem von Rifāʿīs unmittelbaren ,Nachfolgern' in Syrien, vor dem ersten Mongolensturm, nachweisen läßt.

Klassizistische Rückbesinnungen

Zugleich aber, im VII./13. und VIII./14. Jahrhundert, wurden da und dort Stimmen laut, die zu den bescheideneren Bestrebungen der Klassik zurückriefen und eine erneute Orientierung an den Grundgedanken des Islams wünschten. In diesem Sinne meldeten sich zwei Führer des eben entstandenen Ordens der Shādhiliyya: Ibn ʿAtāʾ Allāh as-Sikandarī (gest. 709/1309) in Ägypten und Ibn ʿAbbād ar-Rundī (gest. 792/1390) in Marokko. Ihnen ging es darum, die Auswüchse des Ritualismus zu hemmen und den frommen Menschen wieder unmittelbar Gott gegenüberzustellen. Sie predigten den schlichten Gehorsam gegen Gott, die Nutzlosigkeit der Werke, sofern sie nicht von Gott geboten sind, die Wertlosigkeit aller ,Mittel' zu Gott zu gelangen, das ,Fallenlassen des eigenen Planens' (isqāt al-tadbīr), die Dankbarkeit

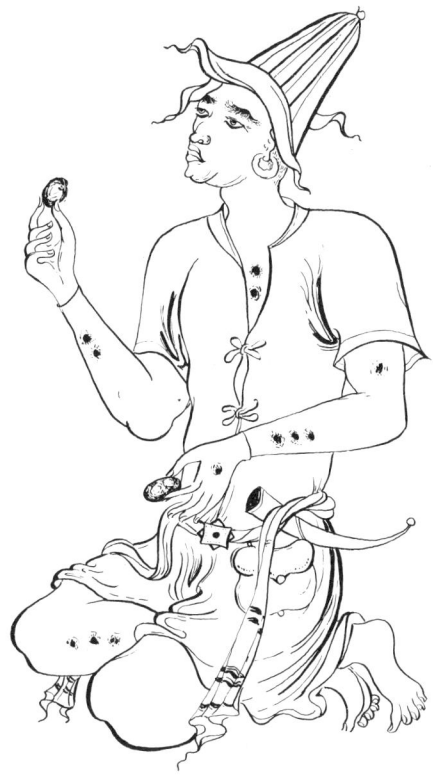

gegen Gott. Die Sūfik hat von diesen feinsinnigen Deutern der ‚milden Religion‘, wie der Islam etwa heißt, einen Impuls der Entspannung empfangen. Der Orden der Shādhiliyya als Ganzes ist jedoch keineswegs ein neoklassischer geworden.

Zu säubern suchten auch Ibn ‘Atā’ Allāhs Gegner, der Dogmatiker Ibn Taymiyya (gest. 728/1328) und dessen Schüler Ibn Qayyim al-Jawziyya (gest. 751/1350) in Syrien. Ibn Taymiyya, der Kopf einer reformatorischen Bewegung, die den ganzen Islam wieder in seine ursprüngliche Grundform bringen wollte, mußte die Sūfik, die es zu Mohammeds Zeiten noch nicht gegeben hatte, ablehnen. Er tat dies jedoch differenziert und ließ eine ganze Anzahl namhafter Sūfiyya der klassischen und nachklassischen Periode, die ihm – in unserer Sprache ausgedrückt – auf dem Boden der alten Religiosi zu stehen schienen, gelten. Mit anderen, wie Ghazālī und den Denkern vom Schlage Ibn al-‘Arābīs und Hallājs, ging er scharf ins Gericht, meist geleitet von einem verzerrten, aber einprägsamen Vorstellungsbild über sie. Die Möglichkeit übersinnlicher Enthüllungen gab er zu, verlangte jedoch jedesmal eine Prüfung an der heiligen Überlieferung. Die thaumaturgischen Fähigkeiten konnte er unter dem Druck eigener Anschauung ebenfalls nicht leugnen, hielt sie jedoch für ein Blendwerk des Teufels, denn Ibn Taymiyyas Anliegen war ebensowenig wie die deutsche Reformation eine ‚Aufklärung‘. Das Maß aller Dinge war für ihn die aller späteren Zusätze entkleidete echte religiöse Tradition der ersten drei Generationen des Islams. Der von den Sūfiyya hochgeschätzte Ausnahmezustand mit seinen höheren Erfahrungen wurde als Entscheidungsinstanz abgesetzt und dafür das überlieferte Wort der Schrift inthronisiert. Sūfische Einrichtungen wie das Musikhören wurden als Verirrung, die Verehrung von Heiligen und der Grabkult, auch der des Propheten in Medina, in Acht und Bann getan. Das reinigende Gewitter fand in einem Kommentar des Ibn Qayyim al-Jawziyya zu einem vielgelesenen Buch Ansārīs (gest. 481/1089) über die mystischen Stationen seinen harmonischen Ausklang.

Auch Bahā’ ad-Dīn-i Naqshband (gest. 791/1389) in Buchara glaubte, Altes wiederherzustellen, als er das laute Gottesdenken, die Klausur und das Musikhören abschaffte und die einfache Nachfolge des Propheten für den besten Weg erklärte. Seine Ordensscheiche sind ihm keineswegs überall und in allem gefolgt.

Mohammed- und Imamenmystik
Während das Christentum alles daransetzte, Jesus Gott anzunähern, ja mit ihm zusammenfallen zu lassen, hat der Islam alles versucht, um Mohammed von Gott zu trennen. Kronzeuge ist Mohammed selbst, der den Christen vorwirft, Jesus zu vergöttlichen, und von sich selbst betont, nichts als ein Mensch zu sein. So betet denn der Christ auch zu Jesus. Der Muslim dagegen sollte nicht zu Mohammed oder zu irgendeinem Propheten beten. Diesen Idealzustand hat Ibn Taymiyya wiederherstellen wollen.

Verschiedene Bedürfnisse und Überlegungen hatten, zum Teil schon in der klassischen Sūfik, den Propheten auf ein höheres Podest gestellt. Die Liebe zum Propheten, die durch alte Gebote dem Gläubigen auferlegt war, gehörte zur Liebe zu Gott, erleichterte die Erfüllung der religiösen Pflichten und vergrößerte die Aussicht auf seine Fürsprache beim Jüngsten Gericht. Außerdem hielt man seinen Geist für lebendig, obwohl sein Leib in Medina bestattet war. Eine Triebkraft war auch der nie zum Schweigen gekommene Rangstreit zwischen Prophetenschaft und Heiligenschaft. Letztere wurde von der herrschenden Meinung dem Prophetentum untergeordnet. Je höher nun der Heilige verehrt wurde, um so höher mußte die Prophetie gerückt werden, damit der Vorsprung des Propheten im gleichen Verhältnis blieb. Weiter begünstigte ein zunehmender scholastischer ‚Realismus‘, der die Abstracta verdinglichte, eine Gleichsetzung des Amtes mit dessen Träger, also der Prophetie mit dem Propheten, und da Mohammed die Summe aller Propheten war, konnte er leicht zum Inbegriff des Prophetischen schlechthin, zur Idee der Prophetie im Weltplan werden. Nach dem Koran ist Gott ‚der Erste und der Letzte‘. Für einen Muslim mußte der Prophet so oder anders die Pforte zu Gott werden und der Zweiterste und Zweitletzte sein. In kosmogonischen Spekulationen wurde eine ‚Mohammedwirklichkeit‘, ein ‚Mohammedlicht‘ erdacht, das den Rang des johanneischen Logos unmittelbar bei Gott einnimmt und aus dem alles, auch Paradies und Engel, geschaffen sind.

Diese und ähnliche Vorstellungen, der Wunsch, sich für übersinnliche Erkenntnisse ebenso wie für die geltende Religionslehre auf den Propheten berufen zu können, und gewiß auch die Liebe zum Erbauer des Bootes, in dem man saß – all das schlug sich in der Nachklassik in der Sehnsucht nieder, nicht nur mit Gott, sondern auch mit dem Propheten in konkrete Berührung zu treten. Zu den Mitteln, diesen Kontakt herbeizuführen, zählte man die in Sure 33, 56 und in Aussagen Mohammeds befohlene, möglichst oft zu wiederholende Segenssprechung über den Propheten (al-salāh ‘alā n-nabī), die nun neben das Gottesgedenken aufstieg. Die Grundformel ‚Gott segne unsern Propheten und spende ihm Heil‘ konnte mannigfach abgewandelt und erweitert werden, wurde oft auch als Teil von Litaneien gesprochen und in beschränkter oder in unbeschränkter Zahl wiederholt mit der Absicht, die Aufmerksamkeit so ausschließlich auf den Propheten zu lenken wie beim Gottesgedenken auf Gott. Eine berühmte Sammlung solcher Formeln, die immer wieder gelesen und rezitiert wurde, sind die *Dalā'il al-khayrāt* des Berbers Jazūlī (IX./15. Jahrhundert). Wöchentlich wiederkehrende gemeinsame Rezitationen, die sich durch die Nacht auf den Freitag hinzogen, richtete sein jüngerer ägyptischer Zeitgenosse Shūnī im Jahr 897/1492 in Kairo ein, das sogenannte *mahyā* ,Vigilie'. In Mittelasien wurde später in eigenen *dalā'ilkhānas* oder *salawātkhānas* das Brevier Jazūlīs auswendig gelernt. Ein anderes Mittel, Gedanken und Gefühle auf den Propheten zu lenken, war der Vortrag von Lobgedichten auf ihn. Besonders beliebt war darunter die *Burda* des Būsīrī (VII./13. Jahrhundert). Die innere Nähe des Propheten konnte man aber auch bei der Beschäftigung mit seinen heiligen Worten und beim Wallfahrtsbesuch an seinem Grab in Medina oder schon in der dichterischen Fiktion eines solchen Besuchs spüren. Mancher Pilger glaubte am Grab in Medina eine Antwort des Propheten auf seinen Gruß zu hören. Was aber der Mystiker letztlich ersehnte, war ein Zusammenkommen *(ijtimā')* mit dem Propheten und ein Sehen des Propheten nicht nur im Traum und nicht erst im Jenseits, sondern im Wachzustand schon im Diesseits.

Dieses Streben brach sich keineswegs ausschließlich, aber besonders kräftig im nordafrikanischen Westen Bahn, wo der Nimbus Medinas als Stadt des Propheten und als Heimat der mālikitischen Rechtsschule die Heiligkeit Mekkas seit jeher fast überstrahlt hatte und das den Propheten verherrlichende gelehrte Erbauungsbuch *Shifā'* des qādī 'Iyād (gest. 544/1149) auch im Volk höchste Verehrung genoß. Gefördert wurde der Prophetenkult im Westen dann auch durch die 'Aliden, die selber wiederum wegen ihrer Abstammung vom Propheten in hohem Ansehen standen. Die Mohammedmystik im Westen beginnt schon mit Ibn Mashīsh (gest. um 625/1228) und erreicht einen ihrer Gipfelpunkte in 'Abd al'Azīz al-Dabbāgh (gest. anfangs des XII./18. Jahrhunderts). Im Orden der Sanūsiyya (seit dem XIII./19. Jahrhundert) ist die Vereinigung mit dem Propheten das Endziel der religiösen Suche.

Dieser Löwe, der die Kraft 'Alīs sinnbildlich darstellt, ist aus arabischer Schrift, die den Satz ergibt: Im Namen des Löwen Gottes, des Antlitzes Gottes, des Siegreichen, 'Alīs, des Sohnes von Abū Tālib. Wandschmuck in einer Bektashitekke in der Türkei aus dem XIII./19. Jh. (6)

Die rund 600/1200 im nördlichen Mesopotamien in Schwang gekommenen Geburtstagsfeste des Propheten *(mawālid,* sing. *mawlid),* die sich bald allenthalben, schon im VII./13. Jahrhundert auch im äußersten Westen und in Andalusien einbürgerten, begleiteten diese Entwicklung.

'Alī und einige seiner Nachkommen, die die Zwölferschia als eine Art Pontifikalkalifen mit Lehrautorität anerkennt und Imame nennt, wurden schon in sūfischen Lehrbüchern des IV./10. und V./11. Jahrhunderts als große Lehrer hingestellt. Für die Schiiten – nur die Zwölfer sind hier gemeint – sind die Imame zwar tatsächlich Vertreter der ,Wissenschaft vom Innern' (der Offenbarung und des Menschen) und heißen auch ,Gottesfreunde' oder ,Heilige', aber sie bilden eine exklusive Gesellschaft innerhalb der Nachkommen des Propheten, mit Einschluß von dessen Schwiegersohn 'Alī. Hier sind für viele Prophetie und Heiligenschaft (diese identisch mit Imamat) Außen- und Innenseite ein und desselben Führeramtes, die Prophetie die Verkündigung der Offenbarung und ein Punkt, die Heiligenschaft das Sinnverständnis der Offenbarung und ein Continuum. Die Einschiebung einer Heiligenschaft dieser Art kann als eine Erweiterung der Pforte zu Gott, aber auch als eine Bevormundung des Menschen aufgefaßt werden. Es gab und gibt zwar eine schiitische Sūfik, die sich nicht viel anders als die sunnitische die Imame zusammen mit den großen Scheichen einfach zum Vorbild nimmt. Doch die Gnadenfülle, mit der die schiitische Lehre die Imame ausstattete, mußte die Blicke ihrer Sūfiyya von vornherein auch auf sie lenken. Der extreme Rajab al-Bursī (VIII.–IX./14.–15. Jahrhundert) behauptet sogar, daß die Liebe zu der Familie des Propheten alle Sünden tilge. So entfaltete sich als Gegenstück zur sunnitischen Mohammedmystik und – morphologisch gesprochen – als deren Fortsetzung eine schiitische Imamenmystik, in der zwar Mohammed mit eingeschlossen ist, aber im ganzen doch hinter der Imamenreihe zurücktritt. In dieser Mystik sucht man die Nähe, Hilfe und Epiphanie 'Alīs und der anderen Imame, schaut 'Alī innerlich im Fastenmonat und erhält von ihm Anweisungen. Zuweilen wird hervorgehoben, daß 'Alī mit dem Propheten und Gott eine Einheit bilde. Der zwölfte Imam freilich, den sich die Schia nicht gestorben, sondern bloß entrückt denkt, wird in irdischer Leibesgestalt wiedererwartet und angefleht, möglichst bald aus seiner Unsichtbarkeit hervorzutreten und das verheißene Zeitalter der Gerechtigkeit heraufzuführen, ein Wunsch, der direkt nichts mehr mit Mystik zu tun hat. Der Leiter des schiitischen Gunābādīordens fühlt sich als Vertreter dieses zwölften Imams und nimmt sogar Huldigungseide für ihn ab.

In der Mohammed- und in der Imamenmystik läßt sich auch die Vorstellung eines ineinandergeschachtelten (teleskopierenden) Entwerdens *(fanā')* nachweisen. Der Mystiker entwird in seinem Scheich, in einem Imam, vor allem 'Alī, in Mohammed, in Gott.

Mitgliedschaft in mehreren Orden

In der klassischen Zeit hatten die angehenden Sūfiyya noch ziemlich frei ihre Lehrer gewechselt und oft bei einer beträchtlichen Anzahl studiert. Im Übergang zur nachklassischen Zeit, im IV./10. Jahrhundert, bildete sich die Regel heraus, bei einem einzigen Lehrer die

Grundschulung durchzumachen. Nachher konnte man seine Kenntnisse bei anderen Scheichen vervollkommnen. Der Flickenrock war bald nicht mehr nur ein Zeichen für die Aufnahme in die Sūfīk wie am Anfang der nachklassischen Zeit, sondern wurde Zeichen auch einer Anerkennung seitens eines Scheichs und später auch der Mitgliedschaft bei einem Orden. Schon im VII./13. Jahrhundert mit dem Aufkommen der Orden entstanden Ordenstrachten, die sich in Form, Farbe und Einzelstücken voneinander unterschieden. Da die Nehmenden Wert darauf legen konnten, möglichst überall zu Hause zu sein und möglichst viele Ausweise zu besitzen, und die Gebenden gern mit einer möglichst großen Schülerzahl Staat machten, häuften sich oft Flickenröcke und Mitgliedschaften in einer Hand. Ein im VII./13. Jahrhundert verstorbener persischer Sūfī hatte 124 Flickenröcke, von denen bei seinem Tod noch 113 auffindbar waren. Der ägyptische Sūfī Shaʿrānī im X./16. Jahrhundert war Mitglied von 26 Orden.

Vom VII./13. Jahrhundert und noch stärker vom IX./15. Jahrhundert an mehren sich die Anzeichen, daß die Sūfīk eine reguläre theologische Disziplin geworden ist, die man studiert haben muß, um als vollwertiger Theologe zu gelten. Der so Ausgebildete verlegte sich in seiner weiteren Laufbahn dann je nach seiner Neigung mehr oder ganz auf die Sūfīk oder auf etwas anderes und wird dann in den Annalen als Sūfī, Grammatiker oder Rechtsgelehrter oder als sonst etwas eingeordnet. Oft waren die Auchsūfiyya, die im Hauptberuf anderes taten, Mitglied eines Sūfīordens. Etwa gleich verhielt es sich mit den Ordensmitgliedern, die einen weltlichen Beruf ausübten.

Die Regierungen suchten das Problem der Fülle und unübersichtlich gewordenen Vielfalt der Sūfīk durch behördliche Zusammenfassung und Vereinfachung zu lösen. In größeren Städten wie Bagdad, Damaskus, Kairo u. a. ernannte die Regierung einen Oberscheich (shaykh ash-shuyūkh), der nominell die anderen zu beaufsichtigen und zu vertreten hatte. Dieses Amt war meist mit der Leitung eines bestimmten Konvents verbunden. Unter günstigen Umständen konnte sich der Oberscheich vielleicht eine gewisse Hausmacht schaffen. Aber er brauchte nicht einmal Sūfī vom Fach zu sein. Obwohl mit diesem Amt theoretisch ein Mittel vorhanden war, die Orden dem Landesherrn dienstbar zu machen, den ungemütlichen Einfluß auswärtiger Ordenszentralen abzuschwächen und deren Zweigstellen vom auswärtigen Mutterhaus zu trennen, galt sein Machtwort doch nur so weit, als der Arm des Staates reichte, und verhallte vor allem ungehört an den Grenzen der oft mächtigeren Orden. In Ägypten war der Großscheich aller Sūfiyya seit dem Anfang des XIII./19. Jahrhunderts ein Nachkomme des Kalifen Abū Bakr, darum genannt ash-Shaykh al-Bakrī.

Von diesen Oberscheichen wurde die Pluralität der sūfischen Lebensstile und Glaubensrichtungen nie bedroht. Die Gefahr kam vielmehr von einigen Orden selber, die, jeder für sich, den Anspruch erhoben, den besten Scheich und die beste Methode zur Erlangung des zeitlichen und ewigen Heils zu besitzen. Teilweise war es die nachträgliche Ordenspropaganda, die dem Patron oder Gründer übertriebene Selbsteinschätzung zuschrieb oder übertriebenen Ruhmestitel verlieh. So soll ʿAbd al-Qādir al-Jīlānī (gest. 561/1166), der Patron der Qādiriyya, behauptet haben, er setze seinen Fuß auf den Nakken aller Heiligen. In der Rifāʿiyya war Ahmad ar-Rifāʿī (gest. 578/1182) das Siegel der Heiligen und der Träger aller Mohammedeigenschaften. Wer in seinen Orden aufgenommen sei, so hieß es, dürfte keinem anderen mehr beitreten, da er sonst den Stand in der wahren Nachfolge des Propheten verliere. Aber einige Ordensgründer brachten sich tatsächlich schon selbst groß heraus. So hielt sich der marokkanische Ordensgründer Ahmad at-Tijānī (gest. 1230/1815) ebenfalls für das Siegel der Heiligen, berief sich auf eine Einsetzung durch Mohammed selber und verbot seinen Anhängern, eine allfällige Mitgliedschaft bei einem anderen Orden beizubehalten oder später sich einem anderen Orden anzuschließen.

Nicht alle konnten der Versuchung widerstehen, noch den letzten kleinen Schritt zu tun und sich unumwunden für den verheißenen Wiederbringer alles Guten, den *Mahdī*, auszugeben. Überall, vom subsaharischen Afrika bis nach Indien und Mittelasien, und über alle Unterschiede der Zeiten und der Völker hinweg, hat die Sūfīk Leute geboren, die diesem Wahn verfielen und sich dazu ausersehen glaubten, die von der Religion selbst eingeplante Umwälzung der Dinge vorzunehmen.

Sūfīk und Staat

Mystik erweckt die Vorstellung von einer weltabgewandten Religiosität, die den Lauf der Zeiten ignoriert und ins unwandelbare Ewige vorstößt. Der Mystiker, so denkt man, steht über den Erscheinungen. Der Ruf, der Welt und den Menschen den Rücken zu kehren, ist denn auch in der Sūfīk oft erschollen und gehört worden. Aber 370/980 überraschten abgeschiedene Einsiedler der Umgebung von Nīshābūr durch ihre Neugier, die jüngsten Ereignisse zu erfahren. Andere Sūfiyya waren berühmt für die Hilfsbereitschaft, mit der sie sich ihrer armen und leidenden Mitmenschen annahmen. Ein alter Grundsatz widerriet jeglichen Verkehr mit weltlichen Machthabern. Aber viele Sūfiyya waren oft bei Fürsten und hochgestellten Männern anzutreffen, weil sie diesen ins Gewissen reden oder sich bei ihnen für Unterdrückte einsetzen wollten.

Die sogenannte Genügepflicht des heiligen Krieges haben manche Sūfiyya freiwillig erfüllt, auch wenn sie den Kampf gegen sich selbst für den ‚größeren heiligen Krieg' hielten. Besser lag ihnen vielleicht die Islamisierung durch Mission, im Inneren der islamischen Welt durch Bekehrung von Andersgläubigen und Weltmenschen, hinter den Linien der vorrückenden Heere als geistliche Betreuer der Soldaten und als Neusiedler, in einigen Fällen auch im Vorfeld der politisch-militärischen Grenze. In Indien haben sie im Hintergrund der Ghōriden im VI./12. Jahrhundert und ihrer Nachfolger missioniert, auf dem Balkan im rückwärtigen Dienst der Osmanen vom VIII./14. Jahrhundert an. Der Orden der Bektashis, der sich Verdienste um die Islamisierung Albaniens erwarb, bildete die Geistlichkeit der Janitscharen.

Eigene politisch-militärische Tätigkeit läßt sich den Sūfiyya schon in ihren Anfängen nachweisen: in Mosul, in Alexandrien und in Kairo in der ersten Hälfte des III./9. Jahrhunderts; angeblich wollten sie dabei nur für das Recht einstehen. In der Wüste um Qayrawān sollen zwischen 234 und 240/um 850 eine große Anzahl ‚Sūfiyya‘ mobilisiert worden sein, um dem Richter Sahnūn beim Vorgehen gegen einen aghlabidischen Offizier zu helfen. Um 251/865 nahmen zayditische Sūfiyya an einem schiitischen Aufstand in Kūfa teil. Im Übergang zwischen den Almoraviden und den Almohaden im VI./12. Jahrhundert raffte der Sūfī Ibn Qasī mit Waffengewalt Gebiete in Portugal an sich, im Übergang von den sa‘dischen zu den filālischen Shurafā’ im XI./17. Jahrhundert der Konvent von al-Dilā’ Länder in Marokko. Im VII./13. Jahrhundert, als die ‘Abbāsiden in Bagdad abgewirtschaftet hatten, träumte ein Abkömmling der Umayyaden, ein Scheich des Ordens der ‘Adawiyya in Syrien, längst versunkene Zeiten wieder heraufzuführen. Im IX./15. Jahrhundert bauten sich Nachkommen des Scheichs Safī ad-Dīn al-Ardabīlī (gest. 735/1334) eine Herrschaft in Westpersien auf, eröffneten 906/1500 den Glaubenskrieg zugunsten der Schia und gründeten in Persien die Safawidendynastie. Ihr erster König, Ismā‘il ‚der Sūfī‘, übertrug die Leitung seines Ordens einem Großstellvertreter. Mitglieder der leitenden Familie der Ni‘matullāhiyya verschwägerten sich mit den Safawiden und regierten als Provinzgouverneure. In Indien, Afghanistan, Mittelasien gewann im IX./15. Jahrhundert der Orden der Naqshbandiyya stark an Boden, wußte sich einigen Tīmūriden unentbehrlich zu machen und stellte sich später in Indien auf die Seite der Gegenkräfte gegen die Versuche, die Grenzen zwischen Islam und Hinduismus zu verwischen. In Mittelasien machten sich vom X./16. bis ins XIII./19. Jahrhundert zwei Linien eines Naqshbandīscheichs die weltliche Herrschaft streitig, und Buchara wurde vor und nach 1800 von Emiren regiert, die zugleich Derwische waren.

Den Kolonialmächten gegenüber verhielten sich die Sūfiyya verschieden. Die Osmanen stießen in Nordafrika auf mancherlei Widerstände bei den Darqāwa und den Tijāniyya. Die Franzosen fanden dann bei den Tijāniyya Algeriens eher eine gewisse Unterstützung, bei den Tijāniyya Marokkos und Tunesiens aber Ablehnung. In Algerien kämpfte der Qādirīscheich ‘Abd al-Qādir gegen die Franzosen, im Kaukasus der Naqshbandīscheich Shamuwīl gegen die Russen. Am oberen Senegal und Niger errichtete der Tijānīscheich al-Hājj ‘Umar 1268–1280/1852–1864 gegen die Franzosen und gegen andere Orden einen eigenen Staat, der dann aber nach seinem Tod in drei Teile zerfiel und schließlich doch unter die Oberhoheit der Franzosen geriet. Die arbeitsamen ‚Mourides‘ des Amadu Bamba in unserem Jahrhundert bildeten unter den Franzosen im Senegal eher einen Stabilitätsfaktor, gestalteten dann aber auch beim Aufbau der selbständigen Republik die Verhältnisse entscheidend mit. In die Abwehrfront wiederum gehört die Ordensgründung des Muhammad as-Sanūsī (gest. 1276/1859). Dieser gewann in Libyen so großen Einfluß, daß er fast unbemerkt anstelle der Osmanen regierte, gleichsam als deren Grenzvasall. Seine Nachfolger setzten sich im Süden gegen die Franzosen zur Wehr und sahen sich dann, nachdem 1912 die Osmanen das Land sich selber überlassen hatten, im Norden den Italienern gegenüber. Nach dem Ende der italienischen Annexion 1951 bestieg ein Nachkomme des Ordensgründers den Königsthron.

Die Sūfiyya lassen sich nicht generell als Gegner oder als Steigbügelhalter der Machthaber abstempeln. Sie waren das eine Mal das, das andere Mal jenes. Ebensowenig darf man die Machthaber generell als Feinde oder generell als Freunde der Sūfiyya einschätzen. Manche Fürsten glaubten, nicht ohne den Segen der Derwische oder eines heiligen Mannes schalten und walten zu können, und wußten für Glück, das sie ihrem Einfluß oder ihrem Einspruch zuschrieben, zu danken. Verfolgungen von Sūfiyya hatten meist in Neid und Intrigen, manchmal auch in echter Sorge um den ‚richtigen Glauben‘ bei anderen Sūfiyya oder bei Theologen ihre Ursache. Wuchtige Schläge gegen die Sūfik führten in den letzten Jahrhunderten die schiitische Geistlichkeit in Persien, die Wahhābiten in Arabien und im XIV./20. Jahrhundert die Reformisten in der Türkei. Dazu gesellt sich die moderne ‚Aufklärung‘, die den morgenländischen Hang zur Schwarmgeisterei in eine materialistische Extraversion verkehren will. Doch sind auch wieder Kräfte am Werk, die die alten Werte nicht einfach verfallen lassen wollen.

Randgruppen

Die Sūfik entwickelte oder übernahm im Laufe ihrer Geschichte manche Lehren und Übungen, die dem ursprünglichen Islam fremd waren. Kritische Sūfiyya unterschieden an diesen ‚Neuerungen‘ gute und schlechte. Im einzelnen gingen die Sūfiyya sowohl als auch die Orden auseinander, aber im ganzen blieb die Klassik auch bei denen, die nicht geradezu zu ihr zurückkehren wollten, ein gewisses Muster. Gruppen, in deren Verhalten sich eine Beziehung zu diesem Muster nur schwer erkennen läßt, sind Randgruppen. Sie sind von der Sūfik wohl in ihren Bannkreis gezogen, nicht aber an sie herangeholt worden. Ihre Herkunft ist meist unklar. Ihre Zugehörigkeit zum Islam ist nur dann anzuerkennen, wenn sie sich selbst als Muslime bezeichnen. Beispiele:

Am Rande sowohl des Islams als auch der Sūfik steht die marokkanische Gemeinschaft der Hamādisha (sing. Hamdūshī), die ähnlich wie im ägyptischen *zār* und im tunesischen *būrī* sich selbst und Kranke in einen Ausnahmezustand oder in einen Raptus geraten lassen, um gewissen Geistern einen Durchgang und Ausgang durch die Seele zu verschaffen, das heißt seelische Verklemmungen zu lösen: eine Exorzistengesellschaft, die durch den Überbau ‚Gott, Mohammed‘ usw. mit dem Islam und durch Konzerte und ‚Zustände‘ mit der Sūfik verbunden ist. Schwarze Bruderschaften dieser Art in Nordafrika haben sich unter den Schutzheiligen Bilāl, den schwarzen Gebetsausrufer des Propheten, gestellt. Die Haddāwa (sing. Haddāwī) treiben einen Kult mit dem Heiligen Ibn Mashīsh (gest. 622–626/1225–29) in Nordmarokko, lieben die Katzen, weil *mashīsh* auf Berberisch Katze heißt, wandern als zerlumpte Bettelmönche von Ort zu Ort, rauchen und essen Narkotika und verehren eine entsprechende Riesenpfeife ihres Eponymos.

Schon seit dem V./11. Jahrhundert bekannt sind die Wanderderwische mit dem ungedeuteten Namen *Qalandar* (qalandariyya, sing. *qalandarī*). Sie hatten mit den noch älteren, seit dem III./9. Jahrhundert belegbaren Malāmatiyya das gemein, daß sie keine Frömmigkeit zur Schau stellten, sondern eher das Gegenteil, ihre schlechten Seiten hervorkehrten. Aber die Malāmatiyya taten dies, um die Eitelkeit zu bekämpfen (die sie dadurch in anderer Weise wieder züchteten), die Qalandar dagegen, weil es ihnen überhaupt nicht um fromme Werke, sondern allein um die gute Laune in Deo und wohl auch um eine Demonstration gegen die geltenden guten Sitten zu tun war. Hinter manchen Malāmatiyya verbargen sich aber ungebundene Naturen, deren gleichgültiges Gehaben nicht bloß äußerer Schein war. Darum konnte man in der Tat von zwei Formen Malāmatiyya sprechen und die üble dieser beiden mit den Qalandar gleichsetzen. Beide repräsentierten zunächst Schulen, keine Orden. Aber wie im IX./15. Jahrhundert Malāmatiyya in Anatolien durch Ömer Dede Name eines Ordens werden sollte, so ging kurz nach 600/1200, also zu einer Zeit, als in der Sūfik die ersten Orden eben aufblühten, in Syrien aus einer Gruppe von Persern auch eine neue Qalandariyya, ein Orden, hervor, dessen Mitglieder durch das Abrasieren aller Kopfhaare, auch der Augenbrauen, neuen Anstoß erregten. Den Qalandar wird vorgeworfen, Opium und Hanfpräparate zu genießen und sich um die Formen des islamischen Gottesdienstes wenig zu kümmern. Einige betrachteten das Weib als tabu. Wenn die allerältesten Sūfiyya gegen die damals übliche Frömmigkeit des Islams opponiert hatten, so erwuchs ihnen nun in den Qalandar (und in den Malāmatiyya) ein Gegner, in dessen Augen sie selbst als die armseligen Sklaven einer traurigen Scheinwelt dastanden.

Zwei eigenartige religiöse Gebilde haben sich aus der Verbindung der Sūfik mit kurdischen Traditionen ergeben. Auf der einen Seite, im westpersischen Bergland, bei den Ahl-i Haqq, ‚Verehrern der Wahrheit', alias ‘Alī-Allāhīs ‚‘Alī-Vergöttlichern', ist der Zwölferschia als äußerem ‚Gesetz' *(sharī‘at)* ein sūfisches oder sūfiähnliches Lehrsystem innerer Erziehung *(tarīqat)* und höherer Erkenntnis, der Verehrung geistiger Wesen und der Erscheinung Gottes im Spiegel oder Kleid dieser Wesen und großer Seher aufgesetzt. Auf der anderen Seite, hauptsächlich in Bergländern des nordwestlichen Mesopotamien, bei den Yazīdiyya – ‚Yazīdanhängern' –, ist eine ursprünglich extrem antischiitische Umayyadenverehrung mit Resten der Struktur und von Anschauungen eines Sūfiordens, der ‘Adawiyya, zusammengehängt. Beiden gemeinsam ist die Anbetung lokaler Heiliger, die mit Engeln gleichgesetzt werden. In diesen ist bei den Ahl-i Haqq der Kalif ‘Alī, bei den Yazīdiyya der Kalif Yazīd (60–64/680–683) eingeschlossen. Beide sind monotheistisch, haben aber die sūfischen Elemente so eng mit den Interessen und den volkstümlichen Vorstellungen ihres Volkes verwoben, daß das islamische Grundmuster nur noch undeutlich oder überhaupt nicht mehr zum Vorschein kommt. Die Ahl-i Haqq beteuern ihr schiitisches Bekenntnis und zeigen es in ihrer ‘Alīverehrung. Die Yazīdiyya dagegen betrachten sich nicht als Muslime. Da sie im Engel Pfau ein Wesen verehren, das dem islamischen (und christlich-jüdischen) Teufel entspricht, werden sie auch als Teufelsanbeter beschimpft. Aber sie haben den Namen ‚Satan' aus ihrem Vokabular gestrichen. Vielleicht ist hier eine einheimische Vorstellung wieder mit einem Stück Sūfik verquickt, denn einige Sūfiyya priesen sehr apart den Teufel als Vorbild eines Monotheisten, weil er nach dem Koran trotz Gottes Geheiß vor Adam nicht niedergefallen war.

Sūfik und Literatur

Eine Bewegung wie die Sūfik, die ein auf Gott gerichtetes Leben anstrebte und sich in ausgedehnten sozialen Wer-

Auf diesem Teppich des XI./17. Jh. aus Iran sind Gegenstände des schiitischen Derwischs abgebildet: Tigerfell, aufgehängte Bettelschalen, Doppeläxte, zwölfzwicklige Mütze, aufgehängte Kleidertaschen, Knotenstock. (7)

ken bewährte, darf nicht unbedingt nach der Literatur, die sie hervorbrachte, beurteilt werden. Eben weil ihre Prätentionen auf einem anderen Gebiet lagen, entzieht sich uns ein Großteil ihrer ‚wahren' Geschichte. Und wo sie Literatur produzierte, bestand die Gefahr, daß die psychologischen, biographischen und historischen Tatsachen verfälscht und dem Leser Wunschgebilde vorgeführt wurden, die nie verwirklicht waren, also auch hier für uns nicht die Geschichte, sondern nur Literaturgeschichte greifbar wird. Den Eindruck der Unzuverlässigkeit machen auch die meisten sūfischen Autobiographien. Was die rein gedankliche und die ästhetische Seite der sūfischen Literatur betrifft, so teilt sie den Qualitätsunterschied mit den schriftlichen Erzeugnissen der anderen Spezialgebiete des Islam.

Schon in der klassischen Zeit erzählten sich die Sūfiyya Äußerungen und Begebenheiten aus dem Leben anderer Sūfiyya und früherer Frommer. Diese Erzählungen, die Sprüche und Geschichten umfaßten und in beiden Fällen *hikāyāt* (sing. *hikāya*) genannt wurden, hielt man schon vom III./9. Jahrhundert an auch schriftlich fest. Sie dienten der sūfischen Belehrung als Exempla und bewegten sich im Rahmen der ‚Wissenschaft vom Innern‘, also im Spannungsfeld zwischen Koran und Prophetensprüchen einerseits und religiöser Erfahrung und Meditation andererseits. Diese Literatur nahm in der Sūfik den dritten Platz ein nach dem Koran und den Prophetensprüchen, hatte aber nur anleitenden und empfehlenden, auch erbauenden, keinen verbindlichen Charakter. Abū Turāb an-Nakhshabī (gest. 245/859) und Junayd (gest. 297/910) nannten diese Traditionen ‚eine Hilfstruppe Gottes‘ zur Stärkung des Herzens. Ihre Niederschrift ermöglichte späteren Gelehrten, mit den alten Meistern jederzeit in unmittelbare Berührung zu treten, und es wurde sogar die Frage aufgeworfen, ob und wieweit das Buch den persönlichen Lehrer zu ersetzen vermöge. Viele haben mit einem Buch begonnen. Aber im allgemeinen galt der persönliche Lehrer als unerläßlich. Um die Gültigkeit dieser Regel zu erhärten, ließ der Scheich Awhad ad-Dīn-i Kirmānī (gest. 635/1238) einmal einen vortrefflich gearbeiteten Brunnen wieder zuschütten, nur weil sein Erbauer die Kunst nicht bei einem Meister gelernt hatte – auch dies eine Geschichte, die vielleicht erfunden ist, um die angezielte Weisheit zu veranschaulichen. Die natürliche Wechselwirkung zwischen Leben und Literatur und deren Unterbrechung erschwert oft zu entscheiden, ob wir es da mit einem Stück Leben und dort mit einem bloßen Versatzstück der Literatur zu tun haben. Gar oft mag ursprünglich poetischer Schein später ins Leben übergeführt worden sein und umgekehrt.

Mit dem III./9. Jahrhundert setzt auch die Reihe der sūfischen Abhandlungen über bestimmte Themen und zusammenhängende Sachgebiete der Mystik ein. Das meiste davon ist verloren. Besser erhalten ist die literarische Hinterlassenschaft der folgenden Jahrhunderte. Bis ins IV./10. Jahrhundert ist alles arabisch geschrieben. Später treten die anderen islamischen Sprachen hinzu, zuerst das Persische, dann die verschiedenen türkischen Sprachen, dann weitere Sprachen Asiens und Afrikas. Einige sind ihren Autoren ‚entrissen‘ worden, nämlich Aufzeichnungen mündlicher Äußerungen durch Schüler. Beachtung verdienen einige ‚ekstatische Konfessionen‘, in denen okkulte Erlebnisse zur Sprache gebracht werden, darunter auch Briefwechsel zwischen Lehrer und Schüler. Sie gehören zu derjenigen Literatur, die am nächsten ans Leben heranführt. Das zunehmende Interesse, das die visionären Erlebnisse in der nachklassischen Zeit fanden, verlockte manche Anfänger, schon ihre ersten Erfahrungen niederzuschreiben oder gar ein Buch daraus machen zu wollen. Davor mußten sie gewarnt werden. Dem Fleiß und schriftstellerischen Ehrgeiz vieler Schüler ver-

danken wir die zahlreichen Lebensbeschreibungen und Dictasammlungen ihrer Lehrer, aber auch die grotesken Verzeichnungen geschichtlicher Wirklichkeit.

Auf dem Gebiet der Dichtung waren die Sūfiyya vor allem unersättliche Verbraucher. Sie verwendeten Verse in ihren Lehrveranstaltungen, im persönlichen Gespräch und in ihren Musikkonzerten. Diese Verse waren oft nicht von ihnen, ja brauchten nicht einmal mystischen Inhalts zu sein. Man deutete sie mystisch oder sonstwie aktuell um. Zu den berühmtesten und beliebtesten mystischen Dichtern arabischer Zunge zählen der Ägypter (der Herkunft nach Syrer) Ibn al-Fārid (gest. 632/1235) und der Andalusier Abū l-Hasan ash-Shushtarī (gest. 668/1269). Ibn al-Fārid vereinigte in seinen Langgedichten beduinische Motive mit mystischer Liebe vor allem zum Propheten. Shushtarī spricht sich gern in oft dialektisch gefärbten Strophengedichten aus.

Im Persischen gesellte sich vom VI./12. Jahrhundert an das sūfische Lehrgedicht hinzu, vertreten in erster Linie durch die Werke Sanā'īs (VI./12. Jahrhundert), 'Attārs (VI.–VII./12.–13. Jahrhundert) und Mawlānās (gest. 672/1273). In diesen großangelegten, episch redenden Dichtungen erscheinen die Exempla in neuem Glanz: sie veranschaulichen am Beispiel die Gedanken, die der Dichter theoretisch darlegt. Manche Sūfiyya sind durch diese Dichtungen und deren Nachahmungen einem weiteren Kreis von Menschen bekannt geworden.

Es sei aber noch einmal hervorgehoben, daß Mystik und Schriftstellerei zweierlei sind. Ibn al-'Arabī hat Hunderte von Schriften geschrieben, Ibn Mashīsh fast nichts. Mawlānā hat Tausende von Versen gedichtet, Shams-i Tabrīzī keinen. Viele haben sich bei ihrer Bekehrung zur Sūfik vom Dichten losgesagt, andere haben Gesänge hinterlassen, die bei ihren Anhängern geradezu den Rang heiliger Schriften einnehmen.

Auswirkungen

Die Frömmigkeit der frühen islamischen Religiosi hat mancherlei Anstöße aus dem Christentum empfangen, die Sūfik am Ende ihrer klassischen und in ihrer nachklassischen Zeit teilweise Anschauungen aus der neuplatonischen Philosophie übernommen, später auch indische Anregungen verarbeitet. Auf die christliche Mystik des Mittelalters und der älteren Neuzeit nahm die Sūfik keinen nachweisbaren Einfluß. Erst in neuester Zeit, in unserem Jahrhundert, ist Sūfisches auf unterschiedlichen geistigen Höhenlagen teils von Europäern, teils von Orientalen auch im Westen angepriesen worden, stets als eine tiefere Weisheit, die den Kern aller Religionen bilde.

Der Tanz war gewöhnlich Ausdruck der inneren Bewegung und der Verzückung, die durch Verse und Musik hervorgerufen wurden. Mitgehende Gebärden des Zuhörers förderten deren Wirkung auf die Seele. Das gegenüberliegende Bild stammt aus einer persischen Handschrift der Tīmūridenzeit (datiert 896/1490). Wie die ganze islamische Bildkunst verbindet es Naturtreue mit starker Stilisierung. Die Szene ist in malerisch-ländliche Umgebung verlegt. Einige Derwische im Vordergrund sind in ihrer Ekstase ohnmächtig hingesunken und haben ihren Turban verloren. Rechts die Musiker. Hinter den Tänzern fließt ein Bach. Die kreisförmige Anlage des Bildganzen vermittelt etwas vom verzückten Wirbel, der die Teilnehmer erfaßt hat. (1)

Predigt (links) gehört zur Mystik, und die Ankunft eines berühmten Lehrers war ein ungeduldig erwartetes Ereignis. Hier, in einer persischen Handschrift aus der Mitte des X./16. Jh., sitzt der predigende Sūfī auf einem *minbar*. Ältere Zuhörer lauschen nahe vor ihm, jüngere hinter ihnen. Frauen und Kinder wohnen der Versammlung in einem besonderen Raumabteil bei. (2)

Wandernde Sūfiyya waren ein gewohnter Anblick im islamischen Mittelalter und bis in die jüngste Vergangenheit, und die Literatur weist manche Geschichte über sie auf. Diese persische Zeichnung aus dem XI./17. Jh. zeigt zwei in Meditation. Das sūfische Leben zog immer wieder junge Leute an (oben). Zu den wenigen Habseligkeiten, die sie mitnahmen, gehörten auch Gebetbuch, Beutel, Bettelschale. (3, 4)

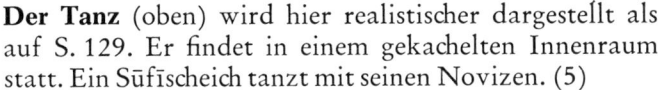

Der Tanz (oben) wird hier realistischer dargestellt als auf S. 129. Er findet in einem gekachelten Innenraum statt. Ein Sūfīscheich tanzt mit seinen Novizen. (5)

Ewige Wanderer waren die Qalandar (rechts oben). Der persische Dichter Fakhr ad-Dīn-i 'Irāqī (VII./13. Jh.) folgt einer Gruppe Qalandar. Einige sind mit Tierhäuten bekleidet. Der Führer trägt ein Buch, andere tragen Banner, Schale, Beutel, Kerzenständer, Stäbe usw. (6)

Bettel: Manche Sūfiyya bettelten. Das ausdrucksstarke Bild eines Qalandar (rechts) ist tīmūridisch (spätes IX./ 15. Jh.). Die unten abgebildete Schale ist aus einer Kokosnuß verfertigt und mit einer arabischen Inschrift mit Sätzen aus dem Koran verziert. (7, 8)

131

Der Lehrgang des Mystikers war geregelt. Die Vorschriften über das Verhalten beim Tanz, ob und welche Musik gespielt werden dürfe und was mit den abgeworfenen oder zerrissenen Kleidern zu geschehen habe, waren verschieden. Diese Moghulminiatur aus dem XI./17. Jh. stellt ein sūfisches Musikhören in Indien dar. Hinter den Tänzern stehen Zuschauer aus verschiedenen Völkerschaften, ganz links zwei Europäer. Die Gebäude links im Hintergrund zeigen italienischen Charakter. (9)

Man wallfahrte an die Gräber großer Dichter und zu den Gebeinen der Heiligen. Saʿdī, einer der beliebtesten persischen Dichter, der im VII./13. Jh. in Shīrāz lebte, war stark von der Sūfik beeinflußt. In seinen Hauptwerken, dem *Gulistān* und dem *Bustān,* legte er in vielen Erzählungen sūfische Gedankengänge und sūfische Weisheiten dar. Diese Miniatur (rechts) zeigt sein Grabmal bei Shīrāz, das heute allerdings nicht mehr so aussieht. Auf dem Bild ist der Stein über seinem Grab hinter dem Haupteingang des großen Gebäudes erkennbar. Auf dem Dach eine gemischte Gesellschaft von Frauen und Kindern. Im Vordergrund tanzen Derwische zu Musikbegleitung. (11)

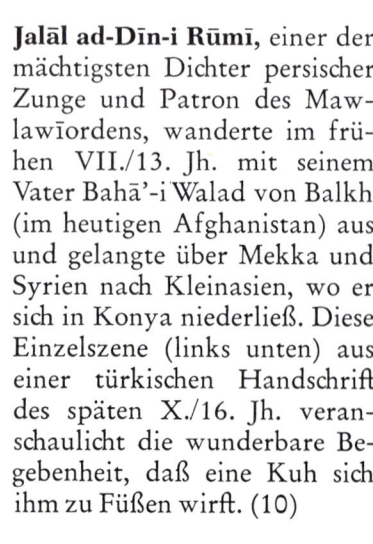

Jalāl ad-Dīn-i Rūmī, einer der mächtigsten Dichter persischer Zunge und Patron des Mawlawīordens, wanderte im frühen VII./13. Jh. mit seinem Vater Bahāʾ-i Walad von Balkh (im heutigen Afghanistan) aus und gelangte über Mekka und Syrien nach Kleinasien, wo er sich in Konya niederließ. Diese Einzelszene (links unten) aus einer türkischen Handschrift des späten X./16. Jh. veranschaulicht die wunderbare Begebenheit, daß eine Kuh sich ihm zu Füßen wirft. (10)

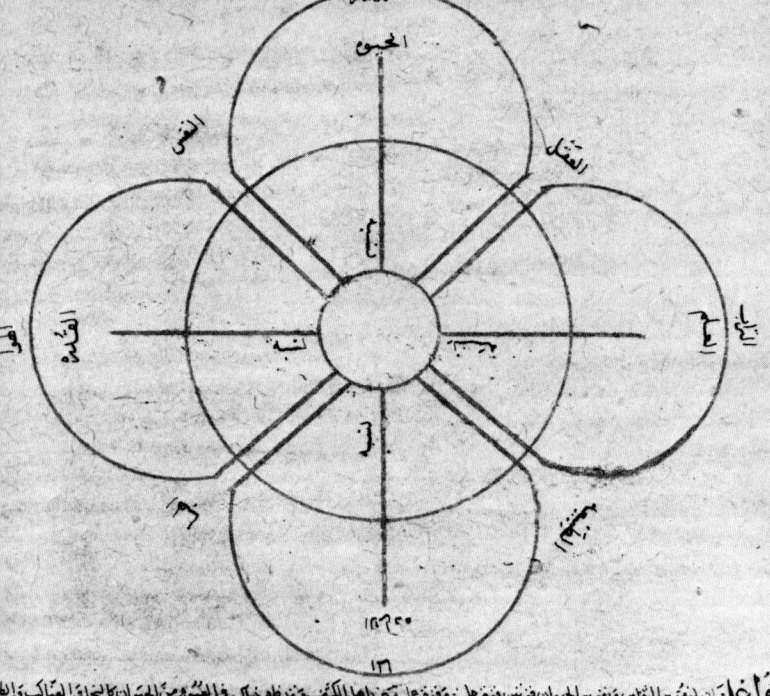

Medina war der erdräumliche Mittelpunkt der Mohammedmystik, die eine Vereinigung mit dem Propheten anstrebte. Auf dieser mamlūkischen Kachel sind die Heiligtümer der Stadt zusammengestellt. (13)

Alle Erscheinungen, sagt Ibn al-ʿArabī (gest. 638/1240),
sind nichts als Ansichten des Seins, das mit Gott eins
ist. Die Mystik bewegt sich zwischen abstrakter Erkenntnis und erlebter Wahrnehmung der letzten Einheit. Diese
schematische Zeichnung in einer Handschrift Ibn al-ʿArabīs aus dem X./16. Jh. stellt graphisch die Emanationen
aus dem Einen dar. (12)

‚Es gibt keinen Gott außer Gott, Mohammed ist der
Gesandte Gottes‘: Die islamische Glaubensformel in
eckiger Schrift und quadratischer Anordnung in einer
Moschee des IX./15. Jh. in Kairo. Die vielfache Wiederholung solcher Sätze diente dazu, einen mystischen Ausnahmezustand zu erreichen. (14)

Die Seele lebt im Göttlichen wie der Fisch im Wasser. Das bildet dieser Teller vom Jahr 607/1210 aus Iran ab. Der junge Mann hat seine irdischen Wünsche (im reiterlosen Pferd dargestellt) abgelegt und betrachtet in mystischer Versunkenheit seine Seele in Gestalt einer kleinen weiblichen Figur am unteren Bildrand. (15)

Die Reisenden und der Elefant
(rechts) aus einer Geschichte in
Rūmīs gewaltiger Lehrdich-
tung, dem *Mathnawī*. Eine Gesellschaft von Reisenden mißachtet den Rat eines Weisen,
tötet und verzehrt ein Elefan-
tenjunges. Die Elefantenmutter
greift sie an und verschont nur
die, bei denen sie am Geruch
erkennt, daß sie von ihrem
Sprößling nichts gegessen haben. Sinn: Das Elefantenjunge
war die Rechtschaffenheit, die
Gier der Reisenden die Sünde,
die Elefantenmutter ist das
Jüngste Gericht. (16)

Die Mekkapilger mit Saʿdī (links)
stoßen unterwegs auf einen jungen Schwarzen, der durch seinen
Gesang jedermann entzückt. Ein
Frommer, der das Derwischtum
ablehnt, bleibt ungerührt. Sein
Kamel aber wird vom Gesang ergriffen, tänzelt und wirft ihn ab.
Saʿdī zu dem Frommen: Auf ein
Tier hat er gewirkt, und dir sagt
er nichts? (17)

‚Die Sprache der Vögel' (rechts)
ist eine allegorische Dichtung des
Farīd ad-Dīn-i ʿAttār (gest. 618/
1221). Die Vögel reisen an den
Hof ihres Königs Sīmurgh. Nur
dreißig überleben die Anstrengungen und entdecken schließlich, daß
sie selber Sīmurgh sind (*sī murgh*
heißt persisch ‚dreißig Vögel').
Die Dichtung wurde vom IX./15.
Jh. an illustriert. Dies ist eines der
ältesten Beispiele. (18)

Die zwölf schiitischen Imame sind in verschlungener Schrift in den zwölf geschwungenen Sektoren der runden Deckenverzierung dieser Kuppel aufgezählt. Sie gehört zum Grabkomplex des sūfischen Lehrers und Dichters Niʿmatullāh-i Walī (gest. 834/1431) und seiner Nachkommen in Māhān. Die Bauten von Māhān bei Kirmān wurden vom IX./15. Jh. an errichtet. (19)

Die Derwischtänze fesselten viele abendländische Reisende und wurden von ihnen öfters gezeichnet oder gemalt. Hier eine *tekke* (türkisch ‚Konvent‘) aus dem XII./18. Jh. (20)

Die Gräber sind nach wie vor Ziele von Pilgern. Oben links: Grabanlage des Ansārī (gest. 481/1089) in Gāzur-gāh bei Herat, erbaut im späten IX./15. Jh., dort sind auch Tīmūridenherrscher bestattet. Oben rechts: Innen-raum des Grabgebäudes in Konya mit dem Kenotaph Jalāl ad-Dīn-i Rūmīs (gest. 672/1273) und seines Soh-nes Sultān-i Walad (gest. 712/1312). Unten links: Grab-mal des Bābā Rukn ad-Dīn (gest. 769/1367) bei Isfahan, umgeben von jüngeren Gräbern. (21–23)

Derwischkonvente sind oft von bezaubernder Schönheit und strahlen einen stillen Frieden aus (oben). Im östlichen Persien, nicht weit von Kirmān, liegt in der Wüste am Fuße einsamer Berge der Ort Māhān mit dem Heiligtum der Familie des Niʿmatullāh-i Walī (gest. 834/1431). Der Blick auf die großartige Anlage und die prächtige Landschaft bietet sich von einem Minarett des Heiligtums aus. Links: Teil der keramischen Dekoration im Grabheiligtum Ansārīs in Gāzurgāh bei Herat. (24, 25)

V

GOLDSCHMIEDE DES WORTES

Charles Pellat

Ein Schreiber bei der Arbeit. Illustration aus einer Handschrift von al-Harīrīs Maqāmāt *(VII./13. Jh.). (1)*

Bis vor kurzem gab es weder im Arabischen noch in anderen islamischen Sprachen ein spezielles Wort für ‚Literatur‘; ja, die Vielfalt der dafür verwendeten Worte ist ein beredtes Zeichen für das besondere Literaturverständnis jener Sprachen.

Dennoch anerkannten die Araber schon früh, daß es unter ihnen einige Individuen gab mit der Fähigkeit, Worte ausdrucksstark und kunstvoll anzuordnen und damit die Mitteilung über das normale Reden zu erheben. Einer davon war der *shāʿir,* der Dichter; er verband beim dichterischen Ausdruck Worte wie seltene Juwelen und fügte sie zusammen wie ein Juwelier die Perlen einer Kette. Ein zweiter war der *khaṭīb,* der Redner oder Sprecher eines Stammes; er wählte seine Worte zwar sorgfältig, verstreute *(nathr)* sie aber sozusagen, ohne die metrisch bedingte Wortfolge des Gedichts einzuhalten. Ein weiterer war der *kāhin,* der Wahrsager; er sprach in gereimter Orakelsprache und unterschied sich vom Redner durch die absichtlich rätselhafte Natur seiner Aussagen. Darum wurde im Mittelalter all das, was wir heute ‚Literatur‘ nennen, *manẓūm wa-manthūr,* ‚geordnet und verstreut‘, genannt, das heißt ‚Verse und Prosa‘. Wer beides beherrschte hieß *shāʿir khaṭīb,* obwohl zu dieser Zeit das geschriebene Wort schon bedeutender war als das gesprochene, und obwohl Kunstprosa nicht mehr rhetorisch, sondern literarisch war.

Im letzten Jahrhundert sahen sich die Türken genötigt, ein spezielles Wort zur Bezeichnung der westlichen Vorstellung von ‚Literatur‘ zu finden. Sie wählten ein arabisches Wort, *adab,* dem sie ein ebenfalls arabisches Suffix zur Bildung von Abstrakta anhängten. Das Ergebnis, das türkische *edebiyat,* gibt klar die Vorstellung von Literatur im Sinne von ‚schöner Literatur‘ und ‚Literaturwissenschaft‘ wieder.

Adab bezeichnet ursprünglich traditionelle ‚Handlungs- oder Verhaltensweise‘. Bis heute hat es die Bedeutung ‚gute Erziehung, Höflichkeit, gute Sitten‘ beibehalten, die immer mitschwang, da durch Erziehung im allgemeinen feste Verhaltensweisen übermittelt wurden; und sobald solche Verhaltensregeln schriftlich festgelegt werden, bringen sie unvermeidlich eine literarische Gattung hervor. Wenn dann diese Regeln nicht mehr einer moralischen Haltung zugrunde liegen, sondern auf stereotypes Berufsverhalten angewendet werden, kann eine weitere, von der ersten unterschiedene Gattung entstehen. Schließlich kann eine Sammlung solcher Regeln, wenn sie sich an die gebildete Öffentlichkeit wendet, leicht zum Handbuch für allgemeine Bildung werden. Genau das geschah bei den Arabern, und so finden wir das Wort *adab* in der allgemeinen Bedeutung von Literatur, obwohl gute Absichten nicht notwendig gute Literatur hervorbringen, und obwohl Moral, Berufsverhalten und allgemeine Bildung wenig mit zeitgenössischen Werken der Literatur zu tun haben.

Von dem Augenblick an, in dem die Araber begannen, Prosa zu schreiben, maßen sie religiöser Kenntnis große Bedeutung bei und brachten Werke hervor, welche die Literaturgeschichte in Betracht ziehen muß, obwohl sie meist ohne wirklichen literarischen Wert sind. Doch vom II./8. Jahrhundert an waren die Araber in der Lage, Bücher zu verfassen, die belehrten, ohne zu langweilen, die bildeten und zugleich unterhaltsam waren. Das älteste dieser Werke ist die Übersetzung einer Pahlavī-Version des *Panchatantra,* das auf Arabisch *Kalīla wa-Dimna* heißt. Das Buch ist eine Tierfabelsammlung zur moralischen Unterweisung des Lesers. Der Übersetzer, Ibn al-Muqaffaʿ (hingerichtet um 139/757), schrieb selbst eine Anzahl von Abhandlungen über Ethik, die auch heute noch in Lehrplänen zu finden sind, und übersetzte noch weitere Werke aus dem Pahlavī, wodurch ein beträchtlicher Teil der iranischen literarischen Tradition in die arabisch-islamische Kultur gelangte. Selbst dann, oder vielleicht gerade dann, wenn das Leben von Königen aus vergangener Zeit erzählt wird, haben diese Werke einen moralischen Wert, und dieser säkulare *adab* ist als der Beginn arabischer Prosa zu betrachten.

Ein Zeitgenosse von Ibn al-Muqaffaʿ, ʿAbd al-Hamīd al-Kātib (gest. 132/750), begründete die Tradition der Sendschreiben, welche bald eine Spezialität all der Autoren wurde, die gleich ihm Sekretäre der Staatsverwaltung waren. Unter seinen Werken findet sich eine Art ‚Fürstenspiegel‘, den er einem Umayyadenprinzen widmete, und besonders ein an Sekretäre gerichtetes Schreiben; wahrscheinlich die erste Spur jenes Berufs-*adab,* der eine so wichtige Rolle spielen sollte.

Jenseits von Literatur: der Koran

Die Behauptung, die Werke Ibn al-Muqaffaʿs und ʿAbd al-Hamīds seien die ersten literarischen Äußerungen auf Arabisch, mag besonders jenen etwas kühn erscheinen, die wissen, daß die Araber schon einige Zeit vor dem Islam Gedichte abfaßten, und daß das erste große Prosawerk der Koran ist. Doch als göttliche Offenbarung kann der Koran für einen Araber kaum auf dieselbe Ebene wie menschliche Werke gestellt werden. Der Koran konnte den Literaten nie als Muster dienen, da der geringste Versuch der Nachahmung als Sakrileg betrachtet wurde; für arabische Sprachkritiker und -kommentatoren galt er formal und inhaltlich als unnachahmbar. So kann man beim Studium der islamischen Literaturtradition den Koran nur insofern heranziehen, als er einen inneren Einfluß auf literarisches Denken und literarischen Stil hatte.

Zu den Charakteristiken frühislamischer Prosa gehörten die häufigen Anklänge an den Koran, die unvermeidlich auftauchten in Werken von Autoren, die im Koran lesen gelernt hatten und ihn zum großen Teil auswendig kannten. Auch enthält das heilige Buch zahlreiche moralische Prinzipien, die Autoren nach Ibn al-Muqaffaʿ in ihre Werke über richtiges Verhalten aufnahmen. Diese Werke waren deutlich islamisch und durchsetzt mit Zitaten aus dem Koran und dazugehörigen Kommentaren. Auch in Werken, die mit religiösen oder moralischen Überlegungen wenig zu tun hatten, fanden sich häufig solche Passagen.

Die Notwendigkeit, unklare Stellen des Korans und der prophetischen Tradition zu erläutern, ließ die Philologie entstehen, deren Vertreter ausgiebige Forschungen bei den Beduinenstämmen unternahmen. Ihr eines Ziel war es, Elemente des Wortschatzes zu sammeln, um dann das Arabische, das man für eine Sprache göttlichen Ursprungs hielt, in seiner ursprünglichen Form wiederherzustellen. Ihr anderes Ziel bestand darin, Verse, Sprichwörter, historische Berichte und Legenden zu sammeln, die ursprünglich der Koraninterpretation dienten, die jedoch infolge der Umstände zur Grundlage des ,klassischen' arabischen Schrifttums wurden, als man sie im Kampf gegen antiislamische oder zumindest doch antiarabische Tendenzen einsetzte. Diese besonders seit dem II./8. Jahrhundert zusammengetragenen Dokumente wurden anfänglich stückweise und meist mündlich von Sammlern weitergegeben, die auch selbst die ,Feldarbeit' leisteten. All das häuften ihre Schüler an, sie ordneten das Material ihrer Lehrer und stellten Monographien zusammen über den menschlichen Körper, das Pferd, das Kamel, einen Stamm, eine Person und vieles andere. Was fehlte, waren lediglich Künstler, die das verfügbare Material gebrauchen und literarisch verarbeiten konnten. Künstler gab es selten und wenige; doch waren sie in der Lage, dem *adab* einen eklektischen Charakter zu geben, indem sie arabische Tradition mit damals schon weitverbreiteten indo-islamischen Kulturelementen und mit durch Platon- und Aristotelesübersetzungen verfügbar gewordenen hellenistischen Elementen mischten. Letztere boten ,Gärungsmittel' für vorhandenes Material und wurden in gewissem Maß zu Autoritäten, welche Autoren nicht nur zur Auswahl von Quellen, sondern auch zum Nachdenken über die Lehren der Vergangenheit ermutigten.

So wurden Tierfabeln, aus Zitaten verschiedener Herkunft zusammengestellte ethische Abhandlungen, nach ʿAbd al-Hamīd in einem noch nach demselben Prinzip angelegten Handbuch zusammengefaßt, das jetzt jedoch praktische Ratschläge für verschiedene gesellschaftliche Gruppen enthielt: Wesire, Lehrer, Gelehrte, Verwaltungsbeamte. Doch brauchte die Mehrzahl dieser Leute nicht nur angemessene berufliche Ausbildung, sondern auch ein gewisses Maß an Allgemeinbildung, um in ihrer Gesellschaft, in der gepflegte Sprache und elegante Ausdrucksweise zu den geschätztesten Qualitäten eines Menschen gehörten, ihr Ansehen zu erhalten. Das führte zum Erscheinen einer dritten Art *adab*, die man ,adab der Allgemeinbildung' nennen kann. Diese dritte Gruppe von Werken entspricht am ehesten unserem Verständnis von Literatur. Es waren Sammlungen von Prosastücken, Redeausschnitten, Aussprüchen von großen islamischen Denkern, Zitaten aus arabischen Übersetzungen griechischer oder iranischer Werke, Anekdoten und besonders Gedichten und Gedichtfragmenten. Sie waren vorgesehen zum Auswendiglernen und sollten bei passender Gelegenheit in einem gepflegten Gespräch verwendet werden. Ab dem III./9. Jahrhundert wurde die Technik des *adab* auf weitere Gebiete übertragen, so daß dieses Genre zum Beispiel auch ein Handbuch der allgemeinen Geschichte umfaßt, wie Ibn Qutaybas (gest. 776/889) *Kitāb al-Maʿārif* (‚Buch des Wissens‘) und ein geographisches Werk wie Ibn al-Faqīhs *Kitāb al-Buldān* (‚Buch der Länder‘, verfaßt um 290/903). Am bedeutendsten ist al-Masʿūdīs *Murūj adh-Dhahab* (‚Goldene Weiden‘, verfaßt 332/943), in welchem Geographie und allgemeine Geschichte im Hinblick auf Handlichkeit und Lesbarkeit verbunden sind. So erhielten die gebildeten Kreise ein Kompendium säkularer Kultur.

In den bisher erwähnten verschiedenen Typen des Schrifttums ist der Anteil des persönlichen Beitrags minimal und im allgemeinen auf Auswahl und Anordnung des überlieferten Materials beschränkt. Ob das Produkt nun ein einfaches Sammelwerk blieb oder sich literarisch anspruchsvoll gab, das Prinzip, persönliche Meinung zu meiden und sich auf Vorgänger zu verlassen, blieb ein Charakteristikum arabischer Prosa.

Wer Kenntnisse der ‚arabischen Bildung‘ besaß, etwas über das griechische Erbe wußte und einigermaßen mit der iranischen Tradition vertraut war, galt als *adīb*, was im allgemeinen mit ‚Gebildeter‘ übersetzt wird. Doch hieß *adīb* auch jemand, der Werke zur säkularen Erziehung und zur Unterhaltung von Lesern verfaßte, die des ernsthaften religiösen Schrifttums überdrüssig waren, das bis dahin ihre Hauptkost gebildet hatte.

Wüstendichtung

Wenn ein Biograph von jemandem sagte, er sei ein *shāʿir adīb*, so stellte er ihn damit an die Spitze der literarischen Hierarchie; denn das bedeutete, daß er sowohl die Allgemeinbildung besaß, aufgrund derer er mit einiger Leichtigkeit Prosa schreiben konnte, als auch besonders die Fähigkeit, Verse zu verfassen; und Dichtung war in der arabischen Literaturtradition die einzige schöpferische Tätigkeit, über die es sich zu reden lohnte.

Auf ihrer Suche nach der ‚arabischen Bildung‘ fanden die Philologen des II./8. Jahrhunderts unter den Stämmen oder manchmal auch in den Städten als *ruwāt* bekannte Männer, die ein ausgezeichnetes Gedächtnis besaßen und in der Lage waren, Tausende von Versen zu rezitieren, die verschiedenen Dichtern zugeschrieben wurden und die sowohl vor als auch kurz nach dem Aufkommen des Islam entstanden waren. Die Spezialisten teilen die Gesamtheit dieser Verse in zwei Hauptgruppen, den früheren und einfacheren *rajaz*, der wahrscheinlich für kleine, anspruchslose Liedchen oder Spottverse auf einen Feind in der Schlacht verwendet wurde, und die anspruchsvollere *qasīda*.

Die *qasīda* besteht aus einem komplizierten metrischen Schema und einer dreiteiligen Struktur, die sich zusammensetzt aus:

a) dem Prolog, in dem der Dichter Tränen vergießt über das verlassene Lager des Stammes seiner Geliebten und sich der glücklichen Tage in ihrer Gesellschaft erinnert; wahrscheinlich ist dies ein Überbleibsel der alten Sitte der Ehe auf Zeit und deutet wohl auf das hohe Alter der *qasīda*;

b) dem Bericht einer Wüstenreise mit einer Beschreibung von des Dichters Reittier, der überstandenen Gefahren und des Verdienstes, eine solche Reise zum Besuch des unter c) genannten Stammes oder Bekannten unternommen zu haben;

c) dem Lobpreis auf einen Stamm oder eine Person; dem Gegenteil, wenn es sich um einen Feind handelt.

Dies ist die allgemeine Form der *qasīda*, die an verschiedenen Punkten abgewandelt werden kann. Wenn der abschließende, wichtigste Teil eine Totenklage ist, fällt der Prolog fort; auch kann der Lobpreis leicht zum Selbstlob werden oder moralische Maximen enthalten. Der allgemeine Rahmen ist also nicht starr, und viele unvollständig erscheinende Stücke sind in Wirklichkeit vollständig. Die Länge der Teile variiert, und obgleich manche Themen in verschiedenen Gedichten auftreten, bemühen sich die Dichter doch um ein gewisses Maß formaler und inhaltlicher Originalität. Dennoch rief schon einer der ältesten aus: ‚Ließen die Dichter einen einzigen Fleck frei, wo wir säen könnten?‘, um damit den Eindruck zu vermitteln, alles sei schon in einer frühen islamischen Periode gesagt, als die Lebensumstände sich zugegebenermaßen nicht änderten und auch eine starke dichterische Begabung am Gängelband der Tradition gehalten wurde.

Die bedeutenden alten *qasīdas* wurden im II./8. Jahrhundert gesammelt, und sieben davon, bekannt als *Muʿallaqāt* (‚aufgehängt‘), wurden berühmt in der muslimischen Welt, wo sie noch heute als beste Beispiele der dichterischen Begabung der Araber gelesen werden. Auch der Westen hat, seit dem Beginn ernsthafter Studien des Orients, diese beredten Reste vollkommener Kunst anerkannt, wovon die Anzahl der Übersetzungen Zeugnis ablegt. Folgende Dichter sollen die *Muʿallaqāt* verfaßt haben: Imruʾ al-Qays, der wandernde König; Tarafa, den die Götter liebten; Zuhayr ibn Abī Sulmā, der Moralist; Labīd ibn Rabīʿa, der Hundertjährige; ʿAntara, der schwarze Ritter; ʿAmr ibn Kulthūm, der Königsmörder; al-Hārith ibn Hilliza, der Aussätzige; die Beinamen stammen von A. J. Arberry.

Im Felde von Gabit war geschüttet aus der Sack,
   Als läg' ein Trupp Jemaner dort mit dem Waarenpack.
Mudscheimars Felsenzacken, umworren vom Gesträuch
   Des Gießbachs, sahn dem Rocken an einer Kunkel gleich.
Da jubelten die Finken des Morgens in dem Hain,
   Als hätten sie den Frühtrunk gethan in Würzewein.
Doch dort lag hingeschwemmet ertrunkenes Gewild,
   Wie ausgerissne Knollen des Lauches im Gefild.
(Aus der *Muʿallaqa* des Imruʾ al-Qays, übersetzt von Fr. Rückert.)

Paradoxerweise verfluchte der Prophet die Dichter, was ihn nicht daran hinderte, die Dienste des Dichters Hasan ibn Thābit (gest. 40/660), eines Muslims, in Anspruch zu nehmen. Er nahm auch die gereimte Huldigung des Heiden Kaʿb ibn Zuhair entgegen und legte ihm zum Zeichen der Billigung seinen eigenen Mantel über die Schultern, eine symbolische Geste, die in der Folgezeit so manches Preisgedicht auf Muhammad inspirierte. Die Verdammung der Dichtung mag, was aus der recht geringen Anzahl von überlieferten Gedichten aus der Anfangszeit des Islam zu schließen ist, eine Unterbrechung dichterischer Tätigkeit bewirkt haben. Doch scheint es unwahrscheinlich, daß die Sänger der Wüste ihre Gewohnheit über Nacht aufgaben, und zweifellos wurde auch vieles vergessen oder verworfen, besonders wenn es sich gegen den Propheten richtete. Nach dem Erhaltenen zu urteilen, richteten sich Beschreibungen des Propheten etwa nach dem Muster der Preis- oder Spottgesänge über Stammesführer, je nach Einstellung des Dichters zu ihnen. Tatsächlich scheint die neue Religion für die Zeitgenossen keine Quelle der Inspiration gewesen zu sein, und der Islam ist auch kein sehr häufiges Thema in der Dichtung späterer Jahrhunderte oder auch gegenwärtiger Apologeten, die eher den Propheten als sein Werk preisen. Sonst ist religiöse Dichtung auf Arabisch, Persisch, Türkisch oder Urdu im wesentlichen mystisch, das heißt sie geht über den Islam im engeren Sinn hinaus.

Kritiker und Historiker wissen, daß die frühe Dichtung beduinischer Herkunft oder doch beduinischer Art ist, und daß aus den Städten der arabischen Halbinsel nur wenige begabte Dichter kamen. Auch nach dem Aufkommen des Islam und den folgenden Eroberungen hielten sich die alten Sitten, und noch im I./7. Jahrhundert waren die berühmtesten Dichter Beduinen, die, trotz häufiger Besuche in mesopotamischen Städten oder in der Umayyadenhauptstadt Damaskus, den Lebensstil der Wüstenbewohner beibehielten und klassische *qasīdas* verfaßten. Die wegen ihrer den alten Dichtern ebenbürtigen Fähigkeiten und ihrer gereimten Auseinandersetzungen nach vorislamischem Muster bekanntesten Persönlichkeiten dieser Epoche sind der Christ al-Akhtal (gest. um 92/710), al-Farazdaq (gest. 110/728) und Jarīr (gest. 110/728).

Dennoch mußte der Einfluß der islamischen Eroberungen auf das Leben vieler Beduinen Rückwirkungen haben, und zwar mehr auf den Dichtungsinhalt als auf die -struktur. Durch die islamischen Feldzüge weit von zu Hause entfernt, brachten die Soldaten in meist einfachen Gedichten ihr Heimweh, ihren Siegerstolz und ihr Frohlocken über die reiche Beute zum Ausdruck. Solche Dichter hatten keine Zeit, lange *qasīdas* zu schreiben, und ihre erhaltenen Werke bestehen meist nur aus ein paar Zeilen. Im selben Jahrhundert ließen Konflikte innerhalb der islamischen Gemeinde und die Bildung dissidenter Gruppen eine Dichtung mit politischer und religiöser Tendenz entstehen. Ihre Hauptvertreter waren die Khārijīten, die ihre dichterischen Gaben dazu benutzten, zum Kampf aufzurufen und die Regierung zu verunglimpfen. Doch auch bei näherer Untersuchung bleibt diese Dichtung traditionell und erinnert an magische Verse, die vorislamische Dichter zur Ermutigung der Gefährten und zur Besänftigung der Feinde improvisierten. Sollte es einen Unterschied geben, liegt er sicher in der Aufrichtigkeit der früheren Kämpfer, die von dem festen Glauben an die Richtigkeit ihres Handelns angetrieben wurden. Die Gedichte waren nicht immer wirkliche *qasīdas,* und die erhaltenen zeigen oft eine originelle Entwicklung von für vorislamische Dichtung charakteristischen Themen. Während ,klassische' Dichter die traditionelle Dreiteilung respektierten, nahmen andere nur einen Teil davon und bauten ihn nach Belieben aus, wobei sie sich auf ein oder zwei Themen konzentrierten.

Wein- und Liebesdichtung

Ein weiteres bemerkenswertes Beispiel für diese Entwicklung liefert die Weindichtung. Vor dem Islam gab es

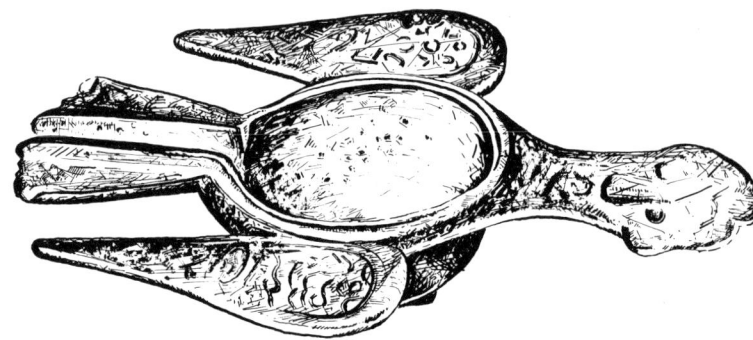

Persisches Bronzegefäß in Vogelform mit Menschenkopf; es diente zur Zubereitung von Tinte (VI./12. Jh.). (3)

viele, wenn auch nie den *Mu'allaqāt*-Autoren vergleichbare Dichter, deren *qasīdas* einen Abschnitt enthielten über die Freuden des Weintrinkens, des Sorbettgenusses und der Gesellschaft einer Sängerin. Aus diesem beim Selbstlob häufigen Thema entstand in den mesopotamischen Städten und in Damaskus eine Tradition der Weindichtung, zu deren Vertretern al-Akhtal gehörte, der als Christ Wein trinken durfte, und besonders der Umayyadenprinz al-Walīd ibn Yazīd (gest. 124/743). Das ursprünglich beduinische Thema wurde ,verstädtert', denn es war für Städter nur natürlich, in ihren Versen auf die Freuden dieser neuen Lebensweise in alten Kulturzentren anzuspielen. Wir werden sehen, daß Weindichtung, wie paradox das auch klingen mag in einer Gesellschaft, in der Alkoholgenuß verboten ist, schließlich sogar eine der Charakteristiken des ,Modernismus' wurde.

Noch paradoxer war die Entwicklung in den heiligen Städten des Hijāz, Mekka und Medina. Während man an den Orten, wo der Prophet wirkte, eine der frommen Lebensweise der Einwohner entsprechende Dichtung erwarten sollte, preist die Dichtung das Vergnügen. Tatsächlich entwickelten sich vom I./7. Jahrhundert an Musik und Gesang im Hijāz in reichem Maße und brachten Schulen hervor, die noch nach dem Entstehen derer von Basra, Bagdad und später Sevilla berühmt blieben. Auch entstand der Beruf des Unterhalters für eine durch Beute aus den Eroberungen reich gewordene untätige Aristokratie. Während die am *qasīda*-Anfang gepriesenen Beduinenfrauen sich großer Freiheit erfreuten, waren die Städterinnen eingeschränkter. Jetzt fühlten sie sich etwas ungebundener und hatten freien Umgang mit dem anderen Geschlecht. So sahen Mekka und Medina die Geburt einer frivolen Dichtungsform, die ihren Ursprung wohl im Prolog der *qasīda* hatte, sich jedoch dahingehend weiterentwickelte, daß sie die Liebe in Form direkter Verherrlichung von Abenteuern und Freuden zum einzigen Thema machte. 'Umar ibn Abī Rabī'a (gest. zwischen 93–101/712–19) war ein Meister dieses Genres, und sein Werk findet noch weitreichende Anerkennung. Wie die verschiedenen Ausbildungsstätten für Musiker, Sänger, Humoristen und Spaßmacher, die nach Irak übersiedelten, so wurde auch diese frivole und doch geschätzte Dichtung in Basra, Kūfa und Bagdad nachgeahmt. Eine große Anzahl von Dichtern wirkte an jenen Orten, und einige ihrer Versfragmente sind in Anthologien erhalten, werden jedoch von Kritikern meist übergangen. Doch waren diese Dichter mehr als bloße Verseschmiede und besaßen oft wirkliches dichterisches Talent, echte Originalität und eine Aufrichtigkeit im Ausdruck, durch die sich ihr Werk von der Mittelmäßigkeit konventioneller Gedichte abhebt, welche eher formal als inhaltlich von Bedeutung sind.

Konvention und Neuschöpfung

Wir sollten nicht vergessen, daß in vorislamischer und späterer Zeit ein Dichter, der berühmt werden wollte, eine schwere Aufgabe vor sich sah; konnte er doch ein Werk nicht abfassen wie er wollte, sondern mußte sich zunächst an mehr oder weniger unantastbare Regeln halten. Das Metrum beschränkte sein Vokabular, so daß er sicher oft poetische Ausdrücke nicht verwenden konnte; und trotz des allgemeinen Reichtums der Sprache zwang ihn das Prinzip des Monoreims zur Wahl von Worten, die in der vom Leser erwarteten Weise reimten und damit die gesamte Struktur der Zeile bestimmten. Die Zeile mußte eine abgeschlossene Einheit sein; eine Aussage erstreckte sich selten über mehr als eine Zeile. Daher bildet ein Gedicht kein homogenes Ganzes, wie es die moderne Kritik verlangt, und es ist leicht, aus Fragmenten mit dem gleichen Metrum und demselben Reim eine *qaṣīda* zusammenzusetzen, auch wenn diese Fragmente von verschiedenen Autoren stammen. Zweifellos nutzten Überlieferer diesen Umstand, und wegen des Fehlens fester Kriterien muß die Kritik ständig auf der Hut sein.

Neben diesen technischen gab es auch gesellschaftliche Beschränkungen. In vorislamischer Zeit war der Dichter als Sprecher seines Stammes ein integraler Bestandteil desselben, ohne individuelle Identität. Die Form seines Werkes konnte variieren, der Inhalt mußte die ‚öffentliche‘ Meinung wiedergeben. In islamischer Zeit erhielt der Dichter eine gewisse Autonomie, die ihm die Formulierung eigener Gefühle und Ideen erlaubte. Doch nur die wirtschaftlich Unabhängigen konnten sich den Luxus persönlicher Dichtung leisten; die meisten Dichter hatten mächtige Mäzene zufriedenzustellen, die Lobreden in traditioneller Form und doch mit originellem Ausdruck erwarteten.

Darum sucht man vergeblich nach persönlichem Ausdruck bei den großen Dichtern, da sie in Angriffen und mehr noch in Lobgedichten den Hörer nicht zu überraschen suchten, sondern nur etwas besser als andere formulieren wollten. Es gibt schöne Preisgedichte, die in der Hoffnung abgefaßt wurden, das Wohlwollen einer bestimmten Person zu erlangen, die aber aus irgendeinem Grund schließlich an eine andere gerichtet wurden; man brauchte nur den Namen zu ändern. Diese Dichtung ist um so unpersönlicher, da die Araber zur Zurückhaltung neigen; ihr Privatleben und ihre Gefühle bleiben verborgen, und ihr Vorrat an Klischees und Topoi erlaubt es ihnen, sich auch in Gedichten des Eigenlobes nicht selbst darzustellen.

Die persische Herausforderung

Seit dem II./8. Jahrhundert beobachten wir die Entwicklung einer neuen Dichtungsart durch Autoren, die im allgemeinen keine Araber waren, jedoch die Sprache der Eroberer beherrschten. Vor allem die Perser fühlten sich gerüstet, die kulturelle Hegemonie in Frage zu stellen, die ihnen im Hinblick auf ihre eigene ruhmreiche

Vergangenheit besonders lästig sein mußte. Sie wurden tätig im Rahmen der *Shuʿūbī*-Bewegung, deren Anhänger arabisierte Perser waren, die sich des Arabischen bedienten, da ihnen keine andere Sprache mehr zur Verfügung stand, und die mit jedem Mittel gegen die sich entwickelnde islamische Tradition ankämpften. Die berühmtesten dieser Autoren mußten sich zweier verschiedener Techniken bedienen um bestehen zu können – traditioneller, klassischer panegyrischer und anders gearteter freierer Lyrik. Auf dem Gebiet der Dichtung liefert Abū l-Faraj al-Isfahānīs *Kitāb al-Aghānī* (IV./10. Jahrhundert) viele Beispiele dieses Versuches, sich vom Islam und den Arabern zu lösen. Man denkt bei *Shuʿūbīs* sogleich an Bashshār ibn Burd (hingerichtet 167 oder 168/784–85), einen blinden Dichter aus Basra, der in sich eine Anzahl widersprüchlicher Tendenzen vereinigt und eine wirkliche Veränderung anzeigt. Seine Lobeshymnen auf bedeutende Persönlichkeiten seiner Zeit sind nicht nur klassisch, sondern auch archaisch, während er in seiner oft sinnlichen und frivolen Liebesdichtung als Neuerer gelten darf. Seine Hauptleistung liegt jedoch auf dem Gebiet des Epigramms und der Parodie, und seine feinen Anspielungen auf die mazdakitische Religion oder auf manichäische Vorfahren kennzeichnen den Beginn der sogenannten ‚modernistischen‘ Poesie. In der zweiten Hälfte desselben Jahrhunderts fühlte sich der ebenfalls persischstämmige Abū Nuwās (gest. ca. 200/815) verpflichtet zu beweisen, daß auch er klassische panegyrische Dichtung schreiben und seine Jagdgedichte in arabische Formen fassen konnte; berühmt wurde er jedoch durch seine Liebes- und Weinlieder. Viele Dichter, auch Bashshār, priesen, wie wir sahen, mehr oder weniger erfolgreich den Wein; doch Abū Nuwās ging so weit, diesem Thema ganze Gedichte zu widmen, wobei er die einleitenden Liebesverse der *qaṣīda* durch Lobverse auf den Wein ersetzte. Darüber hinaus schrieb er seine Wein- und Liebesgedichte mit der Absicht, sich gegen die Tradition zu stellen. Während bei Abū Nuwās' Vorgängern Wein und Liebe zum Lob der Sinnesfreuden gehörten, zielt sein eigenes Werk deutlich darauf ab, seine Zuhörer zu schockieren, indem er männliche Liebe und jenes vom Islam verbotene Getränk feierte. Nach Abū Nuwās wurden diese beiden Themen üblich. Auch die frömmsten Autoren hielten sie für unentbehrlich, benutzten sie jedoch als Stilmittel und sprachen als Gegenstand ihrer Leidenschaft immer einen Mann an, selbst wenn es sich um eine Frau handelte. Die Weindichtung, die *khamriyyāt*, wurde in späteren Jahrhunderten sehr gepflegt, doch blieb Abū Nuwās unerreicht. Seine verschiedenen Nachfolger wurden die Ṣūfīs, die den durch den ‚Wein‘ der mystischen Liebe verursachten Rausch verherrlichten.

Brich mit deinem Wasser das Ungestüm des Weins!
Dann siehst du, wie er sich dem Wasser unterwirft.
Doch halte deine Hände vor dem Wein zurück,
Denn noch eine Seele blieb, die denen der Lebewesen
gleicht!
Es ist ein Wein, der dir die Sorgen raubt, wenn sie
erscheinen,
Und der deinem Herzen das Gewand der Freude leiht.

(Lyrik des Abū Nuwās, übersetzt von E. Wagner.)

145

Die Nachwelt beurteilte das Werk seines Zeitgenossen Abū l-ʿAtāhiya (gest. 210 oder 211/825–26) völlig anders. Auch dieser verfaßte leichte Verse über Liebe und Leid, doch ist er heute viel bekannter wegen seiner *zuhdiyyāt* (‚asketische' Gedichte), die von der Vorstellung des Todes und der Vorbereitung darauf beherrscht sind. Sie sind einfach, fast volkstümlich und auf eine große, offenbar religiöse Zuhörerschaft zugeschnitten – obgleich in historischen Quellen über diesen Autor vieles auf religiöses Desinteresse deutet.

Das führt uns zum Ende des II./8. Jahrhunderts, in dem die literarische Tradition, zumindest in der Dichtung, voll ausgebildet war. Arabische Literarhistoriker bezeichnen die gerade besprochene Literatur im allgemeinen als ‚modernistisch', die ab dem III./9. Jahrhundert als ‚neuklassisch'. Doch ist eine so klare Unterscheidung problematisch, da alle Kennzeichen der späteren Literatur auch schon mehr oder weniger ausgeprägt im II./8. Jahrhundert auftraten. Auch ist unser Blickwinkel etwas verfälscht durch das Urteil der Nachwelt, welches sich meist auf einzelne Persönlichkeiten, nicht auf Gruppen gründete. Das dichterische Werk eines Bashshār oder eines Abū Nuwās überdauerte seine Autoren; es wurde fortgesetzt von weniger bedeutenden Dichtern. Diese jedoch standen im Schatten zweier nicht ‚modernistischer' Dichter. Der eine ist der provinzielle Abū Tammām (gest. 231 oder 232/845–46) mit seinen Neigungen zum Beduinentum. Sein Werk ist insofern traditionell, als es aus panegyrischen Liedern im klassischen Stil besteht; doch enthält es viele Anspielungen auf Ereignisse seiner Zeit. Der andere ist al-Buhturī (gest. 284/897), der sich an der dreiteiligen *qaṣīda* orientierte und dabei vom Selbstlob zur Panegyrik überging. So ist die Bezeichnung ‚neuklassisch' nur durch die dazwischengeschaltete ‚modernistische' Periode gerechtfertigt und dadurch, daß die Dichter sich nicht mehr ausschließlich auf die Beduinenwelt beziehen.

Der hervorragendste Repräsentant der Neuklassik im folgenden Jahrhundert war al-Mutanabbī (gest. 354/965), in dessen Panegyrik, besonders in der an Sayf ad-Dawla, den Herrscher von Aleppo, gerichteten, sich Anklänge an vorislamische Dichtung finden; der virtuose Mutanabbī hinterließ ein Werk, das seit tausend Jahren als Vorbild dient und selbst Autoren der Gegenwart noch inspiriert. Zur selben Zeit erlangte Abū Firās (320–57/932–68), ein Vetter Sayf ad-Dawlas, Ansehen durch seine deutlich persönliche Dichtung, verfaßt während seiner Gefangenschaft in Konstantinopel. Selbstlob, das bei al-Mutanabbī durchaus nicht fehlt, nimmt bei Abū Firās einen wesentlichen Raum ein, zumal er fast ohne Panegyrik auskam, da er nur während seiner Gefangenschaft die Hilfe seines Vetters benötigte. Im Gefolge Sayf ad-Dawlas gab es noch einige weniger bedeutende Dichter, die in ihre panegyrischen Gedichte Natur-, Garten- und Blumenbeschreibungen einstreuten. Dieser Stil wurde bald stereotyp und überall im Reiche nachgeahmt.

Nach Sayf ad-Dawla verdient ein anderer berühmter Dichter Erwähnung, der wie Bashshār blinde Abū l-ʿAlāʾ al-Maʿarrī (363–449/979–1058). Er weigerte sich, berufsmäßig Lobgedichte zu verfassen und erhielt sich seine Unabhängigkeit, um philosophische Werke über Fragen der menschlichen Existenz zu schreiben. Er war Skeptiker, und sein Werk, nicht wirklich philosophisch und nicht mystisch, paßt weder inhaltlich noch formal in die klassische, modernistische oder neuklassische Tradition. Er schrieb auch das schon mit der *Divina Commedia* verglichene Prosameisterwerk *Risālat al-Ghufrān* („Das Sendschreiben der Vergebung").

Der Katalog eines Bagdader Buchhändlers, Ibn an-Nadīm (gest. 387/895), gibt nicht nur eine Vorstellung von Zahl und Umfang der zu seiner Zeit im Handel befindlichen dichterischen Werke, sondern führt auch eine beträchtliche Anzahl an Prosawerken auf oder solchen, in denen Prosa und Verse vermischt sind. Besonders erwähnt er eine Reihe von Romanzen, deren berühmteste die Liebesgeschichte von Qays, bekannt als al-Majnūn („der Wahnsinnige"), und Laylā erzählt. Ähnliche Werke erzählten von vielen anderen unglücklich Liebenden, deren Unglück sich an Gesellschaft oder Familie entzündete. Doch alle diese Romanzen kennen wir nur durch Auszüge aus Anthologien, deren Verfasser nur die Stücke überlieferten, die sie selbst am interessantesten fanden. Das Liebesthema wurde später von den Mystikern und einigen persischen Dichtern aufgenommen, die dafür empfänglicher waren als die Araber. Letztere beschäftigten sich mit dem Thema erst in jüngerer Zeit.

Meine Lieder lassen Blinde sehen, Taube hören,
Lassen Kritiker nur mit den Flügeln schlagen,
Lassen mich die ganze Nacht durch ruhig schlafen
Und bringen mir, wenn ich lobpreise, reichlich Lohn.
Die Schmeichler werden dir es laut verkünden
Und außer mir vergessen jede Stimm';
Denn ich bin die singende Lerche, die andern nur Echo.
Die Zeit wird dafür Zeuge mir sein,
Wenn sie singt, was an Gedichten ich schuf.

(Lyrik von al-Mutanabbī, nachübersetzt aus der englischen Version von H. Howarth und I. Shukrallah.)

Volksliteratur

Schon früh wurden in Arabien und anderswo Legenden gesammelt, jedoch nie literarisch behandelt. Generationen von Kompilatoren schrieben nur den Text nieder und fügten höchstens ein Detail hinzu. Auch die öffentlichen Erzähler, die sie immer noch benutzen, verlassen sich wohl eher auf bestimmte datierbare Niederschriften als auf eine fortlaufende mündliche Überlieferung. Andererseits wurde auch eine Anzahl humoristischer Anekdoten schon früh niedergeschrieben, ehe sie wieder der mündlichen Tradition anheimfielen. Das zeigen die Geschichten um Joha, deren erste Sammlung fast noch zur Zeit ihrer Helden angefertigt wurde; außerdem die jetzt vergessenen *adab*-Anekdoten. Das gilt auch für *Tausend und eine Nacht;* ihr indisch-persischer Kern fand im IV./10. Jahrhundert Eingang in die arabische Literatur, wurde aber bald Ausgangspunkt einer von den Geschichtenerzählern fortlaufend ergänzten Sammlung. Bezeichnenderweise betrachten arabische Kritiker diese bekannten Geschichten, trotz ihrer literarischen Aus- und Umarbeitung, nicht als Literatur. Erst jetzt nehmen Autoren langsam Notiz davon, verwerten die Themen und zeigen ein Interesse, das im Westen schon einige Jahrhunderte alt ist.

Das Gefallen an Unterhaltungsliteratur, gleich ob Romanzen, Anekdotensammlungen, Märchen oder Legenden, scheint in religiösen Kreisen, die Heiterkeit für unislamisch hielten, Kritik ausgelöst zu haben, und zwar so heftig, daß der große Prosaist al-Jāhiz (gest. 255/868) sich in der Einleitung zu seinem *Kitāb al-Bukhalā'* (‚Buch der Geizhälse') zu einer Rechtfertignug des Lachens veranlaßt sah. Dieses Werk ist um einiges anspruchsvoller als andere Anekdotensammlungen; denn al-Jāhiz gibt nicht nur amüsante Geschichten wieder, sondern bietet auch eine Analyse des Geizes, ist jedoch unfähig zur Konstruktion eines ‚Typs' als Zusammenschau seiner Einsichten. Al-Jāhiz verfaßte auch eine Enzyklopädie *Kitāb al-Hayawān* (‚Buch der Tiere') und eine Anthologie *Kitāb al-Bayān* (‚Buch der Erklärungen'), welche die Literaturkritik begründete. Besonders seine Porträts und Essays bilden einen deutlichen Fortschritt in der arabischen Literatur, insofern sie *adab* bei der Darstellung von Gesellschaft und psychologischer Analyse auf ein neues künstlerisches Niveau heben. Leider fand er darin keinen Nachfolger; seine engstirnigen Kritiker beurteilten ihn mit Sarkasmus, und so wird erst jetzt seine Leistung langsam rehabilitiert. Mehr als hundert Jahre später verfaßte Abū Hayyān at-Tawhīdī (gest. 414/1023) in einer sonst von Reimprosa beherrschten Umgebung eine stattliche Anzahl Prosawerke, unter anderm ein satirisches Porträt der beiden Wesire Ibn al-'Amīd und Ibn 'Abbād und Berichte über die politischen und wissenschaftlichen Gesellschaften, die reges geistiges Leben in jener Zeit bezeugen.

Auch das Werk at-Tawhīdīs blieb bis vor kurzem unbeachtet, und spätere Generationen zogen den klassischen Typ des *adab* vor, im allgemeinen Anthologien und Enzyklopädien von etwas eng verstandener Allgemeinbildung. Dafür ist *al-'Iqd* (‚Das Halsband') des Andalusiers Ibn 'Abd Rabbihi (gest. 328/940) ein gutes Beispiel.

Die Literatur des islamischen Spanien wird in Kapitel IX behandelt. Trotz der Gefahr der Wiederholung muß hier jedoch auf den Gedichttyp des *muwashshah* eingegangen werden, ein Strophengedicht, das sich nicht an klassische Metren hält und mit einer Art *envoi*, der *kharja*, endet, die fremde, in diesem Fall romanische Worte enthalten mußte. Es ging aus der Verbindung zweier Gedichte hervor, einem arabischen und einem spanischen. Das letztere stammte wohl von Sängerinnen mit romanischer Muttersprache, und von dort kam auch die Idee, volkstümliche, vielleicht schon zweisprachige Refrains zu verwenden, um dem Gedicht mehr Leben und Originalität zu verleihen. Ein ganzes Buch ließe sich über die Rolle schreiben, die die Sängerinnen in der islamischen Welt gespielt haben. Im Osten, und später auch im Westen, kauften tüchtige Geschäftsleute junge Sklavinnen, ließen sie in Kunst und Literatur ausbilden und verkauften sie dann wieder, oft zu Höchstpreisen. Diesen Sängerinnen war der Umgang mit Männern erlaubt, und sie nahmen an Gesellschaften der Aristokratie und der Bourgeoisie teil. Dabei sangen sie nicht nur vertonte Verse, sondern improvisierten auch über heitere und frivole Themen und forderten so anwesende Dichter zu Erwiderungen heraus. Der erwähnte *Kitāb al-Aghānī* enthält einige schöne Beispiele solcher Improvisationen; doch wurden in späteren Anthologien keine weiteren gesammelt, wodurch möglicherweise viel interessantes Material verlorenging.

Obgleich in klassischem Arabisch verfaßt, galt der *muwashshah* als Volksgedicht. Dennoch gelangte er auch in die arabischen Länder des Ostens, wobei er sich veränderte, und die *kharja* konnte dort wohl auch persische Wörter oder Dialektausdrücke enthalten. Meist jedoch war sie wie der Rest des Gedichtes in klassischem Arabisch abgefaßt und folgte nicht immer der von einem Theoretiker festgelegten Form – lebhaft, bewegt, heiter, mitunter obszön oder doch recht frivol. Die östliche Fassung hat sich erhalten und wird von arabischen Dichtern gelegentlich noch verwendet.

Schrift- und Umgangssprache

Wichtig ist die Kenntnis des Unterschieds zwischen der Umgangssprache und dem sogenannten ‚klassischen' Arabisch. Letzteres wird, mit eher lexikalischen, phonetischen, morphologischen oder syntaktischen Veränderungen, noch heute literarisch gebraucht. Es entstand aus einer *koine* oder gemeinsamen Sprache, welche die vorislamischen Dichter über die archaischen Dialekte legten. Geheiligt durch koranischen Gebrauch, wurde es über Jahrhunderte nur erweitert, nicht verändert. Dagegen entwickelten sich die Dialekte in Arabien und in der übrigen arabischen Welt immer mehr auseinander. Heute neigen die Entwicklung von Presse, Radio und Fernsehen und die Verbreitung des Schulwesens dazu, die Unterschiede zwischen den Dialekten und zwischen Dialekt und klassischem Arabisch zu vermindern. Als Ergebnis entsteht eine von Gebildeten gebrauchte ‚Zwischensprache'. Gleichzeitig bewahren die Dialekte ihre Eigenheiten und werden immer wieder spontan verwendet, besonders von Leuten von geringerem Ausbildungsstand. Diese zweigleisige Sprache schafft für Roman- und Theaterautoren ein Problem, da diese natürlich zögern, Gestalten aus dem Volk die Gelehrtensprache in den Mund zu legen. Kürzlich ging ein bekannter libanesischer Dichter so weit, eine Anzahl Gedichte im Dialekt zu verfassen und sie dann ins lateinische Alphabet zu übertragen.

Der wachsende Abstand zwischen Schrift- und Umgangsarabisch führte dazu, daß Gelehrte und Literaten eine besondere Sprache lernen mußten, die sie kaum je sprachen, wodurch diese nach und nach an Spontaneität und Ausdruckskraft verlor. So lange die Unterschiede noch nicht sehr groß waren, konnte auch ein weniger gebildeter Dichter Verse in klassischen Metren vortragen. Doch als die Dialekte die Flexionsendungen verloren, und die Silbenstruktur durch Vokalausfälle verändert worden war, benötigte man eine besondere Ausbildung, um der poetischen Tradition folgen zu können. Wahrscheinlich begannen daher, nach vollzogener Trennung, weniger gebildete aber begabte Dichter, Gedichte zu verfassen, die sich strukturell und metrisch von der klassischen *qasīda* unterschieden.

Gleichzeitig mit dem Aufkommen der Dialektverse erschienen im Osten neue, von klassischer Dichtung metrisch unterschiedene Formen. Eine davon ist der *dūbayt* (aus persisch *dū* = zwei und arabisch *bayt* = Zeile), ein Zweizeiler (oder Vierzeiler, wenn jeder Halbvers gezählt wird), der verschiedene rhythmische Kombinationen erlaubt. Die bedeutendste ist aber der *rubā'ī*, dessen Plural *rubā'īyyāt* sofort an 'Umar Khayyām (gest. 517/1123) erinnert. Diese Form, gleich dem *muwashshah* eine Verbindung mehrerer lyrischer Gedichte, fand im Arabischen weniger Anklang als im Persischen, wo sie eine besondere Stellung einnimmt.

Neupersisch

Als die Araber Iran eroberten, war das Pahlavī, die Sprache der heiligen Bücher des alten Iran, im Verfall begriffen und hat wohl auch in den ersten Jahrhunderten nach der Eroberung keine nennenswerte Literatur hervorgebracht. Doch vollzog sich in jenen Jahrhunderten die Bildung des Neupersischen, einer durch etwa 50 Prozent arabischen Wortschatzes erweiterten Version des Pahlavī. Wir sahen, wie persischstämmige Dichter während des II./8. Jahrhunderts der altarabischen Dichtungstradition neue Impulse gaben. Auch die literarische Renaissance in Persien vollzog sich hauptsächlich in der Dichtung, sobald die Sprache reich genug war, und die politische Lage eine einheimische Reaktion gegen die kulturelle Beherrschung durch die Araber zuließ. Die Bildung einiger mehr oder weniger von den ʿAbbāsiden unabhängiger Staaten im III./9. Jahrhundert beschleunigte dieses Erwachen literarischen Bewußtseins, das in der Schaffung neuer dichterischer Formen Ausdruck suchte. Gleichzeitig folgte man arabischen Modellen im Persischen, besonders in der Lobdichtung; auch bedienten sich einige iranische Dichter noch der Sprache ihrer Eroberer. Einem Dichter aus Balkh, Abū Shukūr, wird das Verdienst zugeschrieben, nach 335/947 sowohl den *rubāʿī* als auch den *mathnawī* entwickelt zu haben. Letzterer gleicht darin einigen *rajaz*-Gedichten, daß die beiden Halbverse aufeinander reimen und der Rhythmus von Zeile zu Zeile wechselt; doch unterscheidet er sich vom *rajaz* durch die Verwendung anderer *qasīda*-Metren. Ethische, romantische, epische oder didaktische Themen wurden in diesem Genre behandelt, welches, obwohl sehr verbreitet, von arabischen Dichtern nicht nachgeahmt wurde.

Im III./9. Jahrhundert sammelte Mahmūd von Ghazna eine Gruppe von Dichtern um sich, die panegyrische Hirtendichtung verfaßten. Der bedeutendste war Firdausī (gest. 410/1020), dessen Werk den Anfang einer neuen rapiden Entwicklung bezeichnete. Sein Epos, das *Shāh-nāme* (‚Eines Königs Königsbuch‘), gilt in den islamischen Literaturen als einzigartiges Meisterwerk; es ist ein nationales Versepos, das die Geschichte der sagenhaften Herrscher des alten Iran und der darauf folgenden Dynastien erzählt. Die darin enthaltenen Elemente waren den Arabern durch Übersetzungen der Pahlavī-Texte schon mindestens zweihundert Jahre bekannt gewesen. Das Material, das Firdausī so großartig verarbeitete, war also schon vorhanden, wenngleich es bis dahin nur von arabischen Historikern benutzt wurde.

Das *Shāh-nāme* ist eine Art historischer Enzyklopädie, eine Sammlung von Mythen, Legenden und Überlieferungen, die ein dichterisches Bild iranischer Geschichte von der Schöpfung bis zur arabischen Eroberung geben sollen. Es ist deutlich antiarabisch, betont durch Firdausīs Reaktion gegen die arabische Sprache und seinen Wunsch nach reinem ‚Iranismus‘. Nichtsdestoweniger war Firdausī Muslim und gilt, vielleicht irrtümlich, als Autor eines religiösen Gedichts, *Yūsuf ū Zulaykhā*, dem die koranische Geschichte von Joseph und der Frau des Potiphar zugrunde liegt. Die Geschichten aus dem Koran inspirierten einige arabische Prosawerke mit dem Titel

Qisas al-anbiyāʾ (‚Erzählungen von den Propheten‘), doch nur wenige wurden literarisch weiterverarbeitet, besonders von modernen Dramatikern; dagegen verwendeten sowohl persische als auch arabische Mystiker das Thema von Joseph und Zulaykhā ausgiebig. Jede Behandlung islamischer Literatur muß selbstverständlich mystische Literatur berücksichtigen; in diesem Werk ist sie das Thema eines eigenen Kapitels.

> *Rostem drang auf den Dewen her,*
> *Und am Leben verzweifelte der.*
> *Rostem ergrimmte löwengleich,*
> *Und führt’ auf ihn eines Schwertes Streich.*
> *Ein Schenkel fiel durch Rostem’s Gewalt*
> *Und ein Fuß ihm von der Gestalt.*
> *Der verstümmelte gegen ihn stand*
> *Wie gegen den Leun ein Elefant.*
> *Er rang mit ihm auf Einem Bein,*
> *Die ganze Höle stürzt’ er ein.*

(Aus Firdausīs *Shāh-nāme*, übersetzt von Friedrich Rückert.)

Arabische Reimprosa

Während persische Dichtung schon vor Firdausī zu blühen begann, hatte Prosa noch kaum eine Rolle gespielt. Diese hatte dagegen im Arabischen eine umwälzende Veränderung durchgemacht, die auch die Perser etwas beeinflußte, nämlich den Übergang von einfacher Prosa zu Reimprosa.

Eine Anzahl mehr oder weniger echter, von frühislamischen Philologen gesammelter Beispiele vorislamischer Prosa bestand aus reimenden Sätzen. Der Koran selbst enthält viele Passagen in einfacher Prosa, besonders in den in Medina offenbarten Suren. Doch häufiger reimen die Verse, wenngleich das dabei verwendete Prinzip noch der Analyse harrt, und es bisher nicht bekannt ist, ob der Reimprosa wie der Dichtung feste Regeln zugrunde liegen. So folgt der Koran nur einer alten Tradition, und Muhammads Widersacher wiesen natürlich darauf hin, daß er sich wie die alten Wahrsager ausdrückte, vor allem in rhetorisch angelegten Passagen. Während der ersten drei islamischen Jahrhunderte legten die Autoren religiöser, historischer und anderer Werke auf künstlerische Ausarbeitung keinen Wert. Wirklich literarisch Begabte wie al-Jāhiz fügten auch einmal einige Reime in ihre Prosa ein, aber al-Jāhiz’ ästhetischer Wert liegt mehr in der Einfachheit, dem Reichtum und der Kraft der Sprache als in der Verwendung von Stilmitteln. Doch diese Art Prosastil wurde noch nicht auf ihren künstlerischen Wert hin untersucht, da für die Araber und die von ihnen beeinflußten Völker die Poesie das Ausdrucksmittel par excellence ist und damit als einziges der Untersuchung wert. Prosa wird – abgesehen von der im Koran, die Anlaß zu einigen Werken über seine Unnachahmbarkeit (*iʿjāz*) war – manchmal bewundert, doch nie kritisch untersucht.

Dennoch gewann im Rahmen des *adab* die Art Prosaliteratur, die mit der Übersetzung von *Kalīla wa-Dimna* begann, bald an Boden, besonders als ‚Sendschreiben‘ (*risāla*). Im III./9. Jahrhundert war sie im Bereich der Dichtung – Panegyrik, Elegie und Satire – eingebrochen, wenn auch nur in Ausnahmefällen und bei einzelnen

Königliche Förderung der Literatur ist oft bezeugt. Auf dieser Miniatur aus Buchara (968/1560) liest ein Dichter einem Fürsten vor. (4)

Autoren. Wir sollten nicht vergessen, daß es seit dem II./8. Jahrhundert der Wunsch des Dichters war, Zugang zum Hof zu erhalten, während jeder Gelehrte nach der nötigen Ausbildung Arbeit in der Verwaltung des Kalifats erstrebte. Folglich hatten die Verwaltungssekretäre mehr und mehr das Monopol der säkularen Bildung inne und nahmen aktiv an der Ausgestaltung der Prosa teil, was sie nicht nur mittels *adab*-Werken und, wie 'Abd al-Hamīd, mittels Ratschlägen an künftige Kollegen taten, sondern auch durch die Abfassung von Verwaltungsschreiben. Sogar Autoren außerhalb der Verwaltung verwendeten das Sendschreiben zur Rechtfertigung ihres Tuns und behaupteten bescheiden und scheinheilig, über dies oder jenes auf den dringenden Wunsch eines Freundes hin zu schreiben, dessen Name jedoch unerwähnt blieb. Auch Abhandlungen über juristische, theologische oder philosophische Fragen finden sich in dieser Form, wenngleich sie oft nicht Auftragsarbeiten waren, sondern des Autors eigenem Willen entsprangen.

Zwar war einfache Prosa Ausdrucksmittel für jedermann, doch erlaubte es die arabische Sprache kaum, der Prosa ohne Verwendung dichterischer Stilmittel einen literarischen Charakter zu verleihen. Daher neigten Autoren, besonders die Sekretäre, mit dem Anwachsen von Prosaliteratur dazu, sie poetisch auszugestalten, erst durch Einfügen von Reimen zwischen Satzabschnitten, dann durch Rückgriff auf die Fülle arabischer rhetorischer Mittel. Vom IV./10. Jahrhundert an machte sich schmuckvolle Reimprosa in allen literarischen Bereichen breit, und mit wenigen Ausnahmen – besonders at-Tawhīdī und Ibn Hazm – hätte sich jeder Autor geschämt, einen einfacheren Stil zu verwenden. Selbst technologische Arbeiten unterlagen dem Trend, und nur selten ist nicht wenigstens das Vorwort gereimt. Die Sekretäre der Būyidenverwaltung (IV./10. Jahrhundert, vor Ankunft der Seldschuken) zeichneten sich darin besonders aus, und obwohl es schwer ist, die Rolle der Perser dabei abzuschätzen, scheint es doch bedeutsam, daß die Mehrzahl der Beamten jener Zeit zweisprachig war. Ein Autor, der zwar kein Beamter war, sich jedoch am Būyidenhof aufhielt, darf als Schöpfer eines Genres angesehen werden, welches aus dem *adab* hervorging und für arabische Prosaliteratur charakteristisch werden sollte, die *maqāma* oder ‚Sitzung‘. Es war Badī' az-Zamān al-Hamadhānī (358–98/968–1008), der zugleich Dichter und Verfasser von Sendschreiben und anderen Prosaformen war. Die *maqāma* ist Fiktion, die hier wohl zum erstenmal in der arabischen Literatur auftritt; sie kreist um zwei Figuren, einen Helden und einen Erzähler, der des Helden Abenteuer in Reimprosa berichtet. Schon al-Jāhiz hatte im III./9. Jahrhundert einige buntschillernde Gestalten in den *adab* eingeführt – Vagabunden und Bettler, deren Kapriolen die Geldbeutel der Zuhörer sich öffnen ließen – doch ist dort Dichtung und Wahrheit schwer zu trennen; der Autor hat möglicherweise wirkliche Ereignisse dargestellt, während die *maqāma* deutlich spürbar erfunden ist. Etwa zur selben Zeit hätte eine Prosadarstellung des Stadtlebens, die *hikāya* (‚Darstellung‘ [der Wirklichkeit]), den Roman entstehen lassen können; doch sie blieb wohl im Schatten der *Maqāmāt* von Badī' az-Zamān und hatte keine Nachfolger. Interessanterweise sind al-Jāhiz' Vagabunden und der Abenteurer der *maqāmāt* zwei Glieder in der Kette, die von der arabischen Erzähltradition zum pikarischen Roman führt. Die Haupterzählung des berühmten spanischen *Lazarillo de Tormes*, Ausgangspunkt dieses Genres, ist offenbar einer Sammlung entlehnt, die von dem auch in Spanien bekannten al-Jāhiz inspiriert wurde.

Statt die *maqāma* als Fiktion zu vervollständigen, stellten die Philologen bald fest, daß pikarische Erzählungen sich auch als Lehrmaterial für ausgefallene arabische Werke eigneten. Daher verfaßte al-Harīrī (446 bis 516/1054–1122) *Maqāmāt*, die zum Nachteil der Originalität des Themas und des Interesses an den berichteten Abenteuern mit verbaler Akrobatik überladen waren. Die große Popularität, deren diese sich immer noch erfreuen, zeigt deutlich den Niedergang literarischen Geschmacks bei den Arabern. Die von Badī' az-Zamān entwickelte Technik wurde bald für die verschiedensten Zwecke verwendet, sogar für Literaturkritik; sie wurde zur künstlerischen Konvention, mit der die Autoren sicherlich die Aufmerksamkeit ihrer Leser zu halten hofften. Im 19. Jahrhundert gab es einen Versuch, dieses echt arabische Genre und mit ihm die klassische Sprache zu beleben; eine literarisch und soziologisch sehr interessante *maqāma* war das Ergebnis und zugleich der Schwanengesang der mittelalterlichen Literatur: *Hadīth 'Isā ibn*

Hishām („Berichte des 'Isā ibn Hishām', nach dem Namen des Erzählers der *Maqāmāt* des Badī' az-Zamān) von Muhammad al-Muwaylihī (1285–1349/1868–1930). Das Werk ruft einen Pascha der alten Zeit ins Leben zurück, um in einer humorvollen, doch unübersetzbaren Form die im Lauf des vorangegangenen Jahrhunderts erfolgten Veränderungen im ägyptischen Leben zu zeigen.

Heute gilt Reimprosa als schwerfällig und pedantisch, weshalb kein Autor sie mehr verwendet, doch noch vor nicht allzu langer Zeit war sie in Kanzleien beliebt, die der von Būyidensekretären begonnenen und von al-Qādī al-Fādil (529–96/1135–1200) zum Höhepunkt geführten Tradition folgten; letzterer war Mitarbeiter Saladins, und seine Briefe gelten als Muster dieses Stils. Der systematische Gebrauch der Reimprosa mit all ihrer Künstlichkeit macht die Interpretation solcher Texte ziemlich mühsam. Ein Schüler al-Qādī al-Fādils, der ebenfalls ein Sekretär Saladins war, der Perser 'Imād ad-Dīn al-Isfahānī (519–97/1125–1201), hinterließ eine arabische Biographie des Sultans und einen Bericht seiner letzten drei Jahre, einschließlich der Eroberung von Jerusalem. Stilistisch ist das Werk bombastisch, voller Wortakrobatik, eine Fundgrube für jeden Verfasser eines Handbuchs der Rhetorik.

Reimprosa war lange Zeit dem Arabischen vorbehalten, wenngleich auch iranische Kreise sie sehr schätzten. In der persischen Literatur machte die säkulare Prosa der Dichtung wenig Konkurrenz, da sie im allgemeinen nicht literarisch war, ausgenommen vielleicht das *Siyāsat-nāme* von Nizām al-Mulk (gest. 485/1092), das, zur Zeit des Eindringens der Reimprosa in die arabische Literatur verfaßt, einigen ästhetischen Wert besitzt; ausgenommen auch eine Umarbeitung von *Kalīla wa-Dimna* (VI./12. Jahrhundert), die *Jawāmi' al-hikāyāt* von 'Awfī (gest. nach 670/1232), und natürlich die Werke Sa'dīs (580 bis 691/1189–1291), der ethische Themen in Kunstprosa behandelte. Stilistisch gesehen sind seine Werke der Höhepunkt formaler Perfektion, während sie inhaltlich den Geist des nichtarabischen Islam repräsentieren. Er hinterließ neben erotischen und mystischen Gedichten auch den *Bustān* („Garten'), eine Abhandlung im Stil des moralisierenden *adab*, den schon verschiedene persische Autoren gepflegt hatten, ebenso den *Gulistān* („Der Rosengarten'), der dem *Bustān* sehr gleicht, in dem jedoch Prosa und Verse gemischt sind. Auch die Mystik begann sich der Prosa zu bedienen (s. Kapitel IV), und eines der bemerkenswertesten Werke ist Farīd ad-Dīn 'Attārs (gest. 627/1230) *Mantiq at-tayr* („Die Sprache der Vögel'), das die allegorische Reise von dreißig Vögeln *(sī murgh)* erzählt, die auf der Suche nach dem Sīmurgh, dem mythischen Vogel, sind, der für Gott steht. Dort heißt es:

Dann gaben sie sich der Meditation hin und danach baten sie den Sīmurgh – ohne den Gebrauch der Zunge – ihnen das Geheimnis der Einheit und Vielfalt alles Seienden zu offenbaren. Ebenfalls ohne zu sprechen antwortete der Sīmurgh: ‚Die Sonne meiner Majestät ist ein Spiegel. Wer sich selbst darin sieht, sieht seine Seele und seinen Körper und sieht sie vollständig. Da ihr als dreißig Vögel *(sī murgh)* gekommen seid, seht ihr dreißig Vögel in diesem Spiegel. Wären vierzig oder fünfzig gekommen, wäre es dasselbe. Da ihr nun ganz verändert

seid, seht ihr euch, wie ihr früher wart. Kann der Anblick einer Ameise die fernen Plejaden erreichen? Kann dieses Insekt einen Amboß heben? Alles was ihr je erfuhrt, alles was ihr je saht, alles was ihr je sagtet oder hörtet – all das ist nicht mehr, was es war. Da ihr die Täler des geistigen Weges durchschrittet, da ihr gute Taten vollbrachtet, tatet ihr das durch mein Tun; und ihr wurdet der Täler meines Wesens und meiner Vollkommenheit gewahr. Ihr, die ihr nur dreißig Vögel seid, tatet wohl daran, erstaunt, ungeduldig und verwundert zu sein. Doch ich bin mehr als dreißig Vögel, ich bin das Wesen des wahren Sīmurgh. Geht denn freudig auf in mir, und ihr werdet euch in mir wiederfinden.' Darauf gingen die Vögel schließlich für immer im Sīmurgh auf – der Schatten verlor sich in der Sonne, und so geschah es. (Aus Farīd ad-Dīn 'Attār, *Sprache der Vögel*.)

Doch wiederum ist persische Dichtung am besten dazu geeignet, die mystischen Ideen Jalāl ad-Dīn Rūmīs (gest. 672/1273) auszudrücken, des Gründers des Derwischordens und Autors des berühmten *Mathnawī*, einer Abhandlung über mystische Theologie.

Im Meer der Lauterkeit bin ich geschwunden
  geschmolzen wie Salz.
Zerronnen sind Glaube und Zweifel
  an Lehren, ob wahr oder falsch.

Da stieg aus der Tiefe des Herzens
  ein Stern mir, ein leuchtender, auf.
Vor dessen Gefunkel versanken
  die Sieben Rotunden des Alls.

(Lyrik von Jalāl ad-Dīn Rūmī,
übersetzt von J. C. Bürgel.)

Platzgründe lassen die Erwähnung all der persischen Dichter nicht zu, die Gattungen beherrschten, die ihre arabischen Kollegen nicht kannten oder doch kaum verwendeten. Doch darf Nizāmī (gest. 600/1203) nicht unerwähnt bleiben, der großartige romantische Gedichte über arabisch-persische Themen schrieb, zum Beispiel *Laylā ū Majnūn*, womit er ein vergessenes Thema arabischer Romanzen wiederbelebte, oder *Khusraw ū Shīrīn*, welches die Liebe zwischen Parvīz und der schönen Shīrīn besingt. Zu einer Zeit bedenklichen Verfalls arabischer Literatur erscheint Nizāmī als Meister persischer Sprache und Rhetorik.

Das Ende der Größe

Mit Rūmī, Sa'dī und einigen weiteren Dichtern sind wir bei der Zeit der mongolischen Eroberung angelangt, einer in vieler Hinsicht bedeutsamen Periode. Der Niedergang intellektuellen Lebens in den arabischsprachigen Gebieten hatte lange vor dem Erscheinen Hülegüs begonnen, des ersten mongolischen Herrschers in Persien. Doch mit seiner Eroberung Bagdads (656/1258) verschob sich das Zentrum der arabischen Welt nach Westen. Die Muslime fühlten deutlich, daß ihre Kraft gebrochen war, und während die literarische Tradition in jeder Hinsicht respektiert wurde, schienen von jener Zeit an Dichter und Prosaautoren ihre Zuflucht in einer gewissenhaften Nachahmung der Vergangenheit zu suchen und zeigten

wenig Sinn für Neuerungen. Es war die Zeit der großen
Enzyklopädien und der großen Wörterbücher, die eine
Übersicht über die arabische Sprache zu geben versuchten,
bevor diese in den Erschütterungen, die die islamische
Welt durchliefen, unterging; und die großen Universal-
geschichtswerke wurden der westlichen Welt als erste
bekannt. Es war auch die Zeit Ibn Khaldūns (732–808/
1332–1406), in dem man den Begründer der historischen
Soziologie sehen kann, und der spanisch-arabischen Denker und Philosophen, deren ins Lateinische übersetzten
Werke im europäischen Mittelalter studiert wurden. So
blieb das intellektuelle Leben rege, doch es war belastet
durch ein Gefühl von Angst. Bei einigen Autoren kann
man den Wunsch erkennen, sich gegen die allgemeine
Apathie zu stellen, sich in die Frivolität zurückzuziehen,
um der allgemein vorherrschenden düsteren Atmosphäre
zu entgehen; doch glitten sie meist schnell in die Obszöni-
tät ab.

Obwohl diese Periode, die allgemein als ,finsteres
Mittelalter' bekannt ist und bis zum Beginn der modernen islamischen Renaissance dauerte, ruhig als ,dekadent'
bezeichnet werden kann, muß man berücksichtigen, daß
Detailstudien darüber fehlen, und daß man vielleicht
noch auf überraschende Talente stoßen würde. Auch
müssen wir, trotz der bisherigen Auslassung historischer
und geographischer Werke, einem Genre Beachtung
schenken, das im allgemeinen zur Geographie gerechnet
wird, das aber eigentlich zur Prosaliteratur gehört: die
Reiseliteratur *(rihla)*. Während reisende Geographen sich
darauf beschränkten, Städte zu beschreiben und Entfernungen zu notieren, enthielt der westliche Typ der
Reiseberichte oft bunte Darstellungen der Wechselfälle
einer Pilgerfahrt nach Mekka oder der Erforschung eines
wenig bekannten Gebiets. Der erste dieser Reisenden,
dessen Bericht uns ganz modern anmutet, ist Ibn Jubayr
(540–614/1145–1217); der berühmteste ist jedoch Ibn
Battūta (703–79/1304–77), der nicht nur nach dem Hijāz
reiste, sondern auch Indien, China und Afrika besuchte.
Mit unterschiedlichem Erfolg wurde das Genre weiter
gepflegt; oft war ein *rihla* nur eines Autors Mittel, die
Gelehrten und Mystiker, die er getroffen hatte, aufzu-
zählen, und auf Ausschmückungen der Erzählungen mit
malerischen Details, die den Charme früherer Berichte
ausmachten, wurde kein Wert gelegt. In jüngerer Zeit,
besonders im 19. Jahrhundert, reisten Orientalen nach
Europa, und einige verfaßten Reiseberichte nach frühe-
rem Muster; so entstanden Werke von dokumenta-
rischem und literarischem Wert.

Während des Niedergangs arabischer Literatur blieb
in Persien die Dichtung das Hauptausdrucksmittel, verkörpert in einigen bedeutenden Autoren. Nachdem die
anfängliche Krise vorüber war, setzte sich die säkulare
Dichtung durch, und ein Zakānī (gest. 772/1370) gebrauchte seine satirischen Talente sogar gegen die Dekadenz der Gesellschaft und den moralisierenden *adab*,
dem er ironisch humorvolle Maximen entgegenstellte. Der
berühmteste Dichter jener Zeit ist jedoch Hāfiz (719–91
oder 93/1319–89 oder 90), der Autor eines *Dīwāns*
mystisch zu interpretierender erotischer Gedichte; die
Formvollendung seines Werks zeigt seine vollkommene
Beherrschung der Sprache. Nach ihm wird der Verfall
deutlicher; Jāmī (gest. 898/1492) gilt als der letzte große
klassische Dichter.

*Diese Darstellung aus einer Handschrift der Moghulzeit (etwa
1019/1610) zeigt den bedeutendsten persischen Dichter des VIII./
14. Jh., Hāfiz, wie er auf ein Gedicht in seinem Dīwān hinweist. (5)*

Niedergang und Neuanfang

Das Jahrzehnt, in dem Jāmī starb, war von weltweit
bedeutsamen Ereignissen gekennzeichnet. Davon wirkten das Ende islamischer Herrschaft in Spanien und die
Kapumseglung direkt auf die islamische Welt, die sich
nun vom Westen abgeschnitten sah und von dessen Fortschritten, die nach der Renaissance erzielt wurden, erst
sehr spät profitierte. So können wir ohne weiteres drei
Jahrhunderte überspringen, während derer die mittelalterliche Tradition, trotz vereinzelter Versuche diese
Isolation zu überwinden, fast unverändert erhalten
blieb. Erst die Neuentdeckung des Westens im 19. Jahrhundert führte zu dem, was die Araber *Nahda* nennen,
die Erneuerungsbewegung, die bis heute anhält.

Wie im Mittelalter die griechischen Werke, so wurden
auch jetzt zunächst technische Abhandlungen übertragen;
danach verbreitete sich auch europäische, besonders französische Literatur im Orient. Es gab schüchterne Versuche
der Nachahmung: die Schaffung des Dramas, das, zumindest in seiner modernen Form, unbekannt war;
außerdem die Einführung des Romans und der Kurz-
geschichte, mit dem Versuch, beide ohne Rückgriff auf
mittelalterliche Tradition zu arabisieren. Die im 19. Jahrhundert immer noch verbreitete Poesie blieb dem neu-
klassischen Stil eines Mutanabbī verhaftet und bewies so
die Kraft der einheimischen Literaturtradition.

Heute darf man in der Prosa den Bruch mit der Vergangenheit als vollzogen ansehen. Einfache Prosa er-

setzte die Reimprosa; manchmal in Anlehnung an Formen westlicher Avantgarde-Autoren. Die höchst originelle *maqāma* war offenbar zum Untergang verurteilt, und seit al-Muwaylihīs Werk zu Beginn unseres Jahrhunderts wurde keine mehr verfaßt. Die Anhänger der Neuerung um jeden Preis gewannen, und eine völlig dem Arabischen eigene Form ging verloren. Die Zeitungen brachten die Werke vieler Autoren, besonders Kurzgeschichten. Doch auch Romane kommen zum Zug und erscheinen oft in Fortsetzungen. Der Roman hat eine charakteristische Entwicklung durchgemacht: Der historische Roman am Ende des 19. Jahrhunderts wurde zum romantischen in der ersten Hälfte des 20. Jahrhunderts, dann zum realistischen und schließlich zum symbolistischen. Einer ähnlichen Entwicklung folgte das Drama, wobei viele Stücke eher zur Lektüre als zur Aufführung gedacht sind; auch bildet der Film eine scharfe Konkurrenz für das Theater. Doch finden heute Dramatiker im Fernsehen Gelegenheit, ihre Arbeiten bekanntzumachen.

Ganz allgemein werden westliche Strömungen mit einer geringen Zeitverschiebung übernommen. Ein Beispiel dafür ist sogar die Dichtung, die zur Zeit eine Art inhaltlicher und formaler Revolution durchmacht. Die Dichter sind bemüht, sich von den formalen Beschränkungen der Vergangenheit zu befreien, wobei sie für freien Vers und für Prosagedichte eintreten, welch letztere oft poetischer als Versgedichte sind. Zum Inhalt haben diese Gedichte das Gefühl von arabischer Dekadenz bei den avantgardistischen Dichtern, die eine Lösung ihrer metaphysischen Probleme suchen und eine neue Kultur aus der Asche der alten entstehen lassen wollen. Die Betonung politischen Engagements macht sie um einiges weniger interessant, auch wenn die gegenwärtigen Ereignisse jene Emotionen rechtfertigen mögen, welche die Leser von ihnen zu erwarten scheinen.

Wir sahen, daß in der islamischen Literaturtradition der Vers einen viel bedeutenderen Platz einnimmt als die Prosa. Das ist nur natürlich; waren doch die beiden wichtigsten Sprachen der mittelalterlichen islamischen Welt, Arabisch und Persisch, sehr poetisch, und der Vers war ihr charakteristischstes Ausdrucksmittel. Die poetischen Traditionen wurden schon früh festgelegt; sie widerstanden den Änderungsversuchen im II./8. Jahrhundert, und es ist möglich, daß sie auch den heutigen Angriffen standhalten. Die von Vertretern der persischen Kultur im Mittelalter geführten Angriffe trafen auf eine feste Tradition, und die Neuerer galten als Ketzer, das heißt als Personen, die Neuerungen in das religiöse Gesetz einzufügen suchten. Trotz der Proteste von seiten der Revolutionäre sind heute die wirklichen Dichter diejenigen, welche neuklassische Gedichte schreiben, nicht die Verfasser obskurer und hermetischer, reim- und rhythmusloser, nach westlichem Vorbild gestalteter Verse. Die dramatischen politischen Ereignisse, die jene Autoren inspirieren, gehen hoffentlich vorüber und mit ihnen die augenblicklich verbreiteten Gedichte, die trotz allem Gedichte sind und denen in Literaturzeitschriften ein erstaunlich großer Raum gewährt wird, was auf die Beständigkeit dieser charakteristischen Ausdrucksweise deutet.

Prosa wurde in den wichtigsten islamischen Sprachen immer in großem Ausmaß geschrieben, doch finden wir, wie schon erwähnt, wirklich literarische Prosawerke nur im klassischen *adab*, im Genre des Sendschreibens und, seit dem IV./10. Jahrhundert, in der *maqāma*. Alle andere Literatur ist technisch, religiös, juristisch, philosophisch, historisch und geographisch, wenn auch die Autoren solchen Materials, die alle eine ähnliche Ausbildung hatten, einen Hang zu gefälliger Formulierung besaßen. Während der Jahrhunderte des Niedergangs wurde *adab* zur Kompilationsliteratur, und die Verbreitung der Reimprosa machte viele an sich interessante Texte fast unlesbar.

Im 19. Jahrhundert gab die Rückkehr zu den Originalquellen der Dichtung neues Leben, doch war die Wirkung auf die literarische Prosa nur gering. Einige Meisterwerke wurden im Laufe unseres Jahrhunderts verfaßt, darunter Tāhā Husayns Autobiographie *al-Ayyām* (,Die Tage'), doch ist ihre Zahl sehr gering. Es ist bezeichnend, daß Verleger zeitgenössische Werke nur in kleinen Auflagen herausgeben, während die erwähnten mittelalterlichen Texte, besonders Werke über den Islam, seine Lehre, Kultur und Geschichte sich großer Nachfrage erfreuen, und das zu einer Zeit, da die islamische Welt den Druck arabischer Texte selbst übernommen hat und viele wissenschaftlich zufriedenstellende Ausgaben veröffentlicht werden – eine Lehre, wie die Araber sagen, für die Verständigen.

Grundlegend für die arabische Literatur ist *adab,* ein kurzer, sprichwortartiger Ausspruch zur Vermittlung moralischer, gesellschaftlicher oder auch kultureller Verhaltensregeln. So wird *adab* zum Äquivalent von ‚Literatur‘ im Westen, wofür das Arabische zunächst kein Wort hatte. Es unterstreicht aber auch die im arabischen Schrifttum allgemeine didaktische Tendenz. Selten wurden Werke nur zu Unterhaltungszwecken abgefaßt, und sie galten dann auch – wie z. B. *Tausend und eine Nacht* – nicht als ernstzunehmende Literatur. Dieser Teller aus Khurāsān aus dem IV./10. Jh. trägt die bezeichnende Inschrift: ‚Wer sich zum Glauben bekennt, wird hoch steigen, und womit man sich beschäftigt, daran gewöhnt man sich. Gesegnet sei der Besitzer.‘ (1)

153

Liebesgeschichten liegen zwar etwas außerhalb des eigentlichen *adab,* waren aber von frühester Zeit an sehr populär. Romanzen folgten konventionellen Mustern, und Episoden konnten mehr oder weniger willkürlich aneinandergereiht werden. Immer enden sie unglücklich. Eines der frühesten erhaltenen Manuskripte ist nebenstehendes Fragment: Die beiden Liebenden sind tot, doch eine sie vereinigende Palme wächst zwischen ihren Gräbern. (2)

Der Liebende fällt beim Vernehmen schlechter Nachrichten in Ohnmacht (unten): Eine Episode aus der tragischen Geschichte von Bayād und Riyād; das Manuskript spanischer oder marokkanischer Herkunft stammt aus dem frühen VII./13. Jh. Interessant ist die minuziöse Darstellung des Wasserrads. (3)

Laylā ū Majnūn war die beliebteste, oft illustrierte Romanze. Der Dichter Qays (bekannt als al-Majnūn, ‚der Wahnsinnige‘) verliebt sich in Laylā, die Tochter eines mächtigen Scheichs. Sie erwidert zwar seine Liebe, muß aber einen andern heiraten. In Verzweiflung durchzieht er Berge und Wüsten, schreibt Gedichte und kann Laylā, die bald stirbt, nur wenige Male wiedersehen. Diese Geschichte wurde aus der arabischen Wüste nach Persien verlagert, dann nach Indien, wo diese beiden Miniaturen gemalt wurden. Gegenüberliegende Seite oben: Majnūn wirft sich über Laylās Grab. Unten: Eine alte Frau bringt Majnūn zu Laylās Zelt. (4, 5)

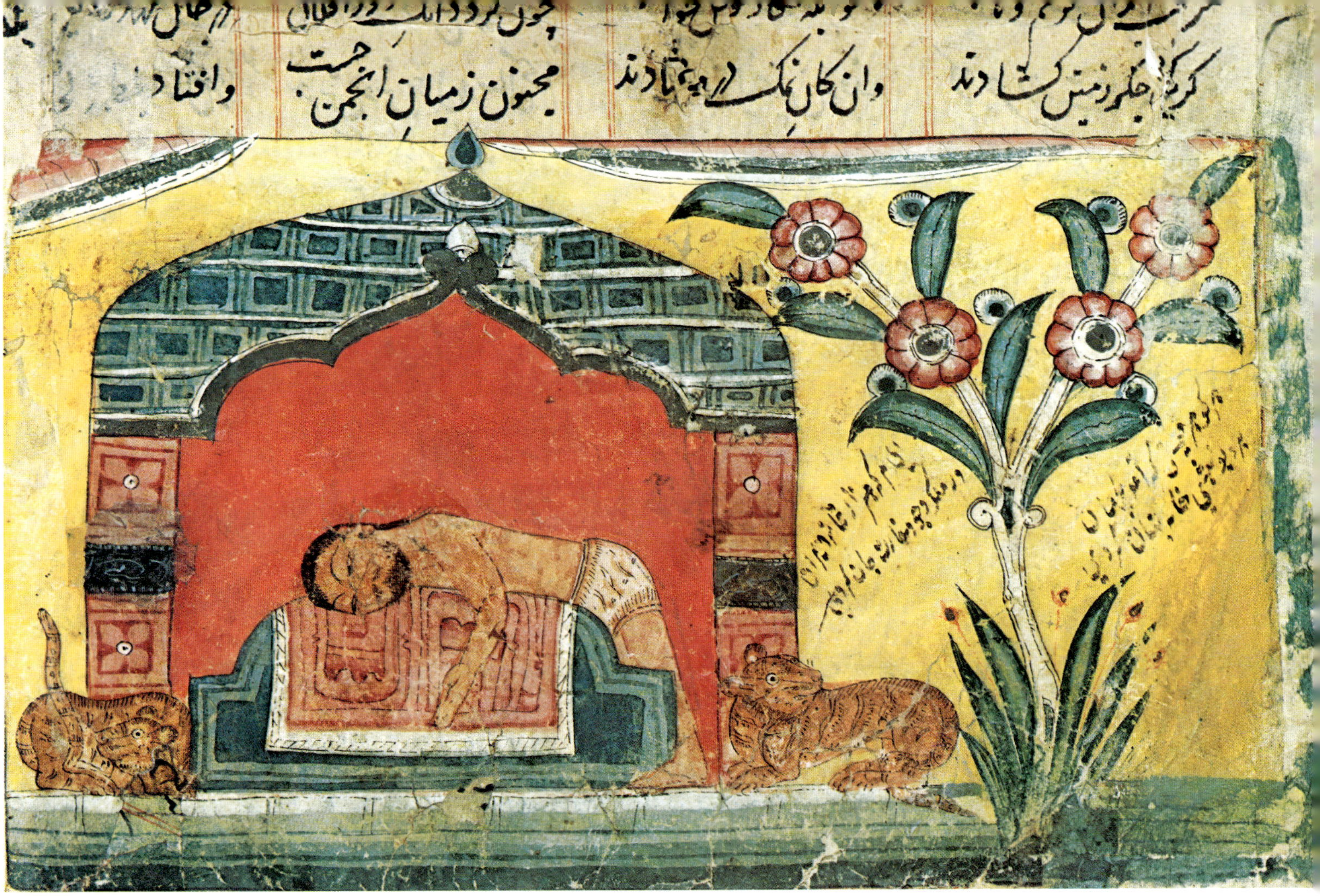

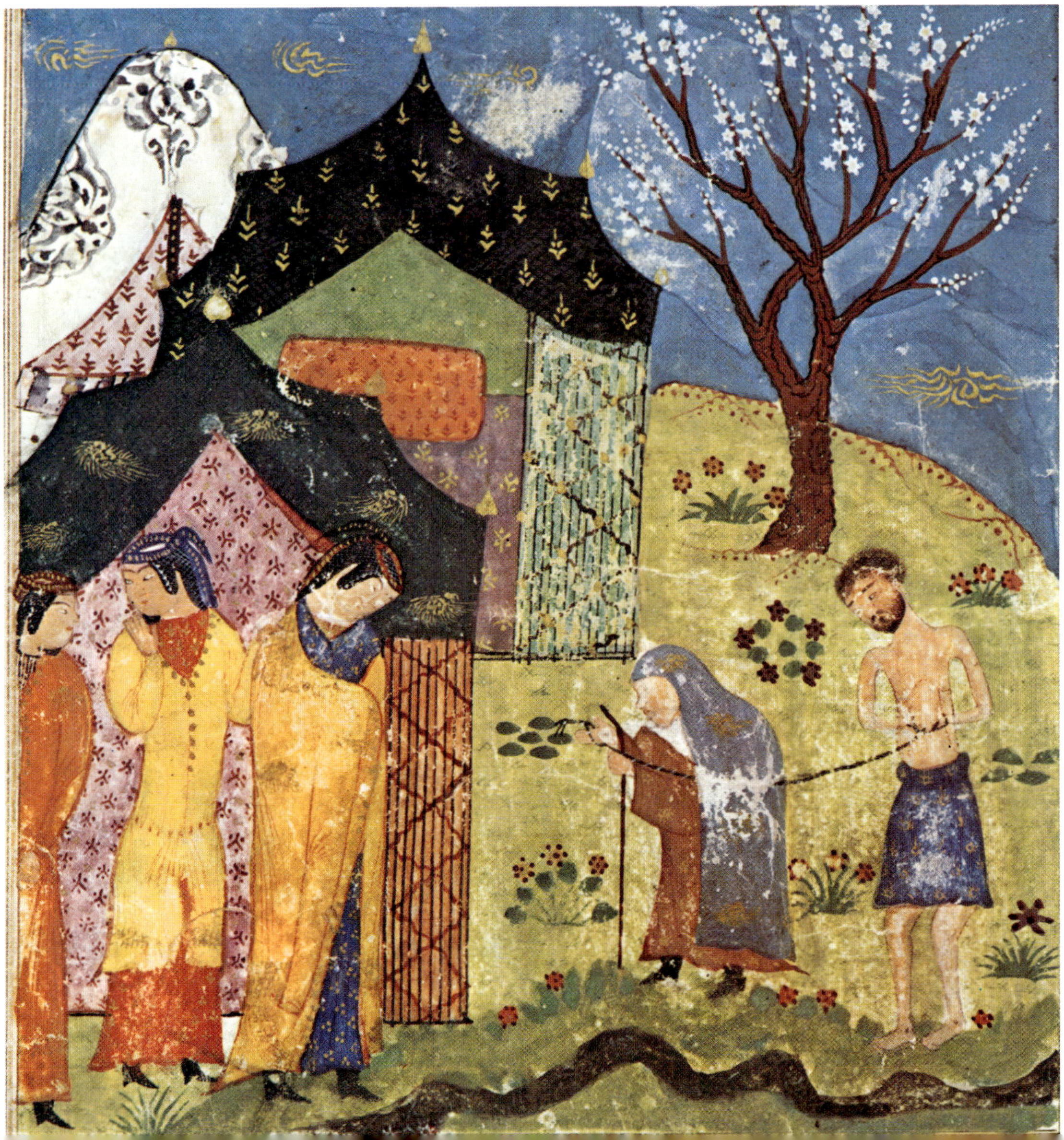

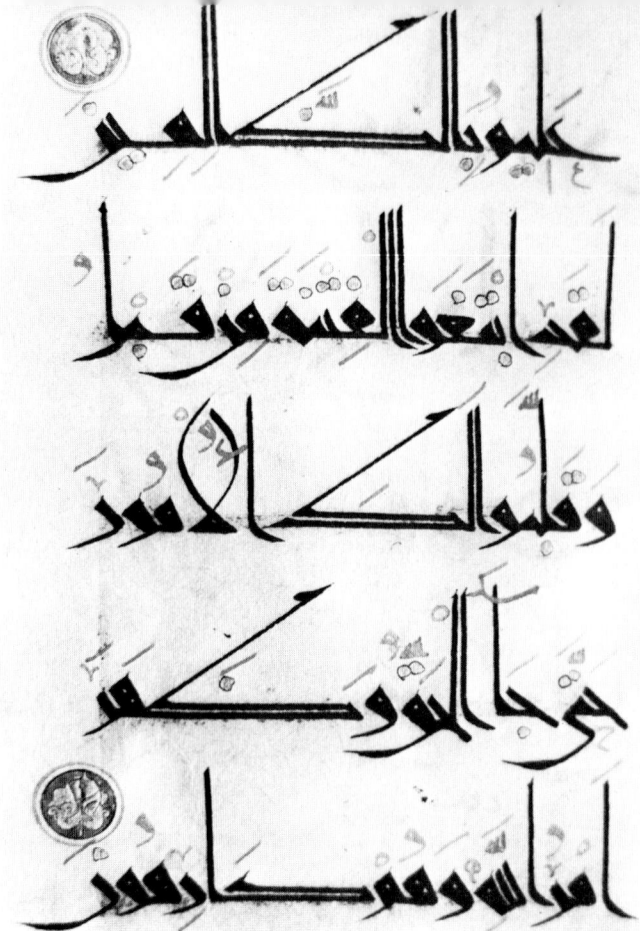

Kūfī, III./9. Jh. (6)

Der Koran, das erste große Prosawerk der Araber, nimmt innerhalb der Literaturgeschichte eine widersprüchliche Stellung ein. Einerseits konnte er als göttliche Offenbarung weder kritisiert noch nachgeahmt werden. Jeder Versuch, ihn als ein Modell zu nutzen, bedeutete ein Sakrileg. Andererseits war er so grundlegend für arabisches Denken, daß koranischer Stil, Rhythmus und Ausdrucksweise in das Unterbewußtsein jedes arabischen Autors eindrangen. Der Koran wurde in jedem Zusammenhang erwähnt, bisweilen – nach westlicher Ansicht – in recht unpassender Weise. Sein Einfluß ist zwar allgegenwärtig, aber nicht exakt zu fassen.

Um die Geschichte der Kalligraphie zu illustrieren, werden auf diesen Seiten einige in verschiedenen Schriftarten geschriebene Koranseiten gezeigt. Das frühe monumentale Kūfī wich einem eher ornamentalen Stil.

Persisches Kūfī, V./11. Jh. (7)

,Geneigtes' Kūfī, IV./10. Jh. (8)

Aus Holz geschnitztes Koranfaltpult (9)

Naskhī aus Bagdad, V./11. Jh. (10)

Maghribī, VI./12.–VII./13. Jh. (11)

Jalil; mamlūkische Handschrift, VII./13. Jh. (12)

Jalil aus Mosul, VIII./14. Jh. (13)

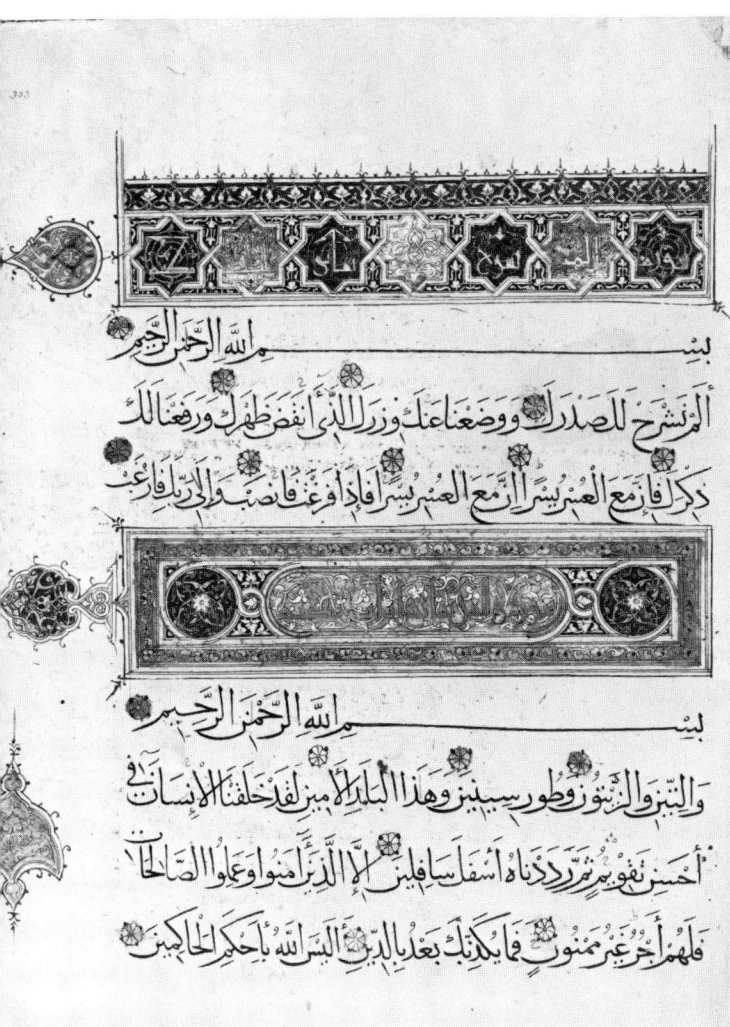

Tierfabeln, die auf unterhaltsame Weise belehren sollten, gehören zu den ältesten, schon vorislamischen arabischen Literaturgattungen. Im II./8. Jh. übersetzte Ibn al-Muqaffa' eine Sammlung solcher Fabeln, *Kalīla wa-Dimna,* aus einer Pahlavī-Fassung. Kalīla und Dimna sind zwei Schakale. Die Moral dieser Geschichten ist oft nur Schlauheit; doch wurden sie über die islamische Welt hinaus bekannt. Die beiden Miniaturen oben – Dimna spricht mit dem Löwen; der dumme Fisch zappelt im Netz – stammen aus einer arabischen Handschrift aus dem VII./13. Jh. Links das Titelbild auf einer persischen Übersetzung des Werkes, sie stammt aus dem VIII./14 Jh. 'Alī Chelebi übersetzte die Fabeln unter dem Titel *Humāyūn-nāma* ins Türkische; eine Handschrift aus dem V./11. Jh. (unten) stellt den Kampf zwischen Eulen und Krähen dar, der ausgelöst wurde durch den Neid der Krähen nach der Wahl einer Eule zum König der Vögel. (14–17)

158

وما وصف إذا أردف بالنون نقص صاحبه الأول النزاه ونبه الجاهل النام في العيون وقوم بالنون وخرج من الزبون وعرض للهون فهذه عشرة مثله

وفق عادركم وزندلادكم رزدا ولو رزدتم عدنا وان علتم عدنا قال المخبر هذه الحكايه فورد على امر لحاجيه اللاتي هالت لما انهالت ما جارت

Die Beschäftigung mit Literatur bestimmte den gesellschaftlichen Rang. Schon die Beduinen schätzten die geschliffene Rede und den geschickten Gebrauch von Worten. Schließlich ging die Wortgewandtheit so weit, daß nur noch Hochgebildete folgen konnten. Gesprochenes und geschriebenes Arabisch traten auseinander; letzteres blieb literarischem und religiösem Gebrauch vorbehalten.

Diese Illustration aus al-Harīrīs *Maqāmāt* zeigt einen literarischen Zirkel in einem Garten außerhalb von Bagdad. Die Teilnehmer sitzen im Schatten von Bäumen, in ihrer Mitte sprudelt das kühlende Wasser eines Brunnens. Ein Musikant spielt zur Unterhaltung. Draußen, vom Kreis der Literaten ausgeschlossen, treibt ein Bauer seine Ochsen zur Arbeit an. (18)

خادم قد علتْه كبرة وعنده عبرة وقال يا قوم لا توسعونا ستّاً ولا بيعوا

حيّاً فإن الغنى حزن شامل وشغل عن الحبيب شأنٍ فقال له أبو زيد يمرّ حاف ولبس

‚**Versammlungen**' oder ‚Treffen'
(arabisch *maqāmāt*) war die Bezeichnung für eines der raffiniertesten Genres. Es bestand aus einer
Folge von Begegnungen und Unterhaltungen zwischen einer geistreichen Hauptfigur und verschiedenen Personen, deren Abenteuer
berichtet werden. Die ausgeklügelte und künstliche Sprache bedient sich einer Technik, die keine
westliche Entsprechung kennt:
Reimprosa. Einer der berühmtesten *Maqāmāt*-Autoren war al-
Harīrī (446–516/1054–1122), in
dessen Hand die Form zum Vorwand für geistreiche Wortakrobatik wurde. Diese Miniaturen sind
Illustrationen seines Werks. Oben:
Die Ostinseln, ein per Schiff erreichbares Land, das von Tieren
und Vögeln mit Menschenköpfen
bewohnt ist. Unten: al-Harīrī und
seine Gefährten treffen einen alten
Mann. (19, 20)

وأستنشقَ وسطَ وحولَهُ جمعٌ كيفَ الحواشي

وهو منشدٌ والحاشي لهُ محوِّقةٌ

VI

DIE ISLAMISCHE MUSIK

A. Shiloah

Die islamische Musik, ob Volksmusik oder Kunstmusik, wurde von Gruppen von zwei oder drei Musikanten gespielt, die miteinander innerhalb strenger Konventionen improvisierten. Auf diesem Detail einer Wasserkanne aus Mosul (630/1232) schlägt der Musikant links den Rhythmus auf einer Trommel mit rundem Rahmen; der andere spielt auf der kurzhalsigen Laute und singt. (1)

Philosophen und Schriftsteller haben die Musik des goldenen Zeitalters des Islam gepriesen, aber jeder Versuch, sie zu rekonstruieren, stößt auf Schwierigkeiten. Sie wurde niemals schriftlich fixiert, nur mündlich überliefert, und die einzigen Aussagen, die wir besitzen, entstammen literarischen Quellen und sind nicht leicht zu interpretieren. Können wir diese Lücke überbrücken, indem wir zum Vergleich die heutige Musik heranziehen – und dabei in Rechnung stellen, daß die islamische Welt stark traditionsgebunden ist? Zwei Einwände müßten gegen dieses Verfahren erhoben werden. Erstens trägt die Musik der unterschiedlichen Regionen ausgeprägte lokale Züge – welche heutige Spielart aber kommt dem alten Original am nächsten? Zweitens hat sich die islamische Musik durch den Kontakt mit anderen Kulturen gewandelt. Tondokumente zeigen, welch tiefgreifende Veränderungen in weniger als einem Jahrhundert stattfanden. Gewiß wirkte sich gerade in den letzten Dekaden der Einfluß der Moderne besonders aus, doch heißt das nicht, daß es früher nicht ebenso starke Einflüsse gegeben haben könnte. Der Musikstil in den heutigen islamischen Ländern ist darum zwar als aus der Tradition erwachsen, nicht aber als Verkörperung dieser Tradition zu verstehen.

Die islamische Musik ist das Ergebnis des Zusammentreffens verschiedener Musikkulturen. Sie alle hinterließen charakteristische Merkmale in dieser ‚neuen Musik‘; der Katalysator war aber in allen Fällen das arabische Element. Allerdings berührte das Zusammentreffen der Stilrichtungen nur die ‚Kunst‘-Musik. In ihrem Schatten leben die vielen ethnischen und regionalen Stile unverändert weiter und behalten trotz gelegentlicher Beeinflussung ihre Eigentümlichkeiten bei.

Die ‚neue Musik‘ verbreitete sich schnell vom Kaukasus zum Persischen Golf, vom Oxus zum Atlantik. Schon am Ende des I./7. Jahrhunderts war sie allgemein bekannt und hochgeschätzt; Musiker, die sie beherrschten, bezogen hohe Einkünfte. Die Musik wurde ein Teil der Kultur und des gesellschaftlichen Lebens. Berühmte Interpreten stammten aus den verschiedensten Völkern: einige waren Araber, andere waren freigelassene Sklaven persischer, türkischer, byzantinischer oder schwarzafrikanischer Abkunft.

Zu Anfang waren die Araber offensichtlich bereit, die unterschiedlichen Stilrichtungen der unterworfenen Völker anzunehmen, und sie bemühten sich nicht um eine Anpassung an die eigene Musik. So schreibt al-Kindī (gest. 261/874), der ‚Philosoph der Araber‘, in seinem Traktat über die Laute:

> Wisse, daß jedes Volk hinsichtlich dieses Instrumentes ein eigenes System besitzt ... Die Unterschiede zwischen den Völkern sind in dieser Hinsicht von derselben Art wie auf anderen Gebieten. Die Araber, Byzantiner, Perser, Khazaren (am Kaspischen Meer), die Äthiopier und alle Menschen überhaupt unterscheiden sich in Veranlagung, Intelligenz, Meinungen, Wünschen und Verhaltensweisen voneinander.

Dieselbe Auffassung wird ein Jahrhundert später noch präziser in der *Abhandlung über die Musik* der Ikhwān as-Safā' ausgedrückt:

> Wisse, mein Bruder – möge Gott dir und uns mit Seinem Geist beistehen! –, daß die Säfte des Körpers viele Aspekte zeigen und daß die Veranlagung der Lebewesen zahlreiche Unterarten aufweist. Jedem Saft und jeder Veranlagung entsprechen ein Rhythmus und eine Melodie; deren Zahl im ganzen kennt nur Gott der Erhabene! Die Wahrheit dieser Aussage und die Richtigkeit dieser Beschreibung wirst du erwiesen finden, wenn du in Erwägung ziehst, daß jedes Volk eigene Melodien und Rhythmen besitzt, die seinen Kindern Entzücken und Freude bereiten, während sich sonst niemand daran zu ergötzen vermag. So verhält es sich mit der Musik der Daylamiten, Türken, Araber, Armenier, Äthiopier, Byzantiner und anderer Völker, deren Sprachen, Naturell, Charakter und Sitten jeweils unterschiedlich sind.

Wie weit diese Behauptungen der Wirklichkeit entsprechen und bis zu welchem Grade die nationalen Unterschiede in jener Zeit ausgeprägt waren, ist schwer zu sagen. Unser Wissen stammt aus relativ späten Quellen. Eine der wertvollsten, das *Kitāb al-Aghānī* („Buch der Gesänge"), eine Fundgrube von Nachrichten über Musik und Musikanten über einen Zeitraum von mehreren Jahrhunderten, wurde von Abū 'l-Faraj al-Isfahānī verfaßt, der von 284/897 bis 357/967 lebte.

Aus dieser und anderen Quellen kann man schließen, daß die ‚neue Musik' eine erfolgreiche Verbindung von sehr verschiedenen Elementen war, die freilich auch gewisse gemeinsame Züge aufwiesen. Der dominierende Faktor war allerdings der arabische Beitrag, die arabische Sprache und Poesie. So überrascht es uns nicht, daß die Vokalmusik die erste Stelle einnehmen konnte. Zwischen Text und Musik besteht ein inniges Verhältnis: Die Musik unterstreicht die Bedeutung der Worte. Die Modulation des Gesanges und die Regeln der Prosodie bestimmen oft den melodischen und rhythmischen Aufbau der Musik. Wir wissen auch, wie groß die Empfänglichkeit für besondere Intonationen war – ein Wort für ‚Dialekt' oder ‚Aussprache' bezeichnet den musikalischen und melodischen Stil der einzelnen Gegenden.

Abweichungen von dieser Grundauffassung führten im III./9. Jahrhundert zu Kontroversen und schließlich zu einem Bruch zwischen ‚Alten' und ‚Modernen' und zur Frage nach der möglichen Unabhängigkeit der Instrumentalmusik – ein Gedanke, der entsprechend dem ursprünglichen Konzept der ‚neuen Musik' nicht aufkommen konnte. Seit dem IV./10. Jahrhundert beobachtet man gewisse separatistische Bestrebungen, die zur Ablehnung des Arabischen als der *lingua franca* der Musik führen sollten. Die heutige islamische Musik leitet sich im wesentlichen aus vier Quellen her: der nahöstlichen (als Ursprung der Überlieferung), der iranischen, nordafrikanischen und türkischen.

Die Volksmusik
Im Gegensatz zu der von uns so genannten Kunstmusik sind die mannigfaltigen Traditionen der Volksmusik bislang fast gänzlich unerforscht geblieben. Nach neueren Erkenntnissen und nach verstreuten Angaben in den alten Quellen kann die Volksmusik aber viele Probleme, die bei der Entwicklung der Kunstmusik auftauchen, klären helfen. Die Volksmusik, die auch für sich allein genommen von hohem Wert ist, hat zu verschiedenen Zeiten die Kunstmusik beeinflußt, und ihre Interpreten wurden davon inspiriert.

Während die Kunstmusik zur Unterhaltung der aristokratischen und urbanen Oberschicht diente, von den Interpreten eine gewisse Virtuosität und von den Zuhörern Kenntnis von festen Regeln und ästhetischen Werten verlangte, war die Volksmusik eng mit den einzelnen ethnischen Gruppen der jeweiligen Region verwachsen. Sie begleitete alle wichtigen Ereignisse im Leben des einzelnen und seiner Gemeinschaft. Epische Gesänge, Tänze, Prozessionen, Passionsspiele wie in Irak und Iran und Zeremonien des Exorzismus sind in der Kunstmusik unbekannt. Andere Formen konnten dagegen in die Kunstmusik überwechseln (zum Beispiel die Begleitmusik für das *orta oyunu* und das Schattentheater) und wurden dort verfeinert.

Da sowohl Volks- wie Kunstmusik mündlich überliefert wurden und sich seit langem miteinander vermischt

haben, ist es bisweilen schwierig, beide voneinander zu unterscheiden. Auch die Volksmusik ist nicht homogen, sondern eher als ein Kontinuum zu verstehen. Auf der einen Seite stehen Lieder und Tänze in kurzen melodischen Formeln, entweder identisch oder nach dem Prinzip der ‚offenen' und ‚geschlossenen' Phrase (letztere führt die Melodie zum Ende). Der Tonumfang ist eng, selten mehr als eine Quarte; dagegen ist die Musik reich an rhythmischen Mustern und wird im Wechsel- oder Antwortgesang, begleitet mit Händeklatschen oder Trommeln, dargeboten. Abgesehen vom epischen Gesang, der nur von Solisten vorgetragen und auf der *rabāb* (einsaitige Geige) begleitet wird, erfüllt die Volksmusik Funktionen in der Gemeinschaft. Instrumente werden nur selten verwendet. Der Gesang besteht aus ermunternden Zurufen oder improvisierten Versen. Auf der anderen Seite findet man viel kompliziertere Gesänge, meist Soli, mit melismatischem Charakter, was bedeutet, daß verschiedene Noten über eine Silbe verteilt werden. Ihr Tonumfang übersteigt häufig eine Oktave. Vage Anklänge an das Konzept der Modi und das Vorkommen von Gesangsimprovisationen rücken diese Lieder in die Nähe der Kunstmusik. Formen, in denen nichtarabische Sprachen und Dialekte verwendet werden, sind schwer einzuordnen, da sie der ‚neuen Musik' fremd blieben; oft sehr verfeinert und der Kunstmusik in vielen Zügen nahe, gehören sie eher in diese letztere Kategorie.

Frauengesang aus einer Hochzeitszeremonie. (2)

Einleitung eines jemenitischen Liedes, beliebt bei beduinischen Fischern, findet auch bei Exorzismus-Zeremonien Verwendung. Gespielt wird auf einer simsimiyya, *einer fünfsaitigen, mit dem Plektrum gezupften Leier. (3)*

Ausschnitt aus einer debka, *dem bekanntesten Tanz im Gebiet zwischen Sinai und Nordsyrien, gespielt auf dem* mugwiz, *einem Doppelrohrblattinstrument mit zwei gleichen Pfeifen. (4)*

162

Die Volksmusik ist in ein Milieu einzuordnen, in welchem die Dichtkunst sehr geschätzt wird und eine wichtige soziale Rolle spielt. Die Zahl der Themen ist groß, die Sprache reicht vom Halbklassischen bis zum reinen Dialekt. In allen Fällen besteht eine enge Verbindung zu den Ereignissen, die im Leben der Gemeinschaft vorkommen.

Musik und Poesie bilden eine unauflösliche Einheit. Ein Dichter hat Schwierigkeiten, seine Verse ohne die Hilfe einer Melodie vorzutragen. Da der Aufbau der Verse eher von der Melodie bestimmt wird, werden die Regeln der Prosodie nicht selten verletzt. Autor, Komponist und Interpret sind dieselbe Person. Bisweilen liefern sich zwei solcher Sänger einen Wettstreit aus dem Stegreif. Ihre Imaginationsgabe wird dabei auf die Probe gestellt, oft bieten sie aber auch eine willkommene Unterbrechung der sich lange hinziehenden Auftritte.

Der Stoff, den diese Sänger benutzen, ist meist traditionell. Sie wählen gleichsam Formeln für die jeweils gegebene Situation aus und ordnen sie neu an. Neue Worte entstehen eher als neue Melodien. Dieselbe Melodie oder dichterische Wendung kann beispielsweise in einem Hochzeits- und in einem Prozessionslied auftauchen. Allerdings ist die Zahl der Formeln und Genres sehr groß und übertrifft sogar die der Kunstmusik.

Wie wir sagten, erfüllt die Musik in den meisten Genres zugleich eine soziale Funktion. Die Zuhörer werden auf verschiedene Weise an der Aufführung beteiligt: Singen, Klatschen in bisweilen schwierigen Rhythmen, Schreiten und Tanzen. Tänze werden fast immer von Gesang begleitet. Es gibt zwei Arten von Gesang: ‚silbischer‘ Gesang (eine Note pro Silbe) mit lebhaftem, festem Rhythmus und beschränktem Tonumfang; und ‚melismatischer‘ Gesang mit freiem Rhythmus, von einem Solisten vorgetragen. Die volkstümliche Musik hat in der Regel nur eine Melodie, doch gibt es einfache Formen von Polyphonie: Organum, Baßpfeife, Ostinato, Übergreifen und Heterophonie. Volkslieder werden meist ohne Instrumentalbegleitung gesungen; Epen und gewisse Tänze werden aber mit der Musik von Flöten und Rohrblattinstrumenten untermalt. Außer in Zentralasien gibt es praktisch keine Tradition reiner Instrumentalmusik.

Kunstmusik

Im Gegensatz zur Volksmusik ist die Kunstmusik in der ganzen islamischen Geschichte häufig erörtert und analysiert worden. Dabei haben ethische und kosmologische Spekulationen oft eine Rolle gespielt, ästhetische Erwägungen fehlten indes nie. Die Kritik hat versucht, die von bestimmten Melodien und Modi hervorgerufenen Gefühlsregungen zu definieren, die nach diesen Theorien von Sinnenfreude bis zu rein intellektuellem Genuß reichen. In der Kontroverse zwischen ‚Alten‘ und ‚Neuen‘ wurden solche ästhetischen Kategorien diskutiert, wobei Einfachheit und Nüchternheit einer ausufernden Üppigkeit entgegengesetzt wurden. Auch das Vergnügen am eigenen Musizieren wurde gewertet. Der Prinz Ibrāhīm ibn al-Mahdī sagte zu Isḥāq al-Mawsilī, dem berühmten Musiker der frühen ‘Abbāsidenzeit: ‚Du tust dies berufsmäßig, wir tun es zum Zeitvertreib und zu harmlosem Vergnügen.‘ Brillanz und Virtuosität, ja sogar die Show, wurden sehr geschätzt. Schriftsteller sprechen oft von der

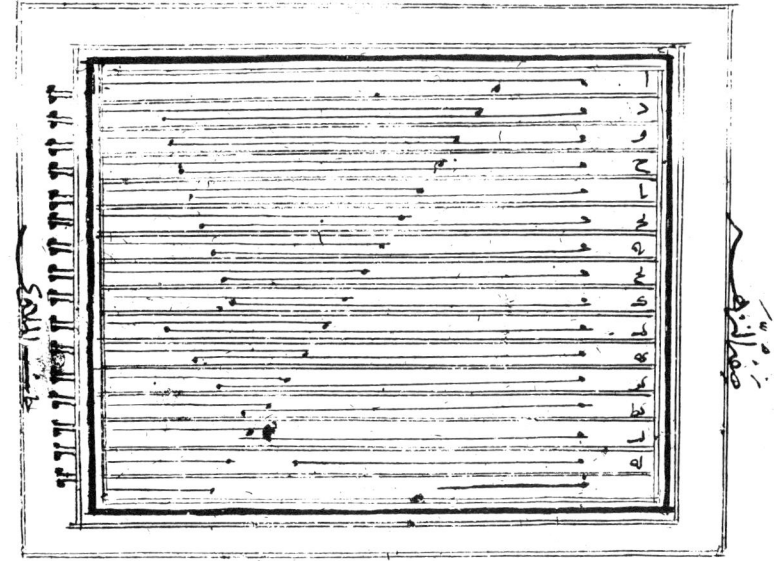

Diese Abbildung aus Safī ad-Dīns Kitāb al-Adwar *(‚Buch der musikalischen Modi‘) benützt für die Angabe der Töne ein alphabetisches System, das aber nur für Unterrichtszwecke Verwendung fand. Das Instrument ist die* nuzha, *eine rechteckige, heute nicht mehr verwendete Zither, die von Safī ad-Dīn erfunden wurde. (5)*

Schönheit einer Stimme und wissen ihre jeweiligen Vorzüge feinsinnig zu beschreiben.

Wegen der mündlichen Überlieferungsweise kannten die Komponisten kein System der Notation. Man findet zwar in manchen Abhandlungen alphabetische Systeme, doch scheinen diese nur zum Unterricht und zur Erläuterung gedient zu haben. Ein im XI./17. Jahrhundert in der Türkei entwickeltes Notensystem und die im XIII./19. Jahrhundert aus Europa eingeführten westlichen Noten wurden nicht überall aufgegriffen; wenn dies geschah, führte es oft zu einem Niedergang der wesentlichen Eigenarten der islamischen Kunstmusik. Die mündliche Überlieferungsweise gab ihr einen ganz eigenständigen Charakter, und es war deshalb sehr schwierig, solche Kenntnisse zu erlangen; man benötigte dazu ein angeborenes Talent und viel Übung.

Die Ausbildung beruhte auf einem Lehrer-Schüler-Verhältnis, das sich von einem rein pädagogischen zu einem väterlichen entwickeln konnte. Das Ideal war der *musicus perfectus,* ein Mann mit hoher Begabung, schöpferisch als Komponist, ein erfahrener Instrumentalist und Sänger mit phänomenalem Gedächtnis und der Gabe, ohne Mühe zu improvisieren, ein guter Verseschmied, der zugleich eine ausgezeichnete Allgemeinbildung besaß.

Auch in der Kunstmusik dominiert der Sänger. Das gilt selbst für Persien, wo die Instrumentalmusik hoch entwickelt ist. Die Sänger, begleitet von einem Instrument oder einem kleinen Ensemble, treten vor einem ausgewählten Publikum auf, das Kennerschaft und Liebhaberei miteinander vereint. Diese Intimität – der Sänger sitzt mitten unter seinen Zuhörern – bewirkt eine enge Beziehung zwischen beiden Seiten. Alle Interpreten sind auf ihre Weise Solisten, jeder entfaltet sein eigenes Talent. Spielen mehrere dieselbe Melodie, variiert ein jeder etwas das Tempo und die Ausschmückung. Diese typische Praktik, die Heterophonie, und die Verwendung von Baßpfeifen und parallelen Intervallen (Oktaven, Quinten, Quarten) bilden eine Form der Polyphonie, obgleich der Musiktyp, dem sie entstammen, seinem Wesen nach durchaus nicht polyphon ist. Jedes Detail entspricht einer linearen Entwicklung, aus der sich eine Reihe weiterer vokaler und instrumentaler Verfeinerungen ergibt, so zum Beispiel Nasalton, Vibrato, gutturale Laute, *sforzando* und *diminuendo, portamento, glissando* und zahlreiche andere Kunstgriffe.

Technik und Ausdruck: die Modi

Technik und Stil der islamischen Musik werden zwar von strengen Regeln beherrscht, doch hat der Interpret viel Freiheit, um seine eigenen schöpferischen Kräfte zu entfalten. Das gilt nicht nur für Interpretationen, sondern auch für feste Kompositionen. Vieles liegt in der Tat an der Art des Vortrages, das heißt an der Verwendung von Ausschmückung und Variation.

Die iranische Musik kennt zwei Arten von Ornamenten: gewöhnliche und persönliche. Sie umfassen *appoggiamenti*, Triller, *grupetti*, rasche Wiederholung der Noten und den *tabrīr*, vokale Verzierungen einer einzigen Silbe. Ein gegebenes Muster kann in der Melodie und im Rhythmus verändert werden; ein anderer Text kann unterlegt, Akzente können verschoben, Tempi gewechselt werden. Derartige Modifikationen stellen den wichtigsten Aspekt des Musizierens in jener Gegend dar. Originalität heißt nicht neue Schöpfung, sondern Variation eines tradierten Modells. Beim iranischen *avāz* besteht die Freiheit, die melodischen Sequenzen *(gūshé)* zu wählen und von einer zur nächsten fortzuschreiten, wodurch die Unterscheidung zwischen fester Komposition und Improvisation erschwert wird.

Da der Schwerpunkt auf der Melodie liegt, verwendet die islamische Musik ein viel komplizierteres Spektrum von Intervallen als der Westen. Es gibt zum Beispiel mehrere Sekunden und Terzen unterschiedlicher Abstimmung, einschließlich der von Zalzāl (gest. 175/791) festgelegten ‚neutralen' Terz. Es gibt Intervalle von 3/4, 5/4 und 6/4. Es wurden viele Theorien entwickelt, die diesen theoretischen Aufbau und diese Intervalle in ein System bringen wollten, das den ‘Modi' der antiken Musik mehr ähnelt als den diatonischen Tonarten, die

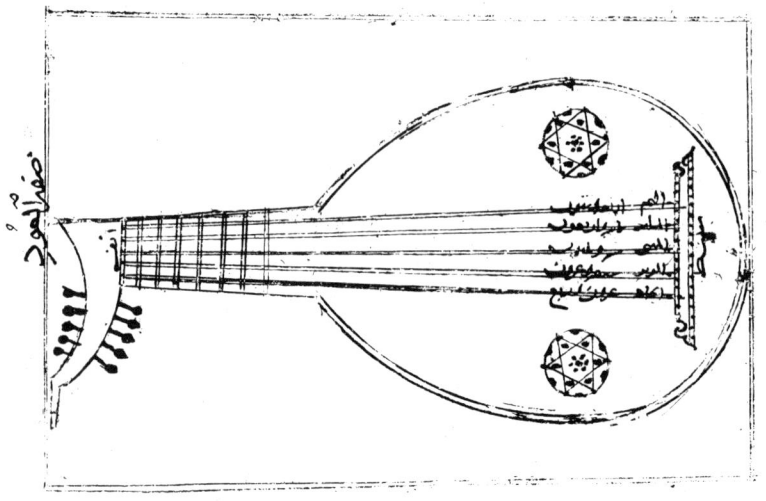

Die 'ūd oder kurzhalsige Laute war eines der beliebtesten Instrumente der islamischen Musik und wurde oft verwendet, um die Musiktheorie zu demonstrieren. Diese Abbildung stammt wieder aus Safī ad-Dīns Abhandlung, die von fast allen späteren Theoretikern zitiert wurde. Diese 'ūd hat ein Griffbrett und fünf Doppelsaiten, deren Namen angegeben sind. (6)

heute im Westen benutzt werden. Die kurzhalsige Laute *('ūd)* eignete sich am besten zu Demonstrationszwecken. Die erste Modustheorie, die der *asābi'* (Finger), wird Ishāq al-Mawsilī zugeschrieben (150–236/767–850) und geht von den Griffen auf der Laute aus. Ihre vier Saiten waren in Quarten gestimmt, jede hatte den Umfang von einer Quarte, deren äußere Noten festlagen, während die anderen variabel waren.

Waren die Intervalle für eine Saite festgelegt, fixierte man die Intervalle der anderen, indem Oktaven, Quarten und Quinten der Grundtöne bestimmt wurden. Nach

(a) Tetrachord rast;
(b) Tetrachord higaz, *nach G transponiert (normal auf D);*
(c) Kombination von (a) und (b), ergibt das System des suznak *genannten* maqām. *Wäre der obere Tetrachord mit dem unteren identisch, erhielte man den* maqām rast, *die Tonart des nächsten Beispiels. (7)*

Festsetzung aller Intervalle wurden sie von den Theoretikern in *genera* und Systeme geordnet. Obwohl in einer Folge von vier Noten nur ein Typ von Sekunde oder Terz gewählt werden kann, gibt es doch zahlreiche Kombinationen von *genera* und Tetrachorden. Durch die Verbindung identischer oder verschiedener *genera* hat der Musiker viele Systeme zur Verfügung, von denen einige die Grundtonfolge der Modi darstellen.

Im Laufe des XIII./19. Jahrhunderts wurden neue Theorien entwickelt, die die Tonleiter in 17 (ungefähr Dritteltöne) oder 24 Intervalle (ungefähr Vierteltöne) einteilten. Die letztere setzte sich allmählich überall durch. Die Intervalle der islamischen Musik sind in der Theorie ohnehin viel feiner als in der Musik der westlichen Welt; in der Praxis sind sie aber noch subtiler. Die Musiker haben ein sehr gutes Empfinden für die Veränderlichkeit beweglicher Intervalle; bei Instrumenten mit Griffleiste werden die einzelnen Griffe oft verändert, um eine bestimmte Ausdrucksweise zu erzielen.

Neben der Bestimmung der Grundtonarten (wie etwa Dur und Moll im Westen) tragen die Modi noch andere Funktionen des Ausdruckes, für die es im Westen keine Entsprechungen gibt. Sie wirken auf die Methode der Komposition, der Darbietung, Improvisation und sogar auf gewisse musikalische Formen ein. Anstelle der abstrakten Erörterung des Modi-Systems erscheint es besser, einige der repräsentativsten Formen im einzelnen zu betrachten.

Das iranische System *(avāz)* besteht aus zwölf Modi, die in sieben primäre und in acht sekundäre *(dastgāhs)* eingeteilt werden. Jeder Modus enthält eine variable Anzahl von Melodiensequenzen *(gūshés)*, die einander in einer bestimmten Ordnung folgen. Diese *gūshés* sind das Grundmaterial der Musiker; und mit jedem Modus sind zwanzig bis vierzig tradierte *gūshés* verbunden. Damit ist die Freiheit des Spielers begrenzt. Des weiteren erhalten aber einige Noten der Grundtonart einen Vorzug: der *shāhid* oder ‚Zeuge', eine oft wiederholte Note; der *ist* oder ‚pausierende'; der *mutaghayyir* oder ‚veränderliche'; der *furūd-i kamāl* oder ‚abschließende'. Im

Verlauf eines Stückes von diesem Typ schwillt der *shāhid* systematisch an. Manche *gūshés* können in eine andere Grundtonart übergehen, aber sie müssen stets wieder mit dem ersten Modus schließen. Die Reihung der *gūshés* folgt einem gebräuchlichen Schema: zuerst einleitend, langsam, dann lebhaft voller Virtuosität, danach erfolgt der Aufstieg des *shāhid;* und anschließend in der Regel lebhafter Abschluß. In diesem recht strengen Rahmen können die Künstler alle Begabung zur Improvisation entfalten.

Der irakische *maqām* enthält zahlreiche besondere, traditionelle Bestandteile: Tonarten, Motive, Melodien, Singarten, Text in Hochsprache und Dialekt, Worte ohne Bedeutung und eine charakteristische rhythmische Instrumentalbegleitung, die freilich stets dem Gesang untergeordnet bleibt. (Dem Plural *maqāmāt* begegnen wir an anderer Stelle dieses Buches als einer literarischen Form.) In gelegentlichen Modulationen geht man von einem *maqām* zum anderen über, doch gilt der Grundgedanke, daß die Einheit erhalten bleiben soll.

Die *nūba* aus Nordafrika ist eine verwandte Form, die aus einer Folge von Gesangs- und Instrumentalstücken in einem Modus besteht, wobei der rhythmischen Sequenz eine besondere Bedeutung zukommt. Die *nūbas* beginnen mit einem instrumentalen Vorspiel, dem andere instrumentale Stücke folgen, die zu begleiteten Gesangsstücken überleiten. Man verwendet zahlreiche instrumentale und vokale Ausschmückungen, einschließlich der Improvisation. Mehr als ein Dutzend *nūbas*, jede mit besonderer Instrumentierung, werden noch gespielt, wobei allein der Gesang Veränderungen unterliegt.

Auch der türkische *fasil* ist eine Folge von Instrumental- und Vokalstücken verschiedener Genres. Vorspiel und Schluß sind instrumental; der Rest besteht aus verschiedenartigen Gesängen und Instrumentalimprovisationen, den sogenannten *taqsīms*.

Der *taqsīm* seinerseits setzt sich aus einer Reihe von Abschnitten zusammen und ist durch eine zentrale Note und Einleitungs- und Schlußmotive charakterisiert. Die Abschnitte werden durch Pausen oder allgemein bekannte Schlußmotive beziehungsweise Kadenzen voneinander getrennt. Die Kadenzen und die unterschiedlichen Zentralnoten bestimmen den Aufbau des *taqsīm*. Jeder Abschnitt hat seine eigene Zentralnote. Die ersten Abschnitte bewegen sich meist im unteren Tonbereich, danach wechselt der Spieler in höhere über. Jetzt kann ein Abschnitt länger werden und sich über einen größeren Tonumfang erstrecken. Sequenzen der Modulation spielen in der Entwicklung des *taqsīm* eine wichtige Rolle. Der Spieler besitzt komplexe Möglichkeiten, von einem Abschnitt zum nächsten zu wechseln. Daran kann er seine Fähigkeit und die Beherrschung des Stoffes beweisen und zeigen, welches Echo er seinem Publikum zu entlocken weiß. Der Rhythmus ist frei. Der *taqsīm* folgt also einem allgemeinen Plan, der Veränderungen im Detail zuläßt.

Layālī sind lokale Improvisationen. Das Wort heißt ‚Nächte' und stammt von *yā-laylī* (‚o Nacht'), das die phonetische Grundlage abgibt; manchmal sagt man auch *yā-'aynī* (‚o Auge!'). Mit diesen Worten improvisiert der Sänger, indem er manchmal eine, manchmal mehrere Noten pro Silbe benutzt. Aufbau und Charakter ähneln

dem *taqsīm*. Gewöhnlich begleitet der Spieler sich selbst auf der *'ūd*, bisweilen sind kleine Zwischenspiele auf anderen Instrumenten eingeschlossen. *Taqsīm* und *layālī* sind meist in Suiten eingefügt, werden heute aber auch gesondert gespielt.

Mawwāl ist eine andere Gesangsform, die weniger auf Improvisation beruht. Sie ist etwa zwischen *layālī* und metrisch-rhythmischen Formen einzuordnen. Der Text wird in freiem *parlando* wiedergegeben.

Genauso wichtig wie die Modi ist für die islamische Musik der Rhythmus, für den im III./9. Jahrhundert eine systematische Theorie gefunden wurde. Sie war in derselben Weise konzipiert, in der Melodien eingeteilt werden: Töne (Schläge), getrennt durch verschieden lange Pausen. Die melodische Einheit wurde dem Vers der *qasīda* nachgeformt, die Pellat im Kapitel V beschrieben hat. Jeder einzelne Qasidenvers besteht aus zwei klar unterschiedenen Hälften. Entsprechend wurde die rhythmische Periode in zwei gleiche Hälften geteilt. Der Prosodie entliehen die Musiktheoretiker unter anderem das Symbol des Kreises, gefolgt von einem Punkt (O.), um Schlag und Pause anzudeuten. Kreis und Punkt versinnbildlichen eine gleiche Zeitspanne. Der Punkt kann jedoch sowohl Stille als auch Verlängerung des vorhergehenden Tones bedeuten. So kann die Folge OO.O.O.O.. sowohl ♩ ♩ ♩ ♩ ♩ als auch ♩ ♩♪♩♪♩♪♪♪. heißen. Die Länge eines Schlages ist nicht nur durch die zeitliche Entfernung zum nächsten Schlag definiert, sondern auch durch die Schnelligkeit der Bewegung. Neben den primären Schlägen gibt es sekundäre, die in Timbre und Qualität unterschiedlich sind. Einige werden nur als Ornamentierung gebraucht.

Im ganzen wurden zunächst acht fundamentale Rhythmus-‚Modi' bestimmt. Inzwischen sind durch weitere Erkenntnisse zahlreiche ‚Modi' hinzugekommen, so daß man jetzt von über hundert spricht.

Ausschnitt aus einer Vokalimprovisation im maqām rast. *(8)*

165

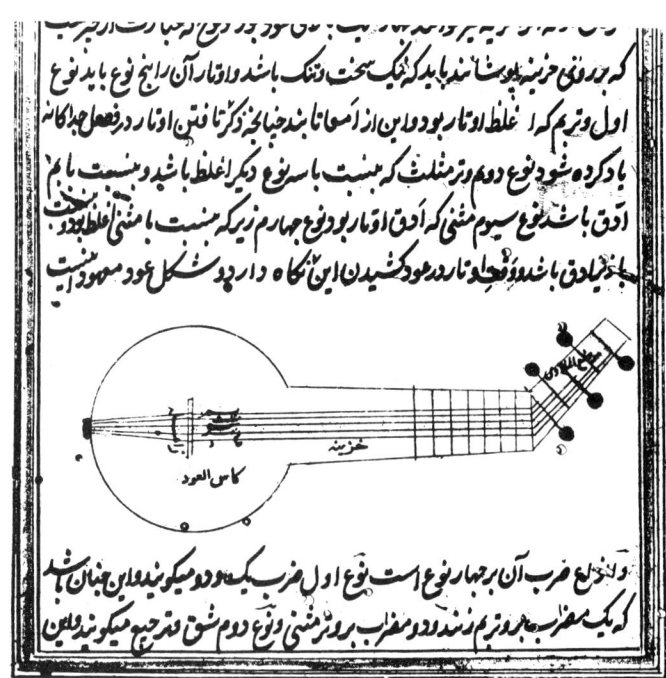

Alle Abbildungen dieser Seiten stammen aus dem Kanz at-tuhaf, einer wichtigen persischen Abhandlung aus dem VIII./14. Jh. von unbekanntem Autor. Hier die kurzhalsige Laute 'ūd. (9)

Der mizmār, ein Rohrblattinstrument; die nāy, eine Flöte. (10)

Der sahīn, eine heute ungebräuchliche Form der Laute. (11)

Der gank, eine gegen die Brust gehaltene Harfe. (12)

Die Instrumente der islamischen Musik

In der Literatur werden die verschiedenartigsten Instrumente beschrieben. Einige sind noch in Gebrauch, andere sind völlig veraltet. Oft ist es ein Problem, anhand der schriftlichen Quellen zu entscheiden, welche Instrumente mit der alten Terminologie jeweils gemeint sind. Manchmal gibt es mehrere Namen für ein Instrument, in anderen Fällen kann ein Wort mehrere, recht unterschiedliche Instrumente bezeichnen. *Mizmār* heißen zum Beispiel alle Rohrblattinstrumente, unabhängig davon, ob sie einfach oder doppelt sind; ferner bedeutet das Wort auch soviel wie ‚Psalm'.

Die folgende Aufzählung nennt nur Instrumente, die noch in Gebrauch sind, mögen sie auch auf Vorbilder der Vergangenheit zurückgehen. Eine weit größere Anzahl ist aus der Literatur und Malerei bekannt, wir wissen aber nicht, wie sie klangen.

Idiophone (den Ton selbst erzeugende) Instrumente umfassen Metallkastagnetten; kleine Zimbeln, die an Daumen und Zeigefinger der Tänzer befestigt sind; grö-

Die nuzha, *eine rechteckige Zither. (13)*

Der qānūn, *eine trapezförmige Zither. (14)*

Die nabāb, *ein Bogeninstrument. (15)*

Die rabāb, *ein anderes Bogeninstrument. (16)*

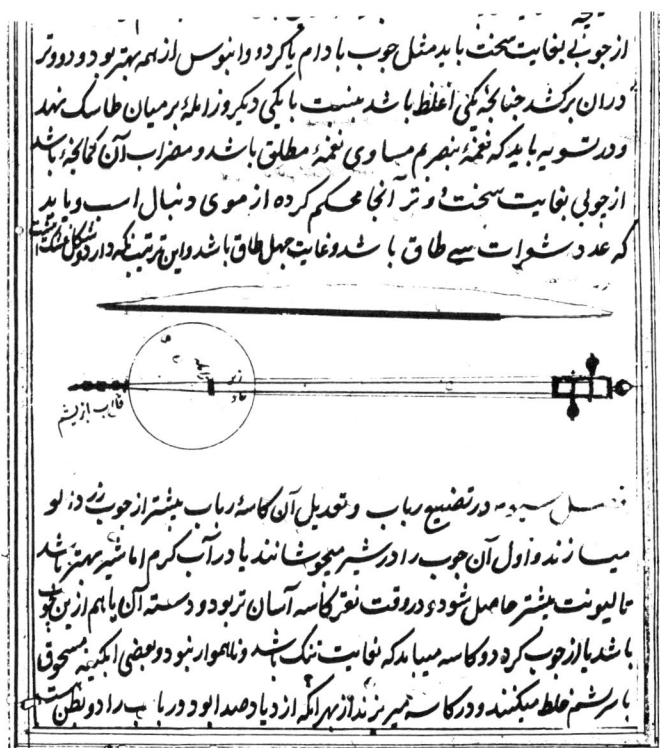

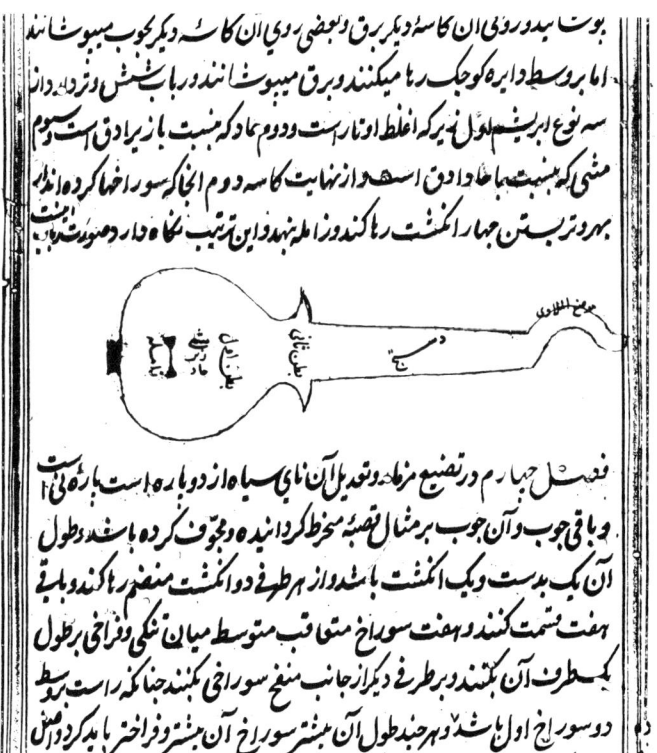

ßere Ausführungen des gleichen Instrumentes für die Militärmusik; Holzschläger; Kupferschalen und Ölfässer als Trommeln.

Membranophone (Trommeln) bilden die reichste und mannigfaltigste Familie, besonders in der Volksmusik. Gerahmte Trommeln können rund oder rechteckig sein; einige haben am Rand klingende Scheiben, andere sind unter der Bespannung mit Saiten versehen. Die vasenförmige Trommel (*darbukkah*) wurde früher aus Ton hergestellt, heute besteht sie meist aus Metall. Der hölzerne iranische *zarb* findet nur in der Kunstmusik Verwendung; man hält ihn unter dem linken Arm oder zwischen den Beinen und schlägt ihn in der Mitte und am Rand mit beiden Händen.

Zylindrische Trommeln (*tabl*) mit zwei Bespannungen hängt sich der Spieler um und schlägt sie mit zwei biegsamen Schlägern. Bisweilen findet man Ensembles mit verschieden großen Trommeln, meist aber ertönen sie zusammen mit Doppelrohrinstrumenten und Zimbeln bei Prozessionen oder Tänzen.

Kesselpauken *(naqqārāt)*, Halbkugeln, an der Öffnung bespannt, erscheinen paarweise. Die großen werden von Kamelen getragen und während der Pilgerfahrt gespielt. Ein anderer Typ wird bei den Mawlawī-Zeremonien verwendet. Zur Zeit der späten 'Abbāsiden und der Fātimiden wurden Kesselpauken vor den fünf täglichen Gebeten geschlagen; heute kommen sie im Orchester vor.

Aerophone (Blasinstrumente). Querflöten *(nāy)* ohne Mundstück gibt es in unterschiedlicher Länge; sie haben üblicherweise fünf oder sechs Grifflöcher an der Oberseite und eines unten. Ihr Tonumfang beträgt bis zu zweieinhalb Oktaven. Durch die Intensität des Blasens können einige Töne modifiziert werden. Diese Flöten werden von etlichen mystischen Orden bevorzugt; und sie finden sowohl in der Kunstmusik als auch in der Volksmusik Verwendung. Es gibt einfache Abarten aus Rohr und Metall; sie werden von Schäfern oder zum Tanz gespielt.

Doppelrohrblattinstrumente (ähnlich der Oboe) – *zurna* oder *ghayta* – und einfache (ähnlich der Klarinette) kommen nur bei volkstümlichen Festen vor. Die ersteren bestehen aus Holz und öffnen sich glockenförmig; sie haben ein kleines Messingmundstück; der Spieler schiebt das Rohrblatt ganz in den Mund und preßt seine Lippen auf einen Metallring. Außerdem hat die *zurna* sieben oder acht Grifflöcher. Begleitinstrumente sind entweder zylindrische Trommeln oder weitere Blasinstrumente der genannten Art. Sie wurden in den Kapellen der Janitscharen gespielt.

Es gibt viele Arten von Einzelrohrblattinstrumenten mit zwei Pfeifen gleicher oder unterschiedlicher Länge. Im zweiten Fall läßt die größere Pfeife einen weitgehend ununterbrochenen Baßton erklingen.

Den Dudelsack findet man im Maghreb, in Ägypten und der Türkei und am Persischen Golf. Hörner und Trompeten wurden bis in das vorige Jahrhundert von Militärkapellen benutzt; die *karna*, eine Art Trompete, die im Orchester des Shāhs von Iran gespielt wurde, war 1,80 Meter lang.

Chordophone (Saiteninstrumente) werden meist gezupft, nicht gestrichen. Wir trafen schon auf die kurzhalsige Laute *('ūd)*, die im Zusammenhang mit der Musiktheorie erwähnt wurde. Sie war birnenförmig und hatte ursprünglich vier Saiten und eine Griffleiste. Die heutige *'ūd* hat keine Griffleiste, dafür fünf Doppelsaiten, die in Quarten gestimmt sind, bis auf die tiefste, die eine Sekunde von der nächsthöheren entfernt ist. Eine gelegentlich vorhandene sechste Saite liegt eine Sekunde über der fünften. Man schlägt mit einer Adlerfeder oder einem Plektrum an. Im Maghreb kommt eine Abart der *'ūd* mit den vier Doppelsaiten E, A, F, B vor; die sich überschneidende Abstimmung begrenzt den Tonumfang und erschwert die Griffe.

Langhalsige Lauten sind ebenfalls sehr verbreitet und haben viele Namen. Die *sitār* hat vier Saiten in C, G (oder F), C (wie die erste) und C (eine Oktave tiefer). Sie hat 25 bewegliche Griffe und wird mit dem Nagel des Zeigefingers gezupft. Andere Typen in Iran, Zentralasien, der Türkei *(tambūr)*, Syrien und Libanon haben zwei bis vier Saiten. Die kirgisische *komuz* und die kasachische *dombra* sind langhalsig mit drei Saiten, ohne Griffe. In der türkischen Volksmusik kann die Zahl der Saiten bis zu neun betragen. Im Maghreb dagegen existiert eine Abart mit nur zwei Saiten, die mit den Fingern gezupft werden.

Es gibt zwei Arten der Zither: der *qānūn* wird gezupft, der *santūr* mit zwei Schlegeln angeschlagen. Beide haben trapezförmige Körper. Der *qānūn* besitzt 24 Doppelsaiten, unter deren Enden bewegliche Brücken liegen, so daß der Spieler die Stimmung verändern kann. Das Instrument ruht auf den Knien des Spielers; es wird mit einem am Zeigefinger befestigten Plektrum gezupft. Der *santūr* hat 72 Saiten, die in Vierergruppen angeordnet sind, hinzu kommen 18 bewegliche Brücken in zwei Neunerreihen.

Die *rabāb* ist das einzige Bogeninstrument; es existiert in zwei Formen. Die einfachere ist rechteckig oder rund, mit einer Haut bedeckt und mit einer einzigen Saite bespannt. Wie wir hörten, wird sie von volkstümlichen Dichtern verwendet, die auf diesem Instrument ihren Vortrag begleiten. Eine andere Art der *rabāb* ist oval oder rund geformt und hat zwei im Abstand einer Quinte gestimmte Saiten; sie wird in der Kunstmusik gespielt. Der hölzerne Körper der *kamanja*, eines etwas komplizierteren Typs, endet in einem Haken; sie hat drei oder vier Saiten. Alle diese Instrumente werden anders gespielt als die Geige des Westens: man hält den Bogen fest und bewegt statt dessen das Instrument. In Marokko wird oft die Violine benutzt und in derselben Weise gespielt. Am Roten Meer kennt man ein der Leier ähnliches Instrument, die *simsimiyya*, die mit fünf Saiten bespannt ist.

Religion und Musik

Seit dem ersten islamischen Jahrhundert ist bis heute in einer endlosen, viele tausend Seiten füllenden Auseinandersetzung die Frage erörtert worden, ob Musik überhaupt erlaubt sei. Neben theologischen Argumenten haben manche frühen Religionsgelehrten anscheinend auch die Rolle, die die Musik im sozialen Leben spielte, gegen sie ins Feld geführt. Die ‚neue Musik‘ wurde mehr und mehr mit einem Leben in Luxus assoziiert. Sie weckte die Vorstellung von Frivolität und Sinnlichkeit, zumal Frauen beim Musizieren, beim Tanzen (was oft als unanständig verpönt war) und beim Trinken von berauschenden Getränken während der Veranstaltungen zugegen waren und sich daran beteiligten. Selbst die heiligen Städte Mekka und Medina waren nicht gegen diese Versuchungen gefeit, sie entwickelten sich sogar rasch zu Zentren des Amüsements.

Sakrale und weltliche Musik waren nicht klar voneinander getrennt, und die sakrale Musik schwankte in ihrer langen Geschichte zwischen der Kunst- und der Volksmusik. Einigen in der Kontroverse zitierten *hadīthen* zufolge hat Muhammad die letztere, nicht aber die erstere gebilligt. Trotz allem hat die wechselseitige Durchdringung der beiden Genres bewirkt, daß keines ein Übergewicht erlangen konnte. Bisweilen dominierte das eine, dann das andere.

Die Autoritäten, auf die sich beide Seiten in dieser theologisch und philosophisch geführten Kontroverse berufen, sind der Koran, das *hadīth*, anderes religiöses Schrifttum und die Meinungen von Mystikern und Juristen. Der Koran enthält kein präzises Urteil, so daß das *hadīth* die meiste Munition liefern mußte. Wortwörtliche Textauslegung wurde durch Analogieschlüsse bestärkt. Al-Ghazālī (gest. 505/1111) handhabt diese Methode glänzend; sein Kapitel über die Musik ist ein Meisterstück in seiner *Wiederbelebung der religiösen Wissenschaften.*

Die Mystiker schätzten die Musik sehr und machten sie zu einem Grundbestandteil ihrer *dhikr*-Andachten. Der Mystik eng verbunden war die *samā‘*-(‚zuhören‘) Literatur, die teils einen beschreibenden Charakter hatte, teils polemisch war. Zumeist billigte sie die Musik, erkannte aber Mißbräuche und verdammte bisweilen den Tanz und die Verwendung von Instrumenten. Schreiber, die in derselben Tradition standen, waren sich oft uneins, und der Streit dauerte über Generationen. So wurde ‘Abd al-Ghanī an-Nābulsīs (gest. 1144/1731) Traktat *Überzeugende Beweise für die Erlaubnis, Musikinstrumente zu hören* von einem späteren Schriftsteller angegriffen, der seinerseits von Muhammad ad-Dāmūnī (gest. 1215/1800) attackiert wurde.

Nicht nur Theologen, geistige Führer und Juristen befaßten sich mit diesen Fragen, sondern auch Schriftsteller allgemein. Wichtige Beiträge zu dieser Diskussion lieferten Ibn ‘Abd Rabbihi (gest. 329/940), al-Ibshīhī (gest. 850/1446), an-Nuwayrī (gest. 732/1332) und Ibn Khaldūn (gest. 808/1406).

Wo wurde denn überhaupt die Musik in religiösem Zusammenhang verwendet, so daß ein derart leidenschaftlicher Streit aufkommen konnte? Das geschah bei drei Gelegenheiten: dem Gesang des Korans; dem Gebetsruf und einigen Hymnen zu besonderen Anlässen und an heiligen Tagen.

Die Kunst der Koranrezitation kam in der zweiten Hälfte des I./7. Jahrhunderts auf und ist weder von christlichen noch von jüdischen musikalischen Traditionen abzuleiten. Sie geht nach dem Zeugnis literarischer Quellen auf vorislamische Beschwörungen und gesungene Poesie zurück. Sie soll die Bedeutung des Textes hervorheben und ihn wirkungsvoll mitteilen. In ausführlichen Abhandlungen wurden die Regeln festgesetzt, nach denen der Rezitator den Gläubigen den heiligen Text in verständlicher und bewegender Weise vortragen sollte. Betonung, Dehnung, Assimilierung gewisser Buchstaben, Pausen und korrekte Aussprache sowie drei Geschwindigkeiten – langsam und feierlich, schnell, mittel – wurden behandelt. Oft wird behauptet, diese Rezitation habe nichts mit Kunstmusik zu tun und werde tatsächlich in der Theorie gar nicht zur Musik gezählt. In der Praxis wurden aber immer Elemente der Kunstmusik aufgenommen. In manchen Ländern wird die Rezitation sogar in verschiedenen Modi vorgetragen. Aber die Grundzüge werden stets gewahrt; Ausschmückung und Instrumentalbegleitung werden dagegen gemieden.

Der Gebetsruf *(adhān)* wurde vom Propheten im Jahre 1/622 oder 3/624 eingeführt. Der erste Muezzin, der Patron der Gebetsrufergilden in Nordafrika und der Türkei, war der freigelassene schwarze Sklave Bilal, dessen Martyrium ein Thema moderner Filme und Schauspiele ist. Der Aufbau des *adhān* wird durch den Text bestimmt; es ist ein siebenzeiliger Text in zwölf musikalischen Phrasen, mit Wiederholungen. Der Rhythmus ist ziemlich frei, die Melodie variiert von Gegend zu Gegend und ist der Volksmusik verwandt. Sie ist einfach im Maghreb, stärker verziert im Nahen Osten, unterliegt aber stets dem Prinzip der ‚offenen‘ und ‚geschlossenen‘

Phrasen, das wir als Charakteristikum der Volksmusik kennengelernt haben. Die allgemeine Form des Gebetsrufes ist eine Kurve, die mit der siebten Phrase ihren Höhepunkt erreicht. Fünfmal am Tag wird mit kräftiger, ausdrucksvoller Stimme der Gebetsruf angestimmt. Bei gewissen Anlässen werden einige zusätzliche Zeilen eingefügt. Heute wird der *adhān* oft über Mikrophon und Lautsprecher vom Minarett aus verbreitet.

Bei besonderen Festen trifft man andere Formen der Musik. In den Ramadān-Nächten hört man die *fazzāziyyāt;* zum Geburtstag des Propheten *(mawlid)* werden Hymnen und gesungene Erzählungen über seine Geburt und sein Leben vorgetragen. In der Türkei gibt es ein Gedicht des Sulaymān Chelebi (gest. 812/1409), welches ein richtiges Musikstück aus vier Abschnitten ist, jeder in einem anderen *maqām*. Anderswo entstanden andere Formen in Verbindung mit Gedenkfeiern für Heilige. Die Passionsspiele um das Martyrium von Hasan und Husayn, die in Irak und Iran während der ersten zehn Tage des Muharram aufgeführt werden, sind von Savory (Kapitel X) beschrieben worden.

In diesem Zusammenhang müssen wir auch die jüdische und christliche religiöse Musik erwähnen, die mit ihrem reichen liturgischen Repertoire, welches von Vertonungen der heiligen Schriften und Gebete bis zu kunstvollen Hymnen reicht, viele Parallelen zu dem Islam zeigt. Freilich haben einige Faktoren zur Trennung der religiösen Musik der drei Glaubensgemeinschaften beigetragen (so zum Beispiel rituelle Erfordernisse bei Juden und Christen, verschiedene Sprachen); die jüdischen *te‘amīn* etwa (ein grammatisch-musikalisches ‚Notensystem‘ für die *Torah*) und die christlichen *octoechos*, die der byzantinischen Tradition entstammen, haben keinen Platz in der islamischen Musik. Dagegen spürt man bei Hymnen und bisweilen auch in der Vertonung heiliger Texte stark den Einfluß weltlicher Musik. Dies ist zum Teil dem Umstand zuzuschreiben, daß sich Berufssänger auch auf dem Gebiet der religiösen Musik betätigten.

In den mystischen Bruderschaften wurde die Musik – anders als in der offiziellen Religionspraxis – stets in Ehren gehalten. Das ‚Zuhören‘ *(samā‘)* wurde schon kurz erwähnt. ‚Samā‘ kann im Herzen nichts bewirken, was dort nicht schon angelegt ist‘, sagte Sulaymān ad-Dārānī (gest. um 205/820). ‚Samā‘ ist wie die Sonne, die alle Dinge bescheint, sie aber je nach deren Beschaffenheit verbrennt, beleuchtet oder auflöst‘, sagte Hujwīrī. Derartige Aussprüche sind von Mystikern häufig überliefert. Das Wort ‚Musik‘ wird allerdings nie gebraucht. Man spricht immer vom ‚Zuhören‘, welches die Teilnahme am Tanz einschloß. Stimme, Gestik und Instrumente unterstützen den Anhänger der Bruderschaft während seiner geistigen Übung, die ihn, wie Meier in Kapitel IV beschreibt, zur Ekstase und höchsten Vereinigung mit Gott führen soll. So ist *samā‘* ein lebensnotwendiges Element für den mystischen Sucher. Der Gründer des Mawlawī-Ordens, Jalāl ad-Dīn Rūmī, sagt: ‚Samā‘ ist die Ausrüstung der Seele und hilft, die Liebe zu entdecken, den Schauer der Begegnung zu spüren, den Schleier fortzureißen und die Gegenwart Gottes zu erfahren.‘

Die allen Orden gemeinsamen *dhikr*-Zeremonien wurden ebenfalls schon genannt. Hier findet der *samā‘* seinen vollsten Ausdruck. Die Phasen auf dem Weg zum höch-

Ausschnitt aus der Mawlawī-Zeremonie 'Ayn Sharīf, von einem Orchester gespielt: son yürük semai. *(17)*

Ausschnitt aus der Musik, die bei dhikr-*Zeremonien der Dassukia-Bruderschaft gespielt wird. (18)*

sten Sein sind in einem gut gegliederten musikalischen Aufbau festgelegt, der seine vollkommenste Ausformung in der Mawlawī-Zeremonie des *'Ayn Sharīf* findet. Hier handelt es sich um kunstvolle Kompositionen. Es sind Beispiele von berühmten Komponisten wie Mustafā Dede (1019–86/1610–75), Mustafā 'Itrī (1050–1123/1640–1711) und dem Derwisch 'Alī Sīrajānī (gest. 1126/1714) erhalten. Neben den Sängern werden große Orchester mit Flöten, Kesselpauken, Trommeln, Geigen *(kamanja)* und langhalsigen Lauten eingesetzt. Auch in iranischen Bruderschaften sind Mystik und Kunstmusik eine Vereinigung eingegangen. Viele andere dagegen lehnen Instrumente ab oder begnügen sich mit Schlaginstrumenten. Hier nähert man sich stark der Volksmusik, wenn auch rudimentäre Formen der Polyphonie auftreten können. Die Ordensbrüder wiederholen unaufhörlich den Namen Allahs, verkürzen ihn allmählich zu *lah* und schließlich zu *ah,* wenn sie von Phase zu Phase voranschreiten. Durch diese Form des *ostinato* hindurch ertönen der Gesang des Solisten und die Antworten der Teilnehmer.

Theorie und Praxis
Um das III./9. Jahrhundert beginnen Musiker, Schriftsteller und Philosophen, über Ursprung und Wesen der Musik nachzusinnen. Aus Mangel an historischen Urkunden verließen sie sich oft auf Legenden und vage Tradi-

tionen (zum Beispiel soll Lamak aus dem Beinknochen seines toten Sohnes die erste Laute gebaut haben, mit der er dann seine Trauer um den Verlust begleitete). Anfang und Entwicklung der Musik bildeten jedoch nur ein Thema der musikalischen Studien, die in den folgenden Jahrhunderten umfangreiche Erkenntnisse erbrachten.

In einer wissensdurstigen Gesellschaft gehörte die Musik bald zur Ausbildung des kultivierten Menschen; sie war ein Teil der Allgemeinbildung und erlebte ihre Blütezeit im IV./10. Jahrhundert, dem Höhepunkt des islamischen Geisteslebens. Aber, so schrieb al-Fārābī, der größte arabische Musiktheoretiker (gest. 339/950), in seinem *Kitāb al-Musīqī al-Kabīr:* ,Die Theorie konnte erst dann entstehen, als die Praxis ihre höchste Vollendung erreicht hatte.' In seiner Zeit war dies ohne Zweifel der Fall.

Durch die Übersetzung griechischer Traktate in das Arabische in der zweiten Hälfte des II./8. Jahrhunderts hatte die Theorie einen Aufschwung genommen. Der Kalif Ma'mūn sammelte griechische Handschriften und ließ sie von Christen, die beide Sprachen beherrschten, übertragen. Al-Kindī, der ,Philosoph der Araber', zog als einer der ersten Nutzen aus den neu entdeckten Schätzen. Er verfaßte dreizehn Abhandlungen über Musik und ist der erste bedeutende Vertreter der arabischen *musica speculativa,* einer Literatur, die sich mit ethischen und kosmologischen Aspekten der Musik beschäftigt, aber auch die mathematische und akustische Seite erforscht. Wie al-Kindīs Schriften, so behandelt auch ein Traktat der Lauteren Brüder (Ikhwān as-safā') vor allem die erstgenannte Thematik. Dieses Werk, das von beachtlicher literarischer Qualität ist, versucht, durch die Musik die Brüder in die Grundordnung der Welt einzuführen. Musik verhilft zu ,spirituellem Wissen'; sie löst die Verschlingungen der Seele und enthüllt dem Menschen Schönheit und Harmonie des Universums und die Notwendigkeit, über die materielle Existenz hinauszugehen.

Die zweite Seite, die naturwissenschaftliche Erforschung der Musik, ist streng mathematisch und vom menschlichen Gehör fast unabhängig. Auf diesem Gebiet ragen al-Fārābī (257–339/870–950), Ibn Sīnā (Avicenna) (370–429/980–1037), Ibn Zayla (gest. 440/1048) und Safī ad-Dīn al-Urmawī (gest. 693/1294) hervor; sie erörtern die Theorie der Töne, Intervalle, Harmonien und Dissonanzen, Genres, Systeme, Modi, Rhythmen und Modi des Rhythmus, die Theorie der Komposition und des Baues von Musikinstrumenten. Beide Literaturgattungen sind stark von griechischen Quellen abhängig, kopieren sie aber nicht. Die arabischen Theoretiker erweiterten und verbesserten die Modelle und brachten sie mit der Musik ihrer Zeit in Einklang.

Abhandlungen dieser Art stellen die eine Kategorie des reichen musikalischen Schrifttums dar. Zwei andere wichtige Gruppen, die kurz gestreift werden sollen, sind die literarisch-enzyklopädischen und anekdotischen Quellen und die Bücher über die Musizierpraxis.

Die erste Gruppe umfaßt Kapitel und Abschnitte über Musik in der sogenannten *adab*-Literatur (siehe Kapitel V) und in Werken über Medizin, Geschichte, Geographie, Religion und Mystik. Hier wird die Musik entweder im Lauf der Erzählung erwähnt oder gelegentlich erörtert, wobei es meist um ihren Einfluß auf das moralische Ver-

Schäfer, die nāy *(Flöte) spielend; aus einem persischen Wörterbuch seltener Wörter, X./16. Jh. (19)*

Harfe und Laute ('ūd; siehe Abb. 6). Die Person links klatscht mit den Händen den Rhythmus. (20)

halten, ihren Gebrauch in der Religion, und ihre Bedeutung für Sitten, Erziehung und Allgemeinwissen geht. Das wichtigste Werk dieser Art ist das *Kitāb al-Aghānī* ('Buch der Gesänge') von Abū 'l-Faraj al-Isfahānī (284 bis 357/897–967), eine sehr nützliche Quelle über Musik, das Leben der Musiker und die Ästhetik. Al-Isfahānī sammelte die Lieder, die zu seinen Lebzeiten populär waren, und fügte Einzelheiten über die Autoren und ihre Lebensumstände hinzu, lieferte aber auch bis zu einem gewissen Grade technische Informationen. Er befaßt sich beispielsweise mit der Modustheorie der *asābi'* (Finger), die schon vorher in diesem Kapitel kurz dargestellt wurde, und gibt für jedes Lied Anweisungen, die auf dieser Theorie beruhen. Er führt die Hauptnote des Modus und die zu benutzende Terz auf und nennt oft auch den rhythmischen Modus.

Bücher über die Musizierpraxis wurden vor allem zum Zwecke der Ausbildung verfaßt; sie sollten die Grundkenntnisse des Musizierens sowohl dem Amateur als auch dem Berufsmusiker vermitteln; der theoretische Aspekt wurde allerdings nie ganz vernachlässigt. Ahmad al-Kātibs *Vervollkommnung des musikalischen Wissens* behandelt zum Beispiel eine große Zahl von Themen und enthält Beobachtungen und Ratschläge, die von der Phonetik, Atmung und Aussprache bis zum Arrangieren von Orchestern, den Reaktionen des Publikums, Plagiaten, der Klassifikation der Stimmlagen und der Behandlung der Stimme führen; in dem theoretischer gehaltenen Teil erklärt er die gängige Terminologie und Fragen des Modus. Die Literatur über den *tajwīd al-Qur'ān* ('Ausschmückung der Koranlesung') sollte ebenfalls in diese Kategorien eingeschlossen werden, denn auch sie zielt auf die Vervollkommnung der Ausbildung des Rezitators ab.

Die sechs Perioden der islamischen Musik

Am Anfang der islamischen Geschichte, besonders während der Herrschaft der letzten beiden orthodoxen Kalifen 'Uthmān und 'Alī, wurde Medina zum Zentrum des Musiklebens. Obwohl religiöse Führer oft gegen Musik zu Felde zogen, hieß man in den Häusern der Reichen und Vornehmen die Berufsmusikanten willkommen und förderte sie durch verschwenderische Gaben. Es waren meist freigelassene Sklaven persischer Herkunft

wie Tuwais (gest. 92/710) und Kathīr (gest. 64/683), von dem Nashīt, ein persischer Sklave, der ein berühmter Musiker werden sollte, sein Handwerk erlernte. Die Vorliebe für persische Musik wurde damals sicher noch durch die vielen persischen Gefangenen verstärkt, die in Medina als Bauarbeiter beschäftigt wurden. Unter den Musikantinnen arabischen Ursprungs nimmt 'Azza al-Mayla (gest. 86/705) den ersten Rang ein. Ihr Haus wurde zu einem kulturellen Zentrum, in dem die literarische und musikalische Elite zu Gast war. Damals bildeten sich einige rhythmische Modi heraus; die charakteristischste Singweise nannte man *al-ghinā' al-mutqan*.

Unter den Umayyaden verlagert sich das Zentrum nach Damaskus. Einige Kalifen hatten eine große Schwäche für die Musik; folglich gab es mehr Musiker, die nun auch einen höheren sozialen Status besaßen. Auch Amateure begannen zu musizieren und bei Virtuosen Unterricht zu nehmen. Ibn Misjah (gest. ca. 169/785) war führend in der Blütezeit der 'neuen Musik'. Er soll die persische und byzantinische Musik studiert und alles, was dem Geist des 'arabischen Gesanges' fremd war, ausgeschieden haben; nur die geeigneten Elemente, nämlich 'die vorteilhaftesten Modi' behielt er bei. Er gehört zu den 'vier großen Sängern'; die übrigen drei sind Ibn Muhrīz, der Sohn eines persischen Freigelassenen (gest. ca. 97/715), Ibn Surayj, der Sohn eines türkischen Sklaven (13–108/634–726), sowie al-Gharīd (gest. ca. 106/724), der aus einer Familie von Berber-Sklaven stammte. Ma'bad, der Sohn einer Negerin, und Jamīla (gest. ca. 102/720) waren zwei weitere berühmte Künstler.

Die 'Abbāsiden verlegten die Hauptstadt nach Bagdad. Hier erreichte die islamische Musik in den nächsten zwei Jahrhunderten ihren Höhepunkt. Es war ihr goldenes Zeitalter. Die Musiker erfreuten sich weiter der Gunst der Kalifen und waren ein wichtiges Element im kulturellen Leben des Landes. Jeder Gebildete hatte nun Musik zu studieren, und man erwartete umgekehrt von den Musikern eine umfassende Bildung. Die Musik selber wurde außerordentlich kompliziert. Denker mit verschiedenen Kunstauffassungen machten sie zum Gegenstand ihrer gelehrten Kontroversen. 'Alte' und 'Moderne' stritten in der Öffentlichkeit. Auf der einen Seite standen Ibrāhīm al-Mawsilī (gest. 188/804) und sein Sohn Ishāq

(150–236/767–850), auf der anderen Ibn Jāmi' und der Prinz Ibrāhīm ibn al-Mahdī (163–225/779–839). In diesem Milieu entstand die erste Literatur über Musik. Die Modi der Melodie und des Rhythmus wurden endgültig bestimmt. Man entwickelte Theorien und beschrieb Praktiken. Die Instrumente wurden vervollkommnet und das Niveau der Spielweise stieg. Alte musikalische Formen wurden verfeinert, neue kamen auf. Unter den vielen großen Musikern sind außer den genannten noch Siyyāt (gest. 169/785), Zalzāl (ein berühmter Instrumentalist, der die neutrale Terz bestimmte; gest. 175/791), Mukhāriq (gest. ca. 229/845), 'Allūya und 'Amr ibn Bānā (gest. 278/891) zu erwähnen. Gefeierte Sängerinnen waren Basbas, 'Ubayda, Shariyya, Danānīr und Mahbūba.

Die Musik des islamischen Spanien hat eine bis zu einem gewissen Grade eigene Geschichte. Ihr Begründer war Ziryāb, ein Schüler von Ishāq al-Mawsilī. Als Rivale seines Meisters mußte er Bagdad verlassen und traf 206/821 in Spanien ein, wo ihn 'Abd ar-Rahmān II. in Dienst nahm. Er war ein großer Künstler und ein hochkultivierter Mann, der zudem ein fabelhaftes Gedächtnis besaß. Er fügte der 'ūd eine fünfte Saite hinzu und führte neue Methoden der Musikerziehung ein. Viele Mitglieder seiner Familie folgten seinem Beispiel und wurden Musiker. Trotz der sich verschlechternden politischen Lage behielt die Musik im islamischen Spanien ihre wichtige Rolle. Gegenseitige Beeinflussung zwischen der einheimischen westgotischen Kultur, der berberischen und der verfeinerten omayyadischen Tradition schufen einen besonderen Stil und spezielle musikalische Formen wie den *muwashshah* und den *zajal*, die im Maghreb und auch weiter östlich überleben konnten. Diese Entwicklungen werden von García Gómez in Kapitel IX dargestellt. Das charakteristischste Ergebnis der andalusischen Tradition ist die *nūba*, eine Suitenform, die nach dem Fall von Granada 1492 in verschiedenen Teilen Nordafrikas aufkam.

Die fünfte Periode der islamischen Musik erstreckt sich über einen sehr langen Zeitraum, vom V./11. bis zum XIII./19. Jahrhundert. Das Kalifat erlebt seinen Niedergang und endet unter dem Einfluß der Mongoleninvasion 657/1258; die islamische Welt zerfällt in unabhängige Reiche. Das Musikleben dauerte dagegen ohne Unterbrechung fort. Es profitierte sogar von der Dezentralisation, war allerdings weniger fruchtbar und originell als zuvor. Die Herrscher an den vielen kleineren Höfen, die um ihr Ansehen bangten, unterstützten oft die Musik, die auf diese Weise neue Beiträge und Einflüsse aufnehmen konnte, was zu großer Mannigfaltigkeit führte. In Iran und der Türkei waren es darüber hinaus die mystischen Bruderschaften, die sehr viel für die Fortentwicklung der Musik taten; sie förderten die Musik nicht nur für ihre eigenen Zwecke, sondern schufen auch die Bedingungen für eine weitere Musikkultur.

In der heutigen Zeit erkennt man zwei Tendenzen – auf der einen Seite die Wiederentdeckung und Erneuerung der islamischen Überlieferung, auf der anderen die Berührung mit dem Westen. Schon vor 1242/1826 gelangte westliche Musik in die Türkei, darauf auch nach Ägypten und in den Iran. Europäische Musiker wurden eingeladen, einheimische Spieler etwa für Militärkapellen auszubilden. Das war der Beginn eines langen Entwicklungsprozesses, der noch andauert; in seinem Verlauf wurden westliche Notenschrift, Instrumente, Lehrmethoden und Formen wie Oper und Operette im Orient bekannt. Vieles der islamischen Tradition blieb jedoch unberührt, so etwa die Volksmusik, und auch in Zusammenhängen, die westlichem Einfluß offen waren, behielt die Musik ihren typischen monodischen Charakter. Gelehrte und Musiker begannen, nach den Wurzeln ihrer eigenen musikalischen Tradition zu suchen. 1932 fand in Kairo der ‚Congrès de Musique Arabe‘ statt. Spezialisten aus Europa und dem Nahen Osten beschäftigten sich mit den wichtigsten Aspekten der islamischen Musik und ihrer Bewahrung und Fortentwicklung. Der Wandel ist seitdem überall noch stärker spürbar geworden – im Klang, in der musikalischen Sprache, im Unterricht und in der Art des Spielens. In ihrem Wesen bleibt die islamische Musik dennoch lebensfähig, und sie besitzt gewiß auch die Kraft, in der Zukunft weitere Umformungen zu überstehen.

Drei Musikanten sind auf diesen beiden Elfenbeintafeln aus dem Ägypten der Fātimiden (V./11. Jh. bis VI./ 12. Jh) dargestellt. Ein Tänzer, ein Lauten- und ein Flötenspieler mit einer Doppelflöte treten im Haus eines reichen Privatmannes auf. Die Laute gehört dem Typ der 'ūd an, dem vielleicht am weitesten verbreiteten Musikinstrument im islamischen Raum. (1, 2)

Die Macht der Musik wurde schon früh in der Geschichte des Islam empfunden – und zwar so stark, daß man durch Jahrhunderte stritt, ob ihre Ausübung zulässig sei. Für die Orthodoxie war Musik mit Tanz und Luxus verbunden. Trotz allem diente die Musik in mancher Hinsicht den religiösen Belangen, erreichte aber nie eine solche Bedeutung wie in der christlichen Kirche.

Der Gebetsruf, fünfmal am Tag wiederholt, war von Muhammad eingeführt worden. Der musikalische Gehalt variierte je nach Zeit und Glaubensform; aber immer vertonten zwölf Phrasen einen siebenzeiligen Text, wobei oft lokale Volksmusik anklang. Das Detail (links oben) stammt aus einem persischen Manuskript von Sa'dīs *Gulistān*, das 974/1566 in Shīrāz angefertigt wurde. (3)

Für mystische Bruderschaften hatte die Musik als ein wesentliches Element der *dhikr*-Zeremonien tiefere Bedeutung. Die Bestandteile der Musik scheinen weniger wichtig gewesen zu sein. Es kam auf die Versenkung in die Welt der Töne an, die ‚der Seele hilft, Liebe zu erfahren ... und die Gegenwart Gottes zu spüren‘. Dieser Ausschnitt einer Moghulminiatur von 1004/1595 zeigt Musikanten, die mit Laute und Tamburin tanzende Derwische begleiten (links). (4)

Auf dem Zug nach Mekka ermunterte man sich mit Musik. Gegenüber: Eine Szene aus Harīrīs *Maqāmāt*, 635/1237 in Bagdad gemalt. Bemerkenswert sind die großen Kesselpauken *(naqqārāt)* auf dem Rücken der Kamele. Sie wurden in Paaren hergestellt, waren halbkugelig und mit Fell bespannt. (5)

وَكَادَ يَنْزِعُ الْجِمَالَ الشَّمَرَ وَأَنْشَدَ

مَا الْحَجُّ سَيْرَكَ تَأْوِيبًا وَإِدْلَاجًا وَلَا اعْتِيَامَكَ أَجْمَالًا وَأَحْدَاجًا

الْحَجُّ أَنْ تَقْصِدَ الْبَيْتَ الْحَرَامَ عَلَى تَجْرِيدِكَ الْحَجَّ لَا تَبْغِي بِهِ حَاجَا

وَتُعْطِيَ كُلَّ أَهْلِ الْإِنْصَافِ مُتَّخِذًا رَدْعَ الْهَوَى هَادِيًا وَالْحَوْزِ مِنْهَاجَا

Die Laute: Eine frühe Form auf einem seldschukischen Relief; spätes VI./12. Jahrhundert. (6)

Kurzhalsige Laute, Tamburin und Harfe, in einem Weinhaus gespielt (oben rechts); Iran 654/1256. (7)

Harfenbegleitung beim Schachspiel (rechts), christlich-spanische Handschrift des 13. Jh. (8)

Harfe, Flöte und Laute (unten): Details eines Messinggefäßes, Silber tauschiert, Syrien oder Mesopotamien, VII./13. Jh. (9, 10, 11)

Die Instrumente waren zahlreich und mannigfaltig. Manche kennt man aus Beschreibungen und Abbildungen; wir wissen, wie sie aussahen, sind uns über ihren Klang aber nicht sicher. Natürlich ist es möglich, zum Vergleich moderne Gegenstücke heranzuziehen.

Das Horn, hier vermutlich von einem Schäfer gespielt. Das Bild stammt aus einem persischen Album des frühen XI./17. Jh. (12)

Die Querflöte war unterschiedlich lang und hatte fünf bis sechs Löcher an der Oberseite und eines unten; persisch, Mitte des X./16. Jh. (13)

Trompeten wurden in Militärkapellen verwendet und konnten die erstaunliche Größe von fast zwei Metern erreichen. (14)

Mit Kastagnetten unterstreicht ein Tänzer den Rhythmus. Beide Abbildungen stammen aus einem persischen Nachschlagewerk des X./16. Jh. (15)

Im gesellschaftlichen Leben spielte die Musik ihre Rolle gleichermaßen in den Dörfern und bei Hofe. Bei Hochzeiten, Begräbnissen und vielen Festen konnte das Publikum mit Gesang oder Händeklatschen in die Musik einstimmen. Als Akbars Bruder in Agra 969/1561 heiratete, traten viele Musikanten und Tänzer auf (gegenüber). Man beachte die s-förmige Trompete, die Kastagnetten der Tänzerinnen, die Trommeln verschiedener Größe und Form. Nie wurde die Musik aufgezeichnet, aber die Tätigkeit jedes Teilnehmers war durch strenge Konvention festgelegt, so daß sich alle zu komplizierten Klangbildern vereinen konnten. Noch heute, wo die westliche Notenschreibung zur Verfügung steht, ist die islamische Musik im wesentlichen improvisiert. (18)

Militärmusik hatte eine wichtige öffentliche Funktion. Es gab unter den Fātimiden in Ägypten Orchester mit fünfhundert Trompeten und fünfhundert Trommeln. Glanz und Luxus der Herrscher sollten so zur Schau gestellt werden. Die Türken benutzten die Kapellen bei Zeremonien und kriegerischen Anlässen. In Europa war zur Zeit Mozarts der ‚Türkische Marsch‘ beliebt, gespielt mit Trommeln, Trompeten und Zimbeln. Oben: Türkische Militärkapelle von 1001/1592, aus einer Handschrift über die Regierungszeit Murāds III. Ungefähr die gleichen Instrumente müssen schon zweihundert Jahre vorher üblich gewesen sein, denn einer der Automaten Jazarīs (rechts) zeigt Trompeten und Trommeln auf einer mechanischen Wasseruhr; frühes VIII./14. Jh. (16, 17)

178

Die Volksmusik ist von Chronisten und Illustratoren kaum beachtet worden, doch kann aus dem heutigen Befund auf ihre Geschichte geschlossen werden. Instrumente und Spieltechniken werden heute genau untersucht. Oben: Eine zylindrische Trommel, die auf beiden Seiten mit biegsamen Klöppeln geschlagen wird, häufig auf Dorffesten benutzt. Oben rechts: Eine Doppel-Rohrflöte, die *urghul,* aus zwei ungleichen Rohren; sie gehört zur Familie der Klarinetten. (19, 20)
Ein Dorfumzug (unten) mit Zimbeln und Trommeln aus Anlaß des Geburtstages des Propheten. 1932 fand

in Kairo der ‚Kongreß der arabischen Musik' statt; damals wurden die beiden Fotos unten rechts aufgenommen. Oben ein Ensemble mit zwei Typen der Zither, der *qānūn,* deren Saiten gezupft werden, und der *santūr,* deren Saiten mit Klöppeln angeschlagen werden; mit einem Bogeninstrument, der *kamanja,* einem Holzkörper, der in einen Steg mit drei oder vier Saiten ausläuft; und mit dem *duff,* einem Tamburin. Auf dem unteren Foto ist ein anderes Ensemble abgebildet. Es besteht aus einigen *zurnas,* den Oboen ähnlichen Instrumenten verschiedener Größe, und aus einer Trommel. (21, 22, 23)

VII

PHILOSOPHIE UND NATURWISSENSCHAFTEN

A. I. Sabra

Es gibt eine Geschichte aus dem IV./10. Jahrhundert, die eine Erklärung für den Aufstieg der Wissenschaft und Philosophie im Islam bietet: Der 'abbāsidische Kalif al-Ma'mūn (198–218/813–33) hatte einen Traum. Darin erschien ihm, auf einem Ruhepolster sitzend, ein Mann mit einer hellen gesunden Gesichtsfarbe, breiter Stirn, zusammengewachsenen Augenbrauen, kahlem Kopf, hellblauen Augen und angenehmem Äußeren. Ehrfurchtsvoll fragte der Fürst der Gläubigen: ‚Wer bist du?' – ‚Aristoteles!' antwortete der Mann. Ma'mūn freute sich über die Antwort und stellte bald die alles bedeutende Frage: ‚Was ist gut?' – ‚Das, was der Vernunft gut erscheint', erwiderte Aristoteles. ‚Und was kommt danach?' – ‚Das, was dem Gesetz gemäß gut ist.' – ‚Und was dann?' – ‚Das, was die Menge für gut hält.' Schließlich riet Aristoteles dem Kalifen, denjenigen wie Gold zu schätzen, der ihn über Gold belehre. Ferner solle Ma'mūn an der Lehre des *tawhīd*, der Einheit Gottes, festhalten. Nach diesem Traum, so berichtet der Bibliograph Ibn an-Nadīm weiter, ließ der Kalif die Bücher der alten Philosophen suchen und in die arabische Sprache übersetzen.

Die Aneignung des antiken Wissens
In dieser Geschichte wird al-Ma'mūns offizielle Unterstützung der Mu'taziliten, die auf der Vorherrschaft der Vernunft in der Religion bestanden, mit seinen Bemühungen, die griechische Wissenschaft unter den Muslimen zu verbreiten, verknüpft. Die Mu'taziliten hießen *ahl at-tawhīd*, die Verteidiger der Lehre der Einheit Gottes, und zwar wegen ihres besonderen Standpunktes, den sie in der Frage der Gottesattribute einnahmen. Ihre Haltung drückte sich in der Lehre von der Erschaffenheit des Korans als des göttlichen Wortes aus, die al-Ma'mūn den widerspenstigen Traditionariern und Rechtsgelehrten aufzwingen wollte. Deshalb richtete er die Inquisition ein, die unter seinem Nachfolger al-Mu'tasim (218–28/833–42) zu der Verfolgung Ahmad ibn Hanbals führte, des hochgeschätzten Traditionariers und Gründers einer strengen Rechtsschule, die rationale Argumentation nicht zuließ.

Al-Ma'mūn war wahrscheinlich nicht der Gründer der von der Regierung unterstützten Bibliothek in Bagdad, die schnell das Zentrum der Übersetzungstätigkeit wurde; aber unter ihm erreichte die Bibliothek unter dem Na-men Bayt al-Hikma, Haus der Wissenschaft, ihre Blütezeit. Es wird überliefert, daß al-Ma'mūn, wie al-Mansūr (138–39/754–55) und ar-Rashīd (170–94/786–809) vor ihm, aus Byzanz griechische naturwissenschaftliche und philosophische Bücher erhielt, die er sofort übersetzen ließ. Eine andere Sammlung soll er aus Zypern erhalten haben. Solche Sammlungen waren in der Tat schon seit der Umayyadenzeit zusammengetragen worden, und schon damals begann man zu übersetzen. Unter al-Ma'mūn wurde die Übersetzungtätigkeit am Bayt al-Hikma organisiert und erlangte ein bisher ungekanntes Ausmaß. Die Übersetzer arbeiteten in Gruppen, jede wurde von einem Experten überwacht und von Abschreibern unterstützt. Werke, die aus dem Syrischen übersetzt wurden, pflegte man, wenn möglich, anhand der griechischen Originale zu überprüfen. Arabische Übersetzungen aus dem Griechischen wurden auf der Grundlage der neu erworbenen Manuskripte überarbeitet. Gewiß hat al-Ma'mūn die Übersetzertätigkeit, die bald die Fülle der griechischen Naturwissenschaft und Philosophie einer großen Zahl arabischer Gelehrter nahebrachte, sehr gefördert, wobei ihn auch seine Sympathie für die rationalistischen Mu'taziliten geleitet haben mag.

Die Übersetzungsarbeit, die in der zweiten Hälfte des II./8. Jahrhunderts begann, war am Ende des IV./10. Jahrhunderts abgeschlossen und wurde während des islamischen Mittelalters nie wieder in bedeutendem Umfang aufgenommen. Ein kurzer Blick auf einige Übersetzer zeigt, daß sie unterschiedlicher ethnischer und religiöser Herkunft waren, und daß die führende Schicht ihre Arbeit förderte. Einige von ihnen waren Perser wie der Astrologe Ibn Nawbakht, der für ar-Rashīd Übersetzungen aus dem Pahlavī in das Arabische anfertigte. Al-Fazārī, den al-Mansūr beauftragte, mit einem Inder aus Sind die Übersetzung des astronomischen *Sindhind* aus dem Sanskrit anzufertigen, war arabischer Abstammung. Die meisten Übersetzungen medizinischer Werke aus dem Griechischen und Syrischen gehen auf den berühmten Hunayn ibn Ishāq (gest. 260/873) zurück,

Ausschnitt aus dem Titelblatt von Galenus' Buch über Die Richtungen der Medizin für Studenten, *übersetzt von dem Arzt Hunayn ibn Ishāq. Dieses Blatt ist wegen seiner zwei Besitzervermerke interessant, von denen einer auf niemand geringeren als Avicenna zurückgeht. Oben rechts unter der Hauptüberschrift heißt es: ‚Im Jahre 407 (1016–17) von Husayn ibn 'Abdallāh ibn Sīnā erworben.' Rechts unten der zweite Vermerk: ‚Erworben von dem christlichen Arzt Jibrā'īl ibn Bukhtīshū'.' Jibrā'īl starb 214/828. (2)*

einen Nestorianer aus al-Hīra. In Verbindung mit dem Bayt al-Hikma leitete Hunayn während der Regierungszeit al-Ma'mūns und später, zur Zeit al-Mutawakkils, dessen Leibarzt er wurde, eine Gruppe von Übersetzern, die die Werke des Hippokrates und des Galenus ins Arabische übertrugen. Sein Sohn und Schüler Ishāq (gest. 299/911), der wie sein Vater die griechische Sprache beherrschte, übersetzte philosophische Werke von Aristoteles, die *Elemente* von Euklid und Ptolomäus' *Almagest.* Thābit ibn Qurra (gest. 281/901), ein Mitglied der heidnischen Gemeinde in Harrān, war ein hervorragender Mathematiker und Astronom, der an Übersetzungen mathematischer Werke aus dem Griechischen arbeitete. Er wurde am Hof des Kalifen al-Mu'tadid (279–90/ 892–902) von einem der Söhne Mūsā ibn Shākirs, ‚des Astrologen', eingeführt. Die drei Söhne Mūsās, Muhammad, Ahmad und al-Hasan, waren als junge Männer al-Ma'mūns Schützlinge gewesen. Sie wurden später berühmt durch ihre Bemühungen, Bücher aus Byzanz zu beschaffen, und wegen der Förderung und finanziellen Unterstützung der Übersetzungen; daneben beschäftigten sie sich selbst mit Mathematik und Mechanik. Es ist einfach, Gründe zu finden, warum Mitglieder der herrschenden Klasse sich mit Astrologen und Ärzten umgeben wollten. Es ist auch wahr, daß die Muslime in allen Teilen der muslimischen Welt mathematisch ausgebildete Leute brauchten, die fähig waren, die von Ort zu Ort variierenden Gebetszeiten und die Richtung nach Mekka zu bestimmen. Eine umfangreiche Literatur, die sich allerdings – abgesehen von einigen originellen Beiträgen – häufig wiederholte, und die anscheinend große Produktion von tragbaren Instrumenten (wie Astrolabien und Quadranten), die für die Bestimmung der Zeit gebraucht wurden, sind dieser Notwendigkeit zuzuschreiben. Aber die islamische Wissenschaft und Philosophie mit ihrer großen Leistung und ihrem ausge-

prägten Interesse an theoretischen und abstrakten Fragen kann man kaum als die ungewollte Folge der praktischen Wünsche einiger Leute erklären, wie mächtig und einflußreich sie auch seien. Auch im Islam kann man, wie in anderen Zivilisationen, zur Erklärung eines so eindrucksvollen und langwierigen Unternehmens nichts Geringeres heranziehen als wahre Neugier und nichts anderes als die komplizierte Wechselwirkung zwischen sozialen, kulturellen und tiefen menschlichen Bedürfnissen.

Im großen Ausmaß setzte die islamische Wissenschaft eine schon bestehende aber schwindende griechische Tradition fort: Bagdad wurde Erbin einer alexandrinischen Schule, die über Antiochia und Harrān dorthin gezogen war. Ein anderer Einfluß kam aus Jundīshāpūr in Südwestiran, wo lange Zeit eine Medizinschule bestanden hatte. Nestorianer, die dort ursprünglich Zuflucht suchten, nachdem sie im Jahre 489 aus Urfa (Edessa) vertrieben worden waren, lehrten griechische Medizin anhand syrischer und persischer Übersetzungen. Die Ankunft neuplatonischer Philosophen, deren Schule in Athen im Jahre 529 geschlossen worden war, bewirkte ein neues Einströmen griechischer Ideen. Zur Zeit Anūshirwāns (531–79) wurde die Stadt Jundīshāpūr ein reges Zentrum der Gelehrsamkeit, in dem sich griechische, persische, syrische, jüdische und indische Ideen vermischten. Von Beginn der 'Abbāsidenherrschaft an übten alle diese Elemente einen starken Einfluß auf das islamische geistige Leben aus. Das Haupt der medizinischen Schule in Jundīshāpūr, der Nestorianer Jibrā'īl ibn Bukhtīshū', wurde 148/765 nach Bagdad gerufen und zum Hofarzt des Kalifen al-Mansūr ernannt. Zur Zeit Hārūn ar-Rashīds wurde Jibrā'īl beauftragt, nach dem syrisch-persischen Modell von Jundīshāpūr in Bagdad ein *bīmaristān* oder Krankenhaus zu bauen; dieses wiederum wurde zum Prototyp vieler Krankenhäuser, die später in Bagdad und anderswo errichtet wurden. Jibrā'īl kehrte ein oder zwei Jahre vor seinem Tod 154/771 nach Persien zurück. Andere Mitglieder der Bukhtīshū'-Familie blieben lange Zeit im Dienst der 'Abbāsiden.

Trotz der engen Verbindung mit älteren Traditionen, in denen griechisches Wissen vorherrschte, betonen Historiker mit Recht die Originalität der wissenschaftlichen Unternehmungen, die in Bagdad durchgeführt wurden. Zum erstenmal in der Geschichte wurde die Wissenschaft in internationalem Rahmen betrieben, und das Arabische war ihr verbindliches Ausdrucksmittel. Gelehrte verschiedener Nationalität und unterschiedlichen Glaubens arbeiteten zusammen. Wenn man von der ‚arabischen Wissenschaft' spricht, hat man nicht zuletzt jene wissenschaftlichen Unternehmungen im Auge, bei deren Verwirklichung sich Gelehrte aus aller Welt auszeichneten.

Widerstände

Die vor allem aus Griechenland übernommenen Wissenschaften sollten bald auf den Widerstand verschiedenster Kreise stoßen. Seit dem Beginn der Übersetzungen bis zum Ende des islamischen Mittelalters wurden diese Wissenschaften mißtrauisch betrachtet oder sogar offen angegriffen. Der Anspruch der Lehrer der aristotelischen Logik, alleinige Richter der vernünftigen Rede zu sein, wurde von den Grammatikern zurückgewiesen. Die Rechtsgelehrten wehrten sich dagegen, daß man ihre Art der Argumentation fremden Formen anpassen wollte. Die Vertreter der Theologie, des *kalām*, hatten keine Verwendung für peripatetische und neuplatonische Lehren, die unter den *falāsifa* (sing. *faylasūf*), das heißt den Anhängern der griechischen Philosophie, verbreitet waren. Die ,fremden Wissenschaften', die nicht nur Mathematik, Astronomie und Medizin, sondern auch Magie, Alchemie und Astrologie einschlossen, wurden von frommen Leuten als ernste Bedrohung der religiösen Überzeugungen und der Werte des religiösen Lebens angesehen.

In diesem Konflikt wird die Rolle al-Ghazālīs oft überbewertet. Dieser einflußreiche Denker und Vorkämpfer für eine mystische Form des sunnitischen (orthodoxen) Islam (gest. 505/1111) verfaßte nicht nur eine wohlbegründete Widerlegung der Philosophie, sondern warnte wiederholt davor, die Muslime mit den womöglich irreführenden rationalen Wissenschaften vertraut zu machen, selbst wenn diese sich als unschädlich erweisen sollten. Historiker haben manchmal den Konflikt einfach als orthodoxe Reaktion angesehen. Indem sie allein die Ablehnung betonten, versäumten sie aber zu analysieren, warum Wissenschaft und Philosophie im Islam jahrhundertelang weiter bestanden und sich trotz der ununterbrochenen Gegnerschaft entwickeln konnten.

Die Existenz von Philosophie und Naturwissenschaft im Islam bietet dem Historiker ein Paradoxon: hätten nicht die selbstsicheren Muslime aus Arabien die Überreste der heidnischen Kultur, der sie in den eroberten Ländern begegneten, beseitigen können? Die Legende, die Bibliothek von Alexandria sei von arabischen Invasoren niedergebrannt worden, wurde von einem fanatischen Muslim zur Kreuzzugszeit erfunden; man glaubte daran, weil man eine solche Tat für möglich hielt. Es wäre nicht verwunderlich gewesen, wenn sich die frühen Muslime nicht um die Aktivitäten der hellenistischen Christen und der Sabier gekümmert hätten. Überraschenderweise unterdrückten sie jedoch die griechische intellektuelle Tradition nicht, sondern suchten ihre Quellen und ermutigten ihre Pflege. Nicht daß sie die Wissenschaften nur duldeten oder gar ablehnten, sie förderten sie sogar und beteiligten sich tatkräftig an ihrer Weiterentwicklung. Die griechischen Wissenschaften gediehen und blühten im Islam, weil sie sich eines ständigen Interesses und wohlwollender Unterstützung erfreuen konnten. Schreibt man diesen Wissenschaften im Rahmen der islamischen Kultur nur eine unbedeutende Rolle zu, so entzieht man sich der Aufgabe, ihr Weiterleben zu erklären.

Der Widerspruch wird durch den Umstand verstärkt, daß die philosophischen und naturwissenschaftlichen Disziplinen aus den allgemeinen Bildungseinrichtungen wie zum Beispiel der *madrasa* herausgehalten wurden. Letztere diente vor allem der religiösen Unterweisung und lehrte die Grammatik als notwendige Ergänzung zum Studium des Koran, der Tradition und des Rechtes. In den *bīmaristāns* (Krankenhäusern), die oft über großzügige Stiftungen verfügten, wurden Ärzte ausgebildet. Studenten der Rechtswissenschaft konnten – und mußten oftmals – sich in den *madrasas* oder Moscheen ein wenig Mathematik aneignen. Das hohe mathematische und naturwissenschaftliche Niveau islamischer Gelehrter vom III./9. bis zum IX./15. Jahrhundert kann so freilich nicht erklärt werden. Aus den Schriften begabter Mathematiker jener Zeit ergibt sich, daß ihre Ausbildung in der Mathematik und in angrenzenden Fächern keineswegs nur elementar und lückenhaft war. Sie scheinen vielmehr systematische Studiengänge durchlaufen zu haben. Es muß eine lebenskräftige Tradition im Unterricht der Naturwissenschaften bestanden haben, wenn wir auch die Einzelheiten nicht kennen. Daß sich diese Tradition in erster Linie im Privatbereich fortpflanzte, verringert keinesfalls ihre Bedeutung.

Die Haltung der orthodoxen Theologen zu den antiken Wissenschaften war vielschichtiger als gemeinhin angenommen. Al-Ghazālī, der oft für den Niedergang von Wissenschaft und Philosophie verantwortlich gemacht wurde, unterstrich wiederholt, daß dem Studium der Theologie *(kalām)* und des Rechtes ausreichende Kenntnisse in griechischer Logik zugrunde liegen müßten. Er sah in der Logik vor allem ein nützliches Instrument, um Regeln für korrekte Definitionen und Folgerungen festzulegen. Aber indem er aristotelische Logik in den Lehrplan der theologischen Ausbildung einschloß, ermöglichte er gleichzeitig, daß auch andere Zweige der aristotelischen Philosophie in die Theologie eindrangen. Wie der Historiker Ibn Khaldūn (gest. 809/1406) bemerkt, war es in seiner Zeit schwierig geworden, zwischen einem Werk über *kalām* und einem über Philosophie zu unterscheiden; so stark war die Nachwirkung der Schriften von al-Ghazālī und Fakhr ad-Dīn ar-Rāzī (gest. 606/1209).

Al-Ghazālīs Haltung stand in scharfem Gegensatz zu der des hanbalitischen Juristen Ibn Taymiyya (gest. 729/1328), der die griechische Logik unversöhnlich angriff. Er nahm an, daß das ganze System der aristotelischen Logik auf einer metaphysischen Lehre aufgebaut war, die die islamische Weltanschauung bedrohte; und er betrachtete die aristotelischen Formen der Argumentation als den islamischen Denkweisen feindlich. Freilich wäre die Annahme falsch, es bestehe zwischen einer strengen Auffassung des Islam und der extremen Meinung Ibn Taymiyyas eine notwendige Verbindung. Der spanische Denker Ibn Hazm vertrat eine buchstabengetreue Auslegung des islamischen Gesetzes, war aber kein Feind der griechischen Logik, er verfaßte sogar eine Einführung in diese Disziplin. In jedem Fall war es al-Ghazālīs Sicht und nicht die Ibn Taymiyyas, die sich in wichtigen Zentren der muslimischen Bildung durchsetzte, so zum Beispiel an der Azhar-Universität in Kairo, an der bis heute aristotelische Logik unterrichtet wird.

Am Beginn der islamischen Wissenschaft und Philosophie steht die erratische Gestalt Ya'qūb ibn Ishāq al-Kindīs (gest. 257/870). Er war Muslim und Mitglied der arabischen Aristokratie. Seine Familie stammte von den Königen des alten südarabischen Stammes der Kinda ab, und sein Vater hatte die hohe Stellung eines Gouverneurs von Kūfa inne. Er wurde zum Vorkämpfer der griechischen wissenschaftlichen und philosophischen Tradition, die in seiner Zeit hauptsächlich von Nichtmuslimen und Nichtarabern gepflegt wurde. ,Wir sollten uns nicht schämen', schrieb er, ,Wahrheit anzuerkennen und sie aufzunehmen, von welcher Quelle sie auch immer kommt, auch wenn sie von früheren Generationen und fremden Völkern zu uns gebracht wird.' Und weiter: ,Mein Prinzip ist erstens, alles, was die Alten zum Thema gesagt haben, mit vollständigen Belegen aufzuzeichnen; zweitens, das zu vervollständigen, was die Alten nicht voll ausgedrückt haben, und zwar gemäß dem Sprachgebrauch des Arabischen, den Sitten unseres Zeitalters und unserer eigenen Fähigkeit.' Indem er als Muslim schrieb, der sich an eine muslimische Zuhörerschaft wandte, legte er die Grundsteine der islamischen Philosophie. Als erster ging er daran, islamische Lehren mit der griechischen Philosophie in Einklang zu bringen. Sein philosophisches System bewahrte islamische Dogmen wie die Erschaffenheit der Welt und die Auferstehung des Körpers. Im ganzen aber blieb er der griechischen Philosophie verbunden und wird mit Recht ein *faylasūf*, ein Philosoph im Sinne der antiken Tradition, genannt. Zugleich war al-Kindī aufgeschlossen für Astrologie und Alchemie, ebenso für Metaphysik, Meteorologie, Optik, Musik und Medizin. Er war zwar abhängig von Übersetzungen, die andere angefertigt hatten. Seine Bedeutung liegt darin, daß er die antiken Wissenschaften einbürgerte, und zwar sowohl sprachlich als auch intellektuell. Die Ergebnisse seiner tatkräftigen Bemühungen waren weitreichend.

Spätere islamische Philosophen waren häufig von den Lehren, die sie übernommen hatten, noch überzeugter als al-Kindī. Sie banden sich bisweilen noch fester an Ziele und Methoden des griechischen Denkens. Sie waren weder ängstlich noch verschlossen, wie man es von einer Randgruppe, die sich selbst in der Defensive fühlte, hätte erwarten können. Al-Fārābī (gest. 339/950) erklärte öffentlich, daß die dialektische Argumentation der islamischen Theologie bestimmt schlechter als die Beweismethoden der *falāsifa* sei. Abū Bakr ar-Rāzī (gest. 313/925), ein Philosoph und Arzt, der sich selbst mit Platon und Galenus in eine Reihe stellte, hatte häretische Ansichten über alle offenbarten Religionen. Avicennas Position zu fundamentalen Fragen, die Gott und seine Beziehungen zur Welt betrafen, war dergestalt, daß sie ihm den Zorn aller orthodoxen Theologen eintrug. Es ist wahr, daß die Philosophie für lange Zeit im Maghreb und in Spanien in der Defensive blieb. Und doch war es Averroes aus Córdoba, der am schärfsten al-Ghazālīs Angriff auf die Philosophie widerlegte. Es gibt Beweise dafür, daß sich in Averroes' Zeit eine Art Allianz zwischen dem politischen Establishment und der philosophischen Elite gegen die mālikītischen Rechtsgelehrten herausbildete. Nicht immer glaubte man, daß Ärzte und Mathematiker mit ihren Lehren das religiöse Feingefühl frommer Leute verletzen mußten. Häufig behaupteten Astronomen und Ärzte, daß ihr Werk für die Weisheit Gottes Zeugnis ablege.

Neuerung und Tradition: Mathematik
In Bagdad schrieb al-Khwārizmī um 210/825 das erste arabische Buch über die Arithmetik indischer Herkunft. Die beste Abhandlung über dieses Thema entstand 830/1427 in Samarkand. Ihr Verfasser war Jamshīd ibn Mas'ūd al-Kāshī, ein Perser aus Kāshān. In Samarkand leitete er eine Gruppe von Astronomen und Mathematikern, die von dem gebildeten Sultan Ulugh Beg gefördert wurde. Al-Kāshīs Abhandlung *Der Schlüssel zur Arithmetik* war ein umfassendes, klares und gut geordnetes Handbuch, gedacht für den Gebrauch der Kaufleute, Sekretäre und Verwalter und für Astronomen.

Eine seiner beachtenswerten Leistungen war die vollständige und systematische Untersuchung der dezimalen Bruchrechnung, die im Islam im IV./10. Jahrhundert im Werk eines Damaszener Arithmetikers namens al-Uqlīdisī auftauchte. Al-Kāshīs Abhandlung nahm ähnliche Entwicklungen in Europa um etwa zweihundert Jahre vorweg. Sein *Schlüssel zur Arithmetik* war in der islamischen Welt weit verbreitet, und sein Einfluß erreichte Konstantinopel schon in der zweiten Hälfte des IX./15. Jahrhunderts. Der gelegentliche Gebrauch der Dezimalbrüche wurde in einem byzantinischen Dokument vermerkt, das im Jahre 970/1562 nach Wien gelangte.

Al-Kāshīs Leistung in der Arithmetik war der Höhepunkt einer Reihe von Entwicklungen, die auf dem Gebiet der Mathematik stattfanden. Die islamische Welt kannte drei verschiedene Systeme der Zahlenrechnung, die viele Jahrhunderte nebeneinander bestanden. Das erste, von unbekannter Herkunft, wurde ,Fingerrechnen' genannt, weil man beim Rechnen die Ergebnisse der Zwischenschritte festhielt, indem man seine Finger in bestimmte Positionen brachte. Es wurde auch ,Arithmetik der Sekretäre' genannt. Der Titel eines Handbuches, das diesen Typ der Arithmetik behandelte und das in Bagdad um 370/980 von Abū 'l-Wafā' al-Būzjānī geschrieben wurde, zeigt, daß es für den Gebrauch der Regierungsbürokratie gedacht war. Das System blieb unter Mitgliedern der Sekretärsklasse in Gebrauch, obwohl ein viel besseres Rechensystem, das im II./8. Jahrhundert oder früher aus Indien gekommen war, bekannt und in vielen Handbüchern verbreitet war.

In der ,Arithmetik der Sekretäre' wurden Zahlen mit Worten niedergeschrieben. Demgegenüber basierte das indische System auf dem Stellenwert der Zahl und konnte so jede beliebige Zahl mit Hilfe von nur zehn Ziffern, eingeschlossen ein Zeichen für die Null *(sifr)*, ausdrücken; die Null zeigte die Leerstelle an. Mittelalterliche arabische Autoren nennen diese Ziffern ,indische' oder ,Staub'-Zahlen und zeigen hierdurch ihren Ursprung an und die Tatsache, daß die Rechenoperationen auf einer Staubtafel (einem Brett mit einer Staubschicht) ausgeführt wurden. In der islamischen Welt kamen die indischen Zahlen in zwei Varianten vor, von denen die eine im Osten, die andere im Westen benutzt wurde; von dieser übernahm das mittelalterliche Europa die ,arabischen Zahlen'.

Die Astronomen übersahen den Vorteil des indischen Zahlensystems. Sie setzten die Tradition der griechischen astronomischen Werke fort und hielten am alten babylonischen System fest, in dem Buchstaben des Alphabetes für Zahlen standen. Tatsächlich war es ein gemischtes System, in welchem ganze Zahlen dezimal ohne Beachtung des Stellenwertes aufgezeichnet wurden, während Brüche in einem Sexagesimalsystem mit Stellenwert ausgedrückt wurden. Das bedeutete, daß im Islam höchst verwickelte Berechnungen in Sexagesimalzahlen ausgeführt wurden, dargestellt durch alphabetische Symbole. Trotz der offensichtlichen Analogie zwischen dem Dezimal- und Sexagesimalsystem, und obgleich Dezimalbrüche schon im IV./10. Jahrhundert erschienen waren, wurde erst in al-Kāshīs Zeit ein einheitliches Stellenwertsystem sowohl für Brüche als auch für ganze Zahlen geschaffen.

Dezimalbrüche erscheinen im Arabischen zum erstenmal in dem Werk des Damaszener Mathematikers al-Uqlīdisī aus dem IV./10. Jh. Diese Seite aus der einzigen Handschrift von al-Uqlīdisīs Kitāb al-Fuṣūl *zeigt das Dezimalkomma als einen Strich über der Zahl in Zeile 10. (3)*

Es ist unmöglich, den Charakter der arabischen Mathematik aus dem arabischen oder islamischen ‚Geist‘ oder der arabischen Sprache zu erklären, obwohl Versuche in dieser Richtung gemacht wurden. Nicht nur in der Arithmetik, sondern auch in der Geometrie und Algebra, kann vieles mit dem Hinweis auf ältere Traditionen erklärt werden. Neuerungen von verschiedener Wichtigkeit mußten zwangsläufig erscheinen und erschienen auch auf allen diesen Gebieten. Es mag interessant sein, diese Entwicklungen vor dem Hintergrund eines beherrschenden Mediums wie der arabischen Sprache oder einer angenommenen vorherrschenden, intellektuellen Haltung wie dem ‚Atomismus‘ zu sehen, aber dies allein wäre ein magerer Ersatz für eine echte historische Analyse.

Der Beginn der arabischen Algebra mag als Beispiel genommen werden. Die erste arabische Abhandlung über dieses Thema wurde unter al-Ma'mūn von Muhammad ibn Mūsā al-Khwārizmī geschrieben. Die Frage nach seinen Quellen ist viel diskutiert worden. Einige seiner Methoden kommen schon in indischen und babylonischen Werken vor. Seine Abhandlung benutzte keine mathematischen Symbole. Sie war wie alle folgenden algebraischen Abhandlungen, mit Ausnahme einer von al-Qalasādī (gest. 891/1486), in Arabisch und ausschließlich in Worten abgefaßt. Auf der anderen Seite haben seine geometrischen Beweise der algebraischen Verfahren euklidischen Charakter. Der Titel von al-Khwārizmīs Abhandlung, *al-Jabr wa'l-muqābala*, bezieht sich auf die beiden Operationen, die von ihm bei der Lösung linearer und quadratischer Gleichungen benutzt wurden, nämlich die Eliminierung negativer Mengen und die Kürzung positiver Mengen mit derselben Potenz auf beiden Seiten der Gleichung. Es scheint nun so, daß diese Begriffe, die man mit ‚wiederherstellen‘ und ‚ausgleichen‘ übersetzen könnte, in der Tat Konzepte wiedergaben, die schon im Werk des Diophantus vorhanden waren. Und doch ist kein Prototyp von al-Khwārizmīs Buch als ganzem bekannt. Mittelalterliche arabische Autoren stufen al-Khwārizmīs Abhandlung unter jene Werke ein, die etwas Neues begannen. Die Systematik der Untersuchung, verkörpert in der Reduktion der behandelten Probleme zu kanonischen Formen, und mit Beweisen belegt, hat den Charakter der nachfolgenden Werke geprägt, auch wenn diese (wie die Abhandlungen des al-Karajī und 'Umar Khayyām) weit darüber hinaus gingen.

Kein Mysterium umgab die arabische Geometrie; sie war griechisch nach Ursprung, Methoden und Terminologie. Indem sich die islamischen Mathematiker auf Euklid, Archimedes und Apollonius stützten, schufen sie eine große Zahl von Abhandlungen, in denen sie die Werke ihrer griechischen Meister erklärten, entwickelten oder kritisierten. Die islamische Kultur brachte keinen Archimedes oder Leibniz hervor, aber ihre Mathematiker beherrschten die Techniken der Griechen und waren manchmal in der Lage, sie anzuwenden, um neue Probleme zu formulieren und zu lösen.

Die *Elemente* von Euklid erlangten vielleicht mehr Beachtung als jedes andere mathematische Werk der Antike. Sie wurden unter ar-Rashīd und erneut unter al-Ma'mūn ins Arabische übersetzt. Im Laufe der Zeit gab es mehrere ‚Revisionen‘ der *Elemente*. Sie waren Textbücher im besten Sinne des Wortes, die oft Neuordnungen oder Erweiterungen der euklidischen Theoreme enthielten. Euklids Auffassung der Ratio und Proportion sah man als unbefriedigend an. Dies führte die islamischen Mathematiker zu einem erweiterten Konzept der Zahl, das die Irrationalen einschloß. Viel Verdienst an dieser Entwicklung gebührt 'Umar Khayyām und Nasīr ad-Dīn at-Tūsī. Die Definition der Proportion, die von diesen Mathematikern verwendet wird, entspricht nicht der des Eudoxus und Euklid, scheint aber nichtsdestoweniger griechischen Ursprungs zu sein.

Die Versuche, Euklids Theorie der Parallelen zu beweisen, zeigt die Vorliebe islamischer Mathematiker für fundamentale Probleme. Schon in Schriften aus dem III./9. bis zum VII./13. Jahrhundert kommen solche Versuche vor. Das Problem, das diesen Untersuchungen zugrunde lag, wurde in der Antike aufgestellt. Die Araber erbten das Problem; aber die vorgefundene Lösung genügte ihnen nicht, sie suchten nach noch besseren Lösungen. Sie schlugen schließlich doch kein neues, nicht-euklidisches System der Geometrie vor, formulierten und bewiesen aber einige nicht-euklidische Theoreme. Einer ihrer Versuche, jenen Satz zu beweisen, wurde später den europäischen Mathematikern Wallis und Saccheri bekannt, die bemerkenswerte Beiträge zur Geschichte dieses Problems leisteten.

Angewandte Mathematik

Mechanik als angewandte Mathematik war der islamischen Kultur nicht fremd. Diese Konzeption war bereits in den Schriften der griechischen Mechaniker wie Hero von Alexandrien oder Philo von Byzanz vorgezeichnet.

Das Problem der Parallelen, in Euklids Parallelensatz formuliert, fand bei den islamischen Mathematikern des Mittelalters starke Beachtung. Am erfolgreichsten hat vermutlich Naṣīr ad-Dīn aṭ-Ṭūsī diese Frage behandelt. Er machte sich die Ergebnisse seiner Vorgänger zunutze und ging von Euklids Definition der parallelen Geraden als einer nicht schneidenden Geraden aus. Diese Seite aus seiner ar-Risāla ash-Shāfiya zeigt aṭ-Ṭūsīs Zeichnung, in der ‚Saccheris Hypothese' der rechten Winkel bewiesen wird, die Euklids Behauptung entspricht. (4)

Durch Übersetzung dieser Werke wurde sie den Arabern bekannt. Im Arabischen hieß die Mechanik meist *ʿilm al-ḥiyal*, die ‚Wissenschaft von den Kunstgriffen'. Im *Katalog der Wissenschaften* erklärt der Philosoph al-Fārābī (gest. 339/950), diese Wissenschaft bezwecke, mit unterschiedlichen Mitteln mathematische Erkenntnisse auf physikalische Körper anzuwenden. Um die Wahrheiten der Mathematik Gegenständen aufzuprägen, müßten diese eben geändert und angepaßt werden. In diesem Sinne ist die ‚Wissenschaft von den Kunstgriffen' eine Fertigkeit, zu der die Beherrschung der Algebra (hier als eine angewandte Arithmetik zur Bestimmung unbekannter Größen verstanden) genauso gehört wie das Bauen, das Beobachten, die Herstellung von astronomischen, musikalischen und optischen Instrumenten und die Konstruktion von wundersamen Apparaten. All diese und ähnliche Fertigkeiten sind nach al-Fārābī die Grundlagen einer praktischen Kunst im Rahmen der allgemeinen Kultur.

Es ist daher festzustellen, daß viele Gelehrte, die sich wie die Banū Mūsā, al-Bīrūnī, al-Karajī, ʿUmar Khayyām und Ibn al-Haytham mit Mechanik befaßten, hervorragende Mathematiker waren. Sie waren aber nicht reine Theoretiker. Die Banū Mūsā, deren Abhandlung

über die Mechanik sich vor allem mit Trickgefäßen befaßte, leiteten verschiedene Ingenieurprojekte für ihre Herren, die Kalifen von Bagdad. Al-Bīrūnī führte genaue Bestimmungen spezifischer Gewichte durch. Ibn al-Haytham erfand ein System, mit dem die Fluten der Nilüberschwemmung reguliert werden sollten.

Das wichtigste und inhaltsreichste Werk über die Mechanik, das uns aus der islamischen Welt überliefert wurde, ist eine Abhandlung von Ibn al-Jazarī aus dem Anfang des VII./13. Jahrhunderts. Sein *Buch über die Kenntnis der Konstruktion mechanischer Apparate* ist die Schrift eines Praktikers, nicht die eines theoretischen oder mathematischen Mechanikers. Das Buch ist Nāṣir ad-Dīn Maḥmūd, dem Artuqidenprinzen von Diyārbakr, gewidmet und beschreibt mit vielen Einzelheiten eine große Anzahl von Apparaten. Der Autor teilt diese in fünf Hauptgruppen ein: Uhren unterschiedlicher Art, Gefäße, Meßbecken, Springbrunnen und Maschinen, die auf verschiedene Weise Wasser heben und transportieren können.

Astronomie: Theorie und Beobachtung

Die Geschichte der Astronomie im islamischen Mittelalter zeigt einen seltsamen Mangel an Verknüpfung von Theorie und Beobachtung, obwohl beides gepflegt wurde. Die Beobachtungen beeinflußten die Entwicklungen der Theorie kaum; neue theoretische Ansätze entstanden weder durch Beobachtungen, noch regten sie neue Beobachtungen an. Beide Forschungsrichtungen berührten einander nur wenig.

Texte astronomischen Inhalts wurden aus den verschiedensten Sprachen übersetzt, aus dem Sanskrit, Pahlavī, dem Syrischen und dem Griechischen. Das Ergebnis war jener Eklektizismus, der die frühen Werke arabischer Astronomen kennzeichnet und später im muslimischen Spanien erscheint. Nach der Übertragung des *Almagest* wurde jedoch die Überlegenheit des ptolemäischen Systems schnell anerkannt; es blieb von nun an vorherrschend in der Astronomie des islamischen Mittelalters.

Von Ptolemäus erbten die Araber eine Methode der Untersuchung, die sie als verbindlich ansahen und häufig in die Praxis umsetzten. Zu Beginn des IV./10. Jahrhunderts schuf al-Battānī seinen *az-Zīj aṣ-Ṣābī*, der dem *Almagest* nachgestaltet war. Al-Battānī behauptete, Ptolemäus habe ausdrücklich befohlen, nach seinem Tode Untersuchungen vorzunehmen, die seine eigenen Beobachtungen überprüfen sollten; er selbst habe seine Vorgänger auch überprüft. Diese Ermahnung, die bei Ptolemäus tatsächlich zu finden ist, wurde bei den Muslimen ganz ernst genommen, und die Wörter *miḥna* und *iʿtibār*, die in der Übersetzung des *Almagest* für ‚Überprüfung' stehen, können fast überall in der mittelalterlichen arabischen Literatur über Astronomie wiederentdeckt werden. Die Lektion, die man von Ptolemäus gelernt hatte, wurde fleißig angewendet. Beobachtungen wurden in den verschiedenen Zentren der astronomischen Forschung durchgeführt. Zur Zeit al-Maʾmūns schuf eine Gruppe von Astronomen neue astronomische Tafeln oder *zīj*, die unter dem Namen *Maʾmūnī* oder *zīj mumtaḥan* (geprüft) bekannt wurden. Ihnen liegen Beobachtungen zugrunde, die in Bagdad und Damaskus durchgeführt worden waren. Ebenfalls unter den ʿAbbāsiden beobachtete Habash al-Hāsib Sonnen- und Mondfinsternis und die Position der Planeten von Bagdad, Samarra und Damaskus aus. In Shīrāz unternahm der berühmte as-Sūfī seit dem Jahre 359/969 eine Reihe von Untersuchungen, um die Länge der Jahreszeiten exakt zu bestimmen. Gegen Ende des IV./10. Jahrhunderts beschäftigte sich der große al-Bīrūnī in Khwārazm mit der Beobachtung einer Mondfinsternis. Im VII./13. Jahrhundert wurde für einen Zeitraum von etwa zwanzig Jahren Marāgha ein Zentrum der astronomischen Forschung. Hülegü hatte dort 685/1259 eine Sternwarte errichten lassen, an der mehrere Astronomen unter der Leitung von Nasīr ad-Dīn at-Tūsī arbeiteten. Vielleicht war dies die erste Sternwarte im eigentlichen Sinn. Das Personal bestand aus Gelehrten aus den verschiedensten Gegenden der islamischen Welt; einer stammte sogar aus China. Die Sternwarte war mit einer Bibliothek ausgestattet; es wurden dort eigene Instrumente (Quadranten, Armillarien, Astrolabien) entworfen und gebaut. In der ersten Hälfte des IX./15. Jahrhunderts gründete Ulugh Beg eine imposante Sternwarte in Samarkand, die noch heute besichtigt werden kann.

Die meisten Beobachtungen hatten das begrenzte Ziel, die Angaben älterer Quellen zu überprüfen oder die ptolemäischen Parameter zu verbessern. Sie lieferten zum Beispiel neue Werte für die Neigung der Ekliptik,

die Verlagerung der Tagundnachtgleichenpunkte, die Parallaxe der Sonne, des Mondes usw. Diese Beschränkung ist nicht auf die verwendeten Instrumente zurückzuführen, die zum Teil gut durchdacht waren und bedeutendere Ergebnisse hätten erbringen können. Man kann sich des Eindrucks nicht erwehren, daß die islamischen Astronomen sich allein mit dem Verbessern und Nachverbessern alter Beobachtungen beschäftigten, anstatt neu formulierte Hypothesen einer Überprüfung zu unterziehen.

Denn es wurden auch neue Hypothesen konzipiert. Die Astronomen von Marāgha und später Ibn ash-Shātir in Damaskus entwickelten Planetenmodelle, die jüngst mit ihren Gegenstücken bei Kopernikus verglichen worden sind. Aber diese Entdeckungen geschahen unabhängig von den Beobachtungen, und die Geschichte ihrer Entstehung ist gesondert zu betrachten. Diese Geschichte scheint im V./11. Jahrhundert zu beginnen, als Ibn al-Haytham, ein irakischer Mathematiker, der in Kairo unter dem Fātimidenkalif al-Hākim (gest. 412/1021) lebte, die Planetentheorie des Ptolemäus in einer Abhandlung angriff. Ibn al-Haytham akzeptierte Ptolemäus' Erklärung der scheinbaren Planetenbewegungen mit Hilfe von Epizykeln und exzentrischen Deferentensphären. Aber er kritisierte des Ptolemäus' Hypothese vom punctum aequans, der zufolge das Epizyklenzen-

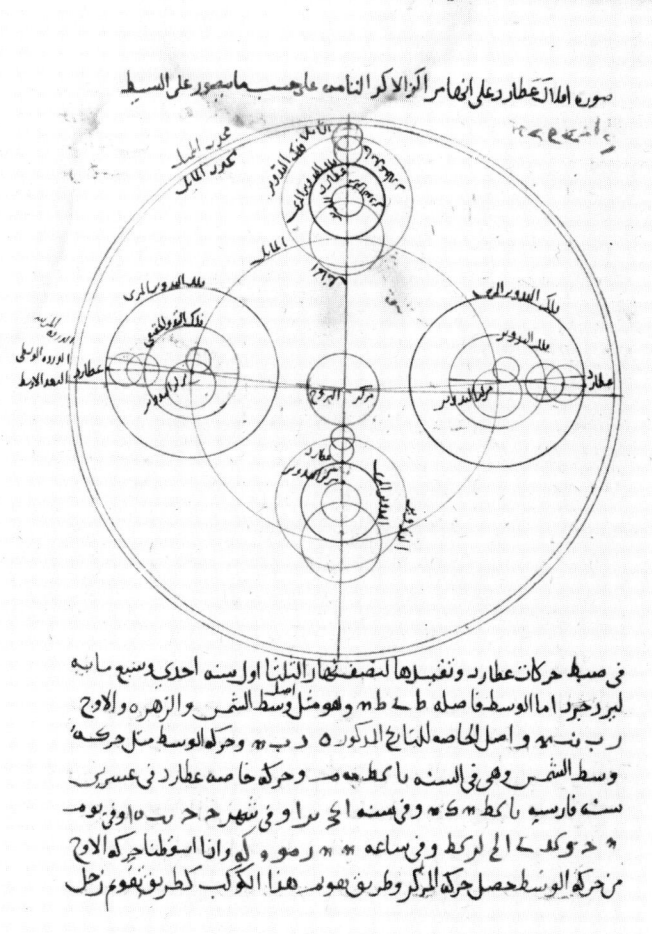

Die islamische Astronomie beschränkte sich darauf, Ptolemäus' Planetentheorie zu verbessern, anstatt neue Hypothesen zu erproben. Diese Verbesserungen wurden im VII./13. Jh. von Nasīr ad-Dīn at-Tūsī in Marāgha begonnen und im VIII./14. Jh. im Werk des Damaszeners Ibn ash-Shātir abgeschlossen. Das Werk des letz- *teren, Nihāyat al-sūl, enthält diese beiden Zeichnungen, die erste erfolgreiche Darstellung der Bewegungen Merkurs in Form von gleichmäßigen Kreisbewegungen. Rechts die festen Sphären; sie rotieren in Übereinstimmung mit der Bedingung der Gleichmäßigkeit, die geometrisch links dargestellt ist. (5, 6)*

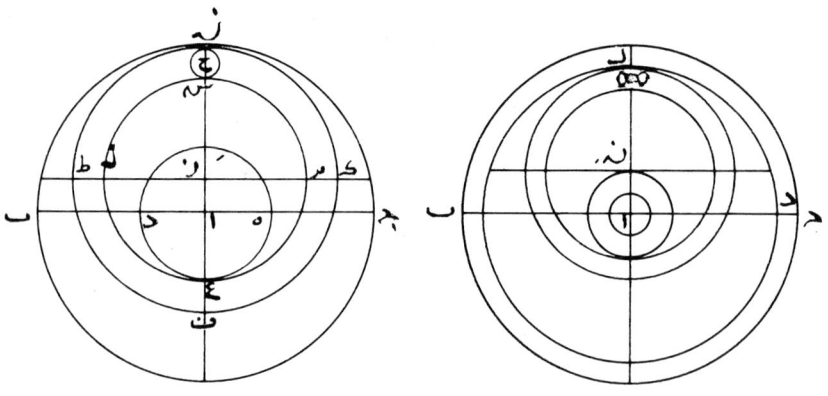

Ptolemäus' Planetenlehre beeinflußte stark die Entwicklung der arabischen Astronomie. Ptolemäus stellte die Bewegungen der Planeten in festen Kugelkörpern dar, die den geometrischen Wiedergaben im Almagest entsprachen. Die eindrucksvolle Leistung, die in den Arbeiten der Marāgha-Schule im VII./13. Jh. und im Werk des Ibn ash-Shātir im VIII./14. Jh. zum Ausdruck kommt, wäre ohne eine starke Anpassung an das Programm, das in Ptolemäus' Planetenlehre entworfen wurde, undenkbar. Diese Zeichnungen aus der Schrift des Ptolemäus, deren griechisches Original nicht erhalten ist, zeigen die Modelle des Ptolemäus für den Saturn und die Sonne. (7)

trum sich gleichförmig im Verhältnis zu einem Punkt bewegte, der nicht mit dem Mittelpunkt der Welt oder dem Zentrum des Deferenten identisch war. Diese Hypothese verletzte den Grundsatz der gleichen Geschwindigkeit aller Himmelskörper. Ptolemäus und sicher auch andere Astronomen hatten die Nachteile der Hypothese vom punctum aequans erkannt. Doch während Ptolemäus seine Hypothese mit Argumenten zu stützen suchte und viele andere Astronomen sich überhaupt nicht zu diesem Problem äußerten, beharrte Ibn al-Haytham darauf, daß diese Hypothese als falsch verworfen und eine neue gefunden werden müsse. Seine Kritik an Ptolemäus – wie auch die von Nasīr ad-Dīn at-Tūsī und seinen Mitarbeitern in Marāgha – beweist, welch großen Einfluß die Lehren des Griechen auf die islamischen Astronomen ausübten. In seiner Theorie hatte Ptolemäus die scheinbaren Bewegungen der Planeten als das Zusammenwirken von Bewegungen von Sphären begriffen, in welche die Planeten eingeschlossen waren. Die Anschauung, daß ein Körper – die Deferentensphäre mit einem bestimmten Planeten – mit unterschiedlicher Geschwindigkeit kreisen sollte, wurde von Ibn al-Haytham und seinen Anhängern abgelehnt. Die Astronomen von Marāgha wollten freilich diese Ansicht nicht aufgeben und versuchten, Modelle zu bauen, die mathematisch der Konzeption des Ptolemäus entsprachen, zugleich aber auch mit der Natur der Himmel in Einklang standen. Nur von solchen Modellen nahm man an, daß sie der Wahrheit entsprachen. Beobachtungen spielen in dieser Entwicklung keine Rolle, weder als Folge, noch als Anstoß. Die von Ibn ash-Shātir und in Marāgha erarbeiteten theoretischen Neuerungen entsprangen der Imagination und waren geniale Versuche, Ptolemäus zu verbessern, indem man seine eigenen Grundsätze richtig auf ihn anwandte; aber nirgends zeigt sich der Wunsch, mit dem System als ganzem zu brechen.

Übersetzungen standen auch am Anfang der arabischen geographischen Wissenschaft. Wie im Falle der

arabischen Astronomie waren die Quellen der Geographie mannigfaltig: indisch, persisch und griechisch. Aber wiederum wurde der griechische Einfluß vorherrschend, hauptsächlich durch die Werke des Ptolemäus und des Marinus von Tyros. Wie die Griechen teilten die Araber die bewohnte Welt in sieben Klimata ein, dargestellt durch parallel zum Äquator verlaufende Gebietsstreifen, und teilten diese Klimata wiederum in zehn Längenbereiche. Dies war der Rahmen, in den alle geographischen Angaben, sowohl alte, als auch neue, eingepaßt wurden.

Das Werk al-Idrīsīs, das *Kitāb Nuzhat al-Mushtāq fī Ikhtirāq al-Afāq* aus dem VI./12. Jahrhundert, ist ein gutes Beispiel für dieses Verfahren. Al-Idrīsī hatte von Roger II., dem Normannenkönig von Sizilien, den Auftrag erhalten, eine geographische Übersicht über die Welt mit getrennten Karten für alle Klimata auszuarbeiten. Mit der Hilfe von Technikern und anderen Gelehrten an Rogers Hof wurde eine große Reliefkarte aus Silber konstruiert, auf welche Angaben eingetragen wurden, die teils von Reisenden stammten, teils aus den älteren griechischen und arabischen Quellen übernommen wurden.

Licht und Sehen

In mittelalterlichen arabischen Werken über Medizin, Alchemie, Mechanik, das spezifische Gewicht und die Musik sind vielfältige Versuche beschrieben worden. In den Schriften einiger rationalistischer Theologen wie an-Nazzām (gest. 226/840) kann man eine gewisse Vorliebe für Experimente feststellen. Besonders in der Optik wurde der Versuch zu einem unverzichtbaren Bestandteil der Forschung. Die Quellen der arabischen Optik waren die Werke der Mathematiker Euklid, Ptolemäus, Archimedes und Anthemius, medizinische Abhandlungen von Galenus und Schriften von Aristoteles und seinen Kommentatoren. Zunächst blieben diese Überlieferungsstränge getrennt. Al-Kindī verfaßte im III./9. Jahrhundert seine Schriften in der Art des Euklid; Hunayn ibn Ishāq näherte sich dem Problem des Sehens vom Standpunkt des Galenus aus; Avicenna behandelte im V./11. Jahrhundert dieses Thema mit aristotelischen Begriffen.

Die antike und mittelalterliche Optik war in erster Linie eine Theorie des Sehens. Die islamischen Mathematiker und die Anhänger Galenus' glaubten, das Sehen erfolge mittels eines Strahles, der vom Auge zum Objekt ausgehe, und durch die Berührung des Objektes, beziehungsweise durch Zusammendrücken der dazwischenliegenden Luft, werde dem Gehirn ein Eindruck vom Objekt übermittelt. Für die Naturphilosophen kam das Sehen zustande, indem eine ‚Form' des Gegenstandes auf das Auge einwirke. Ibn al-Haytham war hingegen davon überzeugt, daß eine richtige Theorie des Sehens die ‚mathematischen' Ansichten Euklids und Ptolemäus' mit den ‚physikalischen' Lehren der Naturphilosophen verbinden müsse. Ergebnis seiner Erwägungen, die in seinem großen Werk über die *Optik* zusammengefaßt sind, war eine neue Theorie des Sehens, die alle vorhergehenden Überlegungen übertraf. Er ging davon aus, daß Licht und Farbe, zwei physikalische Größen, die sowohl voneinander als auch vom sichtbaren Gegenstand unabhängig existieren, von jedem Punkt des sichtbaren Objektes in jede Richtung gradlinig ausgehen. Mit Hilfe geeigne-

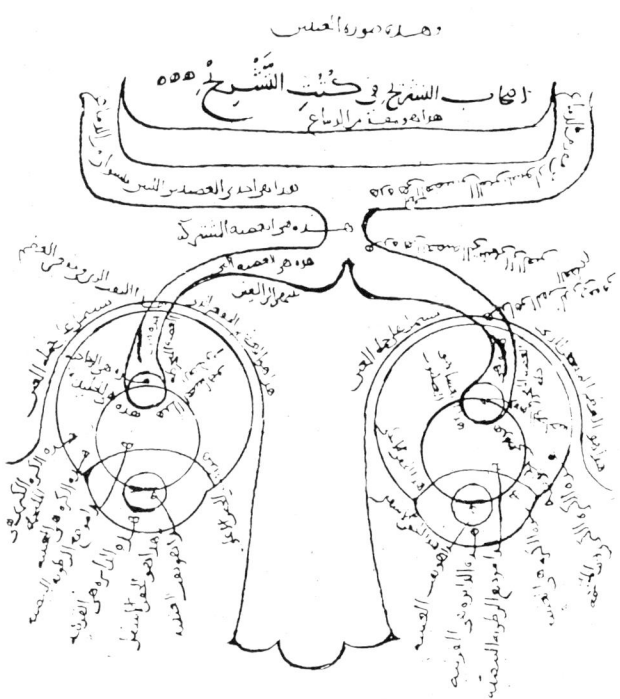

ter Annahmen (einige betreffen die geometrische Struktur des Auges) versuchte er zu zeigen, wie eine Wesenseinheit (mit dem aristotelischen Wort für ‚Form' bezeichnet) zunächst die sichtbaren Züge des Gegenstandes im Auge repräsentiert; sie wird darauf dem Gehirn übermittelt, wo sie der Gesichtssinn erkennt. Jene Wesenseinheit ist nicht ein Abbild, welches überall im Auge wahrgenommen werden könnte; sie ist das Medium, durch welches letztlich das Bild des Gegenstandes für den Gesichtssinn erkennbar wird. Das unverzügliche Urteil über Beschaffenheit und Entfernung des geschauten Gegenstandes geht nach Ibn al-Haytham darauf zurück, daß aus dem im Gehirn empfangenen Eindruck und den dort gespeicherten Erfahrungen Schlüsse gezogen werden. Ibn al-Haytham vertrat nicht nur die Hypothese von der Intromission, noch unterzog er sie einfach der mathematischen Ausarbeitung; er band diese Hypothese vielmehr in eine komplizierte Wahrnehmungstheorie ein, die noch nicht hinreichend erforscht ist.

Für seine Grundanschauung, Sehen entstehe durch die Einwirkung von Licht auf den Gesichtssinn, führte Ibn al-Haytham Erfahrungen wie etwa das kurze Fortbestehen optischer Eindrücke nach Schließen der Augen oder den Schmerz an, den grelles Licht verursacht. Diese Beobachtungen waren nicht neu, zeigen aber die Bedeutung, die das Experiment bei Ibn al-Haytham einnimmt: Die Überprüfung, uns schon aus der Astronomie bekannt, wird hier zum ausgesuchten Experiment, mit dem Ibn al-Haytham Eigenschaften des Lichtes wie gradlinige Ausbreitung, Spiegelung und Brechung nachweist. Die *camera obscura* ist eines der Geräte, die er bei seinen Versuchen verwendet.

Ibn al-Haythams Optik *entstand im V./11. Jh. in Ägypten. Er entwickelte eine Theorie des Sehens, die über Galenus, Euklid und Ptolemäus hinausging. Dieses Diagramm der Augen, von oben gesehen, zeigt die wichtigsten Häute, Säfte und Sehnerven, welche den Augapfel mit dem Gehirn verbinden. Es stammt aus einer Abschrift, die der Schwiegersohn des Autors 476/1083, also etwa vierzig Jahre nach Ibn al-Haythams Tod, anfertigte. Wenn man auch annehmen kann, daß der Kopist ein Autograph vorliegen hatte, gibt das Diagramm die geometrische Anordnung der Teile des Auges nicht angemessen wieder; in Ibn al-Haythams Text ist sie jedenfalls sehr sorgfältig beschrieben. Das Diagramm unten ist eine spätere und genauere Illustration zum gleichen Text. Es stammt aus einer lateinischen Übersetzung der* Optik *aus dem 14. Jh. (8, 9)*

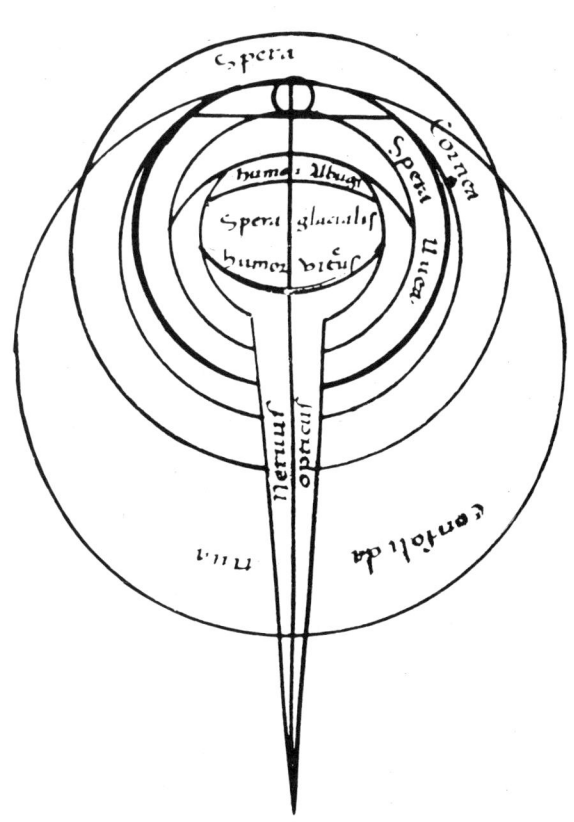

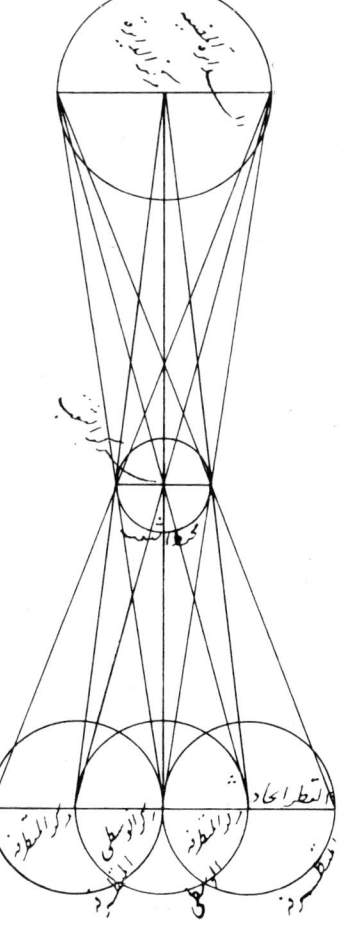

Diagramm der beiden Prinzipien der camera obscura, *aus einem Résumé der* Optik *von Kamāl ad-Dīn (frühes VIII./14. Jh.). Diese Prinzipien hatte Ibn al-Haytham dreihundert Jahre vorher in seiner Erklärung kopfstehender Bilder hinter einer Blende angewendet. Der Kreis oben ist die Lichtquelle, in der Mitte befindet sich die Blende. Das Licht fällt von verschiedenen Punkten des oberen Kreises in der Form eines Kegels durch die Blende. Die drei einander schneidenden Kreise am Boden sind Abbilder solcher Kegel. Das Licht, das der Kreis im ganzen ausstrahlt, läuft in der Blende zusammen, trennt sich danach und läßt unten ein kopfstehendes Bild des Kreises entstehen. (10)*

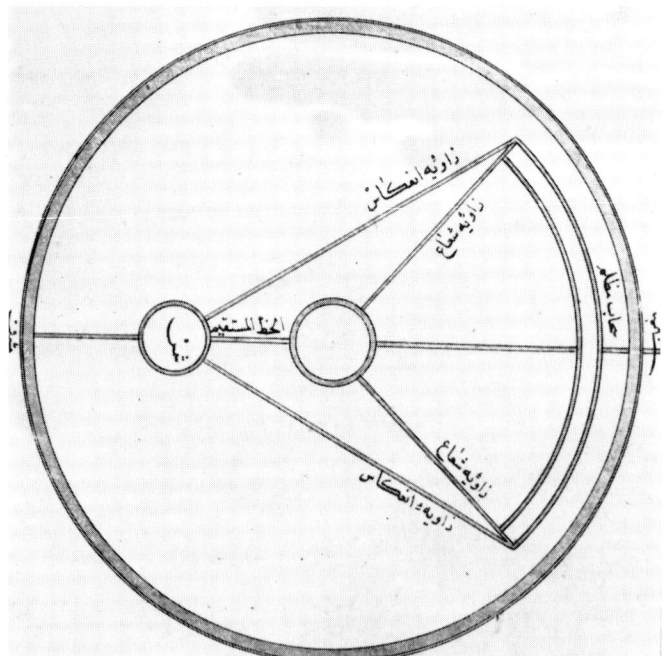

Abbildung aus Avicennas (Ibn Sīnās) Erklärung des Regenbogens. Die Abschrift der türkischen Fassung von Qazwīnīs volkstümlicher Kosmographie Die Wunder der Schöpfung *stammt aus dem späten X./16. Jh. Das Licht der aufgehenden Sonne (kleiner Kreis links) wird von zwei Punkten einer ‚dunklen Wolke‘ (doppelter Bogen rechts) zum Betrachter hin reflektiert. Avicenna betonte irrtümlich, ein dunkler Hintergrund sei notwendig, damit die Regentropfen als Spiegel wirken könnten. (11)*

Die arabische Entsprechung des Ausdruckes *camera obscura* findet sich in einem Kapitel seiner *Optik*, das in den lateinischen Übersetzungen dieses Werkes fehlt. Vielleicht ist dieser Ausdruck ursprünglich in griechischen Schriften benutzt worden. Wenn diese Vorrichtung des lichtdichten Raumes auch in der *Optik* vorkommt, werden doch die in der *camera obscura* gewonnenen Abbildungen nirgends erwähnt. Dies ist aufschlußreich, denn es bedeutet, daß das Auge in diesem Werk nicht als eine Lochkamera angesehen wird (geschweige denn als eine Kamera mit Linsen).

Daß Ibn al-Haytham jedoch fortgeschrittene Kenntnisse von der Funktion einer Kamera hatte, geht klar aus anderen Stellen seiner Schriften hervor. In einer Abhandlung über die Sonnenfinsternis versuchte er, das sichelförmige Bild zu erklären, das die zum Teil verdeckte Sonne durch eine Blende wirft. Er machte sich bei seiner Untersuchung zwei Prinzipien zunutze. Das erste besagte, daß das Licht von allen Punkten der Sonnensichel gleichzeitig durch alle Punkte der Blende falle und daher unendlich viele Abbildungen der Sonnensichel auf der Mattscheibe hinter der Blende entstehen müßten. Zweitens mußte jeder Lichtstrahl, der von einem Punkt der Sonnensichel ausging, in der Form eines durch Größe der Blende und Entfernung der Mattscheibe definierten Kegels in die Kamera einfallen und auf der Mattscheibe eine kreisförmige Abbildung hervorrufen. Ibn al-Haytham meinte, daß die beobachtete Abbildung durch das gemeinsame Wirken der beiden genannten Prinzipien zustande komme. So weit wir wissen, sind die Ergebnisse dieses Traktates nie lateinischen mittelalterlichen Autoren bekannt geworden.

Auch der Regenbogen war eines der Phänomene, mit denen man sich im Islam sehr erfolgreich beschäftigte. Avicenna erklärte, er sei nicht von dem überzeugt, ‚was unsere Freunde, die Peripatetiker, darüber sagten‘; viel-

mehr seien alle bisherigen Erklärungsversuche ‚falsch und absurd‘. In dem Kapitel über Meteorologie in seinem *ash-Shifā’* berichtet er, wie er selbst den Regenbogen öfters beobachtet habe, ohne eine befriedigende Deutung zu finden. Er gab zu, daß der Regenbogen für ihn ein unlösbares Rätsel blieb. Er betonte jedoch die Rolle, die Wassertropfen bei der Entstehung des Bogens spielten – ein Gedanke, der schon bei Aristoteles belegt ist und der über 250 Jahre nach Avicennas Tod den Perser Kamāl ad-Dīn zu eigenen Untersuchungen anregen sollte.

Kamāl ad-Dīn hatte Ibn al-Haythams *Optik* sorgfältig studiert. Er ging bei seinen Forschungen von den Regeln der Brechung aus, die sein Vorgänger in Versuchen nachgewiesen hatte, und ließ sich von dessen Untersuchungen über das Verhalten von Sonnenstrahlen leiten, die durch eine Glaskugel fallen. Die Regentropfen und die Glaskugel waren schon von Avicenna im selben Zusammenhang erwähnt worden. Kamāl ad-Dīn unternahm es nun, mit Hilfe der Geometrie die Analogien zwischen beiden zu erforschen. Seine Untersuchungen sind ein bemerkenswertes Beispiel für experimentelle Naturwissenschaft, das erst in unseren Zeiten übertroffen wurde. Er brachte die Mathematik bei einem Versuch zur Anwendung: Ein kugelförmiger Glasbehälter, mit Wasser gefüllt, stellte den Regentropfen in der feuchten Luft dar. So fand Kamāl ad-Dīn die richtige Erklärung für eine Erscheinung, an der seit Aristoteles alle seine Vorgänger gescheitert waren. Er zeigte, daß der primäre Bogen durch das Sonnenlicht entstand, welches den Betrachter erreichte, nachdem es in den Regentropfen, die in der Atmosphäre hingen, zweimal gebrochen und einmal reflektiert worden war. Der sekundäre Bogen wurde durch Licht hervorgerufen, das in den Tropfen zweimal reflektiert worden war und, ehe es den Betrachter erreichte, bei Eintritt in und Austritt aus dem Tropfen einer Brechung unterlag. Sowohl die Form des Bogens als auch die unterschiedliche Farbenfolge im primären und sekundären Bogen waren damit erklärt.

Die Geschichte der experimentellen Naturwissenschaften im Islam konfrontiert uns, wie wir am Beispiel der Optik sehen, mit kurzen Ausbrüchen schöpferischen Forschens, die durch lange Perioden der Stagnation voneinander getrennt sind.

Al-Andalus und der Osten

Ya‘qūb ibn Ishāq al-Kindī (gest. um 257/870) war der erste berühmte Philosoph im muslimischen Osten. Der erste ernstzunehmende Philosoph im muslimischen Spanien war Muhammad ibn Masarra, ein neuplatonischer Denker aus Córdoba, der im Jahre 319/931 starb. Dies zeigt, wie weit al-Andalus in der Pflege der antiken Wissenschaften hinter dem Osten zurück lag. Im Vergleich zu al-Kindī bleibt Ibn Masarra jedoch farblos; und es ist wegen seines Interesses für den Sūfismus und die Askese sogar zweifelhaft, ob er überhaupt ‚Philosoph‘ in dem Sinne, wie er al-Kindī beigelegt wird, genannt werden kann.

Das Auf und Ab des intellektuellen Lebens im muslimischen Spanien zeigt gewisse Parallelen zu früheren Entwicklungen im Osten. So wie al-Ma’mūn in Bagdad tatkräftig die Wissenschaften förderte, so tat es ihm ein Jahrhundert später in Córdoba al-Hakam II. (gest. 366/

بشبه المفصل له اسنان فى الطرف كاترى وقد صنع مستطيلة
كالك كذلك هذه الصون كاترى لها اسنان كاشان الملقار يقطع
بها ويترضر ن شاء الله تعالى

صورة مذقع ايضا

صورة صنارة

هذه الصنار فيها غلظ قليلا ليلا يسكر عند حد بن الجبين ها
صورة صنار ذات الشوكتين

صورة مبضعين عرضين لقطع الجنين

Das erste enzyklopädische Werk über die medizinische Ausbildung und Praxis im muslimischen Spanien war wohl das Kitāb at-Tasrīf von Abū' l-Qāsim az-Zahrāwī, dem Abulcasis der Lateiner. Er stammte aus Madīnat az-Zahrā' in der Nähe von Córdoba und starb um 404/1013. Der Tasrīf enthält dreißig Abhandlungen, deren letzte der Chirurgie gewidmet ist. In manchen Handschriften finden sich in diesem Abschnitt mehr als hundert Abbildungen chirurgischer Instrumente, die der Verfasser entworfen und ursprünglich selbst gezeichnet hatte. Die hier abgebildeten Instrumente sollten bei der Geburtshilfe Verwendung finden. Im 12. Jh. übersetzte Gerard von Cremona die Abhandlung über die Chirurgie ins Lateinische. Dadurch wurde dieser Teil des Werkes von az-Zahrāwī im Westen weiter verbreitet als die übrigen. (12)

976) gleich. Schon als Kronprinz unter der Regierung seines Vaters 'Abd ar-Rahmān III. (300–50/912–61) zeigte sich al-Hakam ernsthaft daran interessiert, Wissenschaft und Philosophie in seinem Land zu fördern. Er sandte Boten in andere muslimische Länder, unter anderem nach Ägypten und in den Irak, um Bücher aufzukaufen. Allmählich baute er so in Córdoba eine Bibliothek auf, die den großen 'abbāsidischen Sammlungen gleichgekommen sein soll.

Unter 'Abd ar-Rahmān III., kurz nach 341/952, wurde in Córdoba eine neue arabische Übersetzung von Dioskurides' *Materia medica* angefertigt. Die Übersetzung stützte sich auf einen illustrierten griechischen Text, den man kurz zuvor vom byzantinischen Kaiser als Geschenk erhalten hatte. Griechische, christliche und arabische Gelehrte, sowie der jüdische Gelehrte Hasdāy ibn Shaprūt, der 'Abd ar-Rahmāns Arzt war, arbeiteten gemeinsam an diesem Werk. Vorher war Dioskurides' fundamentales Werk sowohl in al-Andalus als auch im Osten in einer Version bekannt, die im III./9. Jahrhundert in Bagdad von Stephanus, dem Sohn des Basilius, angefertigt und von Hunayn ibn Ishāq überarbeitet worden war. Viele der griechischen Namen der Drogen waren

in der Stephanus-Hunayn-Version einfach transkribiert worden. Aufgabe der neuen Übersetzer war es nun, die entsprechenden arabischen Namen mit Hilfe der Illustrationen, die im griechischen Text enthalten waren, zu finden.

Nach dem Tod al-Hakams trat ein Rückschritt ein, vergleichbar der religiösen Gegenbewegung, die unter dem 'abbāsidischen Kalifen al-Mutawakkil (233–47/847–61) stattgefunden hatte. Auf Betreiben der mächtigen *'ulamā'* wurden in al-Hakams Bibliothek die Bücher über die rationalen Wissenschaften (mit Ausnahme jener über Arithmetik und Medizin) vernichtet. Nach dem Ende der Umayyadenherrschaft 422/1031 fand als Folge des Wettbewerbes zwischen den Kleinstaaten, die überall in al-Andalus entstanden waren, eine Wiederbelebung statt. Dies ähnelt dem Aufblühen der Gelehrsamkeit im Osten, nachdem dort das 'abbāsidische Reich in der Mitte des IV./10. Jahrhunderts in unabhängige Staaten zerbrochen war, die miteinander sowohl um kulturelles Prestige als auch um politische Macht wetteiferten.

Fast alle bedeutenden Wissenschaftler und Philosophen im muslimischen Spanien gehörten dem VI./12. Jahrhundert an. Daher überrascht es nicht, daß sich einige von ihnen kannten und gegenseitig beeinflußten. Ibn Tufayl, der Autor des berühmten Romans *Hayy ibn Yaqzān,* war Leibarzt des Almohadenherrschers Abū Ya'qūb (559–80/1163–84), bei dem er den jungen Averroes einführte. Auf Anraten des Herrschers drängte Ibn Tufayl Averroes, Kommentare zu den Werken des Aristoteles zu schreiben, die später ihrem Autor im lateinischen Westen den Titel ,Der Kommentator' einbrachten. Im Jahre 565/1169 wurde Averroes zum Richter in Sevilla ernannt; 567/1171 wurde er Oberrichter in Córdoba; und 578/1182 nahm er Ibn Tufayls Stelle als Leibarzt ein. Er blieb im Dienst der Almohaden, bis er unter Abū Yūsuf (580–96/1184–99), dem Nachfolger Abū Ya'qūbs, nur vier Jahre vor seinem Tod in Ungnade fiel. Averroes war mit dem Arzt Abū Marwān ibn Zuhr befreundet, mit dem er eine umfassende medizinische Enzyklopädie herausgab, die aus den *Kulliyāt* (von Averroes) und dem *Taysīr* (von Ibn Zuhr) bestand. Der Astronom al-Bitrūjī war ein jüngerer Mitarbeiter von Ibn Tufayl; dem letzteren verdankte er die Idee, ein nichtptolemäisches astronomisches System, das mehr mit aristotelischen Prinzipien übereinstimmte, zu entwerfen. Die Notwendigkeit solch eines Systems wurde auch von Averroes in seinem Kommentar zu Aristoteles' *Metaphysik* ausgedrückt. Maimonides, der aus dem gleichen philosophischen Kreis kam, Spanien aber verließ und schließlich in Kairo seßhaft wurde, teilte diese negative Einstellung zur ptolemäischen Astronomie. Wir scheinen berechtigt zu sein, von einer philosophischen und wissenschaftlichen Bewegung zu sprechen.

Diese Bewegung wurde als Wiederbelebung des Aristotelismus angesehen. Ihr Begründer, der andalusische Philosoph Ibn Bājja, oder Avempace (gest. 430/1138), soll unter den Einfluß des Zweiten Lehrers, al-Fārābī, geraten sein.

Der spanische Aristotelismus zeigt jedoch gewisse Eigentümlichkeiten, die, so scheint es, am besten vor dem Hintergrund einer wachsenden spanischen Selbstbehauptung gegenüber dem Osten und seinen intellektuellen

Autoritäten verstanden werden können. Im V./11. Jahrhundert kristallisierte sich diese Haltung im Werk Ibn Hazms aus Córdoba heraus, der einer der originellsten andalusischen Denker war. Ibn Hazm entwickelte die buchstabengetreue Auslegung des islamischen Rechts zu einer ganzen Religionsphilosophie. Er verfolgte zwei Ziele: das göttliche Recht vor menschlichen Eingriffen zu schützen, und gleichzeitig den Geltungsbereich des rationalen Denkens zu begrenzen. Die ganze Religion, argumentierte er, war klar im Koran und im *hadīth* festgelegt. Demgemäß lehnte er alle logischen Schlüsse aus diesen beiden Quellen ab. Kein Mensch habe das Recht, im Namen der Religion die Ergebnisse seiner eigenen Bemühungen durchzusetzen, was auch immer sie zum Inhalt haben mögen. Die religiösen Gebote sollten nicht deshalb befolgt werden, weil sie aus jedermann einleuchtenden Vernunftgründen abgeleitet wurden, sondern allein aufgrund ihrer göttlichen Offenbarung. Das Recht wurde auf göttlichen Willen gegründet, nicht auf menschliche Erkenntnisse.

Ibn Hazm lehnte die Autorität aller Rechtsschulen, die im Osten gegründet worden waren, ab. Seine Haltung entsprach in bemerkenswerter Weise der späteren Entwicklung des Denkens im muslimischen Spanien. Der Gründer der Almohadenbewegung Ibn Tūmart (gest. 421/1130) erkannte nur den Koran, *hadīth* und den Konsensus der Prophetengenossen als Quellen des Rechts an; er lehnte die Autorität der östlichen Lehrer an den etablierten Schulen ab. Der dritte Almohade, Abū Yūsuf, wandte sich wie Ibn Tūmart gegen die sich stark vermehrenden Systeme des positiven Rechts; er schärfte den Richtern ein, ihre Urteile nur auf den Koran und *hadīth* zu gründen. Nicht nur die Lehrer der Rechtsschulen, sondern auch die Autoritäten der arabischen Grammatik wurden von den ‚Literalisten' angegriffen.

Man kann leicht eine Parallele ziehen zwischen der literalistischen Richtung im andalusischen Denken und einigen der charakteristischsten philosophischen und wissenschaftlichen Ideen, die im VI./12. Jahrhundert unter den Almohaden entwickelt wurden.

Averroes' ‚reiner' Aristotelismus zum Beispiel war eine Art Literalismus in der Philosophie, die die Verdam-

mung früherer muslimischer Interpretatoren (Verderber) des Aristoteles beinhaltete. Seine *Destructio destructionis* bedeutete nicht nur einen Angriff auf al-Ghazālīs *Widerspruch der Philosophie,* sondern auch die Ablehnung der angeblichen Aristoteliander Avicenna und al-Fārābī. Nach Averroes bestand einer von al-Ghazālīs Irrtümern darin, der Antike Lehren zuzuschreiben, die in der Tat von islamischen Peripatetikern stammten.

Zwischen Averroes' Nationalismus und seiner Überzeugung, der wahre Erbe des reinen aristotelischen Denkens zu sein, kann man eine Verbindung aufzeigen. In seinem ‚Kommentar' zur *Meteorologie* des Aristoteles vergleicht er das Klima von al-Andalus mit dem Griechenlands (Córdoba liegt nicht weit vom Breitengrad Athens) und folgert, daß die Einwohner seines Landes wie die Griechen für die Philosophie besser geschaffen seien als zum Beispiel die Iraker.

Averroes' Haltung zur ptolemäischen Astronomie (die er mit Ibn Tufayl und al-Bitrūjī teilte), zeigt ebenfalls, daß er Aristoteles für die beste und letzte philosophische Autorität hielt. Während Avicenna eine Zusammenfassung von Ptolemäus' *Almagest* in seine *Summa* der peripatetischen Philosophie aufnahm, schließt Averroes aus einer Prüfung des ptolemäischen Systems im Lichte der aristotelischen Kosmologie, daß ‚die Astronomie unserer Tage mit Berechnungen übereinstimmt, aber nicht mit dem, was existiert'. Averroes kannte die Stärke des ptolemäischen Systems der Astronomie: Es bewahrte die himmlischen Phänomene; aber es kannte exzentrische und epizyklische Sphären und verletzte damit die aristotelische Auffassung von der Welt, nach der sich alle Himmelskörper um das alleinige Zentrum der Welt drehen müssen. Da die Wahrheit der aristotelischen Theorie bewiesen werden konnte, mußte das ptolemäische System falsch sein. Averroes war nicht in der Lage, selbst ein Alternativsystem zu entdecken, aber er drängte andere, weiterzuforschen. Die Theorie, die gegen Ende des VI./12. Jahrhunderts von al-Bitrūjī vorgeschlagen worden war, erwies sich vom astronomischen Standpunkt aus als Fehlschlag, doch zeugt sie von einer einzigartigen Situation in der Geschichte der islamischen Wissenschaft.

Die islamischen Wissenschaftler betrachteten ihre griechischen Vorgänger immer mit großem Respekt, oft mit Ehrfurcht, aber sie waren nicht bereit, ihnen stets sklavisch zu folgen. Sie hielten selbst solche Autoritäten wie Galenus und Ptolemäus nicht für unfehlbar, sondern für Menschen, die Fehler machten, und die man daher kritisieren und korrigieren durfte. Auf dem Gebiete der Astronomie sammelten islamische Mathematiker zahllose Beobachtungen, sie überprüften griechische und persische Quellen und verbesserten die ptolemäischen Parameter. Sie erfanden geniale Berechnungsmethoden und lösten viele Probleme der sphärischen Trigonometrie. Sie ersannen nicht-ptolemäische Modelle der Planetenbahnen, die man mit denen des Kopernikus verglichen hat, aber sie trennten sich nicht vom geozentrischen Weltbild.

Trotz erheblicher Fortschritte in der Optik gab es keine Fernrohre; die Gelehrten beobachteten Position und Bewegung der Gestirne mit dem bloßen Auge – eine Methode, die bis Galilei unverändert blieb. Diese Abbildung entstammt einer osmanischen Handschrift aus der zweiten Hälfte des X./16. Jahrhunderts, dem *Shāhinshāhnāma*. Das Gerät ist eine große Armillarsphäre in einem Holzrahmen. Die fünf Ringe mit Gradeinteilung entsprechen den fünf Fundamentalkreisen der Himmelskugel. Der Mann im Zentrum justiert den Meridianring (in perspektivischer Verkürzung abgebildet) mit einem Lot. Über ihm sind drei Astronomen mit Beobachtungen beschäftigt. Die beiden rechts betrachten anscheinend über die Ringe hinweg einen Planeten oder Stern, während ein Assistent die Ergebnisse niederschreibt. (1)

Eine Himmelskugel aus Iran von 684/1285. Sie enthält Angaben aus 'Abd ar-Rahmān as-Sūfīs *Buch der Fixsterne* (siehe rechte Seite unten). Die Sterne werden durch Silberpunkte dargestellt. (2)

Kugelastrolabien waren selten; man kennt nur dieses eine Exemplar von 885/1480. Die Ekliptik trägt Namen und Zeichen des Tierkreises. Die Sternenkarte weist die Positionen von neunzehn Fixsternen auf. (3)

Eine Sternwarte und ein Zentrum für astronomische Studien wurden um 657/1259 in Marāgha/Azerbeidschan gegründet. Dort wirkte der große Gelehrte Nasīr ad-Dīn at-Tūsī; eine Handschrift aus dem X./16. Jh. zeigt ihn und seine Mitarbeiter (unten links). Dort wurden die berühmten Il-Khānidischen astronomischen Tafeln zusammengestellt; sie berücksichtigten die Ergebnisse neuer Beobachtungen. Diese Seite (unten) zeigt den Aufstieg der Tierkreiszeichen für 38° n. Br. (4, 5)

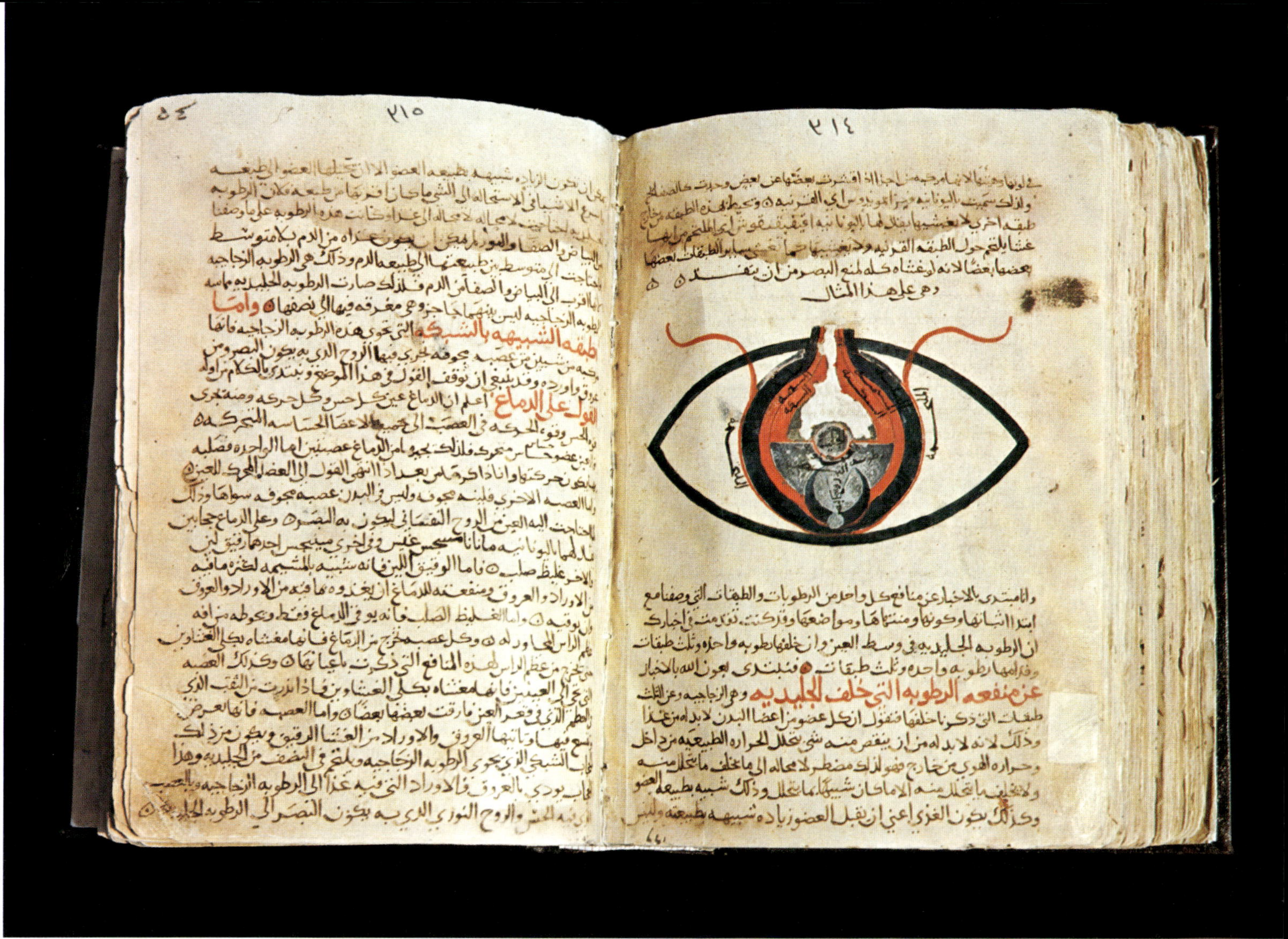

Ein Apotheker bereitet Drogen zu. Szene aus der arabischen Version (VII./13. Jh.) von Dioskurides' *Materia Medica*, die bis in das 19. Jh. studiert wurde. (15)

Die arabische Medizin war der europäischen im Mittelalter überlegen. Seit in Salerno die erste Schule für Medizin gegründet wurde, übernahmen die Ärzte des Westens das Wissen ihrer islamischen Kollegen. Das galt bis zur Zeit des Vesalius, der Leibarzt Karls V. war. Diese anatomische Tafel stammt aus einem persischen Traktat über die Medizin aus dem XI./17. Jh. (16)

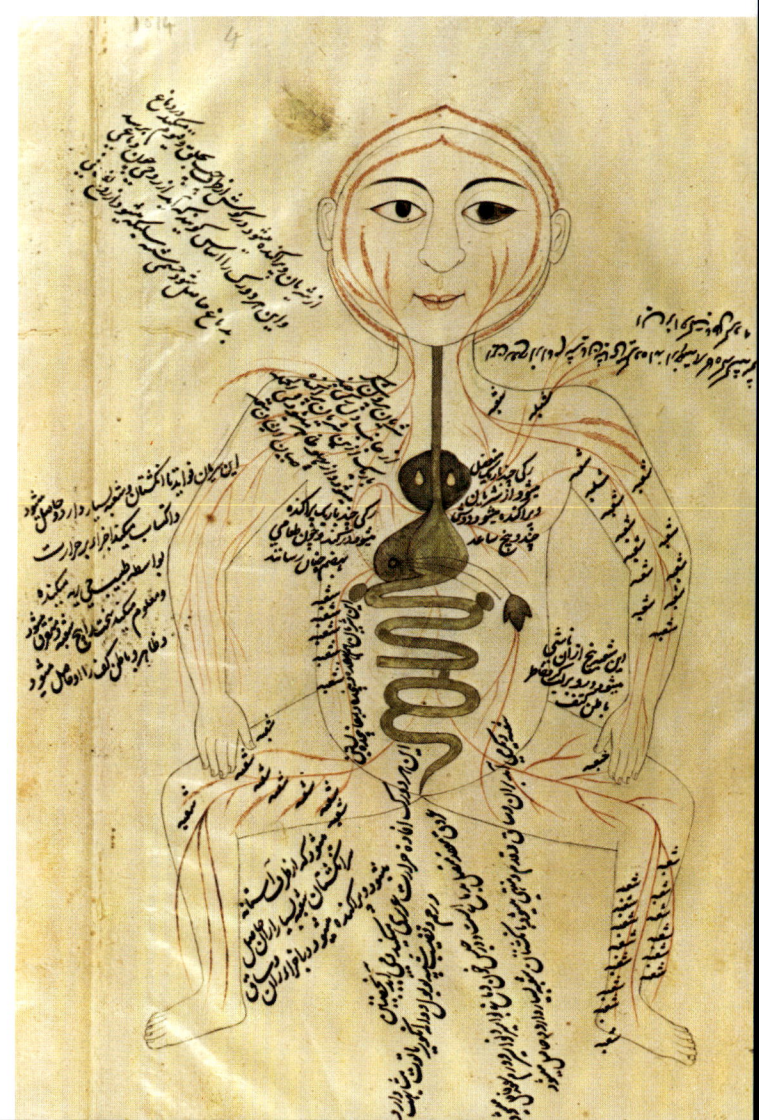

Die Erde gewinnt Gestalt. Im VI./12. Jh. waren den Arabern die Umrisse von Asien, Europa und Nordafrika im wesentlichen bekannt. Der berühmte Atlas des Idrīsī von 549/1154 (oben) ist nach Süden ausgerichtet; wir haben die Karte wegen der besseren Orientierung umgedreht. (17)

Die schematische Darstellung der Welt war seit dem III./9. Jh. auch in islamischen Karten üblich. Hier ein Beispiel aus al-Qazwīnīs *Wunder der Schöpfung* (791/1388). Wasser umgibt die Erdscheibe, in die von Westen das Mittelmeer und von Osten das Rote Meer hineinragen. (19)

Der Mittelmeerraum wird in al-Istakhrīs *Buch der Länder* aus dem IV./10. Jh. stark schematisiert abgebildet. Spanien liegt rechts; der Kreis nahe der Mitte enthält den Namen Córdoba. Der schwarze Kreis unten stellt Sizilien dar. Auf der linken Seite der Abbildung befindet sich Nordafrika. (18)

Die Provinz Fars im Iran zeigt diese Karte aus al-Istakhrīs *Buch der Länder*. Süden ist oben links, Norden unten rechts, Shīrāz liegt in dem Doppelkreis in der Mitte. Istakhrīs Karten sind aus Itinerarien, Routenbeschreibungen der Römerzeit, hervorgegangen; sie enthalten Städte und Straßen. (20)

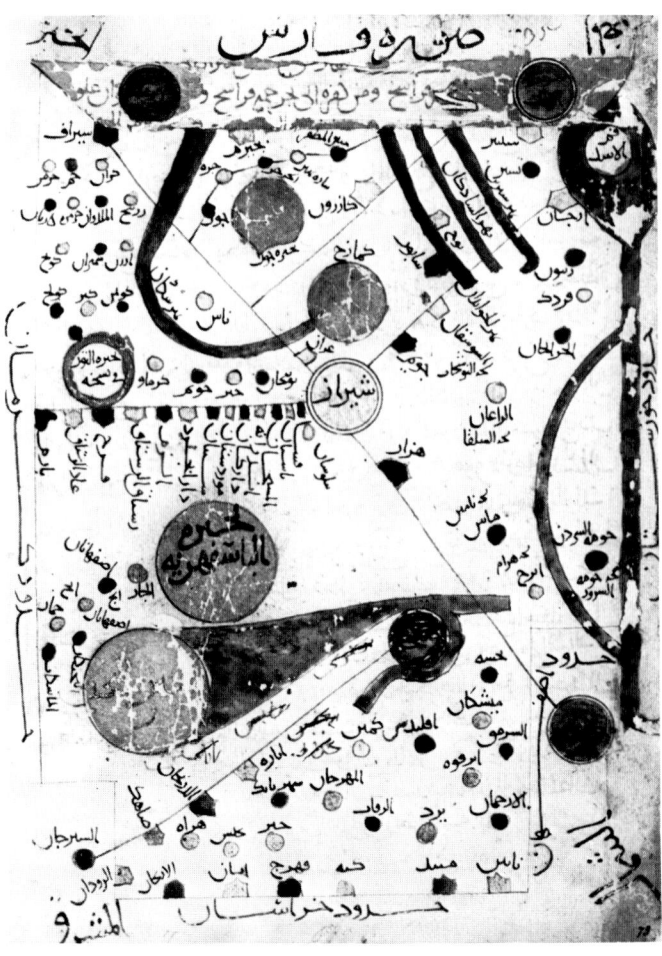

Die verspielten Formen von al-Jazarīs *Automata* sollten uns nicht von der ausgefeilten Mechanik ablenken. Sein Buch entstand um 603/1206. Die Abbildungen stammen aus einer hundert Jahre jüngeren Abschrift. Rechts ein Gerät zur Messung der Blutmenge, die einem zur Ader gelassenen Patienten entnommen wird. Das Blut läuft in den Behälter, der nach unten sinkt, wodurch die beiden Schreiberfiguren oben so bewegt werden, daß sie auf einer in 120 Einheiten eingeteilten Skala die entnommene Menge Blut anzeigen. (22)

Ein Schöpfwerk: Aus einem Bassin (Mitte) fließt Wasser auf ein Wasserrad (unten links), das über vier Zahnräder unterhalb und oberhalb des Behälters eine Welle treibt, an der eine Kette von Krügen befestigt ist. Diese schöpfen das Wasser aus dem mittleren Bassin nach oben, wo es dann in einen Kanal geleitet wird. Dabei dreht sich der Ochse auf der Plattform, als ob er das Schöpfwerk antriebe. (21)

Eine mechanische Waschschüssel (rechts): Aus einem hochgelegenen Tank fließt Wasser durch die Kanne, die der Diener hält, in ein Waschbecken. Das Schmutzwasser wird dann von einer Ente, die in dem Becken steht, ,getrunken' und läuft in den unteren Tank. Sobald es dort steigt, bewegt sich die andere Hand des Dieners und reicht Handtuch und Kamm. (23)

Die Himmelskunde wurde eifrig betrieben, nicht zuletzt wegen ihrer Bedeutung für die Astrologie. Eine Miniatur aus dem *Shāh-inshāh-nāma* zeigt Astronomen in der Sternwarte, die Murād III. im X./16. Jh. in Istanbul für den Astrologen Taqī ad-Dīn bauen ließ. Ein Astronom (Taqī ad-Dīn?) an dem langen Tisch in der Bildmitte hält ein Astrolab. Ein anderer neben ihm benutzt einen Quadranten. Ein dritter, ganz links, blickt durch einen Diopter. (24)

Das Astrolab, meist eben und aus Bronze oder Messing, blieb das wichtigste Instrument. Es war in der ganzen islamischen Welt verbreitet; zahllose Traktate handeln von seiner Konstruktion und seinem Gebrauch. Durch die Messung der Höhe der Himmelskörper konnte die Tages- beziehungsweise Nachtzeit festgestellt werden. Als Analogrechner, gebaut nach dem Prinzip der stereographischen Projektion, wurde es zur Lösung von Fragen der sphärischen Astronomie herangezogen. Unten links: Astrologe mit Astrolab, Szene aus den *Maqāmāt* des Harīrī, VII./13. Jh.; unten: Astrolab aus Kairo (634/1236), Messing, mit Silber und Kupfer eingelegt. (25, 26)

DIE HEERE DES PROPHETEN

Edmund Bosworth

Religiöse Feindschaft und Jahrhunderte dauernde Kämpfe zwischen Muslimen und Christen um den Besitz des Mittelmeerraumes prägten in Europa das Bild vom kriegerischen, blutrünstigen Sarazenen: Von seiner Religion fanatisiert, suchte er den Tod im Glaubenskampf, im *jihād*, um das Paradies zu gewinnen. Acht Jahrhunderte bildete Konstantinopel das höchste Ziel der muslimischen Waffen, wogegen die Kreuzfahrer die heiligen Stätten des Christentumes in Palästina und die Patriarchensitze von Antiochien und Alexandrien zurückzuerobern trachteten. Als die Kreuzritter die christlichen Heiligtümer und die Stellungen in der Levante wieder aufgeben mußten und als schließlich im Jahre 857/1453 Konstantinopel den Muslimen in die Hände fiel, folgten auf diese lange Epoche militärischer Zusammenstöße, die auf beiden Seiten tiefen Haß hatte wachsen lassen, immer neue Kämpfe zu Wasser und zu Lande: Das Osmanische Reich unterwarf den Balkan; Spanier und Portugiesen griffen das islamische Nordafrika an. Seit dem XI./17. Jahrhundert begann das rein religiöse Motiv, das bisher die Auseinandersetzungen bestimmt hatte, politischen, wirtschaftlichen und strategischen Zielen zu weichen.

Man muß zugeben, daß an dem oben angedeuteten stereotypen Bild des mittelalterlichen muslimischen Glaubenskriegers, des *ghāzī* oder *mujāhid*, etwas Wahres ist; und in der heutigen islamischen Welt wird die Erinnerung an die religiösen Desperados, die während des VI./12. und VII./13. Jahrhunderts in Syrien und Persien wirkenden Assassinen, wieder wachgerufen. Denn *fidā'ī*, das arabische Wort für einen solchen Desperado, wird auf Terroristen mit religiösen und politischen Zielen angewendet. Die *Fidayin* sind diejenigen, die bereit sind, ihr Leben zu opfern. Viele der einander ablösenden Dynastien, sei es der Kalifen oder ihrer Sachwalter in den Provinzen, gehen auf kriegerische Eroberungen oder Umsturzbewegungen zurück, wobei häufig auch religiöse Motive eine Rolle spielten. Die Mongolen, die Mamlūken, die Osmanen, Safawiden und die Moghul-Kaiser können als Beispiele genannt werden. Und noch in der heutigen arabischen Welt findet man vorwiegend Regime, die aus einem Militärputsch hervorgingen. Das Kriegsgeschehen beeinflußte nur zu oft das alltägliche Leben der islamischen Völker. Eindringlinge, Rebellen und Usurpatoren verwüsteten die Länder und plünderten die Städte. Als sich die mittelalterliche islamische Welt herausbildete, wurde ein großer Teil des Regierungsapparates, insbesondere das System der Verwaltung des Grundbesitzes, einzig den Zwecken der Kriegführung untergeordnet. Aufgrund dieser und ähnlicher Tatsachen lohnt es sich, das Thema der Kriegführung und der militärischen Organisation im Islam gesondert zu behandeln.

Das kulturell und sozial zurückgebliebene alte Arabien kannte die *Razzia* (von arabisch *ghazw, ghazwa* in der gleichen Bedeutung) als die Hauptform des Stammeskrieges. Es handelt sich um einen Angriff oder einen Rachefeldzug gegen einen rivalisierenden Stamm mit dem Ziel, dessen Krieger zu töten (wodurch die Kampfkraft geschwächt und die Überlebensmöglichkeiten in der unwirtlichen Umwelt verringert werden), sich seine Habe und seine Kamele anzueignen und Kriegsgefangene als Sklaven zu gewinnen. Es waren also einzelne Feldzüge, die jeweils einem ganz bestimmten Zweck dienten. Die berühmten ‚Kriege' des vorislamischen Arabiens, wie der von Basūs (um 500) und der von Dāhis (spätes 6. Jahrhundert), waren in Wirklichkeit nur eine Folge einzelner, über viele Jahre verteilter Razzien, aber nicht langfristige Unternehmungen mit geplanten Schlachten. Die vorislamische Poesie ist ganz von dem Geist des *fakhr* durchdrungen, der Glorifizierung der militärischen Erfolge des eigenen Stammes. Sie rühmt die heldenhaften Tugenden des Mutes und der Tapferkeit im Kampf. Die Fähigkeit, sich zu verteidigen, war zum Überleben unerläßlich, denn, so bemerkt der Dichter Zuhayr ibn Abī Sulmā:

Wer die Wege, auf denen der Tod lauert, fürchtet – der Tod ereilt einen, stiege man auch die Sprossen einer Leiter zum Himmel empor.
Wer die Angriffe der anderen duldet und sich stets erniedrigen läßt, wird es bereuen.

Wer sein Wasserbecken nicht mit guter Waffe verteidigt, wird es zerbrochen sehen; wer nicht andere angreift, wird angegriffen.

Da die Feldzüge jedoch begrenzte Operationen waren, kam es nie zur völligen Vernichtung von Menschen und Material. Ausdauer im Kampf bedeutete nicht Tollkühnheit, und die unvermeidlichen Vergeltungsmaßnahmen, die sich aus dem Gesetz der Blutrache ergaben, waren ein wirkungsvolles Abschreckungsmittel gegen sinnloses Morden.

Die verwendeten Waffen müssen recht primitiv gewesen sein. Schwerter werden oft als ‚jemenitisch‘ oder ‚indisch‘ bezeichnet. Echt arabische Waffen waren die Lanze, deren Schäfte vom Persischen Golf oder aus den Sumpfgebieten des unteren Irak stammten; ferner Pfeil und Bogen, von denen regional unterschiedliche Formen bekannt sind. In vor- und frühislamischer Zeit trug der Krieger seinen Bogen stets bei sich; in der Stadt erkannte man daran den Beduinen. Als der Dichter al-Ḥārith ibn Hilliza sein berühmtes Gedicht, seine *Muʿallaqa,* vor dem Lakhmidenkönig im Zentralirak extemporierte, stützte er sich so fest auf die Sehne seines Bogens, daß sie in seine Hand einschnitt; der Kalif ʿAlī lehnte sich während eines Streites mit khārijitischen Schismatikern auf seinen Bogen. Der einzige Körperschutz waren Lederpanzer und einfache Kettenhemden, die den ärmlichen Waffen der Nomaden durchaus gewachsen waren. Doch galten auch diese Gegenstände als so wertvoll, daß sie von einer Generation zur nächsten vererbt wurden, und daß man Feldzüge unternahm, um gute Kettenhemden zu rauben. So griff man das Lager des Kriegers und Dichters Samauʾal ibn ʿAdiyāʾ in Ablaq im Nord-Hijāz an, um dort deponierte Waffen und Panzer fortzuschleppen.

Der Aufbruch der Araber

Im I./7. Jahrhundert begannen die Araber, zunächst unter der Führung des Propheten Muhammad, ihre Wohnsitze in der Wüste zu verlassen. Es kam zu einem Massenaufbruch wehrfähiger Männer, als Nachrichten über die reiche Beute in Syrien, im Irak und Persien in die Heimat gelangten. Die islamischen Quellen betonen natürlich die religiöse Motivation, wie sie etwa aus der folgenden koranischen Aufforderung hervorgeht:

> Kämpft gegen diejenigen, die nicht an Gott und das Jüngste Gericht glauben und nicht verbieten, was Gott und Sein Prophet verbieten; die nicht der wahren Religion folgen, obschon sie zu den Leuten gehören, die eine offenbarte Schrift erhalten haben – kämpft, bis sie in Erniedrigung Tribut entrichten (IX, 29).

Wir sind heute geneigt, eher weltliche Gründe für diesen Aufbruch in den Vordergrund zu rücken, etwa Hungersnot, Überbevölkerung in Arabien oder schlichte Beutegier. Zur gleichen Zeit waren das byzantinische und das sāsānidische Reich durch Kriege geschwächt und darum verwundbar. Doch sollte man die religiöse Begeisterung in keinem islamischen Krieg unterschätzen. Man kann zum Beispiel den Geist des *jihād* in einem erst kurz zurückliegenden Ereignis wie dem Kaschmir-Konflikt von 1948 wiedererkennen. Damals strömten muslimische Freiwillige aus Nordwestindien und Afghanistan nach Kaschmir, um diese überwiegend islamische Provinz ganz für Pakistan zu gewinnen. Im ganzen Mittelalter spielten die religiös motivierten Freiwilligen eine wichtige Rolle; diese *ghāzīs* stellten oft einen bedeutenden Teil der islamischen Heere. Wenn man von den großen Feldzügen, die in das Gebiet der Ungläubigen unternommen wurden, absieht (wie die vielen ergebnislosen Angriffe auf Konstantinopel unter den Umayyaden und den frühen ʿAbbāsiden; der Feldzug des Kalifen Muʿtasim gegen Amorium in Zentralanatolien im Jahr 838; der Zug des spanischen umayyadischen Vizekönigs al-Mansūr gegen das Heiligtum von St. Jacob in Compostela 997), ruhte die Hauptlast der Grenzverteidigung in Anatolien, Nordspanien, Zentralasien und Indien auf diesen Freiwilligen. Aus ihnen rekrutierten sich auch die Besatzungen der Grenzposten oder *ribāts* am Mittelmeer und Atlantik, die den Angriffen der Christen und Wikinger ausgesetzt waren.

Die Kriegführung entsprach während der Eroberungen zunächst den beschränkten Kenntnissen der vorislamischen Zeit. Doch zeigten sich unter Muhammad auch schon Ansätze zu neuen Methoden, wobei byzantinische und persische Einflüsse eine Rolle spielten. Als 6/627 die mekkanischen Feinde den Propheten in Medina belagerten, wurde die offene Nordflanke der Stadt durch einen Graben abgesichert, der auf Anraten des persischen Konvertiten Salmān ausgehoben worden war; wie schwach dieser Schutz auch gewesen sein mag, seine Neuheit schreckte die Gegner ab. Drei Jahre später sah sich Muhammad vor die Aufgabe gestellt, die Stadt Taif einzunehmen, die als einzige in Arabien über Verteidigungswerke verfügte. Man sagt, er habe byzantinische Belagerungsmaschinen heranschaffen lassen, verlor aber in nutzlosen Sturmangriffen viele Männer. Taif ergab sich schließlich freiwillig. Doch außerhalb Arabiens lernten die Muslime schnell die Handhabung neuer Vorrichtungen. Araber, die in den byzantinischen und sāsānidischen Grenzgebieten wohnten und beiden Reichen als Hilfstruppen gedient hatten, waren sicher mit besseren Techniken vertraut. Man übernahm Schleudermaschinen, Rammböcke zum Niederbrechen von Mauern, mit Soldaten besetzte Türme, die an Mauern herangeschoben werden konnten, die Methode, Stollen voranzutreiben – alles Dinge, die im byzantinischen Heerwesen weit entwickelt worden waren. Das arabische Wort für eine große Schleudermaschine *manjanīq* kommt vom griechischen *manganikon.* Für die Belagerung von Damaskus im Jahre 14/635 und von Istakhr in Fārs im Jahre 16/637 ist die Verwendung derartiger Maschinen bezeugt.

Die arabischen Truppen jener Zeit umfaßten zahlenmäßig kleine, aber sehr bewegliche berittene Einheiten, die auf Kamelen oder Pferden in die Steppen und Wüsten Nordafrikas und des Nahen Ostens und bis nach Armenien und in das iranische Hochplateau ausschwärmten, wobei sie befestigte Ansiedlungen oft umgingen und erst später zurückkehrten, um sie einzunehmen oder eine freiwillige Übergabe abzuwarten. Im Gegensatz zu den schwerbewaffneten und durch den Troß behinderten konventionellen Armeen der Byzantiner und Perser waren die arabischen Eroberer ganz auf sich selbst gestellt und versorgten sich aus dem Land, das sie durchstreiften. So war das Problem langer Versorgungslinien, dem die meisten Eroberungsarmeen gegenüberstehen, für sie kaum vorhanden. Die arabischen Heere durchmaßen riesige Entfernungen, beispielsweise an der nordafrikanischen Küste entlang bis zum Atlantik, durch den Kaukasus bis zur Mündung der Wolga, an der Küste des Indischen Ozeans entlang über Belutschistan bis zum Indus, ohne daß das Hinterland sofort gesichert worden wäre.

Die Absicherung der Eroberungen

Seit dem zweiten Kalifen 'Umar (13–23/634–44) begannen die arabischen Führer, durch die Gründung von Garnisonstädten *(amsār)* die eroberten Gebiete zu sichern. Sie benutzten entweder schon bestehende Orte wie Damaskus, Merw, Qum und Qinnasrīn oder gründeten neue wie etwa Kūfa, Basra und Wāsit im Irak, Fustāt in Ägypten und Qayrawān in Tunesien. Diese Garnisonstädte waren strategisch wichtige Zentren, von denen aus arabische Eliteeinheiten die unterworfene Bevölkerung kontrollierten. Besonders die syrischen und irakischen *amsār* lagen am Rande der Wüste und dienten dadurch als Anlaufpunkte für Verstärkungen aus den Beduinenstämmen. Von Kūfa aus wurde die Eroberung Armeniens, Aserbeidschans und des Kaukasus geleitet, von Basra aus wurden der Süden und der Osten Persiens sowie Transoxanien und Sind eingenommen. Allmählich begann städtisches Leben die Neugründungen zu erfüllen; sie fingen an, sich zu intellektuellen und kommerziellen Zentren zu entwickeln. Kūfa verfiel, aber Basra ist heute die zweitwichtigste Stadt des Irak, Fustāt war der Vorläufer des heutigen Kairo. Als der umayyadische Gouverneur des Irak eine Zählung der arabischen Truppen durchführen ließ, stellte sich heraus, daß kaum fünfundzwanzig Jahre nach der Gründung in Kūfa 40 000 und in Basra 60 000 waffenfähige Männer lebten, obwohl ständig Soldaten und Siedler an die Fronten in Persien und Armenien abrückten. In den neuen Ansiedlungen und Lagern behielten die Araber die Aufgliederung nach Stämmen bei. Der Stamm als Grundlage für die gesellschaftliche und militärische Organisation blieb für weitere Jahrzehnte wichtig; das gilt insbesondere für die neunzig Jahre des umayyadischen Kalifates (41–133/661–750), das durch interne Stammesfehden stark erschüttert wurde. Die Umayyaden zahlten häufig große Beträge an Stammesoberhäupter, damit diese ihre Truppen zur Verfügung stellten; so zahlte Marwān ibn al-Hakam (65–66/684–85) für eine Einheit von zweitausend Kriegern zwei Millionen Dirham an Hasan ibn Mālik, den Führer des Yemenī-Stammes in Syrien, und bestätigte ferner, daß Hasans Sohn oder Neffe Nachfolger in der Führung des Stammes werden sollte.

Alles lief darauf hinaus, daß die arabischen Eroberer gleichsam als Grundherren von den Einkünften der in Besitz genommenen Ländereien lebten. Nach den Bestimmungen des Korans hätten alles Land und die bewegliche Beute unter alle Krieger verteilt werden müssen, nachdem der Kalif als Oberhaupt der Gemeinde sein Fünftel, das dem Namen nach für Gott, in Wirklichkeit aber für den Staat bestimmt war, erhalten hatte. Eine tatsächliche Aufteilung allen okkupierten Gutes hätte jedoch ein wirtschaftliches Chaos hervorgerufen. Man fand einen Ausweg, indem man den Staat alle Einkünfte einziehen ließ; aus diesen Mitteln besoldete er dann die arabischen Krieger und bedachte die *mawālī,*

Metallspitze einer türkischen Standarte. (2)

einige wenige Privilegierte aus der ständig wachsenden Schicht einheimischer Konvertiten zum Islam, mit Geldgeschenken. Die Namen der Krieger wurden in einer Liste, dem *dīwān,* verzeichnet, diese administrative Neuerung geht auf den Kalifen 'Umar zurück. Die Gelder wurden an sogenannte *'arīfs* gezahlt, die die entsprechenden Listen zu führen hatten. Die Höhe des Soldes richtete sich vor allem nach dem religiösen Verdienst des Empfängers, wobei frühe Annahme des Islam und Teilnahme an der Schlacht von Badr gegen die mekkanischen Heiden besonders berücksichtigt wurden. Die Einkünfte aus dem *dīwān* waren erblich. Ferner gab es in dieser Periode der Ausdehnung des islamischen Reiches stets genug Beute – Waffen, Schmuck und vor allem Sklaven. Freilich wurden Sklaven im ersten Jahrhundert nur im Haushalt beschäftigt und nicht zu Zwecken der Produktion oder der Kriegführung eingesetzt. Berber-Sklaven zu gewinnen, war ein wichtiges Motiv für die Feldzüge nach Nordafrika, türkische Sklaven brachte man von den Kämpfen in Südrußland und Zentralasien heim.

Zur Umayyadenzeit entsteht die klassische Kampfform der arabischen Heere. Der Historiker Ibn Khaldūn aus dem VIII./14. Jahrhundert hat gewiß recht, wenn er von byzantinischem und sāsānidischem Einfluß spricht. Zuvor bestand die Taktik in einer heftigen Attacke, der ein vorgetäuschter Rückzug folgte, dann nahm man plötzlich den Kampf wieder auf *(karr wa-farr:* ,Attacke und Flucht'). Jetzt übernahm man die feste Schlachtordnung *(ta'biya)* mit geschlossenen Reihen ,wie Gläubige beim Gebet', wobei man sich auf einen Koranvers berief: ,Gott liebt, die für Ihn in Reihen kämpfen, als wären sie ein festgefügtes Gebäude' (LXI, 4). Im allgemeinen gliederte sich ein gefechtsbereites Heer in fünf Teile (daher der Ausdruck *khamīs –* ,fünfgliedrig' – für das Heer allgemein): das Zentrum mit der Kommandostelle; ein rechter und ein linker Flügel; die Vorhut und die Nachhut mit dem Troß, den Händlern, die das Heer versorgten, mit Waffenarsenalen, Belagerungsgeräten usw. Vor dem Heer waren Kundschafter und Plänkler eingesetzt. Wenn aber tatsächlich zwei Heere miteinander in Berührung kamen, entspannen sich häufig Einzelkämpfe zwischen den Besten beider Seiten. Dies konnte Tage dauern wie bei dem Treffen zwischen dem Kalifen ʿAlī und seinem Gegner Muʿāwiya in der Nähe von Siffīn im Jahre 37/657. Die Einzelkämpfe hatten psychologische Bedeutung, denn eine Armee, deren beste Krieger sich als unterlegen erwiesen, konnte leicht demoralisiert werden. Ein Trompetenstoß oder das Schwenken einer Standarte war das Zeichen zum allgemeinen Angriff. In einer arabischen Handschrift historischen Inhalts hat man jüngst Abbildungen der Standarten einiger Stämme gefunden. Während der Schlacht wurde die alte Taktik des Angriffs und vorgetäuschten Rückzuges wohl weiter verwendet. In Spanien hielten die Muslime lange an dieser Kampfweise fest, und die christlichen Spanier übernahmen mit dem Wort *torna-fuye* eine wörtliche Übersetzung des *karr wa-farr* in ihre Sprache. Der letzte Umayyadenkalif Marwān II. (127–33/744–50) führte als Neuerung geschlossene Truppeneinheiten innerhalb der Linienformation ein, doch blieb die fünfgliedrige Ordnung des Heeres noch lange Zeit maßgeblich.

Als die ʿAbbāsiden 133/750 die Herrschaft übernahmen, standen die Grenzen des islamischen Gebietes weitgehend fest. Im III./9. Jahrhundert riß Byzanz die Initiative an sich und besetzte vorübergehend einige seiner verlorenen Territorien in Nordsyrien, während in Spanien die Anfänge der Reconquista erkennbar werden. Nach dem III./9. Jahrhundert verfiel die Zentralgewalt des Kalifates, und in den Provinzen entstanden Dynastien, die aus Gouverneursfamilien hervorgingen. Als die Lage an den Grenzen zu den nichtislamischen Ländern sich beruhigte, wurde nur noch ein lokal begrenzter Guerillakrieg geführt; größere Schlachten fanden nicht statt.

Seit dem III./9. Jahrhundert wird der Krieg Sache von Berufssoldaten; zudem schwindet die Bedeutung der Araber, andere Völker schieben sich in den Vordergrund. Die ʿAbbāsiden hatten mit Hilfe von Truppen aus Khurāsān die Macht ergriffen, und kurz darauf verfiel das alte *dīwān*-System. Die Heere waren längst nicht mehr die *Levée en masse* eines ganzen Volkes; allmählich war man dem ständigen Kämpfen abgeneigt. Überdies war das ʿabbāsidische Kalifat eine sozial weniger exklusive Institution; die Verwaltungsbeamten entstammten jetzt, anders als zur Umayyadenzeit, den verschiedensten Nationen. Als al-Maʾmūn, der Gouverneur von Merw gewesen war, in einem Bürgerkrieg 198/813 seinen Bruder al-Amīn bezwang, verstärkte sich weiter die Vorherrschaft des iranischen Elementes. Freilich war die große Zeit der khurāsānischen Truppen nur von kurzer Dauer. Die Türken rückten jetzt in der militärischen Organisation des Kalifats und seiner Nachfolgestaaten vor. Es gelang ihnen in wenigen Jahrhunderten, zum bestimmenden Faktor im militärischen und politischen Leben zu werden. Von Algier im Westen über den Jemen im Süden bis hin nach Bengalen im Osten finden wir türkische Dynastien soldatischer Herkunft. Diese Periode der islamischen Geschichte ging eigentlich erst jüngst zu Ende, als 1953 in Ägypten der junge König Fuʾād II. abgesetzt wurde, der der türkischen Linie des Muhammad ʿAlī angehört hatte. Erst damals wurde die letzte Dynastie türkischen Ursprungs abgeschafft.

Die Zusammensetzung der Heere

Die beiden wichtigsten Charakteristika der neuen Berufsheere waren erstens ihre Herkunft aus den verschiedensten Völkern, wobei häufig geographische Gegebenheiten die Zusammensetzung der Armee beeinflußten, und zweitens die Tatsache, daß Militärsklaven (*ghulām* oder *mamlūk*, der letztere Ausdruck ‚jemandem gehörig‘ gab einer der großen Dynastien des islamischen Mittelalters ihren Namen) ihren Kern bildeten. Die Kalifen und ihre Gouverneure begannen, sich nach von ihnen abhängigen Truppen fremder Herkunft umzusehen, um diese als Machtmittel zugunsten einer fortschreitenden Zentralisierung einsetzen zu können. Niemand dachte noch an die Rolle, welche die ersten Umayyaden-Kalifen gespielt hatten, die, eher Stammesoberhäuptern vergleichbar, auch für den ärmsten unter den Arabern erreichbar gewesen waren. Der Besitz eines stehenden Heeres aus loyalen Sklaven erlaubte es den meisten islamischen Herrschern seit dem III./9. Jahrhundert, eine scharfe Trennung zwischen den herrschenden Schichten der Soldaten und Beamten und der Masse der Untertanen zu zementieren, deren Hauptpflicht in der Entrichtung von Abgaben bestand, durch welche wiederum das Kriegswesen in Gang gehalten wurde.

Zumindest in der Theorie hoffte man, Sklaventruppen würden ihren Herren bedingungslos gehorsam sein, da ihnen lokale Bindungen fehlten. Man holte Sklaven aus allen Gegenden außerhalb der islamischen Welt, erzog sie in islamischer Umgebung und formte aus ihnen Elitetruppen. Der Almoravide ʿAlī ibn Yūsuf (500–37/1106–42) soll sogar eine christliche Reiterei eingesetzt haben, um von den Muslimen des Maghreb die Steuern erheben zu können, wenn nicht gar, um gegen die christlichen Monarchen Spaniens zu kämpfen. Der türkische Gouverneur und nahezu unabhängige Regent Ägyptens, Ahmad ibn Tūlūn (254–70/868–84), erwarb griechische und sudanesische Sklaven und setzte freie Söldner ein, vermutlich Griechen, Armenier und Balkanslawen. In den Militärunterkünften bei Fustāt gab es Viertel für die verschiedenen ethnischen Gruppen. Ein persischer Reisender des V./11. Jahrhunderts, Nāsir-i Khusraw, berichtet uns über einen festlichen Auszug des Fātimidenkalifen al-Mustansir (427–87/1036–94) zum Nilufer aus Anlaß der Öffnung der Schleusentore. Der Herrscher wurde von 10 000 Mann Kavallerie auf reichgeschmückten Pferden mit verzierter Ausrüstung eskortiert, und es befanden sich unter anderem Berber, Türken, Perser und Neger in der Truppe. Unmittelbar vor ihm marschierten 300 Infanteristen aus Daylam (dem gebirgigen und nahezu unzugänglichen persischen Gebiet an der Südwestküste des Kaspischen Meeres) mit ihren charakteristischen Waffen, den Streitäxten und *zhūpīns*, Wurfspießen mit Doppelspitze. Aber mehr als jedes andere Volk schätzte man die Türken wegen ihrer kriegerischen Eigenschaften, die die Entbehrungen in den Steppen Zentralasiens und Südrußlands in ihnen angelegt hatten.

Von jetzt an haben wir genaue Angaben über die Organisation der Armee; sie stammen aus Aufzeichnungen über stets wiederholte Musterungen und Heerschauen und aus Berichten über die Tätigkeit des Kriegsministeriums, des *Dīwān al-jaysh*. Die Musterungen dienten erstens dazu, den Sold, der in Abständen von einem bis zu sechs Monaten fällig war, zu zahlen; zweitens zur Inspektion von Waffen, Reittieren und Ausrüstungsgegenständen. Aus Berichten von Inspektionen im Bagdad der ʿAbbāsiden entnehmen wir, daß das Heer sich

Ein ägyptisches Flußschiff, Mamlūkenzeit, IX./15. Jh., mit drei Bogenschützen mit gespannten Bögen. Es handelt sich um eine Schattenspielfigur aus bemaltem Leder. (3)

in rechteckiger Form vor dem Palast aufstellte und daß alle Soldaten und Reittiere anhand der Listen und Beschreibungen des Kriegsministeriums geprüft wurden, wobei man besonders die Gesichtszüge und Körpermerkmale der Soldaten und Farbe und Brandzeichen der Tiere beachtete. Kampfkraft und Standard der Waffenführung wurden durch feldmäßige Übungen kontrolliert und in den Registern vermerkt: *j* (für *jayyid* ‚gut'), wenn ein Soldat erstklassig war; *t* (für *mutawassit* ‚mittelmäßig') für den Durchschnitt; *d* (*dūn* ‚unzureichend') für alle, die den geforderten Standard nicht erreichten.

Es gab nun auch unterschiedliche Uniformen für die Palastgarden und andere Spezialeinheiten, die bei festlichen Zeremonien in der Audienzhalle oder im Thronsaal die Ehrenformation bildeten. Im III./9. und IV./10. Jahrhundert lebten die türkischen Garden des 'Abbāsidenkalifen innerhalb des Palastbezirkes und bezogen die Uniformen, Waffen und Reittiere für die Zeremonien direkt vom Kalifen, wogegen die Masse der Soldaten diese Unkosten aus den eigenen Einkünften zu bestreiten hatte. Wir sind über das Aussehen dieser Uniformen und der Waffen fast nur aus literarischen Quellen unterrichtet. Doch entdeckte man in den frühen 50er Jahren in Südafghanistan am Ufer des Helmand eine Reihe von Palastruinen, die auf die Ghaznawiden zurückgehen, eine türkischstämmige Militärdynastie, die von ihrem Zentrum Ghazna aus ein riesiges, wenn auch kurzlebiges Reich in Nordindien, Ostpersien und Zentralasien errichtete. In Bruchstücken erhaltene Wandmalereien des Audienzsaales des Palastes von Lashkar-i Bāzār zeigen die türkischen *ghulāms* oder Garden des Sultans Mahmūd (388–421/998–1030), die überraschend genau mit den Beschreibungen der literarischen Quellen übereinstimmen: Sie waren in prächtige Uniformen aus Seidenbrokat gekleidet, der in Bagdad, Isfahan oder Shushtar hergestellt wurde, und sie trugen vergoldete oder versilberte, mit Edelsteinen besetzte Waffen, vermutlich Keulen oder Streitäxte.

Die Taktik

Provinzdynastien wie die Ghaznawiden von Afghanistan, sowie viele andere in Persien, Syrien, Südarabien, Ägypten und Nordafrika entstanden auf den Trümmern des universalen 'abbāsidischen Kalifates, das im späten IV./10. Jahrhundert nur noch ein Schatten seiner selbst war. Ihr Militärwesen wie auch ihre Verwaltungspraxis standen jedoch ganz in der 'abbāsidischen Tradition, denn das Vorbild Bagdads war weiter richtungweisend, wenn natürlich hier und da lokale Abweichungen und Sonderformen zu verzeichnen sind, die den jeweiligen geographischen und strategischen Gegebenheiten Rechnung tragen. So waren es die Ghaznawiden, die, nachdem sie sich den Zugang zur Indus- und Gangesebene erfochten hatten, im V./11. und VI./12. Jahrhundert den Gebrauch von Kriegselefanten in das islamische Heerwesen einführten. Kopf und Vorderkörper der Tiere waren mit Panzerungen geschützt. Man stellte sie vor der Schlachtreihe auf und ließ sie auf den Feind losstampfen. Ihr Trompeten und das Gerassel ihrer metallenen Rüstung jagten den Feinden Furcht ein, zum Beispiel den Gegnern der Ghaznawiden in Zentralasien, die derartige Tiere nicht kannten. Nach dem Einbruch der Mongolen kommen in der islamischen Welt außerhalb Indiens die Elefanten als taktische Waffen wieder außer Gebrauch, wenn man sie auch, zumindest im Iran, für zeremonielle Zwecke weiter verwendete.

Da in allen Ländern östlich des Maghreb fast überall Türken zu finden waren, dominierte in jener Zeit die bewegliche Kavallerie – auch wenn es Spezialeinheiten der Infanterie gab, die bis zum Schlachtfeld ritten und dann zu Fuß kämpften – und es dominierte der Bogen, die Waffe par excellence des Steppenreiters. Schon im III./9. Jahrhundert glossierte al-Jāhiz aus Basra, daß ein Türke mehr Tage seines Lebens im Sattel verbringe als auf der Erde, daß die Türken stets zwei bis drei Bögen bei sich trügen und daß sie so erfahrene Schützen seien, daß ihre Pfeile, auf der Flucht nach rückwärts abgeschossen, ebenso tödlich träfen wie die Pfeile, die nach vorne gezielt seien. Fünfhundert Jahre später schrieb Ibn Khaldūn:

Wir hören, daß die Kampftechnik der zeitgenössischen türkischen Nationen (er denkt wohl an die ägyptischen und syrischen Mamlūken und die turkmenischen Nachfolger der Mongolen im Irak und in Persien) im Bogenschießen besteht. Ihre Schlachtordnung ist die Reihe. Sie teilen ihr Heer in drei Reihen, die hintereinander Aufstellung nehmen; dann schießen sie aus

205

Ansicht der Zitadelle von Kairo, vom gegenüberliegenden Muqattam-Berg aus von einem europäischen Reisenden 1822 gezeichnet. Der Bau der Zitadelle wurde von Saladin in der zweiten Hälfte des VI./12. Jh. begonnen; die Mamlūken erweiterten die Anlage. Zur Zeit des Zeichners hatte sie ihre militärische Bedeutung verloren. (4)

einer hockenden oder knienden Stellung. Jede Reihe schützt die vor ihr, so daß diese nicht vom Feind überrannt werden kann, bis der Sieg entschieden ist. Dies ist eine sehr gute und bemerkenswerte Schlachtordnung.

Die Geschicklichkeit des mamlūkischen Bogenschützen war sprichwörtlich; in der Zeit der unabhängigen Mamlūkenherrschaft (648–923/1250–1517) wurde der Bogen am meisten benutzt. Aus dieser Epoche und aus der vorhergehenden Ayyūbidenzeit besitzen wir wichtige Handschriften über die Kriegskunst, die sich mehr mit der Praxis beschäftigen als die eher auf theoretischen Abhandlungen fußende Fürstenspiegelliteratur der älteren Zeit. Ein kurzes, aber interessantes Handbuch des VI./ 12. Jahrhunderts aus der Feder von Mardī ibn 'Alī at-Tarsūsī wurde für den Sultan Saladin verfaßt; es beschäftigt sich mit Waffen, Techniken der Kriegführung und Belagerungsgeräten. Eine detaillierte Schrift über das Bogenschießen vom Pferd aus und den Bau von zusammengesetzten Bögen geht auf einen sonst unbekannten Mamlūken aus Syrien namens Taybughā al-Yūnānī zurück (geschrieben um 770/1368). Diese Abhandlung zeigt, wie sehr die Technik auf diesem Gebiet verfeinert worden war.

Wie man in dieser Epoche der Vorherrschaft des *fāris*, des Reiters, kämpfte, kann man aus Handbüchern der Staatslenkung ermitteln, wenn man ihre Angaben mit historischen Quellen vergleicht. Auch nichtmuslimische Quellen sind nützlich, wie zum Beispiel die *Tactica* des byzantinischen Kaisers Leo VI. (886–912), die Informationen über die Kriegführung an der Taurusgrenze enthält. Er betont die Mobilität der muslimischen Truppen und die Anwendung der langgezogenen Schlachtordnung und beschreibt, daß ‚die Sarazenen kühn sind in der Hoffnung auf Sieg, sich jedoch leicht einschüchtern lassen, sollte er ihnen nicht winken‘. Wie überall entwickelte sich auch im Islam eine Reihe von Konventionen der Kriegführung: Ungläubige sollten zunächst zum Islam gerufen werden, ehe man den Kampf gegen sie aufnahm; ferner hieß es, daß freie Unterkunft gewährt und Nichtkombattanten geschont werden sollten; Nichtmuslime hingegen konnten versklavt oder zur Auslösung gefangengenommen werden – Waffenstillstand mit Ungläubigen war der Theorie nach stets begrenzt. Der Austausch und Freikauf von Gefangenen war an der

christlich-islamischen Front eine durchaus übliche Erscheinung; dieser Grenzverkehr war bestens organisiert.

Während dieser Zeit stabiler Grenzen und stehender Berufsheere wurde oft nur in sehr geringem Umfang gekämpft. Selbst der erfolgreichste Feldherr konnte seine Armee nicht ständig im Feld halten. Die Soldaten kehrten in Abständen zu ihren *iqtā's*, ihren Militärgütern, zurück, um ihre Einkünfte einzuziehen. Das rauhe Klima in Gegenden wie Anatolien oder Zentralasien machte Feldzüge im Winter fast ganz unmöglich; schließlich war es immer schwierig, Lebensmittel, Viehfutter und Geldgeschenke für die Truppen aufzutreiben. Selbst Saladin wurde oft enttäuscht, wenn er versuchte, die Kreuzfahrer aus der Levante zu vertreiben. Seine Reiterei zögerte zum Beispiel, sich mit der fränkischen Infanterie einzulassen, die sich vor Akkon in den Jahren 585–86/1189–90 verschanzt hatte. Die völlige Erschöpfung seiner türkischen und kurdischen Truppen, die, nachdem sie vier Jahre ununterbrochen im Felde gelegen hatten, ganz ermattet waren, trug die Schuld am Verlust von Jaffa, welches er 588/1192 vorübergehend besetzt hielt. Aus Gründen wie den hier genannten konnten ganze Kriege in einer einzigen offenen Schlacht entschieden werden. Andererseits gab es auch viele Kriege, die aus einer Reihe von Belagerungen bestanden.

Die Belagerung

Im späten Mittelalter wurden die Techniken des Festungsbauwesens immer ausgefeilter, und man entwickelte spezielle Belagerungsmaschinen. Der Kampf zwischen Muslimen und Byzantinern beziehungsweise Kreuzfahrern war oft nichts weiter als eine Zermürbung des Gegners und ein Ringen um winzige Territorien – mittelalterliche Entsprechungen der Abnutzungsschlachten des Ersten Weltkrieges. Unter den Ayyūbiden und Mamlūken verzeichnen wir eine Blüte der Militärarchitektur besonders in Syrien; hiervon zeugen die massigen Türme und Umwallungen der Zitadellen von Damaskus, Aleppo und Bosra, sowie in Kairo, wo die Verteidigungswerke auch ausgedehnte Garnisonen mit einem Netz von Gängen zu den Galerien der äußeren Mauern und zu den Magazinen und Vorratsräumen des Innern umfaßten. Gegen Ende des IX./15. Jahrhunderts erkennen wir einen Wandel in den Befestigungsanlagen: Man versuchte, sie dem neuen Zeitalter der Feuerwaffen anzupassen; Schießscharten für Arkebusen und Kanonen und verstärkte Plattformen zur Aufstellung von schweren Geschützen wurden gebaut. Die Formen, die in Syrien für diese neue Art der Kriegführung entwickelt worden waren, wurden von den frühen Osmanen für ihre Festungsbauten übernommen. Sie zeigten sich in den Anlagen, mit denen sie die Byzantiner in ihrer stets sich verkleinernden Redoute umgaben und mit denen sie die Durchfahrt durch den Bosporus überwachten. Kolossale Ausmaße kennzeichnen Anadolu Hisāri auf dem asiatischen und Rumeli Hisāri auf dem europäischen Ufer der Meerenge (gebaut 793/1390 und 856/1452). Die drei Bergfriede von Rumeli Hisāri haben einen Durchmesser von 23 bis 26 Meter, und die Dicke ihrer Mauern schwankt zwischen fünf und sieben Metern.

An den Küsten des islamischen Nordafrika bestanden seit dem III./9. Jahrhundert Befestigungsanlagen gegen die von See her vorgetragenen Angriffe der Christen, besonders im heutigen Algerien, Tunesien und Libyen. Diese sogenannten ribāts – als Beispiele können Sūs und Monastir in Nordtunesien genannt werden – waren gegen einen Feind gerichtet, dessen Angriffe immer drängender wurden, als das muslimische Spanien im VII./13. Jahrhundert bis auf das kleine Königreich Granada zusammenschrumpfte.

Illustrationen in islamischen Handschriften und in einigen christlichen Quellen und die allerdings recht unklaren Beschreibungen des Krieges in anderen Werken erlauben es, daß wir uns ein Bild von den Geräten und den Techniken der Belagerung machen, wie sie in der islamischen Welt von Indien bis Spanien in Gebrauch waren. Ein beweglicher Turm (burj) wurde an die Mauern des belagerten Ortes geschoben, und Soldaten sprangen auf die Brustwehr; oder man benutzte Rammen (kabsh; dabbāba), Waffen, die allerdings von den Kreuzfahrern bevorzugt wurden. Oft war es schwierig, an die Mauern heranzukommen; Wälle aus Erde mußten gestürmt, Gräben mit Sandsäcken oder gefüllten Schaffellen zugeschüttet werden. Um derartige Kämpfe zu umgehen, in denen viele Soldaten durch Pfeile oder andere Geschosse der Verteidiger getötet werden konnten, hatten die Angreifer die Möglichkeit, ihre Mineure (naqqābūn) einzusetzen, die in den Belagerungskriegen zwischen den Kreuzfahrern und den Ayyūbiden und frühen Mamlūken eine sehr bedeutende Rolle spielten. War der Untergrund nicht zu felsig, konnte man Tunnel unter die Befestigungen vorantreiben; das Holz, das man zur Abstützung verwendet hatte, wurde in Brand gesteckt, wodurch sich das Erdreich darüber absenkte.

Gegen hartnäckige Abwehr setzte man sonst vor allem Pfeile, Felsbrocken und andere Geschosse ein. Es wurden verschiedenartige Schleudermaschinen entwickelt, die jedoch letztlich alle auf griechisch-römische Vorbilder zurückgingen, nun aber verfeinert und nahezu perfektioniert wurden. Wie schon erwähnt, hieß der größere Typ der Schleudermaschinen manjanīq. Hier wurde das Geschoß durch die Zentrifugalkraft fortgeschleudert; sie wurde von einer Gruppe Soldaten erzeugt, die das kürzere Ende eines nicht im Gleichgewicht befindlichen Hebebaumes niederdrückten. Der kleinere Typ eines solchen Geschützes, 'arrāda genannt und dem griechischen onagros entsprechend, schleuderte ein kleineres Geschoß durch die Wirkung einer Welle, die, nachdem ein Seil

aufgewunden worden war, losgelassen wurde. Im VI./12. Jahrhundert kam der sogenannte qaws az-ziyār in Gebrauch, ein Bogen, der von mehreren Männern mit Hilfe einer Kurbel gespannt wurde; einige Modelle konnten offenbar drei Pfeile zugleich abschießen. Dieses Gerät scheint im Orient erfunden worden zu sein; der Überlieferung nach hat Friedrich II. von Sizilien eines davon im Jahre 637/1329 in Akkon erworben.

Der bereits erwähnte Traktat von Mardī ibn 'Alī ist eine wertvolle zeitgenössische Quelle zu diesem Thema; die Handschrift enthält mehrere Zeichnungen, die die technischen Beschreibungen erklären helfen. Darüber hinaus erwähnt Mardī einige Erfindungen eines gewissen Shaykh Abū 'l-Hasan al-Iskandarānī, den er persönlich kannte. Einige dieser Erfindungen sind zwar eher als Spielereien anzusehen wie etwa eine Mehrzwecklanze und ein Schild, der zugleich einen Bogen enthielt. Der Shaykh konstruierte aber auch ein Schutzdach vom Typ der dabbāba, das dazu diente, die Soldaten zu sichern, die eine Schleudermaschine in Position brachten; es bestand aus einem Rahmen, der mit Seilen gespannt gehalten wurde, so daß Geschosse, die auf das Schutzdach trafen, zurückprallten. Ob diese klug entworfenen Waffen je in größerem Maße in der Praxis verwendet wurden, ist natürlich eine andere Frage.

In den östlichen Ländern des Islam wurde auch die mit den Händen gehaltene Armbrust gebraucht; Syrer waren berühmt für diese Waffe. Im Westen schenkten die einheimischen Muslime der Armbrust weniger Beachtung; die dortigen Herrscher nahmen eher christlich-spanische oder syrische Söldner in Dienst, die sich auf diese Waffe verstanden. Die Armbrust oder 'aqqāra (in Europa arbalista ad duos pedes genannt, weil der Schütze beim Spannen die beiden Enden des Bogens mit den Füßen hinunterdrückte) spielte bei der Verteidigung von

Belagerung einer Festung durch gepanzerte Reiter, III./9. oder IV./10. Jh.; iranische Arbeit, an den Stil der Sāsāniden erinnernd. (5)

Ceuta, seit dem VI./12. Jahrhundert Granadas wichtigster Brückenkopf, eine große Rolle. Mit der Armbrust konnte man über weite Entfernungen nicht genau zielen; sie taugte also wenig für offene Feldschlachten, leistete aber gute Dienste bei Belagerungen oder Seeschlachten auf engem Raum. Die Erwähnung von Möglichkeiten der Verteidigung gegen Feuerwaffen erinnert uns an die brennenden Geschosse, die man gegen den Feind schleuderte. Seit der frühen ʿAbbāsidenzeit hatten sie große Bedeutung und waren in gewisser Weise die Vorläufer der Feuerwaffen. Aus Öl, Bitumen und Schwefel mischten zum Beispiel die Byzantiner das berühmte ,griechische Feuer'. Schon Hārūn ar-Rashīd führte auf seinen Feldzügen gegen Byzanz Einheiten von Naphtha-Werfern (naffātūn) mit sich; der Seldschūke Alp Arslan setzte solche Spezialisten 456/1064 bei Anī in Armenien ein, wo sie zusammen mit Bogenschützen von Plattformen und Türmen aus operierten. Anscheinend befestigten die Muslime Naphtha-Behälter an Wurfspießen und Pfeilen oder hatten besondere Rohre, aus denen derartige Geschosse abgefeuert wurden. Auch der Bogen wurde mit Sicherheit für die Beförderung von Brandgeschossen verwendet. Taybughā spricht in einem Abschnitt seines Handbuches von ,Brandeiern', die erhitzte Eisenkugeln enthielten; Kugeln und Ei befanden sich in einem Trichter an der Pfeilspitze. Alle diese Vorrichtungen zur Verwendung von Feuer wurden in Anlehnung an die griechische Praxis auch bei Seegefechten eingesetzt.

Die Sklaven

Es wurde schon oft erwähnt, daß die Dynastie der Mamlūken über eine hochentwickelte Kriegstechnik verfügte. Ihr Aufstieg ist im Zusammenhang mit der Vorherrschaft der Türken in der islamischen Welt zu sehen; sie unterschieden sich aber von dem älteren seldschūkischen Sultanat, welches im V./11. und VI./12. Jahrhundert in Persien, im Irak und Anatolien entstanden war, dadurch, daß diese Seldschūken eine freie Stammesdynastie waren, die von Zentralasien nach Ostpersien einwanderte, während die Mamlūken, wie schon ihr Name sagt, qipchaq-türkische Sklaven gewesen waren, die aus Südrußland stammten; später setzten sie sich vor allem aus tscherkessischen Sklaven aus dem Kaukasus zusammen; es waren jedoch auch andere Nationen wie Kurden, Mongolen, Slawen und Armenier unter ihnen vertreten. Im späteren Mittelalter findet man Sklavenheere in unterschiedlicher Stärke in allen islamischen Gebieten östlich des Maghreb. Die Safawiden im Iran, die einem militanten Sūfī-Orden aus Aserbeidschan entstammten, beschäftigten im X./16. und XI./17. Jahrhundert zusätzlich zu ihren türkmenischen Truppen Kontingente von Sklaven, die persönlich dem Shāh unterstanden, unter anderem auch Christen aus Georgien und Armenien.

Das System der Militärsklaven erreichte seine Blütezeit unter den Mamlūken in Ägypten und Syrien und unter den Osmanen. Gerade die Erfolge, die das osmanische Heer, besonders mit Hilfe der Janitscharen, im Kampf gegen das christliche Europa erzielte, erfüllten die Christenheit mit Furcht vor einer neuen islamischen Expansion nach Mitteleuropa und Italien. Die Sklaven, die die führende Schicht des Mamlūkenstaates bilden sollten, wurden von den Venetiern oder anderen Händlern nach Ägypten gebracht und dort verkauft. Al-Alfī,

der Beiname von Sultan Qalāʾūn (679–89/1280–90), wird damit erklärt, daß er tausend (alf) Dinare kostete, wogegen Sultan Baybars (659–76/1260–77), der die Reste der Kreuzfahrer von der Levanteküste vertrieb, wegen eines Augenfehlers für nur vierzig Dinare erworben worden war. Die jungen, vom Sultan gekauften Sklaven erhielten eine gute islamische Ausbildung und ein militärisches Training in besonderen Schulen in Kairo. Nach Abschluß der mehrjährigen Erziehung wurden sie dem Corps der königlichen Mamlūken überschrieben, freigelassen, ausgerüstet und mit einem Lehen versehen, aus dem sie ihren weiteren Unterhalt bestritten.

Wenn wir im Zusammenhang mit Mamlūken oder Osmanen von Sklaven reden, müssen wir uns von der Vorstellung befreien, daß ,Sklaventum' soziale Inferiorität bedeutete. Unter den Mamlūken waren es gerade die Sklaven, die das höchste Prestige genossen und als Anwärter auf das Sultanat galten. Ihre Kinder hingegen, auch die des Sultans, waren Freie und fielen in die Masse zweitklassiger freier Soldaten zurück, die hinsichtlich Sold und Ausrüstung stark benachteiligt wurden. Bei den Osmanen blieb zwar die Macht bis zum frühen XIV./20. Jahrhundert in den Händen der herrschenden Dynastie, wenigstens bis zum XII./18. Jahrhundert gelangten aber Sklaven in die höchsten militärischen und zivilen Ämter. Darum gab es Wesire griechischer, italienischer, albanischer und armenischer Herkunft.

Die mamlūkische Kavallerie zeichnete sich in ihren besten Tagen durch ihre Reitkunst und die Handhabung der Waffen, besonders der Lanze und des Bogens, aus. Auf einem von Baybars 1267 in Kairo angelegten Schießplatz befand sich eine marmorne Markierung, welche 581 Meter als die größte Weite anzeigte, die ein Emir mit einem langen Pfeil erreicht hatte (noch größere Weiten wurden mit kleinen Pfeilen erzielt, 1213/1798 erreichte der osmanische Sultan Selīm III. in Anwesenheit des britischen Botschafters 888 Meter). Die Mamlūken hielten ihren hohen Ausbildungsstand durch ständiges Training auf Übungsplätzen rund um Kairo. Erhaltene Quellen über die ,ritterlichen' Übungen beschreiben uns das Training im einzelnen und enthalten auch einige Abbildungen von den verwendeten Geräten. Geübt wurden das Reiten im Verband sowie das Polospiel; ferner Fechten und Schwerttraining, bei dem verschiedene Materialien durchschlagen werden mußten wie etwa Schichten aus Lehm oder Filz und schließlich gar Bleistangen; Ringen; Bogenschießen, wobei man unter anderem vom Pferd aus durch einen hölzernen Kreis auf ein Ziel schießen mußte, das durch einen Metallring markiert war; dasselbe Ziel mußte im Vorbeireiten auch mit der Lanze getroffen werden.

Von den Anfängen bis zur späten Mamlūkenzeit herrschte im islamischen Gebiet das gerade Schwert vor, das eine oder zwei Spitzen besaß. Es wurde aus Eisen, Stahl oder, nach europäischem Vorbild, aus Eisen mit einer Stahlschneide hergestellt. Das Krummschwert war zwar schon früh bekannt, setzte sich aber erst im IX./15. Jahrhundert durch. Häufig waren die Schwerter mit Gold und Silber damasziert. Wegen ihrer hohen Qualität waren aus China, Indien oder Malaysia importierte Klingen sehr geschätzt. Nach altem arabischem Brauch trug man das Schwert an einem Schultergürtel, doch zeigen Abbildungen, daß man sich seit den Ayyūbiden und

Zwei Krieger aus dem fātimidischen Ägypten, V./11. Jh. Jeder trägt einen Speer; der linke hat außerdem ein Schwert und einen Helm mit zwei Hörnern. (6)

Mamlūken die Scheide auch um die Hüften gürtete. Lanzen bestanden aus Stahl oder aus Holz mit Stahlspitzen; für gewisse Zwecke wiesen sie am Schaft einen Wimpel auf. Eiserne oder stählerne Keulen hatten runde oder vielflächige Köpfe. Die Streitaxt wurde von den Truppen vor allem bei Feierlichkeiten getragen; einige erhaltene Exemplare zeigen jedoch Kampfspuren; ihre Klingen waren halbkreisförmig. Schilde waren in der Regel rund und leicht konvex und bestanden aus Metall oder Holz. Man kannte auch den drachenförmigen ‚normannischen' Schild mit abgerundeter Spitze, doch wurde er nicht häufig verwendet. Seit der frühen Ayyūbidenzeit sind uns Rüstungen und Kettenhemden erhalten geblieben. Wegen ihres hohen Wertes sind sie wohl immer an die folgende Generation vererbt worden. Das einfache Kettenhemd blieb bis zum XIII./19. Jahrhundert in Gebrauch, besonders in den Randgebieten der islamischen Reiche, so zum Beispiel in Indien und in afrikanischen Ländern südlich der Sahara. Man kannte aber auch Kettenhemden, die mit rechteckigen, einander überlappenden Schienen verstärkt waren; sowie ein kurzes Wams, eine gut gepolsterte und plattierte Jacke, die mit Samt oder Satin bedeckt und schwer mit Nägeln beschlagen war. An Helmen gab es sowohl die Typen, die nur den Kopf bedeckten, als auch solche, die Ohren und Nacken schützten. Der Gesichtsschutz, der zu den Helmen der Kreuzritter und Mongolen gehörte, war weniger bekannt.

Die Bedeutung der Ayyūbiden und Mamlūken für die Entwicklung der Heraldik sollte ebenfalls nicht vergessen werden. Die großen Heerführer benutzten damals eigene Wappenschilde, die in früheren Zeiten anscheinend vom Sultan persönlich verliehen, im IX./15. Jahrhundert aber wohl von den Emiren selbst angenommen wurden. Sie hießen auf arabisch *rank* (vom persischen Wort für ‚Farbe') und *shi'ār* ‚Emblem'. Sie haben ihren Ursprung vermutlich in den Ämtern der Hofhaltung oder Verwaltung des Sultans, die von diesen Emiren ge-

leitet wurden. So war ein Pokal das Abzeichen des königlichen Mundschenken, das des Polomeisters zeigte Poloschläger usw. Entgegen den sonstigen Verhältnissen im Mamlūkenreich wurden diese Embleme vererbt. Allerdings erlangte das System der persönlichen Wappenschilde in der islamischen Welt nie die militärische und rechtliche Bedeutung wie im feudalen christlichen Europa.

Die Heere der Osmanen

Die Eroberungen der Osmanen sind während der Blütezeit des Reiches, bis in das XI./17. Jahrhundert hinein, eng mit der Einrichtung einer Sklaverei zu militärischen Zwecken verbunden, aus der die Elitetruppen hervorgingen. Der zahlenmäßig größere Teil des Heeres bestand aus freien feudalen Rittern, den *sipāhīs*, die von den Einkünften der ihnen überall im Reich übertragenen Landgüter lebten und nur zu den Fahnen eilten, wenn ein Feldzug angekündigt war. Die Janitscharen (türkisch *yeni cheri*: ‚neue Truppe') waren eine Infanterietruppe, gebildet aus Sklaven, die in periodischen Musterungen (die bis zum XI./17. Jahrhundert andauerten, als die Janitscharen schon ihre größte Kampfkraft eingebüßt hatten) aus der christlichen Landbevölkerung des Balkans eingezogen wurden. Muslime durften nur in Bosnien rekrutiert werden. Auf diese Weise wurde dem Osmanischen Reich das nichtmuslimische Menschenpotential erschlossen. Die christlichen Knaben wurden nach Istanbul gebracht und erhielten dort eine militärische und geistige Ausbildung im Sinne des Islam. So vergaßen sie schnell ihre Herkunft und gingen völlig in der herrschenden Religion und Gesellschaft auf. Einige dieser ‚Sklaven der Pforte' *(qapi qullari)* wurden Hofbeamte; die übrigen bildeten das Corps der Janitscharen. Dieses scheint seit dem späten VIII./14. Jahrhundert als eine Leibgarde des Sultans bestanden zu haben, die sich ursprünglich aus im Kriege gefangenen oder gekauften Sklaven zusammensetzte, ehe das *devshirme*, die Aushebung von Knaben, eingeführt wurde. Die Janitscharen waren zahlenmäßig nie stark; zuletzt bildeten sie 196 Kompanien unterschiedlicher Größe; unter Sulaymān dem Prächtigen (927–74/1520–66) belief sich ihre Zahl auf 12 000, Anfang des XI./17. Jahrhunderts nennt eine türkische Quelle 13 600. Der Corpsgeist dieser Truppe zeigte sich nach außen in einer besonderen Uniform und wurde durch eine enge Verbindung dieser Truppen mit dem Derwischorden der Bektāshīs weiter betont. Volkstümliche Überlieferungen schreiben der schattenhaften Gestalt des Hājjī Bektāsh eine herausragende Rolle bei der Gründung der Janitscharen zu.

Auf dem Höhepunkt ihrer Erfolge, im IX./15. und X./16. Jahrhundert, erschienen die Janitscharen den europäischen Beobachtern, die Albanien, Rumänien, den slawischen Balkan und 933/1526 auch den größten Teil Ungarns den Osmanen zufallen sahen, unbesiegbar. Als Qara Mustafā 1094/1683 vor Wien lagerte, war für die Zeitgenossen nicht ohne weiteres zu erkennen, daß die Blütezeit des Janitscharencorps – wie auch des Osmanischen Reiches selbst – vorbei war. Ihre Zahl war zurückgegangen und durch freie Mitglieder aufgefüllt worden. Der flämische Gesandte Habsburgs, Ogier Ghiselin de Busbecq, weilte von 1554 bis 1562 im Osmanischen Reich und schrieb über die Disziplin, Kühnheit

Janitschare mit Schwert, langem Speer, Keule und Schild. Zwei Holzschnitte aus einem Buch von Melchior Lorich, der dem Gefolge von Busbecq, dem habsburgischen Gesandten in der Türkei, angehörte, und der das türkische Militärwesen zwischen 1554 und 1562 genau studierte, um Europa auf die türkische Gefahr aufmerksam zu machen. (7)

Ein osmanischer sipāhī *oder Ritter. Sie erhielten Land (*tīmār, ze'āmet*) vom Staat zugewiesen und mußten dafür Militärdienste leisten, wenn sie zu einem Feldzug einberufen wurden. Bis ins XII./ 18. Jh. blieben die Ritter ein wichtiger Bestandteil der osmanischen Armee, obwohl damals bereits Modernisierungsversuche unternommen wurden. (8)*

und Genügsamkeit der Janitscharen zu Felde, verglichen mit dem Luxus in den christlichen Lagern:

> Ich erschauere, wenn ich bedenke, was die Zukunft bringen muß, wenn ich unser System mit dem der Türken vergleiche. Das eine Heer muß obsiegen, das andere zugrunde gehen, denn beide können nicht unversehrt bleiben. Auf ihrer Seite sind die Resourcen eines mächtigen Reiches, ... auf unserer Seite öffentliche Armut ... Können wir am Ergebnis zweifeln?

Daß die Christen diesem unglücklichen Ende entgingen, lag bestimmt mehr an der Verderbnis der alten Tugenden der Janitscharen und an dem allgemeinen Niedergang der Leistungsfähigkeit der Verwaltung und des Militärs der Osmanen als an der größeren Begeisterung und Eintracht der Christen. Seit dem XI./17. Jahrhundert brachte natürlich auch die wachsende technische Überlegenheit des Westens die Türkei und die anderen unabhängigen islamischen Länder ins Hintertreffen.

Eine Revolution in der Kriegskunst: Feuerwaffen

Die militärische Überlegenheit des Osmanischen Reiches zur Zeit seiner Blüte ist weitgehend dem Umstand zuzuschreiben, daß man sich dort – im Gegensatz etwa zu den Mamlūken oder den Safawiden in Persien und auch zu den Christen – rasch und entschlossen die entscheidende Neuerung im Kriegswesen zu eigen machte: die

Feuerwaffen. Wie erwähnt, waren es der technische Fortschritt und die wirtschaftliche und kommerzielle Macht, die letztlich zugunsten des Westens zu Buche schlugen; doch in den Jahrhunderten davor war die Lage noch ganz anders. Die neuen Waffen bewirkten, daß der berittene Soldat mit Lanze, Bogen und Schwert, der lange das Kriegswesen im Nahen Osten beherrscht hatte, seine Vorrangstellung einbüßte. Als Folge dieses Prozesses verloren die Nomaden Innerasiens die machtpolitische Überlegenheit, die sie bisher gegenüber den seßhaften Bewohnern des alten Kulturlandes in China, Indien und Vorderasien gehabt hatten.

Über das Bekanntwerden von Feuerwaffen in der islamischen Welt herrscht viel Unklarheit, weil die Termini, mit denen man zu Anfang in islamischen Quellen diese Waffen bezeichnete, mehrdeutig sind. Man neigte dazu, bereits im Arabischen vorhandene Wörter für verschiedene Brandmaterialien wie ‚griechisches Feuer' zu verwenden, Stoffe, die seit langem bei Belagerungen und Seegefechten benutzt wurden. So konnte *naft*, das eigentlich Bitumen bedeutet, für Salpeter stehen, als diese Substanz (wohl von China her) im islamischen Raum im frühen VII./13. Jahrhundert bekannt wurde; später konnte es auch Schießpulver bedeuten. Allem Anschein nach lernte die islamische Welt Feuerwaffen durch die Berührung mit den Europäern kennen, die seit dem frühen VIII./14. Jahrhundert für Belagerungszwecke einfache Kanonen einsetzten. Über Spanien gelangten diese Waffen in den Maghreb, über Mitteleuropa und Italien zu den Osmanen, über Venedig und Portugal nach Persien.

Die Belagerungsgeschütze tauchten vor den technisch komplizierteren Handfeuerwaffen auf. Die erste Erwähnung einer Kanone in einer islamischen Quelle geht wohl auf das Jahr 724/1324 zurück, als Ismāʿīl I., der Herrscher von Granada, Huescar belagerte und ,die gewaltige, mit *nafṭ* angetriebene Maschine' einsetzte. Sie schleuderte eine glühende Eisenkugel gegen die Festung, die dadurch großen Schaden erlitt. In den letzten Jahren des unabhängigen Granada, am Ende des IX./15. Jahrhunderts, benutzten Kastilier und Mauren Kanonen. Die Osmanen lernten die Handhabung dieser Waffen von den Christen des Balkans. In Bosnien und Serbien verwendete man sie; die Hauptlieferanten waren Ungarn, Venedig und vor allem Dubrovnik, das um 813/1410 eine bedeutende Gießerei besaß und wo für 831/1428 schon Arkebusen bezeugt sind. Trotz des päpstlichen Bannstrahls wurden insgeheim, aber auch ganz öffentlich, Kanonen an die Türkei verkauft, denn die Osmanen waren bereit, sowohl für die Waffen selbst als auch für Bedienungsmannschaften und Kanonengießer gut zu zahlen. Folglich konnte Murād II. nach 1420 auf dem Balkan Belagerungsgeschütze einsetzen, und Mehmed der Eroberer verfügte bei den Belagerungen von Konstantinopel 851/1453 und Belgrad 860/1456 über zahlreiche Kanonen. Zeitgenössische Berichte erwähnen Geschütze von über zehn Tonnen Gewicht und Kanonenkugeln von 200 bis 300 Pfund. Damals kam auch die Feldartillerie auf, aber sie konnte erst dann richtig zur Wirkung kommen, als weitere technische Fortschritte aus ihr eine zuverlässige Waffe gemacht hatten. Eine von den Osmanen oft geübte Taktik bestand damals darin, ein Feldlager zu errichten, indem schwere Wagen aneinandergekettet und mit Feldgeschützen und Handfeuerwaffen bestückt wurden, so daß eine Art Festung entstand. In der Frühzeit der Artillerie war es sowohl bei Christen als auch bei Muslimen allgemein üblich, Kanonen an Ort und Stelle für den jeweiligen Zweck zu gießen; allerdings hatten die Osmanen mit dem *Tophane* neben dem Palastbezirk in Istanbul auch ein großes Arsenal.

Die Handfeuerwaffen tauchen seit 1440, als Murād die Ungarnkriege führte, in der Form der schwerfälligen Arkebuse auf, waren aber vielleicht schon zwei oder drei Jahrzehnte vorher bekannt. Nur langsam fand die Arkebuse in der feudalen osmanischen Reiterei Verbreitung, wurde aber allmählich von den Janitscharen verwendet. Ein erfolgreicher taktischer Gebrauch der Handfeuerwaffen war aber erst möglich, als die ersten Formen der Muskete und Pistole erfunden wurden. Die technische Rückständigkeit des Orients führte dazu, daß sich bei Mächten wie den Osmanen oder den Safawiden Christen als Spezialisten für Feuerwaffen verdingten. Die Osmanen konnten in dieser Hinsicht auf Serben, Bosnier und Ungarn zurückgreifen, also auf eigene christliche Untertanen, beschäftigten aber auch Deutsche und Italiener. Bis zum XII./18. Jahrhundert beherrschten Nichttürken die technischen Zweige des Waffenhandwerks. Es ist bewiesen, daß Artillerie und Musketen im safawidischen Persien schon sehr gut bekannt waren, als

im Jahre 1007/1598 die beiden englischen Abenteurer Anthony und Robert Sherley dort eintrafen; oft schreibt man es irrtümlich ihnen zu, die Feuerwaffen in den Iran eingeführt zu haben. In der islamischen Welt wurden die türkischen Kanoniere berühmt. Sie halfen den Safawiden und dienten sogar in Indien, wo mit ihrer Unterstützung im X./16. Jahrhundert die Portugiesen von den Küsten von Bombay und Gujerat vertrieben wurden. Die Türken belieferten ferner die Krimtataren mit Waffen, sowie auch Ahmad Grān, den islamischen Führer in Äthiopien, der im Jahre 949/1542 die portugiesischen Hilfstruppen des Kaisers von Äthiopien schlagen konnte. Osmanische Artilleristen gelangten sogar in das ferne Atcheh auf Sumatra; ihre Kanonen wurden bei Malakka gegen die Portugiesen eingesetzt.

Die Geschichte der Feuerwaffen bei den Mamlūken zeigt, daß die Muslime oft eine ambivalente Haltung gegenüber den neuen Waffen einnahmen. Wie schon erwähnt, half die Schnelligkeit, mit der sich die Janitscharen des Osmanischen Reiches, einer selbstsicheren, aufstrebenden Macht, mit den Feuerwaffen vertraut machten, die entscheidenden Siege über die Safawiden bei Chāldirān 920/1514 und über die Mamlūken von Syrien und Ägypten 922–23/1516–17 zu erringen. Nicht daß die Mamlūken religiöse oder moralische Bedenken gehabt hätten; auch sie übernahmen Belagerungs- und Küstenartillerie, wenn auch die traditionellen Schleudermaschinen neben den Kanonen fast bis zum Ende der unabhängigen Herrschaft in Gebrauch blieben. Allerdings gerieten die Mamlūken bei der mobilen Feldartillerie und den Handfeuerwaffen aus sozialen und militärischen Gründen in Rückstand. Die gesamte Mamlūkenherrschaft beruhte auf dem Ritter oder *fāris* mit seiner vorzüglichen Reitkunst und Waffenausbildung und auf der Taktik der offenen Feldschlacht. Feldartillerie erfordert dagegen statische Verteidigungslinien, und Handfeuerwaffen bedeuteten ein stärkeres Gewicht der Infanterie, die die Arkebusen bediente. Erst die Entwicklung von Muskete und Pistole im X./16. Jahrhundert gab auch der Kavallerie die Möglichkeit, von Handfeuerwaffen vernünftigen Gebrauch zu machen. Die Mamlūken begriffen, daß die Einführung von Handfeuerwaffen ihr ganzes militärisches System in Frage stellen würde.

Im ganzen IX./15. Jahrhundert benutzten sie Belagerungsgeschütze; Qānsawh al-Ghūrī (907–22/1501–16), einer ihrer letzten Sultane, ließ für die Verteidigung von Kairo und der Mittelmeerküste viele Kanonen gießen und auch Schiffe im Roten Meer und Indischen Ozean damit bestücken, um die Portugiesen zu bekämpfen und den Sultanaten in Südarabien und Indien zu helfen. Nach einem erfolglosen Versuch um 1490 bemühte sich Qānsawh auch wieder, ein Corps von Arkebusieren zu schaffen. Qānsawh war gezwungen, dafür auf Schichten mit geringem Sozialstatus wie schwarze Sklaven, Söhne ehemaliger Mamlūken und die verachteten Händler zurückzugreifen. Die führende Schicht der Mamlūken drängte ihn, dieses Corps wieder aufzulösen. Man konnte jedoch auf die neuen Waffen nicht verzichten, da der Osten des Reiches von den Portugiesen bedroht wurde und die Osmanen an der syrischen Grenze standen. Letztlich waren die Mamlūken in den entscheidenden Schlachten von Marj Dābiq in Syrien und Raydāniyya vor Kairo dem Heer Selīms auf dem Gebiet der Feuerwaffen unterlegen. Bloße Tapferkeit konnte ihre Herrschaft nicht vor dem Untergang retten.

Der Seekrieg
Auch über die Seekriege der Muslime sollten zum Schluß noch einige Bemerkungen gemacht werden. Da ihnen von Anfang an von den Christen der Besitz der Mittelmeerküste und seit dem späteren Mittelalter auch die Vorherrschaft an den Gestaden des Indischen Ozeans streitig gemacht wurde, kann man genügend Interesse für eine Seestreitmacht voraussetzen. Die Umayyaden von Syrien mit ihrer starken Betonung des *jihād* gegen Byzanz beschäftigten sich gewiß mit diesem Thema. Sie waren bestrebt, das östliche Mittelmeer zu kontrollieren und strategisch wichtige Inseln wie Zypern, Rhodos und Kreta den Griechen zu entreißen. Die Angriffe auf Konstantinopel waren in dieser Periode koordinierte Land- und Seeoperationen, doch konnten die muslimischen Schiffe auf die Dauer gegen die byzantinische Marine mit ihrer Erfahrung und geschickten Waffenführung, wie etwa dem Einsatz von griechischem Feuer im Nahkampf, wenig ausrichten. Die Mannschaften der muslimischen Schiffe bestanden damals aus Kopten, Griechen und Syrern aus den eroberten Küstenländern, die zu diesem Dienst gepreßt wurden (das arabische Wort für Flotte, *ustūl*, ist dem griechischen *stolos* entlehnt). Muslimische Truppen an Deck führten die eigentlichen Kämpfe aus.

In späteren Zeiten wurde die Bedeutung einer Flotte recht unterschiedlich eingeschätzt. Im ganzen gesehen hatten die islamischen Völker, die Araber, Berber, Perser oder Türken, wenig Tradition als Seefahrer; der Soldat genoß mehr Prestige als der Seemann, denn es waren Landstreitkräfte, die Vorderasien und Nordafrika für den Islam gewonnen hatten. Eine Flotte wurde eher als Luxus angesehen und gewöhnlich ad hoc aufgebaut, etwa um die Invasion Siziliens durchzuführen oder einige ärgerliche christliche Angriffe zurückzuschlagen. Hatte sie ihren Zweck erfüllt, gab man die Flotte wieder auf. Selbst nach dem Auftreten der Kreuzfahrer, deren Versorgungswege von der Kontrolle des Meeres abhingen, sahen sich die Muslime nicht veranlaßt, eine ständige, gut ausgerüstete Flotte zu unterhalten. Einzelne Sultane wie Saladin und Baybars schufen eine neue Marine, aber nach Saladins Tod 589/1193 wurde die ägyptische Flotte

beispielsweise wieder völlig dem Verfall preisgegeben. Seeleute, die als der Bodensatz der Gesellschaft galten, mußten gezwungen werden, die restlichen Schiffe zu bemannen. Im Bewußtsein ihrer maritimen Unterlegenheit verzichteten die Mamlūken ganz auf die Verteidigung der syrisch-palästinensischen Küsten, indem sie das Land dort verbrannten und sich ganz auf die Befestigung des Nildeltas konzentrierten.

Die Osmanen, deren Stammgebiet in Nordwestanatolien keinen Zugang zum Meer hatte, annektierten südwestliche Fürstentümer wie Aydin und Menteshe, die Seeräuberflotten besaßen. Zur Balkaninvasion und zur Eroberung von Istanbul benötigten sie die Kontrolle über die Ägäis und das Marmara-Meer. So bestand für sie von Anfang an der Zwang, eine Flotte zu schaffen. Seit Murād I. (762–92/1360–89) war Gallipoli die Hauptflottenbasis der Osmanen, und ihre von Rudern vorangetriebenen Galeeren wurden von Griechen und Italienern gesteuert. Zeit ihres Bestehens bewahrte die osmanische Flotte ein starkes griechisches und italienisches Gepräge, das sich zum Beispiel im technischen Wortschatz der türkischen Marine zeigt. Unter dem Befehl des Großadmirals, des *Qapudan Pasha,* hatte die Flotte die Aufgabe, die Ägäis und die Ionischen Inseln zu kontrollieren und vor allem den größten Feind, Venedig, in Schach zu halten. Die Niederlage von Lepanto 979/1571 wurde schnell ausgeglichen, wenn auch die Verluste an erfahrenen Mannschaften schwer wogen. Die Eroberung von Kreta, die 25 Jahre dauerte, war der letzte große Erfolg der osmanischen Flotte (1054–80/1644–69); allerdings gab es damals schon Schwierigkeiten mit der Umstellung von Rudergaleeren auf reine Segelschiffe, wie sie Venedig während dieses Krieges einsetzte. Die osmanischen Schiffe hielten stets enge Fühlung mit den türkischen Garnisonen in Nordafrika, die bis zum XIII./ 19. Jahrhundert von Algier, Tunis und Salé aus Piraterie trieben. Diese Seeräuber wurden die berüchtigte Geißel der christlichen Küsten. Die gesamte osmanische Marine blieb – wie übrigens auch die meisten europäischen Flotten bis zum XII./18. Jahrhundert – eher ein loser Verband privater Abenteurer als eine offizielle, vom Staat gelenkte Macht. Von allen muslimischen Staaten war es dennoch das Osmanische Reich, das, die einheimische Seefahrertradition der Mittelmeervölker ausnutzend, am meisten Gebrauch von der Marine machte.

Mit dem Schwert wurde das islamische Reich geschaffen, und im Mittelalter sahen die Europäer wahrscheinlich im Muslim zuerst den Krieger. Die Eroberungen fanden in zwei Wellen statt. Die erste, bald nach Muhammads Tod, erstreckte sich auf Syrien, Ägypten, Armenien, Persien und Nordafrika. Die zweite, im frühen II./8. Jahrhundert einsetzend, brachte den Islam im Westen bis nach Spanien und Südfrankreich, im Osten bis an die Grenzen Chinas. Die arabischen Armeen bildeten die mächtigste Kriegsmaschine, die die Welt je gesehen hatte. Dies wurde möglich durch die Verbindung von religiöser Leidenschaft mit sorgfältiger Planung. Die Nutzung der Wüste durch die Araber, die sie kannten wie keiner ihrer Feinde, wurde verglichen mit der Nutzung des Meeres durch die Seefahrernationen. Daneben nahmen die Araber technische Neuerungen gern an und blieben so ihren Gegnern

in Waffentechnik und Logistik überlegen. Im IX./15. Jahrhundert lebte die große militärische Tradition unter den Osmanen wieder auf. Sie nahmen Konstantinopel ein, drangen auf dem Balkan vor und gelangten bis zu den Toren Wiens.

Eine der anschaulichsten Abbildungen eines islamischen Kampfes zeigt diese Schale (gegenüber). Sie wurde im frühen VII./13. Jahrhundert in Iran gemalt. Eine Festung, links, wird angegriffen. Der untere Teil ihrer Mauern ist mit Fayencen geschmückt, der obere Teil hat Öffnungen, durch die die Verteidiger Pfeile schießen. Ein Katapult schleudert Steine. Rüstungen und Helme auf der Brustwehr täuschen eine größere Besatzung vor. Die Angreifer sind beritten (oben ein Elefant). Im Vordergrund haben die Verteidiger einen Ausfall gewagt; die geplünderten Gefallenen liegen am Boden. (1)

Die ersten Heere rekrutierten sich aus den Massen arabischer Nomaden, die keine besondere Disziplin und Organisation kannten. Es waren leichtbewaffnete Gruppen, die auf Pferden und Kamelen ritten und von der Plünderung lebten. Diese Miniatur aus späterer Zeit (unten links) mag uns eine Idee von der Kriegführung jener Tage geben. Im I./7. und II./8. Jh. lernten die Araber byzantinische Belagerungstechniken kennen, und im V./11. und VI./12. Jh. standen sie den Kreuzfahrern gleichgerüstet gegenüber. Ein frühes ägyptisches Fragment (links) zeigt islamische Krieger mit drachenförmigen, ‚normannischen' Schilden. (2, 3)

Wurfmaschine (unten): Links befindet sich die senkrecht angebrachte Führung für Pfeil oder Geschoß, rechts ein schweres Gegengewicht. (4)

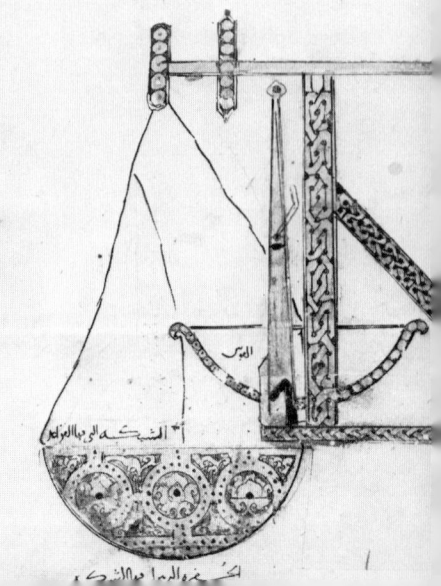

Kriegsmaschinen wurden von den Arabern genau studiert. Die Abbildungen auf dieser Seite stammen aus einem für Saladin nach dem Fall Jerusalems verfaßten Traktat.

Schild mit Armbrust (rechts): Die Sehne wird durch Drehen eines Schlüssels gespannt; der Pfeil wird durch ein von Eisenklappen geschütztes Loch abgeschossen, welches sich sogleich wieder schließt. (5)

Lanze mit Bogen (oben): In die Auskehlung der Lanze paßt ein ungefiederter Pfeil. Beim Angriff löst der Soldat mit dem Finger den Schuß und attackiert dann wie üblich mit der Lanze. (6)

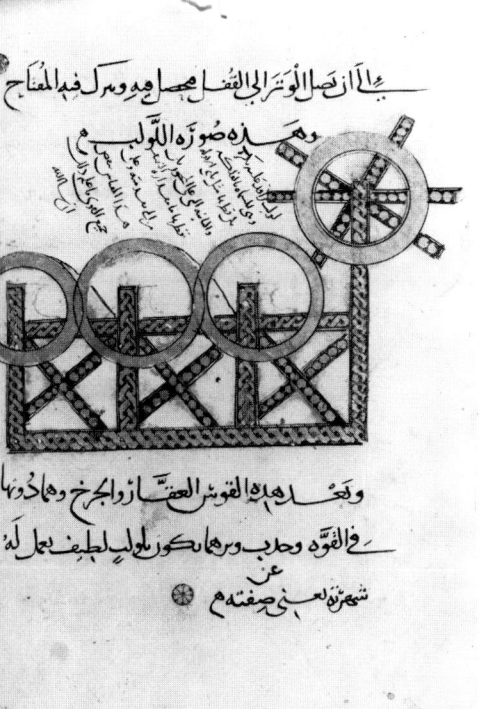

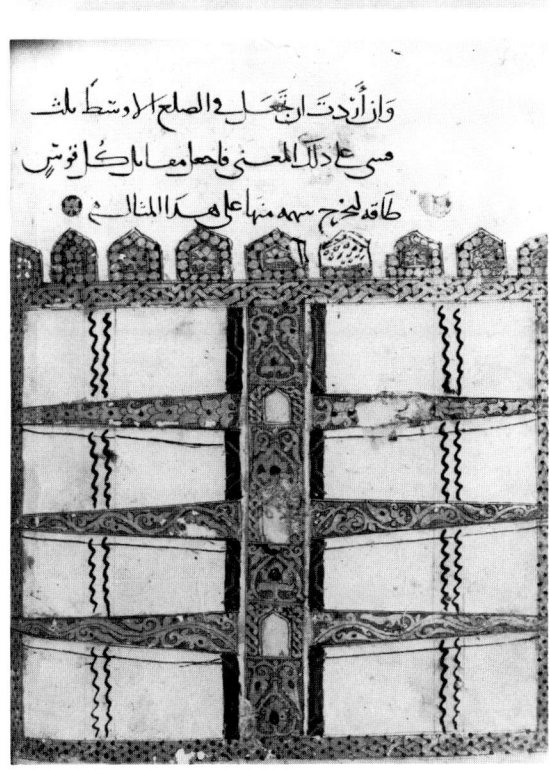

Ein Dreifach-Bogen (links und links außen): Drei Reihen Seile sind an eine Kurbel angebunden, die von mehreren Männern betätigt werden muß. Die Abbildungen zeigen verschiedene Ansichten des Mechanismus, der wohl nur bei Belagerungen verwendet wurde. (7, 8)

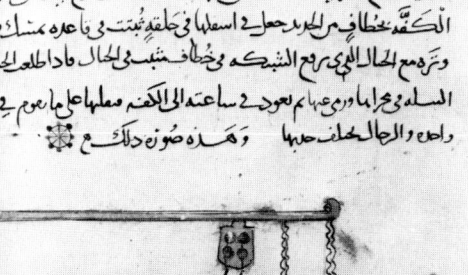

Schutzschild (rechts) für das Instellungbringen von Belagerungsmaschinen. Es handelt sich um einen mit Eisen beschlagenen Holzrahmen mit einem Netz aus gespannten Seilen, die ein aufschlagendes Geschoß zurückprallen lassen. Der Schild kann mit Strohmatten und feuerfestem Filz bedeckt werden. (9)

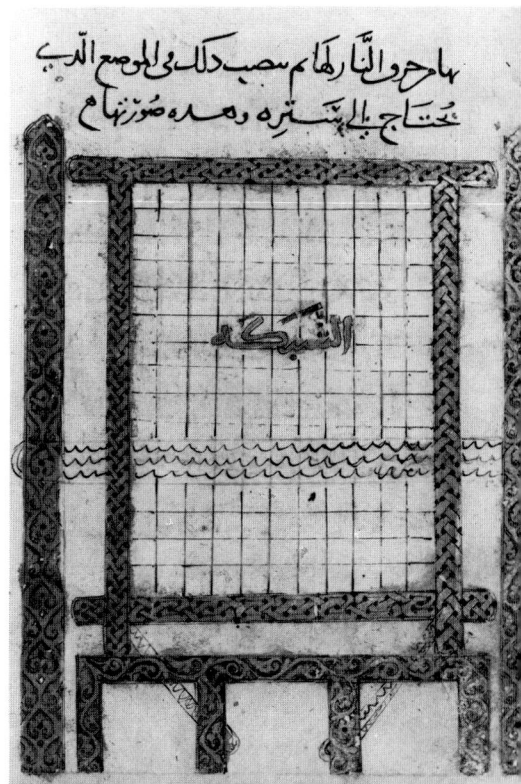

الطائى زعيم العرب نحاصروا اولئك المردة فى قلعة ارك وشرعوا قائم يوم الجمعة منصف ذى الحجة سنة ثلث وتسعين وثلثمائة وقد ساعة الحادى

لما راى البجشتايون زيادة قوة السلطان وفرطشوكة عسكره نقرءوا اوهربوا الى جكدار القلعة فلما انجلى سلطان النهار بطلب ب

Die Belagerung war das wichtigste Element der Kriegs-
führung. Offene Feldschlachten waren selten und kaum
entscheidend. Es zählte allein die Kontrolle über die
Städte. Mahmūd von Ghazna greift Rebellen in einer
Festung in Sīstān mit einer großen Wurfmaschine an
(oben); dieser Vorfall ereignete sich im Jahr 394/1003.
Die Festung ist aus Lehmziegeln gebaut, wie in jener
baum- und steinlosen Gegend üblich. Ein weiteres Bild
aus derselben Handschrift des frühen VIII./14. Jh. (un-

ten) zeigt, wie sich der Ilig Khān, der Führer der türkischen Qarakhaniden von Transoxanien, Mahmūd
unterwirft. In die Schlacht bei Balkh in Nordafghanistan
im Jahre 399/1008 zogen Mahmūds Truppen mit fünfhundert Elefanten; vor diesen ergriffen die Qarakhaniden die Flucht. Die furchterregenden Elefanten waren
von weitem kaum abzuwehren. Sie konnten nur verletzt
werden, wenn es gelang, sie an ihrem weichen Unterleib
zu treffen. (10, 11)

واقاموا الصفوف فى تضرب الخصوم وشرعوا الاسنة الاسنة للظفر فتركهم عسكر الترك مقاماتهم وتوجهوا الهزم ديارهم

عسكر السلطان بالقهر والكسر الى ماوراء النهر حيث لم يبق لهم فى خراسان عز وكاس فاتى للسلطان هذا القهر السيد جميع لهذا

Tamerlan belagerte 805/1402 die Johanniterfestung in Smyrna. Diese Miniaturen (oben) entstanden etwa 90 Jahre später. Die Zugbrücke ist hochgeklappt, die muslimischen Truppen haben links eine andere Brücke gebaut. Einige rennen hinter Holzschilden gegen die Mauern an. Am oberen rechten Bildrand wird ein Stollen vorgetrieben. Unten rechts Tamerlan zu Pferde. (12, 13)

Mit griechischem Feuer setzte man Schiffe und Städte in Brand und erschreckte die Pferde. Diese Feuerwerfer (rechts) tragen Lanzen, an denen Patronen mit griechischem Feuer *(naphta)* befestigt sind. Abbildung aus einem mamlukischen Traktat über das Militärwesen aus dem IX./15. Jh. (14)

217

Festungen gehören zu den großartigsten Bauwerken des Islam und stehen im Mittelpunkt der islamischen Strategie. Die folgenden Beispiele stammen aus dem II./8.–XI./17. Jh.

Qasr-al-Kharāna, eine Umayyadenfestung aus dem II./8. Jh., ist aus gebrannten Ziegeln über einem Bruchsteinkern errichtet. Der Grundriß ist quadratisch mit Türmen an den Ecken und Halbtürmen in den Achsen. Den Eingang flankieren Vierteltürme. Vielleicht wurde die Festung auch als Karawanserei benutzt. (15)

Bām (unten) in Südostiran ist ein riesiger Festungskomplex, geschützt durch ein Vorwerk. Baumaterial waren Lehmziegel. Die Mauern wurden mehrfach erneuert. (17)

Die Zitadelle von Aleppo (oben) liegt auf einem Hügel im Zentrum der Stadt, der vielleicht schon in hethitischer Zeit befestigt war. 659/1260 von den Mongolen und am Ende des VIII./14. Jh. von Tamerlan zerstört, wurde die Zitadelle von den Mamlūken im frühen IX./15. Jh. wieder aufgebaut. Die Steinmauern mit ihren Türmen bilden einen unregelmäßigen Kreis. Man erreicht den Eingang (oben rechts), den am stärksten befestigten Teil, über einen schmalen Viadukt, den man von verschiedenen Seiten unter Feuer nehmen kann. (16, 19)

Kairo war von massiven Mauern umgeben, die von schwerbefestigten Toren unterbrochen wurden. Dieses hier (links) stammt aus dem V./11. Jh. und heißt Bāb an-Nasr, das Siegestor. (18)

Fez: das Neue Tor (rechts). Die Verzierungen beginnen den Festungscharakter zu überdecken. Die Hufeisenbögen sind mit Fayencen bedeckt. (20)

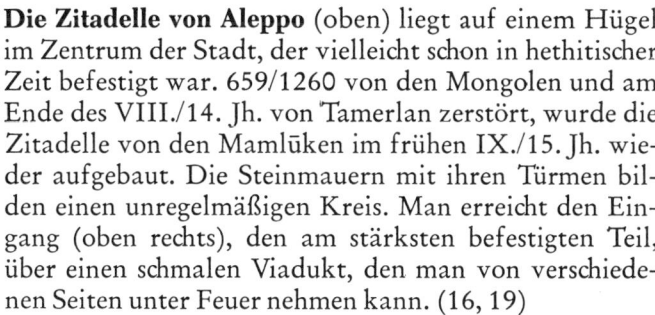

Die Osmanen eroberten Ungarn im Jahr 928/1521. Bei Mohács wurde das ungarische Heer besiegt; die Städte wurden nacheinander durch Belagerung genommen. Hier bringt man die neue Artillerie in Stellung (oben). Der Sultan berät sich mit Vertrauten im Prunkzelt. (21)

Rhodos, das Hauptquartier der Johanniter, fiel 928/1521 nach langer Belagerung den Osmanen in die Hände. Sulaymān überwacht die Minenarbeiten (oben). Die Ritter durften abziehen und ließen sich in Malta nieder, wo sie bald erneut belagert wurden. (22)

Festungsbau (rechts): Kars in Ostanatolien wurde am Ende des X./ 16. Jh. von den Osmanen besetzt und nach ihren Methoden erneuert. Diese Miniatur gibt uns, obgleich stilisiert, viele Einzelinformationen: Quader werden auf den Bruchsteinkern gelegt (am oberen Mauerrand). Kanonen stehen in den Schießschächten der Türme. Im Zentrum der Palast, dahinter Muhammad Pasha, der Gouverneur von Erzerum. Links oben die Zitadelle mit ihrer Moschee und unten die ‚äußere Moschee‘, die zur Stadt selbst gehörte. (24)

Die Janitscharen (links unten) waren eine Elitetruppe der Infanterie, die aus den Kindern der auf dem Balkan lebenden Christen rekrutiert und in Istanbul ausgebildet wurde. Sie unterlagen einer strengen Disziplin. Vor dem Ende ihrer aktiven Dienstzeit durften sie nicht heiraten. Die Abbildung zeigt ihre kurzen Messer und ihre charakteristischen Hüte. Im Hintergrund zwei Offiziere mit dem *üsqüf* (wörtlich ‚Bischof‘, weil er wie eine Mitra aussah); er ist mit einer Feder geschmückt. Die verschiedenfarbigen Gewänder zeigen wahrscheinlich die einzelnen Kompanien an. Kopfbedeckung und Hosen leiten sich von den Akhīs her, religiösen Gruppierungen, die sich an der Eroberung Anatoliens beteiligt hatten. Die Janitscharen waren um 1500 mit Musketen bewaffnet. Vor allem dieser Elitetruppe war es zu verdanken, daß Sulaymān bis in das Herz Europas vordringen konnte. (23)

Zeremonialwaffen waren oft sehr kuntvoll geschmückt. Äxte mit stilisierten Vögeln dienten als Regimentsstandarten (unten links). Der Schwerttyp mit den zwei Spitzen existiert seit der Zeit des Propheten (unten rechts). (27, 28)

Ein Banner, kunstvoll verziert mit Schrift und Gitterwerk (unten links). Das **maurische Schwert** (unten rechts) aus Spanien trägt eine kūfische Inschrift. Ihm wird nachgesagt, daß es dem letzten König von Granada gehört hat. (29, 30)

Die Ausrüstung eines Soldaten von 828/1425 (Bild links außen): ein Schwert (links getragen), Bogen (in einem Behälter rechts), Köcher (auf dem Rücken), Speer (rechte Hand), Schild (linke Hand). (25)

Zur Erhöhung der Kraft mußten die Soldaten mit dem Schwert in einen Lehmhaufen schlagen (links). Die Illustration stammt aus demselben mamlūkischen Traktat, das auch die Männer mit dem griechischen Feuer zeigte. (26)

Das Krummschwert kam erst Ende des VII./13. Jh. in Gebrauch. Im X./16. und XI./17. Jh. erlangte es höchste Qualität und wurde aufs feinste verziert. Das Schwert mit Scheide (rechts) datiert aus dem Jahre 1036/1626. Der mit Juwelen besetzte Griff und die Klinge wurden in Osteuropa angefertigt. (31)

Die Rüstung war stets leichter und geschmeidiger als die europäische. Dieses Exemplar aus dem X./16. Jh. (rechts außen) besteht aus einem Kettenhemd mit Panzerung aus Stahl; sie ist mit Silber tauschiert und trägt koranische Inschriften. (32)

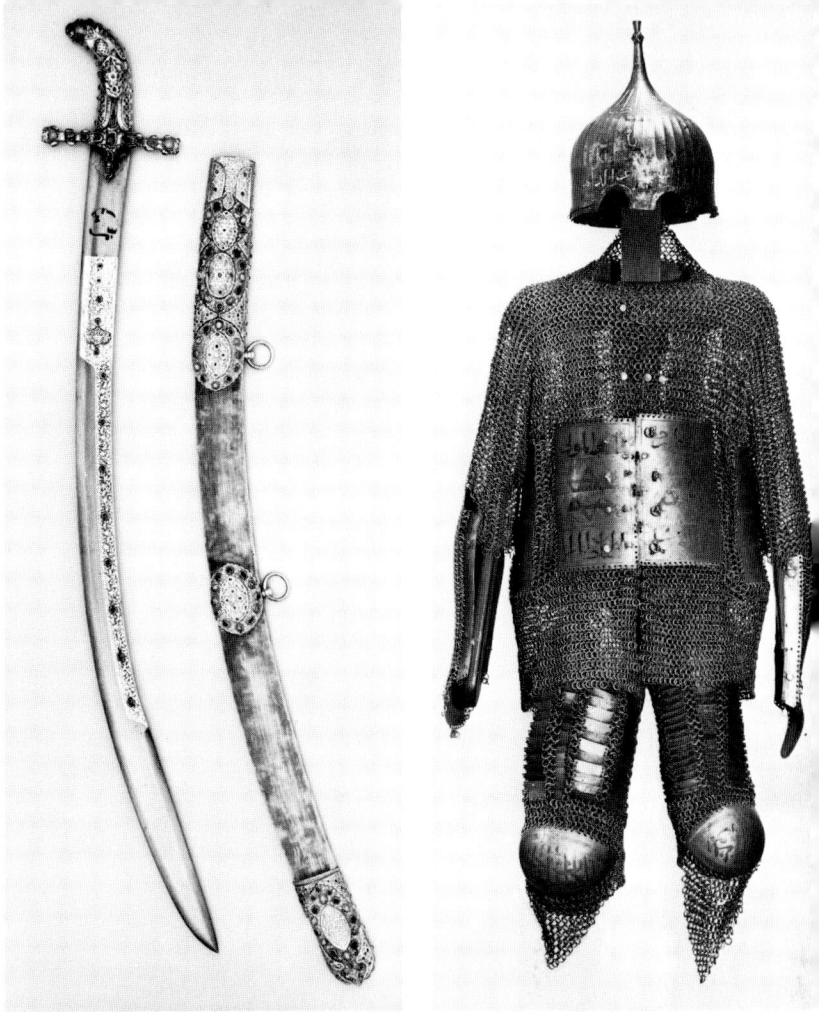

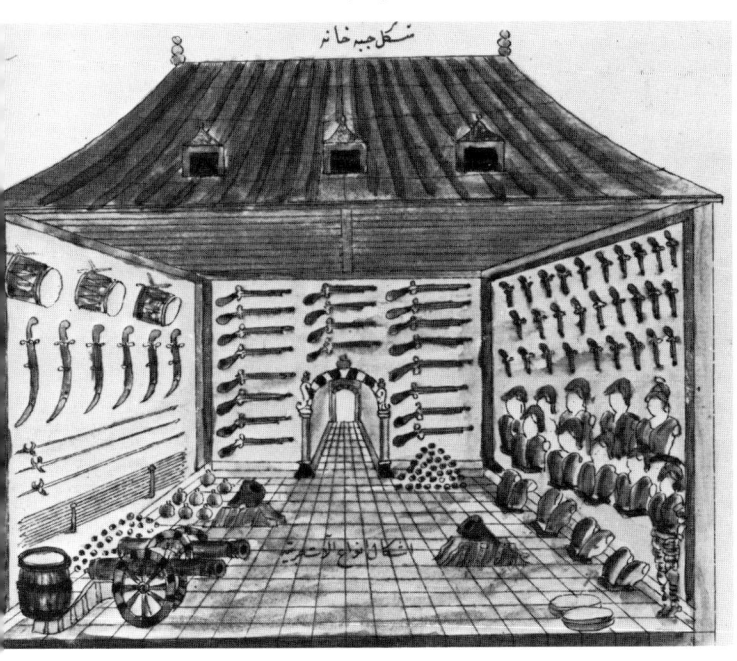

Das Zeughaus (oben): eine türkische Illustration zu einer aus dem Italienischen übersetzten Abhandlung über die Kriegführung, XII./18. Jh. Zu sehen sind Trommeln, Schwerter, Lanzen, Piken, Kanonen (mit Kugeln und Pulverfässern), Mörser, Bomben, Musketen, Pistolen, Helme und Brustharnische. (33)

Kanonen zur Verteidigung einer Meerenge (oben), vermutlich der Dardanellen bei Gallipoli. Die Kanonen gehören zu dem Typ der sogenannten *kolonburnas* oder ‚Ringeltauben'. (34)
Türkische Musketen (unten) setzen die Tradition der Waffenschmiedekunst bis in das XI./17. Jh. fort. (35)

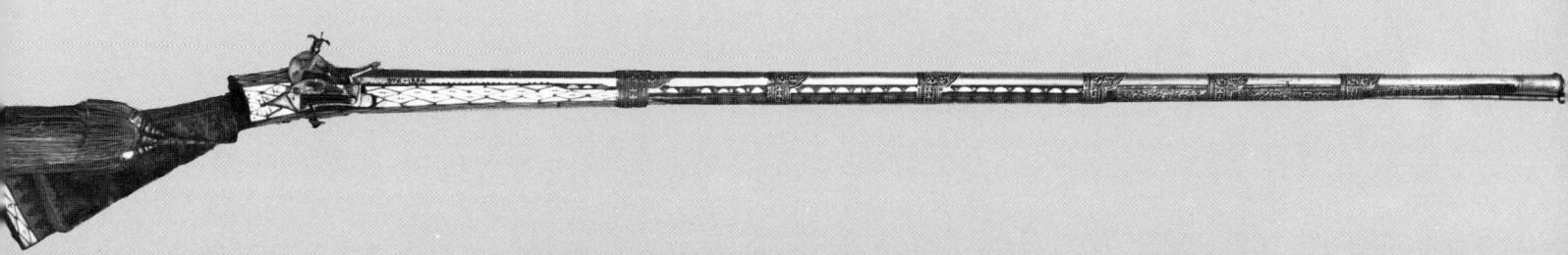

Der Seekrieg gehörte nicht zur islamischen Tradition, aber als im X./16. Jh. die Strategie ihn erforderte, schufen die Osmanen rasch eine schlagkräftige Flotte. Ihre zähesten Gegner waren die Venezianer, deren Schiffsartillerie in der Seeschlacht von Zonchio am Peloponnes 905/1499 erstmals Breitseiten gegen sie abfeuerte. Auf diesem venezianischen Holzschnitt (oben) sind zwei türkische Schiffe, die den Halbmond gesetzt haben, von Venezianern umgeben. Die Türken schleudern Feuerkugeln von den Mastspitzen. Das Treffen blieb unentschieden; bis zu der Schlacht bei Lepanto im Jahr 979/1571 gerieten die Türken niemals ernsthaft in Bedrängnis. Links: die von Khayr ad-Dīn Barbarossa geführte Flotte. Dieser Piraten-Admiral aus Algier diente dem Sultan von 941/1534 bis zu seinem Tod im Jahr 953/1546. (36, 37)

MAURISCHES SPANIEN

Emilio García Gómez

Eine Goldmünze (ein Drittel eines Dinars) aus Nordafrika, um 85/704 entstanden, d. h. wenige Jahre, bevor die Araber begannen, Spanien zu kontrollieren. Nicht nur die Einzelheiten dieser Invasion, auch ihre allgemeinen Umrisse werden vermutlich immer ein Geheimnis bleiben. (1)

Spanien hat, wie eine Münze, zwei Seiten, eine dunkle und eine helle, und der Ausländer sieht niemals beide zugleich. Das vermag – vielleicht – nur ein Spanier, der das Land sozusagen von innen her betrachtet. Bei dieser Dualität spielt der Islam keine geringe Rolle.

Die maurische Vergangenheit Spaniens ist ein Thema für lebhafte Auseinandersetzungen. Hat der Islam dem spanischen Volk genutzt oder geschadet? Wie wäre die spanische Geschichte ohne den Islam verlaufen? Am Ende langer Diskussionen steht lediglich die Vermutung darüber, was hätte geschehen können.

Wenn die Ankunft des Islam in Spanien etwas Überraschendes hatte, so trifft das gewiß auch auf sein Verschwinden zu, denn keine andere Nation löste sich so endgültig vom Islam. Und der Rückzug vollzog sich seltsamerweise so ritterlich, als sei der Kampf zwischen Muslimen und Christen während des Mittelalters eine Art Bürgerkrieg, nicht mehr als ein Turnier, gewesen. Es ist irgendwie symbolisch, daß die Einnahme Granadas und die Entdeckung Amerikas in ein und demselben Jahr 898/1492 stattfanden.

Der ritterliche Abzug wäre nicht möglich gewesen ohne die starke Kreuzzugsbegeisterung der Christen, die theoretisch auf die Wiederherstellung des westgotischen Königtums zielen mochte. Dieser verwickelten und zeitweise aussetzenden Bewegung der Restauration gab man später den Namen *Reconquista* (Wiedereroberung).

Wichtig, aber oft vergessen ist der Umstand, daß die Wiedereroberung immer eine territoriale Basis hatte, von der sie ihren Antrieb empfing, und die sich ständig ausdehnte und festigte – Balzacs *Peau de Chagrin* in Umkehrung. Im Rückblick mag es außerordentlich erscheinen, daß die Muslime keineswegs gleich die ganze Halbinsel besetzten, und daß sie auch später, sogar auf dem Höhepunkt ihrer Angriffskraft, offenbar nicht diese Absicht hatten. Almanzor neigte zum Beispiel mehr zur Zerstörung als zur Eroberung. Dafür gab es viele Gründe. Eine vordringende Macht, die schon ermattet und weit von ihrer heimatlichen Basis entfernt ist, gerät leicht in Auflösung. Vielleicht war es auch nur Bequemlichkeit, daß der Eindringling lediglich ihm angenehme Gebiete besetzte und die Berge zugunsten der Ebenen vernachlässigte. Jedenfalls vollzog sich die Wiedereroberung an zwei Fronten: jenseits der territorialen Grenzen und innerhalb des Gebietes mit Hilfe von ‚fünften Kolonnen'. Während die erste Front sich tagtäglich voranschob, ging die zweite, anfänglich von den Mozarabern getragen, stufenweise zurück und verlor immer mehr an Bedeutung, ohne freilich vollständig zu verschwinden.

‚Ich verstehe nicht', sagte José Ortega y Gasset, ‚wie etwas, das acht Jahrhunderte dauerte, eine Wiedereroberung genannt werden kann.' Doch dieser Name – und das ist der springende Punkt – wurde erst nachträglich vergeben. Ortega y Gassets Bemerkung widerspricht noch in anderer Hinsicht der üblichen Auffassung. Die Reconquista kann nicht als ein Heilmittel gegen das ‚muslimische Fieber' verstanden werden, das plötzlich den zarten Körper des westgotischen Spanien befallen hatte. Der Vorgang war viel verwickelter. Er setzte zeitweise aus und bekundete sich in einer langen Reihe von Geschehnissen, die, obwohl manchmal uneinheitlich, aufeinander bezogen waren. Das Fieber hatte viele Krisen und Formen.

Die Eroberung und das spanische Volk: 93–138/711–55

Die Frage, wie und warum die Muslime in Spanien eindrangen, bleibt unbeantwortet. Wir können uns allein auf Legenden und sehr parteiische historische Berichte stützen – eine gebrechliche Basis für Theorien. Im übrigen herrscht Schweigen.

Wir müssen voraussetzen, daß die spanischen Westgoten von den arabischen Feldzügen in Nordafrika wußten. Können wir auch voraussetzen, daß Verhandlungen und Vereinbarungen zwischen Arabern und Spaniern bestanden, von den spanischen Juden ganz zu schweigen? Gewiß, das alles ist nur wenig wahrscheinlich; und doch wird die Invasion unbegreiflich, wenn wir nicht von einer solchen Voraussetzung ausgehen. Es gab ein paar Scharmützel und eine einzelne große Schlacht (an einem unbekannten Ort); aber im übrigen drangen die arabischen Streitkräfte ungestört auf verschiedenen und offenbar vorausgeplanten Wegen in Spanien vor und trafen nur auf geringen Widerstand.

Wenn auch das Vordringen der Muslime von Arabien her nur ungenügend erklärt werden kann, so ist der Erfolg ihrer Expansion um so eindeutiger. Die arabischen Streitkräfte scheinen nur der Sturm gewesen zu sein, der das bereits brüchige Kartenhaus vieler mittelmeerischer Staaten niederwarf, Spanien nicht ausgenommen. Die ibero-römischen Eingeborenen der Halbinsel, ganz abgesehen von den Juden, konnten offenbar nicht länger die Last der künstlichen westgotischen Oligarchie ertragen und waren nur allzu sehr mit dem jähen Niedergang einer Gesellschaftsordnung einverstanden, die sie in wachsendem Maße widerwärtig fanden. Wahrscheinlich leisteten sie dabei nicht nur Hilfestellung, sondern führten vorher sogar schon entsprechende Verhandlungen.

Wir wissen sehr wenig über das westgotische Spanien, eigentlich nur das, was die westgotische Oligarchie selbst uns sagen wollte. Und dieses Wenige sieht man leicht durch die rosarote Brille der späteren gotischen Erneuerung. Die Meinung, daß man erst vom IV./10. Jahrhundert an von einem ‚spanischen Volk' sprechen kann, ist wahrscheinlich übertrieben. Wenn das spanische Volk von der westgotischen Oligarchie zum Schweigen verurteilt war, so mochte es doch durchaus existieren. Es wurde auch von den nachfolgenden muslimischen Herrschern zum Schweigen gebracht, obwohl diese neue Oligarchie anziehender und toleranter war als die vorangegangene.

Die besiegten hispano-römischen Völker – mehr Helfershelfer als Unterworfene – lebten eher verborgen: auf dem Lande und in den alten Städten (die Araber gründeten übrigens nur wenige Ortschaften neu). Sie lebten auch in den Familien der Eingedrungenen, deren überwiegende Mehrheit ohne Frauen kam.

Nach und nach versuchten Gelehrte, diese eingeborene Mehrheit lebendig werden zu lassen. Julián Ribera entdeckte viele interessante Informationen über die spanischen Goten in der Chronik von Ibn al-Qūtiyya (der Name bedeutet ‚Nachkomme der gotischen Frau'), eines muslimischen Abkömmlings der westgotischen Fürsten, die mit den Arabern zusammenarbeiteten. Die Analyse der Ortsnamen führt nach und nach zu nützlichen Aufschlüssen, und neuerdings hat sich fast mit Sicherheit ergeben, daß viele Berber, die zusammen mit den Arabern nach Spanien kamen, immer noch Christen waren. Natürlich wissen wir sehr wenig darüber, wie die Araber die ansässigen spanischen Grundbesitzer enteigneten. Wir werden wohl nie genau erfahren, wie viele Eingeborene auf ihren ursprünglichen Glauben verzichteten und falsche arabische Stammbäume annahmen, vermutlich, um nicht benachteiligt zu werden. Andererseits konnte Ribera nach der Untersuchung zahlreicher Texte (einschließlich der *Geschichte der Richter von Córdoba* von Khushanī) einige Kenntnisse über die Verbreitung der romanischen Sprache zutage fördern, die von den Arabern in al-Andalus gesprochen wurde. Es handelte sich um eine Ableitung aus dem nichtklassischen Latein, die in verschiedenen Regionen verschiedene Formen annahm und aus der sich möglicherweise das Spanische herauskristallierte.

Ribera vertrat auch als erster die Hypothese, daß die Araber nicht nur romanisch sprachen, sondern auch in al-Andalus romanisch ‚dichteten und sangen'. Darauf werden wir noch zurückkommen. Im Augenblick nenne ich nur den Beginn einer berühmten Textstelle von Tīfāshī (VII./13. Jahrhundert), die Ibn Sa'īd zugeschrieben wird; er entlieh sie bei Ibn Durayd, der sie seinerseits von Ibn Hāsib übernahm; sie lautet: ‚Das Volk von al-Andalus sang in früheren Zeiten entweder wie die Christen oder wie die arabischen Kameltreiber (*hudāt*).'

Die Umayyaden: 138–366/755–976

Es ist gewiß gewagt, darüber zu reden, was hätte sein können; und doch ist es wahrscheinlich, daß das arabische Abenteuer in Spanien viel früher geendet hätte, wenn da nicht ein neues und sensationelles Ereignis gewesen wäre: die Ankunft eines Umayyaden-Fürsten. Er erreichte Spanien, nachdem er auf wunderbare Weise dem Massaker seiner Sippe im Osten entronnen war. 'Abd ar-Rahmān ibn Mu'āwiya, der ‚Dākhil' oder ‚Einwanderer', brachte es fertig, in Spanien einen Zweig der Umayyaden-Dynastie von Damaskus zu gründen, der doppelt so lange bestand wie der ursprüngliche. (Im Osten herrschten die Umayyaden von 41/661 bis 133/750; im Westen von 138/755 bis 366/976.)

Die Herrschaft der Umayyaden in al-Andalus umfaßte neun Generationen, die man in drei Gruppen zu je drei Generationen aufgliedern kann. Dies mag Ibn Khaldūn auf den Gedanken gebracht haben, die Lebensdauer eines Königreiches in jeweils drei Generationen aufzuteilen: in eine des Schöpfers, des Erhalters und des Zerstörers. Die entsprechenden Könige hießen:

'Abd ar-Rahmān I.	'Abd ar-Rahmān II.	'Abd ar-Rahmān III.
Hishām I.	Muhammad I.	al-Hakam II.
al-Hakam I.	Mundhir und 'Abdallāh (Brüder)	Hishām II.

Jede Gruppe der drei Generationen beginnt mit einem 'Abd ar-Rahmān. Der erste, den wir hier erwähnen, begründete und festigte den Geist, der die ‚syrische Tradition' in Spanien erneuerte. Der zweite, ein gütiger und kluger Mann, öffnete al-Andalus für orientalische Feinheiten auf kulturellem, nicht aber politischem Gebiet. Der dritte war ein glänzender Herrscher, der die Anarchie überwand und die muslimische Macht auf der Halbinsel auf ihren Höhepunkt führte. Er erklärte sich selbst zum Kalifen und erbaute Madīnat az-Zahrā'.

Auf jeden der drei mit Namen 'Abd ar-Rahmān folgte ein schwächerer Herrscher: Hishām I., der Sanftmütige (freilich in begrenztem Maße, wenn wir dem *Fath al-Andalus* glauben dürfen); Muhammad I., dessen Charakter schlecht zu bestimmen ist; al-Hakam II., ein Lehnstuhl-Herrscher, ein Bücherfreund.

Schließlich endete jede Periode mit einem Monarchen, dessen Laufbahn von einer mehr oder minder gut gemeisterten Krise bestimmt wurde: al-Hakam I., heftig und zornmütig; 'Abdallāh, der sich geschickt seinen Weg durch die schlimmste Periode der Umayyadenherrschaft in Spanien bahnte; und der entartete Hishām II., unter dem alles zusammenbrach.

'Abd ar-Rahmān I., der Einwanderer, der Begründer der Umayyaden-Dynastie in Spanien, hatte aus

seinem schwierigen Aufstieg zur Macht in Spanien genug gelernt, um zu wissen, daß er nicht mit der Gunst irgendeiner einzelnen Gruppe rechnen konnte. Er konnte keiner vertrauen: weder den Ost- noch den Nordafrikanern, weder Arabern noch Berbern, noch seinen Verwandten, die immer zu Aufruhr neigten, und erst recht nicht den Christen. Aber er war ein kluger Mann, Abkömmling eines machtgewohnten Fürstenhauses, und gelangte so auf natürliche Weise an die Spitze, wo er von allen anderen unabhängig sein konnte und sie nach Gutdünken zu lenken vermochte. Die von ihm eingeführten Herrschaftsformen erwiesen sich auch für seine Nachfolger als geeignet.

Die persönliche Garde des Herrschers und auch die Elitebrigaden der Armee wurden aus Söldnern gebildet, meist Sklaven ausländischer Herkunft (den berühmten *khurs* oder ‚Stummen', weil sie kein Arabisch verstanden); diese bildeten auch den königlichen Kommandostab. Innere Unruhen wurden möglichst mit äußerster Grausamkeit unterdrückt; sehr berühmt waren der ‚Tag der Vorstadt' in Córdoba, ein Aufstand der Unzufriedenen und der fanatischen Mālikī-Geistlichkeit, der durch die Einäscherung eines ganzen Stadtteils unterdrückt wurde; und die ‚Nacht von Toledo', eine Revolte, in welche die *muladíes* (die zum Islam übergetretenen Spanier) der alten westgotischen Hauptstadt verwickelt waren; beides geschah in der Zeit al-Hakams I. Flexibel verhielt man sich gegenüber den Provinzen oder Grenzgebieten. Verstößen begegnete man je nach den Umständen mit Strafen, Nachsicht oder Zugeständnissen. Die auswärtige Politik kannte freilich keine Kompromisse, weder gegenüber den ‘Abbāsiden im Osten noch gegenüber den berberischen Fātimiden und ihren arabischen Verbündeten in Nordafrika.

Die Assimilierung der einheimischen und anderer gemischter Bevölkerungsteile war selbstverständlich ein langfristiger Vorgang, und die Herrscher waren zufrieden, wenn die beiden Gruppen wenigstens in einem Zustand der Unterwürfigkeit blieben. Bei mehr als einer Gelegenheit versuchten sie ihre Fesseln zu sprengen. Die am wenigsten anpassungsfähigen Eingeborenen, die Mozaraber, wurden immer erbitterter wegen des Druckes, dem sie ausgesetzt waren und der ihre eigene Kultur bedrohte. Zur Zeit ‘Abd ar-Rahmāns II. unternahmen sie eine selbstmörderische Kampagne mutwilliger Blasphemien gegen den Propheten. Sie wurden natürlich mit dem Tode bestraft. Während der Regierungszeit von Mundhir und ‘Abdallāh rebellierten die härtesten Gruppen der *muladíes;* sie rüttelten fast ganz Andalusien auf, und dem Emir blieb nur der städtische Teil von Córdoba. Zu den Aufständischen gehörten sowohl muslimische Konvertiten als auch Araber.

Die Lage besserte sich erheblich unter der Herrschaft ‘Abd ar-Rahmāns III., der sich 317/929 zum Kalifen ausrief. Sein Erscheinen war so etwas wie ein historisches Wunder, ähnlich dem Auftreten von Ferdinand und Isabella nach der verheerenden Herrschaft Heinrichs IV. Die verschiedenen ethnischen Elemente in al-Andalus mußten nun, ob sie wollten oder nicht, engere Beziehungen zueinander aufnehmen. Das wird deutlich in einer Redewendung der *Akhbār majmūʻa,* einer Chronik, die Ribera der schon früher erwähnten von Ibn al-Qūtiyya gegenüberstellt. Die Muslime, sagt der

Zwei umayyadische Goldmünzen. Links: Ein silberner Dirham aus Córdoba, ausgegeben vom ersten umayyadischen Kalifen Spaniens, ‘Abd ar-Rahmān I. Er gehörte zu den wenigen Mitgliedern seiner Familie, die während der ‘abbāsidischen Revolution dem Tod entgingen. Nach dramatischen Abenteuern erreichte er Spanien 138/ 756. Rechts: Ein goldener Dinar von ‘Abd ar-Rahmān III. aus Madīnat az-Zahrā'. Nach einer Serie von Aufständen gegen eine schwache Obrigkeit gelang es diesem Kalifen, der seit 300/912 regierte, wieder eine solide Herrschaft zu errichten. (2, 3)

Verfasser, wären besser beraten gewesen, Spanien zu verlassen, ‚weil sie, wenn Gott kein Mitleid mit ihnen hat, ein schlimmes Ende nehmen werden'. Diese Ansicht, die in den ruhmreichen Tagen des Kalifates niedergeschrieben wurde, scheint paradox zu sein, obwohl sie zugegebenermaßen von einem Araber aus Quraysh stammte, der, wie Ribera sagt, zornig darüber war, ‚daß die Herren spanischer Herkunft daran gingen, den ererbten arabischen Adel zu verdrängen', und ‚daß spanische Familien mit zweifelhaftem Stammbaum nach und nach in den Ämtern des Umayyaden-Reiches an die Stelle der Qurashī-Adligen traten'.

Eine Kultur vieler Rassen

Als ‘Abd ar-Rahmān zur Macht kam, gab es in Spanien vermutlich nur geringe oder gar keine Anzeichen arabischer Kultur. Alles wurde von den Todfeinden der Umayyaden, den ‘Abbāsiden, kontrolliert. Das umayyadische Reich mußte nicht nur seine Kultur importieren, sondern auch das ausscheiden, was unerwünscht war. Die Kriterien dafür entnahm es der Politik, der syrischen Tradition der Umayyaden und in hohem Maße dem Mālikismus, der Rechtslehre von Medina, die von ihrem Gründer Mālik ibn Anas vertreten wurde. Der Mālikismus stellte vermutlich das einzige Gesetzessystem in al-Andalus dar und fand fast immer offizielle Unterstützung. Sie wurde von begeisterten Anhängern mißbraucht; sie setzten eine Art Inquisition ein, obwohl sie auch dadurch die Entstehung andersgläubiger religiöser Gemeinschaften nicht verhindern konnten. Im politischen Bereich schufen die guten Beziehungen der Umayyaden zu Byzanz ein nützliches Gegengewicht. Die beiden Mächte tauschten Botschafter aus, und Córdoba erhielt vom Bosporus zum Beispiel geeignete Handwerker zur Mosaikherstellung, die den *mihrāb* der Großen Moschee ausschmückten.

Die Kultur wurde auf zweierlei Art importiert: offiziell mit Billigung der Behörden, und inoffiziell, eingeschmuggelt von reisenden Gelehrten und Pilgern. Die Ausbreitung der Kultur wurde durch den Handel erleichtert und geschah schneller als man erwarten konnte. Zweimal erreichte der Zufluß arabischer Elemente den Sättigungsgrad; das eine Mal zur Zeit ‘Abd ar-Rahmāns III., als Ibn ‘Abd Rabbihis *al-‘Iqd al-Farīd* erschien. ‚Sie senden uns unsere eigenen Erzeugnisse zurück!', rief ein Araber aus dem Osten, der Sāhib ibn 'Abbād, obwohl er nicht wissen konnte, daß diese umfangreiche und berühmte Anthologie Dinge bewahrte, die später gerade im Osten verlorengingen. Der andere Höhepunkt der Sättigung stellt sich in der berühmten Bibliothek des córdobanischen Kalifen al-Hakam II. dar, einer Sammlung von rund 400 000 Bänden.

Die früher erwähnte Textstelle des Tīfāshī spricht von Musikern und Sängern, die während der Zeit al-Hakams I. nach al-Andalus kamen, und berichtet von der Ankunft des berühmten Ziryāb, eines äußerst kultivierten Schiedsrichters in Geschmacksdingen, der unter 'Abd ar-Rahmān II. am Hof von Córdoba lebte.

Natürlich gab es schon seit langer Zeit Dichter in al-Andalus. Ghazāl, ein merkwürdiger Charakter und bekannt wegen seiner Schönheit, war Botschafter 'Abd ar-Rahmāns II. in Byzanz und starb 250/864 in hohem Alter. Seine Dichtungen umfassen eine bemerkenswert breite Tonskala. Ramādī, vielleicht christlicher Abkunft, war ein Dichter von hoher Intelligenz und schuf seine besten Werke unter Almanzor (gest. 413/1022). Er begann zur Zeit al-Hakams II. als eine Art Schenken-Poet in der Opposition und erfand einige der ergötzlichsten andalusischen Anekdoten aller Zeiten. Sieht man vielleicht von dem häretischen spanischen Renegaten Ibn Hānī ab (321–63/933–73), einem Zeitgenossen von al-Mutanabbī, der im Exil in Nordafrika lebte, so behaupteten diese und andere Dichter des Kalifates nur einen zweiten, wenn auch bemerkenswerten Platz in der arabischen Literatur. Nach dieser Zeit bestanden die hervorragendsten literarischen Erzeugnisse Andalusiens aus Werken der Grammatik und Philologie.

Trotzdem war die literarische Kultur von al-Andalus keineswegs unschöpferisch. Die interessanteste Leistung war die Erfindung des *muwashshah*, der für uns Abendländer vielleicht interessanter als für die östlichen Araber ist, die sich zwar von seinen sinnlichen Reizen angezogen fühlten, ihn aber doch abschätzig als eine Krebsgeschwulst am Körper der arabischen Klassik betrachteten.

Der erste positive Kritiker der muslimisch-spanischen Strophendichtung war wiederum Julián Ribera, der zu Beginn dieses Jahrhunderts die These von einer einheimischen romanischen Literatur in Andalusien vertrat und ihre Quellen aufzuspüren begann. Seine Untersuchungen, denen dann die von S. M. Stern und meine eigenen folgten, brachten über fünfzig Beispiele der als *kharja* bekannten Versform zutage. Das sind kurze Stücke in Romanisch am Ende längerer hebräischer oder arabischer Gedichte, die sogenannten *muwashshahs*. Es sind die ältesten dichterischen Texte, die in europäischen Volkssprachen entdeckt wurden. Die Verwandtschaft der *kharjas* mit den *villancicos* (Liedern) des Goldenen Zeitalters und den *coplas* (Balladen) findet sich noch heute im Bereich der spanisch sprechenden Welt und beweist eine Kontinuität in der spanischen lyrischen Poesie, die nun schon über zehn Jahrhunderte andauert.

Auf dieser Seite findet man einige Beispiele der *kharjas*; es sind drei von je zwei Zeilen, eines von drei und zwei von vier Zeilen. Das letzte Beispiel stammt aus der ersten Hälfte des V./11. Jahrhunderts.

Ibn Bassām (VI./12. Jahrhundert) und Ibn Sanā' al-Mulk, der ägyptische Theoretiker der Gattung (VII./13. Jahrhundert), setzen in erst jüngst erschlossenen Schriften auseinander, daß der *muwashshah* ausdrücklich als Rahmen für eines dieser Fragmente romanischer Verse geschaffen wurde.

Diese Gattung wurde in der Stadt Qabra (heute: Cabra) im umayyadischen Spanien Ende des III./9. oder Anfang des IV./10. Jahrhunderts von einem blinden Dichter namens Muqqadam ibn Mu'āfà erfunden. Aber erst seit dem V./11. Jahrhundert werden solche Dichtungen überliefert. Das Genre war sogleich von der neutralisierenden Wirkung des arabischen Klassizismus bedroht, der darauf ausging, fremde Formen aufzusaugen oder zu verändern. Aus diesem Grunde und wegen der Schwierigkeiten der Kopisten mit fremden Texten haben sich nicht viele *kharjas* in romanischer Sprache erhalten. Außerdem wurden sie bald durch *kharjas* in umgangssprachlichem und später in klassischem Arabisch ersetzt. Gleichwohl blieb das nichtklassische metrische Gerüst der Dichtung erhalten, zumindest behielt man den isosyllabischen Charakter der akzentuierenden romanischen Dichtung bei, wenigstens in Andalusien.

ROMANISCH	SPANISCH	
Ké faré, mammà?	*¿Qué haré, madre?*	Was soll ich tun, Mutter?
me-u l-habīb ešt' ad yana.	*Mi amigo está en la puerta.*	Mein Freund ist an der Tür.
Benid la Pašqa, ay aún/sin elle,	*Viene la Pascua, ay, aún/sin él,*	Kommt Ostern nun ohne ihn,
lasrando meu qorağūn/por elle.	*lacerando mi corazón/por él.*	werde ich mein Herz für ihn zerreißen.
Komo si filiyōlo 'aljēno	*Como si [fueras] hijito ajeno,*	Als ob Du eines Fremden Sohn wärest,
non maš adormeš a me-u šēno.	*ya no duermes más en mi seno.*	schläfst Du nicht länger an meiner Brust.
Ké farēyo 'o ké sérad de mībe?	*¿Qué haré o será de mí?*	Was soll ich tun, oder was wird mir geschehn?
¡Habībe,	*¡Amigo,*	Mein Freund,
non te tolgaš de mībe!	*no te vayas de mi lado!*	geh nicht weg von meiner Seite!
Gār ké farēyo,	*Dime qué haré*	Sag mir, was ich tun soll,
kómo bibrēyo:	*como viviré:*	wie ich leben soll:
Ešt' al-habīb ešpēro	*a este amigo espero;*	wartend auf diesen Freund;
pōr ēl morrēyo.	*por él moriré.*	für ihn will ich sterben.
Tant' amāre, tant' amāre	*Tanto amar, tanto amar,*	Soviel Liebe, soviel Liebe,
habīb, tant' amāre,	*amigo, tanto amar,*	Freund, soviel Liebe,
enfermīron welyoš nīdioš	*enfermaron ojos bellos*	Schöne Augen fallen krank nieder
e dōlen tan mālē.	*y duelen tan mal.*	und leiden solche Pein.

Der *muwashshah* war eine wunderbare Verschmelzung zweier Literaturen und Rassen in dem vielrassigen Schmelztiegel von Córdoba unter dem Kalifat. Er ist ohne Zweifel das originellste Erzeugnis der umayyadischen Kultur, weit über dem provinziellen Niveau ihrer sonstigen Leistungen.

Wir sehen im Córdoba der Kalifen nicht nur den Ruhm, sondern auch die sich abzeichnende Tragödie des spanischen Islam. Fremd den Christen des Nordens, den Halbbrüdern durch die Bande des Blutes, fremd auch den Völkern des Ostens, denen es durch Rasse, Kultur und Religion verwandt war, erscheint uns das große Königreich des Südens als eine Fata Morgana, eine flammende Sonne, die nicht in die Planetenbahn paßte, die, wie der Dichter Ibn Hazm einmal sagte, den Fehler hatte, im Westen aufzugehen.

Abgesehen vom *muwashshah*, wird die spanische Kultur des Islam wirkungsvoller von der Architektur als von der Literatur verkörpert. Wir erinnern an die wunderbare Pfalzstadt Madīnat az-Zahrā', von 'Abd ar-Rahmān III. ganz aus Stein errichtet, die nur fünfzig Jahre bestand, bevor die Berber sie zerstörten, und die jetzt restauriert wird. Vor allem aber müssen wir die Große Moschee von Córdoba erwähnen. Der Bau wurde dreimal erweitert und jedesmal prachtvoller. Beim dritten Ausbau wurde der Fluß erreicht; eine vierte, von Almanzor ausgeführte Erweiterung wurde seitlich angeschlossen.

Almanzor und der Bürgerkrieg: 366–422/976–1031

Al-Hakam II., der ,majestätische, gelehrte und in der Verwaltung tüchtige' Kalif al-Mustansir bi-llāh, war physisch anormal, und sein Sohn Hishām II. al-Mu'ayyad war degeneriert. Er hat niemals die Regierungsgeschäfte geführt. Beim Tode al-Hakams riß vielmehr ein intelligenter und fähiger Beamter namens Muhammad ibn Abī 'Āmir die Macht an sich. Er gelangte durch eigene Verdienste bis an die Spitze; auch die Tatsache, daß er der Geliebte der Mutter des Kalifen war, spielte eine Rolle. Er beseitigte gewaltsam seine Rivalen und schloß den neuen Kalifen in ein goldenes Gefängnis ein, das die Verbindung mit der Außenwelt unmöglich machte.

Die Usurpation war vollständig. Ibn Abī 'Āmir hieß zwar offiziell *hājib* oder Premierminister, führte sich aber von vornherein wie ein rechtmäßiger Kalif auf. Er nahm den Titel al-Mansūr (Almanzor) an, ,der Siegreiche', und ist unter diesem Namen der Nachwelt bekannt. Er erbaute eine Pfalzstadt, al-Madīna az-Zāhira, die spurlos unterging, war autoritärer als die früheren Herrscher und gründete seine eigene Dynastie. Nachfolger wurden seine zwei Söhne, 'Abd al-Malik Muzaffar und 'Abd ar-Rahmān an-Nāsir, bekannt als ,Sanchuelo'.

Almanzor, der aus einer vornehmen, aber mittellosen Familie kam, war von Natur ebenso schlau wie kühn. Damit ihm das Volk die Usurpation und die grausamen Methoden seiner Machtergreifung vergäbe, beging er gute Taten, etwa als Schutzherr der Schreiber, aber auch schlechte, mit denen er sich die Gunst der *faqīhs* (der Rechtsgelehrten) gewann. Die letzteren Aktionen schlossen ein *auto da fé* ein, bei dem al-Hakams II. legendäre Bibliothek von allen ,unfrommen', das heißt allen wissenschaftlichen Büchern, gereinigt wurde. Aber seine berühmteste Tat waren die Strafexpeditionen gegen die Christen, die in einer Atmosphäre apokalyptischer Leidenschaftlichkeit stattfanden. Er leitete etwa fünfzig dieser Expeditionen selbst, und viele waren zweifellos erfolgreich. Seine Angriffe auf die christlichen Festungen Nordspaniens machten ihn zur ,Geißel Gottes'; damals wurde das berühmteste christliche Heiligtum Spaniens, die Basilika von Santiago de Compostela, verheert. Doch dieses ungezügelte Verhalten stieß auf zwei Hindernisse.

Das erste sollte auch noch später manche Ereignisse in Spanien beeinflussen. Als Kampfeinheit ließ nämlich die Streitmacht der Herrscher von Córdoba viel zu wünschen übrig, und die andalusischen Muslime waren aus Feigheit oder aus Trägheit nicht geneigt, zu kämpfen. Dies hatte schon der Geograph und fātimidische Kundschafter Ibn Hawqal festgestellt; er schrieb während seiner Reise nach al-Andalus zur Zeit 'Abd ar-Rahmāns III. einen unverblümten Bericht über die andalusischen Truppen. Als sich die Aussichten für ein erfolgreiches Unternehmen unter solchen Umständen verringerten, entschied sich Almanzor für ein Heilmittel, das schlimmer als die Krankheit war: er führte Söldner aus Nordafrika ein, einem Gebiet, das nur mit großen Schwierigkeiten unterworfen und zum Teil von al-Hakam II. in das Kalifat eingegliedert worden war. Die Berber jetzt an den Weg nach Spanien zu erinnern, war das Schlechteste, was Almanzor tun konnte. Unbeabsichtigt schärfte er eine gefährliche Waffe, die das jähe Ende des Kalifats und schließlich des ganzen spanischen Islam herbeiführen sollte.

Der zweite Nachteil bestand darin, daß diese Expeditionen zwar auffällig, aber nur von geringem Nutzen waren. Da sie nur Strafcharakter hatten und nicht auf vollständige Eroberung abzielten, waren sie oft unergiebig. Almanzor erkrankte auf dem Rückweg von einem Feldzug gegen die Christen und wurde auf einer Tragbare zum Sterben nach Medinaceli (Soria) gebracht (393/1002). Nach einer poetischen Legende hörte man an den Ufern des Guadalquivir einen geheimnisvollen Gesang:

En Catalañazor	,In Catalañazor
perdió Almanzor	verlor Almanzor
el atambor.	seine Trommel.'

Almanzors Nachfolger war sein Sohn 'Abd al-Malik, Muzaffar genannt, ein freundlicher und gebildeter Mann, dessen milde Herrschaft das Volk von al-Andalus zu genießen begann; aber er starb kurz darauf, im Jahre 399/1008. Ihn ersetzte sein Halbbruder 'Abd ar-Rahmān, an-Nāsir genannt, mit dem Spitznamen ,Sanchuelo' oder ,Sanchol', weil er durch seine Mutter 'Abda der Enkel Sancho Abarcas, des Königs von Pamplona, war. Unter ihm verfiel die Macht der 'Āmiriden schnell.

Es ist hier nicht der Ort, diesen als *fitna* bekannten Konflikt zu schildern, ein Katz-und-Maus-Spiel zwischen Berbern aller Arten einschließlich der Banū Hammūd (Idrīsiden), die sich vom Propheten herleiteten, und den andalusischen Arabern und Slawen *Saqāliba* (Sklaven christlicher Herkunft). Hishām II. blieb ein Strohmann in den Händen anderer. Nach ihm kam eine Reihe von Fürsten, von denen einige verbrecherisch, andere voll guten Willens, aber alle erfolglos waren.

Wir sehen eine beängstigende Folge von Schattenwesen. Es ist ein tragischer Niedergang, der Hals über Kopf vonstatten geht und nur eine oder zwei trügerische Unterbrechungen kennt. Das Kalifat kam unter den Hammer. Al-Madīna az-Zāhira wurde weggefegt, Madīnat az-Zahrā' zerstört, und seine Säulen, Kapitelle und Wasserleitungsrohre wurden verkauft. Was von al-Hakams Bibliothek noch nicht verbrannt war, wurde verschleudert. Auf der Halbinsel regierten wieder einmal die Sonderinteressen der Kleinstaaterei.

Sonderbarerweise blieb der von uns so klar erkannte gänzliche Zusammenbruch den damaligen Menschen wahrscheinlich verborgen. Tag um Tag erwarteten sie eine Wendung des Schicksals zu ihren Gunsten. Als aber die Lage allen offenkundig wurde, wollte keiner mehr Kalif sein. Der letzte Umayyade, der diesen Titel trug, war ein feiger Bourgeois: Hishām III. al-Mu'tadd floh aus Córdoba, um dann doch ermordet zu werden. Und führende Bürger von Córdoba riefen eine Art Republik aus (422/1031).

Der kulturelle Höhepunkt einer Gesellschaft fällt nicht immer mit ihrem politischen Zenit zusammen, und eine Kultur kann sich inmitten eines politischen Niedergangs bilden. Aber hier war die politische Umwälzung so jäh und so zerstörerisch, daß die Kultur erstarrte.

Man muß die königliche Förderung der Literatur von einem literarischen Hof unterscheiden; obwohl die letzten Umayyaden in hohem Maße die Literatur unterstützten, bildeten sie doch keine literarischen Höfe. Die einzige Ausnahme war Almanzor, der es als Eindringling und Thronräuber nötig hatte, sich beliebt zu machen; infolgedessen drängten sich in seinem Palast bedeutende Dichter. Auch Ramādī und Ibn Darrāj al-Qastallī konnten ihr Werk im Bürgerkrieg fortsetzen. Aber vor allem müssen drei überragende Persönlichkeiten erwähnt werden.

Drei Schriftsteller des Bürgerkrieges

Zunächst ist da der Historiker Ibn Hayyān (377–469/987–1076), dessen erste Lebenshälfte in diese Periode fällt. Er war ein bewunderungswürdiger Prosaschriftsteller voll beißender Kritik, ein unbestechlicher Zeuge seiner Zeit, der ein hinreißendes, leider nur bruchstückhaftes Bild seiner Epoche hinterließ. Sein Meisterwerk ist der *Matīn;* vorher veröffentlichte er den *Muqtabis;* ein Werk, das Schriften früherer Chronisten enthielt.

Die beiden anderen waren Ibn Shuhayd (382–426/992–1035) und Ibn Hazm (381–455/991–1063), beide Söhne hoher Beamter. Der erste kam aus altarabischem Geschlecht, der zweite aus einer insgeheim christlichen Familie. Beide waren eng befreundet und hatten auch während des Bürgerkrieges in einem kurzlebigen umayyadischen Reich als Wesire gewirkt. Zusammen riefen sie eine Dichterschule ins Leben. Man stellt sich diese Poeten als zwei weißgekleidete Jünglinge vor, die zwischen den weißen Säulengängen Córdobas plauderten, sich für Schwäne begeisterten und für blonde Frauen, das erotische Ideal der Umayyaden in Spanien.

In der Welt der arabischen Kultur waren sie ausgesprochen revolutionär: Sie lehnten ihre Lehrer ab, verwarfen die üblichen Lehrmethoden, verabscheuten die schriftliche Überlieferung und behaupteten, daß ein Dichter geboren und nicht gemacht sei – eine heute selbstverständliche, für den mittelalterlichen Islam aber skandalöse These. Andererseits bildeten sie eine aristokratische ,arabophile' Minderheit, die die volkstümliche Literatur verachtete (,weg mit dem *muwashshah!*'). Alles Neue, das aus dem Osten kam, nährte ihren Wunsch nach Angleichung an die arabische Kultur; doch paradoxerweise haßten sie es auch und versuchten es zu überwinden, indem sie ihrem Werk – Poesie und Prosa – ein ausgesprochen nationalistisches Aroma gaben. Als das umayyadische Kalifat über ihnen zusammenbrach, gingen mit ihnen die besten Hoffnungen der andalusischen Literatur zugrunde.

Ibn Shuhayd, ein Dichter und Kritiker, dem Wesen nach ein reiner Intellektueller, war ein besserer Dichter als sein Gefährte. Die Satiren in Prosa, die er wie ein Feuerwerk gegen die Grammatiker und die Buchkultur im allgemeinen losließ, sind eines näheren Studiums wert. Sein für uns anziehendstes Werk, die *Risālat at-tawābi' wa-z-zawābi'*, ist nur in einer verstümmelten Form überliefert. Es ist ein überraschend fiktiver Bericht über eine Reise des Autors durch die Unterwelt. Hier unterhält er sich mit den Geistern oder den inspirierenden Genien der größten arabischen Dichter und vergleicht in typisch spanischem Stolz seine Werke mit den ihren. Es ist wirklich eine Art *Divina Commedia* voller Humor und Phantasie, die Abū l-'Alā' al-Ma'arrī und Dante vorwegnimmt. Ibn Shuhayd wurde in al-Khayr, einem Park in Córdoba, begraben. Interessanterweise enthielt sein Haus keine Bücher.

Ibn Hazm bedarf kaum einer Einführung, denn sein *Tawq al-hamāma* (,Das Halsband der Taube') galt seit je als eines der wenigen Meisterwerke der andalusischen arabischen Literatur. Im Grunde ein Versuch über die Liebe, kann es mit den entsprechenden Schriften von Platon, Ovid, Dante, Stendhal und vielen anderen wohl verglichen werden. Darüber hinaus ist es eine schmerzliche Elegie auf das maurische Andalusien, ein bemerkenswertes biographisches Werk, eine ausdrucksvolle Beschwörung Córdobas unter den Umayyaden und die schönste Sammlung von Liebesgeschichten. Die Geschichten wurden unmittelbar niedergeschrieben, es gibt kaum Anspielungen auf andere Bücher. Der Verfasser sagt in seiner Vorrede: ,Ich mag die unzähligen Dinge benutzt haben, die man über die Beduinen hört; aber ich pflege auf keinen anderen Berg zu reiten als auf meinen eigenen und pflege keine Schau mit erborgten Juwelen zu machen.' In der Tat hatten seine eigenen Juwelen Leuchtkraft genug, wie diese oft angeführten Zeilen im *Tawq* (Kap. 20) beweisen:

Fort, unselige Perle aus China!
Ich bin zufrieden mit meinen Perlen aus Spanien! ...

Der Verfasser (der auch einen *Apologetischen Rechenschaftsbericht über die Literatur von al-Andalus*, eine *Große Geschichte der Religionen* und einige eindringliche *Bekenntnisse* oder moralische Leitsätze schrieb) wandte sich später von der Literatur ab. Erbittert über leidenschaftliche theologische und juristische Streitigkeiten, entfremdet von allem und jedem, verlebte er seine letzten Jahre abgeschlossen in dem provinziellen Winkel, aus dem seine Familie kam. Er schrieb noch immer, aber jetzt kamen, wie Ibn Hayyān bemerkt, seine Bücher nicht mehr ,über die Schwelle seine Türe'.

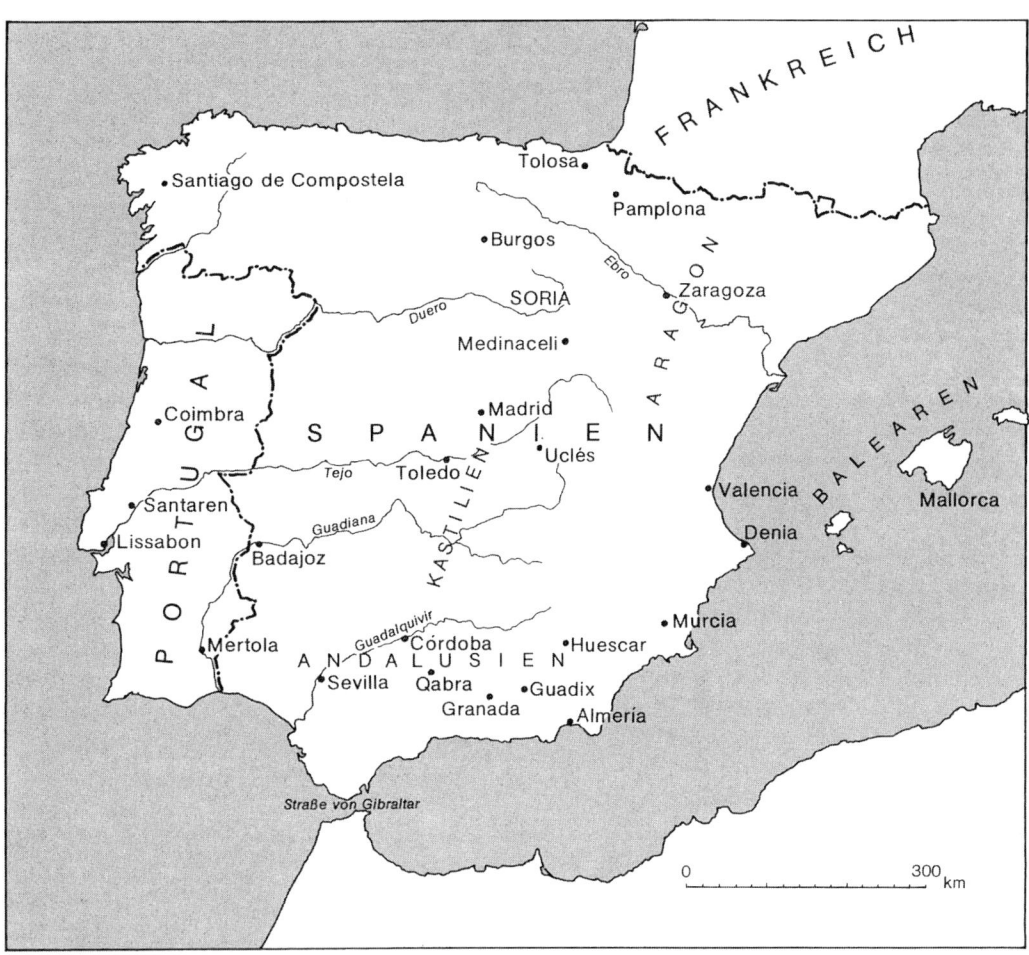

Spanien in islamischer Zeit, mit Städten und Plätzen, die innerhalb des Kapitels erwähnt werden. (4)

Der Zerfall des muslimischen Staates: 414–83/1023–91

Die neue Woge des Regionalismus, die zur Zeit der *fitna* oder des Bürgerkrieges über das Land kam, wurde bald eine Flut und führte zur Errichtung der *taifa*-(arabisch: tā'ifa)Staaten. Als die Macht der Umayyaden zerfiel, und sie nicht mehr bremsend auf die Vorgänge einwirken konnten, explodierten die Feindseligkeiten zwischen all den widerstrebenden Elementen des Kalifates. Da waren Araber und *muladí taifas*, aber auch Berber, das heißt arabisierte Berber oder jüngst angekommene Söldner, und sogar die ‚Slawen‘ fühlten sich zur politischen Unabhängigkeit berechtigt. Ein allgemeiner Machtkampf brach aus, in dem jeder, der sich in eine Festung zurückziehen konnte *(encastillarse)*, das auch tat. Am Anfang dieser Zerstückelung entstanden etwa achtundzwanzig Kleinstaaten. Diese Zahl verringerte sich später infolge der unvermeidlichen Annexionen und Neuverteilungen des Landes. Abgesehen von vereinzelten Bündnissen gegen den gemeinsamen Feind, das Christentum, bekämpfte seitdem jedermann jeden.

Die *taifas* trennten die verschiedenen ethnischen Gruppen des Kalifates. Aber damit war keine größere Unabhängigkeit verbunden. Politische Unabhängigkeit war für so kleine Gruppen unmöglich, und in kultureller Hinsicht entwickelte sich eher das Gegenteil. Der umayyadische Staat hatte seine Kultur aus dem 'abbāsidischen Osten importiert und sie einer Art von Filterung unterworfen. In den Zeiten von Ibn Shuhayd und Ibn Hazm begann man, sie zu verachten und darüber hinauszuwachsen. In einer Epoche, in der die östliche Kultur am wenigsten gebraucht wurde, forcierten nun die *taifa*-Staaten die Übernahme, sie siebten nicht mehr, sondern

beeilten sich, die Kultur hemmungslos nachzuahmen. Eine Unzahl von Miniatur-Bagdads äffte das Original nach: mit lächerlichen Fürstentiteln, mit Sitten und Gebräuchen, mit Kleidung und Protokoll. In den *taifas* entwickelte sich ein reges und vielseitiges kulturelles Leben. Eine besondere Rolle spielte dabei die Poesie, eingeschlossen der *muwashshah*, dessen erste erhaltene Beispiele aus dieser Periode stammen. Dichtung gab es überall; sie war ein weitverbreitetes ‚Laster‘ und das universale Instrument, das man allenthalben benutzte, in der Diplomatie und der Liebe, in der Propaganda und der Satire. Der größte Teil der Staatsausgaben wurde dafür verwandt. Da gab es Dichterakademien in den Palästen mit Listen besoldeter Poeten. Könige komponierten Verse. Eine gute *qasīda* konnte sich als rentabel erweisen.

Der Ehrenplatz gebührt Ibn Zaydūn (394–463/ 1003–70), geboren in Córdoba. Er floh nach Sevilla und war der Liebhaber der skandalumwitterten umayyadischen Prinzessin Wallāda, der er einige bewunderungswürdige Liebesgedichte widmete, einschließlich der berühmten *Qasīda nūniyya*. Von etwas geringerem Rang war Ibn 'Ammār de Silves, ein zweideutiger Abenteurer, der sich aus der Armut zum Wesir beim König von Sevilla hocharbeitete, von diesem dann aber wegen Verrats 479/1086 hingerichtet wurde. Erwähnenswert ist auch noch Ibn al-Labbāna von Denia (gest. 507/1113), ein freundlicher und vornehmer Mensch, was sich nicht zuletzt in seiner uneigennützigen Dankbarkeit für die gestürzten 'Abbāsiden zeigte. Alle diese Männer waren vorzügliche Autoren, aber sie können nicht mit den großen Dichtern des Ostens verglichen werden.

Einen besonderen Hinweis verdient König Mu'tamid von Sevilla, der von 460–84/1068–91 regierte, der dritte und letzte seiner Dynastie. Seine Dichtungen waren technisch überlegen und vor allem natürlich und unparteiisch, ein Kommentar zu dem dramatischen Auf und Ab in seinem Leben, das fast immer in sich selbst poetisch war, von den Augenblicken des Triumphes bis zur Bitternis der afrikanischen Verbannung. Seine letzten Kompositionen, die wir die ‚Elegien von Aghmāt' nennen möchten, gehören zu den bittersten Zeugnissen menschlichen Schmerzes.

Aber hier müssen wir die Atmosphäre der maurischandalusischen Romantik verlassen, die das Gesicht der Epoche prägte, und den schon begonnenen Abriß der Geschichte vervollständigen.

Die *taifa*-Staaten lassen sich mit den Republiken der italienischen Renaissance vergleichen; sie trugen zwar einen Turban, besaßen aber kein Geld und verrieten einander ständig. Der ehrgeizige Herr von Kastilien, Alfons VI., erkannte ihre Verwundbarkeit und beutete sie unbarmherzig aus.

Er hatte Beauftragte an allen muslimischen Höfen und setzte sie fortwährend gegeneinander ein. Alfons kannte den Islam zumindest ebenso gut wie den Cid und hatte außerdem Ratgeber in islamischen Angelegenheiten, darunter den mozarabischen Grafen Sisnando Davídiz von Coimbra, einen Emigranten aus Andalusien. Sisnando riet zur Vorsicht; aber der König war unglücklicherweise mit einer Französin verheiratet und stand in Beziehung zu den Benediktinern von Cluny; beide – nicht vertraut mit andalusischer Politik – empfahlen Gewalt. Es ist heute unmöglich, zu sagen, wer recht hatte. Alfons spitzte die Lage zu, als er 478/1085 Toledo besetzte und den dortigen König vertrieb. Vielleicht hätte er ihn besser unter einem Protektorat belassen, wie Sisnando wahrscheinlich riet. Andererseits war es natürlich verlockend, die Reconquista bis an den Tajo heranzutragen und die frühere westgotische Hauptstadt einzunehmen.

Al-Mu'tamid, König von Sevilla, der mächtigste und typischste Herrscher, den es in den *taifas* gab, vertrat die extreme Ansicht: ‚Besser ein Kameltreiber in Afrika als ein Schweinehirt in Kastilien.' Der König der Almoraviden, Yūsuf ibn Tāshufīn, wurde aus Afrika herbeigerufen. Er überquerte die Straße von Gibraltar, und man arrangierte auf die übliche Weise ein entscheidendes Treffen mit Alfons VI. Die Schlacht, von den Muslimen Zallāqa und von den Christen Sagrajas genannt, fand in der Gegend von Badajoz statt (479/1086). Al-Mu'tamid bedeckte sich mit Ruhm, und Alfons VI. floh, geschlagen. Yūsuf ibn Tāshufīn kehrte nach Marokko zurück, wie er sich verpflichtet hatte. Aber vier Jahre später kam er wieder und machte sich zum Herrn über Südspanien. Die *Memoiren* von 'Abdallāh, dem letzten Zīridenkönig von Granada, geben aus erster Hand einen Überblick über die Ereignisse. Die andalusischen Fürsten wurden mit erbarmungsloser Grausamkeit behandelt. Nur al-Mu'tamid verteidigte sich tapfer, wurde aber verraten, besiegt und verbannt.

Die andalusischen *taifas* möchte man mit den Fröschen im Märchen vergleichen, die einen König wünschten. Sie liebten den rohen Klotz nicht, den Jupiter ihnen gesandt hatte, aber als sie ihn zurückwiesen, sandte ihnen Jupiter nach Zallāqa eine Schlange (den Almoraviden Yūsuf), die sie vernichtete.

Die Herrschaft der Almoraviden: 484–540/1091–1145

Die Herrschaft der Almoraviden dauerte etwas länger als ein halbes Jahrhundert und verbesserte die Lage kaum. Sie stützte lediglich das bröckelige Gebäude von al-Andalus ab, konnte aber eine allgemeine Verschlechterung nicht verhindern. Trotz des Sieges von Uclés (512/1108) konnte Toledo nicht zurückerobert werden, und 1118 verlor der Islam Zaragoza. Valencia wurde nach der Besetzung durch den Cid wiedergewonnen, aber Andalusien litt immer noch unter den Strafexpeditionen Alfons' I. von Aragonien.

Abgesehen von einer kurzen Atempause, die der islamischen Religion vergönnt war, zeigte al-Andalus von nun an nur noch Zerfallserscheinungen. Der härteste Verlust betraf den politischen Stolz: Es büßte nicht nur seine Unabhängigkeit ein, sondern wurde auch provinzieller Untertan einer Hauptstadt, die damals unzivilisiert war (Marrakesh). Die soziale Struktur verlor ihr altes ethnisches Gerüst, als die Mozaraber durch Flucht oder Verbannung endgültig zerstreut wurden. Die Zweisprachigkeit erhielt sich freilich für eine Weile. Im kulturellen Bereich zerriß die alte Nabelschnur, die al-Andalus mit dem Osten verband.

Die Almoraviden waren nur ein kurzer Vorgeschmack der afrikanischen Invasion in Spanien. Ihre Gewohnheiten riefen anfänglich Überraschung hervor – so zum Beispiel die Schleier, die von den Männern getragen wurden (den *lithām* sieht man noch heute bei den Arabern der Sahara), und der ausgiebige Gebrauch des Kamels (Maqqarī, *Ausgewählte Stücke*, II, 680). Es gab in Spanien drei almoravidische Herrscher. Der erste, der große Kaiser Yūsuf ibn Tāshufīn, war unkultiviert und sprach nur wenig Arabisch; der letzte, Tāshufīn ibn 'Alī, war recht bedeutungslos. Der dritte Herrscher, 'Alī ibn Yūsuf, der praktisch die ganze Periode hindurch regierte, war ziemlich arabisiert, setzte die ehemaligen Beamten der *taifas* wieder ein und unterschied sich nicht von der Mehrheit der früheren andalusischen Fürsten.

Letztlich standen die Almoraviden der andalusischen Lebensart näher als die späteren Almohaden. Sie verbannten zwar die Werke von al-Ghazālī: doch ihre Nachfolger bemühten sich darum, sie wiederaufleben zu lassen. Die Mālikī-Geistlichkeit regierte in dieser Zeit ungehindert; doch das war nicht neu und bedeutete nur, daß nach der Gottlosigkeit der *taifas* das Pendel zur anderen Richtung hin ausschlug. Die Herrschaft der Frauen erreichte ein ungewöhnliches Ausmaß; aber das war Sitte bei den Berbern. Dazu fand die vorherrschende gesinnungsmäßige Unduldsamkeit ein Gegengewicht in der beträchtlichen Freizügigkeit der Sitten. Ibn Quzmān zeichnet ein in die Einzelheiten gehendes Bild von den Vergnügungen des städtischen Lebens, etwa von der Gewohnheit junger Dandys, sich ihre Waden zu vergolden.

Die andalusischen Literaten, besonders solche, die zur Zeit der *taifas* geboren waren, fühlten sich bei ihren neuen Herrschern nicht recht zu Hause. Sie erhielten nicht mehr die gewohnte reichliche Vergütung, denn eine solche Verschwendung öffentlicher Gelder an die Poesie konnte einfach nicht länger andauern. Wenn Ibn Bāqī (gest. 540/1145), einer der größten Dichter der Zeit, sagt:

Die Reime der Poesie weinen sich aus
für einen unter Barbaren verlorenen Araber

so dachte er gewiß an die von Ovid in dessen Verbannung in Pontus geschriebenen Zeilen (Tristia V, X, Vers 37):

Barbarus hic ego sum, quia non intelligor ulli,
et rident stolidi verba latina Getae
(‚Hier bin ich ein Barbar, da keiner mich versteht und die ungeschliffenen Geter über meine lateinische Sprache spotten‘).

Aber er übertrieb doch die Situation, da er weniger Grund zur Klage als Ovid hatte. Wenn auch die Lage für die Dichter elend erschien, so brachte sie ihnen wenigstens eine neue Inspiration; der ungewohnte Ton ihrer bitteren Klagen ist der trockenen Kälte ihrer Lobgedichte vorzuziehen.

Im Werk nicht nur des Ibn Bāqī, sondern auch des Tutīlī, des blinden Dichters von Tudela (gest. 520/1126), und anderer unbedeutenderer Poeten wiederholt sich ein Thema, vielleicht ein altes, immer wieder: ich nannte es den ‚Haß auf Sevilla‘, auf die Stadt, in der der Niedergang der Dichtung offenkundig war. Der poetische Angriff zeigt, daß die andalusischen Araber den Abstieg ihrer Literatur wohl bemerkten und sich des Wechsels von einem ‚goldenen Zeitalter‘ in ein ‚silbernes Zeitalter‘ durchaus bewußt waren. In Annäherung an die westliche Terminologie bittet ein Dichter den Autor einer Anthologie (die *Dhakhīra*, 1–2, 391), seine ‚silbernen Verse‘ nach seinen ‚goldenen‘ aufzunehmen.

Das Aufkommen von Anthologien ist bezeichnend. Die Schriftsteller des almoravidischen Andalusien fühlten den Niedergang und legten große Gedichtsammlungen an, damit der Ruhm der Vergangenheit nicht verlorenging. So Ibn Bassām von Santaren (gest. um 542/1147), Herausgeber der riesigen, noch heute nicht vollständig veröffentlichten *Dhakhīra*. Das Werk verdient völlig seinen Titel ‚Schatz‘, da es eine Fundgrube für literarische Informationen und Texte ist, einschließlich des Werkes von Ibn Shuhayd und Ibn Hayyān. Die Anthologien des Zynikers Ibn Khāqān (gest. zwischen 525/1130 und 535/1140) sind weniger umfangreich. In seinem *Matmah al-anfus* und *Qalā'id al-'iqyān* (den berühmten ‚Goldenen Halsbändern‘) wandte er ein anderes System an: er fügte erfundene Biographien der Autoren in glänzender Reimprosa der tatsächlichen Auswahl ihres Werkes bei.

Während man sogar hier Züge von Bitterkeit findet, stellt sich Valencia, der Garten Spaniens, in der almoravidischen Dichtung als eine einzigartige Oase der Ruhe und Vollkommenheit dar. Dieses Gebiet hatte wegen seiner Fruchtbarkeit die Araber von jeher angezogen und war durch die ‚slawischen‘ *taifas* und das Abenteuer des Cid aus seiner Isolierung in den Vordergrund der Geschichte gerückt.

Die großen Dichter in diesem Raum und dieser Zeit waren nicht die lästigen Bettler anderer Orte, sondern wohlgestellte Bürger; statt Lobgedichte um des Brotes willen zu schreiben, widmeten sie ihre Gedichte den örtlichen Beamten, die für sie Probleme lösen oder ihre Abgaben ermäßigen konnten. Wir erwähnen nur zwei, Onkel und Neffe: Ibn Khafāja (450–533/1058–1138) und Ibn az-Zaqqāq (gest. 529/1134). Der erstere war ein fruchtbarer Autor und ein bewundernswerter Dichter, der sich auf Naturbeschreibungen spezialisiert hatte,

was ihm den Spitznamen *al-Jannān*, ‚der Gärtner‘, eintrug. Der zweite war ein großer Künstler, der den künstlichen Stil der ihm vorangegangenen lyrischen Poesie erneuerte und bereicherte.

Ibn Quzmān, Dichter des muslimischen Spanien

Die Dichter des almoravidischen Spanien überstanden den Sturm auf verschiedene Weise: einige ignorierten ihn; andere spielten sich auf mit ihrem verletzten Stolz; wieder andere änderten ihre Technik. So war die almoravidische Periode ein goldenes Zeitalter für den *muwashshah*, dessen Form in gewisser Hinsicht traditionell war (so zum Beispiel die romanischen *kharjas*), andererseits aber schöpferisch, besonders in seiner verfeinerten Musikalität. Viele seiner Dichter pflegten die klassische und die strophische Poesie mit gleicher Leichtigkeit.

Der *zajal*, eine Gattung, die sich damals herausbildete, ist eine Abart des *muwashshah*; seine Haupteigentümlichkeit liegt darin, daß er ganz in der Volkssprache geschrieben ist. Das stützt die Annahme, daß er von dem berühmten Philosophen und Musiker aus Zaragoza, Ibn Bājja, erfunden wurde, der auch als Avempace (gest. 533/1138) bekannt ist. Im Laufe seiner Entwicklung bekam der *zajal* mehr Strophen als der *muwashshah;* er vereinfachte die Struktur des letzteren in einer volkstümlicheren Weise und verlor schließlich die *kharja*. Die für die Gattung bezeichnenden romanischen Worte sind nicht mehr in der *kharja* enthalten, sondern verteilen sich über die ganze Komposition. Ob nun Avempace der Erfinder des *zajal* war oder nicht – er entstand jedenfalls zu seiner Zeit und erreichte seinen Höhepunkt im Werk des córdobanischen Dichters Ibn Quzmān.

Ibn Quzmān war eine anziehende Persönlichkeit und dazu ein ungewöhnliches Talent. Schlank, blond, häßlich, möglicherweise schielend, wurde er von einigen für eine Art gotisches Überbleibsel gehalten, besonders weil sein Name dem germanischen Guzman glich. Er gehörte jedoch einer alten und vornehmen arabischen Familie an. Wofern seine Gedichte nicht mit kunstvoller Aufrichtigkeit geschrieben waren – was ihrem Inhalt widerspricht –, scheinen sie die schlimmste Art des moralischen Zynismus zu offenbaren, obwohl sie in all dem sehr sympathisch wirken. In ihnen enthüllt er sich als eitel, schmeichlerisch, amüsant, ein zudringlicher Spaßvogel, ein berufsmäßiger Don Juan, der gleichermaßen um Männer und Frauen freite.

Wir wundern uns, wie schnell dieser seltsame Poet die klassische Sprache aufgab, die er so genau beherrschte, und nur noch die andalusische Umgangssprache gebrauchte. Wenn seine Beweggründe rein künstlerischer Natur waren, dann war es ein genialer Streich, der in der arabischen Literatur keine Parallele hat. Sein Stil ist eine seltsame Mischung der Volkssprache mit verfeinerten Ausdrücken der Hochsprache (*gharīb*) und Wörtern und Redewendungen in Romanisch. Dieser Umstand und die Tatsache, daß sein Werk nur in einem palästinensischen Manuskript überliefert ist – ein Beweis seines internationalen Erfolges – erschweren die Beschäftigung mit seinen Schriften. Bis heute gibt es keine befriedigenden Ausgaben, und die Übersetzungen sind unvollständig und unzuverlässig.

1972 beschloß ich, eine transkribierte Ausgabe in drei Bänden zu veröffentlichen, zusammen mit einer Übertragung, die dem Versmaß, den Anmerkungen und den analytischen Kommentaren des Originals folgt. Abgesehen davon, daß sich der Leser an Ibn Quzmāns Dichtung erfreuen sollte, beabsichtigte ich zweierlei: die romanischen Worte und Redewendungen innerhalb der *zajals* zu erörtern und eine Beziehung zwischen ihren bezeichnenden, bewunderungswürdig musikalischen Metren und den spanischen metrischen Regeln herzustellen. Ich glaube, daß sie den letzteren entsprechen müssen, da sie nach den Grundsätzen der arabischen Metren nicht interpretiert werden können.

Das Werk des Ibn Quzmān bedeutet einen großen Schritt hin zu einer neuen Auffassung der Dichtung. Er hat ein außerordentliches Talent zum lebhaften Erzählen und zum dramatischen Gebrauch des stilisierten Dialogs. Die Unmittelbarkeit ist das Neue an seinem Werk. Was immer ihm in den Sinn kommt, vermag er in Dichtung zu verwandeln, oft parodierend, mit verschiedenen Themen spielend und sie miteinander verwebend. Der Ton ist fast durchgehend ironisch, oft empfindsam, nur gelegentlich brutal und immer voll Humor, kurzum – ,eine Stimme vom Marktplatz'.

Ibn Quzmān ist einer der besten Dichter des Mittelalters überhaupt; er ist der beste Dichter des muslimischen Spanien und kann es mit jedem arabischen aufnehmen. Sein Werk, das später als Ibn Hazms *Halsband der Taube* entstand, ist das zweite Meisterwerk der Literatur von al-Andalus.

Die Herrschaft der Almohaden (540–668/1145–1269)

Nach einer unvermeidbaren Zeit der Zweitgeneration von *taifas*, nach Bürgerkriegen und Aufständen wie dem der *murīdūn* in Mertola (der der Lehre des Mystikers Ibn al-'Arīf von Almería – gest. 536/1141 – folgt), wurden die Almoraviden von den Almohaden abgelöst, einer neuen Welle afrikanischer Eindringlinge, deren Kommen Gewalt und Blutvergießen mit sich brachte.

Die Dynastie der Almohaden war selbstsicherer als die vorangegangene und hatte eine dem italienischen Faschismus vergleichbare Organisation. Ihr Auftreten war prunkvoll und elegant bis zur Künstelei. Man kann das in der Geschichte der Dynastie nachlesen, die von dem Spanier Ibn Sāhib as-Salāt geschrieben wurde. Al-Andalus wurde auch jetzt nicht unabhängig, besaß keine direkte Verbindung mit dem Osten und hatte nur wenige zweisprachige Einwohner. Rassisch bestand es lediglich aus Arabern, *muladíes* (konvertierten Spaniern) und Berbern. Die Almohaden erlaubten sich sogar das gefährliche Spiel, Andalusier und Berber den Vorrang ihrer jeweiligen Kultur erörtern zu lassen. Eine dieser Auseinandersetzungen führte zu dem kleinen, aber nichtsdestoweniger pikanten *Risālat fī fadl al-Andalus* (,Zum Lob von al-Andalus') von ash-Shaqundī, der 629/1231 starb. (*Shaqunda* – Secunda – war eine Vorstadt von Córdoba.) In diesem kleinen Werk zeigt sich der Haß der andalusischen Araber auf die Berber.

Am wenigsten änderte sich während der Almohaden-Herrschaft die Literatur. Die Dichter bewahrten den gleichen Ton in den höfischen Preisgedichten und in den anakreontischen Versen, die sie inmitten der Lustbarkeiten von Sevilla komponierten. Der Niedergang der Dichtkunst unter den Almoraviden war nun vorüber, und der Guadalquivir wurde von mehr Vergnügungs-

Zwei Münzen aus dem späteren islamischen Spanien. Links: Ein goldener Dinar von 'Abd al-Mu'min (524–58/1130–63), dem ersten Almohadenkalifen. Die Almohaden waren ein Berbervolk, das sich im frühen VI./12. Jh. Marokko aneignete. 550/1145 errichtete 'Abd al-Mu'min in Spanien ein Königreich mit der Hauptstadt Sevilla. Rechts: Ein silberner Dirham aus den letzten Tagen des Königtums von Granada, kurz vor 898/1492. Das übrige Spanien war zwei Jahrhunderte früher der Reconquista zugefallen. Daß Granada so lange überlebte, war nur durch kluge Diplomatie möglich, die das Glück auf ihrer Seite hatte. (5, 6)

booten belebt als der Nil. Im Guadalquivir ertrank 649/1251 der beste Dichter der Epoche, ein jüdischer Konvertit namens Ibn Sahl: ,Rückkehr der Perle zu ihrer Quelle'. Ibn Sahl schrieb einige schöne *muwashshahs* im klassischen Stil; aber im ganzen starb diese Gattung in Spanien aus. Einer der letzten Vertreter war Abū Bakr ibn Zuhr (gest. 595/1198).

Viel mannigfaltiger ging es in der Kunst zu: Sie wurde überwältigt von einem Phänomen, das H. Terrasse als *décor large* oder Ausschmückung mit breitem Netzwerk beschrieben hat. Man findet es an zahlreichen erhaltenen Denkmälern in Afrika und Spanien, einschließlich solchen christlicher Herkunft –, dort nämlich, wo Schöngeister den Bau von Palästen in einem rein arabischen Stil anregten, wie bei der nachträglichen Erweiterung des berühmten Klosters von Las Huelgas in Burgos. Das schönste Denkmal dieser Art ist die Giralda, der große Kathedralturm von Sevilla.

Die Wissenschaften pflegen sich langsamer als die Künste zu entwickeln. In dieser Periode erreichten sie ihre Reife, wie es zum Beispiel die Leistungen des Ibn al-Baytār (gest. 646/1248) in der Botanik und des Abū Marwān ibn Zuhr (gest. 557/1161) in der Medizin beweisen. Letzterer war der Sohn eines anderen berühmten Gelehrten, des Abū l-'Alā' (Avenzoar), der 525/1130 starb. Die Leistungen dieser bemerkenswerten Familie reichen von der Wissenschaft bis zum Militär und von der Politik bis zur Literatur; diese Familie gehörte auch zu den Gönnern von Ibn Quzmān. Viele Disziplinen wurden erneuert und entwickelt, so in den grammatikalischen Werken von Ibn Madā'. Damals begann die arabische Wissenschaft und Philosophie durch verschiedene Kanäle nach Europa vorzudringen; und Spanien spielte dabei die wichtigste Rolle. Diese Aktivität äußerte sich zunächst im Hervortreten einer Schule von Übersetzern in Toledo unter der Schirmherrschaft des Erzbischofs Don Raimundo (525–45/1130–50); aber sie steigerte sich noch am Hof Alfons X., des Weisen (650–83/1252–84).

Im almohadischen Spanien lebten auch große Philosophen, besonders Ibn Rushd, besser bekannt als Averroes (520–95/1126–98) und berühmt wegen seiner Kommentare zu Aristoteles. Muslimische Philosophie im Westen endete bei Averroes, dessen einzige Schüler und

Kritiker in den christlichen Schulen saßen. Sein Lehrer war der große Ibn Tufayl von Guadix (gest. 577/1181), Verfasser der *Risālat Hayy ibn Yaqzān.* Dieser berühmte philosophische Roman wurde in alle europäischen Sprachen übertragen und stellt den ewigen Mythos vom ,zweiten Adam' dar, zu dessen modernen Verkörperungen Andrenio in Graciáns *Criticón,* Robinson Crusoe und Bernard Shaws Admirable Crichton gehören. Nach dem *Tawq al-hamāma* und den *zajals* von Ibn Quzmān ist es das dritte und letzte Meisterwerk der andalusischen arabischen Literatur.

Die geistlichen Wissenschaften blühten im almohadischen Spanien dank einer Ruhepause von fast einem Jahrhundert, in dem der Mālikismus allmählich zu Ende ging – eine Reaktion auf seine Monopolstellung in almoravidischer Zeit. Al-Ghazālī wurde wieder anerkannt (aber von Averroes in seinem *Tahāfut at-tahāfut* angegriffen). Das Klima war günstig für die Sūfī-Mystik. Die alte mystische Schule von Ibn Masarra erschien bereits wieder bei Ibn al-ʿArīf, der, wir erwähnten es zu Beginn dieses Abschnitts, die *murīdūn* anregte. Jetzt kam sie in Spanien zur vollen Reife. Die führende Persönlichkeit ist Ibn al-ʿArabī (561–638/1165–1240), eine der bedeutendsten Gestalten im gesamten Islam. Shushtarī (gest. 668/1269), Verfasser vieler schöner *zajals* über mystische Themen, und Ibn Sabʿīn (gest. 669/1270) stehen ihm kaum nach.

Zu denen, die in den Osten auswanderten, gehört der Geograph und Dichter Ibn Saʿīd (gest. zwischen 673 und 85/1274 und 86), Verfasser des *Mughrib,* eines großen literarischen Archivs, zu dem seine ganze Familie beitrug, nachdem er es von Hijārī (gest. 550/1155) geerbt hatte. Ein anderer berühmter Anthologist, Ibn al-Abbār (ermordet 659/1260), und der Dichter Qartājannī (gest. 684/1285) gingen nach Tunis, auf der Flucht vor den Flammen der Reconquista.

Die Heere der Reconquista, die bei Alarcos im Jahr 591/1195 unterlegen waren, gewannen 609/1212 die berühmte Schlacht von Las Navas de Tolosa. Dieser Sieg war mit der Einnahme von Toledo zu vergleichen und sogar noch bedeutender, denn er brachte die Entscheidung. Von nun an war Andalusien in der Gewalt der Christen. Kastilien und Aragonien teilten die Aufgabe der Wiedereroberung zwischen sich auf, und die Siege kamen in rascher Folge: Mallorca (627/1229), Córdoba (634/1236), Valencia (636/1238), Sevilla (646/1248), Murcia (668/1269), um nur die wichtigsten anzuführen. Der spanische Islam ging nun seinem Untergang entgegen.

Das Königreich von Granada: 665–898/1266–1492

Die Wiedereroberung Nieder-Andalusiens ging aus zwei Gründen recht schnell vonstatten: Es gab in diesem Gebiet keine geographischen Hindernisse, und der Herrscher des angrenzenden Königreichs Kastilien war kein geringerer als Ferdinand III., der Heilige. Seit die beiden Völker keine religiösen Minderheiten mehr duldeten, suchten diejenigen Muslime, die nicht nach Afrika auswandern konnten, Zuflucht in den Bergen, mit dem Ergebnis, daß die Bevölkerung von Hoch-Andalusien stark zunahm. Für einen neuen Ferdinand wäre trotz der Schwierigkeiten des Terrains die Eroberung dieser Region leicht gewesen. Aber da eine solche Persönlichkeit

Ein Christ und ein Muslim spielen Schach. Miniatur aus einem christlichen Manuskript des 13. Jh., als die islamische Macht verhängnisvoll rasch verfiel. Das Spiel zwischen den beiden Gegnern wirkt fast symbolisch – jeder achtet den anderen und lernt von ihm, bewegt sich aber unwiderruflich auf eine endgültige Konfrontation zu. (7)

fehlte, entschied sich Alfons X. für eine Politik der indirekten Herrschaft durch ein Protektorat. So begann die Monarchie der Banū l-Ahmar oder der Nasriden, die arabische Aristokraten waren und von einem Gefährten des Propheten abstammten. Der Herrscher von Granada regierte zunächst als ein Vasall und Tributpflichtiger des kastilischen Herrschers. Der Einfluß Kastiliens auf das kleine Königreich war außerordentlich und erstreckte sich auch auf Kleidung und Heer.

Doch weder Schirmherren noch Beschirmte hatten vorausgeahnt, daß diese Situation zwei Jahrhunderte lang dauern sollte. Währenddessen schwankte das Königreich der Nasriden zwischen zwei gleich gefährlichen Extremen: dem Verbleib unter der Schirmherrschaft Kastiliens und der Annexion durch das neue nordafrikanische berberische Königreich der Banū Marīn oder der Mariniden, deren Sitten es letztlich annahm.

Während die Monarchie in Granada es ganz gut verstand, auf dem Drahtseil zwischen diesen beiden Extremen zu balancieren, nahm sie zahlreiche Eigenschaften der alten *taifa*-Staaten an; dazu gehörten auch unbestimmte archaische Reminiszenzen an das Kalifat. Das Gleichgewicht wurde erhalten durch eine Art von Machiavellismus *avant la lettre,* verkörpert durch den nasridischen Wesir Ibn al-Khatīb (713–76/1313–74), den kastilischen Kanzler López de Ayala (733–810/1332 bis 1407) oder den großen tunesischen Denker Ibn Khaldūn (733–809/1332–1406), Verfasser des berühmten *Muqaddima* (,Prolegomena').

Die Ära der granadischen Monarchie in al-Andalus gliedert sich in drei Perioden. Die mittlere und wichtigste füllt ungefähr die zweite Hälfte des VIII./14. Jahrhunderts aus und schließt das Reich von Muhammad V. ein (von 756/1354 bis 794/1391, mit einer Unterbrechung von drei Jahren, von 761/1359 bis 764/1362). Sie umfaßt auch die Regierungszeit Pedros I. (des Grau-

235

samen) von 751/1350 bis 771/1369 und den großen Wandel, den die Thronerhebung der Trastámara-Dynastie für Kastilien mit sich brachte. Ein anderes bedeutungsvolles Ereignis war im Jahre 776/1374 die Ermordung von Ibn al-Khatīb in Fez. Er hatte die andalusische Geschichtsschreibung bis in seine eigene Zeit fortgeführt. Sein Tod hatte zur Folge, daß entsprechende Berichte über das letzte Jahrhundert der muslimischen Herrschaft auf der Halbinsel fehlen, abgesehen von Bruchstücken, die man aus kastilischen Chroniken, der Literatur, Urkunden und Münzen zusammentragen kann.

Wie die Politik, war auch die Literatur von Granada im ganzen altertümlich und nicht originell, aber immer recht geschmackvoll. Kein Autor kommt in irgendeiner Gattung Ibn al-Khatīb gleich; er bezeichnete das Ende des *muwashshah* mit seiner Anthologie *Jaysh at-tawshīh*. Ibn Luyūn (gest. 750/1349), der Verfasser facettenreicher Verse, ging ihm voran, und ihm folgten der große Denker Sātibī und der mystische und geistliche Lehrer Ibn ʿAbbād ar-Rundī, die beide 791/1388 starben. Nicht zu vergessen Abū Bakr ibn ʿĀsim (761–829/1359–1426), den Verfasser einer mnemotechnischen Dichtung über das Mālikī-Gesetz und einer amüsanten Anthologie, die überraschenderweise eine Sammlung von Sprichwörtern in der arabischen Volkssprache enthält.

Unter den Dichtern ragt Abū l-Baqāʾ ibn Sharīf (gest. 684/1285) hervor, der die Fortschritte der Reconquista beklagte; auch der glänzende Ibn Khātima (gest. 771/1369) und vor allem der berühmte Ibn Zamrak (gest. 801/1393). Der letztere war ein abtrünniger Schüler von Ibn al-Khatīb, dem er als Wesir nachfolgte, und für dessen Ermordung in Fez er zum Teil verantwortlich war – er erlitt selber ein ähnliches Schicksal durch die königliche Palastgarde. In dieser Periode wurden die Gedichte von Ibn Zamrak auf die Mauern der Alhambra geschrieben – ein würdiges Begräbnis der arabischen Dichtung Andalusiens.

Die Alhambra ist selbstverständlich das Juwel der Epoche. Das köstliche Überbleibsel der nasridischen Kultur ist ein ewiger Beweis dafür, wie sehr die Kunst die Armut des Materials durch subtile Erfindungsgabe zu verwandeln vermag. Nicht länger inspirierte der *décor large* der Almohaden die christlichen Nachahmungen; der Alcazar von Sevilla zum Beispiel wurde in derselben Art gebaut.

Gemäß der berühmten alten Romanze von Abenámar, bezauberte die Alhambra, von ihrer roten Bergspitze her die Ebene Granadas beherrschend, König Johann II. von Kastilien; und seine Tochter, Isabella die Katholische, drang schließlich mit ihrem Gatten Ferdinand von Aragonien 898/1492 in Stadt und Palast ein und brachte die langwierige Aufgabe der Rückeroberung zum Abschluß. Es war der Höhepunkt eines Krieges, der nach dem Wort eines modernen Historikers ,wie der Krieg von Troja zehn Jahre dauerte und Heldentaten sah, so groß wie die von Homer erzählten'.

Die Eroberung von Granada glich den Verlust von Konstantinopel, einige Jahre vorher, aus. König Boabdil verließ Granada ,seufzend'; er wanderte später nach Afrika aus. Inzwischen sagte Spanien seiner glänzenden mittelalterlichen Vergangenheit Lebewohl und bereitete sich mit der Entdeckung Amerikas im gleichen Jahr darauf vor, die Herrschaft über ein weites Reich, das zwei Kontinente umfaßte, anzutreten.

Coda: Spanien und der Islam

Spaniens Beziehungen zum Islam waren von grundsätzlicher Natur und endeten selbstverständlich nicht mit der Einnahme von Granada. Die damals geschlossenen Verträge waren keineswegs an diese Zeit gebunden. Die *mudejars* (unter christlicher Herrschaft lebende Muslime) und die *moriscos* (zum Christentum übergetretene Mauren) traten auch weiterhin spürbar in Erscheinung, bis Philipp III. sie schließlich zu Beginn des XI./17. Jahrhunderts vertrieb. Immer gab es Kriege und Verträge mit Türken, Piraten und Marokkanern, und Cervantes war als Gefangener in Algier. Die Beziehung zu Nordafrika dauert bis heute an: das offizielle Spanien und das Volk sind proarabisch eingestellt. Man kann sagen, daß dem geschlagenen Feind für die Flucht eine ,silberne Brücke' gebaut wurde. Natürlich zunächst nur inoffiziell. Selbstverständlich gab es einen Rückschlag gegen den arabischen Einfluß, der beispielsweise deutlich wird an dem architektonischen Gegensatz zwischen dem Palast Karls V. und der Alhambra, zwischen dem Escorial und der Großen Moschee in Córdoba. Aber obwohl Spanien an der proislamischen Einstellung der Aufklärung kaum teilnahm, erlebte das 18. Jahrhundert auf dem Gebiet der volkstümlichen Architektur einen ernsthaften Rückfall in den Arabismus. Wenn Spanien von dem Orientalismus der Romantik angesteckt wurde, so kehrte es eigentlich bloß zur Quelle zurück; denn das europäische Gefallen am Maurischen wurde zuerst in Spanien geboren. Dann kam die ,wissenschaftliche Richtung des Arabismus'; und noch heute wird die Diskussion energisch weitergeführt.

Der lange Sonnenuntergang des maurischen Spanien – die außergewöhnlichen zwei Jahrhunderte des Königreiches von Granada (665–898/1266–1492) – sahen eine glänzende späte Blüte der islamischen Kultur, die mit ihrem goldenen Zeitalter, dreihundert Jahre früher, wetteiferte. Ihr größtes Denkmal ist die Alhambra, der königliche Palast außerhalb Granadas, der hauptsächlich während des VIII./14. Jahrhunderts errichtet wurde. Die Sala de las Dos Hermanas (Saal der beiden Schwestern), wahrscheinlich früher ein Raum der Königin, ist mit runden Feldern aus Stuck verziert, die aus arabischer Schrift zusammengesetzt sind (gegenüberliegende Seite).

Es sind Gedichte, geschrieben von einem der hervorragendsten Dichter Granadas, Ibn Zamrak. Die hier wiedergegebenen Verse feiern die Schönheit der Alhambra:

,Die Zwillinge strecken eine freundliche Hand nach ihr aus

und das Mondgestirn flüstert vertraulich.'

Ebenso Staatsmann wie Dichter, wurde Ibn Zamrak im Jahr 776/1374 Wesir, er folgte Ibn al-Khatīb, einem anderen Literaten, dessen Ermordung in Fez er veranlaßt hatte. Ihn ereilte das gleiche Schicksal 797/1393, als er von der königlichen Garde umgebracht wurde. (1)

Das islamische Spanien verdankt seine Entstehung dem letzten umayyadischen Prinzen ʿAbd ar-Rahmān. Er gründete 139/756 eine Dynastie, die neun Generationen überdauerte, und begann in Córdoba den Bau der Großen Moschee, die seine Nachfolger erweiterten. Man sieht hier das Gewölbe vor dem *mihrāb* (oben) und den *mihrāb* selbst (gegenüber), beide aus der Regierungszeit al-Hakams II. (350–55/961–66). Es sind Meisterwerke des umayyadischen Spanien mit floralen Mustern aus Marmor, Stuck und Mosaik in den Segmenten der Kuppel und auf den Keilsteinen der Bögen und mit Koraninschriften, z. B. auf den Rechteckrahmen des *mihrāb* und an der oktogonalen Basis der Kuppel über den Rippen. (2, 4)

Die Eleganz des umayyadischen Hoflebens läßt sich an den Elfenbeindosen von Córdoba ermessen (rechts). Im geschnitzten Relief sind Blumenmotive und kūfische Schrift mit Tierfiguren kombiniert. (3)

238

Die Palaststadt Madīnat az-Zahrā' erhielt ihren Namen von ʿAbd ar-Rahmān III. zu Ehren seiner Geliebten az-Zahrā' (‚die Strahlende'). Heute existieren nur noch Ruinen, sie liegen etwa zehn Kilometer von Córdoba entfernt. Die Bauarbeiten, die 324/936 begannen, dauer-

ten ungefähr 25 Jahre. Es entstanden ausgedehnte Wohnungen für Hofbeamte, ein Harem und Gärten. In ihrer Blütezeit soll die Stadt 12 000 Einwohner beherbergt haben. Auf diesen Seiten werden einige architektonische Details und Ausgrabungsfunde gezeigt. Obere Reihe:

Hufeisenbogen im Gran Salón; Teil einer Säulenbasis; glasierte Tonschale mit einem gefleckten Pferd in der Mitte; Bronzehirsch als Brunnenfigur. Untere Reihe: Marmorschale; Reliefplatte mit Kapitell; Krug mit kūfischer Dekoration und eine Brunneneinfassung aus glasierter Keramik. Dieser ganze Luxus hielt sich kaum 50 Jahre. 401/1010 verlor die umayyadische Dynastie, die Almanzor bereits abgesetzt hatte, ihre Macht. Ein langer Bürgerkrieg brach aus, und Madīnat az-Zahrā' wurde zerstört. (5–12)

Der Lebensstil zur Zeit des maurischen Spanien läßt sich an den wenigen erhaltenen Monumenten kaum ablesen, jedoch erahnen wir ihn aus der reichen Literatur der Zeit, die geistige und körperliche Freuden wie Wein, Musik, Poesie und Liebe feiert. Eines der wenigen bebilderten Manuskripte, die überliefert wurden (oben links), illustriert, wie der Liebende Bayād sein Leid besingt. Eine vornehme Dame und ihre Dienerinnen lauschen und erzählen dann selbst Geschichten. Links: Seidenfragment, VI./12. Jh. Man vergleiche dieses Pfauenmotiv mit dem Relief der Elfenbeindose, S. 238. (13, 14)

Die Alhambra (von arabisch *al-Hamrā*', ,die Rote'), eine Mischung aus Architektur und Landschaftsgarten, die keine Parallele in der christlichen Kultur hat, bezeichnet den Höhepunkt der maurischen Tradition. Aus einer Folge von Lichthöfen und offenen Räumen entsteht eine Einheit von innen und außen im Zusammenspiel mit den glänzenden Mustern der Wände, dem hindurchdringenden Sonnenlicht und dem Rauschen des Wassers. Hier der Löwenhof, der seinen Namen von den zwölf Brunnenfiguren erhielt. Stuckreliefs verkleiden die gestelzten Bögen. (15)

243

Die christliche Bevölkerung bestand aus Westgoten, die sich während des 6. Jh. in Spanien niedergelassen hatten; sie blieben dort auch unter muslimischer Herrschaft. Es bildete sich ein eigener mozarabischer Stil, der von beiden Zivilisationen getragen wurde. Wie die Illustrationen aus des Beatus *Kommentar zur Apokalypse* (links) beispielhaft zeigen, verschmolzen arabische, westgotische und spätklassische Motive. (16)

Auch die Juden konnten zunächst ungehindert ihre Religion ausüben und hatten unter den Umayyaden hohe Staatsämter inne. Jüdische Dichtung, Philosophie und Wissenschaft hatten ein seit der Diaspora unerreichtes Niveau. Oben: Eine Synagoge aus einem der Haggada-Manuskripte, VIII./14. Jh.; Kleidung und Lampen zeigen den maurischen Einfluß. (18)

Islam und Christentum konnten nicht lange in Frieden miteinander leben, obgleich beide Kulturen so eng verbunden waren, daß die Reconquista in vielem einem Bürgerkrieg glich. Als 609/1212 bei Las Navas de Tolosa die Standarte des Almohadenkalifen Abū-Yaʿqūb Yūsuf II. (links) erobert wurde, war der Islam besiegt. (17)

X

LAND DES LÖWEN UND DER SONNE

Roger M. Savory

Die Embleme Persiens, Löwe und Sonne, auf einer Fliese aus dem VII./13. Jh. (1)

In vieler Hinsicht ist Iran ein Sonderfall im Mittleren Osten. Erstens war er in älteren Zeiten eine imperiale Macht: 1971 feierte Iran sein 2500jähriges Jubiläum im Andenken an die Gründung des ersten persischen Reiches durch Kyros den Großen 550 v. Chr. Der Felsen des Gebirges von Bisutūn bei Kirmānshāh hält in Keilschrift und drei verschiedenen Sprachen (Elamisch, Babylonisch und Altpersisch) die klangvollen Worte von Darius dem Großen (522–486 v. Chr.) fest: ‚Ich bin Darius, der König der Könige, der König von Persien ... von der Vorzeit stammen wir ab, seit alters her war unser Geschlecht das der Könige.‘ Ein starkes Traditionsbewußtsein und der Respekt vor traditionellen Institutionen auch im modernen Iran überraschen vor einem solchen Hintergrund nicht.

Zweitens unterscheidet sich Iran ethnographisch von seinen unmittelbaren Nachbarn. Die Iraner sind keine Semiten, noch gehören sie zur Familie der türkischen Völker. Wie der Name ihres Landes schon sagt, haben sie einen arischen Ursprung wie die Völker Europas, und obwohl sie sich durch die Jahrhunderte mit anderen ethnischen Gruppen vermischten, gibt es einen spezifisch iranischen Menschentyp.

Drittens sprechen die Iraner eine andere Sprache als ihre unmittelbaren Nachbarn. Heute wird der Terminus ‚arisch‘ öfter zur Bezeichnung einer Sprachfamilie als einer Völkergemeinschaft benutzt. Das moderne Persisch und seine verwandten Mundarten und Dialekte leiten sich zusammen mit den indischen Sprachen wie Hindi und Bengali mit ihrem Stamm, dem Sanskrit, aus einer indo-iranischen Ursprache her. Dagegen gehören Arabisch und Türkisch zu ganz anderen Sprachfamilien.

Viertens hängen die Iraner, obwohl meist Muslime, nicht der Sunna, also der orthodoxen islamischen Lehre, sondern der Schia an. Sie bilden die stärkste schiitische Gemeinschaft im heutigen Islam, wobei der Unterschied zwischen Sunniten und Schiiten weit größer ist als der zwischen Katholiken und Protestanten. Mit anderen Worten: Die Iraner heben sich von ihren Nachbarn im Mittleren Osten durch Rasse, Sprache, Religion und historische Tradition ab, was ihre Geschichte von Grund auf beeinflußte.

Die Wiedergeburt Irans

Obwohl dieses Kapitel hauptsächlich der iranischen Geschichte in islamischer Zeit, besonders in der nachmongolischen Periode, gewidmet ist, lassen sich doch die späteren Entwicklungen des Landes nicht ohne einige Hinweise auf Altiran verstehen.

Für die iranische Welt bedeutete das Auftreten des Islam keine physische oder geistige Befreiung, sondern Niederlage und Eroberung durch ein fremdes Volk. Der neue Glaube änderte den ganzen Verlauf der persischen Geschichte. Erstens trat die Religion der Eroberer an die Stelle der alten zoroastrischen Lehre, und seitdem sind die Perser Muslime. Allerdings nahmen sie bald die heterodoxe Form des Islam, die Schia, an, die sie als Waffe gegen die Araber benutzten. Zweitens forderten das Gleichheitsprinzip der neuen Religion und die demokratischere Konzeption des Wahl-Kalifats die alte persische Tradition der absoluten Monarchie zwar heraus, konnten sie aber nicht ausrotten. Im Gegenteil; bei den arabischen Kalifen gab es mit der Zeit verdächtige Anklänge an die persischen Könige, zumindest in bezug auf das Zeremoniell und die bürokratische Organisation des Hofes. Drittens ersetzte die Sprache der Eroberer, das Arabische, für einige Jahrhunderte das Pahlavī oder Mittelpersische, das unter den Sāsāniden im zweiten großen persischen Reich gebräuchlich war. Das Arabische übernahm die Rolle des Pahlavī in dem Sinne, daß es die Verwaltungs- und Kultursprache Irans wurde. Etwa fünf Jahrhunderte lang wurden die meisten Werke, die von Persern über Theologie, Philosophie, Medizin, Astronomie, Philologie, Mathematik und sogar Geschichte verfaßt wurden, in Arabisch aufgeschrieben, ganz einfach deshalb, weil bis zum Niedergang des Kalifats im Jahre 657/1258 die iranische Welt ein Teil des islamischen Reiches und Arabisch die *lingua franca* dieses Reiches von Spanien und Marokko bis Südostasien war. Damit ihre Werke möglichst weit verbreitet würden, schrieben die Perser ebenso wie die Spanier und Marokkaner Arabisch. Der erste literarische Zweig, der mit

245

dem Arabischen nach fast zwei Jahrhunderten brach, war die Dichtung, zweifellos wegen ihrer stärkeren Abhängigkeit von der mündlichen Überlieferung. Aber das Persische, das im III./9. Jahrhundert als Schriftsprache wiederauftauchte, zeigt weiter arabische Buchstaben. Auch ging eine große Zahl von arabischen Wörtern als bleibender Bestandteil in die persische Sprache ein.

Für achteinhalb Jahrhunderte war Iran wenig mehr als ein abstraktes, rein geographisch bestimmtes Gebilde ohne Eigenständigkeit. Die Identität des Persischen konnte unter einer Abfolge auswärtiger Herrscher – Araber, Türken, Mongolen und Tataren – nur bewahrt werden durch eine starke iranische Tradition und durch die Anpassungsfähigkeit des persischen Charakters. Künstler, Architekten und Kunsthandwerker blieben ihren persischen Überlieferungen treu. Außerdem konnte keine der fremden Dynastien, die nacheinander Iran eroberten, bei der Verwaltung ihres neugewonnenen Reiches ohne den Sachverstand der persischen Bürokraten auskommen. Nicht zufällig zogen die ʿabbāsidischen Kalifen persische Diplomaten und Beamte heran, damit sie ihnen bei der Lösung der komplexen Probleme des riesigen Reiches hülfen. Die türkischen und mongolischen Nomaden, die, aus den Steppen Innerasiens kommend, sich plötzlich als Herren eines Gebietes sahen, das umfangreicher als das des Kalifats war, waren noch mehr auf den Rat, die Gelehrsamkeit und die Verwaltungserfahrungen der berufsmäßigen persischen Bürokraten angewiesen.

Die mongolischen Invasionen des VII./13. Jahrhunderts führen in der iranischen Geschichte eine Wende herbei. 654/1256 vollendete Hülegü, ein Enkel Dschingis Khāns, die Eroberung Irans und nahm 656/1258 Bagdad ein, tötete den ʿAbbāsidenkalifen al-Mustaʿsim und löschte das Kalifat aus – in den Augen muslimischer Historiker ein apokalyptisches Ereignis. Die Reaktion Ibn al-Athīrs ist typisch dafür:

Einige Jahre verschob ich den Bericht über dieses Ereignis. Hielt ich es doch für furchtbar und fühlte einen Widerwillen gegen seine Darlegung und zögerte also immer wieder. Wem sollte es auch leichtfallen, den Ruin des Islam und der Muslime darzulegen . . . Hätte meine Mutter mich doch nicht geboren, wäre ich doch zuvor gestorben und wäre vergessen! . . . Der Bericht darüber umschließt die Erzählung von einem . . . gewaltigen Unheil, wie es zuvor nicht geschehen war und das alle Welt, besonders aber die Muslime, betraf. Sagte jemand, daß seit der Erschaffung des Menschen durch den erhabenen Gott der Welt noch nichts dergleichen zugestoßen sei, so spräche er die Wahrheit . . . Es mag sein, daß die Welt bis zu ihrem Untergang . . . dergleichen nicht mehr erlebt. (Nach Spuler, *Geschichte der Mongolen*, S. 36 f.)

Bis vor kurzem neigten westliche Historiker ebenfalls zu dieser Meinung. Heute dagegen kann man die Ereignisse des VII./13. Jahrhunderts objektiver beurteilen und die Gewinne aus der *Pax Mongolica* würdigen, wie etwa Gesetz und Ordnung und innere Sicherheit; außerdem ökonomischen Wohlstand, ein Resultat des zum erstenmal in der Geschichte ununterbrochenen Handelsstromes zwischen Westeuropa und dem Fernen Osten; und schließlich religiöse Toleranz von seiten der mongo-

lischen Herrscher (von denen viele, wenigstens zunächst, ihren alten heidnischen Glauben beibehielten), so daß Christen (verschiedener Richtung), Juden, Muslime und Buddhisten in Harmonie miteinander leben konnten.

Obwohl die Mongolen, wie Bernard Lewis meinte, durch die Abschaffung des Kalifats von Bagdad lediglich den Geist von etwas bannten, das schon tot war, hatte dennoch dieses Kalifat 600 Jahre lang als Symbol für die Einheit der islamischen Welt gegolten; und nun verschwand es. Für die Iraner, die in dieser langen Periode das Gefühl für ihre eigene Identität bewahrt hatten, bedeutete das viel. Als Hülegü eine mongolische Dynastie mit der Hauptstadt in Iran errichtete, hörte das Land zum erstenmal seit der Spätantike auf, nur eine geographische Einheit zu sein. Hülegü und seine Nachfolger beherrschten ein Gebiet, das ungefähr die gleichen Grenzen hatte wie die altpersischen Reiche, und schufen damit ungewollt die Vorbedingungen für die Entstehung eines iranischen Nationalstaates unter den Safawiden zu Beginn des X./16. Jahrhunderts. Außerdem beraubte schon die religiöse Toleranz der Mongolen (um nicht zu sagen ihre Indifferenz) den sunnitischen und orthodoxen Islam seiner dominierenden Stellung in Iran und erleichterte die Entwicklung der Schia, die die offizielle Religion des safawidischen Staates wurde.

Die Auflösung des Il-khānidischen Reiches nach 736/1335 hatte die verheerenden Feldzüge Tīmūr-i Langs (Tamerlans) zwischen 783/1381 und 807/1404 zur Folge, die ein politisches Vakuum in Iran hinterließen. Verschiedene Kräfte kämpften währenddessen fast ein Jahrhundert lang um die Oberherrschaft. Endlich kam 907/1501 in Aserbeidschan eine neue Dynastie, die der Safawiden, zur Macht und dehnte sich das nächste Jahrhundert hindurch über den restlichen Iran und Mesopotamien aus.

Die Safawiden: Begründer des modernen Iran
Der Ursprung der safawidischen Dynastie liegt in einem sūfischen Orden, nach seinem Gründer Shaykh Safī ad-Dīn Ishāq (gest. 735/1334) Safawiyya genannt. Dieser Orden hatte sein Zentrum in der Stadt Ardabīl in Aserbeidschan, dehnte aber seinen Missionsbereich unter den Nachfolgern Shaykh Safīs über fast ganz Iran aus. Um die Mitte des IX./15. Jahrhunderts begegnet uns ein neuer militanter Zug in den Äußerungen der safawidischen Führung. So wurde der religiöse Titel ‚Shaykh' durch den weltlichen ‚Sultan' ersetzt und damit offen weltliche Macht angestrebt. Anhänger der Safawiden gab es nun auch außerhalb der Grenzen Irans, und die stärkste militärische Unterstützung kam tatsächlich von den schiitischen Turkmenenstämmen Ostanatoliens, vom armenischen Hochland und von Nordsyrien. Diese Stämme bildeten die Elitetruppen, die den Safawiden 907/1501 zur Macht verhalfen.

Einerseits wirkte der Schiismus als Staatsreligion einigend auf das safawidische Reich und konnte sonst verborgene iranisch-nationalistische Gefühle für die Safawiden nutzbar machen; anderseits brachte er die Safawiden in direkten Konflikt mit den sunnitischen Osmanen und führte zu einer 200jährigen stoßweisen Fehde zwischen den beiden muslimischen Staaten. Die Safawiden stellten Gesetz und Ordnung und ein stabiles Staatsgefüge wieder her und bildeten die erste einhei-

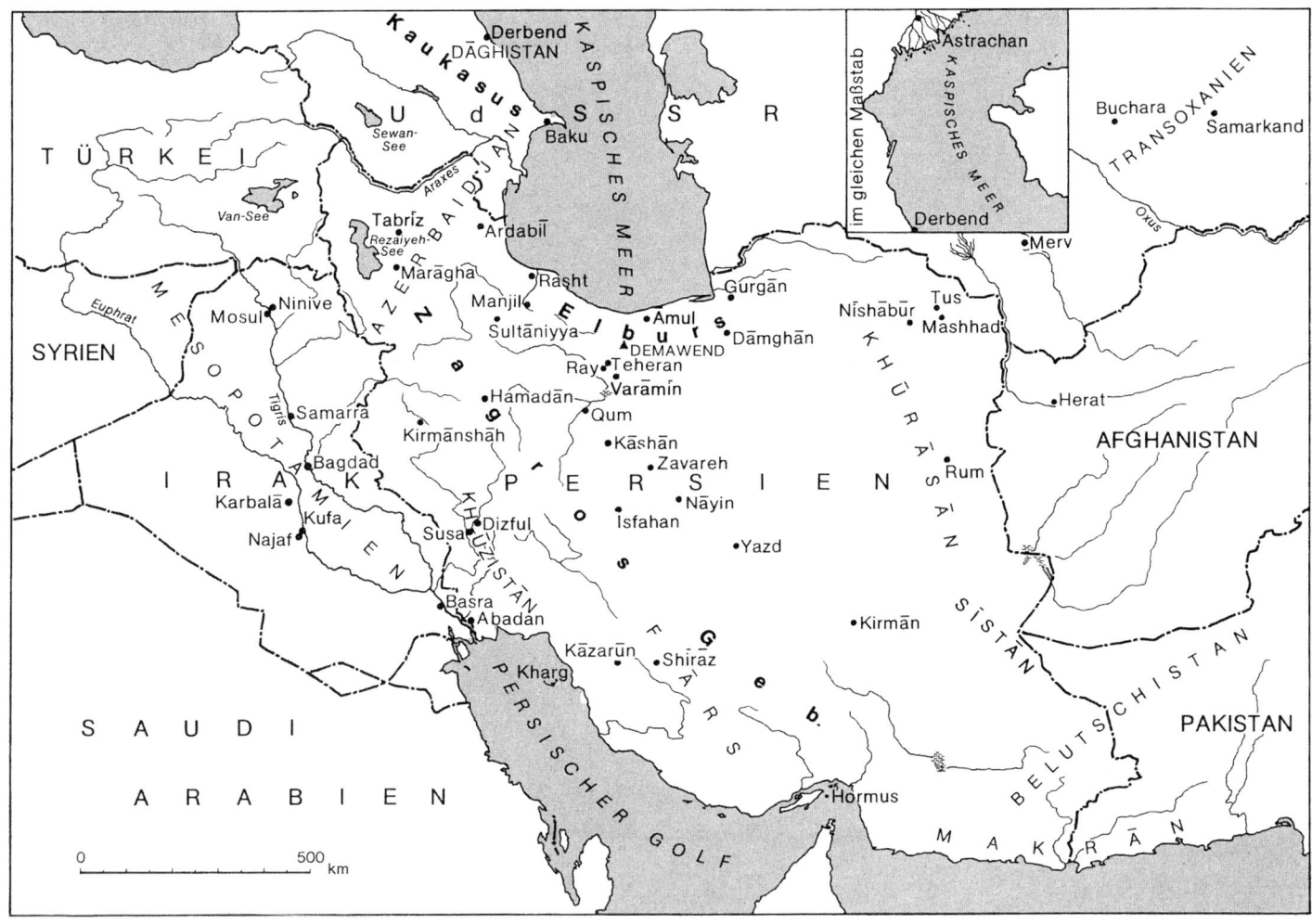

Persien mit Orten und geographischen Merkmalen, die im Kapitel erwähnt werden. (2)

mische Dynastie, die seit der arabischen Eroberung vor achteinhalb Jahrhunderten ganz Iran beherrschte; zu Recht hält man sie deshalb für die Begründer des modernen Iran.

Der Höhepunkt der safawidischen Herrschaft lag bei Shāh 'Abbās I. (996–1038/1588–1629). Unter seinen unmittelbaren Nachfolgern wurden die Übergriffe der Osmanen auf persisches Territorium bis zu deren eigenen Grenzen zurückgeschlagen. Shāh 'Abbās leitete eine nie dagewesene Periode des Wohlstandes ein, indem er die bigotte Haltung, die Shāh Tahmāsp (930–84/1524–76) gegenüber dem Handel fremder Kaufleute in Iran eingenommen hatte, aufgab. Durch die Duldung verschiedener katholischer Orden und deren missionarischer Tätigkeit in Iran schuf er eine Atmosphäre religiöser Toleranz, die auswärtige Kaufleute ermunterte, im Land zu leben und zu arbeiten, wo der Shāh ihnen Handelsprivilegien gewährte. Der Hof von Shāh 'Abbās wurde häufig von Gesandten europäischer Mächte einschließlich Spaniens, Portugals und Englands aufgesucht, wobei der Shāh vergeblich um deren Hilfe gegen die Osmanen, ihren gemeinsamen Feind, warb. Damals erlebte auch die Entwicklung der Künste, die unter dem Schutz der Safawiden blühten, ihren Höhepunkt. Die Leistungen in der Malerei und in der Handschriftenillumination waren während der Regierungszeit des Shāhs Tahmāsp bedeutender, aber Teppichwebereien, Textilien und Metallarbeiten aus der Zeit von Shāh 'Abbās bleiben unvergleichlich. Seine Hauptstadt Isfahan birgt ebenfalls

architektonische Meisterwerke. Unermüdlich ließ Shāh 'Abbās auch öffentliche Gebäude aller Art errichten, denen der Reisende noch heute auf Schritt und Tritt begegnet.

Nach Shāh 'Abbās I. begann der Niedergang der safawidischen Macht, deren Schwäche 1135/1722 beim Einfall einer kleinen afghanischen Armee in Iran und bei der Unterwerfung Isfahans klar zutage trat. Sieben Jahre später vertrieb Nādir Khān Afshār die Eindringlinge und machte sich 1148/1736 zum Shāh. Er war ein brillanter Soldat, überließ das Land aber verwaltungsmäßig und finanziell einem Chaos, so daß auf seine Ermordung 1160/1747 ein Bürgerkrieg folgte, der ein halbes Jahrhundert dauerte und zwischen Zand- und Qājārenparteien ausgetragen wurde; die siegreichen Qājāren errichteten schließlich eine Dynastie und regierten Iran bis zum Staatsstreich von Ridā (Rizā) Khān im Jahr 1339/1921.

Der mystische Charakter der Monarchie

Fraglos bildete die Institution der Monarchie und die mit ihr verbundene mystische Aura den wichtigsten Faktor bei der Erhaltung der iranischen Kultur durch jeden politischen Wandel und alle militärischen Wechselfälle hindurch, die das Land über sich ergehen lassen mußte. Der König von Iran ist kein gewöhnlicher König; historisch gesehen ist er der *Shāhanshāh*, der ‚König der Könige‘, der oberste Herrscher, der andere Könige zu seinen Untertanen gemacht hat; um wieder Darius zu zitieren: ‚Da sind die Provinzen, die mir untertan, insgesamt dreiundzwanzig Länder.' Für die Griechen war der persische Monarch βασιλεύς, der ‚große König', das höchste Beispiel für Autokratie, und griechische und jüdische Quellen bezeugen die Lehre vom göttlichen Recht des persischen Königs seit dem achämenidischen Reich des Kyros. Heutzutage verblaßt nun das Königtum immer mehr, und E. Burke Inlow hat gezeigt, daß von den großen imperialen Herrschern der Alten Welt – den Kaisern von China, den Pharaonen von Ägypten und den persischen Königen – nur der persische Souverän noch regiert. Das setzt eine monarchische Tradition von ungewöhnlicher Stärke und Zähigkeit voraus. Die Betonung liegt auf Tradition. Es handelt sich nicht um 2500 Jahre kontinuierlicher Herrschaft unter einer ununterbrochenen dynastischen Abfolge, im Gegenteil: Wie wir sahen, war für achteinhalb Jahrhunderte kein Herrscher iranischen Ursprungs an der Macht. Um so bedeutsamer erscheint das Fortbestehen der Tradition, die nach Inlow etwas Tiefes und Zeitloses an sich hat.

Das Symbol für dieses göttliche Recht zu regieren war die königliche Herrlichkeit, die im Altpersischen *hvarnah,* im Awestischen *khvarnah* und im Neupersischen *farr* heißt. Durch den Besitz dieses königlichen Glanzes ist das persische Königtum heilig. Der Glanz stellt sich als sichtbare Aura um das Haupt des Monarchen dar. Die messianische Rolle des Königs als Retter seines Volkes hing ebenfalls mit der persischen Konzeption des Königtums zusammen, mit der sich iranische Mythen analog zu den Mythen um Moses im Binsenkorb, zu Romulus und Remus und zu Gründungsgeschichten anderer Dynastien verbinden. Nach Richard N. Frye

> sind die Hauptzüge dieses Mythos, der dann zur wirklichen Geschichte der Perser wurde, die Verwandtschaft zur vorhergehenden Dynastie oder der Besitz königlichen Bluts, Verfolgung mit Flucht und Exil und Verborgenheit des königlichen Ursprungs, verbunden mit einem schwierigen Leben unter Nomaden und Bauern. Endlich wird ein Sohn, Enkel oder ein später Nachkomme des Verbannten wegen offenkundiger Zeichen und Qualitäten wieder anerkannt, und die *khvarnah* oder ‚kaiserliche Glorie' steigt zu ihm herab, so daß er eine neue Dynastie gründet.

Im heutigen Iran sehen wir dieses alte persische Dogma vom göttlichen Recht der Könige noch in Kraft, leicht modifiziert durch die persische Verfassung von 1324/ 1906. Obwohl der Shāh nicht länger der ‚Schatten Gottes auf Erden' ist, behält er doch weiter das Charisma des *Shāhanshāh* oder ‚Königs der Könige'. In unserem gleichmacherischen Jahrhundert blicken manche mit Mißtrauen auf eine solche Konzeption des Königtums; es bleibt aber eine Tatsache, daß die Institution der Monarchie eine Herzensangelegenheit persischer Kultur und Tradition ist. Dies anzuerkennen ist wichtig, will man Iran verstehen, wie es war und ist.

Das Land und das Volk

Die physikalische Geographie Irans hat den Verlauf seiner Geschichte stark beeinflußt. Mit Ausnahme der kaspischen Küstengegend ist er ein unwirtliches Land mit dürren Ebenen und rauhen Gebirgen, des Erdbodens beraubt durch jahrhundertelange Erosion und Abhol-

Bemalte Schale aus dem frühen VII./13. Jh. Sie zeigt einen der Kleinkönige, unter denen der Iran nach der Periode der Seldschüken und vor der eigentlichen mongolischen Invasion aufgeteilt war. (3)

zung. Ein großer Teil des östlichen Bereichs besteht aus Sandwüsten und steinigen Einöden. Das Klima ist extrem: Die Temperaturen können im Sommer am Persischen Golf bis zu 42 °C steigen, und im Winter in Hamadān bis auf − 11 °C fallen. So bemerkte Kyros der Jüngere vor über 2000 Jahren: ‚Meines Vaters Reich dehnt sich südwärts bis dorthin, wo es zu heiß für den Menschen ist, um zu leben, und nordwärts so weit, bis es zu kalt ist.'

Die beiden wichtigsten Bergketten haben die Form eines V mit der Spitze in Nordwestiran; von diesem Zipfel aus erstreckt sich die Zagros-Kette in südöstlicher Richtung zum Persischen Golf mit einer maximalen Höhe von rund 4572 m, während das Elburgsebirge ungefähr der Südküste des Kaspischen Meeres folgt und seinen höchsten Punkt am Berg Demawend (5670 m) nordöstlich von Teheran erreicht, um dann nach Gurgān hin spitz zuzulaufen. Der Elburs ist verantwortlich für die halbtropische Zone des kaspischen Uferlandes, da die vorherrschenden nördlichen Winde Feuchtigkeit vom Kaspischen Meer mitführen, die in Form von Regen niedergeht, wenn die Winde über die Berghänge streichen. Nördlich des Elburs verteilen sich die reichlichen Regenfälle (660 bis 1930 mm jährlich) über die Jahreszeiten und ermöglichen den Anbau von Reis, Tabak, Tee, Orangen und Zitrusfrüchten. Südlich des Elburs herrschen dramatische Gegensätze; die Berghänge sind frei von Vegetation, und der geringe jährliche Regen auf der Hochebene zwischen November und April bedeutet, daß in der Regel Ackerbau nur durch Bewässerung möglich ist. Die Gebirgsketten spielen hier eine lebenswichtige Rolle, indem sie den winterlichen Niederschlag in Form von Schnee sammeln und ihn während der Tauwettermonate im Frühjahr und Sommer stetig wieder abgeben. Früher brachte Schneemangel im Winter mit Sicherheit Trockenheit im Sommer, aber der Bau von Dämmen hat in den letzten fünfzig Jahren die Situation verbessert.

Unglücklicherweise hat Iran keine großen Flüsse, und weil das Zentralplateau eine untertassenförmige Vertiefung ist, finden einige der vorhandenen Flüsse nicht ihren Weg zum Meer, sondern zerrinnen in Salzwüsten und Einöden. Die Möglichkeiten, Flüsse einzudämmen, sind erschöpft. Iran steht nun vor dem akuten Problem, für eine schnell wachsende Bevölkerung (zur Zeit 35 Millionen) genügend Wasser zu beschaffen. Die einzige Lösung auf lange Sicht wäre die Entsalzung des Wassers, um frisches zu gewinnen. Unterirdische Kanäle, *qanāts* genannt, befördern das Wasser durch den größten Teil des Landes über Strecken von nahezu 80 Kilometern. Dann wird es durch überirdische Tunnel *(jūbs)* auf Felder und Obstgärten verteilt. Dieses alte *qanāt*-System ist kostspielig und gefährlich im Bau und Unterhalt. Dennoch sind die *qanāts,* die von der Luft aus als kraterartige Vertiefungen erscheinen, Irans wirkliche Lebensadern; die sichtbaren Krater sind die Münder der Schächte, die in regelmäßigen Abständen in die Tiefe gebohrt werden, um die Männer, welche die *qanāts* graben, mit Luft zu versorgen und das ausgeschachtete Material an die Oberfläche zu bringen. Von der kaspischen Küste abgesehen, reicht der Regen für die nichtbewässerten Feldfrüchte lediglich in Teilen von Aserbeidschan und bestimmten anderen begrenzten Gebieten aus. Wegen der allgemeinen Trockenheit der Hochebene besteht ein bestürzender Gegensatz zwischen Wüsten und bebauten Feldern.

Die natürliche Schranke des südlichen Kaukasus hat Iran im Westen und Nordwesten immer geschützt, und Eindringlinge wurden in eine Anzahl genau festgelegter und leicht zu verteidigender Gebirgsrouten gelenkt. Die Nordostgrenze aber war immer von Einfällen der Nomaden aus Zentralasien bedroht. Hier waren die Weißen Hunnen, die Türken und Mongolen durchgedrungen. Keine Dynastie schaffte es, diese Grenze zu verteidigen, weil der Oxus an mehreren Stellen durchwatet werden kann und den Eindringlingen so Raubzüge bis tief nach Khurāsān erlaubte. Bevor angemessene Streitkräfte ge-

gen sie mobilisiert werden konnten, hatten sich die Plünderer mit ihrer Beute über den Oxus zurückgezogen. Verteidigungslinien mit Festungswerken erwiesen sich als unzureichend, weil sie von den Angreifern entweder ignoriert und umgangen oder ausgehungert werden konnten. Sogar die machtvolle safawidische Dynastie, die Iran vom X./16. bis zum XII./18. Jahrhundert regierte, vermochte das Problem nicht zu lösen, obwohl die Safawiden zweimal die usbekischen Heere in einen Kampf lockten und ihnen eine bemerkenswerte Niederlage beibrachten. Verteidigungsbündnisse mit lokalen usbekischen Herrschern in den Grenzgebieten hielten eine Zeitlang, wurden aber aufgrund von Verrat, Ehrgeiz und Intrigen schließlich doch gebrochen. Nur zweimal war in islamischer Zeit die Nordostgrenze ausreichend gesichert, und zwar unter den Sāmāniden im III./9. bis IV./10. Jahrhundert und unter den Tīmūriden im IX./15. Jahrhundert. In jedem Fall kontrollierte die Dynastie die Gegenden beiderseits des Oxus, das heißt Transoxanien und Khurāsān. Im übrigen konnte Persien die Kontrolle über Transoxanien nicht behalten, es sei denn, man hätte einen Schutzwall wie die Große Mauer in China errichtet.

Irans Rolle in der Geschichte wird durch die Geographie bestimmt: Landbrücke zwischen Europa, Anatolien und der Mittelmeerwelt einerseits und Zentralasien, Indien und Südostasien andererseits. Durch Iran zogen im Mittelalter Handelskarawanen, die teilweise die berühmte Seidenstraße nach China benutzten. Mit dem Aufkommen der Osmanen, mit denen Iran ausgesprochen oder unausgesprochen mehrere Jahrhunderte lang Krieg führte, entstand für die Beziehungen Irans zu Europa ein bedeutendes Hindernis. Persische Kaufleute, die nach Europa unterwegs waren, mußten von Gilan nach Baku oder Astrachan Schiffe benutzen und dann über Land durch Rußland reisen, oder sie mußten die gefährliche nördliche Seeroute über Archangelsk wagen.

Die vielen über Iran im Lauf der Jahrhunderte hinweggegangenen Invasionswellen haben Spuren in Form

Das persische Landleben unter Sulaymān I., nach der Zeichnung eines europäischen Reisenden. In der Mitte steht eine Dattelpalme, unter der ein Mann eine Huka raucht. Links und rechts Brunnen, die von Zugochsen in Betrieb gehalten werden. Man sieht verschiedene landwirtschaftliche Geräte wie Pflug und Egge, und die Bauern sind dabei, Getreide zu dreschen. Die Kamelkolonne im Hintergrund scheint zu der Karawanserei rechts im Bild zu ziehen. (4)

von rassischen Veränderungen hinterlassen. Dies wird sehr deutlich bei den halbnomadischen Stämmen, die sich an der Peripherie des Hochlands aufhalten und immer noch am iranischen Leben einen beachtlichen Anteil haben. Einige dieser Stämme, wie die Kurden und die Luren, haben einen arischen Ursprung und sprechen einen persischen Dialekt; andere, wie die verschiedenen Turkmenenstämme von Aserbeidschan und Khurāsān, sind türkischer Herkunft und sprechen türkische Dialekte. Die Qashqāʾī in Fārs haben einen gemischten Stammbaum, teils türkisch, teils persisch, und in den Khamseh fließt teils türkisches, teils arabisches Blut, während die Stämme in Khūzistān, an den Grenzen Iraks, vorwiegend arabisch sind. Viele dieser Stämme begeben sich zweimal im Jahr auf Wanderschaft: Im späten Frühjahr ziehen sie auf der Suche nach Weideflächen aus dem heißen Flachland in die Gebirgstäler, und im späten Herbst kehren sie zu ihren tiefergelegenen Lagerplätzen zurück. Auf ihren Wanderungen nehmen sie all ihr Hab und Gut mit, die Zelte und die Schaf- und Ziegenherden, ihren wichtigsten Lebensunterhalt. Die Züge durch rauhe Gebirgslandschaften sind extrem mühsam und bringen Verluste für Menschen und Tiere. Diese Stammesangehörigen haben eine unabhängige Natur und widerstanden den Versuchen der Regierung, vor allem Ridā (Riza) Shāhs, sie seßhaft zu machen. Sie sind ökonomisch unabhängig, da ihre Herden sie mit Fleisch, Kleidung, Zeltstoffen, Milch, Käse und Yoghurt versorgen. Die Frauen weben aus der Wolle der Tiere Teppiche, Satteltaschen und viele andere Dinge nicht nur für den täglichen Gebrauch, sondern auch zum Verkauf in den Städten. Von den Einkünften können die Stammesangehörigen alle jene Artikel erwerben, die sie sonst noch brauchen. Es mag einigen als Anachronismus erscheinen, daß die Stämme an ihrer Tradition festhalten. Aber sie und die Regierung haben seit einiger Zeit erkannt, welchen Wert beispielsweise ihre Tänze und Hochzeitszeremonien als touristische Attraktionen haben.

Der iranische Beitrag: Religion und Philosophie

Fragt man nach Irans Beitrag zur islamischen Kultur und Weltzivilisation allgemein, so läßt sich sehr wohl von der Meinung G. M. Wickens ausgehen, daß die beherrschende Funktion des persischen Geistes eine lösende und katalytische ist. Der Islam war in seiner ursprünglichen früharabischen Form ein reiner Monotheismus. Als die Araber Iran im I./7. Jahrhundert eroberten, kam er nicht nur mit der altiranischen dualistischen Religion, dem Zoroastrismus, in Berührung, sondern auch mit der ‚dunklen reichen Flut‘ altiranischer Kultur. Im sunnitischen Islam übertraf das (religiöse) Gesetz die Theologie bald an Bedeutung, und der subtile und spekulative· iranische Geist konnte nicht mit den trockenen Streitgesprächen der islamischen Jurisprudenz befriedigt werden. Als sich etwa die islamische Theologie entwickelte und es zu endlosen Diskussionen über die Frage ‚freier Wille gegen Prädestination‘ kam, meinte die persische Lösung, daß – um noch einmal Wickens zu erwähnen – Gegensätze nur die andere Seite des göttlichen Geistes sind. Durch diese mystische Antwort auf ein theologisches Problem bewiesen die Perser, wie weit die Mystik ihr Verständnis des islamischen Glaubens durch-

drungen hatte. Die islamische Mystik, der Sūfismus, ist die höchste Manifestation des persischen Geistes im religiösen Bereich genannt worden. Obwohl bekannterweise nicht alle islamischen Mystiker Perser waren, haben doch weder Araber noch Türken, noch muslimische Inder Mystiker vom Rang der Perser Sanāʾī, Nizāmī, Jalāl ad-Dīn Rūmī, al-Ghazālī, Farīd ad-Dīn ʿAttār und Hāfiz hervorgebracht. Die Rolle, die sie in der Geschichte der islamischen Mystik spielten, wurde von Fritz Meier im Kapitel IV beschrieben.

Wenn die Entwicklung des Sūfismus innerhalb des Islam schon weitgehend das Werk von Persern war, so ist die Trennung des Schiismus von seinen rein politischen arabischen Ursprüngen und seine Entwicklung zur offiziellen Religion des iranischen Staates ein rein persisches Phänomen. Zu Anfang ermöglichte der Schiismus den Persern, ihre Unzufriedenheit mit der arabischen Herrschaft auszudrücken. Später, als unter den Türken und Mongolen die offizielle sunnitische Richtung eng mit den Interessen der Herrscher verknüpft war, schloß sich der Schiismus zahlreichen Bewegungen gegen die bestehende Ordnung an.

Die Iraner übernahmen die Legende, nach der ʿAlīs jüngerer Sohn Husayn eine Tochter des letzten sāsānidischen Königs Yazdigird III. heiratete. Als Husayn in Karbalā durch die Truppen des Umayyadenkalifen Yazīd getötet wurde, erhielt der Schiismus einen Märtyrer, der eine bleibende und starke gefühlsmäßige Wirkung ausübte. Die Erinnerung an Ereignisse um den Tod Husayns wurde und wird noch wachgehalten durch Klageprozessionen und Passionsspiele, die *taʿziya* genannt werden. Einige Zeilen aus einem Klagelied des 19. Jahrhunderts zum Andenken an das Martyrium des Husayn mögen einen Eindruck von dem emotionalen Hintergrund dieser Veranstaltungen geben:

> Wurde er erschlagen ohne Durst zu haben? Nein! Gab keiner ihm zu trinken? Sie gaben ihm!
> Wer? Shimr! Aus welcher Quelle? Aus der Quelle des Todes!
> War er ein unschuldiger Märtyrer? Ja! Hat er irgendeinen Fehler begangen? Nein!
> Was war sein Werk? Rechtleitung. Wer war sein Freund? Gott!
> Wer bewirkte dieses Unrecht? Yazīd! Wer ist dieser Yazīd?
> Einer der Nachkommen der Hind! Von wem? Von einem Bastard!

In den Zeiten, in denen Iran von fremden Mächten regiert wurde, wirkte die Aufführung der Passionsspiele wie eine Katharsis. Als 907/1501 Shāh Ismāʿīl I. die safawidische Dynastie errichtete, machte er den Schiismus zur offiziellen Religion des neuen Staates und befriedigte so die nationalistischen Bestrebungen, denen der Schiismus achteinhalb Jahrhunderte lang Ausdruck verliehen hatte. Durch ihn brachten die Perser bestimmte theologische Vorstellungen und Dogmen in den Islam hinein, die dem sunnitischen Glauben fremd waren, vor allem die Lehre von den Imamen. Die Funktion der schiitischen Imame darf nicht mit derjenigen des sunnitischen Imams verwechselt werden. Dieser ist nur der Führer der muslimischen Gemeinde während des Gottesdienstes in der Moschee. Die schiitischen Imame hingegen besitzen die

Vorrechte, Zeugen und Interpreten der Offenbarung zu sein, und sie sind die Hüter aller Wahrheit und allen Wissens. In zweierlei Hinsicht haben sie keine Parallele im sunnitischen Islam: erstens durch ihre Vermittlerrolle und die erlösende Natur ihres Todes und Leidens, zweitens in ihrer Sündenlosigkeit und Unfehlbarkeit. Das letztere, formuliert bereits bei schiitischen Theologen im IV./10. Jahrhundert, sollte offensichtlich die schiitischen Imame über die sunnitischen Kalifen stellen. Aber der tiefere Sinn dieser Lehre für den Islam war noch fundamentaler: Sie versah ihn mit einer unfehlbaren Autorität in inkarnierter Form.

Der iranische Beitrag: Literatur, Wissenschaft und Kunst

Jeder dieser Gattungen ist in diesem Buch ein eigenes Kapitel gewidmet. Deshalb genügen hier einige knappe Umrisse. In jedem Fall ist Irans Beitrag, wie wir sehen werden, bedeutend und beherrscht oft den der übrigen islamischen Welt.

Wie Charles Pellat in Kapitel V ausführt, besteht eine enge Verbindung zwischen persischer Mystik und persischer Literatur. Die Ekstase der Seele im Moment der Vereinigung mit dem Schöpfer ist niemals schöner ausgedrückt worden als im Werk von Jalāl ad-Dīn Rūmī, und er ist der *primus inter pares* im Pantheon der mystischen Dichter Persiens. Ihm zunächst stehen Farīd ad-Dīn 'Attār und Hāfiz aus Shīrāz, die den allegorischen Ausdruck des Mystikers zu höchster Vollendung brachten. Über Hāfiz kam niemand hinaus. Nach ihm wurde der Symbolismus des Mystikers (des Liebenden) bei seiner Suche nach dem Geliebten (Gott) stereotyp und abgedroschen und drückte sich etwa im Bild der Nachtigall aus, die über die grausame Gleichgültigkeit jener dornigen Schönheit, der Rose, klagt, oder im Bild der Motte, die um die Kerze herumirrt, gewillt, sich mit ihr zu vereinen, wobei die Flammen sie zerstören.

Andere Dichter, von denen der bekannteste 'Umar Khayyām ist (obwohl er als Mathematiker größeren Ruhm erwarb), offenbaren einen weiteren Zug der persischen Seele, einen melancholischen Pessimismus und einen eigenen Sinn für die kurzlebige und vergängliche Natur irdischer Macht und Herrlichkeit, der so bündig in dem Lieblingswort der Mystiker anklingt: ‚Alles übrige vergeht außer seinem Angesicht.'

Die Rolle Persiens bei der Entwicklung der islamischen Wissenschaft braucht ebenfalls nicht unterstrichen zu werden und wird umfassend von A. I. Sabra in Kapitel VII behandelt. Persische Mathematik war von Anfang an vor allem praxisbezogen, da die Kalifen bei ihrer Förderung der Wissenschaften von der Mathematik erwarteten, daß sie Probleme der Navigation, Astronomie, Architektur, Vermessungskunst und Berechnung des Kalenders löse und bei ähnlichen Vorhaben wie der Bestimmung der Mekkarichtung dienlich sei. Aus der vormongolischen Periode sind drei hervorragende Namen zu nennen: al-Khwārizmī (III./9. Jahrhundert), dem wir die Worte Logarithmus und Algebra verdanken, 'Umar Khayyām, der die Formen kubischer Gleichungen klassifizierte, und al-Bīrūnī (363–440/973–1048), eines der größten Genies der mittelalterlichen Welt, der den Kalender reformierte, geographische Breiten und Längen bestimmte und die empirische Physik entwickelte.

Persiens Beitrag zur Medizin betrifft eher Fortschritte in der ärztlichen Behandlung als in der Diagnose, vor allem in der Pharmazie. Das Arzneibuch des Sābūr ibn Sahl aus dem III./9. Jahrhundert und das Werk über Gegengifte von Ibn at-Tilmīdh bildeten die Grundlage aller späteren derartigen Bücher. Ar-Rāzī, im Westen bekannt als Rhases, war zweifellos der größte persische Arzt und einer der bedeutendsten Ärzte des Mittelalters. Seine Enzyklopädie *al-Hāwī* wurde in europäischen Universitäten maßgebend.

Das goldene Zeitalter Irans wurde aber außerhalb der islamischen Welt erst eigentlich durch seine Kunst lebendig. Obwohl ihre Eigenart und Leistung in einem Kapitel von Richard Ettinghausen diskutiert werden, läßt sie sich doch hier nicht ganz übergehen.

Persische Kunst ist wesenhaft aristokratisch in dem Sinn, daß es die Mitglieder der königlichen Familie und der oberen Gesellschaftsschichten waren, die das Bedürfnis nach Kunstwerken weckten und so die Tätigkeit von Künstlern und Kunsthandwerkern anregten. Diese aristokratischen Mäzene bestimmten auch die Art der Kunstproduktion und deren Gegenstand. Mit anderen Worten, die Schutzherren entschieden weitgehend über den künstlerischen Geschmack, und so etwas wie eine bürgerliche oder primitive Kunst gab es nicht. Selbst der für Persien so charakteristische Teppich macht hier keine Ausnahme, obwohl er aus dem Nomadenteppich hervorging und von Frauen und Kindern halbnomadischer Stämme aus der Wolle ihrer Herden und mit überwiegend natürlichen Farbstoffen gefertigt wurde. Erst die Safawiden entwickelten die Teppichweberei von der Heimarbeit zu einer schönen Kunst in nationaler Größenordnung, und das bleibende Ansehen der persischen Teppiche beruht auf dem hohen Niveau, das sie damals erreichten, auf überlegener Qualität und der Vortrefflichkeit der Farben und Muster.

Das Weben von Textilien geht in sāsānidische Zeit zurück, und auch hier liegt der Höhepunkt in der safawidischen Periode. Das Gefallen an persischen Stoffen mit ihren komplizierten Webarten breitete sich zur Zeit der Renaissance nach Europa und nach Rußland aus. Yazd, Kāshān, Rasht und Isfahan wurden die großen Zentren für persische Webereien.

Persien paßte sich niemals dem islamischen Verbot, menschliche Gestalten auf Kunstwerken darzustellen, an. Becken, Schüsseln, Wasserkannen, Kerzenständer, Astrolabien, Waffen und viele andere Dinge für den Hausgebrauch wurden mit Tieren und menschlichen Gestalten dekoriert. Infolge der mongolischen Invasionen flohen viele fähige Metallarbeiter nach Kairo und in andere Teile der islamischen Welt, so daß das Metallhandwerk in Persien bis zu seiner Wiederbelebung unter den Tīmūriden im IX./15. Jahrhundert zugrunde ging. Unter den Safawiden wurden die Muster kleiner und zarter.

Auch in der Buchkunst mit ihren vier Hauptaspekten – Kalligraphie, Bucheinband, Illumination und Illustration – war Persien hervorragend. Frühe islamische Manuskripte waren gewöhnlich auf Pergament, später auf Papier (dessen Herstellung die Araber indirekt von den Chinesen erlernten) in kräftigem Kūfī oder Naskhī geschrieben. Die Perser erfanden die eher kursive, feinere Nasta'līq-Schrift. Die Handschriften enthalten ganzseitige Illuminationen, oft mehrere, und die Texte sind mit

Das sāsānidische Erbe beeinflußte die islamische Kunst innerhalb und außerhalb Irans. Der Drachenpfau zum Beispiel erscheint auf sāsānidischen Textilien und Reliefs. Das Bild links zeigt dieses Tier auf einem Stück gewebter Seide, das am Vorabend der muslimischen Eroberung hergestellt wurde. Rechts ein Detail von der Palastfassade von Mshatta, die später, um 123/740, entstand. (5, 6)

illuminierten und vergoldeten Rändern und anderen Ornamenten geschmückt. Die Kapitelüberschriften stehen meist in kunstvollen Rahmen, kleinen Meisterwerken. Die für die Miniaturmaler geeignetsten Themen lieferte das schier endlose iranische Nationalepos oder eines der großen romantischen Epen wie *Laylā ū Majnūn, Khusrāw ū Shīrīn, Yūsuf ū Zulaykhā* und ähnliche. Enthusiastische Bibliophile des IX./15. Jahrhunderts wie der Tīmūride Shāh Rukh und sein Sohn Bāysunqur gaben einige der schönsten islamischen Manuskripte in Auftrag, und der letzte Tīmūridenherrscher, Sultan Husayn ibn Bāyqarā, vermachte den Safawiden die glänzende Malschule von Herat, deren bedeutendstes Mitglied Bihzād war.

Das kostbare *Königsbuch der Könige* mit mehr als 250 Miniaturen wurde vielleicht von Shāh Ismāʿīl für seinen Sohn Tahmāsp bestellt, obwohl erst nach Ismāʿīls Tod vollendet. Die einzigartige Stellung dieses Werkes in der Geschichte der persischen Malerei erhellt die Tatsache, daß kein anderes zeitgenössisches Manuskript mehr als 40 Miniaturen besitzt.

Die Geschicklichkeit der Miniaturmaler übertrug sich auf die Punzarbeit und Hohlprägung der Ledereinbände. Die Einzelheiten der Zeichnung auf Buchdeckeln sind manchmal so kompliziert wie die Kompositionen der Miniaturen selbst, und etwa im X./16. Jahrhundert haben Hofmaler wie Ridā ʿAbbāsī ihre Technik auf Lackmalereien ausgedehnt, die für Buchdeckel oder auch für Tabletts, Schüsseln, Schreibkästen, Spiegelbehälter und Dosen aller Art verwandt wurden.

Seit früher Zeit haben die Perser die Entwicklung der Architektur gefördert. Die Sāsāniden machten in der Wölbungstechnik große Fortschritte, und eines ihrer Hauptverdienste war die Erfindung der Trompe, mit deren Hilfe man eine Kuppel über einem quadratischen Raum errichten kann. Der Beitrag der Seldschuken (V./

11. und VI./12. Jahrhundert) war die ausgezeichnete Anwendung dekorativen Ziegelwerks, und diese Technik wurde im VII./13. Jahrhundert unter den Il-Khānen beibehalten. Zur selben Zeit entwickelte sich die Fayencedekoration; ebenso wurde in großem Ausmaß Stuck für die Ausschmückung verwandt. In tīmūridischer Zeit kam in Iran die doppelte Kuppel auf, und die leicht zwiebelförmige Gestalt der äußeren Kuppel ist seitdem charakteristisch für persischen Wölbungsbau. Höchste Perfektion erreichte unter den Safawiden auch die polychrome *(haft-rang)* und mosaizierte *(muʿarraq)* Kachelverkleidung, vielleicht der wichtigste Beitrag Persiens zur islamischen Architektur. Außerdem gruppierte Shāh ʿAbbās I. beim Bau seiner Hauptstadt Isfahan 1007/1598 eine Anzahl architektonischer Meisterwerke um einen Platz *(maydān)*, der siebenmal größer als die Piazza von San Marco war und eines der einfallsreichsten Beispiele für Städteplanung in der Welt ist. Die persische Architektur entwickelte sich nach ganz anderen Richtlinien als die europäische. Während die gotische Architektur sich bemüht, ihre Grundform unter einer Fülle von Fialen, Glockentürmen, Wasserspeiern, Zinnen, fliehenden Strebepfeilern und dergleichen zu verbergen, wollen die persischen Architekten das ursprüngliche Gefüge des Baus mit einem möglichst reichen Gewand verkleiden, ohne daß seine Hauptlinien und seine Struktur verdunkelt werden.

Keine Darstellung der iranischen Welt wäre vollständig ohne die Erwähnung des persischen Gartens. Wer mit den gepflegten Gärten des Westens vertraut ist, wird von persischen Gärten enttäuscht sein, falls er nicht ihre wesentliche Funktion erkennt, die vor allem darin besteht, dem Reisenden nach der erbarmungslosen Sonne der persischen Ebenen kühlen Schatten zu spenden, wobei der Klang des fließenden Wassers sein Ohr und Bäume und Blumen sein Auge erfreuen. Die Regelmäßigkeit der

Baum- und Strauchreihen ist zum Teil wegen der Bewässerungskanäle erforderlich. Die Perser lieben Bäume heute ebenso, wie sie sie in achämenidischer Zeit schätzten. Xerxes soll auf seinem Weg nach Sardis eine Platane so sehr bewundert haben, daß er sie mit goldenen Ketten und Armbändern behing, und Kyros der Jüngere (gest. 401 v. Chr.) legte in Sardis einen Garten an und pflanzte einige Bäume selbst; heute geben die Bewohner von Teheran den Bäumen am Rande ihrer Straßen auch dann Wasser, wenn sie nicht auf ihrem eigenen Besitz stehen. Die Lieblingsblume Persiens ist die Rose, und es ist kein Zufall, daß sie in der persischen Poesie so häufig vorkommt, oder daß sie in der sufischen Terminologie die schöne aber grausame Geliebte ist, deren Stacheln den schmachtenden Liebhaber hinhalten und deren launisches Verhalten ihn zur Raserei treibt. Solange Bäume da sind, können sogar Blumen in der persischen Vorstellung vom Garten fehlen; ‚alles, was der Perser sucht‘, sagt Lord Curzon, ‚ist eine Schönheit, die aus dem Schatten hervorgeht und das Rieseln des Wassers‘. Bezeichnenderweise soll unser Wort ‚Paradies‘ von einem altpersischen Wort hergeleitet sein, das ‚umzäunter Park‘ oder ‚Jagdgehege‘ bedeutet.

Beziehungen zwischen Iran und dem Westen

Während des Mittelalters waren Islam und Christentum einander unbekannt. Aber die Gründe für diese Unkenntnis sind verschieden. Bei den Muslimen war es die Gleichgültigkeit gegenüber den ‚nördlichen Barbaren‘, wie ein muslimischer Richter in Toledo im V./11. Jahrhundert die meisten Europäer nannte; bei den Christen gründete das Verhalten gegenüber dem Islam teilweise auf dem *odium theologicum,* weil der Islam als die einzige nach dem Christentum geoffenbarte größere Weltreligion offensichtlich den Christen ein theologisches Problem stellte, teilweise auf Furcht, weil die Ausdehnung des islamischen Reiches nach Sizilien und Spanien und die Kontrolle der Muslime über das Mittelmeer eine militärische Bedrohung für die Christenheit darstellten. Auf theologischer Ebene war Muhammad üblicherweise für die Christen ein Schwindler und der Islam eine Häresie. Auf militärischer Ebene antworteten die Christen mit den Kreuzzügen. Keine dieser Antworten war dazu angetan, den Westen besser über die Natur des islamischen Glaubens oder die politischen Realitäten der muslimischen Welt zu informieren.

Seltsam und irritierend für den Historiker ist die Fortdauer und Zähigkeit des Syndroms der ‚Goldenen Straße nach Samarkand‘. Persische Teppiche neigen hartnäckig dazu, sich in magische Teppiche zu verwandeln und persische Gärten in verzauberte Gärten, bewohnt von Peris, Genien und ähnlichen Wesen. Selbst persische Katzen haben eine Art von exotischer Aura bewahrt, und natürlich war der Harem eine beständige Quelle für das Interesse an überhitzten Einbildungen. Phantasien, die sich als seriöse Berichte über Persien ausgaben, wie die Veröffentlichung jenes ‚unerschrockenen Lügners‘ aus dem VIII./14. Jahrhundert, des ‚Sir John Mandeville‘, und Beschreibungen der Traumwelt aus ‚Tausendundeiner Nacht‘, die in einem legendären persischen Reich lokalisiert wurden, machten die Dinge noch schlimmer, so daß in der *British Critic* von 1797 ein Rezensent bezweifelte, ob inmitten einer solchen Masse von Absur-

ditäten, romantischen Einbildungen und monströsen Charakteren jemals die Spuren der echten historischen Wahrheit erfolgreich aufgedeckt werden könnten. Tatsächlich hatte man im Westen bis zum XI./17. Jahrhundert im allgemeinen nur wenig solides Material zur Hand. In jenem Jahrhundert gaben Reisende wie der hugenottische Juwelier Chardin dem Westen zum erstenmal ein weitgehend genaues und scharfes Bild vom persischen Verwaltungssystem, wenn auch in Wirklichkeit erst im 19. Jahrhundert ‚Spuren historischer Wahrheit‘ zum Vorschein kamen.

Trotz Unbilden und Gefahren waren seit alten Zeiten unerschrockene Reisende zwischen dem Westen und Persien unterwegs. Im 6. Jahrhundert n. Chr. hielt sich der persische Bischof Ivo in England auf, aber danach schnitten das Aufkommen des Islam, die arabischen Eroberungen nördlich und südlich des Mittelmeers und die Errichtung des islamischen Reiches unter dem Kalifat Persien von Westeuropa ab. Erst mit den mongolischen Invasionen des VII./13. Jahrhunderts und der Festigung der *Pax Mongolica* von China bis Polen wurde ungehindertes, sicheres Reisen zwischen Persien und dem Westen wieder möglich. Den Westen erreichten Nachrichten, daß einige Mongolen Christen geworden waren, und die Herrscher Westeuropas sahen in den Mongolen mögliche Verbündete für den endlosen Streit zwischen Christentum und Islam. 643/1245 sandte König Ludwig IX. von Frankreich eine Gruppe von Dominikanermönchen nach Persien. Es war die erste von einer Reihe diplomatischer und missionarischer Gesandtschaften, die zwar in bezug auf ein Bündnis kein positives Resultat brachten, dem Westen aber genauere Informationen über die Geographie Persiens und der umliegenden Gebiete und über die Gewohnheiten der Einwohner West- und Zentralasiens vermittelten, die er bisher nicht besaß.

Nach dem Sieg der Mamlūken in Syrien über die Mongolen im Jahre 659/1260 sandte Hülegü, der mongolische Herrscher über Persien und Mesopotamien, seinerseits einen Gesandten zu Papst Alexander IV., um seinen Willen zu bekunden, sich taufen zu lassen. Das aber wurde mit Skepsis aufgenommen. Schließlich blieb Hülegü Buddhist, aber dieser diplomatische Verkehr öffnete westlichen Kaufleuten den Weg zu weiterer Tätigkeit in Persien, und 663/1264 ließ sich ein venezianischer Händler in Tabrīz nieder. Die mongolischen Il-Khāne von Iran tauschten bis zu ihrem Abgang 736/1335 auch weiter diplomatische Missionen mit dem Westen aus, und die Beziehungen waren nur kurz während der Regierung des zum Islam bekehrten Tegüder unterbrochen. In Staatsangelegenheiten zeigten sich viele der Il-Khāne von ihren christlichen Frauen stark beeinflußt. Das lange angestrebte militärische Bündnis zwischen den Mongolen und dem Westen gegen die Muslime kam 690/1291 seiner Verwirklichung am nächsten, als der Il-Khān Arghūn dem französischen König Philipp IV. und Edward I. von England einen gemeinsamen Angriff auf Damaskus vorschlug; aber wieder wurde aus den Plänen nichts, weil Arghūn 690/März 1291 starb und Edward I. zu sehr mit seinen schottischen Kriegen beschäftigt war.

Die wirtschaftlichen Ergebnisse dieses Jahrhunderts der Beziehungen zwischen Persien und dem Westen waren solider als die diplomatischen oder militärischen.

Shāh Ismāʿīl I., der erste Safawidenkönig, verbrachte einen Groß-teil seiner Regierungszeit (907–30/1501–24) damit, seine Feinde im Ausland – die Osmanen im Westen, die Turkmenen im Norden und Osten – und seine Rivalen zu Hause zu bekämpfen. Diese Münze, 913/1507 datiert, ist ein urdu (wörtlich ‚Militärlager‘); sie wurde also geprägt, als Shāh Ismāʿīl sich auf einem Feldzug befand. (7)

Tabrīz, die Hauptstadt der Provinz Aserbeidschan, be-reits erwähnt als Zentrum europäischer Handelstätig-keit, wurde unter den Mongolen Hauptstadt von Iran und ein blühender Umschlagplatz zwischen Europa und Bagdad, zwischen dem Persischen Golf und Indien. In der gleichen Periode erweiterte der Dominikanerorden seine missionarische Tätigkeit in Iran und errichtete im Nordwesten eine Anzahl von Bistümern; aber seine Be-kehrungsversuche fielen auf keinen fruchtbaren Boden.

Der Auflösung des Il-Khānreiches folgte in Iran eine Periode der Unruhe, während der es gefährlich war, durch das Land zu reisen; folglich hörte der Handel mit dem Westen fast ganz auf. Eine neue Bedrohung ent-stand für Europa um die Mitte des VIII./14. Jahrhun-derts mit dem Auftreten der osmanischen Türken. Der Westen sah in dem tatarischen Eroberer Tamerlan (Tīmūr-i Lang) einen möglichen Verbündeten gegen die Osmanen, vor allem, nachdem Tīmūr sie in Ankara 805/1402 besiegt hatte. Aber der Tod Tīmūrs 807/1405 und die nochmalige Ausdehnung des Osmanischen Rei-ches, die 857/1453 im Fall von Konstantinopel ihren Höhepunkt erreichte, versetzten den europäischen Wirt-schaftsinteressen im Osten, vor allem denen Venedigs, einen schweren Schlag.

892/1487 umsegelte der portugiesische Kapitän Bar-tolomeu Diaz das Kap der Guten Hoffnung, und zehn Jahre später wiederholte sein Landsmann Vasco da Gama diese Leistung und erreichte Indien. Somit war Persien als Zwischenstation auf dem Weg nach Indien verdrängt worden. Schwer getroffen wurden ferner die Venezianer, Genuesen und andere, die sich in ihrem Handel mit Indien und dem Persischen Golf auf die Überlandroute gestützt hatten. Zehn Jahre danach ga-ben die Portugiesen ihre Absicht zu erkennen, ihren Einfluß auf diesen wichtigen Handel zu festigen, indem sie die Insel von Hormus besetzten. Albuquerque annek-tierte diese Insel 621/1515 und machte den König von Hormus zu einem portugiesischen Vasallen. Das geschah nur ein Jahr, nachdem die Osmanen Shāh Ismāʿīl I. in der Schlacht von Chāldirān entscheidend besiegt hatten und der letztere infolgedessen nicht in der Lage war, diesen portugiesischen Übergriff auf sein Territorium zu verhindern.

Mit der Thronbesteigung von Shāh ʿAbbās I. (996–1038/1588–1629) nahm der Kontakt zwischen Persien und dem Westen zu. Shāh ʿAbbās empfing Gesandt-schaften aus Spanien, Portugal und England und schuf dadurch, daß er Karmeliter, Augustiner und andere katholische Orden ermunterte, in Iran Klöster zu grün-den, eine günstige Atmosphäre, in der nicht nur auslän-dische Missionare, sondern auch Kaufleute leben und arbeiten konnten. Der Shāh übernahm sogar einen Teil der Kosten bei der Ausschmückung einer der Missions-kirchen in Isfahan. 1032/1622 nutzte Shāh ʿAbbās die Handelsrivalitäten zwischen den westlichen Mächten aus und bediente sich der Hilfe der Engländer, um die Portugiesen von der Insel Hormus zu vertreiben, die sie über ein Jahrhundert lang besetzt gehalten hatten.

Wie wir sahen, wurden während des VII./13. Jahr-hunderts zwischen westlichen Herrschern und den mon-golischen Il-Khānen Persiens Gesandtschaften ausge-tauscht. Sie bezweckten eine gemeinsame militärische Aktion gegen die muslimisch-mamlūkischen Herrscher Ägyptens, des Heiligen Landes und Syriens. In der Safa-widenzeit wurde der Gedanke eines militärischen Bünd-nisses zwischen Persien und den westlichen Mächten in neuer Form wiederaufgenommen; jetzt suchte der mus-limische (aber schiitische) Safawidenstaat sich der Hilfe christlicher Mächte gegen das muslimische (jedoch sun-nitische) Osmanenreich zu bedienen, mit dem er zwei Jahrhunderte lang in einen tödlichen Kampf verwickelt war. Der Gedanke war verlockend für den Westen, denn man hoffte, das Vorgehen gegen die Osmanen im Osten würde die letzteren zwingen, ihren Druck auf Europa zu lockern. Trotz einer regen diplomatischen Tätigkeit kam jedoch keine gemeinsame Militäraktion zustande.

Im Jahr 1026/1617 oder etwas später eröffnete die Britische Ostindische Kompanie aufgrund eines *fermāns* des Shāhs ʿAbbās I. Faktoreien in Shīrāz und Isfahan und entschied sich für Jāsk an der Küste von Makrān als Haupteinfuhrhafen für ihre Ware. Die gemeinsame Operation mit den persischen Streitkräften, die die Por-tugiesen 1032/1622 aus Hormus vertrieb, bedeutete das Ende des portugiesischen Einflusses im Persischen Golf, aber die Holländer folgten ihnen als Herausforderer der dortigen englischen Handelsvorherrschaft.

Die Perser hatten die Hoffnung auf ein militärisches Bündnis mit europäischen Mächten zum Zweck gemein-samer Aktion gegen die Türken niemals aufgegeben. In den Jahren 1017/1608 und 1024/1615 schickte Shāh ʿAbbās I. den englischen Abenteurer Sir Robert Sherley als persönlichen Gesandten nach Europa, um eine Allianz zu bewirken, aber er hatte keinen Erfolg.

Gegen Ende des XII./18. Jahrhunderts wurde Persien in die politischen und wirtschaftlichen Rivalitätskämpfe der Großmächte im Mittleren Osten hineingezogen. Napoleon träumte davon, auf dem Weg über Persien in Indien einzufallen, und nachdem Frankreichs Bestrebungen zerstreut worden waren, begann im Land ein politischer und ökonomischer Wettstreit zwischen England und Rußland. Die Rolle Englands, das sein indisches Empire unbedingt verteidigen wollte, war im wesentlichen defensiv, die Rußlands dagegen aggressiv, wobei der Wunsch Peters des Großen nach einem eisfreien Hafen am Persischen Golf maßgebend war. Durch eine Reihe schwacher und untüchtiger Herrscher lud sich Iran im 19. Jahrhundert Auslandsschulden auf, und viele ökonomische Hilfsquellen gerieten in die Hände auswärtiger Konzessionsinhaber.

Der moderne Iran

Am 30. Dezember 1906, als Muzaffar ad-Dīn Shāh die *qānūn-i asāsī* oder das Grundgesetz unterzeichnete, erhielt Iran eine Verfassung; am 9. Oktober 1907 kam ein ergänzendes Verfassungsorgan hinzu. Eine beratende Nationalversammlung (*Majlis-i Shūrā-yi Millī*, kurz ‚der Majlis‘ genannt) trat zusammen und tagte zum erstenmal am 7. Oktober 1906. Ein Oberhaus, der Senat, war in der Verfassung vorgesehen, versammelte sich aber erst 1950. Spätere Streitigkeiten zwischen dem Shāh Muhammad ‘Alī, der am 8. Januar 1907 den Platz seines Vaters übernahm, und den nationalen Parteien schwächten das Land und führten zu fremden Interventionen. 1911 marschierten russische Truppen nach Teheran und zwangen die Regierung zur Kapitulation. Bis zum Ersten Weltkrieg behielt Rußland die absolute Kontrolle über Nordiran.

In diesem Konflikt erklärte sich Iran offiziell für neutral, aber türkische, russische und britische Truppen operierten auf seinem Territorium, und deutsche Agenten waren vielerorts tätig. Unter diesen Umständen verlor die Regierung jede Kontrolle über die Provinzen und wurde finanziell zum Bankrotteur.

Mit der Machtübernahme durch Ridā (Rizā) Khān im Februar 1921 gewann Iran die Kontrolle über sein Land zurück. 1925 ging die Qājār-Dynastie offiziell zu Ende, und der Majlis stimmte für die Monarchie des Ridā Khān, der Anfang 1926 als Shāh der neuen Pahlavī-Dynastie ordnungsgemäß gekrönt wurde. Unter Ridā Shāh, der unter anglo-russischem Druck 1941 abdanken mußte, war die Dringlichkeit sozialökonomischer Reformen weitgehend der beherrschenden Notwendigkeit untergeordnet, das Land von fremden politischen Einflüssen zu befreien und die Iraner als unabhängige Nation in das 20. Jahrhundert zu führen. Um die Abhängigkeit vom Ausland, von russischen Importen zu verringern, begann Ridā Shāh mit einem Industrialisierungsprogramm, ließ aber das Grundproblem einer Agrarreform unberührt; ferner hatte sich das Bestreben nach einer echten konstitutionellen Demokratie dem hauptsächlichen Ziel, der Erreichung nationaler Unabhängigkeit, unterzuordnen. Ridā Shāh neigte dazu, den Majlis lediglich als Instrument für seine Gesetzgebung anzusehen, und Zeitungen, die seine Politik kritisierten, wurden unterdrückt. Trotzdem verdient Ridā Shāh wohl den Titel ‚Architekt des unabhängigen Iran‘.

1941 wurde Iran zum zweitenmal und wieder gegen seinen Willen in einen Weltkrieg verwickelt. Wie 1914 bis 1918 war der ununterbrochene Strom des persischen Öls lebenswichtig für die militärische Leistung der Alliierten; wie 1914–18 operierten deutsche Agenten in Iran, und eines ihrer Ziele war, diese Ölzufuhr zu unterbrechen. Damit die von den Deutschen hart bedrängte Sowjetunion mit Kriegsmaterial versorgt werden konnte, besetzten im August 1941 britische und russische Truppen gemeinsam Iran. Ridā Shāh dankte ab, und sein 21-jähriger Sohn folgte ihm als Muhammad Ridā Shāh Pahlavī auf dem Thron.

Gegen Ende 1946 hatten sich die alliierten Streitkräfte zurückgezogen, aber der junge Shāh stand schweren Problemen gegenüber: Inflation, Nahrungs- und Materialmangel und neuen politischen Unruhen durch extremistische Gruppen von rechts und links.

Eine Wende in der Geschichte Irans brachte das Jahr 1949. Der Shāh reagierte auf einen Mordanschlag mit dem Verbot der (kommunistischen) Tūdeh-Partei und der kommunistisch kontrollierten Gewerkschaften; überzeugt, daß er ohne Zunahme seiner persönlichen Autorität die wirren Kräfte nicht kontrollieren könne, die ein Zusammenbrechen der Regierung herbeizuführen drohten, schuf er den Senat oder das Oberhaus des persischen Parlaments; 30 von 60 Mitgliedern wurden von ihm selbst nominiert. Durch den Senat erhoffte sich der Shāh mehr Einfluß auf den Majlis. Schließlich bildete 1949 Dr. Musaddiq die Nationalfront, eine Koalition aus Gruppen sehr verschiedenen politischen Charakters, von den fanatischen religiösen Gruppen des rechten Flügels, *fidā’ iyyān-i islām* genannt, bis zu verschiedenen linken Splittergruppen. Ihr gemeinsames Ziel war die Verstaatlichung der Ölindustrie, die damals von der Anglo-Iranischen Ölgesellschaft kontrolliert wurde. Musaddiq wurde 1951 Premierminister, und die Gesetzesvorlage, nach der die Ölindustrie nationalisiert werden sollte, wurde durchgebracht. Die diplomatischen Beziehungen zu England wurden im Oktober 1951 unterbrochen, und 1952 maßte sich Musaddiq diktatorische Macht an, um die politische Krise zu bewältigen, die einerseits durch seine Unfähigkeit entstand, die Nationalfront zusammenzuhalten, und die andererseits durch den Konkurs der Regierung herbeigeführt wurde, der mit dem Aufhören der Öleinkünfte zusammenhing. Im August 1953 trat Musaddiq zurück, und 1954 unterzeichnete der Shāh einen neuen Ölvertrag, nach dem ein Konsortium ausländischer Ölgesellschaften Produktion und Vertrieb des persischen Öls für die National Iranian Oil Company (NIOC) regelte.

1953 begann der Shāh ein Programm des ‚positiven Nationalismus‘. Er führte die Verteilung des Kronlandes an die Bauern fort, die Musaddiq unterbunden hatte, und 1956 leitete er den zweiten Siebenjahresplan für wirtschaftliche Entwicklung ein. Viele Projekte wurden vollendet: der Karaj-Damm (1961), der Farah-Damm in Manjil (1962) und der Muhammad-Ridā-Pahlavī-Damm bei Dizful (1963) erzeugten Elektrizität und bewässerten große Landstriche.

Zwischen 1957 und 1961 versuchte der Shāh als konstitutioneller Monarch zu regieren und soziale und ökonomische Reformen in die Wege zu leiten, aber der Majlis, der noch von den Landbesitzern und anderen althergebrachten Interessengemeinschaften mit den mächtigen religiösen Klassen im Hintergrund beherrscht wurde, blockierte jeden Reformversuch. Daher beschloß der Shāh 1961, den Majlis aufzulösen, durch den keine Fortschritte herbeizuführen waren, und durch Verordnungen zu regieren, um sein Reformprogramm zu erfüllen. 1962 wurde ein verbessertes und erweitertes Agrarreformkonzept Gesetz: kein Grundeigentümer durfte mehr als ein Dorf besitzen; wer mehr Land hatte, mußte es der Regierung zu einem Schätzwert verkaufen, der auf den Steuern basierte, die der Landbesitzer zahlte; dieses Land war an die Bauern neu zu verteilen, die dafür in fünfzehn Jahresraten bezahlen sollten; Genossenschaften waren aufzustellen, um die Vermarktung der Erträge und die Anwendung landwirtschaftlicher Maschinen zu erleichtern. Im Januar 1963 wandte sich der Shāh an die Allgemeinheit, um sich durch Volksbefragung sein verbessertes Sechspunkte-Reformprogramm bestätigen zu lassen: 1. Landreform, 2. Verstaatlichung der Wälder, 3. Verkauf von Betrieben in Staatsbesitz an private Eigentümer, 4. die Methode der Gewinnbeteiligung in der Industrie, 5. Schaffung einer ‚Armee des Wissens‘ zur Bekämpfung des Analphabetentums, 6. Wahlreform, einschließlich der Emanzipation der Frau.

Hiermit begann Irans ‚Weiße Revolution‘. Dem Programm des Shāhs widersetzten sich die Nationale Front, die Landbesitzer, die religiösen Klassen und die Tüdeh-Partei. Unterstützt wurde es von der Armee, den Bauern und einer wachsenden Schicht junger Technokraten und Zivilbeamten. Als der Shāh im Januar 1963 eine überwältigende Zustimmung für sein Reformprogramm erhielt, glaubte er, zur konstitutionellen Herrschaft zurückkehren zu können und rief für September 1963 allgemeine Wahlen aus. Im Juni dieses Jahres organisierten die Nationale Front und die religiösen Klassen in einem letzten Versuch, den Shāh herauszufordern, die schwersten Tumulte in der Geschichte Teherans; der Angriff wurde jedoch niedergeschlagen. Die Wahlen fanden wie geplant statt, und als der Majlis im Oktober 1963 nach Ablauf von über zwei Jahren wieder zusammentrat, trug er ein neues Gesicht. Das neue Parlament bestand jetzt nicht mehr wie früher bis zu 90 Prozent aus Landbesitzern, vielmehr gehörten nun 70 Prozent zu den Angehörigen des neuen Mittelstandes – Zivilbeamte, Ärzte, Geschäftsleute und Rechtsanwälte.

Die ‚Weiße Revolution des Shāhs und des Volkes‘, wie sie der Shāh gern nennt, befähigte während der vergangenen zehn Jahre Iran zu Fortschritten in einem nie dagewesenen Maße. Die sozialökonomische Entwicklung wurde zum Hauptziel der Regierung, und die Arbeit der drei Armeen, die der Shāh einsetzte, nämlich die ‚Armee des Wissens‘ (1963), die ‚der Gesundheit‘ (1964) und die ‚für Wiederaufbau und Entwicklung‘ (1964), hatte eine ungeheure gesellschaftliche und wirtschaftliche Tragweite. Alle drei Armeen setzten sich hauptsächlich aus Wehrpflichtigen zusammen, die nach ihrer militärischen Grundausbildung den Rest ihrer Dienstzeit in ländlichen Gegenden verbringen.

Im vergangenen Jahrzehnt vermochte Iran auch dank politischer Stabilität und wirtschaftlicher Stärke eine aktive Rolle in auswärtigen Angelegenheiten zu spielen. Die formelle Beendigung der US-Wirtschaftshilfe an Iran 1967 bezeichnete den letzten Abschnitt von Irans langer Reise auf dem Weg zu wirklicher Selbstbestimmung. Durch die Entspannungspolitik der UdSSR konnte Iran eine Anzahl wichtiger Gemeinschaftsprojekte aushandeln: Irans erstes lang erwartetes Stahlwerk, gebaut von sowjetischen Ingenieuren, nahm 1973 bei Isfahan seine Produktion auf; und die NIOC beliefert die Sowjetunion vertraglich mit großen Mengen von Erdgas. Andere Länder, insbesondere Deutschland und Japan, haben Verträge, zusätzliche petrochemische Betriebe im Süden zu errichten. Öl bleibt Irans erste Einkunftsquelle, aber der Shāh, wohl wissend, daß Öl nur eine begrenzte Quelle darstellt (einige Schätzungen berechnen, daß Irans Vorräte für nicht mehr als weitere 35 Jahre ausreichen), drängt auf die Ausnutzung der Kernkraft als Alternative bei der Energieversorgung. Unter diesen Umständen ist es nicht verwunderlich, wenn der Iran den höchstmöglichen Marktpreis für sein Öl zu erhalten sucht. Da seine Beziehungen mit dem Irak alles andere als freundschaftlich sind, verlegte er seinen Hauptausfuhrhafen für Ölerzeugnisse von der Abadan-Insel, die vom Irak nur einen Steinwurf weit durch den schmalen Shatt al-‘Arab getrennt ist, nach Bandar Māhshahr, 160 Kilometer weiter im Südosten.

Das Tempo der Modernisierung brachte unvermeidlich Anstrengungen und Härten mit sich, und die sozialen Verhaltensweisen blieben oft hinter der technologischen Entwicklung zurück. So stellt sich dem Shāh das Problem, das moralische Ansehen der Krone zu erhalten und gleichzeitig das Volk im politischen Bereich stärker zu beteiligen. Die Vergangenheit Irans läßt hoffen, daß früher oder später eine Lösung gefunden werden wird.

Der Schiismus war als Nationalreligion einer der Hauptfaktoren bei der Erhaltung der persischen Identität nach der arabischen Eroberung. Vom orthodoxen Islam aus gesehen ist der Schiismus so etwas wie eine Irrlehre (er leitet seine Autorität von Muhammads Schwiegersohn ‘Alī her, und sein wichtigster Zug ist die Lehre von den zwölf Imamen – alleinige Quellen der Wahrheit, Fürsprecher bei Allah, Erretter der Menschheit). Aber die Absonderung seiner Anhänger vom Kalifat war etwas spezifisch Iranisches. Als unter den Safawiden Iran seine Freiheit zurückgewann, wurde naturgemäß der Schiismus die offizielle Religion des neuen Staates.

Die Identität Persiens mit dem Schiismus wird im berühmtesten aller persischen Bücher allegorisch dargestellt, in einem Manuskript von Firdausī, *Shāh-nāma* (‚Eines Königs Königsbuch‘), das für Shāh Tahmāsp (gest. 948/1576) hergestellt wurde. Alle Religionen der Welt (der Dichter zählt siebzig auf) segeln auf dem See der Ewigkeit, aber nur die schiitische erreicht sicher das Ufer. Sie trägt Muhammad, ‘Alī und ‘Alīs Söhne Hasan und Husayn. Alle haben flammenartige Nimbusse, sind aber verschleiert, weil der Muslim figürliche Kunst ablehnt – ein Verbot, das Iran nur teilweise befolgte. Der um einen Stock *(kulāh)* drapierte Turban, den sie tragen, ist eine safawidische Kopfbedeckung, besonders aus der Zeit Shāh Tahmāsps. (1)

برآ گینه موج ارتند باد | حکیم این جهان جوہر آنها | پنتائندہ خاک پای وصی | منم بندہ اہل بیت نبی

پارہ بستہ همچو جشم خروس | کشی چین کشتی بیان عروس | ہمہ بادبان بہ او افراخته | جو نقاش و کشتی بروساختہ

محمد درو و اندرون باشد نبی و ولی | همان اہل بیت نبی و علی

خردمند کز دور دریا بدید | کرانہ ندید او بن نابدید

بدل کفت اگر بابی و سے | شوم غرقہ دارم ویا ر و فی

خداوندجوی می و انکبن | همان جشمہ شیر و ماہ معین

کرت زین بآباد کناہست | جینن است و بن رزمنہ شت

بداشت کو موج خواہد زدن | کس از غرقہ بیرون نخواہد شدن

خداوند تاج و لوا او سپرد | یمانکہ باشد مرا پشتیگیر

بہ زور نبی و وسے کبر جائی | اگر جشم داری یکی کبر سرائی

‚**Ich, Darius,** der große König, der König der Könige, König von Persien . . .' lautet die Inschrift unter dem Denkmal des Darius in Bisutūn. Man sieht ihn hier vor besiegten Rebellen; sein Gott Ahūramazda wacht über ihm. Der Sāsānide **Ardashīr II.** (links) greift 600 Jahre nach Darius die achämenidische Tradition auf und läßt sich mit Ahūramazda und dem Sonnengott Mithras darstellen. **Khusrau I.** (unten) ist hier als thronender König auf der sog. Schale des Salomon abgebildet. (2–4)

Spätere Herrscher versuchten ihre Macht dadurch zu steigern, daß sie behaupteten, in der kontinuierlichen Nachfolge der achämenidischen Dynastie des Darius und Xerxes zu stehen. Auf die Achämeniden folgten die Seleukiden, Parther und Sāsāniden. 16/637 fiel Ktesiphon, und Iran geriet damit für 600 Jahre unter arabische Fremdherrschaft. Aber nach der mongolischen Invasion, dem Ende des Kalifats und dem Zerfall des tīmūridischen Reiches war es wieder frei. Die Safawiden fühlten sich mit dem letzten Sāsāniden verbunden, und seitdem besteht die Monarchie trotz dynastischer Veränderungen fort. Zusammen mit dem schiitischen Glauben garantiert sie die Einheit Irans in seiner langen Geschichte. So bestätigte es noch kürzlich die 2500-Jahrfeier des Reiches.

Die Krone dieser Bronzefigur eines spätsāsānidischen Königs ist mit großen Hörnern geschmückt. Sie gehören zu den Symbolen des Königtums. Gleiche Attribute finden wir auch auf Münzen und Reliefs. (5)

So alt wie das Königtum ist das Bewässerungssystem Irans, ein Netzwerk aus unterirdischen Kanälen, genannt *qanāts*. In der Wüste würde offenliegendes Wasser verdunsten, so wurden Tunnel vom Fuß der Hügel zu den Dörfern gegraben, ein gefährliches Unterfangen. Ihre Unterhaltung war zudem kostspielig. An der Erdoberfläche sieht man, wie hier bei Isfahan, lediglich kraterähnliche Vertiefungen, die zu Schächten von oft 60 Meter Tiefe führen. (6)

Der Märtyrer des Schiismus war Husayn, der jüngere Sohn ʿAlīs. Nach der Legende heiratete er die Tochter des letzten Sāsānidenkönigs und wurde von den Truppen des Umayyadenkalifen Yazīd in Karbalā getötet. Die verkachelte Wanddekoration einer Schule in Shīrāz aus dem XII./18. Jh. (oben) erzählt auf einfache, volkstümliche Weise die Geschichte seines Lebens. Rechts unten trägt Husayn seinen zu Tode gemarterten Sohn ʿAlī Asghar; auf dem Schlachtfeld (oben) hält er seinen sterbenden ältesten Sohn ʿAlī Akbar und (darunter) den sterbenden ʿAbbās. Die beiden folgenden Szenen links zeigen Husayn im Kampf, bei dem er schwer verwundet wurde. Im oberen Teil der Wand das Jüngste Gericht: Eine Frau bringt die abgetrennten Arme und Köpfe der Märtyrer von Karbalā vor den thronenden Muhammad, der von ʿAlī und den 12 Imamen begleitet wird. Links von ihnen die Hölle. Rechts: Der Holzschnitt des XIII./ 19. Jh. zeigt ʿAlī, wie er Mahrab, den Anführer der Juden, tötet. (8, 9)

Die Namen der zwölf Imame finden sich in der Keramikdekoration schiitischer Gebetsnischen. Hier eine aus der Maidan-Moschee in Kāshān, 623/1226 (links). (7)

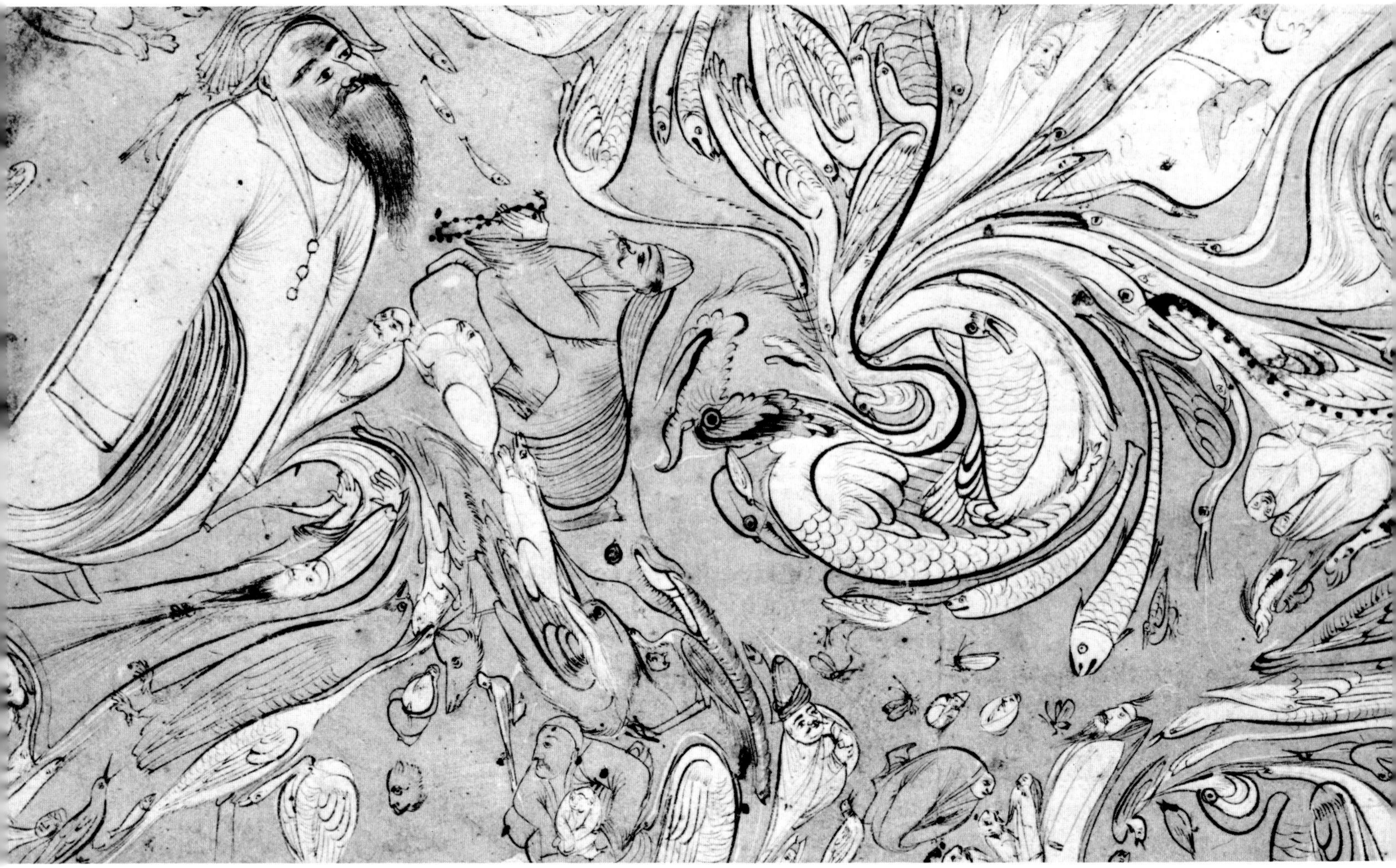

Der Schiismus neigte naturgemäß zur Mystik, wobei
Persien die bedeutendsten mystischen Schriftsteller hervorgebracht hat. Dichter und Künstler versuchten, Formen für das an sich nicht ausdrückbare Gedankengut zu
finden. Diese Phantasiezeichnung (oben) ist vielleicht
iranisch, X./16. oder frühes XI./17. Jh., eine von freien
Rhythmen getragene Vision lebender Wesen in eksta-
tischer Vereinigung; Derwische, der Sīmurgh (siehe Kap.
IV), Vögel, Fische, andere Tiere – alle treiben in einem
kosmischen Tanz dahin. (10)

Der Rausch ist in der mystischen Poesie die verbreitetste Metapher für Ekstase, und tatsächlich wurden Alko-
hol und andere Drogen als Mittel benutzt, um sich in
den Zustand der Erleuchtung zu versetzen. Rechts: Albumblatt aus Isfahan mit einem Sūfī, um 1060/1650.
(11)

Die persische Wissenschaft diente hauptsächlich der Lösung praktischer Probleme, wandte sich aber im Laufe der Zeit der reinen Mathematik zu (die Worte ‚Logarithmus‘ und ‚Algebra‘ gehen auf die persisch sprechenden al-Khwārizmī zurück). Eine gravierte Metallscheibe, vielleicht Teil eines astronomischen Gerätes und um 1009/1600 entstanden (rechts oben und unten), zeigt Handwerker und Wissenschaftler mit verschiedenen Instrumenten. Oben: Architekten mit Zeichendreieck, Spitzhacke und Kompaß. Unten: Ein Mann mit einem Astrolab und sein Assistent, der in einem Buch Tabellen vergleicht. (12, 13)

Die Dichtung begann wieder nach langem Schweigen um das Jahr 1000, und die Sprache, in der sie geschrieben wurde, war weder das alte Pahlavī noch Arabisch, sondern eine Kombination aus beiden: Persisch. Persisch wurde nicht nur die Sprache Irans, sondern auch Moghul-Indiens, und sie brachte einige der bedeutendsten Werke der Weltliteratur hervor.

Das Shāh-nāma wurde von Firdausī im V./11. Jh. geschaffen und später häufig illustriert (siehe S. 257). Diese Miniatur (oben) entstand in Tabrīz etwa 741/1340; der sterbende Rustam tötet seinen Halbbruder durch einen Pfeilschuß, sein Pferd verendet durchbohrt in einer Grube. Auch der Becher des frühen VII./13. Jh. (links) zeigt Szenen aus diesem Gedicht, nämlich die Geschichte des Bizhan, der sich in Marizha verliebt. Ihr Vater sperrt ihn in eine Höhle ein; aber Rustam befreit ihn daraus. (14, 15)

,Die Schatzkammer der Geheimnisse', von Nizāmī um 571/1175 geschrieben, ist eine Sammlung moralischer Sentenzen, illustriert durch Geschichten. Auf dieser Miniatur aus Buchara von 945/1538 liest der Dichter einem Prinzen aus seinem Werk vor. Zu solchen literarischen Versammlungen gehörten in Persien der Garten ebenso wie Wein, Früchte zur Erfrischung und Musik. (16)

Shāh Ismāʿīl I. (oben links), der Begründer der Safawidendynastie und Iraner von Geburt, kam mit Unterstützung der Turkmenenstämme zur Macht. 907/1501 bemächtigte er sich Azerbeidschans und in den nächsten zehn Jahren ganz Irans. **Shāh Tahmāsp I.** (oben rechts) folgte ihm 930/1524 auf den Thron. Als frommer Mus

lim – man sieht ihn hier bei Meditationsübungen – verbot er in Iran das Wirken fremder Kaufleute und Missionare. **Shāh ʿAbbās I.** (unten) kehrte diese Politik um; er brachte den safawidischen Staat zu höchster Machtentfaltung. Hier der Shāh beim Empfang einer türkischen Gesandtschaft 1018/1609. (17, 19)

Shāh ʿAbbās II. (oben rechts), der von 1052/1642 bis 1077/1666 regierte, verstärkte den durch Shāh ʿAbbās I. geknüpften Kontakt mit dem Westen. Europäische Berichte schildern den Glanz seines Hofes. Oben links: eine Hofdame, gemalt von einem fremden, vielleicht in der Türkei geschulten Künstler. Der Prinz in Beglei-

tung eines Europäers und eines Moghuln (unten) ist vielleicht **Sulaymān I.,** der Nachfolger von ʿAbbās II. Mit ihm begann der langsame Machtverfall der safawidischen Dynastie; vom frühen XII./18. Jh. bis zu ihrem Ende 1200/1786 spielten die Herrscher nur noch die Rolle von Marionetten. (20–22)

Der Höhepunkt persischer Kultur liegt in frühsafawidischer Zeit. Vor allem in Isfahan gelang 'Abbās I. eine Synthese aller Künste. Wandmalerei (oben) und Textilien (rechts) waren von höchster Virtuosität und Eleganz. Die gezeigten Szenen vergegenwärtigen uns das verfeinerte Leben des safawidischen Hofes, das den Freuden dieser Welt gewidmet war, aber – wie wir sahen – ein mystisches Bewußtsein von einer andern Welt nicht ausschloß. (23, 24)

Prächtige Kachelverkleidungen versuchen die Grundstruktur der Architekturen nachzuvollziehen. Der Ausschnitt (oben) stammt aus Ardabīl, dem frühen Zentrum der Safawiyya, von dem die Safawiden ausgingen. Rechts: Kuppel der Masjid-i Shaykh Lutf Allāh in Isfahan, gebaut von Shāh 'Abbās. (25, 26)

چنین ترکتا رسی بعطا لکہ | یا د ز اسکندفلقوس | کنون کر سکند صفا را بدی | ز روسی غلا مان دارا

حکہ حضرت صاحق ان گوتو | ستان با اسبند زروسی | وچند نفر زاحبرو عالم نیا بو

Die Safawiden verloren ihre Macht als 1149/1736 der Militärführer Nādir Shāh wurde. Er stellte die alten Grenzen des Reiches wieder her und fiel sogar in Indien ein. Nach seiner Ermordung regierte kurz eine andere Dynastie, die Zands, die 1193/1779 Āghā Muhammad, ein Qājār, ablöste. Dieses Geschlecht festigte seine Herrschaft unter Fat'h 'Alī Shāh (unten). Während seiner langen Regierungszeit (1212–50/1797 bis 1834) nahm der europäische Einfluß auf persische Angelegenheiten immer mehr zu, und Persien wurde zum Pfand im Spiel zwischen Frankreich, England, Rußland und der Türkei. Dennoch regierten die Qājāren bis 1924, als Ridā (Rizā) Khān, der Vater des heutigen Shāh, sie vertrieb. (28)

شبا نگاه جون پشکرا یی | و و داد از لفگرہ جنگ سپہ | شہنشا ایران جوعدونشیر | به بگا سیران دراد لیر

Der Konflikt mit Rußland entstand wegen Georgien; während der Regierungszeit von Fat'h 'Alī Shāh wurden die Perser zweimal, 1812 und 1828, vernichtend geschlagen. Optimistische Träume wie diese Schlachtszene, in der der Shāh Russen tötet und gefangennimmt, konnten nicht verwirklicht werden. (27)

Qājārische Kunst kann sich nicht mit der überkultivierten safawidischen messen, besitzt aber einen naiven Charme. Außerdem schildert sie realistisch das persische Leben des XIII./19. Jh. Oben: Eine Familie nimmt auf einer Terrasse Erfrischungen zu sich. Unten links: Szene aus der Geschichte von *Kalīla und Dimna*. Ein Gärtner hat eine Nachtigall, die seine Rosen beschädigte, in einen Käfig gesperrt.

Rechts unten: Auf der Kachel ist ein Mann im Garten abgebildet. (29–31)

Umseitig: **Ein Qājārenkönig,** vielleicht Fat'h 'Alī Shāh, empfängt Delegierte aus Europa. Luxuriöser Bucheinband mit Lackmalerei auf dem Deckel. (32)

XI

DAS OSMANISCHE REICH

Norman Itzkowitz

Die glasierte Keramikware aus Iznik machte die osmanische Kunst in aller Welt berühmt. Dieser Teller mit stilisierten Blumen und Blättern stammt aus dem späten X./16. Jh. (1)

Das Jahr 1453, in dem Konstantinopel fiel, bedeutete einen Bruch in der Weltgeschichte. Dieses folgenschwere Ereignis wird als die Wende vom Mittelalter zur Neuzeit angesehen. Jedes Schulkind wußte, daß Konstantinopel erobert worden war, aber nur wenige wußten, von wem.

Im Westen hat man die türkische Geschichte lange Zeit nicht beachtet. Erst in letzter Zeit haben Historiker einen Teil der türkischen Vergangenheit der Vergessenheit entrissen, der sie im Westen anheimgefallen war. Dieses Kapitel gibt einen Überblick über die osmanisch-türkische Geschichte von ihren Anfängen in Anatolien – unter Einschluß der Seldschüken – bis zum Ende des XII./18. Jahrhunderts, in dem sich das Schicksal des Osmanischen Reiches mit dem der europäischen Expansion verbindet. Wir führen nur die wichtigsten Daten auf und konzentrieren uns auf Institutionen und Gedankenwelt der Osmanen. Im Mittelpunkt steht die Frage, wie die Osmanen ihr Reich ordneten, neu eroberte Gebiete und Völker eingliederten und mit Größe und Niedergang fertig wurden. Vieles kann man über den Verfall des Reiches lesen, nur wenig über die Epoche seiner Blüte. B. H. Sumner begann sein Buch *Peter the Great and the Ottoman Empire* wie folgt: ‚Während des halben Jahrhunderts, in dem Peter der Große lebte (1672 bis 1725), wurde Rußland mächtig, triumphierte Österreich und erlebte die Türkei ihren Niedergang – aber von welchen Höhen!'

Der Aufstieg der Seldschüken

Wie der Staat der Osmanen eine solche Blüte erreichen konnte, ist eine faszinierende und verwickelte Geschichte, deren Anfänge bis zur ersten schriftlichen Erwähnung der Türken in chinesischen Urkunden des 6. Jahrhunderts zurückgehen. Die frühesten bekannten türkischen Urkunden sind die Orkhon-Inschriften aus dem II./8. Jahrhundert. Sie wurden 1889 im Orkhon-Tal in der Nordmongolei gefunden, 1893 entziffert und stammen aus den Jahren 732 und 735, einer Zeit, in der die Türken noch Heiden waren. Erst im IV./10. Jahrhundert wurden die Türken in Zentralasien in großer Zahl islamisiert. Die Islamisierung geschah größtenteils durch die missionarischen Bemühungen der Sāmāniden, deren muslimischer Staat zu beiden Seiten des Oxus lag. Am Ende

des IV./10. Jahrhunderts beendete eine Gruppe der Türken die Vorherrschaft der Sāmāniden. Später wurden diese Sieger von einer mächtigen Gruppe türkischer Nomaden bezwungen, die von den Nachfahren eines Häuptlings mit Namen Seldschük geführt wurden. Nach einem wichtigen Sieg im Jahre 432/1040 teilten die Seldschüken die Kriegsbeute. Seldschüks Enkel Tughril wurde zum Führer des seldschükischen Vorstoßes in das islamische Kernland. Sowohl die straffe Führung, militärische Tapferkeit, ungezügelte Tatkraft und Eifer, als auch eine immer schlechter werdende politische und ökonomische Lage in den islamischen Ländern befähigten die Seldschüken, sich schnell zu den Herren des iranischen Hochlandes zu machen. 435/1043 nahmen sie Isfahan ein, von dort drangen sie weiter in die östlichen Gebiete des Fruchtbaren Halbmonds vor, und 449/1055 eroberte Tughril die Kalifenresidenz Bagdad.

Nachdem sich die Seldschüken in der religiösen und administrativen Hauptstadt der islamischen Welt niedergelassen hatten, stützten sie das Kalifat. Unter dem Titel Sultan übten sie Macht und Autorität in ihrem eigenen Interesse aus. Auf ihrem Weg von den Steppen Zentralasiens zu den städtischen Zentren der islamischen Zivilisation – vom Heidentum zum Islam – nahmen die Seldschüken den sunnitischen Islam an. Als sie nun große Teile des Kalifenreiches kontrollierten und dort Verantwortung trugen, gerieten die Seldschüken selbst unter den Einfluß der hohen islamischen Traditionen in Regierung, Politik und Kultur.

Zwei Elemente dieser ererbten hohen islamischen Tradition waren für die Seldschüken von großer Bedeutung. Das eine war der weitergehende Kampf gegen die Schiiten, die unter den Fātimiden Ägypten und Teile Syriens beherrschten. Das andere war die Unterstützung der militärischen, religiösen und Verwaltungsaristokratie durch Lehen (*iqtā'*), die für Dienstleistungen vergeben wurden. Die erfolgreiche Planung einer Offensive gegen die Fātimiden erforderte Ruhe im Innern des Landes. Das seldschükische Militär bestand sowohl aus einem

Diese farbige Fliese mit einem Fabelvogel stammt aus einem Palast in der Nähe von Konya – ein Fragment der hohen seldschūkischen Kultur, die in Anatolien im V./11. und VI./12. Jh. vor dem Aufstieg der Osmanen blühte. (2)

Söldnerheer als auch aus einer nomadischen Kampftruppe wilder Turkmenen. In dem Maße, wie die seldschūkische Führung politische und kulturelle Erfahrung gewann und ihre Interessen mit denen der Oberschicht der von ihr eroberten Städte übereinstimmten, wuchs die Notwendigkeit, die räuberischen Turkmenen von den besiedelten Gebieten fernzuhalten. Die Turkmenen wurden ermutigt, ihr Verlangen nach Plünderung an den im Norden gelegenen christlichen Königreichen in Georgien und Armenien zu stillen. Dort schlossen sie sich anderen muslimischen Glaubenskämpfern *(ghāzīs)* im Heiligen Kampf *(ghāzā)* an.

Tughril verfolgte weiter seinen Plan, die fātimidischen Länder unter seine Kontrolle zu bringen und sie für die Orthodoxie wiederzugewinnen. In seinen letzten Herrschaftsjahren gab es jedoch mehrere interne Streitigkeiten, als verschiedene Mitglieder der herrschenden Seldschūkenfamilie versuchten, eine eigene politische Macht aufzubauen. 455/1063 starb Tughril. Sein Neffe Alp Arslan wurde sein Nachfolger.

Unter Alp Arslan und seinem Wesir Nizām al-Mulk erreichten die Seldschūken den Gipfel ihrer Macht. Es war eine Epoche kultureller und administrativer Blüte und militärischen Erfolges. Alp Arslan führte an zwei Fronten Krieg: Im Süden setzte er die Konfrontation mit den Fātimiden fort, im Norden kämpfte er gegen die Armenier. 456/1064 eroberten seine Truppen die armenische Hauptstadt Anī. Seinem Beispiel folgend fielen die Turkmenen tief in byzantinisches Gebiet ein, in dem sie reiche Beute zu finden hofften.

Zu den eigenen inneren Schwierigkeiten in Byzanz kam noch die Bedrohung durch die Turkmenen. Fünfzig Jahre Streit zwischen Verwaltung und Armee hatten Byzanz geschwächt. Die Verteidigung Ostanatoliens war besonders betroffen. Aber da Alp Arslan zu diesem Zeitpunkt eine ruhige Nordflanke brauchte – denn er wollte

gegen die Fātimiden ziehen – trafen die Byzantiner und Seldschūken 463/1070 ein Übereinkommen, das es letzteren ermöglichte, ihre Aufmerksamkeit dem Süden zuzuwenden.

Diese Ruhe an der byzantinisch-islamischen Grenze wurde im folgenden Jahr beendet, als der byzantinische Kaiser Romanus Diogenes eine große Armee sammelte und ostwärts durch Anatolien zog. Die beiden Heere trafen im August 464/1071 bei Manzikert nahe dem Van-See aufeinander. Zuerst war das Kriegsglück auf seiten des Kaisers. Aber dann wandte es sich – einige Quellen sagen auf Grund von Verrat – zugunsten des seldschūkischen Sultans. Romanus wurde gefangengenommen, seine Armee floh. Anatolien war nun offen für eine dauernde türkische Besiedlung.

Die fünfzig Jahre nach Manzikert waren durch Verwirrung gekennzeichnet. Christen bekämpften Christen, Muslime bekämpften Muslime, Christen und Muslime kämpften jeweils auf der anderen Seite, und natürlich kämpften auch weiterhin Muslime gegen Christen und umgekehrt. Aus dem Durcheinander der Ereignisse ergibt sich zweierlei. Erstens: Byzanz verlor trotz einiger Gegenangriffsversuche ständig an Boden. Zweitens: Die Söhne des Sulaymān ibn Qutalmish, Nachfahren des Seldschūkenhauses, das im Osten regierte, und Repräsentanten der seldschūkischen Macht in Anatolien, gewannen nach und nach die Oberhand über die anderen Gruppen der *ghāzīs*, die den Islam in Anatolien einführen wollten.

Die Rūm-Seldschūken
Ursprünglich betrachteten die Seldschūken von Anatolien, bekannt als Rūm-Seldschūken (Rūm war der islamische Name für das römische bzw. byzantinische Reich), ihr Erbe in Anatolien als Basis für militärische Vorstöße gegen ihre Verwandten in Bagdad. Ihr Hauptziel war zunächst die Herrschaft über das islamische Kernland. Sulaymān ibn Qutalmısh war auf einem solchen Zug nahe Aleppo 479/1086 gestorben. Gegen Ende des V./11. Jahrhunderts rückte jedoch Anatolien selbst in den Brennpunkt ihrer Aufmerksamkeit und Energie.

Beides benötigte man im Strudel der anatolischen Politik. Der größte Rivale der Seldschūken war das *ghāzī*-Fürstentum der Dānishmendiden. Die Dānishmendiden lebten schon lange im Grenzgebiet zu Byzanz. Sie verkörperten daher den freieren Geist der Grenzlandbewohner. Ihre Kultur setzte sich aus charismatischer Führerschaft, Stammeswesen und heterodoxen religiösen Einflüssen, die stark mit Mystik erfüllt waren, zusammen. Die Seldschūken dagegen vertraten Staatskontrolle, Staatsaufbau gemäß den islamischen Prinzipien der Regierung und Besteuerung, sowie die religiöse Orthodoxie.

Hinsichtlich der Grundlagen des Staates und der Gesellschaft lagen Welten zwischen den Seldschūken und den Dānishmendiden. Darum wetteiferten beide miteinander um die Oberherrschaft. 537/1142 erlitten die Dānishmendiden durch den Tod ihres Führers einen schweren Schlag. Sie spalteten sich in drei feindliche Familiengruppen auf. Dagegen erlebten die Seldschūken in dieser Zeit die lange und stabile Herrschaft des Qılıch Arslan II. (550–88/1155–92). Dieser verfolgte eine Politik des Friedens mit Byzanz und suchte so seine Position in

Anatolien gegen seine muslimischen Rivalen zu sichern. Als 570/1174 der letzte fähige Dānishmendidenführer starb, konnten die Seldschūken den größten Teil des Dānishmendidengebietes aufsaugen.

Zwei Jahre später, 572/1176, beschloß der byzantinische Kaiser Manuel, den seldschūkischen Staat, der nun eine starke Bedrohung darstellte, zu vernichten. Aber ein Jahrhundert nach Manzikert erlitten die Byzantiner in der Schlacht von Myriokephalon erneut eine schwere Niederlage. Jede Hoffnung auf eine Rückeroberung Kleinasiens mußte aufgegeben werden. Bei Manzikert, mehrere hundert Kilometer weiter östlich, hatten sich die Türken den Weg nach Anatolien geöffnet. Die erneute Niederlage zeigte, daß das kranke Reich außerstande war, Türkisierung und Islamisierung abzuwenden.

Allein der vierte Kreuzzug konnte diesen Vorgang für kurze Zeit unterbrechen. Unter Mißachtung ihrer religiösen Ziele besetzten die Kreuzfahrer 1204 Konstantinopel. Die Byzantiner wurden nach Anatolien abgedrängt. Dort bildeten sie zwei starke Zentren, das eine unter dem Kaiser Theodor Laskaris in Iznik, das andere unter Alexis Komnenus in Trabzon (Trapezunt).

Nach dem Rückzug des Kaisers nach Iznik verlief nun die Grenze mit den Seldschūken in einem Bogen, der sich, westlich von Sinop am Schwarzen Meer beginnend, über das muslimische Kastamonu bis nach Fethiye (gegenüber Rhodos) erstreckte. Die Grenze war verhältnismäßig ruhig. Die Seldschūken wandten sich nach Norden und nach Süden und eroberten die wichtigen Seehäfen Sinop, Antalya und Alanya. Auf byzantinischem Gebiet kam es zu einer gewissen wirtschaftlichen Blüte. Die Seldschūken ihrerseits fuhren fort, ihren Staat nach orthodoxen islamischen Grundlagen auszubauen, unter anderem errichteten sie Palastschulen, in denen Sklaven *(ghulām)* für den Staatsdienst ausgebildet wurden.

Zwei Ereignisse von großer Tragweite erschütterten die Stabilität dieser Grenze. Das erste war das überraschende Erscheinen der Mongolen im Nahen Osten. Samarkand und Buchara fielen ihnen 617–18/1220–21 in die Hände. Es kam zu großen Völkerverschiebungen, weil Muslime und Nichtmuslime, Nomaden und Seßhafte den Eindringlingen zu entkommen versuchten. Nach Dschingis Khāns Tod (625/1227) teilten sich seine Söhne und Nachfolger die Gebiete auf, die noch erobert werden sollten. Batu eroberte Rußland, und unter Bayju drangen die Mongolen in Anatolien ein und vernichteten 641/1243 am Köse Dagh beim Van-See das seldschūkische Heer. Über Nacht hatte sich die politische Lage in Kleinasien geändert, denn die Seldschūken waren nun Vasallen der Mongolen. Der Niedergang der seldschūkischen Macht hatte zur Folge, daß die turkmenischen Grenzkämpfer, die vorher von den Seldschūken in Schach gehalten worden waren, ungehindert ihre Aktivitäten entfalten konnten.

Noch nicht einmal zwanzig Jahre nach Köse Dagh trat das zweite schicksalhafte Ereignis ein. 1261 kehrte der byzantinische Kaiser von Iznik nach Konstantinopel zurück. Die Schwäche des seldschūkischen Staates und die nun ungezügelten Turkmenen deuteten auf den Untergang byzantinischer Macht in Anatolien. An den Grenzen wurde wieder Krieg geführt. Die Turkmenen erkannten zwar nominell die seldschūkisch-mongolische Oberhoheit an, waren aber tatsächlich unabhängig. Sie

Bronzemünze des Seldschūkenfürsten Ruhn ad-Dīn Sulaymān II., der von 592/1196 bis 600/1204 regierte. (3)

bildeten *ghāzī*-Fürstentümer, die untereinander um die Vorherrschaft in Anatolien auf Kosten von Byzanz und der Seldschūken stritten. Die wichtigste dieser Gruppen waren die Karamaniden. Sie vertrieben 675/1276 die Seldschūken aus ihrer Hauptstadt Konya und beanspruchten das seldschūkische Erbe für sich. Zu erwähnen sind ferner die Germiyan-Emire von Kütahya sowie die Aydın- und Sarukhan-Emirate im Westen und das Emirat von Menteshe an der Südwestküste.

Eine neue Macht: die Osmanen

Ein anderes Fürstentum, kleiner und schwächer als jene, jedoch der byzantinischen Grenze am nächsten gelegen, war das des Osman (türkische Form des arabischen ʿUthmān). Auf Grund seiner unmittelbaren Nachbarschaft zu dem christlichen Gegner gab sich Osman als d e r *ghāzī* schlechthin aus. Als er im Sommer 701/1301 einem byzantinischen Heer bei Bapheon eine Niederlage beibringen konnte, verbreitete sich sein Ruhm. Viele *ghāzīs* scharten sich nun um ihn. Das Ziel aller *ghāzīs* war die Ausdehnung des islamischen Gebietes auf Kosten der christlichen Länder. Diesem Ziel widmeten sich Osman und seine Krieger, Männer, die seine Autorität anerkannten und unter seiner Führung die Angriffe gegen das zurückweichende Byzanz vortrugen. Nach Osmans Tod folgte ihm sein Sohn Orhan. 726/1326 wurde Bursa erobert und zur osmanischen Hauptstadt gemacht. 746/1345 erreichten die Osmanen die anatolische Küste. Nur die Meerenge der Dardanellen trennte sie noch von Europa.

Der Kaiser Johannes VI. Kantakuzenus benötigte die Hilfe der Osmanen, um an die Macht zu gelangen. Darum forderte er sie auf, die Meerenge zu überqueren. Die Osmanen sahen auf dem Balkan die Gelegenheit zu reicher Beute und weiterer Expansion. Kantakuzenus bedauerte bald seinen Schritt und versuchte, die Osmanen zur Aufgabe ihres Stützpunktes, den sie auf der Halbinsel Gallipoli errichtet hatten, zu bewegen. Aber diese weigerten sich und setzten statt dessen eine große Zahl von *ghāzīs* über. Die osmanische Eroberung des Balkans hatte begonnen.

In drei Stoßrichtungen rückten die Osmanen nach Norden vor. Führende *ghāzīs* befehligten die Flanken; das Zentrum, der traditionelle Ehrenplatz, war Orhans Sohn Sulaymān vorbehalten. 758/1357 fiel Sulaymān einem Unfall zum Opfer, sein Bruder Murād nahm seinen Platz ein und wurde 764/1362 Orhans Nachfolger. Keines dieser Ereignisse behinderte das Vordringen der Osmanen durch die Flußtäler und über die alte Römerstraße Via Egnatia. Eine Verteidigung gegen die vorrückenden Osmanen hätte politische Eintracht oder wenigstens ein Minimum an Zusammenarbeit erfordert. Beides gab es nicht.

Rivalitäten hatten das geeinte serbische Reich 1355, nach dem Tode seines Gründers Stephan Duschan, zerrissen. Die Osmanen bedrängten die unabhängigen Kleinfürsten des Balkans, die angesichts der Verwüstungen, deren die osmanischen Eroberer fähig waren, den Vasallenstatus vorzogen. Die Bedingungen, die ihnen auferlegt wurden, schlossen Tribut, Stellung von Soldaten und Auslieferung der eigenen Söhne als Geiseln ein.

So konnten die lokalen Herrscher zwar zunächst ihre Stellung wahren. Die Osmanen freilich sahen hierin nur den ersten Schritt zur Annektierung des Balkans. Hatte ein Gebiet einmal seinen Zweck als Ausgangspunkt für weitere Eroberungen erfüllt, wurden die Vasallendynastien vertrieben und ihre Länder dem Osmanenreich einverleibt. So eigneten sich die Osmanen das Tal der Maritza an – Sofia und Nisch fielen 787/1385 und 788/1386 –, von dort drangen sie in das Tal der Morava vor. Auf der rechten Flanke wurde das Tal der Tundzha genommen, auf der linken fiel 789/1387 Saloniki.

Der Balkan bedeutete Murād viel, doch versuchte er auch, die osmanische Vorherrschaft in Anatolien auszudehnen. Hierbei mußte er aus zwei Gründen vorsichtig zu Werke gehen. Die militärische Organisation hing nicht zuletzt von der Gegenwart des Sultans bei seinen Truppen ab, so daß die Osmanen es vermeiden mußten, gleichzeitig auf dem Balkan und in Anatolien in Kriege verwickelt zu werden. Ferner mußten die Osmanen vorsichtig handeln, um nicht durch einen Krieg gegen Glaubensbrüder islamische Gefühle zu verletzen. Die Staatsräson überwog schließlich die religiösen Skrupel. Murād I., der sich stark auf Truppen stützte, die seine christlichen Vasallen gestellt hatten, verbesserte die Position in Anatolien. Ankara wurde 764/1362 endgültig in Besitz genommen. 789/1387 besiegten die Osmanen vor Konya ihre hartnäckigsten Rivalen, die Karamaniden.

Nach diesem Sieg verbreitete sich die Kunde von einem Aufstand serbischer Vasallen gegen die osmanische Oberhoheit. Murād I. eilte auf den Balkan und schaltete zunächst den König von Bulgarien aus, der zu den Serben gehalten hatte. Am 15. Juni 791/1389 kam es in der Kossovo-Ebene zum Kampf mit den Serben, den die Osmanen unter großen Verlusten für sich entschieden. Murād I. wurde getötet. Sein Sohn Bāyazīd wurde sein Nachfolger.

Bāyazīd I. ist unter dem Beinamen ,der Blitzstrahl' bekannt. Die Kleinfürsten in Anatolien, die nach dem Tode Murāds I. abgefallen waren, sollten als erste Bāyazīds Zorn zu spüren bekommen. Bāyazīd besiegte sie und annektierte einen großen Teil ihres Landes. So entstand eine Gruppe von enteigneten, muslimischen Fürsten, die ihm arg grollten.

Den unabhängigen Herrschern des Balkans erging es nicht besser. Bāyazīd leitete die zweite Phase der osmanischen Eroberungen ein, indem er an die Stelle der Vasallen ein zentralisiertes Staatswesen setzte. Neu eroberte Gebiete wurden Ausgangspunkte der weiteren osmanischen Ausdehnung auf dem Balkan. Bāyazīd warf auch ein Auge auf Konstantinopel, das fehlende Bindeglied seiner beiden Reichsteile.

Bāyazīds Wagemut blieb nicht ohne Antwort. Ein Kreuzfahrerheer, welches die Elite des westeuropäischen Rittertums darstellte, zog die Donau hinab, um ihn zu stellen. Bāyazīds Aufmerksamkeit wurde dadurch von Konstantinopel abgelenkt. Aber am 25. September 799/1396 erhöhte er seinen Ruhm als *ghāzī*, indem er vor Nicopolis die Kreuzfahrer völlig vernichtete.

Von den Christen unbesiegt, wandte sich Bāyazīd nun erneut Anatolien zu. Im Jahre 800/1397 besiegte er zum zweitenmal die Karamaniden und nahm Konya ein. Ein Jahr später beseitigte er den letzten nennenswerten Widerstand in und um Sivas. Nachdem Bāyazīd 797/1394 vom Kalifen, der in Kairo unter dem Schutze der Mamlūken lebte, den Titel *Sultān ar-Rūm* erhalten hatte, stellte er seinen Anspruch auf das Erbe der Seldschüken erneut unter Beweis, indem er Konstantinopel angriff.

Die von Bāyazīd belagerte Stadt wurde aus dieser gefährlichen Situation befreit, als im Osten ein anderer großer Eroberer auftauchte. Tamerlan (Tīmūr-i Lang), ein wilder zentralasiatischer Krieger, der Anspruch auf das Erbe der Mongolen erhob, drang in Anatolien gegen Bāyazīd vor, den er als einen Emporkömmling betrachtete. 804/1402 wurde Bāyazīds Armee bei Ankara besiegt und er selbst gefangengenommen.

Die Niederlage bei Ankara war ein schwerer Rückschlag für die Entwicklung des osmanischen Reiches. Tamerlan errichtete unter seiner Oberherrschaft wieder die Fürstentümer, die Bāyazīd beseitigt hatte. Der osmanische Besitz wurde verringert und unter Bāyazīds Söhne aufgeteilt. Die Osmanen mußten sehr vorsichtig vorgehen, um die einzelnen Teile wieder zusammenzufügen. Sie wollten nicht den Verdacht und die Feindschaft der Fürstentümer, der Byzantiner oder Tamerlans und seiner Nachfolger erregen. Mehmed I. (türkische Form von Muhammad) und Murād II. vereinigten die osmanischen Besitzungen. Bei dieser schwierigen Aufgabe halfen ihnen die grundlegenden Veränderungen in der Verwaltung des Staates, die Bāyazīd in den vorangegangenen Jahren durchgeführt hatte.

Zuvor waren die Osmanen vom *ghāzī*-Ideal geleitet worden, das seine Erfüllung in Streifzügen und im Beutemachen suchte. Zwar pries Bāyazīd weiter die Tugenden des *ghāzī*-Kampfes; er verschaffte jedoch auch den Traditionen des klassischen Islam im osmanischen Reich Geltung, indem er sich auf Zentralisierung, Landvermessung, regelmäßige Besteuerung, Orthodoxie, Verwaltung, Gewährung von Einkünften für Militärdienste *(tīmār)* und die Palastschulen stützte, aus welchen gut ausgebildete, loyale Staatsdiener hervorgingen.

Das *tīmār*-System und das Sklaven- oder *ghulām*-System bildeten den Kern des Verwaltungssystems, welches in vielem von persischen Vorbildern abhing. Die Eingliederung eroberter Länder in den osmanischen Besitz begann mit einer Katasteraufnahme. Die Bevölkerungszahl, alle Einkünfte und Steuersätze wurden in

Listen erfaßt. Loyale Krieger des Sultans erhielten Anteile am Steueraufkommen für ihren Militärdienst, insbesondere als Mitglieder der Kavallerie in den Provinzen. Diese Männer erfüllten auch Verwaltungsaufgaben auf lokaler Ebene, wo sie die Autorität des Sultans repräsentierten. Durch alle diese Maßnahmen ermittelten die Sultane den Umfang ihrer Einkünfte und die Zahl berittener Soldaten, die jedes Gebiet stellen konnte. Ferner war die Regierung dadurch in der Lage, sich trotz einer Verknappung von Edelmetallen eine große berittene Streitmacht zu halten, die Europa in Schrecken versetzte.

Neben dem *tīmār*-System stützte sich die Regierung auf das *ghulām*-System. Sklaven, die man sich auf verschiedene Weise, einschließlich Gefangennahme im Krieg, verschaffte, wurden mit mannigfaltigen Aufgaben betraut. Unter Bāyazīd I. gab es etwa siebentausend Sklaven im besoldeten, stehenden Heer, vor allem im berühmten Janitscharencorps. Die besten wurden in der Palastschule für hohe Positionen in der Militärverwaltung ausgebildet.

Als Sklaven des Sultans waren sie ihrer Stellung und ihrer Privilegien sicher. Sie befürworteten daher die Rückkehr zu einem zentralisierten Sultanat unter einem einzigen Mitglied der Osmanendynastie. Sie unterstützten die Bemühungen Mehmeds I. und Murāds II., die Verhältnisse aus der Zeit vor 804/1402 wiederherzustellen.

Durch diplomatisches Geschick und Waffengewalt restaurierte Murād II. die osmanische Macht. Die Führer der Grenzmarken wurden befriedet, die *ghulāms* erhielten ihre Stellung zurück, und wenn den Herrschern, die Tamerlan wieder eingesetzt hatte, ihr Gebiet erneut abgenommen wurde, erhielten sie zum Ersatz ein reiches *tīmār* auf dem Balkan. Freilich zeigten sich schon bald neue Spannungen.

An erster Stelle stand die Rivalität zwischen den älteren muslimischen Familien, meist aus dem Stande der Ulema (Gelehrten) und den Sklaven der Pforte *(kapı kulları)*, das heißt der militärisch-administrativen Elite. Diese Spannung zeigt sich beispielhaft in dem Verhältnis des Großwesirs Chandarlı Khalīl Pasha, der aus einer vornehmen muslimischen Familie stammte, zu den Beratern um den jungen Mehmed II., den Nachfolger Murāds II. Chandarlı wollte den Drang nach neuen Eroberungen zügeln, der sofort nach Beendigung der Restauration wieder einsetzte. Er wollte weder die Feindschaft Europas noch die der Tīmūriden im Osten wecken. Was gewonnen war, sollte nicht der Gier und dem ungehemmten *ghāzī*-Eifer der *ghulāms* geopfert werden. Mehmeds II. Berater, die selbst Sklaven der Pforte waren, rieten zum Wagnis.

Mehmed der Eroberer

Zu dieser Zeit herrschte Mehmed II. bereits zum zweitenmal. Im Alter von zwölf Jahren hatte er 848/1444 zum erstenmal den Thron bestiegen, nachdem sich sein Vater zu einem Leben frommer Einkehr zurückgezogen hatte, weil er meinte, das Reich im Osten und Westen endgültig gesichert zu haben. Europa nutzte die Gelegenheit zum Angriff. Murād mußte seine Abgeschiedenheit verlassen und vertrieb am 10. November desselben Jahres bei Varna die Eindringlinge. 850/1446 inszenierte

Chandarlı Khalīl eine Janitscharenrevolte, stieß Mehmed vom Thron und setzte den alten Sultan an seine Stelle. Nach Murāds II. Tod im Jahre 856/1451 begann Mehmeds II. zweite Regentschaft, die weltberühmt werden sollte.

Der osmanische Brauch verlangte von einem Sultan, seine Herrschaft mit einer großen *ghāzī*-Eroberung zu beginnen. Mehmed kannte das Ziel – Konstantinopel. Wenn er seine Gefolgschaft ermahnte, die Belagerung der Kaiserstadt voranzutreiben, berief er sich darauf, daß der Heilige Krieg ihre erste Pflicht sei, wie es auch für ihre Väter gegolten hatte. Er erklärte, daß die Eroberung von Konstantinopel für die Zukunft des osmanischen Reiches von großer Bedeutung sei. Am 29. Mai 857/1453 fiel Konstantinopel. Von jenem folgenschweren Augenblick an kennt man Mehmed II. als Mehmed den Eroberer.

Nachdem Mehmed den anatolischen und den europäischen Teil seines Reiches vereint hatte, beseitigte er alle Anwärter auf die byzantinische Kaiserwürde, sei es in Trabzon oder auf dem Peloponnes. Ferner suchte er die osmanische Herrschaft mit dem Mittel des Heiligen Krieges über den ganzen Balkan auszudehnen. Zu diesem Zweck reorganisierte und erweiterte Mehmed II. das Janitscharencorps. Eine größere Janitscharentruppe gab ihm die Möglichkeit, die Heerführer an der Grenze und die muslimischen Familien in Schach zu halten. Bis hinauf zur Donau wurde der Balkan voll dem Reich eingegliedert. In Anatolien wurde das Gebiet der Karamaniden annektiert. So war ein einheitlicher Staat entstanden: das Osmanische Reich; eine vorherrschende Religion: der Islam; und ein Souverän: Mehmed der Eroberer.

Zu Mehmeds II. Regierungszeit erreichten einige schon vorher sichtbare Tendenzen ihren Höhepunkt. Darüber hinaus wurden neue Elemente erkennbar, die in den folgenden Jahrhunderten den Lauf der osmanischen Geschichte bestimmen sollten. Das *ghāzī*tum stand weiter im Mittelpunkt. Mehmed selbst führte während seiner Regierungszeit stets Krieg. Das Reichsgebiet wurde abwechselnd in Europa und in Anatolien ausgedehnt. Im Osten wachten die Osmanen eifersüchtig über mögliche Rivalen. Die Herausforderung ging damals von Uzun Hasan aus, dem Führer der Ak-Koyunlu-Turkmenen. Venedig, der Papst und die Ritter von Rhodos hatten mit ihm ein Bündnis geschlossen. Sie ermutigten Uzun Hasan, den Osmanen in den Rücken zu fallen. 878/1473 besiegte Mehmed II. an der Spitze einer Armee von mehreren hunderttausend Mann Uzun Hasan. Aber der Gedanke eines Zweifrontenangriffs gegen die Osmanen tauchte in den folgenden Jahren immer wieder auf.

Unter Mehmed II. nahm die Bedeutung der Sklaven in der Staatsverwaltung wieder zu, denn er wählte seine Großwesire aus ihren Reihen. Immer mehr wurde die Macht des Sultans in den Provinzen von den Sklaven ausgeübt. Die Gesetze, die sie erließen, waren weniger aus der *sharī'a* abgeleitet, sie entsprangen vielmehr der Machtvollkommenheit des Sultans. Die wachsende Zahl gesetzlicher Bestimmungen neben der *sharī'a* wurde als *kānūn* bezeichnet. Die vielfältigen Beziehungen zwischen diesen Verwaltungsbestimmungen und der *sharī'a* sollten unter den künftigen Herrschern noch häufig heftig diskutiert werden.

Unter Mehmed II. scheinbar einig, stark und offensiv, wäre das Reich bei seinem Tode im Jahre 886/1481 beinahe zerfallen. Mit seiner starken Persönlichkeit und seiner eisernen Entschlußkraft hatte Mehmed II. alle inneren und äußeren Widerstände gegen seine Politik niedergerungen. Vielen Interessen war durch seine Wirtschaftspolitik geschadet worden. So hatte er neue Münzen prägen lassen, nachdem er die alten zu fünf Sechsteln ihres Nennwertes aufgekauft hatte. Ferner hatte er Monopole verkauft, sich an den frommen Stiftungen (waqf) vergriffen, durch die zahlreiche Vermögen vor dem Zugriff des Sultans geschützt werden sollten, und Privatbesitz eingezogen. Viele der Geschädigten glaubten, durch den Bruderzwist gewinnen zu können, der nun zwischen Mehmeds Söhnen Jem und Bāyazīd ausbrach.

Jem befürwortete die Politik seines Vaters, Bāyazīd lehnte sie ab. Schließlich gewann Bāyazīd, und als Bāyazīd II. machte er die schlimmsten Übergriffe seines Vaters rückgängig. Da er Unterstützung benötigte, handelte er im Innern wie nach außen mit großer Umsicht. Viel Privatvermögen wurde den Eigentümern zurückgegeben, und die frommen Stiftungen wurden besser abgesichert. Freilich blieben die Rechte der Privateigentümer und der frommen Stiftungen weiterhin ein Zankapfel zwischen den Sultanen und ihren Untertanen. Wenn auch die Herrschaft Bāyazīds im Vergleich zu der seines Vaters friedlich war, so ist es doch ihm zuzuschreiben, daß das Osmanische Reich eine Seemacht wurde, die nach der Vorherrschaft im Mittelmeer strebte.

Mit der Thronbesteigung Selīms I., der 918/1512 seinen Vater zur Abdankung zwang, wurde die osmanische Politik wieder kriegerischer. Selīm I. wandte seine Aufmerksamkeit vor allem dem Osten zu. Durch den Aufstieg der Safawiden unter Shāh Ismāʿīl, der einen Sūfiorden in einen kriegerischen und expandierenden Staat umgewandelt hatte, war im Iran ein bedrohlicher Rivale entstanden. Die Schia erlebte einen neuen Aufschwung, und Shāh Ismāʿīl nutzte die Unzufriedenheit in Ostanatolien aus. Dort lehnten Turkmenenstämme die Osmanenherrschaft ab, insbesondere weil sie zur Zahlung von Steuern gezwungen waren. Die schiitische Propaganda war deshalb in Ostanatolien sehr erfolgreich. Ein weiteres Mal sahen sich die Osmanen an ihrer östlichen Flanke einer starken Macht gegenüber – doch Selīm schreckte nicht vor der Konfrontation zurück.

Ausgerüstet mit theologischen Gutachten (fetwās), die Shāh Ismāʿīl als einen Häretiker verdammten und seine Ermordung sanktionierten, zog Selīm 920/1514 mit einem großen Heer nach Iran. Am 23. August 920/1514 besiegten die Osmanen Shāh Ismāʿīls Armee bei Chāldirān nordwestlich des Van-Sees. Während der nächsten zweihundert Jahre schwächten sich die Osmanen und Safawiden gegenseitig in Kämpfen, die bisweilen zu grausamen Kriegen ausarteten, und die durch religiöse Meinungsverschiedenheiten und wirtschaftliche Rivalität, insbesondere im Seidenhandel, entfacht wurden.

Eine weitere Bedrohung entstand im Osten, als dort die Portugiesen Fuß fassen konnten, die seit ihrer Umschiffung Afrikas die muslimischen Handelswege und die wichtigen Pilgerstraßen gefährdeten. Die Mamlūken in Ägypten erwiesen sich als unfähig, die Verteidigung der Muslime gegen diese neue christliche Gefahr zu übernehmen. Zunächst unterstützten die Osmanen die Mam-

lūken, indem sie ihnen Schiffe, Waffen und Schießpulver sendeten. Doch die Mamlūken, die an den alten ritterlichen Tugenden hingen, fanden Feuerwaffen verabscheuenswert und hielten den Seekrieg für ein Greuel. Nach Chāldirān war es nur noch eine Frage der Zeit, bis die Osmanen gegen die Mamlūken zogen und an dieser neuen Grenze zum Christentum die Verantwortung übernahmen. 922/1516 besiegte Selīm die Mamlūken. So gelangten die Osmanen in den Besitz von Ägypten und wurden Herren der Heiligen Städte Mekka und Medina.

Im Jahre 926/1520 starb Selīm, und es folgte ihm sein Sohn Sulaymān. Während Selīm vor allem im Osten Krieg geführt hatte, lenkte sein Sohn Sulaymān die Aufmerksamkeit des Osmanischen Reiches wieder auf den traditionellen Heiligen Krieg gegen den christlichen Westen.

Getreu der osmanischen Tradition, die Herrschaft mit einer ghāzī-Eroberung zu beginnen, bemächtigte sich Sulaymān Ende August 927/1521 der Festung Belgrad. Dann wandte er sich gegen die Insel Rhodos, eine Beute, die selbst dem Zugriff seines Großvaters entgangen war. Rhodos fiel im Dezember 928/1522.

Von Afrika bis nach Ostindien erkannten die Muslime die Osmanen jetzt als Oberherren der islamischen Welt an. Der Besitz von Mekka und Medina legte den Osmanen eine große Verantwortung auf, der sie sich nicht entziehen konnten. Jede Vernachlässigung ihrer Pflichten im Osten hätte bedeuten können, daß die Heiligen Stätten den Christen oder den schiitischen Safawiden in die Hände fielen. Beides war undenkbar. Gebunden an ihr Zentrum Istanbul, das Mehmed der Eroberer in eine Hauptstadt umgewandelt hatte, die des mächtigen islamischen Monarchen würdig war, erkannten die Osmanen, daß weiterer Expansion natürliche Grenzen gesetzt waren. Nicht nur die Geographie und die Logistik, sondern auch die Institutionen des Staates zwangen zu dieser Einsicht.

Der Aufbau des Osmanischen Reiches

Sulaymāns Regierungszeit, das goldene Zeitalter des Reiches, ist eine günstige Gelegenheit, innezuhalten und sich über die osmanischen Institutionen klarzuwerden. Das Reich dehnte sich vom Dnjestr über den Balkan durch Anatolien in den Fruchtbaren Halbmond, über die Arabische Halbinsel und Nordafrika bis nach Algerien aus und besaß eine Bevölkerung von etwa 20 bis 30 Millionen Menschen. In dem riesigen Reich wurden viele Sprachen gesprochen, und die Einwohner bekannten sich zu drei Religionen. Dieser Mannigfaltigkeit gab das osmanische System der Regierung und der Sozialstruktur Zusammenhalt und Einheit.

Vorosmanische islamische Sozialtheoretiker hatten die Existenz von vier sozialen Klassen postuliert: die Männer des Schwertes, Männer der Feder, Männer des Handels (Kaufleute) und Männer des Ackerbaus. In der entstehenden osmanischen Gesellschaft gab es nur die Einteilung in reʿāyā (Untertanen) und ʿaskerī (Militär), das heißt in Regierte und Regierende. Die reʿāyā verkörperten das produktive Element in der Gesellschaft. Ursprünglich galt der Terminus reʿāyā sowohl für Muslime als auch für Nichtmuslime. Später wurde der Begriff reʿāyā jedoch in erster Linie für Nichtmuslime gebraucht.

Der militärische Erfolg und die gleichzeitige Ausdehnung des osmanischen Besitzes hatten eine Erweiterung der Militärklasse und ihrer Funktionen zur Folge. Diese Gruppe nahm zahlenmäßig zu und verkörperte immer mehr die Autorität des Sultans. Der Status, ein Mitglied der Militärklasse zu sein, brachte eine Anzahl von Privilegien mit sich. Steuerfreiheit war wohl das bedeutendste. Darüber hinaus genossen die ʿaskerīs auch die Bevorzugung durch die Gesetze. Die strikte Einhaltung dieser Teilung in ʿaskerīs und reʿāyās wurde vom Sultan erwartet. Sie war geradezu ein Kennzeichen der osmanischen Gesellschaft.

Die tīmār-Besitzer, die durch Privilegien geschützt waren, bildeten die größte Gruppe innerhalb der ʿaskerī-Klasse. Die osmanischen Katasterregister zeigen, daß diese Männer in der Entstehungsphase des Osmanischen Reiches meistens Muslime waren. Einige waren Sklaven, die den Militärführern und den Osmanenherrschern gehörten. Als die Osmanen ihre Herrschaft auf dem Balkan gefestigt hatten, gewährten sie die tīmārs auch den christlichen Fürsten, die der osmanischen Oberhoheit zustimmten. Im frühen X./16. Jahrhundert finden wir keine christlichen tīmār-Besitzer mehr. Entweder waren sie zum Islam übergetreten, oder sie verschwanden, weil die Osmanen, möglicherweise als Folge der christlichen Aufstände auf dem Balkan, ihre frühere Praxis aufgegeben hatten. Zur Zeit Sulaymāns waren die meisten, wenn nicht sogar alle tīmār-Besitzer Muslime. Sie zählten etwa vierzigtausend.

Tīmārs wurden nach der Erfassung der Ländereien durch die Verwaltung verteilt. Diese Erfassung wurde unmittelbar nach der Eroberung eines Gebietes durchgeführt und später, wenn erforderlich, wiederholt. Die Katasterlisten wurden im Falle eines stark verminderten Einkommens aus einer Region überarbeitet; das gleiche geschah, um neue Quellen der Einkünfte steuerlich zu erfassen, oder bei der Machtübernahme eines neuen Sultans, die gewöhnlich zahlreiche Änderungen zur Folge hatte. Die tīmārs erbrachten sehr unterschiedliche jährliche Einkünfte. Daher mußten diejenigen, die die ertragreicheren Ländereien besaßen, auch mehr Dienstleistungen erbringen. Sie mußten mehr Soldaten stellen oder Zusatzausrüstung wie Waffen, Zelte und Feldküchen bereithalten.

Das Einkommen aus einem tīmār wurde in Silbermünzen, akcha genannt, festgesetzt. (Im IX./15. und im X./16. Jahrhundert entsprachen 50 bis 60 akchas einem Golddukaten.) Besondere Lehen mit Einkünften von mehr als 100 000 akchas pro Jahr wurden khāss genannt. Sie waren für diejenigen bestimmt, die spezielle Ämter bekleideten.

Die Verwaltung der Provinzen, die die Osmanen eingeführt hatten, war eng mit dem tīmār-System verknüpft. Die Grundeinheit der Verwaltung war der sanjak. Dieser unterstand dem Befehl des sanjak-Beys, der meistens in der Hauptstadt des sanjaks residierte. Er wurde bei seinen Verpflichtungen, die sowohl administrativer Art (Überwachung der Steuereintreibung und Aufrechterhaltung von Gesetz und Ordnung) als auch militärischer Natur waren, von den ihm unterstellten subashis unterstützt. Die subashis lebten in den großen Städten des sanjak. Die Kontrolle über ihren Distrikt übten sie durch die tīmār-Besitzer aus, die in den Dörfern wohnten. Daraus ergab sich ein engmaschiges Netz der Herrschaft, das dazu diente, der Zentralregierung ein Maximum an militärischen und finanziellen Erträgen zu sichern, und das den reʿāyās Sicherheit, Gerechtigkeit und Gleichheit bei der Anwendung der Verwaltungsbestimmungen des sanjak garantieren sollte.

Weitere Festigkeit erhielt das System der Provinzverwaltung durch die Zusammenfassung mehrerer sanjaks zu größeren Verwaltungseinheiten, den beylerbeyliks oder Provinzen. Die Provinz unterstand dem beylerbeyi, der sie mit Hilfe einiger Beamter überwachte. Dieses Verwaltungssystem war ein Abbild der Zentralverwaltung in Istanbul. Die Provinzbeamten hielten die Register über die tīmārs auf dem laufenden. Ferner überwachten sie die Sammlung der Einkünfte und ihre Übersendung an den Staatsschatz nach Istanbul. Sie erledigten ebenfalls die eingehende und ausgehende Korrespondenz. Der beylerbeyi vertrat die Autorität des Sultans, die über die sanjak-Beys und subashis die lokale Ebene erreichte.

Dieses Regierungssystem war in erster Linie mit der Verwaltung und Durchführung des Verwaltungsrechts betraut. Doch darf man nicht vergessen, daß das Osmanische Reich auch ein islamisches Reich war, das auf dem heiligen Gesetz des Islam, der sharīʿa, ruhte. Auf der lokalen Ebene lag die Anwendung des religiösen Rechts in den Händen eines qādīs. Die Distrikte, die einem qādī unterstanden, stimmten nicht genau mit den Verwaltungseinheiten des sanjak überein. Die qādīs residierten in den Hauptstädten und sandten Beauftragte in die kleineren Städte und Dörfer. Sie besaßen die Register der Verwaltungserlasse aus Istanbul und berichteten über Vorgänge von lokaler Bedeutung und über Beschwerden. Wenn sich die Beys gegenüber den reʿāyās tyrannisch verhielten, konnten die qādīs Abhilfe der Mißstände schaffen, indem sie die Provinzverwaltung umgingen und sich direkt an den Sultan wandten.

Die qādīs waren gleichermaßen an Religion und Regierung gebunden. Sie wurden von der Zentralregierung bezahlt und waren daher Staatsfunktionäre, und zwar in einem solchen Maße, daß viele fähige Männer sich weigerten, als qādī in den Staatsdienst zu gehen, da sie fürchteten, bei der Durchführung der Regierungspolitik ihren eigenen religiösen Überzeugungen zuwiderhandeln zu müssen.

Am Hof des Sultans

Eine andere große Gruppe, die zu den ʿaskerīs gehörte, bildeten die ghulāms, die Sklaven des Sultans. Das ghulām-System war eine weitere, wenn nicht die zentrale osmanische Institution. Es hatte wie das tīmār-System Vorläufer innerhalb des Islam. Frühere muslimische Staaten hatten Sklaven in erster Linie zum Militärdienst benutzt. Nach dieser Tradition bildeten die Osmanen ihr berühmtes Janitscharencorps. Diese Eliteinfanterietruppe wurde ursprünglich aus Kriegsgefangenen rekrutiert (das religiöse Recht sah ein Fünftel der Beute als Anteil des Sultans an), nachher aus Sklaven, die man anderweitig erwarb. Ende des VIII./14. Jahrhunderts entwickelten die Osmanen ein anderes System, um Sklaven für den Militärdienst und die Ausbildung in der Palastschule zu rekrutieren. Dieses System war die devshirme, eine Aushebung christlicher Jugendlicher.

Die *devshirme* – das Wort heißt ‚sammeln‘ oder ‚versammeln‘ – wurde als eine außerordentliche Besteuerung, die der christlichen Bevölkerung auferlegt war, durchgeführt. Die Knaben wurden ausschließlich aus christlichen Familien bäuerlicher Herkunft rekrutiert. Auf diese Weise vermied man die Beeinträchtigung der lokalen Wirtschaft. Darüber hinaus erbrachte das Verfahren Rekruten, die verhältnismäßig unverbildet und daher recht empfänglich für die Erziehung waren, die sie erhalten sollten.

Die Anzahl der Knaben und die Häufigkeit der Aushebungen wurden durch den Bedarf der Regierung bestimmt. Jahre mit hohen militärischen Verlusten erforderten häufigere und/oder größere Aushebungen. Man versammelte die Knaben in jedem Dorf der Gegend, die von der Steuer betroffen war. Die Taufregister wurden dann in Gegenwart der Priester von den *qādīs* und den örtlichen *tīmār*-Besitzern überprüft. Die besten Kinder wurden ausgewählt und in Gruppen zu hundert zu den Janitscharenhauptquartieren geschickt. Sie hatten eine Abschrift des Registers bei sich, die ihren Namen und andere wichtige Informationen enthielt. Diese wurde im Hauptquartier anhand einer anderen Kopie überprüft. Man wollte verhindern, daß Kinder aus der *devshirme* losgekauft oder illegal eingeschleust würden.

Wenn alle Knaben versammelt waren, traf man noch einmal eine Auswahl. Die besten, gewöhnlich zehn Prozent der Aushebung, wurden ausgesucht. Dabei achtete man auf körperliche Tauglichkeit, Schönheit und Intelligenz (hierbei spielte die Phrenologie eine Rolle). Diese Knaben waren für die weitere Ausbildung in der Palastschule bestimmt. Die durchschnittlichen Kandidaten wurden an türkische Landwirte in Anatolien vermietet. Dort sollten sie ihre Körper stärken und die Anfangsgründe der türkischen Sprache, der Sitten und des islamischen Glaubens lernen, zu dem sie dann im Verlauf dieses Prozesses übertraten. Wenn sie fertig ausgebildet waren oder gebraucht wurden, schickte man sie wieder nach Istanbul zurück. Dort teilte man sie den Janitschareneinheiten zu. Als Janitscharen hatten sie das Recht auf die Privilegien eines *ʿaskerī*. Das durchorganisierte System der *devshirme* öffnete den Weg von der *reʿāyā* in die Militärklasse. Durch diesen Prozeß verdoppelte sich das Janitscharencorps von sechstausend Mann unter Mehmed II. auf zwölftausend in Sulaymāns Goldenem Zeitalter.

Die zehn Prozent, die für die Palastschulausbildung ausgesucht worden waren, erhielten bald die beste Erziehung, die es in der islamischen Welt gab. Diese Erziehung sollte sie für höchste Militärposten und Verwaltungsstellen im Reich vorbereiten. Vor Mehmed dem Eroberer waren diese Ämter den Sprößlingen der führenden muslimischen Familien vorbehalten gewesen. Mehmed II. umgab sich jedoch jetzt mit Männern, die Sklaven waren und im Rahmen der *devshirme* die Palastschule absolviert hatten. Schon bald wählte er auch seinen Großwesir aus dieser Gruppe und verbannte so die traditionelle muslimische Führung auf die Hinterbänke. Der Eroberer zog es vor, sich auf Männer zu stützen, die völlig von ihm abhängig waren.

Loyalität und Gehorsam waren zwar kein Lehrfach an der Palastschule, sie wurden aber gleichsam wie durch Osmose aufgenommen. Beide Ideale durchdrangen die von Regeln bestimmte Welt, in der die Jugendlichen lebten und auf den verschiedenen Gebieten der hohen islamischen Tradition unterrichtet wurden. Man lehrte sie Arabisch, Persisch und Türkisch, die islamischen Wissenschaften und die Mathematik. Dazu kamen Bogenschießen, Fechten, Reiten und Ringkampf.

Diese Erziehung, die christliche Jugendliche in loyale muslimische Krieger und Staatsmänner verwandeln sollte, die bereit waren, im Dienst des Sultans ihr Leben zu geben, war hierarchisch geordnet und wurde strikt überwacht. Die Überwachung der Disziplin lag in den Händen der Palasteunuchen. Die Einführungszeit der Pagen dauerte zwei bis sieben Jahre, danach wurden sie wieder einer Prüfung unterworfen. Die besten durften ihre Ausbildung in den zwei Kammern des Palastes, der größeren und der kleineren, fortsetzen. Die übrigen bekamen Aufgaben in der Hofkavallerie.

Nach vier Jahren in der größeren oder kleineren Kammer wurden die Pagen erneut überprüft. Die fähigsten dienten dann in den vier Kammern, die direkt mit dem Sultan verbunden waren, worunter die Privatkammer das höchste Ansehen genoß. Ältere Pagen verließen den Hof im Alter von fünfundzwanzig bis dreißig Jahren. Sie übernahmen einige der höchsten Staatsämter und dienten als *sanjak*-Beys und als hohe Offiziere in der Hofkavallerie oder in anderen Einheiten. Diejenigen, die aus der Privatkammer hervorgingen, wurden meist Provinzgouverneure.

Das Verfahren, nach dem die Pagen überprüft, befördert und ausgesondert wurden, hieß *çıkma* (‚herausgehen‘). Für viele war es ein Beginn. Die *çıkma* bildete die Brücke zwischen dem Innendienst (*enderūn*), den den Palast und alles, was mit dem persönlichen Leben des Sultans zusammenhing, umfaßte, und dem Außendienst (*bīrūn*), der die Beziehungen des Sultans mit der Welt außerhalb des Palastes verkörperte. Je nach dem Stand, den sie beim Verlassen des Palastes innehatten, erhielten diese gut ausgebildeten Mitglieder der Elite Positionen in der Hofkavallerie, im Janitscharencorps und in Garderegimentern sowie in der Verwaltung als Provinzgouverneure, *sanjak*-Beys und *subashıs*. So stellte die *çıkma* auch die Verbindung zwischen den beiden Kerninstitutionen des Reiches, dem *ghulām*- und dem *tīmār*-System, dar.

Die Karriere des Lutfī Pasha, der einer von Sulaymāns Großwesiren war, kann als Beispiel dienen. Unter Bāyazīd II. wurde er im Palast erzogen. Bei der Thronbesteigung Selīms I. (918/1512) fand eine *çıkma* statt. Sie hatte zur Folge, daß Lutfī vom Innen- in den Außendienst gelangte. Er kam zunächst in das Eliteregiment *müteferrika*. Dann übernahm er mehrere hohe Posten im Außendienst, bevor er *sanjak*-Bey und später Provinzgouverneur wurde. Als geschulter und gebildeter Mann wurde er schließlich von Sulaymān zum Großwesir ernannt.

Zur Zeit Sulaymāns hatten sich die Sultane von der ermüdenden und zeitraubenden Beschäftigung zurückgezogen, selbst die tagtäglichen Angelegenheiten des Staates zu überwachen. Diese Aufgabe wurde dem Großwesir überlassen, der dem Sultan direkt Bericht erstattete. Die Staatsgeschäfte wurden im kaiserlichen *dīwān* von den höchsten Militär-, Finanz-, Verwaltungs- und Justizbeamten der Regierung geführt. Die

Das Osmanische Reich in Anatolien und Osteuropa. (4)

letzte Entscheidung lag beim Großwesir, der dem Sultan Bericht erstattete und die Genehmigung für seine Handlungen einholte.

Neben den Entscheidungen über Krieg und Frieden, über innere Sicherheit und Finanzen bildete die Verwaltung der Justiz eine der wesentlichen Aufgaben des *dīwān*. Sie wurde im Namen des Sultans von dem Großwesir und den Oberrichtern von Rumeli und Anatolien durchgeführt. Früher galten die letzteren als Führer der Ulema, der Religionsgelehrten. Im X./16. Jahrhundert wurden sie vom *shaykh ül-Islām* in den Schatten gestellt. Obwohl der *shaykh ül-Islām* keinen Sitz im *dīwān* hatte, übte er eine enorme Macht aus und wurde als Haupt der Ulema anerkannt.

Die Durchführung der Entscheidungen des *dīwān* wurde durch die fähige osmanische Bürokratie erleichtert. Die zentrale Bürokratie bestand aus den Ämtern, die dem *dīwān* angeschlossen waren und denen, die die Finanzen verwalteten. Sie waren mit der ein- und ausgehenden Korrespondenz, mit Personalangelegenheiten, Einnahmen und Ausgaben beschäftigt. Die Besetzung der Büros und die Ausbildung waren ähnlich organisiert wie in den Gilden. Jedes Büro hatte einen Chef, der von Sekretären und Schreibern unterstützt wurde. Lehrlinge wurden von älteren Beamten ausgebildet. Man lehrte sie die Schriften, die verwendet, und die Techniken, die

gebraucht wurden, um an den Registern zu arbeiten, die im Büro geführt wurden. Es war nicht ungewöhnlich, daß ein Mann seine ganze Karriere in einem einzigen Büro durchlief, in dem er vom Lehrling zum Schreiber und dann zum Sekretär aufstieg. Die Bürochefs hingegen, die diese Position oft durch die Kombination von Talent und Beziehungen erreicht hatten, wechselten von einem Amt zum andern. Sie bildeten die breite obere Schicht der Bürokratie. Unter Sulaymān war die Bürokratie fast ausschließlich mit Männern aus muslimischen Familien besetzt. Oft waren ihre Väter schon Beamte gewesen, und wahrscheinlich würden auch die Söhne in ihre Fußspuren treten.

In der Frühzeit des Reiches war die von den Osmanen vorgenommene Unterscheidung zwischen *ʿaskerīs* und *reʿāyā* ausreichend. Unter Sulaymān gliederten sich die *ʿaskerīs*, ihren Funktionen entsprechend, in drei Gruppen auf: die Armee, die Bürokratie und die Ulema. Jede hatte ihr eigenes Kräftereservoir und eigene Schulungseinrichtungen. Daneben war noch eine weitere Unterscheidung aufgekommen: die Idee des Osmanen. Zu Anfang wurden jene Männer als Osmanen bezeichnet, die Osman gefolgt und ihr Los mit seinem verbunden hatten. Später gewann der Terminus einen dynastischen Sinn. Er bezog sich auf das Haus Osmans, dessen Nachfolger als Sultane regierten. Im X./16. Jahrhundert erlangte der Begriff Osmane auch eine kulturelle Nebenbedeutung. Die Kultur war eine Scheidelinie innerhalb der privilegierten, herrschenden 'askerī-Klasse geworden. Es genügte nicht mehr, einfach eine Position zu haben, die den 'askerī-Status einbrachte, also zum Beispiel tīmār-Besitzer oder Janitschare zu sein. Eine neue hochgebildete, kultivierte Elite hatte sich entwickelt. Die Mitglieder dieser Gruppe verstanden sich als die wahren Osmanen. Drei Bedingungen mußten erfüllt sein, um als Osmane anerkannt zu werden. Man mußte dem Staat und der Religion dienen und ‚den osmanischen Weg kennen'. Das heißt: eine Position haben, die den 'askerī-Status einbrachte; Muslim sein und sich in der hohen islamischen kulturellen Tradition auskennen.

Erziehung und Religion bildeten nun die Trennlinien in der Gesellschaft. Die osmanische Elite hob sich kulturell von der großen Mehrheit der 'askerīs ab. Die Nichtmuslime, die in ihren religiösen Gemeinschaften, millets, organisiert waren, wurden von den herrschenden Muslimen getrennt. Die soziale Beweglichkeit äußerte sich im Überschreiten der religiösen Grenze zwischen Nichtmuslim und Muslim und im Überwinden der von der Erziehung gesetzten Schranken, die Menschen mit mangelhafter Bildung von jenen trennte, die mit der hohen islamischen Tradition vertraut waren. Für viele war die devshirme der Weg zur Mobilität; für viele dienten Familienbeziehungen demselben Zweck. Für die meisten brachte das Ende der osmanischen Expansion in der Mitte des X./16. Jahrhunderts Stagnation und soziale Wirren. Mit dem Tod Sulaymāns ging mehr als nur ein goldenes Zeitalter zu Ende.

Der lange Niedergang
Für die Osmanen war nicht unmittelbar zu erkennen, daß ihr Stern zu sinken begann. Die kulturellen Errungenschaften blieben auf hohem Niveau, eine Erscheinung, die in besonderem Maße für das Gebiet der Dichtung galt. Die osmanische Literatur wurde in arabischer Schrift geschrieben und verwendete arabische, persische und türkische Elemente. Auch der Wortschatz bestand aus diesen drei Sprachen. Die Poesie wurde von der persischen Dichtung inspiriert. Wie in China pflegte die gebildete Elite, besonders die Mitglieder der Bürokratie, Poesie sowohl zu lesen als auch selbst zu schreiben; und die klassische osmanische Poesie war in erster Linie die Sache dieser Elite. Neben der klassischen Poesie existierte noch eine andere poetische Tradition. Sie war in Sprachschatz, Grammatik und Metrum türkischer und daher volkstümlicher. In der Prosa herrschte die Geschichtsschreibung vor. Höfische und nichtoffizielle Chroniken, die die Erfolge und Tugenden der Sultane rühmten, waren weit verbreitet. Auch biographische Wörterbücher, die klassischen arabischen Vorlagen folgten, hatten eine große Leserschaft. Poesie und Prosa blühten trotz der politischen Rückschläge. Gelegentlich spiegelten sich solche Rückschläge in der Literatur wider, besonders in den ‚Fürstenspiegeln' und Ratschlägen an den Herrscher, die im XI./17. und XII./18. Jahrhundert in größerer Zahl verfaßt wurden.

Die Literatur, besonders die Chroniken, schilderte die Osmanen als starken und erfolgreichen Arm des Islam. Ihre Verantwortung als Vorkämpfer für den orthodoxen Islam erforderte ihr Eingreifen in umstrittenen Gebieten wie Ostanatolien. Die Osmanen konnten die Existenz eines starken Staates im Osten, der ihren Anspruch auf Souveränität angriff, nicht dulden. So setzten sie den Kampf gegen die Safawiden fort. Sulaymān selbst kämpfte in Iran, und die Grenzen wurden 962/1555 durch den Frieden von Amasya gefestigt. 984/1576 brach der Krieg erneut aus. Die Osmanen versuchten, mit Hilfe einer Reihe von Befestigungsanlagen das Gebiet zwischen Schwarzem und Kaspischem Meer zu annektieren. Diese Bemühungen setzten sie mit wenig Erfolg bis zum Jahre 1049/1639 fort.

Eine andere Region, das Wolgabecken, beanspruchte die Aufmerksamkeit der Osmanen; hier suchten sie der russischen Bedrohung entgegenzuwirken. Nach 1550 waren die tatarischen Khanate von Kazan und Astrachan den Truppen Iwans IV. zugefallen. Als Reaktion darauf planten die Osmanen, einen Kanal zwischen den Flüssen Don und Wolga zu bauen und so eine Wasserverbindung vom Schwarzen zum Kaspischen Meer zu schaffen, die ihnen einen strategischen Vorteil eingebracht hätte. 977/1569 versuchten sie den Plan zu verwirklichen, aber er scheiterte kläglich. Das Projekt wurde aufgegeben, und die Osmanen wandten sich dringenden Aufgaben in Nordafrika und im Mittelmeer zu.

Hier hoffte Selīm II., Sulaymāns Sohn und Nachfolger, aus den Schwierigkeiten, die Habsburg mit den moriscos (den muslimischen Konvertiten zum Christentum) in Spanien hatte, Nutzen zu ziehen und die osmanische Hegemonie im Mittelmeer auszudehnen. Im Januar 978/1570 fiel Tunis. Kurz darauf erfolgte die osmanische Invasion in Zypern. Aber die Habsburger fügten am 7. Oktober 979/1571 in der Schlacht von Lepanto der osmanischen Flotte eine vernichtende Niederlage zu.

Die Osmanen überwanden die Folgen von Lepanto und bestürmten nun, obgleich der Mythos ihrer Unbesiegbarkeit zerstört war, Nordafrika. Sie versuchten, sich nach Marokko auszudehnen, stießen aber auf den Kreuzzugseifer Portugals. Die Chance der Osmanen, das Problem zu ihren Gunsten zu lösen, schwand, als ihr Anwärter auf den Thron in der Schlacht von Alcazar am 4. August 986/1578 getötet wurde. Marokko wurde zum Pufferstaat zwischen Christentum und Islam; die Iberische Halbinsel blieb christlich, und Nordafrika unter osmanischer Oberhoheit muslimisch.

Eroberungen, die früher ein osmanisches Vorrecht gewesen zu sein schienen, erforderten jetzt einen höheren Aufwand und ließen sich bisweilen überhaupt nicht mehr durchsetzen. Nirgends wurde dies deutlicher als an der Landgrenze mit den Habsburgern in Europa. Hier wandelte sich die Art der Kriegführung. Invasionen, die sich stark auf die Provinzkavallerie stützten, wichen einem Stellungskrieg. Die fließende Grenze wurde eine statische Grenze. Das Zeitalter unbarmherziger osmanischer Eroberungen ging zu Ende.

Schwierigkeiten an der Grenze fielen mit Schwierigkeiten zu Hause zusammen. Sultan Murād IV., ein kriegerischer Sultan alter Schule, starb 1049/1640. Sein Tod leitete eine lange Phase interner Verwirrung ein. Murād hatte alle seine Söhne überlebt, so folgte ihm sein Bruder Ibrāhīm, der geistesgestört war. Ibrāhīms Mutter, Kösem Sultān, spielte bei der Intrige, die 1058/

1648 Ibrāhīm absetzte und ihn durch seinen jungen Sohn Mehmed IV. ersetzte, eine führende Rolle.

Intrigen beherrschten jetzt den Palast; Mehmed IV. war erst sieben Jahre alt, als er den Thron bestieg; seine Großmutter Kösem und seine Mutter Turkhān wetteiferten miteinander um die Vorherrschaft. Kösem wurde schließlich von Turkhāns Anhang getötet. So erhielt Turkhān die Macht. In dieser Zeit war es nicht einfach, Macht auszuüben. In Anatolien herrschte soziale Unruhe, und Venedig wurde zu einer ernsthaften Bedrohung. Die Venezianer schlugen einen Angriff der Osmanen auf Kreta zurück und besetzten danach die Inseln Lemnos und Tenedos am Eingang der Dardanellen. Istanbul geriet in Panik. Turkhān Sultān, die noch die Regierungsgeschäfte leitete, suchte einen Großwesir, der fähig war, das Reich zu retten. Mitte September 1066/1656 übergab sie die Amtssiegel dem achtzigjährigen Mehmed Köprülü.

Die Karriere Mehmed Köprülüs war bis zu seiner Ernennung zum Großwesir nicht außergewöhnlich verlaufen. Er war im Palast erzogen worden und hatte nach einer *chıkma* ein *tımār* erhalten. Durch die Patronage eines Großwesirs kam er voran; aber als er Mitte Fünfzig war, stand er wieder ohne Förderer da. Er fand eine andere Verbindung, die ihm eine Reihe von Ämtern in Anatolien einbrachte, zerstritt sich aber mit diesem neuen Gönner und wurde auf sein Gut verbannt.

Köprülüs Karriere war nicht außergewöhnlich gewesen, aber sie bot ihm reichlich Gelegenheit, das osmanische System zu studieren. Er hatte die Übel des Staates erkannt und Gegenmittel im Kopf. Er war weise, und diese Weisheit spiegelt sich in den Bedingungen, die er gestellt haben soll, bevor er das Amt annahm: Erlasse durften nur von Köprülü in schriftlicher Form herausgegeben werden; niemand konnte unabhängig vom Großwesir handeln; der Großwesir würde alle Ernennungen innerhalb der Bürokratie ohne jede Einmischung treffen; der Sultan (und seine Mutter) durften nicht auf verleumderischen Klatsch achten.

Nach dieser Regelung machte sich Mehmed Köprülü daran, den Staat wieder in Ordnung zu bringen. Sein Programm war einfach – Korruption und Bestechung mußten aufhören. Sein Ziel sah vor, daß die Staatsinstitutionen wieder so funktionierten wie im goldenen Zeitalter Sulaymāns. Durch einen ausgewogenen Gebrauch von Härte und Schlauheit rottete er die Korruption aus, machte die osmanischen Verwaltungsvorschriften wieder wirksam und gab dem System neue Zuversicht und Lebenskraft.

Nachdem Mehmed Köprülü den Staatsapparat kuriert hatte, wandte er sich den äußeren und inneren Feinden des Reiches zu. Die Unruhen in Anatolien wurden unter Kontrolle gebracht und die venezianische Bedrohung abgewehrt. Köprülüs Reform orientierte sich an der Vergangenheit, an der Regierung Sulaymāns. Er zeigte, daß das Osmanische Reich mit seinen ungeheuren materiellen und menschlichen Reserven zu einem Wiederaufstieg fähig war. Dies sollte sich noch oft in den nächsten zweieinhalb Jahrhunderten erweisen.

Kaum hatten sich die Osmanen wieder erholt, gingen sie schon bald zum Angriff über. Nicht einmal Mehmed Köprülüs Tod im Jahre 1072/1661 hielt sie auf. Er wurde durch seinen Sohn Ahmed Köprülü ersetzt. Schon

Silbermünze Sulaymāns II. (1099–1102/1687–91). Die Münze trägt den Namen der Stadt Konstantinopel, die von den Osmanen erobert worden war. (5)

mit sechsundzwanzig Jahren war er ein perfekter Verwaltungsbeamter, darüber hinaus trug er den stolzen Namen Köprülü. Ahmed verstärkte den Angriff auf Mitteleuropa. Die Türkenangst, die zu Luthers Zeit weit verbreitet war, kam wieder auf. Kreta wurde 1080/1669 erobert; dann drangen die Osmanen in Polen ein. Ahmed Köprülü starb 1087/1676, aber sein Schwager Qara Mustafā Pasha hielt den Druck aufrecht.

Qara Mustafā Pasha sah sich selbst als Eroberer alten Stils. Er wollte mit einer wahrhaft großen *ghāzī*-Eroberung in die Annalen der islamischen Geschichte eingehen. Sein Blick fiel dabei auf kein geringeres Ziel als Wien, das 936/1529 zum erstenmal von Sulaymān belagert worden war. Im März 1094/1683 brach die osmanische Armee in Belgrad auf und erschien Mitte Juli vor Wien. Zwei Monate später floh sie in Auflösung südwärts. Qara Mustafā Pasha hoffte, seine Truppen in Belgrad sammeln zu können, aber er wurde am 25. Dezember auf Befehl des Sultans erdrosselt.

Das Köprülü-Zwischenspiel war vorbei. Der heilige Bund gegen die Osmanen wurde gegründet, und die Russen traten ihm mit einem Angriff auf die Krim 1098/1687 bei. Die Osmanen waren auf dem Rückzug. Mustafā II. konnte seine Truppen zwar noch einmal erfolgreich sammeln, aber im Herbst des Jahres 1697 vernichtete Eugen von Savoyen bei Zenta die osmanische Armee. Die einzige Alternative hieß Frieden. Wieder wurde ein Angehöriger des Hauses Köprülü, Husayn Amjazāde Köprülü, Großwesir. Am 26. Januar 1111/1699 wurde der Vertrag von Karlowitz unterzeichnet: Es wurde viel Land aufgegeben, und zum erstenmal geriet traditionell muslimisches Gebiet unter christliche Herrschaft.

Die osmanische öffentliche Meinung mußte für diesen Vertrag gewonnen werden. Husayn Amjazāde stützte sich hierbei auf den Historiker Naima. Im Vorwort zu seinem Geschichtswerk begründet Naima die Politik des Großwesirs. Er war nicht der erste osmanische Gelehrte, der die Übel, die seine Gesellschaft heimsuchten, feststellen und Gegenmittel vorschlagen wollte.

Naima war mit der politisch-ethischen Literatur des Islam über die Staatskunst sehr vertraut. Er fügte ihr zwei Metaphern zu: die medizinische Analogie und die Zyklentheorie der Geschichte. In der medizinischen Analogie werden die Elemente des Staates mit Teilen des Körpers identifiziert und der Großwesir mit dem Arzt. Naima argumentierte, der Friedensvertrag sei notwendig, um dem Arzt die Zeit zu geben, die Natur der Krankheit zu bestimmen und Heilmittel zu finden und anzuwenden. Husayn Amjazādes Friedenspolitik war richtig, denn sie orientierte sich an der Verhaltensweise des Propheten Muhammad. Im Jahre 5/627 war der Prophet ausgezogen, um Mekka einzunehmen. In Hudaybiyya machte er Halt, denn er mußte einsehen, daß er nicht erfolgreich sein würde. Da er zum Kampf nicht gerüstet war, benutzte er die ‚verfügbaren Mittel' – den Waffenstillstand. Die Richtigkeit dieser Handlung wurde durch seinen späteren Erfolg bestätigt. Darum ist Husayn Amjazādes Politik ebenso richtig.

Naima arbeitet auch eine Behandlungsmethode für den kranken Staat aus. Einnahmen und Ausgaben müssen durch die Reduzierung der letzteren ausgeglichen werden. Pensionen und Gehälter sollten pünktlich gezahlt werden, um Ärger über die Regierung vorzubeugen. Mißstände müssen beseitigt und die Truppen wieder auf volle Stärke gebracht werden. Die Provinzialverwaltung sollte sich um Gerechtigkeit bemühen, um der *re'āyā* wieder zu Wohlstand zu verhelfen. Der Sultan sollte freundlich sein; dann wird ihn das Volk lieben und fürchten.

Um jeden Zweifel an der Zukunft zu zerstreuen, nimmt Naima Zuflucht zu Ibn Khaldūns Zyklentheorie der Geschichte. Nach diesem großen nordafrikanischen Historiker, der 1406 starb, ist eine Dynastie wie ein Individuum. Sie wird geboren, wächst heran, altert und vergeht; jede Phase dauert etwa vierzig Jahre. Naima unterscheidet fünf Phasen eines Staates: die heroische Periode seiner Errichtung, die Konsolidierung unter der Dynastie, Sicherheit und Ruhe, Zufriedenheit und Übersättigung, dann Zerfall. Im Jahre 1094/1683, als Wien belagert wurde, befanden sich die Osmanen in der vierten Phase. Mit merkwürdiger Logik behauptete Naima, daß die Osmanen keine Furcht zu haben brauchten, denn sie hätten ja schon länger in dieser Phase gelebt, als sie eigentlich lang sein dürfte. Das Festhalten an der Politik des Großwesirs versprach eine strahlende Zukunft.

Naimas Programm war einfach und erfolgreich. Die Jahre nach Karlowitz zeigen die großen Kräfte des Reiches und seine Fähigkeit, sich zu erholen. 1123/1711 besiegten die Osmanen Peter den Großen am Ufer der Pruth. Vier Jahre später entrissen sie den Venezianern den Peloponnes. Zwischen 1149/1736 und 1152/1739 führten die Osmanen Krieg gegen ihre traditionellen Feinde Österreich und Rußland. 1152/1739 erhielten die Osmanen durch den Vertrag mit Österreich die wichtige Festung Belgrad zurück. Karlowitz schien tatsächlich ein zweites Hudaybiyya gewesen zu sein.

Solches Denken mußte auf lange Sicht zwangsläufig zur Selbsttäuschung führen. Das I./7. Jahrhundert war nicht das XII./18. Die Osmanen waren in bezug auf die islamische Welt erfahren und weltoffen. Über Europa aber besaßen sie, diplomatische und militärische Angelegenheiten ausgenommen, fast keinerlei Informationen. Es gab nur sehr wenige Osmanen, die aufgrund persönlicher Erfahrungen irgendwelche Kenntnisse von Europa hatten. Diese wenigen waren meist in diplomatischer Mission unterwegs, zum Beispiel zum Austausch von Verträgen oder um den Tod oder die Thronbesteigung eines Sultans bekanntzugeben. Solange die osmanischen Waffen im Kampf gegen Europa erfolgreich waren, bestand wenig Grund zur Information. Jede Änderung in der Gesellschaft fand innerhalb des traditionellen islamischen Rahmens statt. Sulaymāns Regierung war das Modell. Änderungen daran wurden mißbilligt. Und der Erfolg nach der Demütigung von Karlowitz ließ die Osmanen jegliche Erneuerung ihrer Institutionen vergessen. Erst eine weitere schwere Niederlage machte den Osmanen ihre gefährliche Lage klar.

Diese Niederlage wurde ihnen 1188/1774 von den Russen beigebracht. Der Vertrag von Küchük Kaynarja zerstörte das osmanische Selbstverständnis als kraftvolles, neubelebtes, unbesiegbares Reich. Naimas Behandlung hatte nur scheinbare Erleichterung gebracht. Der Erfolg endete in einem Mißerfolg. Jetzt mußte eine gründliche Untersuchung des Patienten erfolgen. Es galt eine Reform zu finden, die sich nicht nach der Vergangenheit richtete, sondern neue Quellen suchte. 1204/1789 bestieg Selīm III. den Thron. Er leitete, zunächst versuchsweise, eine Ära der Reform und Reorganisation ein, die dem traditionsgebundenen Reich die Chance gab, sich in ein modernes Staatswesen zu verwandeln. Es war eine Übergangsphase, die das Osmanische Reich in das 19. Jahrhundert führte und es befähigte, bis zu seinem Untergang in den Nachwirkungen des Ersten Weltkrieges zu überleben.

Die osmanischen Eroberungen kennzeichnen die letzte Welle der Expansion, die zu Lebzeiten des Propheten begonnen hatte. Mehmed II. erfüllte Muhammads Prophezeiung, daß eines Tages Konstantinopel islamisch werden würde. Seine Nachfolger trugen den Krieg nach Mitteleuropa, und sein Urenkel Sulaymān bezwang eine der großen Nationen Europas, Ungarn, in der Schlacht von Mohács im Jahre 932/1526. Ludwig II. von Ungarn versuchte verzweifelt, mit seinen unzulänglichen Truppen den Vormarsch der Türken aufzuhalten. Diese Miniatur aus dem *Hüner-nāma*, 997/1588, zeigt Sulaymān (Mitte), der seinen Schimmel über die Köpfe der am Boden liegenden Toten hinwegtreibt. Vor ihm stehen drei Geschütze. Unten links fliehen die besiegten Ungarn, die europäische Rüstung tragen.

Sulaymān besetzte Ungarn nicht sofort, aber der Weg war nun frei, und 150 Jahre lang schreckte das Gespenst türkischer Vorherrschaft Europa. In diesen 150 Jahren erreichten die Osmanen, obgleich das von nur wenigen begriffen wurde, den Höhepunkt ihrer Macht und überschritten ihn. Am Ende des XI./17. Jahrhunderts versuchten sie noch einmal, Wien einzunehmen, scheiterten aber. Nun begann der Verfall, der bis in dieses Jahrhundert fortdauerte. (1)

Die ersten Türken, die in Kleinasien ein muslimisches Reich gründeten, waren die Seldschūken. Vom V./11. Jh. an beherrschten sie eine Zeitlang den gesamten nördlichen Teil der islamischen Welt.

Aus der seldschūkischen Festung Konya stammen diese beiden Reliefskulpturen aus dem Jahre 617/1220. Die eine zeigt einen zweiköpfigen Adler (oben), die andere einen Siegesengel mit Krone (rechts). (2, 3)

Die Karawanserei von Sultan Han (links) zwischen Konya und Aksaray wurde 634/1236 vollendet. Zu ihr gehören eine Moschee und Unterkünfte für die Reisenden. Das Bauwerk ist kunstvoll dekoriert. Man sieht durch den Bogengang auf ein Tor mit Stalaktitengewölbe. (4)

Nach 641/1243 gerieten die
Seldschūken unter den Einfluß
der Mongolen. Ihr ursprüng-
licher Stil wurde mit Motiven
aus anderen islamischen Gebieten angereichert. Links: Portal
der Ince Minarett *madrasa* von
Konya (657/1258). Die Schrift-
bänder sind miteinander ver-
schlungen. Unten links: Portal
der etwas früher entstandenen
Karatay *madrasa* in Konya.
(5, 6)

Weitere Verfeinerung kennzeichnet den seldschūkischen
Stil nach der mongolischen Eroberung. Hier zwei Details
(unten und oben) aus *madrasas*
in Sivas (um 670/1271), dem
Sitz eines mongolischen Bevollmächtigten. (7, 8)

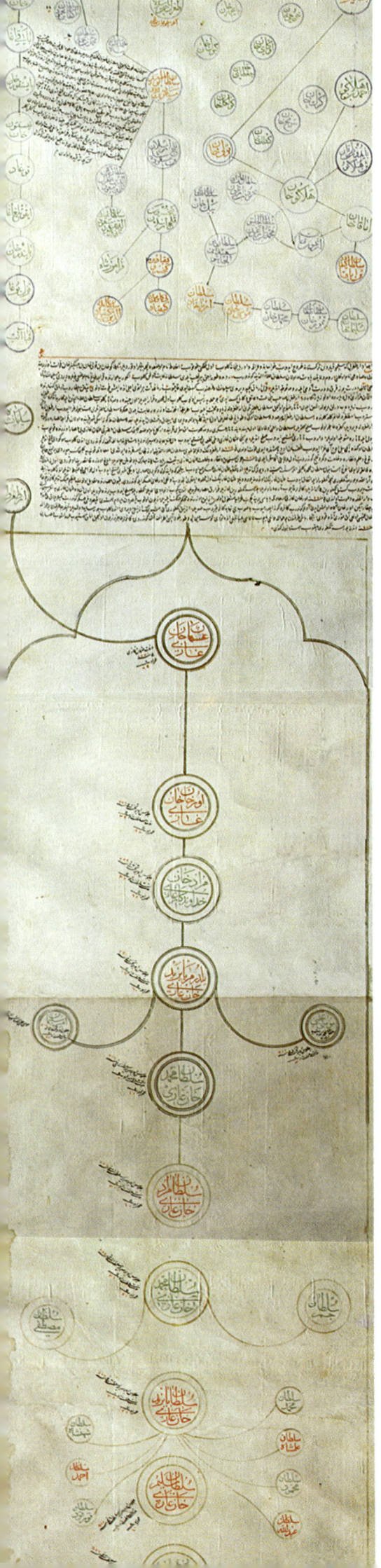

Osman I., 680–724/1281–1324 (10)

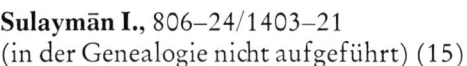

Orhan, 724–64/1324–62 (11)

Sulaymān I., 806–24/1403–21
(in der Genealogie nicht aufgeführt) (15)

Murād II., 824–48/1421–44
und 850–55/1446–51 (16)

Die Dynastie der Osmanen wurde von dem 657/1258 geborenen Osman gegründet. Unter Sulaymān II., als dieser Stammbaum aufgezeichnet wurde, regte
sich der Wunsch, Osman genealogisch mit Adam zu verknüpfen; der Versuch
wollte nicht recht gelingen. Osmans Name erscheint in dem Doppelkreis unter

Murād I., 764–91/1362–89 (12)   **Bāyazīd I.,** 791–804/1389–1402 (13)   **Mehmed I.,** 805–6/1403 (14)

Mehmed II., 848–50/1444–46
und 855–86/1451–81 (17)   **Bāyazīd II.,** 886–918/1481–1512 (18)   **Selīm I.,** 918–26/1512–20 (19)

dem Spitzbogen. Nach ihm kommen Orhan, Murād I., Bāyazīd I., Mehmed I.,
Sulaymān I., Murād II., Mehmed II., Bāyazīd II., Selīm I. und Sulaymān II.
Sulaymāns Nachfolger wurden von späteren Kompilatoren im XI./17. Jh. hinzugefügt. (9)

Die Völker des Reiches umfaßten viele Rassen. Diese zehn Stiche stammen aus einem französischen Reisebericht des Jahres 1568.

Oben: Ein *qādī* zu Pferde; ein jüdischer Arzt; ein Janitschare. (20, 21, 22)

Mitte: Eine türkische Dame auf dem Weg zum *hammam*, von einem Diener begleitet; ein Sūfī; ein christlicher Kaufmann aus Ragusa (Dubrovnik). (23, 24, 25)

Unten: Ein arabischer Kaufmann; eine Prostituierte; eine Frau in syrischer Kleidung; ein schwarzer Sklave. (26–29)

Unter Sulaymān II. erreichte die Macht der Osmanen ihren Höhepunkt. Sie erstreckte sich von den Grenzen Persiens bis vor die Tore Wiens und über das Mittelmeer und den Persischen Golf. Sulaymān war ständig auf Feldzügen. Er regierte 46 Jahre und starb während der Belagerung von Sigetvár in Ungarn. Im Westen ist er als ‚der Prächtige‘ bekannt, im Islam heißt er ‚der Gesetzgeber‘. Als frommer Muslim soll er den Koran eigenhändig achtmal abgeschrieben haben. Rechts ist seine *tughra* zu sehen, seine Unterschrift unter wichtige Dokumente, ein kalligraphisches Kunstwerk; ferner ein Holzschnittporträt Sulaymāns, von dem holländischen Künstler Jan Swaart im Jahre 933/1526 angefertigt. (30, 31)

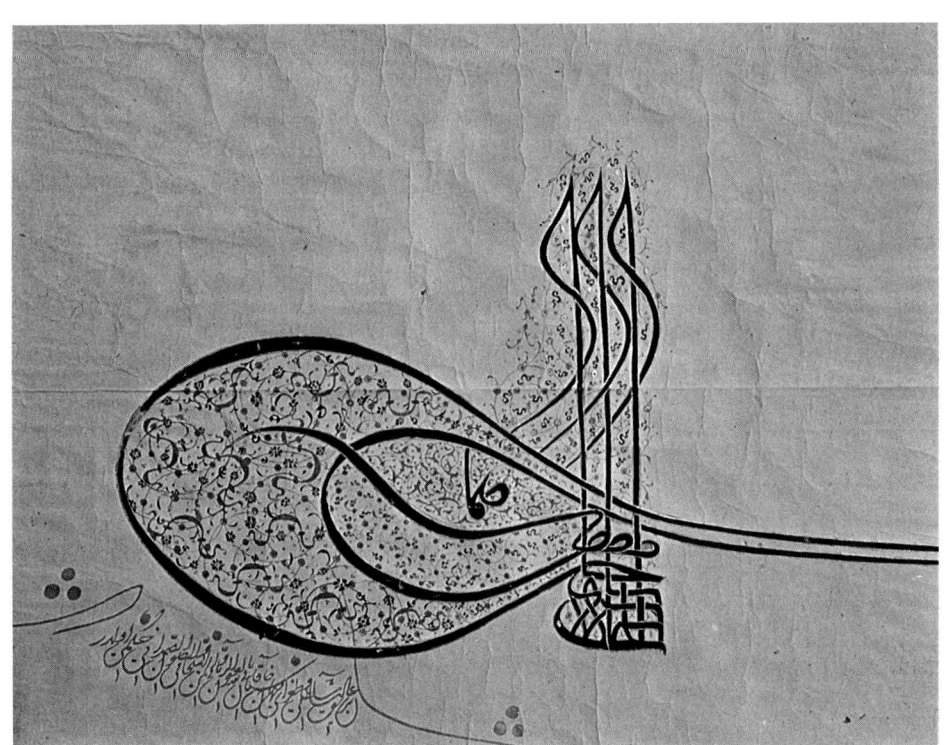

Das osmanische Heer war drei Jahrhunderte lang das stärkste der Welt. 758/1357 wurden die Dardanellen überquert. Während sich Konstantinopel noch halten konnte, wurde der Balkan schnell osmanisch. Diese Miniatur aus dem *Hüner-nāma* (gegenüber) zeigt die Niederlage der Christen bei Nicopolis an der Donau. 799/1396 belagerten Kreuzfahrer die von den Türken besetzte Stadt (das christliche Lager ist auf der rechten Seite). Bāyazīd I. und sein Heer (links) erschienen überraschend im Rücken der Christen und brachten ihnen eine vollständige Niederlage bei. (32)

Selīm II. war der Nachfolger Sulaymāns. Hinter der Fassade der Unbesiegbarkeit begann der Verfall. Selīm hatte nicht die Gabe des Herrschens. Während seiner Regierungszeit (974–82/1566–74) erlitten die Türken bei Lepanto ihre erste Niederlage zur See. Die Miniatur zeigt, wie zwei christliche Steuerpflichtige vor den thronenden Herrscher geschleppt werden. (33)

Das Zentrum des Reiches war seit 857/1453 Konstantinopel (Istanbul). Dessen Zentrum bildete der verschachtelte Palastkomplex, das Topkapı Saray. Es besteht aus niedrigen Räumen, die um Höfe gruppiert sind. Seine Großartigkeit liegt nicht in der Größe und Symmetrie, sondern in der vielfältigen und feinen Dekoration. Rechts: der zweite Hof, der Hof des *Dīwān*, umgeben von Verwaltungsgebäuden. Hier erhielten die Janitscharen alle drei Monate ihren Sold, und zum Opferfest wurde hier ein Widder geschlachtet, in Erinnerung an die Geschichte von Abraham und Isaak. (34)

Mit dem Aufstieg des Osmanischen Reiches entfaltete sich auch die ihm eigentümliche Architektur. Von den Seldschūken erbten die Osmanen die reich dekorierte Fassade, die jedoch die Struktur des dahinter liegenden Baukörpers kaum berücksichtigte, wie etwa bei der Gök *madrasa* in **Sivas** von 670/1271 (oben links). Aber schon in der von 780–94/1378–91 errichteten Yeshil-Moschee in **Iznik** (oben) ist die Fassade in den Gesamtkomplex integriert, der mit seinen Kuppeln ein starkes Raumgefühl vermittelt. Als **Edirne** Hauptstadt wurde, war dieser Stil ausgereift. Die Üch Sherefeli-Moschee (unten links) entstand 841/1438. (35, 36, 37)

Bursa war im VIII./14. Jh. die osmanische Hauptstadt, und als letzte Ruhestätte der frühen Sultane wurde es auch später mit Ehrfurcht betrachtet. Unten: das Kenotaph, das symbolische Grab Mehmeds II. in der Grünen Türbe. (38)

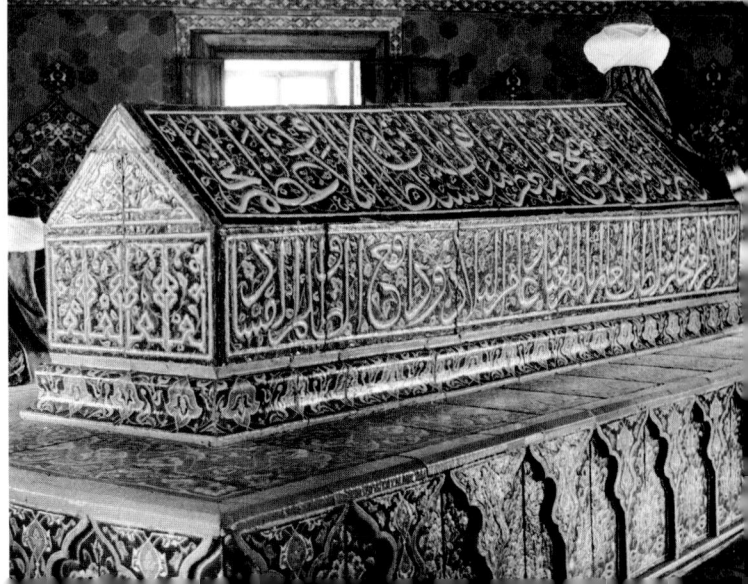

In Istanbul kann man in Bauwerken wie der Sultan Ahmed-Moschee, die auch als Blaue Moschee bekannt ist (begonnen 1018/1609), die Summe der osmanischen Bau- kunst bewundern. Die Schlüsselfigur des architekto- nischen Fortschritts war im X./16. Jh. der Baumeister Sinān, der in vieler Hinsicht nie übertroffen wurde. (39)

Türken und Europäer kannten einander kaum, obwohl die Türken einen großen Teil Europas besetzt hielten. Kontakte vermittelten allein die christlichen Gemeinschaften, die im Osmanischen Reich lebten, sowie Reisende und Diplomaten.

Bemalte Paneele, in Aleppo um 1009/1600 für einen christlichen Kaufmann angefertigt, zeigen uns das vertraute Repertoire des türkischen Ornaments (al-Majnūn in der Wüste, Gärten, Picknick usw.), vermischt mit christlichen Motiven wie die Madonna mit dem Kind. In Aleppo trafen sich Ost und West. (40, 41)

Die Aya Sofya (Hagia Sophia) in elisabethanischer Sicht (rechts): der Künstler war ein englischer Kriegsgefangener, der auf Galeeren Dienst tun mußte. Sie stimmt mit dem Original wenig überein. Mit den Fensterreihen, die bis zum Boden reichen, ähnelt das abgebildete Bauwerk eher einer osmanischen Moschee. (42)

Selīm III. empfängt einen Gesandten im ‚Garten der Glückseligkeit' im Topkapı Saray. Die Art der Darstellung (Perspektive, Schatten) und die Architektur zeigen starken europäischen Einfluß. Selīm (1203–22/1789-1807) wandte sich von der Vergangenheit ab und wollte die Türkei in einen modernen Staat verwandeln. Unter seiner Regierung wurde der Buchdruck eingeführt. (43)

VIVAT ELIZABETH REGINA SEMREADEM

Das 18. Jh. hat in der Türkei viel Ähnlichkeit mit dem Rokoko in Europa. Der größte Maler war Levni. Seine *Tänzerin* (ganz links) gehört der traditionellen türkischen Miniaturmalerei an, weist aber moderne Einflüsse auf. Sein Bildnis eines vornehmen Europäers (links) zeigt dem Thema entsprechend einigen westlichen Einfluß. (44, 45)

Das Heim des wohlhabenden Türken war genauso elegant wie das seines europäischen Zeitgenossen. Dieses Interieur aus Damaskus (unten) von 1170/1756 zeigt Wände mit Fayencen und mit bemalten Holzpaneelen, zum Teil mit Borden für Vasen und Flaschen. Man beachte das Stalaktitengesims. Die Möbel sind – wie überall in den muslimischen Ländern – niedrig und unaufdringlich – Polster, kleine Tische, Tabletts und Weihrauchbehälter. (46)

Der Niedergang der Osmanen
vollzog sich nahezu unmerklich:
eine Epoche des angenehmen Lebens und der Vergnügungen, ähnlich dem Niedergang von Venedig.
Es ist vor allem das Verdienst der
Köprülü-Familie, einer Dynastie
von Großwesiren, das Reich vor
dem Zerfall bewahrt zu haben, als
der Mythos seiner Unbesiegbarkeit dahingeschwunden und das
Zeitalter der Eroberungen abgeschlossen war. Im XII./18. Jh.
strebte die Türkei nach Stabilisie-
rung, nicht nach Expansion.

Das Gefolge des Sultans wohnte
in Räumen, die nicht größer
waren; allein die Dekoration wies
auf den gewaltigen Reichtum hin.
Das Topkapı Saray wurde nach
und nach erweitert und erhielt nie
die Symmetrie einer europäischen
Palastanlage. (Darum bauten die
Osmanen im 19. Jh. den Dolma-
bahce-Palast jenseits des Goldenen Horns.) Rechts: das Innere des
Qara-Mustafā-Pasha-Kiosks nahe
dem Bagdad-Kiosk. (47)

Springbrunnen plätschern fast in
jedem Hof des Topkapi Sarays.
Sie sind ein Ausdruck der Hoch-
schätzung des Wassers; eine Emp-
findung, die man in allen islamischen Landschaften von der Alhambra bis nach Delhi antrifft.
Dieser Brunnen (rechts), nahe dem
Bagdad-Kiosk, ist im ‚barocken‘
Stil gehalten. (48)

Umseitig:
Mekka, mit dem Hof der Ka'ba
im Zentrum, eine Abbildung auf
türkischen Fayencen, XI./17. Jh.
Nach dem Zusammenbruch des
Mamlūken-Reiches im frühen X./
16. Jh. erlangten die Türken die
Vorherrschaft über den Islam. Sie
brachten die heiligen Schätze aus
Kairo ins Topkapı, wo sie heute
noch sind. Der osmanische Sultan
wurde als neuer Kalif anerkannt,
als Herrscher, der weltliche Macht
mit religiöser Autorität in sich vereinigt. (49)

XII

MUSLIMISCHES INDIEN

S. A. A. Rizvi

Detail aus der ,pietra-dura'-Dekoration des Tāj Mahal, ein Höhepunkt in der Technik und im Entwurf. Das stilisierte Rankenwerk verbindet persische und indische Elemente. (1)

Der Islam entwickelte sich im Zusammenhang mit dem indischen Subkontinent nach ganz anderen Richtlinien als in den übrigen westasiatischen Gebieten und schuf eine Kultur und Zivilisation, die im allgemeinen islamisch, in den hauptsächlichen Zügen aber einheimisch war. Überdies ist es den indischen Anhängern Muhammads, im Unterschied zu Muslimen anderer Gegenden, seit ihrer Ankunft auf dem Subkontinent bis heute nicht gelungen, das ganze Land zu islamisieren.

Heute lebt die Mehrzahl von ihnen im Nordwesten und Nordosten. Selbst in der Umgebung ihrer Kaiserstädte Delhi und Agra, von wo aus sie mehr als sechshundert Jahre lang herrschten, überstieg ihr Anteil an der Bevölkerung niemals zehn Prozent. Nach einer vor kurzem durchgeführten Volkszählung auf dem Subkontinent ergibt sich folgendes Verhältnis zwischen Muslimen und Nichtmuslimen:

	Gesamte Bevölkerung	Muslime	Prozentsatz der Muslime
Pakistan	64 604 000	62 665 880	ca. 97
Bangladesch	75 840 000	64 464 000	ca. 85
Indien	547 949 809	61 417 934	11,21
insgesamt	688 393 809	188 547 814	

Das Kaleidoskop islamischer Kultur und Zivilisation in Indien kann deshalb nur wirklich gewürdigt werden in einer objektiven Betrachtung der Kontakte und Konflikte des Landes mit Westasien und mit bodenständigen Elementen, vor allem dem Hinduismus.

In diesem Zusammenhang gelten die folgenden Hinweise auf Indien jeweils für den gesamten Subkontinent.

Vor den Moghuln

Schon vor der Zeit des Propheten Muhammad sollen sich Araber an der Malabar-Küste angesiedelt haben; nach ihrer eigenen Islamisierung begannen vielleicht Kaufleute und Seefahrer von der arabischen Halbinsel, die einheimische Bevölkerung zu ihrer neuen Religion zu bekehren. Die Legenden um die Konversion des Seekönigs von Calicut, der bei den Arabern als Sāmurī, bei den Portugiesen als Zamorin bekannt ist, sind lediglich fromme Mythen; doch es gibt Gründe für die Annahme, daß die Calicut-Herrscher die Anwesenheit arabischer Muslime in ihrem Territorium begrüßten und nichts

taten, deren Bekehrungseifer zu behindern. Seit dem II./8. Jahrhundert entstanden am westlichen und östlichen Ufer arabische und persische Siedlungen in großer Zahl.

Die eigentliche Invasion der Muslime in Indien begann bereits 92/711 mit einem Kriegszug gegen Sind und dauerte mehrere Jahrhunderte. Aber diese Eroberungen waren nicht von Bestand. Die erste islamische Dynastie, die in Indien ihre Macht länger aufrecht erhalten konnte, war die der Ghaznawiden, gegründet von Sebuktigin (ursprünglich ein türkischer Sklave) und gefestigt von seinem Sohn Mahmūd (388–421/998–1030), dessen Reich den Panjab, Sind, Khurāsān und Iran bis Jibāl umfaßte. Mahmūd fiel siebzehnmal in Indien ein und machte dabei märchenhafte Beute. Als weitsichtiger Führer und orthodoxer Sunnit organisierte er seine Verwaltung nach persischem Muster und machte Persisch zur Hofsprache. Als Mäzen persischer Dichter und Theologen der Sunna wurde er zum unsterblichen islamischen Helden. Sein Regierungsgebäude nannte man *jihād* und seine türkischen Sklaven *mujāhids* (,jihād-Krieger').

Auf die Ghaznawiden folgen die Ghōriden, eine einheimische Dynastie aus Zentralafghanistan. Während des späten VI./12. Jahrhunderts gewannen sie die Kontrolle über den größten Teil des alten ghaznawidischen Reiches und drangen nach Süden bis Sind und nach Osten bis Benares vor. Die Leitung wichtiger militärischer Außenposten wurde ehrgeizigen türkischen Sklaven übertragen, die dafür *iqtā's* oder Landzuweisungen erhielten, die ihnen das Recht gaben, Land- und Kopfsteuern einzuziehen. So wurden sie ermutigt, das von ihnen kontrollierte Territorium auszudehnen und zu befestigen. Um 599/1203 regierte ein ghōridischer Sklave über den größten Teil von Bengalen.

Wie kam es zu diesem Erfolg der Muslime? Obwohl sich die Kriegsausrüstung beider Seiten in etwa entsprach, hatten die Türken einige Vorteile. Sie waren in der Guerilla-Kriegführung der Steppen geschult und entschieden beweglicher und geübter in Schlag- und Lauftaktiken, während sich die schwerfälligen Streitkräfte

Kūfische Inschrift auf dem Sarkophag Mahmūds, des größten ghaz-nawidischen Sultans und Begründer der islamischen Macht in In- *dien. Die Dynastie der Ghaznawiden herrschte vom IV./10. bis zum VI./12. Jh. (2)*

der indischen Armeen und der traditionelle Gebrauch von Kriegselefanten, der die Beweglichkeit herabsetzte, sehr nachteilig auswirkten. Die entscheidenden militärischen Siege der Türken zwischen dem IV./10. und VI./12. Jahrhundert erklären sich freilich hauptsächlich aus der hohen Qualität ihrer Führer.

607/1210 wurde Delhi unter Shams ad-Dīn Iltutmish Hauptstadt des Ghōriden-Staates, und für die nächsten anderthalb Jahrhunderte war das Sultanat von Delhi die führende Macht Indiens. Der Aufstieg der Mongolen isolierte das Sultanat von den Regionen westlich des Indus, und mit dem Fall Bagdads und des Kalifats im Jahre 656/1258 wurde Delhi ein muslimischer Zufluchtsort und ein Treffpunkt für Gelehrte, Theologen und Wissenschaftler aus anderen, den Mongolen zugefallenen Teilen der islamischen Welt. Iltutmish war ein Ilbarī-Türke. Seine Dynastie überlebte bis 689/1290. Von seinen acht Nachfolgern war seine Tochter Radiyya (634–37/1236–40) die profilierteste Persönlichkeit.

689/1290 wurde die Ilbarī-Dynastie durch die Khaljī abgelöst, unter deren sechs Herrschern die islamische Macht südwärts in den Deccan vorzudringen begann. Aber der Verfall des Khaljī-Sultanats brachte eine Periode der Rebellion und mörderischer Kämpfe. Im zweiten Viertel des VIII./14. Jahrhunderts versuchte die mächtige Tughluq-Dynastie das Reich zusammenzuhalten, doch 801/1398 begann die unaufhaltsame Invasion Tamerlans, und der Prozeß der Auflösung in unabhängige Staaten beschleunigte sich. In Delhi kamen zuerst die Sayyids zur Macht, danach die Lodīs, ein afghanischer Stamm. 910/1504 schuf Sultan Sikandar Lodī eine neue Hauptstadt in Agra, um die rebellierenden hinduistischen und muslimischen Oberhäupter der benachbarten Gebiete besser unterwerfen zu können. Seine administrativen Maßnahmen schwächten den Stammesgeist der afghanischen *iqtā*-Inhaber. Sie wurden zu einer Bedrohung für seinen Nachfolger Ibrāhīm Lodī (923–32/1517–26), nach dessen Plan dem alten afghanischen Adel die Macht, die ihm verblieben war, ganz offenkundig entzogen werden sollte.

Dieser afghanische Bürgerkrieg ermöglichte den Aufstieg des ersten Herrschers der Moghul-Dynastie, Zahīr ad-Dīn Muhammad Bābur. Bābur, 888/1483 geboren, stammte väterlicherseits von Tamerlan und mütterlicherseits von Dschingis Khān ab. Als Herrscher von Kabul besiegte er 932/1526 Ibrāhīm Lodī in Panipat bei Delhi und schlug im nächsten Jahr ein weiteres muslimisch-rajputisches Heer in die Flucht. Bābur unterwarf dann die Afghanen im Osten bis zu den Grenzen von Bihar und legte den Grundstein für den Moghul-Staat.

Die Moghuln: Blüte und Niedergang

Nach dem frühen Tod Bāburs im Jahr 937/1530 folgte ihm sein Sohn Humāyūn auf den Thron; aber ein ehrgeiziger afghanischer Soldat namens Sher Khān Sūr schlug Humāyūn in zwei Schlachten und zwang ihn zur Flucht nach Persien. Die militärischen Eroberungen und administrativen Leistungen Sher Shāhs (945–52/1538–45) waren beachtlich, aber die Sūr-Dynastie bestand nur kurze Zeit. 962/1555 besetzte Humāyūn erneut Delhi; doch er starb im folgenden Jahr.

Humāyūns Sohn Akbar, geboren 949/1542, war der eigentliche Gründer des Moghul-Reiches, dessen letzte Spuren erst die Engländer nach dem indischen Aufstand 1857/58 beseitigten. Akbar bewies in militärischer Beziehung und in der Verwaltung große Voraussicht.

Den ersten wirklichen Erweis imperialer Macht erbrachte der neue Kaiser 968/1561, als er Mālwa eroberte. Gleich im nächsten Jahr heiratete er eine rajputische Prinzessin aus Amber bei Jaipur. Damals bildete sich in ihm jene religiöse Duldsamkeit heraus, die ihn zu Recht berühmt machte. Später heiratete er andere rajputische Prinzessinnen und erlaubte ihnen, im Umkreis des Palastes den Hinduismus auszuüben. Außerdem schaffte Akbar im Jahre 969/1562 die übliche Versklavung von Kriegsgefangenen ab. 970/1563 erließ er den Hindus die Pilger-Steuer. Ajmer wurde ein geistiger Mittelpunkt und zugleich eine Basis für Akbars Feldzüge. Zwischen 975/1568 und 981/1573 annektierte er viele rajputische Königreiche mit Gewalt oder durch Verhandlungen. Die Eroberung von Gujerat im Jahr 980/1572 brachte ihn mit den Portugiesen in Berührung.

Der Tod seines Halbbruders Mīrzā Hakīm, des Vizekönigs von Kabul, im August 993/1585 veranlaßte ihn, in den Panjab einzurücken; damit wandte er sich gegen die Bedrohung an den Nordwestgrenzen, die von dem ehrgeizigen 'Abdallāh Khān Usbek von Transoxanien ausging. Während seines langen Aufenthaltes im Panjab eroberten seine Armeen 994/1586 Kaschmir, 999/1590 Sind und 1003/1595 Kandahar. Erst nach 'Abdallāhs Tod zu Beginn des Jahres 1007/1598 verließ er den Panjab; zu dieser Zeit lagen Kabul und Kandahar innerhalb der Nordwestgrenzen Indiens.

Akbar kehrte 1007/1599 nach Agra zurück. Dann zog er in den Deccan, mit dem Ziel, hier seine Vorherrschaft durchzusetzen, wie er es so erfolgreich in Rajasthan getan hatte. Doch dieser Plan scheiterte; obwohl er Asīrgarh und Ahmadnagar einnahm, gelang es ihm doch nicht, den Deccan zu unterwerfen.

Akbar starb 1014/1605. Der ehrgeizige Prinz Salīm, sein einziger überlebender Sohn, folgte ihm als Jahāngīr auf den Thron. Khusrau, Jahāngīrs Sohn, erhob sich seinerseits gegen seinen Vater. Zwar hatte er keinen Erfolg; aber er und seine Anhänger blieben doch eine ständige Bedrohung für Jahāngīr. Um 1019/1610 hatten die deccanischen Freischärler unter dem Äthiopier Malik Ambar die Stadt Ahmadnagar wiedererobert, und 1031/1621 gewann Shāh 'Abbās Safavī von Persien Kandahar zurück. Jahāngīrs Lieblingssohn, Prinz Khurram, der einige Erfolge im Deccan erzielt hatte, tötete Khusrau, rebellierte aber selber gegen seinen Vater, als ihm der Marsch gegen Kandahar befohlen wurde. Später schloß Khusrau Frieden mit dem Kaiser, nach dessen Tod 1037/1627 er als Kaiser Shāhjahān zur Macht kam.

Gleich zu Anfang seiner Herrschaft steigerte die Eroberung von Ahmadnagar sein Ansehen erheblich. Bijapur und Golconda, die unabhängigen schiitischen Sultanate des Deccan, fanden sich zu einer versöhnlichen Haltung bereit, die sie vor einem ähnlichen Schicksal bewahrte; 1048/1638 nahm der Kaiser Kandahar ein, das dann die Perser elf Jahre später wiedereroberten.

Im September 1067/1657 erkrankte Shāhjahān schwer und ernannte seinen ältesten Sohn, Dārā Shukoh, zu seinem Erben. Aber wie üblich, löste auch diese Entscheidung einen Krieg um die Nachfolge aus, mit dem Ergebnis, daß Shāhjahāns dritter Sohn, Awrangzīb, Kaiser wurde. Er warf den nun wiederhergestellten Shāhjahān ins Gefängnis und ermordete seine Brüder, einen nach dem anderen. Shāhjahān starb schließlich 1076/1666 in der Gefangenschaft.

Von 1068/1658 bis 1092/1681 konzentrierte sich Awrangzīb hauptsächlich auf die Probleme Nordindiens und ließ den Deccan in den Händen seiner älteren Generale. Obwohl die kaiserliche Armee in Assam und im östlichen Bengalen bemerkenswert erfolgreich war, gelang es dem Maratha-Führer Shivaji, allmählich im Deccan eine ausgedehnte Herrschaft aufzubauen. Inzwischen erließ Awrangzīb einige puritanische Verordnungen, zum Beispiel benachteiligende Steuern für Hindus, deren Tempel vielfach zerstört wurden. Diese Maßnahmen gefielen einer Reihe von orthodoxen Sunniten, waren aber im allgemeinen ein Hindernis für die politischen Absichten des Kaisers. 1092/1681 wandte sich Awrangzīb erneut dem Deccan zu. Während der nächsten sechs Jahre eroberte er Golconda und Bijapur, und 1100/1689 wurde Shambhūjī, der Nachfolger Shivajis (gest. 1091/1680), gefangengenommen und hingerichtet.

Nun erschien die Anwesenheit Awrangzībs im Deccan nicht länger erforderlich. Das Moghul-Reich hatte seine größte Ausdehnung erreicht. Aber die Bemühungen des Kaisers, die Maratha-Freischärler durch eine Mischung von militärischem Druck und Bestechungen unschädlich zu machen, scheiterten. Die fortwährenden Truppenbewegungen der Moghuln und Marathas durch den Deccan richteten die Wirtschaft zugrunde, und die lange Abwesenheit des Kaisers vom Norden steigerte die Macht der Hindu-Jāts um Agra und die der Sikhs im Panjab außerordentlich. Der Maratha-Angriff gegen Mālwa und Gujerat bekam ein bedrohliches Ausmaß.

1118/1707 starb Awrangzīb im Deccan, 89 Jahre alt, den Rosenkranz in der Hand und ein Gebet zu Allah auf den Lippen. Seinem Tod folgte der Kampf seiner Söhne um die Nachfolge. Mu'azzam war der erfolgreiche Bewerber und bestieg den Thron mit dem Titel ‚Bahādur Shāh'. Obwohl er schon 64 Jahre alt war, versuchte er, einige der streng orthodoxen Verfügungen seines Vaters rückgängig zu machen. Die wirkliche Macht indessen lag bei den Führern der Parteien in den verschiedenen rassischen und ethnischen Gruppen, deren wechselnde Bündnisse von Eigensucht bestimmt wurden.

Die Invasion des persischen Eroberers Nādir Shāh im Jahre 1152/1739 und die Plünderung Delhis erschütterten die Grundlagen des wankenden Moghul-Reiches. Die Provinzen jenseits des Indus (Sind, Kabul und die westlichen Teile des Panjab) wurden an Nādir abgetreten; die Reichtümer, die er aus Delhi entführte, gingen über alle Schätzungen hinaus.

Einer der vielversprechenden afghanischen Offiziere, die Nādir Shāh nach Delhi begleiteten, war Ahmad Shāh Durrānī. Nach der Ermordung Nādir Shāhs 1160/1747 schuf sich Ahmad Shāh ein Reich in Afghanistan, von dem aus er nicht weniger als siebenmal in den Panjab und nach Kaschmir eindrang. Er plünderte Delhi und Mathura 1170/1757 und errang bei Panipat 1175/1761 einen nachhaltigen Sieg gegen die Marathas, wobei er mitnahm, was vom Moghul-Schatz noch übriggeblieben war.

Die Maratha-Macht lebte wieder auf, bis die Briten sie vernichteten, die in der Schlacht von Plassey 1170/1757 einen entscheidenden Sieg gegen den Moghul-Herrscher in Bengalen errungen hatten. Die Führer der verschiedenen Gruppen in Delhi hatten den Glauben an die Moghuln verloren und bereits unabhängige Königreiche in Hyderabad (Deccan), Arcot, Mysore, Bhopal in Zentralindien, Oudh und den Rohilla-Staaten zwischen Murādābād und Bareilly gegründet. 1803 nahmen die Engländer den Moghul-Kaiser Shāh 'Ālam II. unter ihren Schutz, indem sie ihm eine ‚angemessene Versorgung' für den Unterhalt der königlichen Familie versprachen. Trotzdem siechte das Phantom der Moghul-Macht bis zu dem mißlungenen Aufstand von 1857/58 dahin. Tīpū, der Sultan von Mysore, wurde von den Engländern 1213/1799 getötet und sein Staat geteilt. 1801 übernahmen die Briten die Verwaltung von Arcot. 1856 annektierte die Ostindische Kompanie Oudh. Nur Hyderabad im Deccan, der früher von den Rohillas beherrschte nördliche Rampur-Staat, sowie die Staaten von Bhopal, Tonk und Junagadh überlebten unter englischer Führung. Sie wurden nach der Unabhängigkeit des Subkontinents der Indischen Union einverleibt. Die vorwiegend muslimische Bevölkerung von Kaschmir wurde von einem Hindu-Rajah beherrscht; und nach der Teilung im Jahr 1947 kamen die meisten davon unter indische Kontrolle; nur ein Teil fiel Pakistan zu.

Könige und der Hof

Das Hofleben der Sultane in Delhi folgte weitgehend dem Vorbild des seldschukischen Sultanats in Persien. Der Sultan war ‚Gottes Schatten auf Erden‘, der sein Königtum von Gott, dem ‚König der Könige‘, erhielt. Das sāsānidische Königtum, dessen Glanz sich im *Nasīhat al-Mulūk* des al-Ghazālī spiegelt, galt als das islamische Ideal der Königsherrschaft; aber nur wenige Sultane entsprachen diesem Ideal.

Um einen Konflikt zwischen den rassisch verschiedenen Gruppen in seinem Reich und den Streitkräften zu vermeiden, reorganisierte Akbar den militärischen und den zivilen Dienst im sogenannten *mansabdārī*-System. Das Wort *mansab* bedeutet ‚Rang‘, und ein *mansabdār* war der Inhaber eines Amtes in der Verwaltungshierarchie, das der Kaiser persönlich verlieh. Der niedrigste *mansabdār* befehligte zehn Reiter und der höchste fünftausend. Mit jedem Rang war ein bestimmtes Einkommen verknüpft, entweder in bar oder in übertragbaren *jāgīrs* (der Zuweisung von Einkünften aus gewissen Territorien). Die *mansabs* waren *dhāt* und *sawār*. Der *sawār*-Rang bestimmte die Zahl der Reiter und der Pferde, die der *mansabdār* unterhalten mußte. Sein *dhāt*-Rang bezeichnete seine Stellung in der Hierarchie und der Besoldungsstufe. In den folgenden Regierungsperioden wurde das System weiter ausgearbeitet, blieb aber in seinen wesentlichen Zügen unverändert.

Das *mansabdārī*-System assimilierte Neuankömmlinge aus Zentralasien und Persien und fügte zugleich die eingeborene Elite, Muslime und Nichtmuslime, dem koordinierten System ein. Wenn auch Rivalitäten und Intrigen am Hof nicht aufhörten, so richteten sie sich doch nunmehr nicht gegen den Kaiser, sondern gegen die Leiter der herrschenden Gruppen. Als Awrangzīb später manche Maratha- und Deccan-Muslime, deren Loyalität bezweifelt werden mußte, mit *mansabs* zu bestechen versuchte, geriet das System in eine politische Krise, die eine der Hauptursachen für die Zerstörung des Moghul-Reiches wurde.

Obwohl Frauen nicht zu Beamten ernannt wurden, beriet sich doch Iltutmish mit seiner Tochter Radiyya in Staatsangelegenheiten und bestimmte sie, und nicht die Söhne, zu seiner Nachfolgerin. Als Herrscherin (634–37/1236–40) tat sie den für eine Frau ihrer Zeit revolutionären Schritt, ihren Schleier abzulegen. Sie kam auch in engen Kontakt mit den männlichen Beamten und mit dem Volk im allgemeinen. Die Frauen im Ilbarī-Harem waren tief verstrickt in politische Intrigen. Die Mutter des Sultans Nāsir ad-Dīn Mahmūd (644–64/1246–66) spielte eine führende Rolle bei der Inthronisation ihres einfältigen Sohnes, und Sultan Muhammad ibn Tughluq (725–52/1325–51) hatte großen Respekt vor den praktischen Ratschlägen seiner Mutter. Die politische Rolle afghanischer Frauen ist nicht bekannt; aber Humāyūns Mutter war als eine Frau von Verstand und Talent bekannt. Seine Schwester Gulbadan Begum machte als Verfasserin eines Berichtes über das Kaiserreich von sich reden und bemühte sich unablässig um ein friedliches

Verhalten ihrer Brüder. Anfangs ließ sich Akbar von seiner früheren Amme, Māham Anaga, dazu benutzen, den Regenten Baygram Khān jeder Macht zu berauben. Die Behauptung, daß Akbar zwischen 968/1560 und 972/1564 unter einem Weiberregiment gestanden habe, ist nicht korrekt; aber er ließ sich immer wieder von seiner Mutter, Hamīda Bānū Begum, führen. Akbar heiratete Baygram Khāns anmutige junge Witwe Salīma Sultān Begum. Sie lebte bis 1021/1612 und nutzte ihren Einfluß zur Milderung vieler Krisen während der Herrschaft von Akbar und Jahāngīr. Akbar verband seine Altersköniginnen dadurch mit der Verwaltung, daß er ihnen die Aufsicht über das bedeutendste kaiserliche Siegel, den *uzuk*, gab. Kein kaiserliches Dokument von hoher Bedeutung war ohne dieses Siegel gültig. Seine Bewahrer hatten ihre eigene Amtsstube im Frauentrakt des Palastes oder des Militärlagers, wohin alle bedeutenden Dokumente zum Siegeln gebracht werden mußten.

Im 12./18. Jahrhundert spielten einige Moghul-Frauen eine aktive Rolle in der Politik, manchmal freilich eine verräterische und unnütze. Die Frauen prominenter und wohlhabender Moghul-Höflinge waren oft wissenschaftlich gebildet, förderten Dichter und gründeten Schulen, während sie gleichzeitig in die Machtpolitik verwickelt wurden. Sie waren oft sachverständige Reiterinnen, die Polo spielten und nahmen gelegentlich an Löwenjagden teil.

Die Pracht des höfischen Zeremoniells beim Sultanat von Delhi gründete auf seldschukischen Überlieferungen und diente nicht nur der persönlichen Befriedigung der Herrschenden, sondern sollte auch ausländische Gesandte und den örtlichen Adel beeindrucken: durch den Schein göttlichen Lichtes, der das königliche Amt umgab. Der *amīr-i hājib* (Oberhofmeister) war der zweitmächtigste Mann bei Hofe, da er die königlichen Audienzen beaufsichtigte, zu denen nicht einmal die Minister des Sultans unmittelbaren Zugang hatten. Um die verbliebene Macht der türkischen Oligarchie zu beseitigen, ließ Balban (664–86/1266–87) zunächst alle seine wichtigen Rivalen unter dem einen oder anderen Vorwand hinrichten und gestaltete dann das Hofzeremoniell ungewöhnlich hart und anspruchsvoll. Er führte eine unislamische Form der Begrüßung ein, die sogenannte *sijda* (den religiösen Fußfall), die auch in den Reichen seiner Nachfolger üblich blieb. Diese Sitte nannte man oft euphemistisch *zamīnbos* (Küssen des Bodens) oder *pābos* (Küssen der Füße). Islām Shāh Sūr (952–60/1545–52) befahl seinen Edeln, in seiner Abwesenheit sogar seinen Pantoffeln Achtung zu bezeugen.

Obwohl Humāyūn viele Neuerungen einführte, entstand das moghulische Hofzeremoniell eigentlich erst unter Akbar. Er fügte viele tīmūridische Sitten und Zeremonien der bestehenden Hofetikette hinzu. Muslime und Hindus sollten für den Kaiser wie Brüder und Kinder sein. Obgleich Pracht und Glanz des Hofes zunahmen, machte man auch den Versuch, die Kaisermystik volkstümlich zu gestalten. Früher durfte nur die Elite ihren Herrscher sehen; aber jetzt führte Akbar die Sitte des *darshan* ein (das Hindi-Wort bedeutet ‚sehen‘); das hieß, daß er vor der versammelten Menge früh am Morgen an einem Fenster oder auf einem Balkon erschien. Bei einem *darshan* konnten Bittschriften überreicht werden, und oft wurden wichtige Staatsgeschäfte erledigt.

Manchmal wurden unter dem *darshan*-Fenster auch ,Gladiatorenkämpfe der Mongolen' abgehalten. Akbar pflegte die Sonne zu grüßen, während seine Edelleute an einem etwas erhöhten Platz standen, und die Gemeinen in dem Hof darunter versammelt waren. Alle zusammen riefen dann: *pādshāh salāmat* (,lang lebe der König!'). Shāhjahān hielt an dieser Sitte fest; aber Awrangzīb schaffte sie ab, weil er glaubte, daß dies eine Form menschlicher Verehrung sei.

Seit Akbars Zeiten pflegte man eine große Trommel zu schlagen, um der wartenden Menge das Erscheinen des Kaisers anzukündigen. Pater Monserrate sah Akbar in Fathpūr-Sīkrī in seiner Audienzhalle, wo er streng und unparteiisch, aber ohne Härte, Recht sprach. Ein Henker stand die ganze Zeit dabei, umgeben von verschiedenen Marterinstrumenten. Monserrate fügte hinzu, daß diese nicht wirklich gebraucht wurden, sondern nur Schrecken einflößen sollten. Auch verschiedene Gesandte und Besucher wurden am Moghul-Hof in die Audienzhalle geführt, ebenso Dichter, Gelehrte, Musiker und andere begabte Leute. Siegreiche Generale machten ihre Aufwartung mit großem Pomp. Bei festlichen Gelegenheiten, besonders am Nawrūz, der im iranischen Kalender dem Neujahrstag entspricht, wurde die Halle glanzvoll geschmückt, und verschiedene Talente pflegten ihre Fertigkeiten zu zeigen.

Sijda (der religiöse Fußfall) war in der allgemeinen Audienzhalle nicht gestattet; aber Akbar führte zwei neue Formen der Begrüßung ein, *kornish* und *taslīm*. Beim *kornish* legte man die Innenfläche der rechten Hand auf die Stirn und beugte das Haupt; beim *taslīm* berührte man mit der Außenfläche der rechten Hand den Boden und richtete sich dann langsam wieder auf.

Das höfische Ritual wurde mit derselben Regelmäßigkeit und Genauigkeit befolgt, wenn die Kaiser von der Hauptstadt abwesend waren und sich auf Feldzügen oder auf der Jagd befanden. Den Palast ersetzte ein Zeltlager; und ringsum hatten die indischen Ortsansässigen Gelegenheit, ihren Kaiser in all seinem Glanz zu sehen und ihm Bittschriften zu unterbreiten.

Die Routinegeschäfte der Verwaltung wurden durch mancherlei Zeitvertreib, wie Musikhören, Lesen von Dichtungen sowie Schach- und Kartenspiel unterbrochen. Wie seine Vorfahren war Akbar dem Taubenfliegen zugetan, das er *'ishqbāzī* (,Flirt') nannte.

Die sozialen Klassen

Die muslimische städtische Gesellschaft in Indien folgte nicht dem System Muhammads oder seiner frühen Nachfolger, nach dem theoretisch jeder gleich viel galt. Vornehme und andere Würdenträger nahmen eine hohe Stellung ein, und Sklaven, die zum königlichen Haushalt gehörten, wurden, obwohl von niedrigerem Rang als die Vornehmen, oft von den Sultanen bevorzugt. Häufig organisierten sie ihre eigenen Interessengruppen, um bei Gelegenheit die Sultane zu überwältigen und eigene Dynastien zu errichten, wobei sie ihrerseits einen neuen Adel und eine neue politische Elite ausbildeten. Die Stellung der Haussklaven und der in Fabriken oder kaiserlichen Versorgungsabteilungen *(kārkhānas)* Beschäftigten war allerdings nicht beneidenswert.

Gegen Ende des VII./13. Jahrhunderts war die türkische Vorherrschaft weitgehend unterhöhlt, und die administrativen Experimente von Sultan 'Alā' ad-Dīn Khaljī (695–715/1296–1316) und von Muhammad ibn Tughluq katapultierten viele Mitglieder nichttürkischer Gruppen in die herrschende Elite. Kaufleute, die den Land- und Seehandel kontrollierten, erhielten ehrenvolle Stellungen in der oberen Verwaltungshierarchie, hauptsächlich wegen ihres Reichtums und ihrer ausländischen Beziehungen. Diese Vorteile ermöglichten es ihnen im allgemeinen, die Machtkämpfe und Schwankungen in der Regierung zu ignorieren.

Die Ulema, Sayyids und Sūfīs wurden respektiert; allerdings nicht um ihrer selbst willen, sondern wegen ihrer engen Verbindung zur Regierung und der steuerfreien Landzuweisungen *(madad-i ma'āsh)*, auf denen ihr Reichtum beruhte. Ein Sūfī des VII./13. Jahrhunderts sagte vor einer Versammlung führender Sūfīs in Delhi, nur mit Geld könne man eine hohe Stellung in der sūfīschen Hierarchie erkaufen. Es gab nur wenige Ulema oder Sūfīs, die hungerten; die Mehrzahl erfreute sich großzügiger Gönnerschaft, entweder von seiten des Staates oder reicher Kaufleute.

Unter den afghanischen Monarchen lebte der fremde Einfluß wieder auf, und die Elite der alten muslimischen Dynastien war empört, die Afghanen, die früher als roh und unkultiviert galten, plötzlich in die höchsten Ränge der Gesellschaft und Politik aufgerückt zu sehen. Unter Bābur und Humāyūn besaßen nur die Zentralasiaten und Perser ein gewisses Maß an Macht und Ansehen. Obwohl die Einführung des *mansabdārī*-Systems die soziale Stellung verschiedener anderer Gruppen hob, hatten die Türken als Abkömmlinge des Herrscherhauses wesentliche Vorteile und konnten leicht in den Staatsdienst eintreten. Deshalb hofften die indischen *mansabdārs* während der Regierung von Shāhjahān und Awrangzīb, ihre Kinder könnten als ,geborene Mongolen' gelten und brachten Heiraten mit hellhäutigen Kaschmirfrauen zustande. Unter den Sultanen und Moghuln versuchten konvertierte oder in Indien geborene Muslime, sich eine fremde Abstammung zuzulegen; aber nur der Begabte erreichte gesellschaftlichen Glanz.

Die besten Künstler und Handwerker waren in königlichen *kārkhānas* beschäftigt. Es gab nur wenige nichtindische Handwerker, obgleich im VII./13. Jahrhundert einige Angehörige dieser Berufe aus den benachbarten Ländern eingewandert waren. Ortsansässige Künstler und Handwerker waren entweder islamisiert oder Sklaven geworden, bevor man sie in den *kārkhānas* beschäftigte. Einige der erfahrenen Künstler arbeiteten unabhängig; dadurch entwickelten sich städtische Industrien, vor allem in den Provinzzentren – da während der Moghul-Periode viele Städte ihre frühere Bedeutung als Verwaltungszentren der provinziellen Dynastien verloren hatten und zu Fabrik- oder Handelsplätzen wurden. Man handelte in Indien am meisten mit Textilien, wobei die Weber im VII./13. Jahrhundert die niedrigste Stellung in der islamischen Gesellschaft innehatten. Wegen ihrer Abhängigkeit von staatlichen Gönnern und hohen Beamten haben es die Künstler und Handwerker in Indien versäumt, sich in mächtigen Gilden und *futuwwas* (Ritterorden) zu organisieren, wie das die städtischen Handwerker der Türkei und Irans taten. Die muslimischen Künstler wurden in den indischen Städten in Gruppen eingeteilt, die den Hindu-Kasten ähnelten;

es fehlte nur die religiöse Sanktion, außerdem wurde die Endogamie weniger streng eingehalten, und es gab mehr Beweglichkeit, entsprechend dem Talent des einzelnen. Während des XII./18. und 19. Jahrhunderts erfanden auch muslimische Künstlergruppen eine fremde Herkunft. Die Wasserträger wurden zu 'Abbāsīs und beanspruchten, von Muhammads Onkel 'Abbās abzustammen; die Friseure wurden Salmānīs und verbanden sich so mit Salmān Fārsī, einem berühmten Gefährten des Propheten; und die Weber ließen sich Ansārīs nennen oder Abkömmlinge der Stützen Muhammads in Medina. Alle anderen Künstler und Handwerker folgten diesem Beispiel.

Sultan Fīrūz Shāh (752–90/1351–88) machte die *iqtā's* erblich. Die Gelehrten und Ulema, die während der Regierungszeit des Fīrūz großzügige *madad-i ma'āsh* erhielten, trugen ebenfalls zum Aufstieg einer Klasse von rivalisierenden Grundbesitzern bei, die meistens in Städten lebten und in Hofintrigen verwickelte Interessengruppen bildeten. Die afghanischen Sultane verliehen freigebig Dörfer an die afghanischen Ulema. Während Akbars Regierungsperiode wurden allen Führern, die dem Regime feindlich waren, die Dörfer entzogen. Loyale Grundpächter des Staates aber, die nicht in das *mansabdārī*-System einbezogen waren, erfreuten sich weiterhin ihrer wenn auch reduzierten Landrechte. Ein großer Teil von ihnen begann, von Akbar und seinen Nachfolgern ermutigt, Obstgärten anzulegen, um das Einkommen zu erhöhen.

Während des XII./18. Jahrhunderts wuchs die Zahl der muslimischen Landwirte und Handwerker, vor allem in Bengalen, im westlichen Panjab und in Sind; aber sie hatten keine Stellung in der sozialen Struktur des muslimischen Indien. Die Einkünfte aus den Dörfern dienten gewöhnlich dem Wohlstand der muslimischen Städte.

Im XII./18. und 19. Jahrhundert wandelte sich die soziale Struktur der Muslime beträchtlich. Die früheren Systeme machten einer Elite Platz, die auf der neuen Klasse der Grundbesitzer basierte, deren Mitglieder zum großen Teil während der Meuterei von 1857/58 loyal gegenüber den Briten geblieben waren. Regierungsbeamte (sowohl der Engländer als auch einheimischer Staaten) und einflußreiche Kaufleute gehörten zu dieser höheren Schicht der Gesellschaft.

Heute sehnt man sich nicht mehr nach der Vergangenheit. Wohlstand, politischer Einfluß und die Qualität der Ausbildung bestimmen soziale Struktur und Beweglichkeit.

Das Erbe der Architektur

Heute steht keines der Bauwerke mehr, die von den Arabern in Sind und von den Ghaznawiden im Panjab errichtet wurden. Die erhaltenen Monumente des VII./13. Jahrhunderts in Delhi und anderswo bezeugen, daß die Muslime die Tempel und Paläste der Hindus und Jainas mutwillig zerstörten und mit dem geborgenen Material ihre eigenen Gebäude errichteten. Seit dem Beginn der Khaljī-Dynastie bestand die kaiserliche Architektur des Sultanats von Delhi aus Bruchstein; noch im IX./15. Jahrhundert rissen die Herrscher provinzieller Dynastien örtliche Tempel nieder und ersetzten sie durch eigene Bauten. Die unbarmherzigsten Zerstörer waren die Sharqī-Könige von Jaunpur (796–888/1394–1483/84).

Zum Zeichen für das Gedeihen des ghōridischen Reiches wurde mit dem Bau des eindrucksvollen Minaretts in Delhi, allgemein bekannt als Qutb Minār, begonnen, welches das zylindrische Minarett (minār) der ghōridischen Hauptstadt Firūzkūh, östlich von Herat, an Größe übertraf. Iltutmish erweiterte die Jāmi'-Moschee von Delhi und vollendete die berühmten Qutb Minār-Arkaden rund um den Hof der Moschee, wo noch die entstellten menschlichen und tierischen Figuren der früheren Hindubauten zu sehen sind. Durch Vorkragung und Glättung der vorspringenden Steine ergeben sich unechte Spitzbögen. Die floralen Motive und Ornamente sind hinduistisch, und auch die aufgelegten arabischen Buchstaben – Koranverse – wurden vermutlich von einem hinduistischen Steinmetzen ausgeführt, obwohl sie auf dem Werk eines muslimischen Kalligraphen basieren.

Der mit rotem Sandstein verkleidete Qutb Minār-Rundturm verjüngt sich stufenweise nach oben. Das erste Geschoß hat nach dem Muster hinduistischer kurviger Türme abwechselnd eckige und runde Rippen, das zweite Stockwerk runde und das dritte eckige. Ursprünglich war der Turm etwa 71,5 m hoch und besaß vier Geschosse, geteilt durch vorspringende Balkone mit Stalaktiten an den Kragstücken. Jetzt existieren fünf Geschosse. Um jedes Stockwerk laufen in Abständen Inschriftenbänder, meist Koranverse, die sich mit floralen Motiven abwechseln. Der Qutb Minār wurde oftmals ausgebessert und erneuert. Hinduistische Maurer fügten während der Regierung von 'Alā' ad-Dīn Khaljī und Muhammad ibn Tughluq Inschriften hinduistischen Charakters hinzu. Nach Ibn Battuta hat das Minarett ,keine Parallele in islamischen Ländern'.

Das Grab von Balban ist lediglich wegen eines echten Bogens interessant, der durch strahlenförmige Anordnungen gebildet wird. Ein flachgewölbter Eingang, der 'Alā'ī Darwāza, mit dem Sultan 'Alā' ad-Dīn Khaljī die Jāmi'-Moschee in Delhi ergänzte, ist einfach im Entwurf, aber die spitzen Hufeisenbögen mit strahlenförmigen Keilsteinen lassen den Einfluß persischer Architekten vermuten. Die geschickte Verwendung von weißem Marmor und rotem Sandstein ergibt einen dekorativen Kontrast.

Das Grab von Ghiyāth ad-Dīn Tughluq ist ein strenges Gebäude aus rotem Sandstein mit einer spitz zulaufenden weißen Marmorkuppel. Die schräg auf die Kragsteine im Grabmal gestützte Dachtraufe deutet eine bewußte Verschmelzung gefälliger Züge aus altindischer und islamischer Architektur an. Das Grab steht wie eine Festung am Eingang der neuen Hauptstadt des Sultans, Tughluqābād. Ein Grabmal, das sich der Sultan selbst in Multan errichten ließ, barg schließlich die Überreste eines berühmten Sūfī, Shaykh Rukn ad-Dīn Multānī (gest. 735/1334/35). Die nach innen abgeschrägten Wände aus fein geschnittenen Ziegeln, glasierten Kacheln und Bändern aus geschnitztem Holz vereinigten imperiale und regionale Stile.

Das Grab von Sultan Sikandar Lodī, das in einem luxuriösen Garten liegt, war ein Vorläufer der späteren Moghul-Gräber. Eine deutliche Verbesserung in bezug auf Kuppelkonstruktionen ist eine innere Kuppel, welche die Decke bildet. Die Lodīs gaben die Tughluq-Stile auf und bevorzugten einen viereckigen Grundriß anstelle des oktogonalen, obwohl auch von ihnen einige oktogonale

Gräber erhalten sind. Die größten Beispiele mit oktogonalem Grundriß sind jedoch die Gräber, die Sher Shāh in Sahasrām in Bihar bauen ließ. Zuerst experimentierte Sher Shāh mit seines Vaters Grab; später baute er sein eigenes auf einer Insel in einem großen Wasserbecken oder See. Es erhebt sich etwa 45 m hoch über einer viereckigen Plinthe mit überkuppelten oktogonalen Pavillons an jeder Ecke zu einer Hauptkuppel in drei sich verjüngenden Abschnitten. Ohne die zweigeschossigen Sockel und die schöne Szenerie des Sees wäre es jedoch ein etwas wirres Gebilde. Sher Shāh zerstörte auch Humāyūns Stadt von Delhi, genannt Dīn Panāh (Zuflucht des Glaubens), und befestigte das alte Fort Purāna Qal'a, in dem er eine Moschee baute.

Jaunpur, die Hauptstadt der Sharqī-Herrscher, war als das ,Shīrāz von Indien' bekannt. Die Zwischenwand vor dem Gebetsraum der Atāla-Moschee von Jaunpur wird beherrscht von einem mächtigen Bogen, dem über 23 m hohen und an der Basis 16,76 m breiten Eingang; innerhalb desselben befindet sich ein zurückgesetzter Bogen, der einen kleinen Türbogen enthält, darüber liegen drei Fensterreihen. Solche imposanten Eingänge sind charakteristisch für alle Sharqī-Moscheen.

In Bengalen wurde sowohl von den altindischen Herrschern als auch von den Muslimen Backstein benutzt, etwa am Eklakhī-Mausoleum in Pandua, das die Überreste des Sultans Jalāl ad-Dīn Muhammad Shāh (817–35/1414–32) birgt. Das Kranzgesims des flachen Daches ist leicht gebogen, wodurch die Wirkung einer Bambuskonstruktion imitiert wird. Eine hemisphärische Kuppel, im Durchmesser bedeutend schmaler als das Gebäude selbst, bedeckt die Grabkammer.

Das zurückhaltend verwendete, geschnittene Ziegelwerk und die Verkachelung des Eklakhī-Mausoleums kontrastieren mit dem ausschweifenden Glanz der Lotan-Moschee in Lakhnawti (Gaur), die nur mit bunten glasierten Kacheln bedeckt ist. Die Große Goldene Moschee (Bara Sona Masjid), gebaut von Nusrat Shāh (925–39/1519–32), bezeichnet den Höhepunkt des Stils von Bengalen. Die schwere Baumasse aus Ziegeln und schwarzer Basaltverkleidung wird unterbrochen von elf Spitzbögen, und ihre Strenge ist nur durch wenige Schichten einfacher Zierleisten gemildert.

Der Jāmi' Masjid in Ahmadābād, gebaut von Sultan Ahmad Shāh von Gujerat (814–46/1411–42), wurde von hinduistischen und jainistischen Handwerkern ausgeschmückt. Die Gebetshalle von 63 mal 29 m ist ein Dschungel aus schlanken Steinsäulen mit Ornamentierung im Stil der Jainas. Die berühmtesten Kunstwerke von ganz Gujerat sind die drei durchbrochenen Gitter in der kleinen flachen Moschee von Sidi Sayyid, die im letzten Viertel des X./16. Jahrhunderts gebaut wurde. Die Technik der Wanddekoration mit geschnittenen Steingittern, die das Licht filtern und ein angenehmes Helldunkel erzeugen, hatte bereits einen hohen Grad der Vollendung erreicht und wurde von den Moghuln eifrig übernommen. Das mittlere jener drei Gitter zeigt einen Palmbaum, um den sich ein üppiger tropischer Parasit schlingt, dessen Ranken immer kleiner werden, bis jeder Zoll des Gitters gefüllt ist.

Die Mālwa-Bauten zeigen nur geringen hinduistischen Einfluß. Sie ragen gewöhnlich über hohen Sockeln auf und sind durch Fluchten von Stufen erreichbar. Marmor, Schiefer, farbige Steine und glasierte Ziegel bilden den wichtigsten Schmuck.

Die Architektur des Deccan steht hauptsächlich unter iranischem Einfluß. Der Jāmi' Masjid in Gulbarga, der frühen Hauptstadt der Bahmanī-Sultane (748–932/1347–1526), hat keinen Hof; der ganze Bereich ist durch Kuppeln gedeckt, die von massiven rechteckigen Pfeilern getragen werden, von denen scharfe Spitzbögen ausgehen. Die Bögen an den Monumenten der 'Ādil Shāhī-Dynastie von Bijapur (895–1097/1490–1686) bezeugen einen leichten türkischen Einfluß, aber auch persischen und indischen. Die Kuppeln erheben sich, etwas anschwellend, über einem Band aus konventionellen Blumenmustern. Das Mausoleum von Muhammad 'Ādil Shāh (1036–67/1626–56) ist das bemerkenswerteste Monument von allen. Die große halbkreisförmige Kuppel, von der der Bau seinen Namen hat, Gol Gumbaz (,runde Kuppel'), bedeckt eine Fläche von etwa 500 m im Quadrat und mißt 43 m im äußeren Durchmesser. Der flache Umriß des quadratischen Baus, der sie trägt, ist unterbrochen von einer Reihe schmaler Bögen, überragt von Zinnen, und an jeder der vier Ecken steht ein sechsseitiger Turm. Das monumentale Tor – Chār Minār – in der Qutbshāhī-Hauptstadt von Hyderabad wird beherrscht von vier schlanken Ecktürmen, die ihm den Namen geben; er bedeutet ,vier Minarette'.

Die Moschee Shāh Hamadāns in Srinagar, Kaschmir, steht auf den Fundamenten eines zerstörten Tempels. Sie ist ein zweigeschossiger Bau mit pyramidal geschichtetem Dach; die Basen und Kapitelle der Pfeiler sind mit geschnittenen Blattmustern bedeckt. Die Jāmi'-Moschee des Sultan Sikandar (796–819/1394–1416), von Sultan Zayn al-'Ābidīn (823–75/1420–70) erweitert, bewahrte im allgemeinen ihren Stil trotz dreimaliger Brände. Unten bestehen die Mauern aus Ziegeln, während die umgebenden Kolonnaden aus schweren Holzstämmen auf einer Steinplinthe ruhen. Sultan Zayn al-'Ābidīns Grab, ebenfalls aus Ziegeln, erhebt sich über dem Steinfundament eines Tempels. Die große Mittelkuppel mit Kuppeln an vier Seiten und die Verwendung von glasierten Kacheln deuten auf Einflüsse aus Persien und Delhi.

Für die Gestaltung von Gartenanlagen wurde von Bābur ein strenges Muster eingeführt. In Agra sind Reste seines Ārām Bāgh (Rām Bāgh), mit einem dominierendem Pavillon, erhalten. Der Moghul-Garten war quadratisch; gerade Wege führten im rechten Winkel auf einen zentralen Teich oder eine Plattform zu, daher der Name Chārbāgh (,vierteiliger Garten').

Von Humāyūns Monumenten blieb nichts erhalten; dagegen viel von Akbars systematisch geplanten Festungen und Städten. Er entwarf die große Agra-Feste im Balkenstil, den er auch für seine Paläste verwandte. Die Feste enthält etwa 500 Mauerwerk-Bauten in den schönen Stilen von Bengalen und Gujerat; aber nur die Außenmauern, die Tore und der berühmte Jahāngīrī Mahal (teilweise von Jahāngīr verändert) stehen noch. Die Einlegearbeit des Delhi-Tors am Agra-Fort zeigt eine seltsame Mischung aus assyrischer Sphinx, indischen Elefanten und Vögeln. Die tiefen Traufen, die auf gedrehten Steinkonsolen sitzen, erinnern an die Paläste der Felsenfestung von Gwalior, bekannt als Mān Mandir, gebaut von Mahārājah Mān Singh (891–922/1486–1516) und beschlagnahmt von Bābur 933/1527.

Ein Ausdruck von Akbars Politik der Synthese und ein Markstein in der Entwicklung seiner Ideen zur Städteplanung ist Fathpūr-Sīkrī, etwa 35 km von Agra entfernt. Der Komplex der Jāmi'-Moschee mit ihren Chishtī-Denkmälern, dem Buland Darwāza, und die vielen Paläste, Bäder und Karawansereien gehören zur interessantesten und meistbewunderten Baugruppe in Fathpūr-Sīkrī. Hier wurden die dekorativen Elemente seltsam gemischt aus persischen und einheimischen Stilen.

Humāyūns Witwe, Hājjī Begum, überwachte den Bau seines Grabes in Delhi. Ein breiter und hoher Sockel mit tief zurückgesetzten Bögen rundherum trägt das Grab, das mit rotem, von Marmor unterbrochenem Sandstein verkleidet ist. Seine Doppelkuppel erlaubt in der inneren Halle eine hemisphärische Decke. Akbars eigenes Grab in Sikandra, Agra, wurde vom Kaiser selbst begonnen und von Jahāngīr vollendet. Über einem hohen Fundament erhebt sich ein Bau mit drei sich verjüngenden und mit Arkaden versehenen Galerien, geschmückt durch kleine teils pyramidenförmig gedeckte Pavillons.

Am Fluß Jumna in Agra vollendete Nūr Jahān, die geliebte Königin Jahāngīrs, das Grab ihres Vaters I'tmād ad-Dawla. Formal gleicht es einem osmanischen Kiosk. Der reiche Schmuck aus eingelegten farbigen Steinen erfreut nicht nur durch seine Üppigkeit, sondern mildert auch die grellen Sonnenreflexe auf dem blanken weißen Marmor. Jahāngīrs eigenes Grab in Shāhadra bei Lahore steht in einem schönen Garten, ist aber leider architektonisch enttäuschend.

Als Shāhjahān begann, den berühmten Tāj Mahal am linken Ufer des Jumna in Agra für seine geliebte Frau, Mumtāz Mahal (gest. 1040/1631), zu bauen, waren die wesentlichen Züge eines Gartengrabes schon entwickelt. Das weiße Marmorgrab spiegelt sich in einem langen schmalen Teich; an der Rückseite blickt man von einer hohen Terrasse zum Jumna hinab. Vier Minarette mit Marmorverkleidungen, von schwarzen Steinen unterbrochen, begrenzen das Grab, das von einer hoch aufragenden Kuppel beherrscht wird. Sie erhebt sich aus einem breiten schlichten Band mit konventionellen Blumenmustern als Rahmung. Die Kuppel schwillt leicht an, bevor sie in der vergoldeten Bronzespitze gipfelt, die die ursprüngliche goldene Bekrönung ersetzt. Das Grab selbst ist quadratisch, mit abgeschrägten Ecken, in die sich zwei breite Bögen öffnen. Ein elegantes fast 2,5 m hohes Marmorgitter umgibt die schön geschnittenen Marmorkenotaphe der Kaiserin und ihres Gatten. Die hemisphärische Decke ist eigentlich das Innere einer zweiten inneren Kuppel. Die Außenmauern, die Kenotaphe und die sie umgebenden Gitter sind mit traditionellen indo-persischen Blattmustern in feinstem *pietra dura*-Werk ausgeführt.

Shāhjahāns Jāmi' Masjid in der sogenannten Siebten Stadt von Delhi (Shāhjahānābād, jetzt Alt-Delhi) steht ebenfalls auf einer hohen Plattform. Mächtige Pfeiler stützen den Gebetsraum, über dem sich drei blendend weiße Kuppeln wölben. Von hinten gesehen, über die rote Mauer, die in Felder mit gezackten Bögen in flachem Relief eingeteilt ist, bieten die Kuppeln einen höchst eindrucksvollen Anblick. Der Motī Masjid, der ebenfalls von Shāhjahān erbaut wurde, im Agra-Fort liegt und ganz aus weißem Marmor besteht, besitzt nicht die gefälligen Proportionen der Moschee von Delhi. Eine winzige Marmormoschee, die Awrangzīb in der Festung von Delhi errichten ließ, ist zwar reizend, deutet aber mit der größeren Rundheit ihrer Kuppel auf den nahe bevorstehenden Verfall der Moghul-Architektur hin.

In seiner neuen Festung in Delhi gelang Shāhjahān ein sehr befriedigendes Ensemble von Palastbauten, die entlang der östlichen Mauer des Forts mit Blick auf den Jumna angeordnet sind. Dennoch war Awrangzīb kein Erbauer von Palästen. Im XII./18. Jahrhundert plünderten die Jāts die Paläste von Agra, um mit dem Material ihre eigenen Paläste in Bharatpūr und Dīg zu errichten. Die architektonischen Traditionen der Moghuln lebten an den Höfen von Oudh, in Faydābād und Lucknow wieder auf, allerdings in einer weniger glänzenden Form. Die Herrscher von Oudh überschwemmten Lucknow mit interessanten religiösen Monumenten und Palästen, wobei anstelle von Stein und Marmor Ziegel und Mörtel verwandt wurden.

Die Kunst der Miniatur

Aus der Zeit des Sultanats von Delhi haben sich keine Malereien erhalten, aber nach literarischen Quellen folgten die Ghaznawiden den Traditionen der Umayyaden, die ihre Paläste in entlegenen Wüstengegenden mit Wandmalereien schmückten. Auf den Wänden im Palast des Iltutmish waren Tiere und menschliche Figuren abgebildet, und Malereien dieser Art entstanden auch weiterhin unter den Sultanen von Delhi. Die Tradition der Fresken von Ajanta ist niemals ganz erloschen. Schwache Umrisse sind noch auf den Wänden im Pavillon in Rām Bāgh in Agra, im Schlafzimmer Akbars und außerdem in Maryams Haus in Fathpūr-Sīkrī zu erkennen.

Das früheste erhaltene illustrierte Buch stammt aus der Zeit eines unabhängigen Sultans von Mālwa. In der Folgezeit war besonders Humāyūn an der Malerei interessiert. Trotz seiner geringen Mittel konnte er einige bedeutende persische Maler an seinen Hof in Kabul ziehen, die im Stil des berühmten Bihzād geschult waren. Obwohl Akbar niemals Lesen und Schreiben gelernt hatte, zeigt ihn eine Miniatur der Gulistān-Bibliothek in Teheran als jungen Mann, wie er ein von ihm selbst gemaltes Bild seinem Vater Humāyūn überreicht.

Um 975/1567 beauftragte Akbar seine Künstler, eine illustrierte Kopie des *Hamza-nāma* vorzubereiten, der Geschichte der legendären Taten des Abenteurers Hamza ibn 'Abdallāh von Sīstān, der unter Hārūn ar-Rashīd lebte. Ein Team von hundert Malern, Vergoldern und Buchbindern wurde unter der Aufsicht der persischen Maler Sayyid 'Alī und 'Abd as-Samad aus der Schule Bihzāds für diese Aufgabe verpflichtet. Das zwölfbändige Werk enthielt nicht weniger als 1004 illustrierte Abschnitte. Die erhaltenen Seiten, die jetzt in verschiedenen Bibliotheken des Westens und Ostens verstreut sind, haben eine Größe von 68,5 mal 50,8 cm. Die Malereien sollten in dem Stil gehalten sein, den Bihzāds Schüler verwendeten. Da bis zur Vollendung des Werkes fünfzehn Jahre vergingen, stellen die späteren Teile, spezifisch indisch bis in die Kostüme, Bauten und Pflanzen hinein, eine moghulisch-rajputische Synthese dar.

Der persische Stil bildete lediglich den Ausgangspunkt für die Moghulmalerei, die ihren eigenen Charakter durch die begabten einheimischen Maler erhielt, bei deren Entdeckung Akbar so erfolgreich war.

Zu den hervorragendsten Malern zur Zeit Akbars gehörte Daswanth, der Sohn eines Töpfers. Akbar übergab ihn um 983/1575 der Leitung von ʿAbd as-Samad. Sein Werk ist in illustrierten Manuskripten der persischen Fassung des *Mahābhārata* erhalten, die sich heute im Besitz des Maharajah von Jaipur befinden.

Ebenso begabt war Basāwan, der sich nach Abū ʾl-Fadl im Vorbereiten von Hintergründen, Zeichnen von Gesichtszügen, Verteilen der Farben, in der Porträtmalerei und in anderen Kunstzweigen auszeichnete. Von den mehr als hundert Malern Akbars erwähnt Abū ʾl-Fadl allein dreißig hinduistische und fünf muslimische Künstler mit Namen, aber die Signaturen auf den Illustrationen dieser Periode schließen auch viele hinduistische Namen – aus Gujerat, Gwalior und Kaschmir – ein, die nicht in Abū ʾl-Fadls Liste der Hofmaler enthalten sind. Diese Künstler illustrierten Werke wie die persische Übersetzung des *Mahābhārata* und des *Ramāyana,* wie *Kalīla wa-Dimna, Akbar-nāma* und andere, und waren die Begründer der Moghul-Malschule.

Lange vor dem Ende der Regierung Akbars lernten die Hofmaler europäische Miniatur- und Porträtmalerei kennen. Der *Dāstān-i Ahwāl i-Hawāriyān,* eine persische Version der Apostelgeschichte, die Jahāngīr von Pater Jerome Xavier 1016/1607 überreicht wurde, erhielt später in Indien Illustrationen in italienischem Stil. Jahāngīr ermutigte seine Künstler, Europäer zu kopieren. Sir Thomas Roe, der Gesandte König Jakobs I., schenkte dem Kaiser eine Miniatur von Isaac Oliver, dem damals größten Vertreter dieser Kunstgattung in England. Jahāngīr ließ mehrere Kopien durch seine Künstler herstellen. Europäische Schatten- und Helldunkelwirkung begannen die flache und formelhafte Art der Figuren früher persischer Maler zu ersetzen; ein Gefühl für Realismus bestimmt die Moghulmalerei des späten X./16. und frühen XI./17. Jahrhunderts. Miskīn, der 1004/1595 die Geschichte von der ‚untreuen Frau‘ in Jāmīs *Bahāristān* illustrierte, ließ sich stark von den italienischen Malern des X./16. Jahrhunderts beeinflussen.

Zu Beginn des folgenden Jahrhunderts illustrierten Basāwan, Miskīn, Lāl, Kēsu, Mādhu und Ikhlās das *Akbar-nāma*-Manuskript. Eine der hervorragendsten Miniaturen daraus stellt Akbar dar, wie er 975/1567 auf seinem Elefanten den Ganges durchschwimmt. Akbar besaß auch Porträts, die ihn selbst und seine Adligen darstellten.

Während der Regierung Jahāngīrs gab die Synthese von einheimischen, persischen und europäischen künstlerischen Tendenzen der Moghulmalerei einen spezifischen Charakter. Unter den Malern jener Zeit waren Abū ʾl-Hasan, Manohar, Bishun Dās, Gowardhan, Mansūr und Dawlat die bedeutendsten. Die Ganzfigurenporträts aus Jahāngīrs Zeit sind besonders fein ausgeführt.

Porträts von seltenen Tieren und Vögeln waren die Spezialität Mansūrs. Pidārath und ʿInāyat malten die tierische und pflanzliche Welt. Einige aufregende Momente während Jahāngīrs Jagdabenteuern sind ebenfalls in Illustrationen festgehalten.

Einige der großen Maler aus der Zeit Jahāngīrs dienten auch Shāhjahān. Während seiner Regierungsperiode waren die bedeutendsten Maler Chaturman, Manohar, Muhammad Nādir Samarqandī, Mīr Hāshim und Muhammad Faqīr Allāh Khān. Die Kunst der Farbe wurde

Fīrūz Shāh, ein Sultan der vormongolischen Tughluq-Dynastie, ließ einen 50 Tonnen schweren Aśoka-Pfeiler von Topra nach Delhi bringen, eine beachtliche technische Leistung. Diese zeitgenössische Illustration zeigt den Mechanismus, mit dem der Pfeiler aus seiner ursprünglichen Position gebracht wird. (3)

weiter verbessert; man bevorzugte Themen des täglichen Lebens, wie Gruppen von jovialen Dienern, Tänzer, Konzerte und Feuerwerke.

Ein Bild des Awrangzīb zeigt ihn zu Pferde, mit dem typischen Glorienschein um das Haupt, während ein Heiliger ihm ein Schwert reicht. Dennoch herrscht in der Kunst dieser Periode Stagnation. Um 1080/1669 setzte Awrangzīb der kaiserlichen Protektion der Maler ein Ende; alle Wandgemälde in den kaiserlichen Palästen und Gartenhäusern wurden mit Gips überzogen.

Ein goldenes Zeitalter islamischer Wissenschaft

Die großen architektonischen Denkmäler der indischen Muslime zeigen, daß sie die westasiatischen Entwicklungen auf den Gebieten des Maschinenbaus, der Mechanik, der Hydrostatik und der Technologie kannten. Dreizehn Illustrationen in der *Sīrat-i Fīrūz Shāhī,* die unter Fīrūz Shāh geschrieben wurde, erläutern die mechanischen Erfindungen wie Kran und Flaschenzug, die zum Transport eines riesigen, von Aśoka erbauten Steinpfeilers von Topra, zwischen Ambala und Sirsa, nach Fīrūzābād benutzt wurden. Dieser große Monolith wurde in Kotla

Fīrūz Shāh (Delhi) auf der Spitze eines riesigen pyramidenähnlichen Aufbaus wiedererrichtet.

Während der Herrschaft des Sultans Nāsir Shāh (906–17/1500–11) von Mālwa fertigte Muhammad ibn Dā'ūd eine persische Übersetzung einiger arabischer Bücher an, in denen er, auch mit Hilfe von Illustrationen, verschiedene Typen von Maschinen erklärte.

Pater Monserrate sah Akbar persönlich an Maschinen arbeiten und neue mechanische Erfindungen leiten. An jedem Neujahrstag und bei anderen zeremoniellen Gelegenheiten führte Hakīm Fath Allāh (gest. 997/1589), ein führender Astronom, Wissenschaftler und Philosoph aus Shīrāz, seine neuen mechanischen Erfindungen vor. Er schrieb auch Bücher, in denen er Entwürfe, Begriffe und die Stärke der Bewegung erörterte.

Die indischen Muslime folgten auch der westasiatischen Einteilung der Mathematik in Algebra, Geometrie und Astronomie, wobei die einzelnen Gruppen oft vermischt wurden. Sie übersetzten Sanskrit-Werke über alle Zweige der Mathematik, fanden es aber trotz einiger origineller Beiträge schwierig, die verschiedenen Ideen erfolgreich mit persisch-arabischen Werken zu verbinden.

Fortschrittliche mathematische Texte enthielt die arabische Übersetzung der *Elemente* Euklids von Nasīr ad-Dīn Muhammad at-Tūsī (597–672/1201–74) und die persische Übersetzung von seinem Schüler Qutb ad-Dīn Mahmūd Shīrāzī (gest. 710/1311). Gestützt auf die genannten Übersetzungen und auf at-Tūsīs Originalwerke über Mathematik, schrieb Hājjī 'Abd al-Hamīd Muharrir Ghaznavī den *Dastūr al-Albāb fī 'Ilm al-Hisāb*, den er 760/1358–59, also etwa 26 Jahre später, vervollständigte.

Faydī (954–1001/1547–92), Abū 'l-Fadls Bruder und Akbars Hofpoet, übersetzte das Sanskrit-Werk *Lilāvatī* von Bhaskaracharya (508–56/1114–60) im Jahre 995/1587. Es legt algebraische und arithmetische Theorien als Probleme dar, die einem schönen Mädchen in der Sprache von Bienen und Blumen gestellt wurden. Die Übersetzung war ein großer Erfolg und veranlaßte 'Atā' Allāh Rushdī, 1044/1634–35 auch den Rest von Bhaskaracharyas Werken über Algebra und Meßkunst zu übertragen.

Das Studium der Werke von Nasīr ad-Dīn at-Tūsī und Bahā' ad-Dīn Muhammad ibn Husayn al-'Āmilī (953–1030/1547–1621) und die oben erwähnten Sanskrit-Übersetzungen regten Ustād Ahmad Mi'mār-i Lāhawrī (gest. 1059/1649) und seine drei Söhne 'Atā' Allāh Rushdī, Lutf Allāh Muhandis und Nūr Allāh sowie seinen Enkel Imām ad-Dīn Riyādī ibn Lutf Allāh zu einigen originellen Versuchen über Mathematik an. Ustād Ahmad Mi'mār war der Architekt des Tāj Mahal und des Roten Forts. Die Inschriften an dem Jāmi' Masjid und am Tāj Mahal wurden nach den Zeichnungen von Nūr Allāh angefertigt. Ustād Ahmads Söhne und Enkel waren begabte Maschinenbauer und Mathematiker.

Im Bereich der Astronomie gelang es den Muslimen nicht, die originalen Beiträge von al-Bīrūnī zu verbessern, der eine kritische Studie über Ptolemäus und über persische Werke und solche in Sanskrit verfaßte. Indische Muslime studierten die arabischen und persischen Übersetzungen vom *Centiloquium* des Ptolemäus und waren von der Bedeutung der arabischen Übersetzung der *Megalē syntaxis* sehr beeindruckt, die ein System der Astronomie und Trigonometrie begründete, in der arabischen Fassung *al-Majistī* genannt. Die älteste astronomische Tabelle, die unter den Delhi-Sultanen entstand, *Zīj-i Nāsirī* von Mahmūd ibn 'Umar, war dem Sultan Nāsir ad-Dīn Mahmūd gewidmet. Als Fīrūz Shāh Tughluq regierte, wurde das *Brihat-samhitā* des Varāhamihra, das al-Bīrūnī bereits ins Arabische übersetzt hatte, ins Persische übertragen.

Das Studium der verschiedenen Typen von Astrolabien basierte auf dem *Bīst Bāb dar Asturlāb* des Mathematikers und Astronomen Nasīr ad-Dīn at-Tūsī und auf Qutb ad-Dīn Mahmūd Shīrāzī. Bahā' ad-Dīn 'Āmilīs Einfluß war ebenfalls beachtlich. Ulugh Beg ibn Shāhrukh (850–53/1447–49), einer der tīmūridischen Herrscher von Samarkand, hatte vielerlei Interessen. Er versammelte eine glänzende Schar von Astronomen um sich, die ihm bei der Aufbereitung astronomischer Tabellen halfen. Kaiser Humāyūn erbte die Traditionen seiner Vorfahren und erfand einige neue Modelle von Astrolabien. Shāhjahāns Astronom, Farīd ad-Dīn Mas'ūd (gest. 1039/1629), vervollständigte astronomische Tabellen, die auf denen des Ulugh Beg basierten, und schrieb 1006/1597 die astronomische Abhandlung *Sirāj al-istikhrāj*. Muhammad Fādil widmete Shāhjahān sein 1046/1636–37 vollendetes *Majma' al-fadā' il*. Der wichtigste Beitrag zur Astronomie in damaliger Zeit, die astronomischen Tabellen *Zīj-i jadīd-i Muhammad Shāhī*, wurden 1140/1728 vervollständigt; dieses Projekt stand unter der Leitung von Rajah Jai Singh Sawā'ī und erfreute sich der Schirmherrschaft des Kaisers Muhammad Shāh (1131–61/1719–48). Muslimische, brahmanische und europäische Astronomen arbeiteten mit Rajah Jai Singh zusammen, und man konstruierte einige neue astronomische Instrumente. Abū 'l-Khayr, ein Sohn von Lutf Allāh, betätigte sich als Ratgeber beim Rajah, als das Observatorium in Delhi errichtet wurde. Einige Astronomen reisten nach Europa, um sich dort zu informieren.

Die Medizin fand ihre theoretische Basis, in Indien bekannt als *Yūnānī* ('griechisch'), in dem Werk des Persers Abū Muhammad ibn Zakariyā' ar-Rāzī (gest. 313/925) und im *Qānūn fī 'l-tibb* ('Kanon der Medizin') von Ibn Sīnā (Avicenna (370–428/980–1037). Diese befaßten sich eingehend mit Chemie, Pharmakologie und sogar Alchemie. Das volkstümlichste Handbuch der indischen medizinischen Praxis zwischen dem VI./12. und IX./15. Jahrhundert mit dem Titel *Dhakhīra-i Khwārāzmshāhī*, stammte von Zayn ad-Dīn Abū Ibrāhīm Ismā'īl. Der Autor lebte in der Zeit des seldschukischen Herrschers von Khwārazm, der als Arslān Tegin (491–521/1098–1127) bekannt ist. Er charakterisiert die Medizin, erläutert ihre Nützlichkeit und beschäftigt sich mit dem Bau und den Fähigkeiten des menschlichen Körpers. Ein anderes ausführlicheres Werk von Zayn ad-Dīn war sein *Aghrād at-tibb*. Zum arabischen *Ashāb wa' l-'alāmāt* von Najīb ad-Dīn Abū Hāmid aus Samarkand (gest. 619/1222) gab es eine erweiterte Übersetzung von Nafīs ibn 'Iwad Kirmānī aus dem Jahre 827/1424 mit dem Titel *Tibb-i Akbarī*. Sie war bei den praktizierenden Ärzten Indiens ebenfalls sehr beliebt. Mansūr ibn Muhammad schrieb im VIII./14. Jahrhundert eine Abhandlung über Anatomie. Er wanderte von Fārs nach Kaschmir, wo er seine *Kifāya-i mujāhidiyya* verfaßte. Yūsuf ibn Muhammad aus Herat, der Sekretär Humāyūns

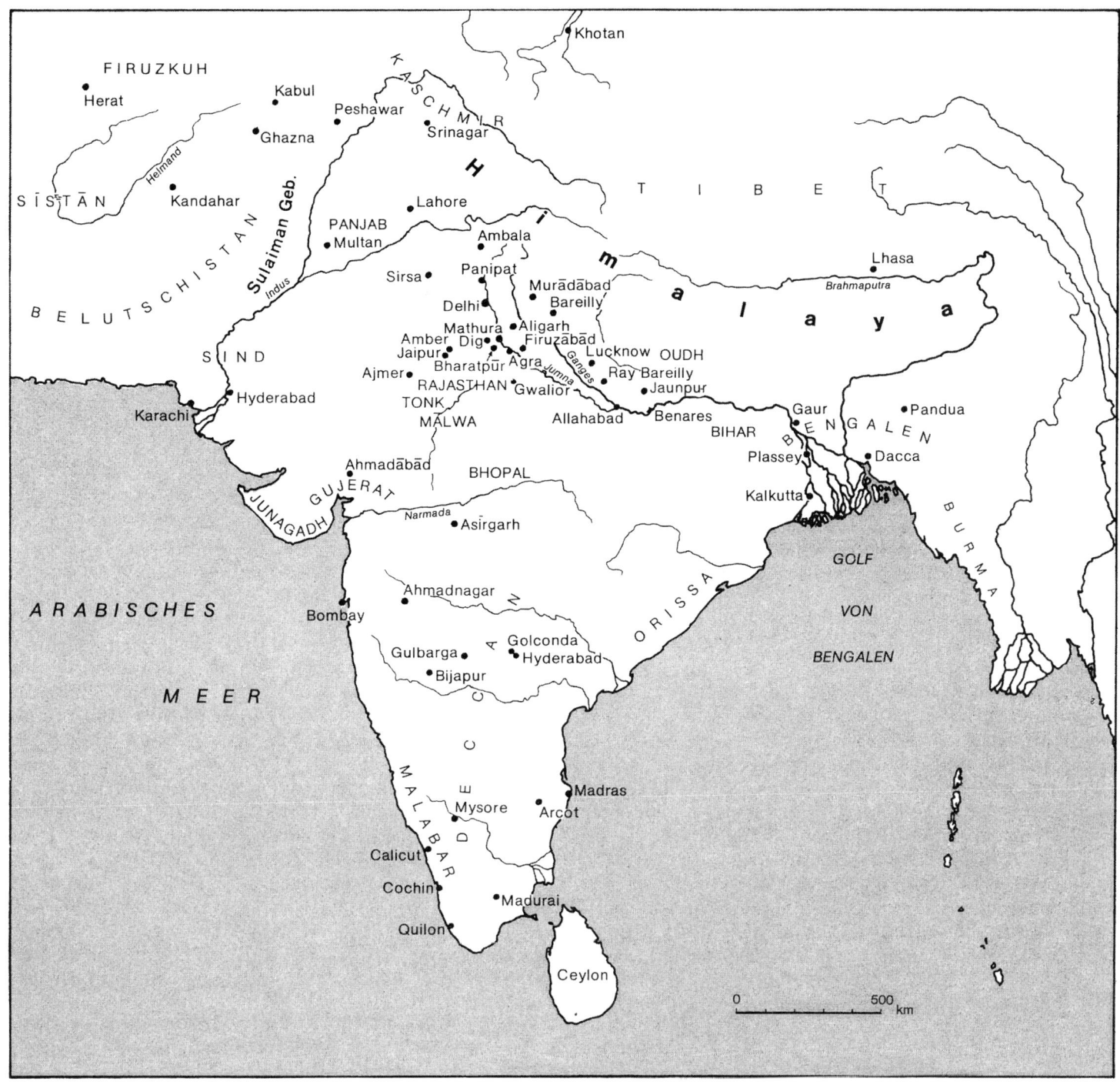

Indien: Stätten, Bezirke und natürliche Gegebenheiten. (4)

schließlich stellte ein Buch über Verordnungen und Heilmittel für alle Krankheiten zusammen.

Miyān Bhuwā ibn Khawāss Khān, einer der Minister des Sultans Sikandar Lodī, schrieb *Ma' dan ash-Shifā'-i Sikandarshāhī*, worin er die aus islamischen und Sanskrit-Texten gewonnenen medizinischen Kenntnisse miteinander verschmolz. Eine andere Mischung von einheimischer indischer und Yūnānī-Medizin findet sich im *Dastūr al-atibbā'* des Historikers Muhammad Qāsim Hindūshāh, bekannt auch als Firishta (gest. 1033/1624). Ein Neffe von Abū 'l-Fadl, Nūr ad-Dīn Muhammad 'Abdallāh, schrieb einen Traktat über Kräuter und Arzneien, deren Bezeichnungen er aus zehn Sprachen entlehnte. Er bekam den Titel *Alfāz-i adwiya* und war Shāhjahān gewidmet.

Der Zusammenstoß mit dem Westen

Die Ankunft der Portugiesen machte sich am nachhaltigsten durch ihren starken Einfluß auf die indischen Sprachen in den Küstengegenden bemerkbar. Anderseits regten jesuitische Missionare Akbars Interesse an Portugal und dem Christentum an; aber in ihrem missionarischen Eifer vereitelten sie Akbars Anstrengungen, westliche philosophische Werke in persischer Übersetzung zu erhalten. Später waren viele Adlige an den Höfen Jahāngīrs und Shāhjahāns imstande, westliche Philosophie und Religion mit englischen und französischen Kaufleuten und Abenteurern zu diskutieren.

Während der Verlust der politischen Macht in Bengalen natürlich ein großer Schock für die Muslime war, zog die Madrasa von Kalkutta, 1781 von dem Generalstatthalter Warren Hastings (1774–85) gegründet, begabte Lehrer an und bildete tüchtige muslimische Beamte für den Rechtsdienst aus. Unter der Schirmherrschaft der Ostindischen Kompanie schrieben viele muslimische Gelehrte historische und mathematische Werke; und Muslime dienten auch in der Armee der Ostindischen Kompanie. Das 1800 eingerichtete Fort William College war ein Treffpunkt für einige der besten muslimischen Gelehrten in Indien.

Das ‚Permanent Settlement of Bengal‘ von 1793, das Lord Cornwallis (1786–93) geplant hatte, bestätigte die Verdrängung der muslimischen Grundeigentümer zugunsten der Kaufmannschaft von Kalkutta, die durch und durch hinduistisch war. Wenn auch die muslimischen oberen Klassen allmählich verarmten und geschwächt wurden, gewannen doch fähige muslimische Rechtsanwälte am Ende die Oberhand über ihre hinduistischen Gegner, wenigstens im juristischen Bereich. Was die Muslime im zweiten Viertel des 19. Jahrhunderts in den Hintergrund drängte, war der Mangel an Gelegenheiten zu einer besseren englischen Ausbildung.

1857/58 kam es in Indien zu einem Aufstand, den enteignete Mitglieder der muslimischen und hinduistischen Landbesitzer-Klassen und Abenteurer aus den beiden Religionsgemeinschaften leiteten. Sie waren der Ausrüstung und Disziplin der Briten nicht gewachsen, und das Scheitern des Aufstandes war bald abzusehen.

Eine neue Synthese

Nach der Unterdrückung der Meuterei begann die britische Regierung in Indien, ihre Angelegenheiten im Namen der Britischen Krone zu betreiben. Die führende Klasse, die bei der Rebellion eine Rolle gespielt hatte, wurde nun von solchen Männern abgelöst, die sich loyal verhalten hatten. Diese neue muslimische Elite betrachtete den Reformer Sayyid Ahmad Khān (1817–98) als ihren aufrichtigen Freund und Ratgeber.

Nach der Unterdrückung des Aufstandes schrieb Sayyid Ahmad Khān zwei bedeutende Werke in der Absicht, Mißverständnisse der Briten gegenüber den Muslimen aufzuklären. Sein erstes Werk war eine Analyse der Ursachen des Aufstandes, wobei er die meiste Schuld den Missionaren zuschrieb, weil sie in ihrer Kurzsichtigkeit die Inder gefühlsmäßig ihren Herren entfremdet hätten. Sein zweites Buch, *Loyale Mohammedaner in Indien,* wollte die muslimische Redlichkeit den Briten gegenüber beweisen.

Sayyid Ahmad Khāns religiöse Werke und Essays griffen erbittert die orthodoxe muslimische Theorie vom *tashabbuh bi’ l-kufr* (‚einem Ungläubigen ähnlich‘) an. Gemäß dieser Theorie wurde jeder, der sich westlich kleidete oder in westlicher Art mit Messer und Gabel aß, als ein Ungläubiger behandelt. Er betonte nachdrücklich die Notwendigkeit eines auf modernen westlichen Ideen gegründeten *kalām.* 1869/70 besuchte er England und gründete acht Jahre später das Mohammedanische Anglo-Orientalische Kolleg in Aligarh. 1878 wurde er zum

Mitglied des Vizeköniglichen Gesetzgebenden Rates ernannt, und zehn Jahre später geadelt. Von 1887 bis zu seinem Tode kämpfte er ständig gegen den Indischen Nationalkongreß und riet den Muslimen, sich von der Politik fernzuhalten, eine höhere englische Erziehung anzustreben und die Vorteile einer festen Loyalität gegenüber den Briten wahrzunehmen.

Um Sayyid Ahmad Khān sammelte sich eine glänzende Schar muslimischer Gelehrter und Anhänger der Urdu-Sprache in den Regionen bei Delhi und Aligarh. Doch Parteigänger des Indischen Nationalkongresses, zum Beispiel der große Nationalist Badr ad-Dīn Tyabjī (1844–1906) in Bombay, waren Gegner seiner Auffassung und bezichtigten ihn einer reaktionären Haltung. In Kalkutta widersprach Sayyid Amīr ‘Alī (1849–1928), der das berühmte Buch *Der Geist des Islam* schrieb, ihm zwar nicht offen, war aber doch dafür, daß die Muslime sich ihre eigene politische Plattform in Opposition zum Indischen Nationalkongreß schüfen.

Im frühen 20. Jahrhundert setzte die Bewegung für eine stärkere indische Repräsentation in der Regierung ein und machte die englisch erzogenen Muslime politisch bewußter. Trotzdem blieb die muslimische Führung in der Hand der Gutsherren und der vermögenden Leute aus dem Bereich der Urdu-Sprache. Im Dezember 1906 wurden die Grundlagen der Muslimischen Liga gelegt, und 1908 wählte man Nizārī Ismā‘īlī Āghā Khān zu ihrem ständigen Präsidenten. Schließlich gelang es der Muslimischen Liga unter der Leitung von Muhammad ‘Alī Jinnah (1876–1948), einem anderen Ismā‘īlī (aus Bombay), den Weg zu einer ‚unabhängigen Heimat für indische Muslime‘ zu bahnen, die ‚Pakistan‘ genannt wurde. Das Konzept von Pakistan wurde erstmals von dem Dichter und Philosophen Sir Muhammad Iqbāl (1876–1938) entworfen.

Iqbāl schrieb Persisch und Urdu. Seine persische Dichtung galt einer gebildeten muslimischen Leserschaft in Iran und Indien. Sein größtes Werk war das *Jāwīd-nāma* (‚Pilgerschaft zur Ewigkeit‘). Seine Urdu-*Mathnawīs* und kurzen Dichtungen sollten den ‚islamischen Dynamismus‘ unter der nicht Persisch sprechenden muslimischen Elite anregen.

Iqbāl schöpfte aus islamischen und westlichen Quellen. Dichter und Philosoph in einer Person, brachte er Einzigartiges hervor. Er glaubte, daß ‚westliche Republikanismen und ihre verfassungsmäßigen Körperschaften, Reformen, Privilegien und Rechte‘ nicht ‚die Feen der Freiheit‘ seien, sondern ein ‚Kaiserismus‘, in dem der ‚Dämon der Ausbeutung im republikanischen Gewand tanzte‘. Eine große Zahl der Muslime betrachtet Iqbāl als den Vater des ‚islamischen Sozialismus‘. Seine Anschauung vom russischen Kommunismus als einer Art weltlicher Entsprechung zum Islam war damals unzeitgemäß und ist heute vielleicht noch unzeitgemäßer. Aber die Frage nach der Zukunft des Islam im Subkontinent beschäftigt unabweisbar jeden, der die tausendjährige Vergangenheit des Islam studiert hat.

Als ein Zeichen des türkischen Sieges über Indien begann Qutb ad-Dīn Aybak 588/1192 mit dem Bau des großen Qutb Mīnār (gegenüber). Er wurde von einheimischen Hindu-Handwerkern errichtet, vereint koranische Inschriften mit indischen floralen Mustern und übertrumpfte alle anderen Siegestürme in der islamischen Welt. Man benutzte ihn auch als *ma’dhana,* als Minarett, von dem die Muslime zum Gebet gerufen wurden. (1)

In der Moghulkunst spiegeln sich die vielen Sympathien, welche die Herrscher Indiens mit Persien, dem Hinduismus und sogar mit Europa verbanden. Zu dem unendlichen Phantasiereichtum bei der Erfindung flacher Muster, der dem Islam überhaupt eigen ist, kommt ein unverwechselbar indisches Gefühl für Raumtiefe und Schattenwirkung, so in den durchbrochenen Steingittern in Gujerat aus dem frühen IX./15. Jh. Hier waren die

Handwerker Hindus oder Jainas. Ihre Kunst wurde von den Moghuln aufgenommen, die Werke wie das Marmorgitter am Grab Salīm Chishtīs in Fathpūr-Sīkrī (oben) schufen. Akbar glaubte, daß er den Gebeten dieses heiligen Mannes seinen Sohn Salīm (den späteren Herrscher Jahāngīr) verdanke. Die Gitter begrenzen mit ihren herrlichen Schattenmustern die Veranden, die das Grab einschließen. (2)

Ein majestätisches Grab ließ sich der Sultan Ghiyāth ad-Dīn Tughluq in Multan errichten (rechts). Es hat einen oktogonalen Grundriß und schräg nach innen aufsteigende Wände aus gemeißelten Ziegeln und glasierten Kacheln. Schließlich barg es nicht den Leichnam des Sultans, sondern des Sūfī Shaykh Rukn ad-Dīn Multānī (gest. 735/1334), dessen Großvater den sūfischen Suhrawardī-Orden gründete. (4)

Der Tāj Mahal (begonnen 1041–1631) ist sowohl in der Gesamtkonzeption als auch im technischen Detail ein Meisterwerk. Hier ein kleiner Teil des *pietra dura*-Mosaiks in traditionellen indo-persischen Formen (unten). (3)

Akbar baute Fathpūr-Sīkrī als neue Hauptstadt, 35 Kilometer von Agra entfernt. Die Paläste, deren Bau 979/1571 begann, wurden unter der persönlichen Aufsicht des Herrschers in einem Jahr fertiggestellt. Rechts: Blick vom Panch Mahal (fünfstöckiger Turm) in den Palastkomplex. (5)

Die Moghuldynastie gelangte im frühen X./16. Jh. zur Macht und behielt sie bis zur Eroberung durch die Briten. Sie war die reichste und kulturell fruchtbarste islamische Dynastie Indiens, wenn auch hauptsächlich nur unter den drei Herrschern Akbar, Jahāngīr und Shāhjāhān.

Der Gründer war Bābur (links, spätere Miniatur von etwa 1019/1610), der väterlicherseits von Tamerlan und mütterlicherseits von Dschingis Khān abstammte. Ursprünglich besaß er nur ein kleines Fürstentum in der heutigen Gegend von Tashkent, aber im Laufe seines kurzen Lebens von nur 47 Jahren machte er sich ein Reich von Kabul bis Bihar untertan. (6)

Jahāngīr verfolgte nach Akbars Tod 1014/1605 dessen Politik unverändert weiter, obwohl er zu Lebzeiten seines Vaters gegen ihn rebelliert hatte. Auf der Miniatur (oben) sieht man ihn mit dem Porträt Akbars. (7)

Akbar, Bāburs Enkel, ist die Schlüsselfigur in der Geschichte der Moghuln und eine der großen Herrschergestalten der Weltgeschichte. Seine Enttäuschung über die muslimische religiöse Führungsschicht veranlaßte ihn, nach der Wahrheit in allen Religionen einschließlich des Christentums zu suchen. Sein Glaube erhielt dadurch etwas Universelles. (8)

Freundschaft und Reibereien zwischen Moghuln und Persern sind bleibende Themen ihrer Geschichte, vielleicht weil sie kulturell so vieles verbindet. Ein Streitobjekt war Kandahar wegen seiner strategischen und wirtschaftlichen Bedeutung. Die Miniatur (links) schildert einen fiktiven permanenten Frieden zwischen beiden Ländern: Jahāngīr thront neben dem Safawiden Shāh 'Abbās I., begleitet von Asaf Khān, dem Bruder der Königin, Nūr Jahān (links) und Khan-i 'Alam (rechts), dem Gesandten der Moghuln in Persien. (9)

Shāhjāhan (oben), Sohn des Jahāngīr, hier dargestellt als Löwentöter, war ein weitschauender Staatsmann und Bauherr. Er gründete bei Delhi eine neue Stadt, Shāhjahānābād und ließ den Tāj Mahal für seine Lieblingsfrau errichten. Er starb als Gefangener seines Sohnes Awrangzīb. (10)

Aus allen Teilen der Welt strömten Besucher, Diplomaten und Missionare zum Hof der Moghuln. Dieser Bildausschnitt zeigt den englischen Gesandten Sir Thomas Roe mit anderen während eines Empfangs bei Jahāngīr. (11)

Die Miniaturmalerei war eigentlich das Werk Akbars, der Künstler aus Persien holte und seine eigenen Leute anhielt, jene nachzuahmen. Das Ergebnis war gleichwohl eigenständig. Links: Vollendung der Festung in Agra, aus dem *Akbar-nāma.* (12)

Künstler bei der Arbeit, ca. 1024/1615 (rechts). Etwa zur gleichen Zeit malte Sir Thomas Roe das Porträt von Jahāngīr mit der Miniatur des Isaac Oliver. Europäischer Einfluß wurde bald entscheidend. (14)

Akbar überquert den Ganges, eine von Akbars bekanntesten Heldentaten – auch eine Miniatur aus dem *Akbar-nāma,* 975/1567. (13)

Gärten gehörten bei den Moghuln, wie in allen islamischen Kulturen, zum angenehmen Leben. Sie bilden mit ihren Blumenkompositionen, schönen Bäumen und Wasseranlagen den Hintergrund vieler Hofszenen auf Miniaturen. Hier unterhält sich ein Prinz mit seinen Beratern. Ein Werk des Bichitr. (15)

Die Eroberung durch Europa war die letzte der vielen Niederlagen Indiens, die kürzeste, aber vielleicht die tiefste. Die moghulische Provinzialmacht wurde 1171/1757 in Plassey gebrochen. Den Muslimen ging es nicht anders als Jahrhunderte früher den Hindus; sie waren zwar entschlossen, ihre Kultur und Religion zu bewahren, aber politisch hilflos. Anfänglich herrschte sogar ein gewisser gegenseitiger Respekt. Links: Teetrinkende Europäerinnen, so wie Indien sie sich vorstellte. Unten: Mahādajī Sindhia von Gwalior bietet britischen Offizieren Unterhaltung mit tanzenden Mädchen, um 1790. Gleichwohl half ein hinduistischer Maratha-Führer, Mahādajī, dem Moghul-Herrscher Shāh ʿĀlam II. das Exil zu verlassen und den Thron seiner Vorfahren in Delhi 1186/1772 zu besteigen. (16, 17)

XIII

DER ISLAM HEUTE

Elie Kedourie

Dieses in Stein geschnittene Wappenschild aus dem 19. Jh. befindet sich im Topkapı Saray. Es feiert die militärische Macht und benutzt dabei unbemerkt und unbewußt europäische Symbole. (1)

Die letzten zwei Jahrhunderte sind für den Islam und die Muslime nicht gut verlaufen. Seit der letzten Hälfte des XII./18. Jahrhunderts wurden ihre Länder von nichtmuslimischen Europäern hart bedrängt. In Bengalen wurde aus der Britisch-Ostindischen Kompanie eine selbständige Regierung, die nach und nach die übrigen Teile des indischen Subkontinents unterwarf und die Autorität des Moghul-Herrschers von Delhi verdrängte. Ähnlich hatte die holländische Regierung, die 1800 die Besitztümer und Rechte der Niederländisch-Ostindischen Kompanie übernahm, in den dreißiger Jahren des 19. Jahrhunderts endgültig ihre Autorität auf Java gefestigt. 1830 fiel Frankreich in Algerien ein, eroberte schließlich nach etwa zwanzig Jahren Krieg das Land und öffnete es einer umfangreichen europäischen Kolonisierung. Zur gleichen Zeit annektierte Rußland alte muslimische Gebiete im Kaukasus und in Zentralasien und förderte ihre Besiedlung durch zahlreiche Nichtmuslime.

Bis in das 20. Jahrhundert wurden große uralte muslimische Territorien von Nichtmuslimen erobert oder kontrolliert. Zwischen 1865 und 1873 beseitigte das zaristische Rußland die Unabhängigkeit des zentralasiatischen Emirates von Khokand und errichtete über die beiden anderen Emirate von Chiva und Buchara ein Protektorat. Frankreich schuf 1881 ein Protektorat in Tunesien und hatte dort bald allein das Sagen. Die Briten besetzten 1882 Äypten und blieben dort de facto, wenn auch nicht formell, bis nach dem Ersten Weltkrieg die Herrscher. Die britische Besetzung in Ägypten führte nach einiger Zeit zu einem anglo-ägyptischen Kondominium im Sudan, in dem die Macht eindeutig in der Hand der Briten lag. Am Ende des 19. Jahrhunderts hatten die Holländer die Eingeborenen-Königreiche von Sumatra erobert und einen reichen und ausgedehnten Staat auf den Inseln des indonesischen Archipels gegründet. 1880 erkannten die muslimischen Herrscher des benachbarten Malaya die Briten als Schutzmacht an. Zu Beginn des 20. Jahrhunderts eroberte Italien Tripolitanien; die Franzosen errichteten ein Protektorat über den größeren Teil Marokkos, während die Spanier die Schutzherrschaft über den Rest des Sharīfischen Königreiches ausübten. Wie in Tunesien, so setzten auch in Marokko die Schutzmächte

zahlreiche Beamte ein, die das Land in Wirklichkeit regieren.

Die europäische Macht wirkte auf die muslimischen Staaten auch in anderer, indirekter Weise. Das britische Reich in Indien führte folgerichtig zur britischen Vorherrschaft im Persischen Golf und zur Kontrolle Adens und Hadramauts, ebenso zu einer bevorrechtigten Stellung in Südpersien. Ähnlich war auch das Osmanische Reich am Vorabend des Ersten Weltkrieges in Einflußzonen unter die europäischen Mächte aufgeteilt worden, und zwar durch informelle, jedoch wirksame Absprachen, die ihnen die Erhaltung des wirtschaftlichen und, wenn möglich, politischen Übergewichtes ermöglichten. Infolge dieser Expansion und des gleichzeitigen Verfalls osmanischer Macht begannen die Völker des Balkans nach politischer Unabhängigkeit zu streben. Diese Bestrebungen, mehr oder weniger tatkräftig von den europäischen Staaten unterstützt, führten schließlich zur Unabhängigkeit Griechenlands, Serbiens, Rumäniens und Bulgariens. Alle diese Länder besaßen eine große und alteingesessene muslimische Bevölkerung, deren Ansehen untergraben und deren Besitz und Leben in vielen Fällen gefährdet und zerstört wurde.

Die lange europäische Vorherrschaft erreichte ihren Höhepunkt während und nach dem Ersten Weltkrieg, in dem die Jungtürken das Osmanische Reich in den Untergang führten. Ende des Krieges waren Mesopotamien und die Levante von den Alliierten besetzt, britische Truppen lagen in Bagdad und Damaskus – in muslimischen Städten, die noch nie von Christen erobert worden waren. Die Nachwirkungen des Krieges und die bolschewistische Revolution führten 1920 zum endgültigen Untergang Chivas und Buscharas als selbständiger Einheiten und zur Eingliederung dieser Gebiete in die UdSSR.

Die europäische Expansion in der islamischen Welt und anderswo wird am häufigsten mit dem Begriff Imperialismus bezeichnet. Heute ist dieser Begriff allerdings wenig mehr als ein Schlagwort. Sein Ursprung liegt in der europäischen Politik und Geistesgeschichte und ist nur in seinem europäischen Zusammenhang verständlich. Die Muslime hätten ihn sicher nicht verstanden und ihn auch nicht für tauglich befunden, ihre mißliche Lage zu erklären. In ihren eigenen Denkkategorien wäre der Konflikt mit Europa, der mit so bedrückenden Niederlagen endete, als Auseinandersetzung zwischen Islam und Christentum betrachtet worden, als letzte Phase eines Kampfes, in dem Jahrhunderte hindurch zwei Welten, zwei militante Religionen einander gegenübergestanden und miteinander gerungen hatten.

In diesem Kampf, der sich seit der Entstehung des Islam hinzog, hatten die Muslime bemerkenswerte Erfolge erzielt. Freilich war Spanien verlorengegangen; doch die übrigen den Christen entrissenen Länder wurden unwiderruflich muslimisch, ja Kerngebiete des Islam. Der Großfürst von Moskau hatte sich zwar von der tatarischen Vorherrschaft befreit, doch andererseits besetzte das Osmanische Reich große christliche Gebiete auf dem Balkan und in Mitteleuropa und bedrohte Wien bis 1683. Militärische Erfolge und gesicherte Herrschaft hatten für die Muslime eine überzeitliche Bedeutung. Sie bewiesen, daß Muhammads Botschaft wahr war, daß Gott denjenigen gnädig war, die an ihn glaubten und auf seine Offenbarung hörten. Politischer Erfolg bestätigte den Islam, und der Verlauf der Weltgeschichte erwies die Wahrheit dieser Religion. Die Muslime kämpften, um die Grenzen des Islam zu erweitern und die Ungläubigen zu erniedrigen. Der Kampf war heilig, und der Lohn für die Gefallenen war ewige Glückseligkeit. Dieser Glaube, der ohne Zweifel durch die Geschichte bestätigt zu werden schien, erweckte in den Muslimen Selbstvertrauen und ein Gefühl der Überlegenheit. Daher mußten die vielen Niederlagen gegen das christliche Europa die Selbstachtung der Muslime untergraben und mit einer tiefen moralischen und intellektuellen Krise enden. Denn eine militärische Niederlage war nicht nur eine Niederlage im irdischen Sinn, sondern sie weckte auch Zweifel an der Wahrheit der muslimischen Offenbarung.

Bedrohung und Widerstand

Der Verlust an Selbstvertrauen, den eine lange Reihe von Rückschlägen und Niederlagen bewirkt hatte, wurde erst später offenkundig. Obwohl ein großes Mißverhältnis zwischen den militärischen und politischen Mitteln Europas und denen der islamischen Welt bestand, war der Widerstand gegen das europäische Vordringen in vielen Fällen sehr heftig, wendig und hartnäckig. Die französische Invasion in Algier rief den nationalen Widerstand wach, den die Eroberer nur schwer bezwingen konnten. Der bekannteste Führer dieser Opposition war der berühmte 'Abd al-Qādir aus Oran in Westalgerien. In den Kämpfen gegen die Franzosen zwischen 1833 und 1847, dem Jahr seiner Niederlage und Gefangennahme, folgten 'Abd al-Qādir viele Stämme. So brachte er große Gebiete nicht nur im Westen, sondern auch im Zentrum und im Osten unter seinen Einfluß. Die Franzosen sahen in ihm mehr als einen Guerillaführer und ließen sich mehrfach auf Verträge mit ihm ein, Verträge, die in vieler Hinsicht den Abkommen zwischen souveränen Staaten glichen. Auch 'Abd al-Qādir selbst fühlte sich nicht nur als Stammesführer. Von Anfang an setzten er und seine Anhänger sich zum Ziel, ein islamisches Staatswesen zu errichten (beziehungsweise zu restaurieren), dessen Imam 'Abd al-Qādir sein sollte. Nach dem Empfang der Huldigung *(bay'a)* sollte er verpflichtet sein, die Religion des Islam und ihre Bekenner zu schützen. Er bemühte sich tatsächlich, ein Gemeinwesen aufzubauen, welches die Stammesgrenzen überwand. Er versuchte, eine moderne Armee auszuheben, die allein ihm, dem Imam, und dem neuen Staatswesen ergeben war. Für diese Armee verfaßte 'Abd al-Qādir Ordnungsvorschriften, die die verschiedenen Ränge der Truppen, die Uniformen, den Sold und die Disziplin festsetzten, der sie unterworfen waren. Diese Heeresordnung beschrieb zum Schluß die Funktion 'Abd al-Qādirs selbst – gewiß ein idealisiertes Bild, dennoch bedeutsam, da es uns zeigt, wie sich 'Abd al-Qādir selbst verstand. Der Imam, so heißt es in der Heeresordnung,

bindet sich nicht an diese Welt, sondern enthält sich ihrer, soweit es sein Amt zuläßt. Er verschmäht Wohlstand und Reichtum. Er lebt einfach und bescheiden und kleidet sich schlicht. Er steht um Mitternacht auf, um seine und seiner Anhänger Seelen Gott anzuempfehlen. Das Fasten und das Gebet um die Vergebung seiner Sünden sind seine größte Erquickung.

Er ist unbestechlich. Er vergreift sich nie an den öffentlichen Mitteln. Alle Geschenke, die ihm gebracht werden, übergibt er dem Staatsschatz; denn er dient dem Staat, nicht sich selbst. Er ißt und trinkt und kleidet sich nur, wie die Religion es bestimmt. Wenn er Recht spricht, hört er mit größter Geduld die Beschwerden. Er hat immer ein Lächeln, um die, die sich an ihn wenden, zu ermutigen. Seine Entscheidungen entsprechen den Worten des heiligen Buches. Er haßt den, der nicht aufrichtig handelt; den aber, der streng die Gebote und Pflichten der Religion beachtet, ehrt er.

Von Jugend an konnte er das feurigste Pferd ohne Hilfe eines Lehrers besteigen; er flieht nie vor dem Feind, sondern erwartet ihn entschlossen. Auf dem Rückzug kämpft er wie ein einfacher Soldat, ist seinen Männern mit Wort und Tat ein Vorbild und teilt all ihre Gefahren. Er ist tapfer, selbstlos und fromm. Seine Predigt rührt jedermann zu Tränen und schmilzt die härtesten Herzen. Alle, die ihn hören, werden gute Muslime. Er erklärt die schwierigsten Stellen aus dem Koran und dem *hadīth*, ohne die Bücher der Gelehrten zu befragen. Die gelehrtesten Araber, die größten Weisen erkennen in ihm ihren Meister. Möge Gott den Adel seines Charakters, seine Weisheit, seine Gelehrsamkeit, seinen Verstand, seine Ehre, seinen Ruhm und Erfolg vertausendfachen!

Es ist unwesentlich, ob 'Abd al-Qādir wirklich so war, wie hier beschrieben. Viel interessanter ist, daß dies eine bewußte Rückkehr zu einfacher Frömmigkeit, Aufrichtigkeit, Gleichheit und Tapferkeit war, die, wie die Gläubigen meinten, den Islam unter dem Propheten und den rechtgeleiteten Kalifen kennzeichneten. 'Abd al-Qādir und seine Anhänger sahen bewußt eine Parallele zwischen der Gründung des islamischen Staates durch Muhammad und der Restauration durch 'Abd al-Qādir. Sein Sohn beschreibt in der umfangreichen Biographie, die er seinem Vater widmete, die Umstände, unter denen 'Abd al-Qādir in sein Amt eingesetzt wurde. 'Abd al-Qādirs Vater war der erste, der dem neuen Führer Treue schwor und ihm den Titel Nāsir ad-Dīn, Schützer der Religion, gab. Die Zeremonie fand, so erfahren wir, unter einem Baum statt, so glich sie deutlich jener früheren, als im sechsten Jahr der *hijra* die Muslime unter einem Baum Muhammad huldigten und ein Koranvers (48, 18) erklärte: 'Gott hat Wohlgefallen an den Gläubigen gefunden, als sie dir unter dem Baum huldigten. Er weiß, was sie im Herzen haben und gibt ihnen Frieden und belohnt sie mit einem nahen Erfolg.'

Am anderen Ende der islamischen Welt, in Dāghistān, bildete die Murīden-Bewegung einen hartnäckigen Widerstand gegen die russische Eroberung des Kaukasus. Die Führer dieser Bewegung waren Anhänger, *murīden*, des Naqshbandī-Ordens. Sie verkündeten den Primat der *sharī'a* und machten allen Muslimen zur Pflicht, diesen zu gewährleisten, indem sie die Ungläubigen bekämpften und sich ihrer Herrschaft widersetzten. Das Corps der Murīden bestand aus einer ausgesuchten Truppe, die wie eine religiöse Bruderschaft organisiert war. Dieser kleinen Kriegerschar gelang es, viele Dāghistānī-Stämme zum *jihād* gegen die russischen Eroberer zu gewinnen oder zu zwingen. Die Murīden konnten sich von 1830 bis 1859 trotz der wiederholten Angriffe behaupten, die die Russen mit allen militärischen und technischen Mitteln, die eine Großmacht besitzt, durchführten. Natürlich führten die Murīden im Gebirge Krieg, einem Gelände, das ihnen vertraut war, dennoch erstaunt die Dauer und Hartnäckigkeit ihres Widerstandes. Diese muß man der Solidarität, Bindekraft und dem Selbstvertrauen zuschreiben, die der Islam hervorbrachte und erhielt. Der religiöse Impuls war mächtig genug, der Bewegung eine rudimentäre politische Struktur zu verleihen, in der die Führer der Murīden von ihren Anhängern als Imame anerkannt wurden. Dieses religiös-politische Amt hatten nacheinander drei Führer inne, deren letzter, Shāmil, im Europa seiner Zeit sehr bekannt war.

Der Widerstand gegen das europäische Eindringen nahm noch andere, manchmal weniger ausdauernde, aber nicht weniger wichtige Formen an. Die Beeinträchtigung und Bedrohung, die dieses Eindringen darstellte, wurden in dem Aufkommen chiliastischer Erwartungen offenbar, die in der Verkündung eines Führers gipfelten, er sei der *mahdī* oder *sāhib as-sā'a*, der ,Rechtgeleitete', der ,Herr der Stunde', derjenige, der nach muslimischer Tradition mit Hilfe von Wundern oder übermenschlicher Taten die ewige Herrschaft der Wahrheit und Gerechtigkeit einleiten wird. So trat um 1838 in Algerien jemand auf, der behauptete, ein Nachfahre 'Abd al-Qādir al-Jīlānīs, des Gründers der Qādiriyya-Bruderschaft, zu sein und Muhammad ibn 'Abdullāh zu heißen (das heißt, denselben Namen wie der Prophet zu haben). Er schloß sich einigen Stämmen an, die mit dem (algerischen) 'Abd al-Qādir unzufrieden

Der Widerstand gegen die französische Expansion in Algerien wurde zwischen 1833 und 1847 von 'Abd al-Qādir geleitet, der sich selbst als Erneuerer der Frömmigkeit und Tapferkeit des frühen Islam sah. Der schematische Plan seines Lagers wurde 1843 von seinen Feinden gezeichnet. Im Zentrum 'Abd al-Qādirs Standarte, darum seine Offiziere, Kerntruppen und Geiseln; außen um den Kreis die Namen der algerischen Stämme, die ihn unterstützten. (2)

waren, und predigte gegen diesen. Er erklärte, 'Abd al-Qādir habe nicht die Macht, die Muslime vor den Europäern zu retten; ja im Gegenteil, er sei ihr Komplize. Ferner behauptete er, er, Muhammad ibn 'Abdullāh, sei der erwartete *mahdī*, der die Muslime befreien werde. 'Abd al-Qādir nahm natürlich diesen Angriff auf seine Autorität übel. Er zog gegen die Helfer des sogenannten *mahdī*, besiegte sie und machte auf diese Weise auch dem Predigen 'Abdullāhs ein Ende. Einige Jahre später, 1845, als 'Abd al-Qādir nicht mehr auf dem Höhepunkt seiner Macht stand, erschien ein anderer *mahdī*. Er war ebenfalls Mitglied einer religiösen Bruderschaft, der Darqāwa, und nannte sich auch Muhammad ibn 'Abdullāh. Prophezeiungen eines marokkanischen Heiligen wurden auf diesen *mahdī* übertragen, der als Bū Ma'za, der Mann mit der Ziege, bekannt war. Nach diesen Prophezeiungen wird der ,Mann der Stunde' schließlich alle östlichen Länder beherrschen, und ganz Algerien wird ihm gehören, aber nur, wenn es vorher von den *banū 'l-asfar*, den Gelben (das heißt den Franzosen), eingenommen worden ist: ,Wenn du es jetzt eroberst', so heißt es in der Prophezeiung, ,werden sie dich deiner Eroberung berauben; wenn jedoch die Franzosen zuerst dies Land einnehmen, wird der Tag kommen, an dem du es ihnen wieder abnimmst.' Die Prophezeiung erfüllte sich nicht unter Bū Ma'za, denn die Franzosen besiegten seine Anhänger und brachten ihn als Gefangenen nach Frankreich. Jahrzehnte später, zu Beginn des 20. Jahrhunderts, als Marokko die Wirkungen des europäischen Eindringens immer stärker spürte, erschien dort ein anderes Mitglied der Darqāwa und verkündete die End-

Der kaukasische Führer Shāmil, eine Parallele zu ʿAbd al-Qādir am anderen Ende der muslimischen Welt. Er predigte den heiligen Krieg gegen die russische Eroberung. Fünfundzwanzig Jahre lang (1834–59) wurde er in seinem Kampf von Muslimen unterstützt, die fürchteten, in das zaristische Reich eingegliedert zu werden. (3)

zeiterwartung. Bū Hamāra, der Mann mit dem Esel, wirkte zwischen 1900 und 1909 in Taza, östlich von Fez, und predigte gegen ʿAbd al-ʿAzīz, den Sultan von Marokko. Bū Hamāra beschuldigte den Sultan, westlichen Wegen zu folgen und sein Land den Christen auszuliefern. Er behauptete, in Wirklichkeit ein Bruder des Sultans und deshalb, als Mitglied des Herrscherhauses, ein Nachfahre des Propheten zu sein. Seine Anhänger erklärten ihn zum Sultan. Bū Hamāra hielt in Taza als Mawlay Muhammad Hof und machte sich daran, ein Heer auszuheben und sein Ansehen durch Krieg und Propaganda zu mehren. Seine Boten unter den Berberstämmen führten angebliche Sprüche des Propheten an, die besagten, er sei der erwartete *mahdī*, der den Islam wiederherstellen und die Christen aus dem Maghreb vertreiben werde. Sein Widerstand gegen die marokkanische Regierung endete, als ihn die Truppen des Sultans gefangennahmen und in einem Käfig in einem öffentlichen Garten in Fez ausstellten.

Bū Hamāras Bewegung war gegen eine muslimische Regierung gerichtet, aber sein Angriff wurde durch die Behauptung gerechtfertigt, daß diese Regierung die Muslime den Christen ausliefere. Dieses Argument hatte allerdings in der Bewegung des sudanesischen *mahdī* keine große Bedeutung, der in der modernen Geschichte des Islam als der Mahdī *par excellence* bekannt geworden ist. Die Bewegung des sudanesischen

mahdī richtete sich gegen die ägyptische Regierung, die von einem Nachfahren Muhammad ʿAlī Pashas, der 1820 den Sudan besetzt hatte, angeführt wurde, und gegen den osmanischen Sultan-Kalifen, der nominell der Oberherr Ägyptens war. Der *mahdī*, Muhammad Ahmad ibn ʿAbdullāh, behauptete, ein Nachfahre des Propheten zu sein, dessen Namen er trug. Er hatte einer religiösen Bruderschaft angehört, die aus der Qādiriyya hervorgegangen war. Er predigte die Restauration der islamischen *umma*, wie sie zur Zeit des Propheten gewesen war, und die Beendigung der ägyptischen Herrschaft, die er als dem Islam feindlich ansah. Nachdem er seine Bewegung 1881 begonnen hatte, gelang es dem *mahdī*, 1883 mit Hilfe einer Stammesarmee El Obeid und 1885 die Hauptstadt Khartoum einzunehmen und einen Staat einzurichten, der unter seinem Gefährten und Nachfolger ʿAbdullāh ibn Muhammad bis 1898 bestand, als schließlich eine Expedition unter Leitung Kitcheners diesen mahdistischen Staat zerstörte. Obwohl die Regierung, gegen die der *mahdī* und seine Helfer rebellierten, muslimisch war, war sie doch – und das schon seit einigen Jahrzehnten – stark von westlichen Ideen beeinflußt und stützte sich auf westliche Verwaltungspraktiken. So bedeutete die Zurückweisung einer islamischen Regierung durch den *mahdī* im großen und ganzen tatsächlich die Zurückweisung Europas.

Es war eine Ablehnung der Ideen und Methoden, die viele muslimische Regierungen im 19. und 20. Jahrhundert übernommen hatten, entweder aus Begeisterung oder zur reinen Selbstverteidigung. Zusammen mit der direkten oder indirekten europäischen Herrschaft über muslimische Länder ist diese Verbreitung europäischer Ideen und Techniken das bedeutendste Thema der modernen Geschichte des Islam.

‚Notwendige Reformen‘
1867 veröffentlichte der bekannte muslimische Staatsmann Khayr ad-Dīn at-Tūnisī, der Premierminister Tunesiens und Großwesir in Konstantinopel werden sollte, ein arabisches Werk, das seine Leser mit der europäischen Kultur und ihren politischen Einrichtungen vertraut machen sollte. In einer langen Einleitung untersuchte Khayr ad-Dīn die bestehenden muslimischen Institutionen. Diese Einleitung wurde kurz darauf ins Französische übersetzt und unter dem Titel *Réformes nécessaires aux états musulmans* veröffentlicht. Dieser Titel zeigt deutlich, daß Khayr ad-Dīn die muslimischen Staatswesen seiner Zeit kritisierte und ‚Reformen‘ für notwendig hielt. Die ‚Reformen‘, die er vor Augen hatte, waren zweifellos von einem Europa inspiriert, das mächtig und blühend war, und in dem der Bürger Freiheit unter dem Gesetz genoß. Zustimmend zitiert er die Worte eines ‚führenden Europäers‘, daß ‚der Strom europäischer Kultur‘ die Welt überschwämme, und daß nichteuropäische Länder ‚in Gefahr seien vor dieser Strömung, es sei denn, sie imitierten sie‘. Als Khayr ad-Dīn sein Buch veröffentlichte, war diese Meinung in Europa tatsächlich weit verbreitet, ebenso unter den Intellektuellen und Beamten der muslimischen Welt. Im Laufe der Zeit wurden die Anhänger dieser These immer zahlreicher als diejenigen, die die Ansichten ʿAbd al-Qādirs, Shāmils, Bū Maʿzas

oder des *mahdī* teilen. Das überrascht nicht, denn es war keineswegs unvernünftig, zu glauben, die muslimische Welt könnte durch die gleichen Methoden, die von den Europäern angewendet worden waren, die Macht und Blüte Europas erreichen, und dies könnte ohne Gefährdung der wesentlichen Werte des Islam geschehen.

Dies war allerdings nur eine Vermutung. Jedenfalls hatten die Herrscher, die mächtig genug waren, Änderungen nach europäischem Vorbild einzuführen, weder das Bedürfnis noch die Muße, sich über die Vereinbarkeit solcher Änderungen mit dem Islam Sorge zu machen. Gegen Ende des 18. Jahrhunderts war es klar, daß die europäischen Mächte eine gewaltige Bedrohung darstellten. Überleben bedeutete die schnelle Adoption europäischer Militärmethoden und Techniken. Der erste unter den islamischen Herrschern, der diese Folgerung systematisch in die Praxis übertrug, war der osmanische Sultan Selīm III. (1789–1807). Kurz nach seiner Thronbesteigung bemühte sich Selīm, moderne Arsenale und militärtechnische Schulen zu schaffen. Er begann, neue militärische Verbände aufzustellen, in denen europäische Instrukteure versuchten, den Rekruten den Drill und die Disziplin beizubringen, die in den Armeen der großen europäischen Staaten herrschten. Diese Methoden beeindruckten Selīm und seine Berater tief. Einer von ihnen bemerkte in einem Memorandum, das die Reformen befürwortete, daß die europäischen Truppen eine Schlachtordnung hätten, die man nicht durchbrechen könne, und daß ihre Artillerie so überlegen sei, daß sie die Geschosse wie Musketenkugeln regnen lasse.

Selīms Reformen weckten unter den Janitscharen und anderen traditionellen Formationen Furcht und Feindschaft. Die Zuflucht zu europäischen Methoden und Instrukteuren war erniedrigend und unreligiös. Eine Truppe, die vom Sultan geschaffen und kontrolliert wurde und zudem in der Umgebung von Konstantinopel stationiert war, beleidigte nicht nur die Janitscharen, sie bedrohte vielmehr ihre Position und ihre Interessen. Denn wie schwach auch die Janitscharen jetzt in den Augen ihrer ausländischen Feinde waren, sie repräsentierten eine gewaltige Macht im Staate, die Privilegien und Vorteile genoß, die Macht des Sultans durch ihre Bereitschaft zur Meuterei einschränkte und ihn sogar bei Gelegenheit absetzte. Tatsächlich machte sich Selīms *nizām-i jadīd* (neue Ordnung) die Anführer der Janitscharen und ihre Anhänger unter den religiösen Führern so sehr zum Feind, daß im Mai 1807 eine Revolte den ‚ungläubigen Sultan‘ vom Thron stürzte. Sein Nachfolger Mustafā IV. schaffte einige Tage nach seiner Thronbesteigung Selīms Neuerungen ab. Mustafā wurde selbst im folgenden Jahr abgesetzt und durch seinen Bruder ersetzt, der bis zu seinem Tod 1839 als Mahmūd II. regierte und, nach einer langen Pause, Selīms Reformen wieder einführte. In der Zwischenzeit versuchte ein anderer muslimischer Herrscher, Muhammad ʿAlī Pasha von Ägypten, (mit anscheinend großem Erfolg) eine Armee und Marine nach europäischem Vorbild zu schaffen, um damit seine großen Ziele zu verwirklichen.

Muhammad ʿAlī, ein Albaner aus Kavalla, war Offizier in dem osmanischen Heer gewesen, das nach einem anglo-osmanischen Plan nach Ägypten geschickt wurde, um die Franzosen, die 1798 unter Bonaparte Ägypten erobert hatten, wieder zu verdrängen. Er war außerordentlich fähig und rücksichtslos. Es gelang ihm, seine Vorgesetzten und Rivalen zu überspielen und 1805 vom Sultan als Gouverneur der Provinz anerkannt zu werden. Im 17. und 18. Jahrhundert stand das osmanische Ägypten stark unter der Kontrolle von Militärherren, Mamlūken, die faktisch unabhängig von Konstantinopel handelten. Als Muhammad ʿAlī Pasha von Ägypten wurde, stellten sie noch eine starke Macht im Lande dar. 1811 gelang es Muhammad ʿAlī, auf tükkische Weise die meisten Mamlūken zu beseitigen und so seine Macht vor jeglicher interner Bedrohung zu sichern. 1815 begann er, die Truppen, die ihm zur Verfügung standen, nach europäischen Militärmethoden auszubilden. Wie bei Selīm weckten die europäischen Neuerungen Opposition. Es kam zu einer Meuterei, die Muhammad ʿAlī zwang, vorsichtig vorzugehen. Jedenfalls machten seine Ziele die Rekrutierung einer großen Armee erforderlich. Um das nötige Machtreservoir zu erhalten, drang er 1820/21 in den Sudan ein, versklavte eine große Zahl der Einwohner und sandte sie nach Ägypten, damit sie in seine Armeen eingegliedert wurden. Die Erfahrung zeigte jedoch, daß Sklaven keine guten oder willigen Soldaten abgaben, und auf Rat seiner europäischen Experten ließ er ägyptische Fellachen ausheben. Die Aushebung mußte jedoch mit Gewalt durchgeführt werden, denn die Bauern reagierten mit Flucht, Selbstverstümmelung und gelegentlichem Widerstand. Die Militärreform bedeutete so gesehen ein großes Anwachsen der Forderungen des Staates gegen den Untertan und *ipso facto* die Stärkung der Staatsmacht, solche Forderungen zu stellen. Muhammad ʿAlī, der Neuerer, wurde buchstäblich der Besitzer Ägyptens. Als er die Mamlūken ausrottete, hatte er gleich ihren Landbesitz zu seinen Gunsten konfisziert. Dann konfiszierte er unter einleuchtenden Vorwänden Ländereien, die jahrhundertelang als fromme Stiftungen für den Unterhalt der Moscheen und für wohltätige Zwecke dienten. Die Nutznießer dieser Stiftungen, so berichtet der Chronist al-Jabartī (ein Zeitgenosse Muhammad ʿAlīs),

> waren sehr beunruhigt, und viele von ihnen wandten sich an die Scheiche, die deswegen beim Pasha vorstellig wurden. Sie sagten ihm, daß dies zum Ruin der Moscheen führen würde, worauf er erwiderte: ‚Wo sind die blühenden Moscheen? Wenn jemand mit dieser Regelung nicht einverstanden ist, soll er die Hand heben, und ich will die zerstörten Moscheen erneuern und sie mit den nötigen Mitteln versehen.‘ Ihre Proteste nutzten nichts, und sie kehrten nach Hause zurück.

Muhammad ʿAlī bemächtigte sich nicht nur der Besitztümer der Mamlūken und der frommen Stiftungen. Das Eigentumsrecht an allen privaten Besitztümern wurde höchst unsicher; der Besitzer war verpflichtet, Dokumente und Eigentumsurkunden zur Überprüfung den Beamten des Pashas zur Verfügung zu stellen, deren Aufgabe es war, sich nicht leicht zufriedenzugeben: Je mißtrauischer sie waren, desto besser dienten sie dem Pasha und desto größer war der Eifer der Anwärter, sie durch Wohltaten zu besänftigen. Muhammad ʿAlī

Es ist leicht, die Haltung der Europäer gegenüber den Muslimen im 19. Jh. zu illustrieren. Hier sieht man die Einnahme von Edirne durch die Russen während des russisch-türkischen Krieges von 1829 bis 1830 und den Einzug von General Berthézène in Algier am 5. Juli 1830. Viel wichtiger als die militärische Niederlage war jedoch die Tatsache, daß bis 1914 immer mehr Muslime begannen, sich selbst mit den Augen des Westens zu sehen. (4, 5)

ließ auch einen neuen Katasterüberblick anfertigen, in dem seine Beamten eine kleinere Maßeinheit als die vorherige benutzten:

> Nachdem dies geschehen war (so al-Jabartī), berechneten sie das Land nach den neuen *faddān*, zeigten einen Zuwachs an Land und gingen daran, es zu Raten von 15, 14, 12, 11 oder 10 *riyals* pro *faddān* zu besteuern, gemäß Lage und Qualität des Bodens. Das Ergebnis war ein enormer Zuwachs: denn das Dorf, das früher 1000 *riyals* Steuern gezahlt hatte – eine Summe, die zu Beschwerden von seiten der Bauern führte und in uneintreibbaren Schulden geendet hatte – war jetzt zu einer Summe zwischen 10 000 und 100 000 *riyals* veranlagt.

Muhammad ʿAlīs zentralisierter Verwaltungsapparat war zweifellos erfolgreicher als irgendeiner seiner Vorgänger und besser geeignet, Mittel aus der Bauernschaft herauszupressen, um die gestiegenen Militärausgaben zu decken. Aber ,Apparat' und ,Herauspressen' sind hier nur Metaphern. Die Wirklichkeit bestand einfach

in Zwang durch Gewalt oder Zwang durch Drohung mit Gewalt. In seinem bekannten Buch *The Manners and Customs of the Modern Egyptians* hat Edward William Lane ein Kapitel über ,Regierung', das er 1834–35 während ,der besten Periode' von Muhammad ʿAlīs Regierung schrieb. In diesem Kapitel schildert er eine Episode, die die Steuereintreibung in einem Dorf betrifft und die anschaulich beschreibt, wie Muhammad ʿAlīs Eintreibungsmethoden aussehen konnten: Ein Steuereintreiber forderte sechzig *riyals* von einem Bauern, der die Summe nicht aufbringen konnte. Da konfiszierte der Steuereintreiber den einzigen Besitz des Bauern, eine Kuh, ließ sie schlachten und in sechzig Stücke teilen und gab dem Schlachter den Kopf als Entgelt. Dann wurden sechzig Dorfbewohner zusammengerufen, und jeder mußte für einen *riyal* einen Teil der Kuh kaufen. Der Bauer beschwerte sich jedoch bei dem Vorgesetzten des Steuereintreibers, der allen Parteien befahl, vor ihm zu erscheinen. Alle bestätigten die Geschichte des Bauern, und der Schlachter erklärte, hätte er sich geweigert, die Kuh zu töten, hätte der Steuereintreiber ihn geschlagen und sein Haus zerstört. Dann holte man den *qādī* und legte ihm den Fall vor.

,Er ist (erklärte der *qādī*) ein grausamer Tyrann, der jedermann unter seiner Amtsgewalt schikaniert. Ist eine Kuh nicht 120 *riyal* oder mehr wert? Und er hat diese für 60 *riyals* verkauft. Dies ist eine Tyrannei gegen den Besitzer.' Der *defterdār* sagte darauf zu einigen seiner Soldaten: ,Packt den Steuereintreiber und bindet ihn!' Dann wandte er sich an den Schlachter: ,Fürchtest du nicht Gott? Du hast die Kuh unrechtmäßig getötet.' Der Schlachter erwiderte, daß er dem Eintreiber gehorchen mußte. Der *defterdār* fragte: ,Wirst du meinem Befehl gehorchen?' Der Schlachter bejahte. ,Schlachte den Eintreiber!' befahl der *defterdār*. Sofort packten einige Soldaten den Eintreiber und warfen ihn nieder. Der Schlachter durchschnitt ihm die Kehle ganz nach den Vorschriften, nach denen man Tiere schlachtet. ,Nun zerteile ihn in 60 Stücke!' forderte der *defterdār*. Dies geschah; die Umstehenden wagten kein Wort zu sagen. Dann wurden die 60 Bauern, die das Fleisch der Kuh gekauft hatten, einer nach dem anderen herbeigerufen, und jeder mußte ein Stück Fleisch vom Steuereinnehmer nehmen und zwei *riyals* dafür bezahlen; so erhielt man von ihnen 120 *riyals*. Dann wurden die Bauern entlassen. Aber der Schlachter ging leer aus. Da wurde der *qādī* gefragt, was denn der Lohn für den Schlachter sein solle. Er antwortete, daß er so bezahlt werden solle, wie er vom Eintreiber entlohnt worden war. Darauf befahl der *defterdār*, ihm den Kopf des Eintreibers auszuhändigen, und der Schlachter ging mit seiner unheilvollen Last davon. Er dankte Gott, daß es ihm nicht schlimmer ergangen war, und konnte kaum glauben, so einfach davongekommen zu sein, bis er in seinem Dorf ankam. Das Geld, das für das Fleisch des Eintreibers bezahlt worden war, wurde dem Besitzer der Kuh gegeben.'

Der unglückliche Steuereintreiber, möchten wir sagen, war tatsächlich nicht Opfer seiner Tyrannei, die im

Vergleich zu der Unterdrückung, die seine Vorgesetzten ausübten, verzeihlich war, sondern seiner Unfähigkeit. Seit Muhammad ʿAlī bestimmt hatte, daß Gemeinden kollektiv für die Steuerschuld ihrer Mitglieder hafteten, hatte der Steuereintreiber keine Veranlassung, Rindfleisch zu verkaufen, um des Pashas Anspruch zu sichern. Jedenfalls wurden, was immer geschah, die Interessen des Pashas in keiner Weise beeinträchtigt. In einem Agrarland wie Ägypten fiel natürlich der Hauptteil der Steuern auf die Landbevölkerung. Wie ein Bauer in Oberägypten sagte: ,Muhammad ʿAlī ist neidisch auf die Läuse, die die Fellachen verzehren.' Aber die Städte entgingen der Last ebensowenig. Im Gegenteil, jedes Handwerk mußte seinen Teil leisten; selbst Prostituierte mußten ihre Einnahmen versteuern.

Es genügte Muhammad ʿAlī nicht, allein die Eintreibung der Steuern zu verbessern und zu zentralisieren. Er nahm sich das Monopol des Handels und Exports von fast allen landwirtschaftlichen Produkten. Nachdem ein französischer Textilingenieur, Alexandre Jumel, gegen 1820 eine bessere Baumwollsorte in Ägypten entdeckt hatte, wurden Anbau und Export dieser Sorte zu den besten Einnahmequellen des Pashas. Aber der Baumwollanbau war bei den Fellachen unbeliebt. Deshalb wurde eine strenge Überwachung der landwirtschaftlichen Tätigkeit eingeführt, was die Kontrolle weiter verstärkte, die der Staat über Leben und Unterhalt der Bauern ausübte. Die ganzjährige Bewässerung, die der Baumwollanbau benötigte, erforderte auch die regelmäßige Instandhaltung und Reinigung der Kanäle; dadurch wurde die Last des Frondienstes der Bauern vermehrt. Steuerlasten und Frondienste führten in schlechten Zeiten zu einer Landflucht, die dem Pasha ungelegen kam. Darum verfügte er, daß Bauern, die ihre Dörfer für mehr als zehn Jahre verlassen hatten, zurückkehren mußten oder getötet wurden.

Es ist ziemlich klar, daß Muhammad ʿAlī versuchte, in Ägypten eine stark zentralisierte ,Plan'-Wirtschaft einzuführen, um aus den Einwohnern die größtmöglichen Mittel zur Erweiterung politischer und militärischer Macht herauszupressen. Denn der Pasha regelte nicht nur die Landwirtschaft bis ins kleinste; er ließ auch die Handwerker mit Rohstoffen versorgen und zwang sie, ihre Produkte zu einem Festpreis zu verkaufen. Er selbst oder von ihm ernannte Kaufleute genossen ein Monopol im Export der Erzeugnisse. Um das Land zu industrialisieren, baute er schließlich Staatsfabriken, die seine eigenen Angestellten leiteten.

Letztlich erwies sich Muhammad ʿAlīs allmächtiger Staat als kurzlebig. Schließlich versagten seine politischen Programme, und sein Wille ließ nach. Hinzu kam, daß er nicht überall zugleich sein konnte. Wegen der starken Zentralisierung wollte keiner seiner Untergebenen, ob hoch oder gering, Entscheidungen treffen, die für ihn eine Frage von Leben und Tod waren. Das Schicksal des Steuereintreibers spricht nicht nur für sich selbst, sondern ist auch beispielhaft für einen Staat, in dem nur ein einziger Mann frei war. Diese Lage der Dinge, sagt Hegel, charakterisiert den traditionellen orientalischen Despotismus; aber was wir in Muhammad ʿAlīs Staat erleben, ist noch furchtbarer. Es ist der europäische Absolutismus des 18. Jahrhunderts, den

seine Parteigänger aufgeklärt nannten und der, ausgestattet mit der Sozialwissenschaft und Kameralwissenschaft der Zeit, bestrebt war, die Gesellschaft gleich einer Maschine zu gestalten, wobei die Untertanen die Zahnräder, der Herrscher der Maschinist und das Produkt das Glück waren, das von der Regierung vernünftig und wissenschaftlich verteilt wurde. Wir bemerken tatsächlich, daß Muhammad ʿAlī die Schlagworte des aufgeklärten Absolutismus übernimmt, wenn auch nur für seine europäischen Besucher. So erwiderte er einem Briten, der anregte, den Fellachen größere Freiheit beim Anbau zu gewähren: ,Nein, meine Bauern leiden unter der Unkenntnis ihrer wahren Interessen, darum muß ich der Lehrer sein. Ich muß streng sein, wenn irgend etwas falsch läuft.' Diese Worte zeigen, daß der Pasha von Ägypten nicht nur die Vorteile der europäischen wissenschaftlichen Techniken kannte, sondern auch die europäischen Phrasen des aufgeklärten Absolutismus.

Neue und alte Tyranneien

Muhammad ʿAlīs Vergangenheit strafte seine Beteuerungen, nur auf die ,wahren Interessen' seiner Untertanen bedacht zu sein, Lügen. Ihn bewegte allein die Frage, wie er sie am besten ausbeuten könne. Von seinen Vorgängern unterschieden ihn indes die ungeheure Zunahme der Eingriffe in Gesellschaft und Wirtschaft, die Europa vorschlug und rechtfertigte, und die äußerste Zentralisation, die europäische Methoden ermöglichten. Ein russischer Beobachter traf 1875 in einem Bericht über die Wirkungen der russischen Methoden und Ideen (hier sind russisch und europäisch synonym) auf das muslimische Zentralasien den Nagel auf den Kopf:

> Was den muslimischen Despotismus angeht, der durch die russischen Institutionen zerstört wurde (schrieb N. Petrofsky), fiele es uns schwer, zu garantieren, daß diese Institutionen den Eingeborenen weniger willkürlich und despotisch scheinen als die früheren muslimischen. Unter den Muslimen gab es tatsächlich Tyrannei und Willkürherrschaft, aber diese Tyrannei hatte Grenzen, sie entstammte dem Land ebenso wie all seine anderen Einrichtungen, Sitten und Gebräuche. Sie war dort heimisch und wurde verstanden ... Da sie die gleiche religiöse Erziehung genossen hatten wie die Masse ihrer Untertanen und ihr Leben nach den gleichen Sitten und Gebräuchen ausrichteten, setzten die muslimischen Herrscher ihrer Tyrannei bestimmte allgemein bekannte Grenzen. Ihre Willkür betrachtete man als ein notwendiges Attribut ihrer Macht, ohne dies wäre ihre Herrschaft unbegreiflich gewesen. Andererseits betrachtete man die Willkür des Herrschers aus dessen Blickwinkel. Man sah in ihm nicht einen Tyrannen, sondern einen glücklichen Günstling des Schicksals, der das Recht zu unkontrollierter Machtausübung erhalten hatte ... In einem Wort, der Einheimische war mit der muslimischen Despotie vertraut.

Diese Feststellungen Petrofskys werden durch eine bemerkenswerte Aussage bestätigt, die vom anderen Ende der islamischen Welt, aus Marokko, stammt. Sie geht auf Raisuli zurück, eines der Stammesoberhäupter, die

Unter Ismā'īl, dem Enkel Muhammad 'Alī Pashas, sank Ägypten immer tiefer in die Schuld ausländischer Gläubiger. 1876 mußte er seine Besitzrechte abtreten und einer Kontrolle durch England und Frankreich zustimmen. Punch veröffentlichte eine Karikatur mit dem Titel ,Herausrücken', die einen gerechten John Bull zeigt, der sein Geld von Ismā'īl zurückfordert. Diese finanzielle Abhängigkeit

führte dazu, daß schließlich die Briten de facto, wenn auch nicht de jure, Ägypten regierten. Wie sie selbst ihre Rolle sahen, zeigt eine andere Karikatur des Punch aus dem Jahre 1891. Ein väterlicher Lord Salisbury päppelt die schwächliche Gestalt Ägypten, ausgehungert durch seine alten korrupten Herren, wieder auf, bis sie so stark ist wie ein Engländer. (6, 7)

dem niedergehenden Regime des Sultans trotzten, und sich eigene kleine Territorien erfochten, die selbst von den französischen und spanischen Besatzungstruppen in Marokko nur schwer eingenommen werden konnten. Kurz vor seinem Tod (er starb 1925) – die Spanier hatten sich seit mehr als einem Jahrzehnt in seiner Heimat festgesetzt – nannte er in verblüffender Weise einen der Gründe, warum die traditionelle muslimische Gesellschaft europäische Methoden verdrießlich fand:

Ihr gebt einem Mann Sicherheit, aber Ihr nehmt ihm die Hoffnung. In den alten Zeiten war alles möglich. Es gab keine Grenze für das, was man erreichen konnte. Der Sklave konnte Minister oder General werden, der Schreiber Sultan. Jetzt ist das Leben des Mannes sicher, aber er ist für immer an seine Arbeit und Armut gekettet.

In seiner Erörterung der Auswirkungen der russischen Herrschaft in Zentralasien macht Petrofsky auf eine andere weitverbreitete Tatsache aufmerksam:

Man erwartete von den Einheimischen, daß sie von selbst den für sie komplizierten Aufbau der russischen Verwaltung verstünden und die Beziehungen der einzelnen Zweige der Verwaltung errieten, die für sie ganz neu und schwer verständlich waren ... Gewiß erscheinen diese Institutionen den Einheimischen viel willkürlicher und tyrannischer als die der islamischen Herrscher, und zwar nicht, weil sie wirk-

lich tyrannisch und willkürlich sind, sondern weil die Einheimischen sich angesichts ihres häufigen Wechsels weder die Bedeutung dieses Wechsels noch den Sinn dieser Institutionen erklären können.

Ganz ähnliche Gründe bewirkten die weitverbreitete Feindschaft, die die muslimischen Untertanen europäischen Reformen entgegenbrachten, die von ihren eigenen Herrschern wie Muhammad 'Alī durchgeführt wurden. Es ist ferner eine bedeutsame Ähnlichkeit zwischen dem algerischen Widerstand gegen die Franzosen, dem des sudanesischen *mahdī* gegen die Ägypter und dem verschiedener Dörfer und Städte in der Levante festzustellen, die sich 1834 gegen die ägyptischen Truppen erhoben, nachdem diese einige Jahre zuvor das Gebiet den Osmanen entrissen hatten.

In der modernen Geschichte der islamischen Völker steht Muhammad 'Alī als Beispiel dafür, daß nicht so sehr europäische Eroberungen, sondern vielmehr europäische Ideen und Methoden auf diese Völker einwirkten. Gewiß hatte sich kaum ein islamischer Herrscher so viel vorgenommen wie Muhammad 'Alī. Wer aber von der Notwendigkeit der Reform, das heißt der Nachahmung Europas, überzeugt war, und das waren die meisten islamischen Herrscher, trieb eine ähnliche Politik wie Muhammad 'Alī. Welches Ziel diese Politik nach außen auch ansteuerte, sie führte dazu, daß die Macht des Herrschers gewaltig zunahm und die Spannungen in der Gesellschaft sich wegen des größeren Abstandes zu den Beherrschten verschärften. So rief Selīms Versuch, die osmanische Armee zu reformieren, eine mächtige Opposition hervor. Sein Vetter Mahmūd II. kannte natürlich die Bedrohung, die in einer Modernisierungspolitik lag, doch zeigten seine Taten, daß er ebenso von der Notwendigkeit einer solchen Politik überzeugt war. Er wartete ab und griff erst durch, als er sich der Unterstützung durch die religiösen und militärischen Führer versichert und zuverlässige Truppen in Konstantinopel zusammengezogen hatte. Im Mai 1826 ließ er eine Verordnung bekanntgeben, der zufolge eine neue Truppe geschaffen werden sollte, die aus dem Janitscharencorps ausgegliedert, mit neuen Waffen versorgt und einer neuen Disziplinarordnung, Besoldung und Beförderungsregelung unterworfen werden sollte. Die Janitscharen sträubten sich gegen diese Maßnahme, und am 15. Juni, drei Wochen nach Bekanntgabe der Verordnung, rebellierten sie. Es gelang Mahmūd, den Aufstand niederzuschlagen. Er löste sofort das Janitscharencorps auf und ließ alle Mitglieder, deren er habhaft werden konnte, töten. Er schaffte auch die übrigen traditionellen Formationen des Heeres ab und schuf eine moderne Armee aus Wehrpflichtigen, die er voll kontrollieren konnte und die von Beamten und Offizieren geführt wurde, die von seiner Gunst abhingen und ihm deshalb gehorchten. Die Geschichte der sogenannten Orientfrage vor 1914 zeigt, daß die osmanische Armee trotz fortgesetzter Reformen ihren möglichen Gegnern in Europa nicht ebenbürtig wurde. Ja, gerade zu der Zeit, als sich das osmanische Heer wie auch andere Institutionen des Reiches in einer Phase der Modernisierung befand, begann man vom ,kranken Mann' am Bosporus zu sprechen. Doch die Modernisierung der osmanischen Armee gab Mahmūd und seinen Nachfolgern die Möglichkeit, die Autorität Konstantinopels in den Provinzen zur Geltung zu bringen, wo nominell abhängige Statthalter in jeder Hinsicht autonom geherrscht hatten. Die finanziellen und administrativen Bedürfnisse der neuen Armee erforderten ihrerseits die Schaffung von zentralen Einrichtungen, welche wiederum die Macht des Sultans anwachsen ließen. Diese Folgerung ist gerechtfertigt, wenn wir bedenken, daß Mahmūd wie Muhammad ʿAlī in Ägypten nicht nur die sogenannten Militärlehen einzog, die nach traditionellem Brauch der feudalen Ritterschaft gewährt worden waren, sondern auch die reichen Mittel der *awqāf* oder frommen Stiftungen, wobei er vorgab, deren Verwaltung verbessern und rationalisieren zu wollen. Die Reform, die mit der Armee begonnen hatte, zog allmählich, aber unerbittlich, alle Bereiche in Staat und Gesellschaft in ihren Bann. Captain Adolphus Slade, einer der scharfsinnigsten Beobachter des Osmanischen Reiches in jenen Tagen, beschrieb in kluger Vorausschau einige der weitreichendsten Folgen der ausufernden Reform:

Bis jetzt hat der Osmane gewohnheitsmäßig einige der höchsten Privilegien des freien Mannes genossen, für die die christlichen Völker so lange gekämpft haben. Außer einer bescheidenen Landsteuer zahlte er nichts an die Regierung, wenn er auch bisweilen Erpressungen unterworfen war, die zu den festgesetzten Steuern hinzukommen konnten. Er entrichtete nicht den Zehnten, denn die frommen Stiftungen reichten für den Unterhalt der Kultdiener des Islam. Ohne Paß reiste er, wohin es ihm gefiel. Kein Zollbeamter prüfte mit seinen Augen oder schmutzigen Fingern sein Gepäck. Keine Polizei beobachtete seine Bewegungen oder horchte auf seine Worte. Sein Haus war heilig, nur im Kriegsfall zog man seine Söhne ein. Seine Aufstiegsmöglichkeiten waren nicht durch Geburt oder Vermögen begrenzt. Er konnte, ohne vermessen zu sein, aus niederster Herkunft den Rang eines Pashas erreichen, wenn er lesen konnte, sogar den des Großwesirs. Dies Bewußtsein, durch zahllose Präzedenzfälle bestärkt, veredelte seinen Geist und schuf die Möglichkeit, ohne Minderwertigkeitsgefühle hohe Ämter zu bekleiden ... So ähnelten die Janitscharen von Konstantinopel in gewisser Weise einer Abgeordnetenkammer, denn sie zwangen oft den Souverän, Minister auszutauschen. Jedes begabte, tatkräftige Mitglied unter ihnen, das die Leidenschaften der Menschen entfachen konnte, bekam gewiß einen guten Posten, damit es Ruhe hielt.

In Mahmūds neuem Staat werden dagegen

die wenigen gut Bewaffneten gegen die vielen Schwachen unterstützt. Der Souverän, dessen Macht (despotisch genannt) eingeschränkt war, weil er bei allem Willen nicht die Mittel zur Unterdrückung hatte, entpuppt sich durch die Hilfe der Wissenschaft als ein Gigant, der seinen Amtsstab mit dem Schwert vertauscht hat. Wenn er die Reichtümer der Zivilisation, zu seiner Verfügung vor ihm ausgebreitet, überprüft, weist er verächtlich jene zurück, die seinem Volk nutzen könnten und wählt den modernen wissenschaftlichen Regierungsapparat, das Ergebnis langer Erfahrungen mit den Patentschrauben zum Herauspressen von Blut und Schätzen – Kriegsdienst und Steuern. Er dingt fremde Ingenieure, um diesen Apparat zu bedienen, und wartet auf das versprochene Ergebnis – absolute Macht. Seine Untertanen können ihm nicht mehr entrinnen. Die Maschinerie erfaßt sie überall und zieht die Ketten immer enger.

,Aufklärung' gegen Tradition

Aber die ,Reform' entwickelte eine ihr eigene Triebkraft und Dialektik, und zu gegebener Zeit gewannen jene Führer, die überzeugt waren, dem Modell Europas folgen zu müssen, die Einsicht, daß ,Reform', um wirklich und wirksam zu sein, mehr beinhalten müsse als Übernahme militärischer Techniken und Verwaltungsmethoden. Wir gewinnen vielleicht eine Vorstellung von den Ideen der ,aufgeklärten' Orientalen, wenn wir uns den ,Discourse with a Governor-General or a Pasha' ansehen, den Assaad Yacoob Kayat in seinen Sprachführer *The Eastern Traveller's Interpreter*, dessen zweite Auflage 1846 in London erschien, aufnahm. In seiner Unterredung mit dem Pasha läßt Kayat seinen englischen Reisenden den Pasha so belehren:

Dies ist ein großartiges Land.
Es braucht gute Straßen.
Aller Wohlstand im Land entspringt guten Gesetzen.
Eine gute Regierung ist die Grundlage.

Jedermann soll vor dem Gesetz gleich sein.

Schulen werden eurem Land viel nutzen.

Druckpressen werden viele Segnungen bringen.

Es muß gesagt werden, daß die Pashas – oder zumindest ein einflußreicher Teil von ihnen – sich belehren lassen wollten. Der Sultan wurde bei seinen Modernisierungsbemühungen von einer Reihe hoher Beamter unterstützt. Der bekannteste war Mustafā Rashīd Pasha, der bei der Umwandlung des Reiches in einen Rechtsstaat nach europäischem Muster eine herausragende Rolle spielte. Unter diesen Versuchen ist der *khatt-i sharīf* (Erhabene Erlaß) von Gülhane von 1839 unzweifelhaft ein Markstein. Der Erlaß wurde nach dem Tod Mahmūds II., dem sein Sohn ‘Abd al-Majīd folgte, bekanntgegeben. Das Reich wurde damals vom ägyptischen Pasha bedroht, dessen Armeen den Osmanen in Nezib (Südwestanatolien) im Juni 1839 eine vernichtende Niederlage beigebracht hatten. In dieser Notlage bedurfte das Reich der Unterstützung der Großmächte, besonders Großbritanniens. Der *khatt-i sharīf* von Gülhane bringt nicht nur die Auffassungen der Reformer getreu zum Ausdruck, sondern spiegelt auch ähnliche Ansichten über das Osmanische Reich (und die islamische Welt im allgemeinen) wider, die im Westen vorherrschend waren. Der Erlaß versprach, ‚neue Institutionen zu suchen, um den Provinzen des Osmanischen Reiches die Vorteile einer guten Verwaltung zu schenken‘. Diese neuen Institutionen bezogen sich auf:

1. Garantien, die unseren Untertanen Sicherheit des Lebens, der Ehre und des Besitzes gewährleisten.
2. Ein geordnetes System der Veranschlagung und Erhebung von Steuern.
3. Ein gerechtes Verfahren zur Einziehung von Soldaten und der Regelung der Dienstzeit.

Die nächste Etappe der Reformbewegung hängt ebenfalls mit einer Notlage in einem Krieg zusammen: Der *khatt-i humāyūn* (Kaiserliche Erlaß), der 1856 nach dem Krimkrieg verkündet wurde, und dessen Verfasser ‘Alī Pasha und Fu’ād Pasha, zwei Schüler Rashīd Pashas, waren. Der neue Erlaß bestätigte und erweiterte die Verfügungen des früheren und unterstrich insbesondere die Gleichheit der Untertanen des Sultans, seien es Muslime, Christen oder Juden. Der Krimkrieg war offensichtlich wegen des russischen Anspruchs ausgebrochen, eine Schutzfunktion für die griechisch-orthodoxen Untertanen des Sultans wahrnehmen zu müssen. Der *khatt-i humāyūn* sollte derartige Ansprüche in der Zukunft unmöglich machen, und seine Verfasser waren zudem von der Notwendigkeit derartiger Maßnahmen zutiefst überzeugt. Deshalb betonte der kaiserliche Erlaß eben diese Gleichheit der Untertanen ohne Ansehen der Religion besonders.

Während der vierziger Jahre des 19. Jahrhunderts hatte man die Absichtserklärungen des *khatt-i sharīf* in Gesetzen und Anordnungen verwirklicht, dasselbe geschah nun mit dem *khatt-i humāyūn* von 1856. Freilich entsprachen die Wirkungen nicht immer – oder sogar selten – den hochgesteckten Erwartungen. Die neuen Gesetze und Einrichtungen sollten die Sicherheit, Freiheit und Wohlfahrt der Untertanen mehren, sie waren damit nichts anderes als eine Revolution der sozialen, wirtschaftlichen und religiösen Struktur des Reiches. Weil die Bevölkerung sie aber nicht freundlich aufnahm, mußten sie mit Gewalt durchgesetzt werden, was wiederum die Macht des Staatsapparates stärkte. Am Ende lief diese ganze Entwicklung darauf hinaus, daß Regierung und Regierte in zwei verschiedenen Gedankenwelten lebten.

Besonders ein Merkmal der osmanischen Reformen verschärfte die sozialen Spannungen und erschwerte die Arbeit der Regierung. Dies war eine Bestimmung, die 1839 nur angedeutet und erst 1856 deutlich ausgesprochen worden war, nämlich daß Muslime und Nichtmuslime durch den Staat gleich behandelt werden sollten. Eine solche Politik mußte den Zusammenhalt eines Staatswesens auflösen, das letzten Endes auf dem Gefühl des muslimischen Stolzes und Gemeinsinnes beruhte – ein Gefühl, welches in den Augen der Muslime durch das göttliche Gesetz und die denkwürdige Geschichte des Islam gerechtfertigt war. Die Masse der muslimischen Untertanen faßte es als eine Erniedrigung auf, daß eine muslimische Regierung Nichtmuslimen die Gleichheit einräumte. ‚Wenn Juden und Christen uns vor dem Gesetz gleichgestellt sind‘, fragte ein osmanischer Beamter in Kairo bei der öffentlichen Verlesung des *khatt-i sharīf*, ‚was wird dann aus uns werden?‘ Doch nicht nur die osmanische Regierung verfolgte diese Politik. Auch Muhammad ‘Alī erwies den Christen aus verschiedenen Gründen manche Gunst, ja, er ging sogar noch weiter, als er die Levante besetzte. Dies war ein wichtiger Grund für die Revolte gegen die Ägypter im Jahre 1834. Ein muslimischer Beamter in Damaskus befürchtete: ‚Die Regierung ist eine christliche Regierung geworden, die Herrschaft des Islam ist zu Ende.‘ Ein offizieller britischer Beobachter, Richard Wood, beschrieb die Politik des Pashas, die diese bittere Reaktion hervorgerufen hatte. Ibrāhīm (Muhammad ‘Alīs Sohn und Befehlshaber der ägyptischen Truppen), so führte Wood in einem Schreiben 1834 aus,

beachtete weder die Vorurteile (der Muslime) noch ihre Rechte, sondern proklamierte Toleranz, Gleichheit und einheitliche Besteuerung nebst Gültigkeit gleicher Vorrechte in ganz Syrien. Diese ernsthaften Schritte zur Vernichtung der muslimischen Überlegenheit entmutigten die Anhänger des Propheten und gaben den Christen Kraft und Selbstvertrauen. Seit langem daran gewöhnt, zu ewigem Dienen verurteilt zu sein, klammerten sie sich nun an den geringsten Hoffnungsschimmer. Da sie aber nicht gewohnt waren, das Zepter in der Hand zu halten, begriffen sie nicht die Vorteile eines gemäßigten Machtgebrauchs. Auch sahen sie nicht voraus, daß ihre gegenwärtige Erhöhung nur vorübergehend sein könnte. Sie mißbrauchten also ihre bevorzugte Stellung und verachteten ihre früheren Herren, die ihrerseits fürchteten, daß nun sie im Ofen gebraten würden wie die Christen zur Zeit des berüchtigten Schlächters Djezzar Pasha (Gouverneur von Acra 1775–1804).

Wood fuhr fort:

Die Türken erkannten, daß ihre Hoffnungen auf Befreiung enttäuscht wurden, und daß sie dazu bestimmt waren, von den Ägyptern regiert zu werden. Vor allem ärgerten sie sich über die, wie sie es nannten, Überheblichkeit der Christen. Darum revoltierten viele Städte: unter den ersten waren Sidon, Aleppo, Damaskus, Nazareth; die Einwohner des Landes von Samaria und die Fellachen von Horan oder Decapolis.

Nicht einmal drei Jahrzehnte später, 1860, war die Levante, die jetzt wieder unter osmanischer Herrschaft stand, abermals Schauplatz schwerer Unruhen, als Mitglieder christlicher Gemeinden in Damaskus und anderswo angegriffen und ermordet wurden. Zweifellos war dieser Gewaltausbruch – unter anderem – auch eine Folge des Erlasses von 1856, dessen Versprechen die Spannungen verschärften. Die Mehrheit der europäischen zeitgenössischen Beobachter hielt die Reformpolitik für gut und bemerkte sarkastisch, daß der Erlaß von 1856 ‚nichts zu wünschen übrig lasse außer seiner Ausführung‘. Das sollte heißen, daß die Reform nur auf dem Papier stände und daß, wenn sie nur durchgeführt worden wäre, das Reich Frieden genießen würde. Dies entsprach keineswegs der Wahrheit. Schon der Versuch, die Versprechen der Reform in Kraft zu setzen, führte zu sozialen und politischen Spannungen, indem er das Selbstvertrauen der Muslime, der Herrscher wie der Untertanen, untergrub und die Erwartungen der Nichtmuslime erhöhte. Anders als die meisten Beobachter sah Slade in einem Werk, das zwei Jahre vor dem Erlaß von Gülhane veröffentlicht wurde, genau dieses Ergebnis voraus. Die Beseitigung der Benachteiligungen der Nichtmuslime war nicht darauf angelegt,

wie von vielen erwartet und behauptet wurde, die Bindung an die Regierung des Sultans herbeizuführen, sondern im Gegenteil die Schwächung der muslimischen Interessen, *auf die allein sein Thron sich stützt* ... Theoretisch gesehen ist dies Zugeständnis eine Leichtigkeit; in der Praxis angewandt, wird es zu einem zweischneidigen Schwert: es löst die Flut des Parteienhasses aus, der eine gleiche Beteiligung an den Rechten verächtlich zurückweist, und es weckt den Geist der Rache, der jede Gerechtigkeit verschmäht außer dem höchsten Maß – das heißt, zu herrschen, wo man beherrscht wurde, die zu verspotten, von denen man verspottet worden war. Waffen, die man den Unterdrückten gegeben hat, kann man nicht wiedererlangen: das Selbstvertrauen der herrschenden Religion kann nicht wiedergewonnen werden.

Reform hieß also Wandel. Aber Wandel bedeutete nicht unbedingt unberechtigte oder allumfassende Verbesserung. Die Reform schuf keine bessere Regierung, und sie diente auch nicht dazu, den Staat gegen fremde Übergriffe zu stärken. Im Gegenteil, das Schwinden der muslimischen Überlegenheit und die gleichzeitige Zunahme der Selbstanmaßung der Nichtmuslime gaben fremden Mächten vermehrt die Gelegenheit zur Intervention. Die Reform wirkte in unvorhergesehener Weise zum Vorteil einiger Gruppen und zum Nachteil anderer, und man kann nicht sagen, ob der Vorteil

oder der Nachteil größer war. Betrachten wir zum Beispiel einen anderen Teil der Reform, die Änderung des Bodenrechts, die mit der Abschaffung des ‚Feudal‘-Lehens einherging. 1858 wurde ein neues Bodenrecht nach europäischem Muster bekanntgemacht. Es sah die Umwandlung der herkömmlichen Lehen und des Landes, das sich in Gemeinschafts- oder Stammeseigentum befand, in staatlich erfaßten freien Grundbesitz vor. Diese Reform ging rücksichtslos über herkömmliche Rechte hinweg, die, obwohl nicht in offiziellen Dokumenten niedergelegt, die Verhältnisse in der Landwirtschaft in großen Teilen des Reiches geregelt hatten. Diese Landreform schuf nicht wie in Europa eine Kleinbauernschaft, die Interesse am Land hatte. Im Gegenteil, der Kleinbauer, ob Mitglied einer Dorfgemeinschaft oder eines Stammes, der nie Eigenbesitz von Land gekannt hatte, sah seine Rechte und Interessen eingeengt und zerstört von einem Gesetz, dessen Wirkung durch Korruption und Mißwirtschaft, die eine riesige, schwerfällige, zentralisierte Bürokratie mit sich brachte, noch schlimmer wurde. Gab es überhaupt noch, so fragt man sich, irgendeinen wesentlichen Unterschied zwischen der Lage eines Stammesangehörigen im südlichen Mesopotamien oder eines Bauern in Nordsyrien, den die Wirkung der Landreform zu einer Art Leibeigenen herabwürdigte, und der Lage eines ägyptischen Bauern, der Muhammad ‘Alīs Eigentum wurde, oder der eines kasachischen Nomaden, dessen Stammesgebiet in der zweiten Hälfte des 19. Jahrhunderts zugunsten russischer Siedler enteignet wurde, oder der der algerischen Kabylen, deren Land zugunsten französischer Siedler enteignet wurde? Wir dürfen natürlich nicht vergessen, daß russische und französische Besiedlungen noch ungerechter wirkten, denn die Opfer waren Muslime, und die Enteigner christliche Eroberer. Aber es ist bezeichnend, daß die Folgen der Modernisierung durch einen muslimischen Staat so sehr den Folgen glichen, die durch europäische Eroberungen heraufbeschworen wurden.

Noch ein anderer Aspekt der Reform verdient Beachtung. Die Verwestlichung der Gesetze und die Zunahme der Regierungsaufgaben ging mit der Bildung von Provinzräten einher. Diese Räte wurden aus lokalen Notabeln gebildet, die in einem komplizierten Wahlverfahren gewählt wurden. Sie sollten die verschiedenen Gemeinschaften einer Provinz repräsentieren. Rashīd Pasha setzte sie ein und gab ihnen Justiz- und Verwaltungsaufgaben. Aber das Ratssystem war, wie der Historiker H. W. V. Temperley beobachtete, ‚absolut schlecht‘. Die Ratsherren unterlagen keiner wirklichen Kontrolle durch ihre Wähler, und sie waren dadurch kaum repräsentativ. Die Ratsherren erwiesen sich zudem als eine Oligarchie, die die zunehmende Kompliziertheit der Gesetze und Verwaltungsbestimmungen zu ihrem Vorteil ausnutzte und deren gegenseitiger Neid selten die öffentlichen Interessen oder das Wohl des gemeinen Untertanen förderte. Die Übel des Ratssystems wurden bald erkannt, und 1852 und 1864 wurde es geändert: Die Macht der Ratsherren wurde eingeschränkt, Rechtsangelegenheiten wurden ihrem Bereich entzogen. Dennoch entwickelten sich die Räte nie zu wirksamen Organen der lokalen Selbstverwaltung oder lokalen Volksvertretung.

Eines der besten Bücher, das in englischer Sprache über das Osmanische Reich geschrieben wurde, ist Sir Charles Eliots *Turkey in Europe*. Es beginnt mit einem imaginären Gespräch zwischen einem europäischen Geschäftsmann und einem osmanischen Pasha. An einer Stelle spricht der Pasha in Metaphern:

> Dieses Land ist eine Suppe und niemand hat ein anderes Ziel, als sie zu essen. Wir essen sie nach altem Brauch mit einem großen Löffel. Ihr bohrt kleine Löcher in den Boden der Suppenschüssel und leitet sie durch Röhren ab. Dann schlagt ihr vor, daß die Praxis, Suppe mit Löffeln zu essen abgeschafft werden solle, denn ihr wißt, daß wir keine Bohrer haben und diesen Trick, Suppe durch Röhren zu essen, nicht verstehen.

Bleiben wir bei der fesselnden Sprache des Pashas, so können wir die lokalen Räte, deren Funktion auf europäische Vorstellungen zurück ging, mit dem gleichsam wissenschaftlichen Kniff vergleichen, mit dessen Hilfe Suppe durch Röhren gesaugt wurde, anstatt mit einem altmodischen Löffel gegessen zu werden. Natürlich ist es schwierig, wenn nicht unmöglich, festzustellen, welche Methode wirksamer war, aber wir können auf jeden Fall vermuten, daß die modernere Methode bei ihren Opfern mehr Angst hervorrief, und zwar deshalb, weil sie unbekannt war und weil viele kleine Röhren einen großen Löffel ersetzt hatten. Wir können dies an der Reaktion der Tunesier verdeutlichen, die sie gegenüber den Reformen zeigten, die der Bey von Tunis (nominell ein Teil des Osmanischen Reiches) etwa zur selben Zeit einführte. Zwischen 1857 und 1861 führten die Beys von Tunis Gesetze nach europäischem Vorbild ein, die darauf abzielten, die Sicherheit der Person und die Gleichheit vor der Steuer und dem Gesetz sicherzustellen. Dann wurde eine zentralisierte Bürokratie und ein neues Netzwerk von Gerichten eingesetzt, die Reformen auszuführen. Das Gebäude wurde durch eine Verfassung gekrönt, die 1861 verkündet wurde. Die Verfassung sorgte für einen großen Rat, dem die Minister und der Bey angeblich verantwortlich waren. Den Rat bildeten Beamte und Notabeln, die teils ernannt und teils hinzugewählt wurden. Er war gedacht als letzte Instanz in Steuer- und Gerichtsangelegenheiten. Diese Reformen erwiesen sich als große Last für die Untertanen. Nach der alten Ordnung wurden Verwaltungsfragen vom Gouverneur und juristische vom *qāḍī* entschieden, wobei in beiden Fällen eine Appellation an den Bey vorbehalten blieb. So war der gewöhnliche Tunesier bisher, wie ein französischer Beobachter sich ausdrückte, nur von zwei Männern ‚gefressen‘ worden. Durch das Aufkommen der neuen Gerichte

> wird er von allen Mitgliedern dieser Gerichte gefressen. Gewöhnlich akzeptierte er die Entscheidung des lokalen Richters, denn sie erging prompt. Nur in schweren Fällen würde er an den Souverän appellieren. Heute muß der Einwohner von Gabes, 350 km von Tunis, der ein Urteil anfechten möchte, das von einem lokalen Gericht gefällt wurde, nach Tunis gehen. Selbst nach einer so teuren Reise kann er seine Beschwerden nicht dem Bey vortragen. Ein anderer

Ausschuß, ein vom obersten Rat eingesetztes Appellationsgericht, dem eine Reihe jener verhaßten Mamlūken angehören, wird das erste Urteil annullieren oder bestätigen.

1864 führte die Unzufriedenheit, die die tunesischen Reformen hervorgerufen hatten, zu einer Stammesrebellion. Der Kriegsruf der Rebellen hieß: ‚Keine Mamlūken, keine *mejba* (eine Steuer, die der Rat stark erhöht hatte), keine Verfassung.‘ Die Rebellen forderten unter anderem die Abschaffung der neuen Gerichte, der Bey sollte Gerechtigkeit gemäß der *sharīʿa* ermöglichen. Die Rebellion wurde schließlich niedergeschlagen. Doch die Verfassung wurde ausgesetzt und nie wieder eingesetzt.

Der schon erwähnte Khayr ad-Dīn at-Tūnisī gehörte zu denjenigen Beamten, die von der Notwendigkeit der Reformen tief überzeugt waren. Er spielte auch eine bedeutende Rolle bei der Durchführung der Reformen von 1857 bis 1861. Er wurde sogar Präsident des großen Rates, dessen Handlungen zu der Rebellion von 1864 führten. Sein Werk *Réformes nécessaires aux états musulmans* entstand nach dieser Rebellion. Es enthält eine bezeichnende Stelle, die indirekt auf die Ziele der Rebellen hinzuweisen scheint. Khayr ad-Dīn zählt dort vier Einwände gegen die Reformen auf, die von jenen vorgebracht wurden, die meinten, daß sie für eine islamische Gesellschaft ungeeignet seien:

1. Die *tanzīmāt* (das heißt die Reformen) widersprechen der *sharīʿa*.
2. Sie sind ungeeignet, denn es gibt keine Bereitschaft von seiten der *umma* (das heißt der muslimischen Gemeinschaft), die Kultur anzunehmen, auf der sie beruhen.
3. Sie werden sicher in Anbetracht der langen Zeit, die gebraucht wird, um Klagen zu regeln, zum Verlust der Rechte führen. Ähnliche Verzögerungen wird man im Verwaltungssystem erleben.
4. Die Vermehrung der Regierungsbeamten, die der Verwaltung dienen, wird eine Anhebung der Steuern erfordern.

Der muslimische Geist auf der Suche nach Fortschritt
Nicht nur traditionell gesinnte Stammesoberhäupter in einem entlegenen Teil der muslimischen Welt fanden europäische Reformen in ihrer Anwendung lästig und ihre Ergebnisse zweifelhaft. Auch diejenigen, die am meisten mit europäischen Ideen in Berührung kamen, zeigten Enttäuschung oder Ernüchterung über die Reformen. Sie glaubten ebenfalls, daß die neumodischen Verwaltungseinrichtungen tyrannisch und unwirksam waren. Sie griffen aber nicht auf den traditionellen Islam zurück oder sehnten sich nach seiner Restauration. Wenn die Reformen gescheitert waren, dann eher weil sie mehr der Schatten als das Wesen europäischer Kultur waren. Das Geheimnis der europäischen Macht und Blüte beruhte nicht auf Maschinen oder dem Verwaltungsaufbau, sondern vielmehr auf den unter Europäern weitverbreiteten politischen und sozialen Gewohnheiten, die Initiative, Erfinder- und Unternehmungsgeist förderten. Den Kern dieser Gewohnheiten kann man unter dem Ausdruck ‚Freiheit unter dem Gesetz‘ zusammenfassen. Dies konnte nur durch eine repräsen-

tative, konstitutionelle Regierung gewährleistet werden. Solch eine Regierung, so wurde argumentiert, wäre nicht mehr als eine Rückkehr zur reinen Tradition des frühen Islam, bevor er durch Despotismus und Aberglaube verfälscht worden war. Dies Argument hatte wenig historischen Wert, denn der Islam kannte, welche politische Doktrin man auch immer aus dem Koran ableitete, von Beginn an nur eine autokratische Herrschaft; mit der konstitutionellen und repräsentativen Regierungsform war er gänzlich unvertraut. Die Verwaltungs- und Militärreformen hatten die Macht des Herrschers erhöht und die Verteidigungsmöglichkeiten, die traditionell dem Untertanen zustanden, geschwächt. Dieser gestärkte Herrscher, der eine modernisierte Armee und eine hochzentralisierte Verwaltung kontrollierte, wurde jetzt gebeten, sich in einen konstitutionellen Monarchen zu wandeln und seine Macht von einer Verfassung regeln und von Volksrepräsentanten kontrollieren zu lassen.

Es bestand natürlich wenig Aussicht, daß dies geschah. Als das Osmanische Reich 1876 in eine militärische und finanzielle Krise geriet, planten einige hohe Beamte, den Sultan abzusetzen und eine parlamentarische Regierung einzuführen. Schließlich setzten sie ein junges Mitglied der Osmanendynastie, das mit ihren Ansichten übereinzustimmen schien, auf den Thron. Tatsächlich gewährte der neue Sultan, ‘Abd al-Hamīd II., kurz nach seiner Thronbesteigung eine Verfassung und ein Parlament. Dies bedeutete eine Übergabe der Macht vom Sultan an die Minister und andere Mitglieder der Beamtenklassen, die diese Neuerungen zu ihrem Vorteil verstanden und ausnutzten. Das entsprach in vieler Hinsicht der Situation in Tunesien nach 1861 und der in den osmanischen Provinzen nach der Einführung der lokalen Räte, die nur dazu gedient hatten, die Macht und Vorrechte der Notabeln zu vermehren. ‘Abd al-Hamīd war natürlich jeder Verringerung seiner Macht abgeneigt, und mit Schläue und Glück gelang es ihm, Verfassung und Parlament nach kaum einem Jahr wieder aufzuheben. Dennoch gab es in seiner langen Regierungszeit (1876 bis 1909) keine Abkehr von den Modernisierungs- und Zentralisierungstendenzen, die im 19. Jahrhundert immer beherrschender geworden waren.

Eine Folge davon war die zunehmende Zahl von Beamten und Offizieren, die von europäischen Ideen beeinflußt waren und die wegen ihrer Erziehung im europäischen Stil mit dem Regime unzufrieden waren. Sie waren überzeugt, daß nur die Umwandlung in einen Staat, der eine Verfassung und ein Parlament besaß, das Reich vor dem Untergang bewahren könne. Eine Verschwörung junger Offiziere, der ‚Jungtürken‘, hatte im Juli 1908 Erfolg. Sie zwang ‘Abd al-Hamīd, die Verfassung von 1876 wiedereinzusetzen. Dennoch erwies sich der Parlamentarismus im Osmanischen Reich und seinen Nachfolgestaaten nach 1918 im ganzen als reine Fassade: Die Wirklichkeit war ein zentralistischer Staat mit einer umfangreichen und mächtigen Bürokratie; diese wurde von einer Beamtenklasse geführt, die eine europäische Erziehung genossen hatte und dadurch von der im Traditionellen verwurzelten Masse der Regierten weit entfernt war. De facto war diese Beamtenklasse den Regierten gegenüber nicht verantwortlich,

denn die Massen waren mit Wahlen und Parlamenten nicht vertraut und legten den Herrschenden gegenüber die seit alters her gewohnte Ehrfurcht an den Tag. Trotz parlamentarischer Institutionen wurden die Massen also immer abhängiger, je mehr der Aufgabenkreis der Regierung wuchs. Das politische Leben bestand aus den Konflikten zwischen rivalisierenden Gruppen innerhalb der Beamtenschaft. Derartige Konflikte wurden wegen der Unzulänglichkeit der verfassungsmäßigen Kontrollorgane häufig durch das Militär gelöst, das der Versuchung, die Macht in eigene Hände zu nehmen, nicht widerstehen konnte.

Die europäischen Lehren führten dazu, daß man übertrieben große Erwartungen in politische Aktionen und deren Ergebnisse setzte. Diese Erwartungen waren oft säkularen und humanistischen Charakters: säkular durch die Betonung der Ansicht, daß die Geschichte keine übernatürliche Dimension oder göttliche Vorsehung kenne; humanistisch hinsichtlich der Idee, daß der Mensch sein eigner Herr sei. Solch eine Sicht ist natürlich weit von der traditionellen islamischen Anschauung entfernt; ihre Wirkungen traten zwar langsam ein, waren aber sehr weitreichend. Dies zeigen bereits recht frühe Kontakte zwischen dem modernen Europa und dem Islam. In den ersten drei Jahrzehnten des 19. Jahrhunderts eroberte Rußland große Teile des Kaukasus. Dadurch lernten gebildete Muslime europäische Gedanken und Einrichtungen kennen. So zum Beispiel Mīrzā Fath ‘Alī Ākhundzāda (1812–78), der zunächst eine traditionelle religiöse Erziehung erhalten hatte, sie aber bald aufgab, um russische Sprache und Literatur zu studieren. In Tiflis, wo er als russischer Beamter tätig war, kam er mit russischen Intellektuellen in Berührung, von denen einige wegen extremer politischer Ansichten dorthin verbannt worden waren. Ākhundzāda wurde vor allem als Dramatiker berühmt. Seine Stücke trugen in der azeri- und russischsprachigen Welt zur Verbreitung einer säkularisierten, skeptischen Haltung, wenn nicht zum Islam selbst, so doch zu den Männern der Religion – qādīs und Derwischen – bei; diese werden als korrupt und unredlich gezeichnet und nützen eine leichtgläubige, respektvolle und abergläubische Öffentlichkeit aus. Ākhundzāda vergleichbar war der aus Buchara stammende Schriftsteller Ahmad Makhdūm Donish (1827–97). Der Khān von Buchara wurde von Rußland besiegt und mußte 1868 in ein Protektorat einwilligen. Damals sandte er Donish als Botschafter nach St. Petersburg. Donish kam tief beeindruckt von der russischen Kultur zurück, von der Tatsache, daß die Frauen unverschleiert waren, daß Bücher und Periodika in großer Zahl publiziert wurden, daß es viele gebildete Männer gab und daß das Land, verglichen mit Buchara, wohlhabend war. Er gewann die Überzeugung, daß diese Vorteile seinen Landsleuten durch die Habgier und Korruption der Herrscher und der Männer der Religion vorenthalten wurden. Auch die Bucharer sollten Schritte unternehmen, um Unterdrückung, Bildungshaß und Armut zu beenden. Er nahm kein Blatt vor den Mund:

Die Emire und Wesire (schrieb er), der Klerus und die Aristokratie sind alle gleich. Du, Leser, sollst herausfinden, was für ein Mann der Emir ist, der

Herrscher der orthodoxen Muslime und dein Sultan. Sieh dich um, und du wirst finden, daß er ein Wüstling und Tyrann ist. Sein oberster *qādī* ist ein Vielfraß und Heuchler. Der *ra'is* und der Polizeipräfekt sind von derselben Sorte. Der letztere ist schlicht ein stets betrunkener Spieler und ein Genosse von Dieben und Räubern.

Donish stellte auch die traditionellen islamischen Überzeugungen in Frage. Die gleiche Unzufriedenheit mit islamischen Institutionen und Bräuchen kann man bei indischen Muslimen feststellen. Die schillerndste und bekannteste dieser Personen, die den Islam geringschätzten und forderten, ihn durch eine moderne Ideologie zu ersetzen, war der persische Schiit Jamāl ad-Dīn al-Afghānī (1838–97).

Der Islam und das kommunistische Rußland

Die Abenteuer und Enttäuschungen des muslimischen Geistes auf der Suche nach einer tauglichen Mischung zwischen seinem Erbe und ,dem Weg der Zivilisation nach Art der westlichen Gesellschaft', wie Afghānī es ausdrückte, sind mannigfaltig. In der Politik strebte man den Konstitutionalismus an, was im Osmanischen Reich und seinen Nachfolgestaaten paradoxerweise eine Periode von Staatsstreichen und Militärregimen einleitete. Im Russischen Reich und in den zentralasiatischen Khanaten unter russischem Protektorat gab es eine starke Strömung, die die muslimische Bildung reformieren und die intellektuelle und soziale Tyrannei der Männer der Religion und die politische Tyrannei der Khāne abschaffen sollte. Während der Revolution von 1905 machten die Tatarenführer – Muslime, die seit dem XII./18. Jahrhundert und früher unter russischer Herrschaft standen – im Wunsch nach Modernisierung mit den russischen Kadetten (konstitutionellen Demokraten) gemeinsame Sache. Das politische Programm, das sie auf einem Kongreß 1906 formulierten, forderte rechtliche Gleichheit für alle Völker Rußlands und gleichen Zugang zu Militär- und Zivilämtern für Muslime; die Gleichheit aller Religionen mit dem orthodoxen Glauben und die Einrichtung örtlicher Selbstregierungen, kontrolliert von demokratischen Räten. Wie die Ergebnisse zeigten, war dieser Traum mit der russischen Autokratie nicht vereinbar. Bemerkenswert ist aber, daß ein Kongreß, der im Namen einer muslimischen Gemeinschaft sprach, bereit war, eine Gesellschaft ins Auge zu fassen, in der Muslime und Andersgläubige, die der Islam bisher für geringer achtete, den gleichen Rang einnehmen sollten. Die bolschewistische Revolution etwa ein Jahrzehnt später schien wiederum die Erfüllung der Träume der muslimischen Intellektuellen zu versprechen. Einer der ersten Mitarbeiter Stalins im Kommissariat für Nationalitäten, Mullanur Vahitov (1885–1918), war, wie ein tatarischer Autor um 1920 schrieb, überzeugt, daß

> der Einfluß der alten arabischen Kultur auf die Weltkultur, die als Ergebnis eines weltweiten sozialistischen Wiederaufbaus entstehen wird, gewaltig sein wird.

Vahitov starb, bevor er sehen konnte, wie illusorisch solche Hoffnungen waren. Ein anderer Tatare, Sultan Galiev (1895–1940[?]), arbeitete von 1918 bis 1923 in Stalins Nationalitätenkommissariat. Galiev war Marxist und Kommunist, aber in seinen Augen herrschte der Klassenkampf nicht so sehr zwischen Kapitalisten und Proletariat in den Industriestaaten, als vielmehr zwischen Europa und der östlichen Welt, die ausgebeutet, kolonisiert und unterdrückt war. Die Befreiung der Menschheit mußte aus einem befreiten Osten kommen, dessen Vorhut die kommunistischen Tataren der Sowjetunion waren. Dies bedeutete nicht nur eine Abweichung vom orthodoxen Marxismus, sondern auch eine Bedrohung der Macht Moskaus. Sultan Galiev wurde aus seinem Amt entlassen und versuchte bis 1928, unter den Sowjet-Muslimen einen politischen und ideologischen Widerstand gegen die herrschenden europäischen Elemente in der Kommunistischen Partei der Sowjetunion zu schaffen. 1929 wurde er wegen dieser Aktivitäten verhaftet und zu einer langen Gefängnisstrafe verurteilt. Er soll 1939 freigelassen worden sein, aber es blieb unbekannt, wann und wie er starb.

Die gleichen Mißgeschicke und Enttäuschungen erlebten die Neuerer Zentralasiens bei ihren Versuchen, sich in der Politik zu engagieren und das Leben ihres Volkes durch politisches Handeln zu verbessern. Die *jadīds* (Neuerer) begannen um die Wende zum 20. Jahrhundert ihre Tätigkeit. Sie wollten eine moderne Erziehung einführen und dadurch Despotismus und Aberglauben abschaffen. Die Revolution von 1917 erweiterte plötzlich ihren Horizont. Sie formierten sich in der Jung-Buchara-Partei und versuchten, den Khān zu zwingen, in Buchara die Reformen durchzuführen, die sie anstrebten. Sie arbeiteten bei der Durchsetzung dieser Ziele mit einer kommunistischen Truppe zusammen, die 1920 von Taschkent nach Buchara marschierte. Der Khān wurde verbannt, und die Jung-Bucharer riefen eine scheinbar unabhängige Volksrepublik aus. Aber die Unabhängigkeit dauerte nicht lange. Sie endete schon 1924, als der alte Staat Buchara (der selbst das zaristische Rußland überlebt hatte) als sozialistische Republik in die Sowjetunion eingegliedert wurde; heute ist sie ein Teil der Usbekischen Sowjetischen Sozialistischen Republik. Die Träume und Wünsche der *jadīds* erfüllten sich nicht.

Indien: Teilung und Paradoxon

Die muslimischen Neuerer in Indien, die wie in Rußland schließlich zu Führern ihrer Gemeinden aufstiegen, hatten kaum mehr Glück in der Politik. Khwaja Altaf Husayn Hālī (1837–1914), der als hervorragendster Dichter seiner Zeit galt, war fest davon überzeugt, daß das Wohlergehen der Muslime darin bestand, sich unter der Leitung ihrer britischen Herren der modernen Welt anzupassen:

> Eure Regierung hat euch Freiheit gegeben. Alle Straßen des Fortschritts liegen offen vor euch. Von allen Seiten ertönt der Ruf, daß vom Prinzen bis zum Bauern alle Menschen glücklich sein sollen. Die Herrschaft des Friedens und Wohlstands ist in allen Ländern errichtet worden, Karawanen können sicher alle Wege ziehen.

Der berühmte Sir Sayyid Ahmad Khān (1817–98), ein Freund Hālīs, zeigte seinen Glaubensbrüdern mit Erfolg, wie man vom Angebot der westlichen Wissen-

Der Fries am Offiziersklub in Kairo unterscheidet sich deutlich von dem osmanischen Relief zu Beginn dieses Kapitels. Auch hier wird Macht demonstriert. Man blickt zurück auf vergangene militärische Größe. Aber der Ton ist scharf, und die Verbindung mit der Vergangenheit selbstbewußt und erfunden und daher nicht überzeugend. (8)

schaften profitieren konnte. Er bemühte sich, sie zu überzeugen, daß die Muslime – sollte sich die Verheißung von Wohlstand, Macht und weltweiter Bedeutung erfüllen – eine moderne Erziehung durchlaufen müßten, die, so beteuerte er, voll mit dem Islam vereinbar war. Soweit Sir Sayyid Ahmad Khān und die Männer seiner Generation es beurteilen konnten, war die Zukunft Indiens und seiner Muslime mit der britischen Herrschaft verbunden. Die Muslime waren in Indien eine Minderheit, und so betrachteten sie die Briten als die Garanten ihrer Interessen. Aber das spätere Aufkommen des Hindu-Nationalismus, die politische Mobilisierung der Hindu-Massen durch Gestalten wie Tilak und Ghandi, riefen wachsende Unruhe unter den muslimischen Führern hervor. Die Zukunft schien den Muslim-Führern, allen voran ʿAlī Jinnāh (1876–1948), gefährlich und sogar aussichtslos zu sein. Wenn die Muslime sich selbst retten und ihre Identität sichern wollten, dann mußten sie ihren eigenen Staat errichten. Es gab, so argumentierte er, zwei verschiedene Nationen in Indien. Hinduismus und Islam ‚sind nicht Religionen im strengen Sinn des Wortes, sondern unterschiedliche, voneinander verschiedene Sozialordnungen ... Die Hindus und Muslime gehören zu zwei verschiedenen religiösen Weltanschauungen, Lebensformen, Literaturen.‘

Jinnāh hatte Erfolg. Er schuf den Staat Pakistan, der 1947 entstand, als die Briten die Herrschaft über Indien aufgaben. Aber diese Frucht des indischen Islam und sein Schild zugleich leidet an einem doppelten Paradoxon. Pakistan entstand, weil die Muslime Indiens gegen einen einzigen Staat auf dem Subkontinent votierten. Aber es umfaßte nicht alle Muslime; bei seiner Entstehung wohnten in Pakistan etwa 65 Millionen Muslime, in dem von Hindus beherrschten Indien dagegen nicht weniger als 35 Millionen.

Die politische Verwirrung geht jedoch noch weiter. Die alleinige *raison d'être* Pakistans ist der Islam. Dies zeigt die Verfassung von 1956 unzweideutig. Sie verkündet im Teil III über die ‚leitenden Prinzipien der Staatspolitik‘, daß ‚Schritte unternommen werden sollen, um die Muslime Pakistans zu befähigen, einzeln und gemeinsam ihr Leben gemäß dem heiligen Koran und der Sunna zu ordnen‘. Aber nichts in der Geschichte Pakistans deutet darauf hin, daß diese Worte in die Tat umgesetzt wurden, und die Herrscher Pakistans haben

gemerkt, daß ‚gemäß dem heiligen Koran und der Sunna‘ zu leben, mit dem Charakter eines modernen Staates unvereinbar zu sein scheint. Etwa sechs Jahre nach der Geburt Pakistans brachen in Lahore ernste Aufstände gegen die Ahmadīs aus, eine Sekte, die orthodoxen Muslimen als ketzerisch gilt. Die Theologen forderten, wenn Pakistan ein islamischer Staat sei, müßte die Trennung zwischen Muslimen und Nichtmuslimen beibehalten werden; den Ahmadīs (und damit allen Nichtmuslimen) sei jene Gleichheit der Rechte zu verweigern, die moderne zivilisierte Staaten allen ihren Bürgern zugestehen (und die auch die pakistanische Verfassung bekräftigt). Die Aufstände, bei denen in Lahore die ʿulamāʾ eine führende Rolle spielten, wurden von einem Gremium untersucht, das einen bemerkenswerten Bericht verfaßte. Dieser Bericht, bekannt als Munīr-Report, betont die Unvereinbarkeit des modernen, von Europa inspirierten Konstitutionalismus mit den islamischen Vorstellungen vom Staat. Pakistan, erklärte der Bericht,

> wird von dem einfachen Mann als ein islamischer Staat aufgefaßt, obwohl es dies nicht ist. Dieser Glaube wurde durch den fortgesetzten Ruf nach dem Islam und einem islamischen Staat ermutigt, einen Ruf, den man seit der Gründung Pakistans von überall her hört. Das Phantom eines islamischen Staates hat den Muslim durch die Jahre verfolgt; es ist das Ergebnis der Erinnerung an die ruhmreiche Vergangenheit ...

Der moderne Muslim, so heißt es weiter,

> steht an einer Wegkreuzung, gehüllt in den Mantel der Vergangenheit und mit der Last von Jahrhunderten auf den Schultern, enttäuscht, verwirrt und unentschlossen, in die eine oder andere Richtung zu gehen. Die Frische und Einfachheit des Glaubens, die seinem Geist Entschlossenheit und seinen Muskeln Spannkraft gaben, sind ihm heute versagt. Er hat weder die Mittel noch die Fähigkeit zu Eroberungen, und es gibt auch keine Länder zu erobern ... So befindet er sich in einem Zustand der Hilflosigkeit und wartet auf jemand, der kommt und ihm den Weg aus diesem Dickicht der Unsicherheit und Verwirrung weist ... Nur eine kühne Neuorientierung des Islam, die das Leblose vom Lebensfähigen

trennt, kann ihn als Weltanschauung retten und den Muslim zu einem Bürger der gegenwärtigen und künftigen Welt machen.

Beinahe eineinhalb Jahrzehnte nachdem diese Worte geschrieben wurden, hören wir Ayyūb Khān, von 1962 bis 1969 Präsident Pakistans, eben diese Unvereinbarkeit der Ziele des Islam mit der modernen Welt beklagen. In einem 1967 veröffentlichten Buch äußerte er, **daß der Islam sich das Leben als eine Einheit vorstelle,** in der alle Aktivitäten von demselben Prinzip bestimmt seien. Ayyūb Khān fügt hinzu: ‚Das Bild unserer Gesellschaft, wie ich es sah, entspricht dieser Vorstellung nicht. In der Praxis war unser Leben in zwei verschiedene Sphären zerbrochen, und in jeder Sphäre folgten wir anderen Prinzipien.' Dieses Problem ließ sich für die indischen Muslime keineswegs dadurch lösen, daß man den Staat Pakistan schuf. Weniger als ein Vierteljahrhundert nach der Gründung schien es überdies, daß der Islam nicht das Band bilden konnte, das den Staat zusammenhielt. 1971 zogen es die Muslime Ostpakistans vor, einen eigenen unabhängigen Staat zu bilden.

Islam — Glaube oder Sozialordnung?

Aus Jinnāhs Worten ergibt sich, daß er den Islam eher als eine Zivilisation und Sozialordnung ansah denn als Glaube. Darin stand er nicht allein, denn verwestlichte Muslime (und Jinnāh war einer von ihnen) hatten schon lange so zu handeln gelernt; sie formten den Islam von einer ewigen, wahren göttlichen Offenbarung jenseits der zeitlichen Wechselfälle der Geschichte zu einem Ergebnis und einem Faktor des historischen Wandels oder der sozialen Integration um. Mit anderen Worten, man ist Muslim, nicht weil der Islam wahr ist, sondern weil er hilft, durch die von ihm gelehrte Solidarität zusammenzustehen, um so die Gesellschaften, in denen der Islam bisher herrschte, mit politischer Macht auszustatten. Dies ist letztlich die politische Doktrin Afghānīs, der ebenfalls ein religiöser Skeptiker war. Eine seiner Erklärungen zeigt deutlich die säkularisierte, humanistische Denkweise, die er populär machte:

Es gibt zwei Arten von Philosophie auf der Welt (berichtete er einem Freund); die eine besagt, daß uns in dieser Welt nichts gehört. So müssen wir mit einem Teppich und einer Handvoll Essen zufrieden sein. Die andere lehrt, daß alles auf der Welt schön und begehrenswert ist, daß es uns gehört und gehören muß. Diese zweite sollte unser Ideal sein. Wir sollten sie zu unserem Motto machen.

Den Besitz des Schönen und Begehrenswerten zu erlangen, ist dann ein mögliches Ziel; es ist das Ziel des menschlichen Strebens, insbesondere in der Politik. Die Politik macht den Willen der Masse dem des Führers nutzbar, der benutzt, was immer die Vorstellungskraft der Massen gefangennimmt. Für die muslimischen Massen ist dies Mittel der Islam, und es überrascht nicht, daß Afghānī einen islamischen Messianismus predigt, der den Gläubigen irdisches Heil und eine Herrschaft des Glücks und der Gerechtigkeit verspricht. Afghānī erkannte jedoch, daß es außer der religiösen noch andere Formen des Glaubens gibt, die Solidarität wek-

ken. Neben der anspruchsvollen Auffassung von den menschlichen Fähigkeiten – nämlich alles Schöne und Begehrenswerte ergreifen zu können – wurde gerade diese Überzeugung für die verwestlichten Führer der Muslime grundlegend. Nationalismus und Sozialismus sind zwei solcher europäischer Lehren, die Befreiung und Heil hier auf Erden versprechen. Nationalismus ist der Glaube, daß allein in einer politisch autonomen Nation das gute Leben gelebt werden könne. Sozialismus dagegen lehrt, daß Ungerechtigkeit, Armut und Unglück durch die Abschaffung des privaten Besitzes beseitigt werden könnten. Die übertriebenen Hoffnungen, die in die Politik gesetzt werden, die Erwartung, daß öffentlicher Wohlstand und privates Glück durch Politik herbeizuführen seien, die religiöse Aura, mit der politische Taten und Führer ausgestattet sind – all dies scheint das deutlichste Ergebnis von eineinhalb Jahrhunderten Verwestlichung zu sein. Zur Veranschaulichung mag vielleicht ein Beispiel genügen. 1974 erschien ein kleiner Poesieband des syrischen Dichters Nizār Qabbānī (geb. 1923) mit dem Titel *Politische Werke.* Die meisten Gedichte brandmarken die politische Unfähigkeit der Araber infolge ihrer schwachen und korrupten Führung.

Die Sammlung schließt mit einem Gedicht, das die ägyptische Überquerung des Suez-Kanals im Oktober 1973 besingt. Die Verse sind insofern bemerkenswert, als zwischen den öffentlichen Interessen der Politik und der sehr privaten Welt der Liebe eine Verschmelzung vorgenommen wird, die für die neue Weltanschauung charakteristisch ist; Säkularismus, gepaart mit leidenschaftlichem Messianismus, hat anscheinend die verwestlichte Elite ergriffen. Dieses Gedicht mit dem Titel ‚Beobachtungen in Zeiten der Liebe und des Krieges' widmete der Dichter seiner Geliebten. Die Liebenden sind zusammen, als sie die Neuigkeit von der Überquerung des Kanals erfahren:

> *Hast du bemerkt* (fragt der Dichter),
> *Wie ich all meine Ufer überflutete,*
> *wie ich dich bedeckte wie das Wasser der Flüsse?*
> *Hast du bemerkt, wie ich mich dir hingab,*
> *als würde ich dich zum ersten Mal sehen?*
> *Hast du bemerkt, wie wir in eins verschmolzen,*
> *wir wir keuchten, wie wir schwitzten,*
> *wie wir Asche wurden und wiedererweckt wurden,*
> *Als liebten wir*
> *zum ersten Male?*

Die sexuelle Ekstase, die der Dichter hier in so eindringlicher Weise schildert, wurde durch die Nachricht von einer erfolgreichen militärischen Aktion hervorgerufen. Aber die Politik (die auch Krieg bedeutet) kann solche Glut nicht lange erhalten: Kriege werden manchmal verloren, manchmal gewonnen, und in der Politik liegt keine Errettung. Die Enttäuschung kommt gewiß. Wird das Scheitern solcher übertriebenen Hoffnungen einen unerträglichen Druck verursachen und zu furchtbaren Explosionen führen? Mit dieser Frage muß der Beobachter seinen Überblick über eine muslimische Welt beenden, die ihr klassisches Gleichgewicht verloren hat und nun unter Spannungen leidet und zutiefst verwirrt ist.

Nach tausend Jahren praktisch unbestrittener Vorherrschaft wurde der Verfall der islamischen Macht am Ende des XII./18. Jh. offenkundig. Alte islamische Reiche mußten auf dem Balkan Österreich-Ungarn und Rußland, in Indien den Briten weichen. Im XIII./19. Jh. hatten die muslimischen Herrscher angesichts der europäischen materiellen Überlegenheit nur die Wahl zwischen Unterwerfung und hoffnungslosem Widerstand. ʿAbd ar-Rahmān, von 1822 bis 1859 Sultan von Ma-

rokko, mußte zusehen, wie die Franzosen Algerien, sein Nachbarland, eroberten; er sympathisierte mit dem Rebellenführer ʿAbd al-Qādir, wurde aber gezwungen, seine Hilfe einzustellen. 1831 suchte ihn eine Gesandtschaft auf, der Delacroix angehörte; er malte den Sultan mit seinem Gefolge vor den Mauern von Meknès. Es ist eine Ironie, daß Europa erst dann für die islamische Kultur empfänglich wurde, als es dabei war, sie in politischer Hinsicht zu zerstören. (1)

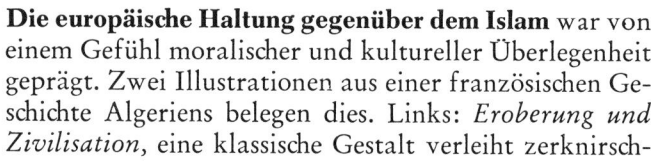

Die europäische Haltung gegenüber dem Islam war von einem Gefühl moralischer und kultureller Überlegenheit geprägt. Zwei Illustrationen aus einer französischen Geschichte Algeriens belegen dies. Links: *Eroberung und Zivilisation*, eine klassische Gestalt verleiht zerknirsch-

Aus russischer Sicht: Rußland expandierte nach Zentralasien und in den Kaukasus. Vereschagin malte 1872 das Bild *Feier in Turkestan* (unten): barbarische Muslime bei einer Siegesfeier am Grab Tamerlans; auf den Stangen die Köpfe russischer Offiziere. (4)

ten besiegten Arabern die Kultur. Rechts: Der Dey von Algier schlägt dem französischen Konsul, M. Deval, mit einem Fliegenwedel ins Gesicht, eine Beleidigung, die den Franzosen zum Vorwand für die Invasion von 1830 diente. (2, 3)

Der Widerstand gegen die Eroberung belebte den Geist des Islam.'Abd al-Qādir (unten) betrachtete sich selbst nicht nur als Guerillaführer, sondern als Imam der Muslime: ‚Seine Entscheidungen entsprechen den Worten des Heiligen Buches'. (5)

Der heilige Krieg des Mahdī und seiner Anhänger im Sudan richtete sich gegen eine islamische Regierung, die europäische Wertvorstellungen übernommen hatte und von europäischen Mächten abhängig war. Kitchener vor dem Grab des Mahdī 1898 in Omdurman; ein Englän- der als Heerführer der Araber symbolisiert den Triumph der Europäer über den traditionellen Islam. (6)

1917 betritt Allenby Jerusalem: Ein weiterer Markstein auf dem Rückzug des Islam. (7)

Für die Türkei bedeutete der Sieg der alliierten Trup- pen das Ende der osmanischen Dynastie und zugleich den Abschied von der Hoffnung, Großmacht zu bleiben. Die alliierte Flotte im Goldenen Horn (unten) symbolisiert die schwerste Stunde des Islam. Diese Erniedrigung rief Mustafā Kemals Revolution hervor; sie war der Aus- löser für das Selbstverständnis der Türkei, die als ein moderner Staat ein Teil Europas werden möchte. (8)

Auf die Herausforderung Europas zu antworten, ohne sich ihm auszuliefern, war das Dilemma der muslimischen Regierungen im 19. Jh. Modernisierung mit fremder Hilfe führte in der Regel zu fremder Einmischung und weckte entschlossene Opposition. Selīm III. (unten), türkischer Sultan von 1789–1807, war bestrebt, seineVerwaltung und besonders seine Armee zu modernisieren. Daraufhin wurde er 1807 gestürzt und im folgenden Jahr ermordet. Sein Vetter Mahmūd II. jedoch griff sein Programm später wieder auf. (9)

Am erfolgreichsten wandte Muhammad 'Alī Pasha von Ägypten europäische Methoden an. Damit stärkte er vor allem seine eigene Macht. Er baute Fabriken, kämpfte gegen die Cholera, verbesserte die Landwirtschaft, eröffnete die erste ägyptische Eisenbahn zwischen Kairo und Alexandrien. Das alles konnte er nur mit der Hilfe fremder Experten erreichen. Auf dieser Lithographie (oben) sieht man ihn in einer Konferenz mit Oberst Patrick Campbell und französischen Ingenieuren. (10)

Es war unvermeidich, daß viele Charakteristika des muslimischen Lebens mit dem Wandel verlorengingen, ein Vorgang, den man tausendfach belegen kann. Hier vier türkische Armeeuniformen. Links: frühes 19. Jh. Rechts: Kavallerie und Infanterie um 1890. (11–14)

Turkey

Cavalry.   Infantry.

1923 wurde Mustafā Kemal Präsident der türkischen Republik. Gegen eine breite Opposition setzte er viele radikale Reformen durch. Der Staat wurde säkularisiert, westliche Kleidung wurde eingeführt, die Mehrehe verboten und die Gleichberechtigung der Frauen verordnet (oben links Kemal mit seiner Frau). Die arabische Schrift wurde durch die lateinische ersetzt; man lehrte sie in zahlreichen neuen Schulen (oben: Kemal an der Tafel wirbt für die neue Schrift). Dieses Programm mußte innere Widersprüche hervortreten lassen, die heute noch in der Türkei spürbar sind. Frauen (links) können in einer Abgeschlossenheit leben, die der im 19. Jh. ähnelt, oder sich voll emanzipiert verhalten. (15, 16, 17)

Nach der ägyptischen Revolution von 1952 (oben) wurde König Faruk durch einen Militärputsch abgesetzt. Oberst Gamal ʿAbd al-Nasser war der starke Mann der neuen Regierung. Er beanspruchte eine Führerrolle in der arabischen Welt, und eine neue panarabische Begeisterung schien ihn eine Zeitlang zu tragen. Die Ausrufung der Vereinigten Arabischen Republik 1958 wurde enthusiastisch gefeiert (oben rechts). Nasser (unten links) hielt durch sein Charisma die zentrifugalen Kräfte zusammen. Der ‚Sozialismus‘, dem sich Ägypten unter ihm ver-

schrieb, vergrößerte den Einflußbereich der Regierung und verstärkte die Neigungen zur Zentralisierung. So war er gleichsam der Vollender des Werkes von Muhammad ʿAlī. Bei seinem Tode 1970 schienen seine großen Pläne gescheitert, aber sein Nachfolger Sadat konnte manche Verluste ausgleichen. Im Oktober 1973 überquerten ägyptische Truppen den Suez-Kanal (unten rechts) und gewannen einen Teil des Sinai zurück. Dieses Teilergebnis des Krieges ist als ein bedeutungsvoller Sieg anzusehen. (18–20)

343

Noch heute sind die Massen dem Islam ergeben. Doch stellt die industrielle Zivilisation eine immer stärkere Herausforderung dar. Können beide nebeneinander existieren, oder wird die Welt des Cadillac und der Mirage dem Islam seine Lebenskraft entziehen und ihn in das Museum der Ideen verbannen?

EPILOG

Bernard Lewis

Die Geschichte des Islam ist durch drei große Eroberungswellen gekennzeichnet. Im I./7. und II./8. Jahrhundert eroberten die Araber die Kernländer des islamischen Reiches, das sich vom Atlantik bis an die Grenzen Indiens und Chinas erstreckte; es begann das klassische Zeitalter der islamischen Kultur. Zwischen dem V./11. und dem VIII./14. Jahrhundert drangen die Steppenvölker aus dem Norden in dieses Reich ein, führten die islamische Zivilisation und ihre Institutionen auf neue Wege, eroberten weitere Gebiete und schufen politische Gebilde, die bis in die beginnende Neuzeit hinein weiterbestanden. Im ausgehenden IX./15. Jahrhundert begann der Gegenangriff der Christenheit, der im 19. und 20. Jahrhundert seinen Höhepunkt erreichte. Gerade diese dritte Eroberungswelle ist für die muslimischen Völker zum vorherrschenden Problem der Neuzeit geworden.

Im Spätmittelalter begann der Islam seine Herrschaftsbereiche in Europa zu verlieren. In Spanien und Portugal bereitete die christliche Reconquista der achthundertjährigen Präsenz des arabischen und berberischen Islam für immer ein Ende. In Osteuropa befreiten sich die Russen von den islamisierten Türken und Mongolen, die sie unterworfen und beherrscht hatten. Die Mauren kehrten nach Afrika, die Tataren nach Asien zurück. Die Rückeroberung beschränkte sich aber nicht auf die Wiedergewinnung des ursprünglichen Heimatlandes. Spanier und Portugiesen verfolgten ihre muslimischen Feinde auch übers Meer und gründeten in Nordafrika eine Reihe von Außenposten; an der marokkanischen Küste stehen noch heute einige alte Garnisonstädte unter spanischer Oberhoheit. Die Portugiesen umsegelten den afrikanischen Kontinent und kamen nach Südasien, wo sie eine Epoche westeuropäischer Vorherrschaft einleiteten. Die Russen folgten ihren früheren Herren quer durch die Steppe, unterwarfen nacheinander alle muslimischen Khanate an der Wolga, stießen mit der Zeit bis an die Küsten des Kaspischen und Schwarzen Meeres vor und brachten das türkische und das iranische Reich in arge Bedrängnis. Holländer, Franzosen und Engländer beteiligten sich zusammen mit den Portugiesen an der großen Expansion des Handels, der Kultur und der Macht Westeuropas. Im Osten herrschten die Russen allein, lediglich von den kleineren christlichen Völkern ihres Reiches unterstützt.

Eine Zeitlang verhüllte die noch recht eindrucksvolle Macht der überlebenden islamischen Monarchien die Tatsache, daß Europa zunehmend stärker, die islamische Welt aber immer schwächer wurde. In Indien erweiterten die Moghuln beständig ihren Einflußbereich. Im XII./18. Jahrhundert eroberte der mächtige Nādir Shāh für Iran neue weite Gebiete in Zentralasien und brachte für kurze Zeit sogar Teile Indiens unter seine Herrschaft. Weiter westlich drangen die Türken zweimal bis an die Mauern Wiens vor und konnten ihre Macht über Südosteuropa beibehalten.

Europa war jedoch wirtschaftlich, technisch, militärisch und politisch stärker; und mit der Zeit wurden das türkische, das persische und das indomuslimische Reich durch den unerbittlichen Vormarsch Europas zum Rückzug gezwungen. Am Ende des XII./18. Jahrhunderts landete General Bonaparte in Ägypten und besetzte es; nun war Europa in die eigentlichen islamischen Kernländer im Nahen Osten eingedrungen. Im Laufe des 19. Jahrhunderts gerieten das Osmanische und das Persische Reich immer mehr unter den Einfluß europäischer Mächte, obwohl sie offiziell unabhängig blieben. Vier größere islamische Gebiete wurden von den Kolonialmächten geradewegs besetzt. Die Franzosen errichteten in Nordafrika ein ausgedehntes Kolonialreich; die Briten in Indien, später auch im Nahen Osten; die Holländer in Südostasien; die Russen im Kaukasus, in Transkaukasien und Zentralasien. Die Kernländer blieben unter türkischer und persischer Oberhoheit; aber auch sie waren in der Tat ernstlich bedroht.

Der Rückzug des Islam erreichte seinen Höhepunkt während des Ersten Weltkrieges. In Iran, das offiziell neutral war, drangen reguläre und irreguläre Truppen ein und bekämpften sich gegenseitig, als ob es überhaupt keine iranische Landeshoheit gäbe. Das Osmanische Reich führte zum letztenmal als eine Großmacht zusammen mit Deutschland und Österreich gegen Westeuropa und Rußland Krieg. Die Osmanen wurden besiegt; die meisten islamisch-türkischen Provinzen kamen unter britisches Mandat, während das Mutterland eine säkulare Republik wurde. Die islamischen Länder im Zarenreich erlangten in der kurzen Zeit der Freiheit, die die Russische Revolution bewirkte, beinahe die volle Unabhängigkeit. Doch am Ende des Bürgerkrieges kamen sie noch einmal unter russische Oberhoheit und wurden als Sozialistische Sowjetrepubliken dem großen russischen Staatsgebiet wieder einverleibt.

Zwischen den beiden Weltkriegen schien die englisch-französische Oberhoheit im Nahen Osten eine Zeitlang gesichert und unerschütterlich. Sie wurde hauptsächlich durch Auseinandersetzungen zwischen den Briten und Franzosen selbst und, seit den frühen dreißiger Jahren, durch die wachsende Herausforderung zweier rivalisierender Imperialmächte, des nationalsozialistischen Deutschland und des faschistischen Italien, gefährdet.

Aber noch ehe die Achsenmächte im Zweiten Weltkrieg eine wirkliche Gefahr für die englisch-französische Vorherrschaft im islamischen Orient wurden, war sie schon unheilvoll unterminiert. Der Erste Weltkrieg hatte, trotz der Siege und Gewinne, ein Erbe wirtschaftlicher und moralischer Schwäche hinterlassen. Die Westeuropäer des 20. Jahrhunderts besaßen nicht mehr die gleiche Zuversicht und Willenskraft wie ihre Vorfahren, die die

Kolonialreiche aufgebaut hatten. Sie waren nicht mehr davon überzeugt, daß es ihr grundsätzliches Recht und ihre göttliche Pflicht und Sendung sei, über andere Völker zu herrschen und ihnen eine reinere Religion und eine höhere Zivilisation und Kultur zu bringen. Selbstkritik und Selbstzweifel waren an die Stelle von Selbstvertrauen getreten.

Gleichzeitig nahmen die Aufstände in den europäischen Kolonialreichen zu. Die unterworfenen Völker hatten zunächst, mit wenigen Ausnahmen, die imperialistische Vorherrschaft demütig ertragen und sich gehorsam ihren neuen Herren ergeben – waren sie doch jahrhundertelang durch autokratische Herrschaft dazu erzogen worden. Wenn es in der islamischen Welt Widerstand gab, so äußerte er sich überall in religiösen Aufständen. Sie wurden zu gegebener Zeit unterdrückt, und es folgte eine Periode intellektueller und administrativer Verwestlichung. In den islamischen Ländern trat eine neue Elite auf, die mit westlichen Sprachen und Ideen vertraut war und die politischen Institutionen und Bestrebungen in der Heimat ihrer Kolonialherren kannte. Die Untertanen der Engländer, Franzosen und Holländer hörten von parlamentarischer Demokratie, verfassungsmäßiger Regierungsform und nationaler Freiheit und glaubten, daß auch sie an diesen Wohltaten teilhaben sollten. Selbst in den weiten Gebieten des Russischen Reiches, wo es weder vergleichbare Probleme noch entsprechende Gelegenheiten, sie zu diskutieren, gab, breiteten sich revolutionäre Bewegungen und Ideen aus, von den Weißrussen und Ukrainern bis hin zu den muslimischen Untertanen des Zaren.

Der große Wendepunkt war der Sieg Japans über Rußland im Jahre 1905 – zum erstenmal brachte ein asiatisches Land einer europäischen Imperialmacht eine Niederlage bei. Das machte auf die Bevölkerung Asiens einen gewaltigen Eindruck. In Indien, Südostasien, Ägypten und sogar in der Türkei identifizierte sich das Volk, das sich, unter dem Joch der Fremdherrschaft, allmählich über den Einfluß der europäischen Mächte zu entrüsten begann, mit den siegreichen Japanern und teilte mit ihnen die Siegesfreude. Viele erkannten auch, daß die einzige asiatische Macht, die zu einem solchen Sieg fähig gewesen war, als einzige eine konstitutionelle parlamentarische Regierungsform eingeführt hatte, während die einzige europäische Macht, die eine solche Niederlage erlitten hatte, sich als einzige immer noch weigerte, diese aufgeklärte Regierungsform anzunehmen.

Das bewirkte in der islamischen Welt einen ungeheuren Aufschwung liberaler und konstitutioneller Ideen und führte schließlich zur Iranischen Revolution von 1906 und, im Jahre 1908, zum Aufstand der Jungtürken in Makedonien. Der Sieg der Alliierten und der übrigen Verbündeten im Ersten Weltkrieg über ihre weniger demokratischen Gegner lieferte anscheinend den endgültigen Beweis für die Behauptung, daß parlamentarische Demokratie ein Land gesund, reich und stark mache. In der Zeit nach dem Ersten Weltkrieg war liberale Demokratie für die meisten muslimischen Länder, die nach Erneuerung und Fortschritt strebten, das maßgebliche Vorbild. Überall in der islamischen Welt, wo man noch die Freiheit hatte, seinen politischen Weg selbst zu wählen, entstanden liberale Verfassungen. Engländer und Franzosen versuchten, in ihren Mandatsländern ihre eigenen

Regierungsformen einzuführen – konstitutionelle Monarchien in britischen und parlamentarische Republiken in französischen Kolonien.

Die Japaner hatten einige Vorteile der Demokratie und der Modernisierung gezeigt. Ein muslimisches Volk aber – lange Zeit war es sogar die führende Nation im Islam gewesen – demonstrierte die Kraft des säkularen Nationalismus. Die Türken waren als einzige unter den Besiegten des Ersten Weltkrieges fähig, den Siegern mutig und entschlossen entgegenzutreten, die ihnen auferlegten Bedingungen zurückzuweisen und ihren eigenen Nationalstaat zu bilden. Die Gründung der türkischen Republik war das Resultat der ersten erfolgreichen nationalistischen Revolution; sie erweckte neue Hoffnungen unter den muslimischen Völkern, die zum erstenmal einen Weg sahen, ihren Kolonialherren die Stirn zu bieten und sie zu besiegen.

Gegen Ende der dreißiger Jahre begann der Konstitutionalismus seine Anziehungskraft zu verlieren. Die verfassungsmäßige Regierungsform war wahrscheinlich doch nicht besonders geeignet für Völker, deren eigene politische Traditionen sie nicht dafür vorbereitet hatten; die importierten parlamentarischen Institutionen waren den vorhandenen Spannungen und Belastungen nicht gewachsen. Da schien nun der militante radikale Nationalismus des faschistischen Europa eine verführerische Alternative anzubieten. Deutschland und Italien, die ja beide erst vor kurzem durch den Zusammenschluß mehrerer kleiner Staaten entstanden waren, dienten den Anführern ähnlicher ethnischer oder religiöser Einigungsbewegungen als Vorbild.

Die Niederlage der Achsenmächte im Zweiten Weltkrieg brachte den Faschismus in Mißkredit, und neue Ideale traten in den Vordergrund. Die Sowjetunion und die Vereinigten Staaten, die beiden neuen Großmächte, boten nun an Stelle von Westeuropa ihre eigenen politischen Ideale und Institutionen und ihre unterschiedlichen Lebensweisen als mögliche Modelle an.

Seit dem Ende des Zweiten Weltkrieges bestimmte vornehmlich die Konfrontation jener beiden Machtblöcke, in die die muslimische Welt unwillkürlich hineingezogen wurde, den Lauf der islamischen Geschichte. Der Gang der Ereignisse war in den einzelnen muslimischen Ländern, ihrer jeweiligen Abhängigkeit von einer dieser Großmächte entsprechend, grundverschieden. Die islamischen Territorien des ehemaligen Russischen Reiches blieben weiterhin der Sowjetunion angegliedert; es gibt kaum Anzeichen für eine Lockerung der Zentralgewalt. Von den vier großen europäisch-islamischen Kolonialreichen existiert das russische tatsächlich auch heute noch, ja es dehnt sich anscheinend sogar weiter aus – oft in klassisch-imperialistischer Art und Weise. Die Westeuropäer zogen sich aus ihren Kolonien zurück; die Holländer verließen Indonesien, die Franzosen Nordafrika, die Briten Indien und den Nahen Osten. Trotz einiger Nachhutgefechte und einiger erfolgloser Versuche der früheren Herren, wenigstens indirekt ihren Einfluß geltend zu machen, wurden die Länder, die zu den ehemaligen britischen, französischen und holländischen Kolonialreichen gehört hatten, politisch unabhängig.

Die Unabhängigkeit brachte neue Möglichkeiten und neue Gefahren. Während große Teile der islamischen Welt unter die Fremdherrschaft gerieten, blieben die

Kernländer unter muslimischer Oberhoheit; sie wurden von den beiden übriggebliebenen muslimischen Monarchien, dem Shāh von Persien und dem türkischen Sultan, nicht nur vor Angriffen, sondern gewissermaßen auch vor der Wirklichkeit beschützt. Die Zerstörung des Osmanischen Reiches, das noch im Verfall eine Großmacht gewesen war, hinterließ eine Leere, die nicht leicht ausgefüllt werden konnte. Die anglo-französische Herrschaft war kurz und unentschlossen, und es wurde nur wenig getan, um die neuen Staaten auf ihre Unabhängigkeit inmitten einer gefahrvollen, auf Konkurrenz eingestellten Umwelt vorzubereiten. Es folgte eine Zeit der Unsicherheit, in der die muslimischen Staaten und Völker, teilweise ohne ihr Zutun, in zahlreiche Krisen und Konflikte verwickelt wurden. Einige betrafen das Verhältnis von Muslimen zu Nichtmuslimen, so etwa in Zypern, Kaschmir, im Sudan, im Libanon und hauptsächlich in Palästina; andere spielten sich innerhalb des Islam ab, und die Widersacher traten einander nach Kriterien entgegen, die dem Islam fremd waren: Staat, Nationalität, Ideologie und Klasse. An die Stelle der alten westlichen oder islamischen Reiche traten nun neue und zerbrechliche Staaten. Statt der weithin verbindlichen islamischen Regierungs- und Rechtsinstitutionen gab es nun eine Vielfalt neuer und oft widerstreitender Systeme. Trotz eindrucksvoller Veränderungen und eines hohen Maßes an Modernisierung, speziell auf einigen Gebieten des sozialen Lebens, ist die muslimische Welt zum großen Teil arm und schwach geblieben, sofern man sie mit den fortschrittlicheren und stärker industrialisierten christlichen Ländern vergleicht.

In einer Hinsicht jedoch haben sich die Beziehungen zum dominierenden Westen geändert: es geht um die Entdeckung und Nutzung des Erdöls. Ein sehr großer Teil der bekannten Weltvorräte liegt in den muslimischen Ländern, und einige Muslimstaaten, besonders der Iran und Teile der arabischen Welt, haben durch das Öl, das sie verkaufen, einen enormen Reichtum angehäuft und zugleich ein neues Machtinstrument gewonnen. Es fließt nicht in allen muslimischen Staaten gleich viel Öl; während einige Länder hohe Gewinne machten, wurden andere härter getroffen als die Konsumgesellschaften des Westens. Der Besitz des Öls hat einigen muslimischen Regierungen außerordentliche Möglichkeiten eröffnet, und es wird viel davon abhängen, wie sie diese Chancen nutzen – bei der Verbesserung der Lebensqualität ihrer eigenen Völker und bei der Gestaltung ihrer Außenpolitik.

Zum erstenmal seit Jahrhunderten können die Muslime ihre eigene Regierungsform wählen und, bis zu einem gewissen Grade, ihr Schicksal selbst bestimmen. Die Wahl, die sie trafen und weiterhin treffen, wird für lange Zeit ihr eigenes Schicksal und die Geschichte anderer Völker bestimmen.

ZEITTAFEL DES ISLAM

musl. Jahr	christl. Jahr	Arabien, Irak und Fruchtbarer Halbmond	Ägypten und Syrien	Persien und Zentralasien	Spanien und der Maghreb	Türkei	Afghanistan und nördliches Indien
1	600	Hijra	Muhammad †				Erster Einfall der Muslime in Sind
100	700	Schlacht von Karbalā	Umayyaden, Felsendom, Wüstenschlösser, Große Moschee in Damaskus		Muslime erobern Spanien	Anatolien unter christlicher Herrschaft	
200	800	Bagdad, Sitz des Kalifates	'Abbāsiden, al-Mansūr, Hārūn ar-Rashīd, al-Ma'mūn, griechische Texte werden ins Arabische übersetzt, Tūlūniden	al-Khwārizmī	Umayyaden, Baubeginn der Großen Moschee von Córdoba		
300	900	al-Fārābī (Philosoph)	Ikhshīdiden, Fātimiden	Wiederbelebung des Persischen als Literatursprache	Madīnat az-Zahrā', Almanzor	Türken Zentralasiens zum Islam bekehrt	
400	1000	Ibn Sīnā (Avicenna), Seldschüken erobern Bagdad	Ibn al-Haytham (Mathematiker)	Firdausī (Dichter), al-Bīrūnī, Seldschüken	Zerfall in einzelne Staaten, Almoraviden	Rūm-Seldschüken, Tughril, Alp Arslan	Ghaznawiden, Mahmūd
500	1100	Erster Kreuzzug, al-Harīrī (Dichter)		al-Ghazālī (Philosoph), 'Umar Khayyām	Almohaden		
600	1200	Rückeroberung Jerusalems, Miniaturmalerei, Mongoleneinfall, Fall von Bagdad, Il-Khāne	Ayyūbiden, Saladin (Salāh ad-Dīn), Mamlūken	Nīzāmī (Dichter), Farīd ad-Dīn 'Attār (Dichter), Nasīr ad-Dīn at-Tūsī (Mathematiker), Mongoleneinfall, Il-Khāne	Ibn Quzmān (Dichter), Averroes (Philosoph), Königreich von Granada	Ausbau von Konya, Jalāl ad-Dīn Rūmī (Mystiker), Mongoleneinfall, Osmanen	Ghōriden, Qutb Minār
700	1300		Ende der Kreuzzüge				
800	1400	Einfall Tamerlans (Tīmūr-i Lang), Tīmūriden		Einfall Tamerlans, Tīmūriden, Hāfiz (Dichter)	Alhambra	Türken in Europa, Murād I., Tamerlan, Bāyazīd I.	Tughluqiden in Indien, Tamerlan
900	1500	Osmanisches Reich		Safawiden, Shāh Ismā'īl I., Shāh Tahmāsp	Fall von Granada	Mehmed II., Eroberung Konstantinopels, Osmanisches Reich, Selīm I., Sulaymān, Schlacht von Lepanto	Vasco da Gama erreicht Indien, Moghuln, Bābur, Akbar
1000	1600						Fathpūr-Sīkrī, Jahāngīr, Shāhjahān, Tāj Mahal, Awrangzīb
1100	1700			Shāh 'Abbās I., Ausbau von Isfahan, Nādir Shāh, Bürgerkrieg, Qājāren		Mehmed Köprülü, Zweite Belagerung Wiens, Niederlage gegen Rußland, Selīm III.	Einfall des Nādir Shāh, Schlacht von Plassey
1200	1800		Invasion Napoleons, Muhammad 'Alī				
1300	1900	Erster Weltkrieg	Eröffnung des Suez-Kanals, anglo-ägyptische Herrschaft, Revolution unter Nasser	Steigender russischer Einfluß in Zentralasien, Neue Verfassung, Ridā Shāh		Revolution Republik unter Atatürk	Aufstand gegen die Engländer, Unabhängigkeit und Teilung

AUSGEWÄHLTE BIBLIOGRAPHIE

I
Der Glaube
und die Gläubigen

ANDRAE, TOR *Mohammed, the Man and his Faith* (übersetzt aus dem Deutschen; London, 1936)
CAHEN, CLAUDE *L'Islam des origines au début de l'empire Ottoman* (Paris, 1970)
The Encyclopaedia of Islam (1. Ausg., Leiden, 1913–42; 2. Ausg., Leiden und London, 1960–...)
GIBB, H. A. R. *Mohammedanism* (New York, 1962)
GOLDZIHER, I. *Le dogme et la loi de l'Islam* (Paris, 1920; übers. aus d. Deutschen, 1. Ausg., *Vorlesungen über den Islam;* Heidelberg, 1910)
VON GRUNEBAUM, G. E. (Übers. Katherine Watson) *Classical Islam: A History 600–1258* (London, 1970)
– *Medieval Islam, A Study in Cultural Orientation* (Chicago, 1953)
HOLT, P. M.; LAMBTON, A. K. S.; LEWIS, BERNARD (Hrsg.) *The Cambridge History of Islam*, 2 Bde. (Cambridge, 1970)
LEVY, R. *The Social Structure of Islam* (Cambridge, 1957)
LEWIS, BERNARD *Islam from the Prophet Muhammad to the Capture of Constantinople*, 2 Bde. (New York, 1974)
– *Race and Color in Islam* (New York, 1971)
MACDONALD, D. B. *Development of Muslim Theology, Jurisprudence and Constitutional Theory* (New York, 1903; Nachdrucke: Lahore, 1960; Beirut, 1964)
MUHAMMAD ABDUL RAUF *Islam, Creed and Worship* (Washington, D. C., 1974)
DE PLANHOL, XAVIER *The World of Islam* (Ithaca, N. Y., 1959; übers. aus d. Französischen; *Le monde Islamique,* Paris, 1957)
RAHMAN, FAZLUR *Islam* (London, 1966)
SCHACHT, J. *An Introduction to Islamic Law* (Oxford, 1964)
SCHACHT, J., und BOSWORTH, C. E. (Hrsg.) *The Legacy of Islam* (Oxford, 1974)
SOURDEL, D. und J. *La civilisation de l'Islam classique* (Paris, 1968)
WATT, W. MONTGOMERY, *Muhammad, Prophet and Statesman* (London, 1961)

II
Des Menschen Werk

Allgemeine Werke
ASLANAPA, OKTAY *Turkish Art and Architecture* (London, 1971)
POPE, ARTHUR UPHAM *A Survey of Persian Art from Pre-historic Times to the Present*, 6 Bde. (London, 1938/39); nachgedruckt in zwölf Bänden (Tokio)
SOURDEL-THOMINE, JANINE, und SPULER, BERTOLD *Die Kunst des Islam* (Berlin, 1973)

Baukunst
CRESWELL, K. A. C. *Early Muslim Architecture: Umayyads, early 'Abbāsids and Tūlūnids,* 2 Bde. (Oxford, 1932 bis 1940); Bd. 1, 2. Aufl. (1969)
– *The Muslim Architecture of Egypt,* 2 Bde. (Oxford, 1958)
HILL, DEREK, *Islamic Architecture and its Decoration AD 800–1500* (mit einer Einführung von Oleg Grabar) (London, 1964)
MARÇAIS, GEORGES *L'Architecture musulman d'Occident: Tunisie, Algérie, Maroc, Espagne* (Paris, 1954)
SAUVAGET, JEAN *Alep. Essai sur le développement d'une grande ville syrienne des origines au milieu du XIXe siècle,* 2 Bde. (Paris, 1941)
WILBER, D. N. *The Architecture of Islamic Iran. The Il Khānid Period* (New York, 1969)
– *Persian Gardens and Garden Pavilions* (Rutland, Vt., 1962)

Dekor
BARRETT, DOUGLAS *Islamic Metalwork in the British Museum* (London, 1949)
ERDMANN, KURT (Übers. Charles Grant Ellis) *Oriental Carpets: an account of their history* (London, 1960)
LANE, ARTHUR *Early Islamic Pottery (Mesopotamia, Egypt and Persia)* (London, 1947)
– *Later Islamic Pottery (Persia, Syria, Egypt, Turkey)* (London, 1957)
SARRE, FRIEDRICH *Islamische Bucheinbände* (Berlin, 1923)
WIEBEL, ADELE C. *Two Thousand Years of Textiles: the Figured Textiles of Europe and the Near East* (New York, 1952)

Kalligraphie und Malerei
BINYON, LAWRENCE, WILKINSON, J. V. S., und GRAY, BASIL *Persian Miniature Painting* (New York, 1971)
ETTINGHAUSEN, RICHARD *Arab painting* (Genf, 1962)
SCHIMMEL, ANNEMARIE, *Islamic Calligraphy* (Leiden, 1970)

III
Städte und Städter

BEAUDOUIN, EUGENE, und POPE, A. U. ,Stadtpläne' in *A Survey of Persian Art,* Hrsg. A. U. POPE, Bd. 2 (London, 1938–39), S. 1391–1410
CAHEN, CLAUDE ,Zur Geschichte der Städtischen Gesellschaft im Islamischen Orient des Mittelalters' in *Speculum,* Bd. 9 (1958), S. 59–76
VON GRUNEBAUM, GUSTAVE ,The Structure of the Muslim Town' in *Islam: Essays in the Nature and Growth of a Cultural Tradition,* Hrsg. G. VON GRUNEBAUM, *American Anthropological Assoc.,* Bd. 57, Abhandlung Nr. 81 (1955)
– ,The sacred character of Islamic cities' in *Mélanges Taha Hussein* (Kairo, 1962), S. 25–37

LAPIDUS, I., Hrsg. *Middle Eastern Cities: Ancient, Islamic and Contemporary. Middle Eastern Urbanism: A Symposium* (Berkeley, Calif., 1969)
LESTRANGE, GUY *The Lands of the Eastern Caliphate* (Cambridge, 1930)
LE TOURNEAU, ROGER *Les villes musulmanes de l'Afrique du Nord* (Algier, 1957)
MARÇAIS, GEORGES ,La conception des villes dans l'Islam' in *Revue d'Alger,* Bd. 2 (1945), S. 517–533
– *Mélanges d'Histoire et d'Archéologie de l'Occident musulmane,* Bd. 1, ,Les jardins de l'Islam' (Algier, 1957), S. 233 bis 244
– *La Ville,* Bd. 6, ,Considérations sur les villes musulmanes et notamment sur le rôle du Mohtasib' (Brüssel, 1955), S. 248–262
– *Comptes Rendus,* ,L'Islamisme et la vie urbaine', Académie des Inscriptions et Belles Lettres (1928), S. 86–100

IV
Der mystische Weg

ABUN-NASR, JAMIL M. *The Tijaniyya. A Sūfi Order in the Modern World* (Oxford, 1965)
AFFIFI, A. E. *The Mystical Philosophy of Muhyid Din-Ibnul 'Arabi* (Cambridge, 1939)
ANAWATI, G.-C., und GARDET, LOUIS *Mystique musulmane* (Paris, 1961)
ARBERRY, ARTHUR J. *The Doctrine of the Sūfis* (Cambridge, 1935)
– *Sūfism. An Account of the Mystics of Islam* (London, 1950)
BOWEN in GIBB, H. A. R., und BOWEN, HAROLD *Islamic Society and the West,* Bd. 1, Teil II (Oxford, 1957), S. 179 bis 206
CORBIN, HENRY *L'homme de lumière dans le soufisme iranien* (Paris, 1971)
– *En Islam iranien. Aspects spirituels et philosophiques,* 4 Bde. (Paris, 1971/ 1972)
GARDET, LOUIS *Études de philosophie et de mystique comparées* (Paris, 1972)
GRAMLICH, RICHARD ,Die schiitischen Derwischorden Persiens' in *Abhandlung für die Kunde des Morgenlandes,* XXXVI (Wiesbaden, 1965)
MASSIGNON, LOUIS *La passion d'al-Hosein-ibn-Mansour al-Halaj* (Paris, 1922)
– *Essai sur les origines du lexique technique de la mystique musulmane* (Paris, 1954)
– *Akhbar al-Hallaj* (Paris, 1957)
MEIER, FRITZ *Eine Darstellung mystischer Erfahrungen im Islam aus der Zeit der Meister von Mehana (357–440/ 967–1049)* (Löwen, i. Vorb.)
MICHON, JEAN-LOUIS *Le soufi marocain Ahmad Ibn 'Ajiba (1746–1809) et son Mi'rāj* (Paris, 1973)
NICHOLSON, REYNOLD ALLEYNE *Studies in Islamic Mysticism* (Cambridge, 1967)
– *The Mathnawi of Jaladu'ddin Rumi,*

Gibb Memorial Series, N. S. IV, 8 Bde. (Leiden und London, 1925–1940)
– *Rumi, Poet and Mystic 1207–1273* (London, 1964)
NWYIA, PAUL *Exégèse coranique et langage mystique* (Beirut, 1970)
REINERT, BENEDIKT *Die Lehre vom tawakkul in der klassischen Sūfik* (Berlin, 1968)
RITTER, HELLMUT *Das Meer der Seele* (Leiden, 1955)
TRIMINGHAM, J. SPENCER *The Sūfi Orders in Islam* (Oxford, 1971)
ZARRINKOOB, ABDOL-HOSEIN ,Persian Sūfism in its Historical Perspective' in *Iranian Studies,* Bd. III, Nr. 3–4 (1970)

V
Goldschmiede des Wortes

Über arabische Literatur
BLACHÈRE, R. *Histoire de la littérature arabe des origines jusqu'à la fin du XVe siècle,* Bde. 1–3 (Paris, 1952–1966)
BROCKELMANN, C. *Geschichte der arabischen Literatur* (Weimar und Berlin, 1898–1902)
GIBB, H. A. R. *Arabic Literature. An introduction* (London, 1963)
GONZÁLEZ PALENCIA, A. *Historia de la literatura arábigo-española* (Barcelona, 1945)
LANDAU, J. M. *Studies in the Arab theater and cinema* (Philadelphia, 1958)
NICHOLSON, R. A. *A literary history of the Arabs* (Cambridge, 1930)
PELLAT, CH. *Langue et littérature arabes* (Paris, 1970)
PÉRÈS, H. *La poésie andalouse, en arabe classique, au XIe siècle* (Paris, 1953)
SEZGIN, F. *Geschichte des arabischen Schrifttums* (Leiden, i. Vorb.)
WIET, G. *Introduction à la littérature arabe* (Paris, 1966)

Über persische Literatur
ARBERRY, A. J. *Classical Persian literature* (London, 1958)
BROWNE, E. G. *A literary history of Persia,* 4 Bde. (Cambridge, 1951–53)
RYPKA, J. u. a. *History of Iranian Literature* (Dordrecht, 1968)
STOREY, C. A. *Persian Literature* (London, 1927–39)

Andere Literaturen
BOMBACCI, A. *Storia della letteratura turca* (Mailand, 1956)
GRAHAM BAILEY, T. *A History of Urdu literature* (Kalkutta, 1932)

VI
Die islamische Musik

BARKECHLI, M. *La Musique traditionnelle de l'Iran* (Teheran, 1964)
CAUSSIN DE PERCEVAL, A. P. ,Notices anecdotiques sur les principaux musiciens arabes des trois premiers siècles

de l'Islamisme' im *Journal Asiatique* (1873)

CHOTTIN, A. *Tableau de la musique marocaine* (Paris, 1939)

COLLANGETTES, M. ‚Études sur la musique arabe' im *Journal Asiatique* (1904), S. 365–422; (1906) S. 149–190

FARMER, H. G. *A History of Arabian Music* (London, 1929)

– *Historical Facts for the Arabian Musical Influence* (London, 1930)

– *The Organ of the Ancients from Eastern Sources* (London, 1930)

– *The Sources of Arabian Music* (Bearsden, 1940)

HICKMANN, H., und STAUDER, W. *Orientalische Musik* (Leiden und Köln, 1970)

KIESEWETTER, R. G. *Die Musik der Araber* (Leipzig, 1842)

LAND, J. P. N. *Actes du sixième congrès international des Orientalistes*, ‚Recherches sur l'histoire de la gamme arabe' (Leiden, 1883)

LANE, E. W. *An Account of the Manners and Customs of the Modern Egyptians* (5. Aufl., London, 1860; nachgedruckt in London im Jahre 1966)

REINHARD, KURT und URSULA *Les traditions musicales: Turquie* (Paris, 1969)

REZVANI, M. *Le Théâtre et la danse en Iran* (Paris, 1962)

ROUANET, J. *Encyclopédie de la musique Lavignac*, Bd. 5, ‚La Musique arabe' (Paris, 1913–22), S. 2676–2944

SALVADOR-DANIEL, F. *La Musique arabe, ses rapports avec la musique grecque et le chant grégorien* (Algier, 1879)

VILLOTEAU, G. A. *Description historique, technique et littéraire des instruments de musique des Orientaux* (Paris, 1823)

ZONIS, E. *Classical Persian Music: an Introduction* (Cambridge, Mass., 1973)

VII
Philosophie und Naturwissenschaften

ANAWATI, G. ‚Science' in *The Cambridge History of Islam*, Hrsg. P. M. Holt, A. K. S. Lambton, Bernard Lewis, Bd. II (Cambridge, 1970), S. 741–779

ARNALDEZ, R., und MASSIGNON, L. ‚Arabic science' in *History of Science*, Hrsg. R. Taton, *Ancient and Medieval Science from the Beginning to 1450* (London, 1964), S. 385–421

Encyclopaedia of Islam, ‚Asturlāb', ‚al-Djabr wa 'l-muqabāla', ‚Ilm al-hay'a', ‚Ilm al-hisab' (Leiden und London, 1960–...)

AYDIN SAYILI *The Observatory in Islam and Its Place in the General History of the Observatory* (Ankara, 1960)

BROWNE, E. *Arabian Medicine* (Cambridge, 1921)

CAMPBELL, D. *Arabian Medicine and Its Influence on the Middle Ages*, 2 Bde. (London, 1926)

ECHE, YOUSSEF, *Les bibliothèques arabes publiques et semi-publiques en Mésopotamie, en Syrie et en Egypte au Moyen Age* (Damaskus, 1967)

GILLISPIE, C. C., Hrsg. *Dictionary of Scientific Biography* (New York, 1970–...)

HARTNER, WILLY *Oriens-Occidens* (Hildesheim, 1968)

JUSCHKEWITSCH, A. P. *Geschichte der Mathematik im Mittelalter* (Leipzig, 1964)

KENNEDY, E. S. ‚Late medieval planetary theory' in *Isis* LVII (1966), S. 365–378

– ‚The Arabic heritage in the exact sciences' in *al-Abhāth*, XXIII (1970), S. 327–344

– ‚The exact sciences in medieval Iran' in *The Cambridge History of Iran* (Cambridge, 1975)

LECLERC, L. *Histoire de la médecine arabe* (Paris, 1876)

PINES, S. ‚What was original in Arabic science?' in A. C. Crombie, Hrsg., *Scientific Change* (New York, 1963), S. 181 bis 205

SARTON, GEORGE *Introduction to the History of Science*, 3 Bde. (Baltimore, Md. 1927–48)

SCHACHT, J., und BOSWORTH, C. E. *The Legacy of Islam*, Kap. X (Oxford, 1974)

TEMKIN, OWSEI *Galenism, Rise and Decline of a Medical Philosophy* (Ithaca, N.Y. und London, 1973)

VIII
Die Heere des Propheten

AYALON, D. *L'esclavage du Mamelouk* (Jerusalem, 1951)

– *Gunpowder and firearms in the Mamlūk kingdom: a challenge to a medieval society* (London, 1956)

BOSWORTH, C. E. ‚Ghaznavid military organization' in *Der Islam*, XXXVI (1960)

– ‚Military organization under the Būyids of Persia and Iraq' in *Oriens*, XVIII–XIX (1965–66)

– ‚The armies of the Saffarids' in *Bulletin of the School of Oriental and African Studies*, XXXI (1968)

BOUDOT DE LA MOTTE, A. *Contribution à l'étude de l'archerie musulmane* (Damaskus, 1968)

CAHEN, CLAUDE ‚Un traité d'armurerie composé pour Saladin' in *Bulletin d'Etudes Orientales*, XII (Damaskus, 1947–48)

HUURI, K. *Zur Geschichte des mittelalterlichen Geschützwesens aus orientalischen Quellen* (Helsinki, 1941)

LATHAM, J. D., und PATERSON, W. F. *Saracen archery, an English version and exposition of a Mameluke work on archery (ca. 1368 n. Chr.)* (London, 1970)

LEVY, R. *The social structure of Islam*, ‚Military organization in Islam' (Cambridge, 1962)

MAYER, L. A. *A Saracenic heraldry* (Oxford, 1933)

– *Islamic armourers and their work* (Genf, 1962)

PARRY, V. J., und YAPP, M. E., Hrsg. *War, technology and society in the Middle East* (London, 1975)

SCANLON, G. T. *A Muslim manual of war* (Kairo, 1961)

IX
Maurisches Spanien

ASÍN, MIGUEL *Huellas del Islam* (Madrid, 1941)

CODERA, FRANCISCO *Tratado de Numismática arábigo-española* (Madrid, 1879)

CONDE, JOSÉ ANTONIO *Historia de la dominación des los Arabes en España*

DOZY, R. *Histoire des musulmans d'Espagne*, 4 Bde. (Leiden, 1932)

GARCÍA GÓMEZ, EMILIO *Poemas arábigoandaluces*, Colección Austral Nr. 162 (Madrid, 1971)

– *Las jarchas de la serie árabe en su marco* (Madrid, 1965)

– *Todo Ben Quzmān*, 3 Bde. (Madrid, 1972)

GÓMEZ-MORENO, MANUEL *Iglesias mozárabes (arte español de los siglos IX a XI* (Madrid, 1919)

HOENERBACH, W. *Spanisch-Islamische Urkunden aus der Zeit der Nasriden und Moriscos* (Berkeley, Calif., 1965)

LÉVY-PROVENÇAL, E. *Histoire de l'Espagne musulmane*, 3 Bde. (Paris, 1950 bis 1953)

MILES, G. C. *Coins of the Spanish Mulūk al-Tawā' if* (New York)

NICHOLSON, R. A. *A Literary History of the Arabs* (London, 1914)

RIBERA, JULIÁN *Disertaciones y Opúsculos*, 2 Bde. (Madrid, 1928)

TERRASSE, H. *Art hispano-mauresque* (Paris, 1932)

TORRES, BALBÁS, I. ‚Crónica arqueológica de la España musulmana' in *Al-Andalus*

X
Land des Löwen und der Sonne

ARBERRY, A. J., Hrsg. *The Legacy of Persia* (Oxford, 1953)

AVERY, PETER *Modern Iran* (London, 1965)

BENY, ROLOFF *Bridge of Turquoise* (London, 1975)

BROWNE, E. G. *A Literary History of Persia*, 4 Bde. (Cambridge, 1902–24; nachgedruckt im Jahre 1964)

The Cambridge History of Iran (8 Bde. sind vorgesehen; Bd. I und V, 1968; Bd. IV, 1975)

FRYE, R. N. *Persia* (New York, 1969)

– *The Heritage of Persia* (London, 1962)

HOLT, P. M.; LAMBTON, A. K. S.; LEWIS, BERNARD, Hrsg. *The Cambridge History of Islam*, Bd. I (Cambridge, 1970): Teil III/5, R. M. Savory ‚Safavid Persia', S. 394–429; Teil III/6, A. K. S. Lambton ‚Persia: The Breakdown of Society', S. 430–467; Teil IV/3, R. M. Savory ‚Modern Persia', S. 595–626

LAMBTON, A. K. S. *Landlord and Peasant in Persia* (London, 1953)

– *The Persian Land Reform 1962–1966* (Oxford, 1969)

MORRIS, JAMES; WOOD, ROGER; WRIGHT, SIR DENIS *Persia* (London, 1969)

H. I. M. MUHAMMAD RIZĀ SHĀH PAHLAVĪ *Mission for my country* (New York, 1961)

NASR, SAYYID HUSAYN ‚Ithna 'Ashari Shi'ism and Iranian Islam' in *Religion in the Middle East*, Hrsg. A. J. Arberry, Bd. 2 (Cambridge, 1969), S. 96–118

OLMSTEAD, A. T. *History of the Persian Empire* (Chicago und London, 1966)

POPE, A. U. *A Survey of Persian Art from prehistoric times to the present*, 6 Bde. (London, 1939)

WILBER, D. N. *Iran, Past and Present* (Princetown, N. J., 1958)

– *Riza Shah Pahlavi: the resurrection and reconstruction of Iran 1878–1944* (Hicksville, N.Y., 1975)

XI
Das Osmanische Reich

Allgemeine Werke

HOLT, P. M. u. a. *The Cambridge History of Islam*, 2 Bde. (Cambridge, 1970)

VAUGHN, DOROTHY M. *Europe and the Turk: A Pattern of Alliances* (Liverpool, 1954)

Seldschüken und frühe Osmanen

CAHEN, CLAUDE (übers. von J. Jones-Williams) *Pre-Ottoman Turkey* (New York, 1968)

INALCIK, HALIL ‚Ottoman Methods of Conquest' in *Studia Islamica* (1954), S. 103–129

WITTEK, PAUL *The Rise of the Ottoman Empire* (London, 1938)

Osmanische Institutionen

ANDRIC, IVO (übers. von Lovett F. Edward) *The Bridge on the Drina* (New York, 1967)

GIBB, H. A. R., und BOWEN, HAROLD *Islamic Society and the West*, Bd. I, Teil 1 und 2 (London, 1950–57)

ITZKOWITZ, NORMAN *Ottoman Empire and Islamic Tradition* (New York, 1972)

LEWIS, BERNARD *Istanbul and the Civilization of the Ottoman Empire* (Norman, Okla., 1963)

WRIGHT, JR., WALTER LIVINGSTON *Ottoman Statecraft: The Book of Counsel for Vezirs and Governors* (Princeton, N. J., 1935)

Die Osmanen 1500–1800

ALLEN, W. E. D. *Problems of Turkish Power in the Sixteenth Century* (London, 1963)

INALCIK, HALIL (übers. von Norman Itzkowitz und Colin Imber) *The Ottoman Empire: The Classical Age* (London, 1972)

ITZKOWITZ, NORMAN, und MOTE, MAX *Mubadele: An Ottoman-Russian Exchange of Ambassadors* (Chicago, 1970)

XII
Muslimisches Indien

'ABD AL-HAMID MUHARRIR *Dastūr al-Albāb fi Ilm al-Hisab* (Ms. [persisch], Rida Library, Rampur, Indien)

ABU 'L-FADL (übers. von H. Blockmann, Bd. I; H. S. Jarrett, Bde. II, III) *The A'in-i Akbari* (Kalkutta, 1873–94)

AHMAD I-MI'MAR *Risalah Ahmad i' Mimar* (Subhan Allah Mss. [persisch], Aligarh University)

DE BARY, W. T., Hrsg. *Sources of Indian Tradition* (New York, 1958)

BROWNE, P. *Indian Architecture*, The Islamic Period (Bombay, 1956)

– *Indian Painting under the Mughals, von 1550–1750 n. Chr.* (Oxford, 1924)

FAIDI *The Lilavati* (persisch) (Kalkutta, 1827)

FERGUSON, J. *History of Indian and eastern architecture* (London, 1876; durchges. Ausg. von J. Burges und R. P. Spiers, 2 Bde., London, 1910)

GOETZ, H. *Arte dell' India Musulmana e Correnti moderne* (Rom, 1962)

IBN BATTŪTA *Rihla* (ar. Ausg. m. franz. Übers. von C. Defremery und B. R. Sanguinetti, 4 Bde., 1853–59; engl. Übers. von H. A. R. Gibb, *The Travels of Ibn Battuta* (Cambridge Hakluyt Society, 1958–...)

JAI SINGH, SAWĀ'Ī *Zif i-Jadid i-Muhammad Shāhi* (British Museum Ms. Add. 14, 373)

MIYAN BHUWA IBN KHAWASS KHĀN *Ma'dan al-Shifa'-i Sikandar-shahi* (Lakhnau, 1877)

QURESHI, I. H. *The Muslim Community of the Indo-Pakistan Sub-Continent* (Den Haag, 1962)

RIZVI, S. A. A. *Muslim Revivalist Movements in Northern India in the Sixteenth and Seventeenth Centuries* (Agra, 1965)

– *Religious and Intellectual History of the Muslims in Akbar's Reign* (Delhi, 1975)

RIZVI, S. A. A., und FLYNN, V. J. A. *Fathpur-Sikri* (Bombay, 1975)

TŪSĪ, NASĪR AD-DĪN *Bist Bāb dar Asturlāb* (persisch) (Teheran, 1859)

XIII
Der Islam heute

AVERY, PETER *Modern Iran* (London, 1965)

ELIOT, SIR CHARLES *Turkey in Europe* (London, 1965)

VON GRUNEBAUM, G. E. *Modern Islam: The Search for Cultural Identity* (Cambridge, 1962)

HAIM, SYLVIA G. *Arab Nationalism* (Cambridge, 1962)

HARDY, P. *The Muslims of British India* (Cambridge, 1972)

HOLT, P. M.; LAMBTON, A. K. S.; LEWIS, BERNARD, Hrsg. *The Cambridge History of Islam* (Cambridge, 1970): Akdes Nimet Kurat ‚Tsarist Russia and the Muslims of Central Asia' und ‚Islam in the Soviet Union'; William R. Roff ‚South-East Asian Islam in the Nineteenth Century'; Harry J. Benda ‚South-East Asian Islam in the Twentieth Century'

KEDOURIE, ELIE *Afghani and 'Abduh: an Essay on Religious Unbelief and Political Activism in Modern Islam* (London, 1966)

– *Arabic Political Memoirs and Other Studies* (London, 1974)

LEWIS, BERNARD *The Emergence of Modern Turkey* (Oxford, 1961)

SMITH, WILFRED CANTWELL *Islam in Modern History* (Oxford, 1957)

VATIKIOTIS, P. J. *The Modern History of Egypt* (London, 1969)

WHEELER, GEOFFREY *The Modern History of Soviet Central Asia* (London, 1964)

BILDNACHWEIS

*Die fett gedruckten Ziffern beziehen sich auf Bildseiten, die übrigen Zahlen entsprechen
den Nummern der Abbildungen. Werktitel und die Quellenangaben der Illustrationen sind
kursiv gesetzt. Wir verwendeten folgende Abkürzungen: P. B., Peter Bridgewater; Bib. Nat.,
Bibliothèque Nationale; B. L., British Library; B. M., British Museum.*

Einführung

17 1. Die islamischen Städte und ihre Ausrichtung nach Mekka; Titelbild aus einem Atlas des Mittelmeeres von 'Ali ibn Ahmad ibn Muhammad ash-Sharqi aus Sfax, 958/1551. MS. ar. 2278 f. 2v. *Bib. Nat., Paris*
18 2. Dorf in Marokko. *Bruno Brabey, Magnum*
3. Wüstenlandschaft bei Mekka in Saudiarabien. *G. Mandel*
19 4. Bewässerte Felder bei Bagdad, Irak. *Georg Gerster, Magnum*
20 5. Stukkatur eines Kopfes aus dem Palast Khirbat al-Mafjar bei Jericho, erbaut vom Kalifen al-Walid II., erste Hälfte des II./8 Jh. *Rockefeller Museum, Jerusalem*
6. Tanzendes Mädchen; Lüstermalerei auf einer Glasschale aus Syrien, I./7. bis II./8. Jh. *B. M., London*
7. Ruinen eines Umayyadenpalastes in Anjar, Libanon, I./7. bis II./8. Jh. *Paul Amasy, Camera Press*
8. Bewaffneter Reiter; Schachfigur aus Elfenbein, Iran, II./8. bis III./9. Jh. *A. Mayer Memorial Institute for Islamic Art, Jerusalem*
21 9–10. Stukkaturen aus Khirbat al-Mafjar bei Jericho, erbaut vom Kalifen al-Walid II., erste Hälfte des II./8. Jh. *Rockefeller Museum, Jerusalem*
11. Fragmente aus Wandgemälden aus dem Palast in Samarra, Mitte des III./9. Jh. *Museum für Islamische Kunst, Berlin*
12. Elfenbeinzierleiste mit Jagdszenen, aus Ägypten, V./11. bis VI./12. Jh. *Museum für Islamische Kunst, Berlin*
22 13–14. Ein arabischer Fürst mit seinem Hofstaat und ein türkischer Militärbeamter; Ausschnitte aus einem Titelbild zu Hariris *Maqāmāt*, Handschrift von al-Wāsiti aus Bagdad, signiert und von 635/1237 datiert. MS. ar. 5847 f. 1v–2r. *Bibl. Nat., Paris*
15. Ein Schiff auf der Fahrt durch den Persischen Golf; Bild zur 39. *Maqāma des Hariri* (s. Bild 13–14), f. 119r. *Bib. Nat., Paris*
23 16. Fürst der Östlichen Inseln im Indischen Ozean; Ausschnitt aus einem Bild zur 39. *Maqāma des Hariri* (s. Bild 13–14), f. 122v. *Bib. Nat., Paris*
17. Die Belagerung Bagdads durch die Mongolen; aus Rashid ad-Dins *Weltgeschichte*, Handschrift aus Tabriz, spätes VIII./14. Jh. MS. suppl. pers. 1113 f. 180v–181r. *Bib. Nat., Paris*
24 18. Das Mausoleum Gur-i Emir, das Grabmal Tamerlans in Samarkand. *A. F. Kersting*
19. Der Mongolenherrscher Tahmaras und ein arabischer Schreiber; Ausschnitt aus einer Miniatur in Rashid ad-Dins *Weltgeschichte*, Handschrift von 107–14/1307–14 datiert. MS. 20 f. 2v. *Edinburgh University Library*

I
Der Glaube
und die Gläubigen

25 1. Der Name ‚Muhammad' in stilisierter arabischer Schrift, vom Mausoleum des Tamerlan in Samarkand. Kopiert von P. B.
26 2. Symbol der fünf Säulen des Islam; Schlußstein an der Puerta de la Justicia in den Alhambra zu Granada. Kopiert von P. B.
27 3–4. Zwei Illustrationen zu einem Gedicht über die Wallfahrtsriten, Persien, X./16. Jh. MS. Or. 343 f. 28r, 31v. *B. L., London*
28–29 5. Karte der islamischen Welt. Kopiert von Shalom Schotten
31 6. Goldmünze von 'Abd al-Malik. *Bib. Nat., Paris*. Kopiert von P. B.
7. Silberdirham des Kalifen al-Muqtadir. *B. M., London*. Kopiert von P. B.
32 8. Bronzefälschung einer Münze von Salāh ad-Din. *B. M., London*. Kopiert von P. B.
34 9. Fragment einer Wallfahrtsbescheinigung, VI./12. Jh. *Museum für islamische Kunst, Istanbul*
38 10. Urkunde einer frommen Stiftung; Keramikteller aus Kāshān, 711/1312. *Musée National de Céramique, Sèvres. Dr. Yolande Crowe*
41 1. Der Erzengel Gabriel; Miniatur aus Syrien oder Ägypten, VIII./14. Jh. *B. M., London*
42 2. Dschingis Khān spricht von der Moscheekanzel herab zu den Leuten von Buchara; Miniatur aus einer Handschrift aus Bagdad (789–90/1387–88) mit Epen – unter anderen einer Geschichte der Mongolen – von Ahmad aus Tabriz. MS. Or. 2780 f. 61v. *B. L., London*
3. Die Bekehrung des Abū Zayd in der Moschee von Basra; Miniatur zu Hariris *Maqāmāt*, Handschrift von al-Wāsiti aus Bagdad, signiert und von 635/1237 datiert. MS. ar. 5847 f. 164v. *Bib. Nat., Paris*
4. Der Hof der Großen Moschee zu Aleppo; Fotografie, aufgenommen um 1890. *Mit freundl. Gen. der Fondation Max van Berchem, Genf*
43 5–6. Scheibe zur Bestimmung der *qibla*; Holz, bemalt und vergoldet, Türkei, XII./18. Jh. *L. A. Mayer Memorial Institute for Islamic Art, Jerusalem*
7. Verzierung an einem Haus in Jerusalem; sie zeigt, daß sich die Bewohner auf die Pilgerfahrt nach Mekka begeben haben. *Dr. Carolyn Elliott*
44 8. Plan der Ka'ba zu Mekka; türkische Fayencefliese, um 1077/1666. *Victoria and Albert Museum, London. John Webb*
9. Inschrift mit dem muslimischen Glaubensbekenntnis; türkische Fayencefliese, frühes XI/17. Jh. *Victoria and Albert Museum, London. John Webb*
10. Karte des Nildeltas; aus Idrisis Atlas, 549/1154. MS. Pococke 375 f. 114v–115r. *Bodleian Library, Oxford*
45 11. Majnūn besucht die Ka'ba; Miniatur aus einer Handschrift in Nizāmis *Khamseh*, Herat, 846/1442. MS. Add. 25900 f. 114v. *B. L., London*
46 12. Arabische Schreiber; Bildausschnitt aus Peter von Ebolis Geschichte der Eroberung Siziliens durch Kaiser Heinrich VI. im Jahre 591/1195. Cod. 120 f. 101v. *Burgerbibliothek, Bern*
13. Mongolensoldat; Bild auf einer Messingschale, dem sog. Baptistère de St. Louis; Ägypten oder Syrien, erste Hälfte des VIII./14. Jh. *Louvre Paris*
14. Abū Zayd und seine Tochter klagen jemanden bei einem *qādi* an; Bild zur 8. *Maqāma des Hariri*, illuminierte Handschrift aus Bagdad, von 620/1222 datiert, MS. ar. 6094 f. 24r. *Bib. Nat., Paris*

47 15. Madonna mit Kind; Bild in einem illuminierten Evangelienbuch aus Mosul, Irak, 613–17/1216–20. MS. Add. 7170 f. 24r. *B. L., London*
16. Passahfeier in einem jüdischen Haus in Spanien; aus einer in Spanien entstandenen Schrift über die Passahfeier. MS. Or. 2884 f. 18v. *B. L., London*
17. Träger schleppen Getreidesäcke; Miniatur aus der Bagdader Schule, erste Hälfte des VII./13. Jh. *Bib. Nat., Paris*
18. Träger mit Körben; Illustration zur Fabelsammlung *Kalila wa-Dimna*. Handschrift aus Bagdad, um 751/1350. MS. arabe 3467 f. 26. *Bib. Nat., Paris*
19. Golddinar aus Syrien, vor 71/690, und Silberdirham. *B. M., London, Ray Gardner*
49 20. Sklavenmarkt von Zabid im Jemen; Illustration zur 34. *Maqāma des Hariri* (s. Bild 42, 3), f. 105. *Bib. Nat., Paris*
21. Fātimidisches Glasgewicht, Ägypten. *B. M., London, Ray Gardner*
50 22. Thronender Fürst mit Gefolge, am Rande eine Karawane; Keramikteller aus Ray, Iran, um 579/1200. *Hetjens Museum, Düsseldorf*
23. Ein Schiff auf dem Euphrat; Bild aus Hariris *Maqāmāt*, Handschrift aus Bagdad, 622–33/1225–35. *Eremitage, Leningrad*
24. Karawanserei in Wāsit; Bild aus Hariris *Maqāmāt* (s. Bild 42, 3), f. 89, *Bib. Nat., Paris*
51 25. As'ad Pasha – Karawanserei in Damaskus. *Mit freundl. Gen. der Fondation Max van Berchem, Genf*
26. Karawanserei von Mahyar, Iran. *Roger Wood*
52–53 27–36. Pflügen, Zerstoßen von Getreide, Buttern, Aushauen eines Mühlsteins, Verarbeitung von Baumwolle (31–34), Färben von Stoffen, Fabrikation von Golddraht; aus einem persischen Lexikon seltener Wörter, das 873–74/1468–69 zusammengestellt wurde, vielleicht von einem persischen Künstler am Indischen Hof. MS. Or. 3299. *B. L., London*
54 37. Silberdirham, Khurāsān, 64/683. *B. M., London, Ray Gardner*
38. Silberdirham Nishābur, 129/746. *B. M., London, Ray Gardner*
39. Golddinar, Bagdad, 218–28/833–42. *B. M., London, Ray Gardner*
40. Rückseite eines Golddinars, Bagdad, 251–52/855–56. *Kunsthistorisches Museum, Wien*
41. Golddinar aus Ray, 387–420/997–1029. *B. M., London, Ray Gardner*
42. Vierteldinar, Sizilien, 427–88/1036–94. *B. M., London, Ray Gardner*
43. Bronzemünze, Mārdin, 547–72/1152–76. *B. M., London, Ray Gardner*
44. Bronzemünze, Mosul, 572–89/1176–93. *B. M., London, Ray Gardner*
45. Silberdirham von Dschingis Khān. *B. M., London, Ray Gardner*
46. Silberdirham, Tiflis. *B. M., London, Ray Gardner*
55 47. Der Basar in Aleppo. *Werner Forman*
56 48. Der Arzt Andromaches beobachtet Bauern bei ihrer Arbeit; aus einer arabischen Version von Pseudo-Galens Buch über die Gegengifte; Handschrift von 595/1199. MS. ar. 2964. *Bib. Nat., Paris*

II
Des Menschen Werk

57 1. Lüsterschale, Irak, IV./10. Jh. *Freer Gallery of Art, Washington D. C.* Gezeichnet von P. B.
60 2. Ausschnitt mit Kalligraphie von einer Bronzeschüssel, spätes VII./13. Jh. *Victoria and Albert Museum, London.* Gezeichnet von P. B.
61 3. Fātimidisches Seidenfragment, *Museum für islamische Kunst, Kairo.* Gezeichnet von P. B.
63 4. Lüsterschale aus Iran, ca. 597/1200. *Museum für islamische Kunst, Berlin.* Gezeichnet von P. B.
73 1. Titel zum neunten Teil eines dreißigbändigen Korans, Ägypten, Ende VIII./14. Jh. MS. Or. 848 f. 1 verso. *B. L., London*
74 2. Mosaik mit dem Teil einer küfischen Inschrift an einer Arkade des Oktogons im Felsendom von Jerusalem, gebaut 72/691. *Middle East Archive*
3. Moscheelampe mit Koraninschriften, Syrien, VIII./14. Jh. *Victoria and Albert Museum, London*
4. Mihrāb-Kachel mit Koraninschriften, Kashan, VII./13. Jh. *Gulbenkian Foundation, Lissabon*
75 5. Inschriftenfries aus türkisfarbenen Kacheln am Minarett von Jam, Iran, zweite Hälfte VI./12. Jh. *Dr. Yolande Crowe*
6. Kalligraphische Dekoration von der Eingangsfassade des *Khanaqah* in Natanz, gebaut 724–25/1324–25. *H. C. Seherr-Toss*
76 7. Eingraviertes Muster eines Messingbeckens, Iran, Beginn des VIII./14. Jh. *Hinterlassen von Edward C. Moore, Metropolitan Museum of Art, New York*
8. Vergoldeter Bucheinband aus Leder, Marokko 655/1256. *B. M., London*
9. Sternmuster in Stein vom Tor der Karawanserei des Sultans Han, am Weg Konya-Aksaray; seldschükisch, frühes VII./13. Jh. *Yan*
10. Spanisch-maurische Kacheln in Nachahmung des Keramikmosaiks der Alhambra in Granada. *Victoria and Albert Museum, London*
77 11. Teil eines hölzernen Gitters von der Grünen Moschee (Yeshil Jāmi'), Bursa, gebaut 818–27/1414–24. *Yan*
12. Türklopfer von der Puerta del Perdón, Sevilla, Kathedrale, VI./12. Jh. *Mas*
13. Koranseite in Maghribi-Schrift, VI./12. bis VII./13. Jh. MS. Or. 12523 f. 39v. *B. L., London*
14. Bronzetüren von der Sultan Hasan Madrasa, Kairo, 757/1356. *Islamisches Museum, Kairo*
78 15. Inneres der Großen Moschee in Qayrawān, Tunesien, II./8. Jh., wiederaufgebaut im III./9. Jh. *Roger Wood*
16. Inneres der Alaeddin-Moschee in Konya, Türkei, gebaut 617/1220. *Sonia Halliday*
79 17. Hof der al-Azhar-Moschee, Kairo, begonnen 360/970, in der Folgezeit erneuert. *Middle East Archive*
18. Mihrāb und minbar der Sultan Hasan-Moschee, Kairo, ca. 763–1361. *Wim Swaan, Camera Press*
80 19. Hof der Freitagsmoschee in Isfahan, begonnen im V./11. Jh. *Roger Wood*

Maqāma von al-Harīrīs *Maqāmāt*, Handschrift, angefertigt von al-Wāsitī, signiert und datiert Bagdad 635/1237. MS. ar. 5847 f. 69. *Bib. Nat., Paris*
160 19. Insel im Indischen Ozean; Illustration der 39. *Maqāma* von al-Harīrīs *Maqāmāt* (s. Bild 159, 18), f. 121. *Bib. Nat., Paris*
20. Al-Harīrī und seine Gefährten treffen Abū Zayd; Illustration der 25. *Maqāma* von al-Harīrīs *Maqāmāt*, angefertigt in Bagdad im zweiten Viertel des VII./13. Jh. MS. ar. 3929 f. 54v. *Bib. Nat., Paris*

VI
Die islamische Musik

161 *1.* Musikanten; Detail einer Messingkanne, mit Silber und Kupfer eingelegt, Mosul 630/1232. *B. M., London.* Zeichnung von P. B.
162 2. Frauengesang zu einer Hochzeit
3. Liedeinleitung
4. Auszug aus einer *debka*
163–64 *5–6. Nuzha* und *'ūd*, aus dem *Kitāb al-adwar* von Safī ad-Dīn. MS. Marsh 521 f. 157v–158r. *Bodleian Library Oxford*
164 *7.* Tetrachord
165 *8.* Auszug aus einer Vokalimprovisation
166–67 *9–16. Mizmār* und *nāy*, drei Saiteninstrumente, zwei Arten einer Zither, zwei Bogeninstrumente; aus dem *Kanz at-tuhaf*, persisch, Mitte VIII./14. Jh. MS. Or. 2361 f. 263r, 260v, 265r, 263v, 264r, 264v, 262r, 262v. *B. L., London*
170 *17.* Ausschnitt einer Mawlawi-Zeremonie
18. Auszug eines Musikstückes bei *zikr*-Zeremonien
171 *19–20.* Schäfer spielt eine *nāy*, eine Harfe und eine Laute; Illustrationen aus einem persischen Lexikon seltener Wörter, X./16. Jh. MS. Or. 3299 f. 288r–289v. *B. L., London*
(Musikbeispiele vom Autor)
173 1–2. Tänzer, Lauten- und Flötenspieler; fātimidische Elfenbein-Tafeln, V./11. Jh. *Bargello, Florenz. Alinari/Mansell*
174 3. Muezzins rufen zum Gebet; Teil einer Miniatur der Ka'ba aus einer Abschrift von Sa'dis Gulistān, Shīrāz 974/1566. MS. Add. 24944 f. 150v. *B. L., London*
4. Musikanten begleiten tanzende Derwische; aus einer Moghul-Miniatur, 1004/1595. *Victoria and Albert Museum, London. J. R. Freeman*
175 5. Pilgerkarawane nach Mekka; Illustration aus Harīrīs *Maqāmāt*, gemalt von al-Wāsitī, datiert Bagdad 635/1237. MS. ar. 5817 f. 94v. *Bib. Nat., Paris*
176 6. Lautenspieler; seldschūkisches Marmorrelief, ca. 597/1200. *Staatl. Museen, Berlin*
7. Drei Musikanten im Wirtshaus; Illustration aus den *Maqāmāt* des Harīrī, Mosul, 654/1256. MS. Or. 1200 f. 34r. *B. L., London*
8. Schachspiel, von Harfenspieler begleitet; aus dem *Libro de los juegos* von Alfons dem Weisen, Spanien, VII./13. Jh. MS. T. j. 6. *Escorial, Madrid. Mas*
9–11. Harfen-, Flöten- und Lautenspieler; Detail einer Messingschale, silbertauschiert, Syrien oder Mesopotamien, VII./13. Jh. *Victoria and Albert Museum, London*
177 12. Schäfer (?) spielt ein Horn; persische Album-Malerei, ca. 1036/1626. *B. M., London*
13. Flötenmusikant; persische Album-Malerei, Qazwin-Stil, ca. 968–78/1560–70. *Mit freundl. Genehmigung von Sotheby's, London*
14–15. Trompeter und Tänzer mit Kastagnetten; aus einem persischen Glossar seltener Wörter von 870–71/1468–69, Manuskript aus dem frühen X./16. Jh., wahrscheinlich von einem persischen Künstler aus dem westlichen Indien. MS. Or. 3299 f. 184v, 100v. *B. L., London*
178 16. Türkische Militärkapelle, Detail einer Miniatur aus dem *Shāhinshāh-nāma*, das die Regierungszeit Murāds III. behandelt, angefertigt 1001/1592. MS. B 200 f. 159v. *Topkapı Saray Museum, Istanbul. Sonia Halliday*
17. Militärkapelle, an einer Wasseruhr; Illustration aus al-Jazarīs *Automata*, Handschrift von 715/1315. *Museum of Fine Arts, Boston*
179 18. Musikanten und Tänzer beim Hochzeitsbankett für Akbars Bruder in Agra 969/1561; Blatt einer zweiseitigen Miniatur von Lāl und Sanwalah, gemalt vor 999/1590. *Victoria and Albert Museum, London. J. R. Freeman*
180 19–21. Instrumente für Volksmusik bei einem Dorffest. *Mit freundl. Genehmigung von Prof. Shiloah*
22–23. Instrumente für Volksmusik, Congrès de Musique Arabe, 1932. *Mit freundl. Genehmigung von Prof. I. Katz*

VII
Philosophie und Naturwissenschaften

181 *1.* Persischer Teller mit den Zeichen des Tierkreises, 971/1563. *Staatliche Museen, Berlin.* Zeichnung von P. B.
182 2. Detail der ersten Seite des Buches Galens *Über die medizinischen Schulen.* MS. ar. 2859. *Bib. Nat., Paris*
185 *3.* Seite aus al-Uqlīdisīs *Kitāb al-Fusūl*, die den Gebrauch der Dezimalstellen zeigt. MS. Yeni Jāmi' 802 f. 61r. Istanbul
186 *4.* Seite von Nasīr ad-Dīn at-Tūsīs *ar-Risāla ash-Shāfiya*, Darstellung eines Parallelogrammes. MS. ar. 2467 f. 84v. *Bib. Nat., Paris*
187 *5–6.* Diagramme der Bahnen des Merkur aus Ibn ash-Shātirs *Nihāyat as-sūl.* MS. Marsh 139 f. 29r–29v. *Bodleian Library, Oxford*
188 *7.* Diagramme aus der arabischen Fassung von Ptolemäus' *Planetenlehre*, im Arabischen bekannt als *Kitāb al-Iqtisās*, 639/1242. MS. Add. 7473 f. 98v–99r. *B. L., London*
189 *8.* Zeichnung des Auges, aus einer Handschrift von Ibn al-Haythams *Optik*, 476/1083. Bk I, Aya Sofya 3212, *Aya Sofya Bibliothek, Istanbul*
9. Zeichnung aus der lateinischen Fassung von Ibn al-Haythams *Optik.* MS. Royal 1267. *B. L., London*
10. Zeichnung der *Camera obscura*, aus einer Handschrift von Kamāl ad-Dīn al-Fārisī. Aya Sofya 2451, *Aya Sofya Bibliothek, Istanbul*
190 *11.* Skizze zu Avicennas Theorie des Regenbogens, aus al-Qazwīnīs *Wunder der Schöpfung.* MS. Add. 7894 f. 115v. *B. L., London*
191 *12.* Chirurgische Instrumente, aus az-Zahrāwīs *Kitāb at-Tasrīf.* MS. Hunt 156. *Bodleian Library, Oxford*
193 1. Astronomen; aus einer osmanischen Handschrift des *Shāhinshāh-nāma*, zweite Hälfte des X./16. Jh. F. 1404 f. 56v. *Universitätsbibliothek Istanbul. Mit freundl. Genehmigung von Professor Ipsiroglu*
194 2. Himmelssphäre, Kupfer, Iran, 684/1285. *Louvre, Paris*
3. Kugelastrolab, Messing und Silber, 885/1480. *Museum of the History of Science, Oxford*
4. Hülegüs Astronomen in der Sternwarte von Marāgha; aus einer Handschrift des türkischen *Nusret-nāma*, Buchara, X./16. Jh. MS. Or. 3222 f. 105v. *B. L., London*
5. Astronomische Tafel der Konstellationen des Tierkreiszeichens; aus einem Manuskript der *Il-Khānidischen Zīj*, einem astronomischen Werk, das von Nasīr ad-Dīn at-Tūsī für Hülegü verfaßt wurde. MS. Add. 7698 f. 126r. *B. L., London*
195 6. Astrolab; Djafar, dem Sohn des Kalifen al-Muktafī gewidmet, Irak, III./9. Jh. *Bib. Nat., Paris*
7. Inneres des Observatoriums in Samarkand. *Richard Harrington, Camera Press*
8–9. Cepheus und Sagittarius; aus einer Abschrift von 'Abd ar-Rahmān as-Sūfīs *Buch der Fixsterne*, die 400/1009 angefertigt und illustriert wurde. MS. Marsh 144 f. 61, f. 272. *Bodleian Library, Oxford*
10. Andromeda; aus einer Abschrift des *Buches der Fixsterne*, illustriert in Mosul, frühes VIII./14. Jh. MS. Or. 5323 f. 32v. *B. L., London*
196 11. Aristoteles; aus einem Manuskript von Ibn Bakhtīshū's *Beschreibung der Tiere*, frühes VII./13. Jh. MS. Or. 2784 f. 96. *B. L., London*
12. Steinbrech; aus dem Dioskurides-Kodex, ausgeführt in Konstantinopel, AD 512 (jede Pflanze trägt eine arabische Randnotiz). Codex Vindob. Med Gr I f. 290v. *Österreichische Nationalbibliothek, Wien*
13. Übersicht über den Gebrauch der Kräuter, aus einer arabischen Übersetzung des Pseudo-Galen, 595/1199. MS. ar. 2964 f. 9. *Bib. Nat., Paris*
197 14. Die Anatomie des Auges; aus einer im VII./13. Jh. angefertigten Abschrift von Hunayn ibn Ishāqs *Buch der Zehn Traktate über das Auge*, 593/1197. *Nationalbibliothek, Kairo. A. Duncan, Middle East Archive*
15. In einer Apotheke; aus einer arabischen Version von Dioskurides' *Materia Medica*, Bagdad, VII./13. Jh. *Metropolitan Museum of Art, New York. Werner Forman*
16. Der Blutkreislauf; Zeichnung aus einem persischen *Medizinischen Handbuch*, XI./17. Jh. MS. Fraser 201 f. 104r. *Bodleian Library, Oxford*
198 17. Weltkarte, Kopie von al-Idrīsīs Karte von 549/1154. MS. Uri 887. *Bodleian Library, Oxford*
18. Karte Ägyptens; Abschrift aus dem IV./10. Jh. von al-Istakhrīs *Buch der Länder.* Cod. Arab 1521. *Forschungsbibliothek, Gotha*
19. Weltkarte; aus al-Qazwīnīs *Wunder der Schöpfung*, geschrieben für die Bibliothek des Il-Khānidenherrschers von Bagdad, 791/1388. MS. suppl. pers. 332 f. 50. *Bib. Nat., Paris*
20. Karte Persiens (siehe Bild 18), f. 40. *Forschungsbibliothek, Gotha*
199 21. Wasserhebemaschine; Illustration aus al-Jazarīs *Automata*, Handschrift Ende VIII./14. Jh. MS. Graves 27 f. 101v. *Bodleian Library, Oxford*
22. Gerät zum Aderlaß; Illustration aus al-Jazarīs *Automata*, 715/1315. *Freer Gallery of Art, Washington D. C.*
23. Hydraulischer Apparat in Form eines Dieners mit Kanne; aus al-Jazarīs *Automata*, 715/1315. *Freer Gallery of Art, Washington D. C.*
200 24. Astronomen; aus einem osmanischen Manuskript des *Shāhinshāh-nāma* (siehe Bild 193, 1), f. 57r. *Mit freundl. Genehmigung von Prof. M. S. Ipsiroglu*
25. Ein Astrologe; aus al-Harīrīs *Maqāmāt*, Bagdad, zweites Viertel des VII./13. Jh. MS. ar. 3929 f. 178. *Bib. Nat., Paris*
26. Messingastrolab, ziseliert, Silber und Kupfer tauschiert, Kairo, 634/1236. *B. M., London*

VIII
Die Heere des Propheten

201 *1.* Detail aus dem Baptistère de St. Louis; Bronze, Silber und Kupfer tauschiert, Ägypten oder Syrien, erste Hälfte VIII./14. Jh. *Louvre, Paris.* Zeichnung von P. B.
203 *2.* Türkische Kriegsstandarte. *Topkapı Saray Museum, Istanbul*
205 *3.* Lederne Schattenspielfigur, Ägypten, IX./15. Jh. *Staatliche Museen, Berlin*
206 *4.* Zitadelle in Kairo; Stich aus *Description de l'Egypte*, Paris, 1822–23. *J. R. Freeman*
207 *5.* Silberteller, Iran, IV./10. Jh. *Eremitage, Leningrad.* Zeichnung von P. B.
209 *6.* Zeichnung Tinte auf Papier, Fustāt, Ägypten, V./11. Jh. *Museum für Islamische Kunst, Kairo*
210 *7–8.* Holzschnitte von Melchior Lorich, 1576. *B. M., London. J. R. Freeman*
213 1. Große *Minai*-Schale mit Darstellungen von Kriegern, die eine Festung angreifen; seldschūkisch, Iran, frühes VII./13. Jh. *Freer Gallery of Art, Washington D. C.*
214 2. Kampfszene; Fragment einer Miniatur, fātimidisch, Ägypten, V./11.–VI./12. Jh. *B. M., London*
3. Kampf der feindlichen Klans; Illustration aus dem *Khamseh* von Nizāmī, persisch, 846/1442. MS. Add. 25900 f. 121v. *B. L., London*
214–15 4–9. Waffen und Kriegsmaschinen; Illustration aus einer Abhandlung über Waffen und ihre Herstellung, von Murdab 'Alī für Saladin nach der Belagerung Jerusalems, 583/1187, geschrieben. MS. Huntington 264 f. 134v–135r, 117v, 102v, 85v, 141v. *Bodleian Library, Oxford*
216 10–11. Angriff auf die Festung von Arg, und Mahmūd ibn Sebuktigin besiegt den Ilig Khān; aus Rashid ad-Dīns *Jami at-Tawarik* (‚Universalgeschichte'), arabische Handschrift, angefertigt in Rashidiyya nahe Tabrīz, 706–14/1306–14. MS. 20 f. 124v, 127v. *Edinburgh University Library*
217 12–13. Tamerlan greift Izmir an; Illustrationen aus dem *Zafar-nāma*, einer Geschichte Tamerlans von Sharaf ad-Dīn 'Alī Yazdi, angefertigt 872/1467; doppelseitige Miniatur, Bihzād zugeschrieben, spätere Zusätze, ca. 896/1490. *Walters Art Gallery, Baltimore*
14. Brennendes Naphta; aus einer mamlūkischen Abhandlung über Kriegskunst, Ägypten, IX./15. Jh. *Keir Collection. A. C. Cooper*
218 15. Qasr al-Kharāna, Jordanien. *G. Mandel*
218–19 16. Die Zitadelle von Aleppo. *A. F. Kersting*
218 17. Die Festung von Bām. *Roger Wood*
18. Bāb an-Nasr, Tor des Sieges, Kairo, V./11. Jh. *Museum für Islamische Kunst, Kairo*
219 19. Eingang zur Zitadelle in Aleppo. *A. F. Kersting*
20. Das Neue Tor in Fez. *A. F. Kersting*
220 21. Sulaymān greift eine Festung in Ungarn an; Miniatur aus einer Handschrift vom zweiten Band des *Hüner-nāma* (‚Buch der Künste'), ein Geschichtswerk von Sayyid Lokman, das die Regierungszeit Sulaymāns beschreibt, von Nakkas Osman, 996/1588. H. 1524 f. 277v. *Topkapı Saray Bibliothek, Istanbul. Sonia Halliday*
22. Belagerung von Rhodos; Illustration aus dem *Sulaymān-nāma*, einem Gedicht, das die Eroberungen Sulaymāns beschreibt, Istanbul, 964/1557. H. 1517 f. 149r. *Topkapı Saray Bibliothek, Istanbul*
23. Janitscharen; Detail einer Miniatur aus dem *Hüner-nāma* (siehe Bild 220, 21). *Sonia Halliday*
221 24. Erneuerung der Befestigungsanlagen von Kars; Illustration aus dem *Nusret-nāma*, das die Eroberung Georgiens beschreibt, 986–1578, geschrieben von 'Alī, Istanbul, 990/1582. MS. Add. 22011. f. 198v. *B. L., London*
222 25. Porträt eines Kriegers in Rüstung; persisch, Wasserfarbe, Herat, ca. 828/1425. *Geschenk von Joan Palevsky, Nasli M. Heeramaneck Collection, Los Angeles County Museum of Art, Los Angeles*
26. Fechttraining; aus einer mamlūkischen Abhandlung über Kriegskunst, Ägypten, IX./15. Jh. *Keir Collection. A. C. Cooper*
27. Streitaxt des Tabardariya Corps mit stilisiertem Vogel. *Topkapı Saray Museum, Istanbul*
28. Schwert mit zwei Spitzen. *Topkapı Saray Museum, Istanbul*
29. *Tugh. Topkapı Saray Museum, Istanbul*

295 39. Sultan Ahmed Jāmi', oder Blaue Moschee, Istanbul. *Wim Swaan, Camera Press*

296 40–41. Details von der Täfelung eines Zimmers, angefertigt für einen christlichen arabischen Kaufmann aus Aleppo, Lack auf Holz, christliche und orientalische Szenen, 1009–12/1600–03. *Staatliche Museen, Berlin*

297 42. Unrealistische Darstellung der Aya Sofya, gemalt von einem Engländer, der zur Regierungszeit von Queen Elizabeth I. von den Türken gefangengenommen wurde, im 15. Jahr seiner Gefangenschaft. MS. Sloane 5234 f. 92. *B. L., London*

43. Selim III. empfängt einen Botschafter am Tor der Glückseligkeit im Topkapı Saray; Ölgemälde. *Topkapı Saray Museum, Istanbul. Sonia Halliday*

298 44. Tänzerin; Albummalerei von Levni (gest. 1145/1732). *Topkapı Saray Bibliothek, Istanbul*

45. Europäer; Albummalerei von Levni. *B. M., London*

46. Interieur aus Damaskus, 1170/1756. *Victoria and Albert Museum, London*

299 47. Inneres des Qara-Mustafā-Pasha-Kiosks, erneuert von Ahmed III. 1116–17/1704–05, nahe dem Bagdad-Kiosk im Topkapı Saray. *Boudot-Lamotte*

48. Springbrunnen auf der Terrasse neben dem Bagdad-Kiosk, erbaut 1049/1639 im Topkapı Saray. *Wim Swaan, Camera Press*

300 49. Mekka; Fliesenpaneel im Harem, spätes XI./17. Jh. *Topkapı Saray Museum, Istanbul*

XII
Muslimisches Indien

301 1. Detail der *pietra dura*-Dekoration im Tāj Mahal. Gezeichnet von P. B.

302 2. Kūfische Inschrift vom Marmorsarkophag Mahmūds von Ghazna, Ghazna, Afghanistan. Gezeichnet von P. B.

309 3. Mechanismus zur Versetzung eines Aśoka-Pfeilers; Illustration aus dem *Sirat-i Firūz Shāhī. Khudabkhsh-Bibliothek, Patna. Mit freundl. Genehmigung von Professor S. Nur al-Hasan*

311 4. Karte von Indien. Gezeichnet von Shalom Schotten

313 1. Qutb Minār, Delhi. *Mit freundl. Genehmigung von S. A. A. Rizvi*

314 2. Fathpūr-Sikrī, Marmorgitter im Grab von Salim Chishtī. *J. Allan Cash*

315 3. Detail aus der Marmorverkleidung des Tāj Mahal. *Federico Borromeo*

4. Grab von Shaykh Rukn ad-Dīn Multānī, gest. 735/1334, Multan. *Mit freundl. Genehmigung von Professor A. H. Dani und W. Wali Allah Khān*

5. Fathpūr-Sikrī, vom Panch Mahal-Pavillon aus gesehen. *J. Allan Cash*

316 6. Kaiser Bābur; Moghulminiatur, ca. 1019/1610. *Kevarkion Foundation. Mit freundl. Genehmigung von Sotheby's, London*

7. Jahāngīr mit einem Porträt seines Vaters; zum großen Teil von Abū 'l-Hasan illuminiertes Manuskript der Moghul-Zeit, ca. 1008–14/1599–1605. *Musée Guimet, Paris*

8. Akbar empfängt Theologen; Miniatur von San Singh, aus einer Kopie des *Akbar-nāma*, ca. 1014/1605. *Chester Beatty Library, Dublin*

317 9. Jahāngīr und Shāh 'Abbās I., flankiert von zwei Höflingen; Moghul-Malerei auf ein Albumblatt geklebt (recto), farbig und Gold, ca. 1030/1620. *Freer Gallery of Art, Washington D. C.*

10. Kamee, Mitte XI./17. Jh. *Bib. Nat., Paris*

11. Der Hof von Jahāngīr und Sir Thomas Roe; Moghul-Miniatur, 1025/1616. *B. M., London*

318 12. Bauarbeiten am Tor des Roten Forts in Agra; Miniatur aus einer Kopie des *Akbar-nāma*, Moghul-Stil, ca. 1004/1595. *Victoria and Albert Museum, London. J. R. Freeman*

319 13. Akbar überquert den Ganges; Miniatur aus einer Kopie des *Akbar-nāma*, gemalt von Ikhlās (Komposition) und Mādhu (Porträt), Moghul-Stil, ca. 1009/1600. *Victoria and Albert Museum, London. J. R. Freeman*

14. Ein Künstler am Werk. Moghul-Stil, ca. 1019–24/1610–15. *Victoria and Albert Museum, London. J. R. Freeman*

15. Ein junger Prinz mit Weisen in einem Garten; gemalt von Bichitr. Indian MS. 3 pl. 59. *Chester Beatty Library, Dublin. Pieterse Davison International Ltd.*

320 16. Europäer am Ufer eines Sees Tee trinkend. *B. L., London*

17. Mahādājī Sindhia (regierte von 1196/1782 bis 1202/1794) unterhält britische Offiziere mit einem *nautch* in seinem Haus in Delhi; gemalt von einem Künstler aus Delhi, ca. 1820. *India Office Library, London*

XIII
Der Islam heute

321 1. In Stein geschnittenes Wappenschild, Topkapı Saray, Istanbul, 19. Jh. Zeichnung P. B.

323 2. Plan von 'Abd al-Qādirs Lager 1843; aus M. Berbrugger, *Algérie historique*, Paris, 1843

324 3. Porträt Shāmils; zeitgenössischer deutscher Holzschnitt. *Mary Evans Picture Library*

4. Die russische Armee zieht in Adrianopel (Edirne) ein, 1828–29; französischer Holzschnitt. *Bib. Nat., Paris*

5. Einzug General Berthézènes in Algier, 5. Juli 1830; französischer Holzschnitt. *Roger Viollet*

328 6. ,Disgorging'; von Sir John Tenniel für *Punch* gezeichnet, 1878. *Searight Collection, London*

7. ,The Egyptian Pet'; von Sir John Tenniel für *Punch* gezeichnet, 1891. *Searight Collection, London*

335 8. Fries an der Außenwand des Offiziersklubs, Kairo. *Stuart Heydinger, Camera Press*

337 1. 'Abd ar-Rahmān, Sultan von Marokko, umgeben von seinem Hofstaat; Gemälde von Eugène Delacroix, 1845. *Musée des Augustins, Toulouse. Giraudon*

338 2. ,Eroberung und Zivilisation'; Detail der Titelseite zu L. A. Berbruggers *Algérie historique*, Paris, 1843. *J. R. Freeman*

3. Der französische Konsul wird vom Dey von Algier beleidigt; Detail einer Lithographie aus L. A. Berbruggers *Algérie historique*, Paris, 1843. *J. R. Freeman*

4. Feier in Turkestan; Gemälde von V. V. Vereschagin, 1872. *Tretjakow Galerie, Moskau*

5. 'Abd al-Qādir; Lithographie nach L. Lassale. *Bib. Nat., Paris. Bulloz*

339 6. Sir Herbert Kitchener, später Earl Kitchener of Khartoum, am Grabe des Mahdī in Omdurman, 1898; Wasserfarbe, von R. Caton Woodville. *Searight Collection, London*

7. Die Alliierten ziehen in Jerusalem ein, 11. Dezember 1917; Wasserfarbe, von James McBey. *Imperial War Museum, London. Eileen Tweedy*

8. Die alliierte Flotte vor Konstantinopel; Wasserfarbe, von Frank H. Mason. *Imperial War Museum, London. Eileen Tweedy*

340 9. Selim III.; Gemälde von Hippolite Berteaux. *Topkapı Saray Museum, Istanbul. Sonia Halliday*

340–41 10. Mehmed 'Ali mit Colonel Patrick Campbell und französischen Ingenieuren; kolorierte Lithographie nach D. Roberts. *Victoria and Albert Museum, London. A. C. Cooper*

340 11–13. Türkische Uniformen; Wasserfarben, erste Hälfte 19. Jh. *Victoria and Albert Museum, London. J. R. Freeman*

341 14. Türkische Uniformen von 1890; kolorierte Lithographie. *B. L., London. J. R. Freeman*

342 15. Mustafā Kemal mit seiner Frau im Garten. *Radio Times Hulton Picture Library*

16. Mustafā Kemal lehrt das lateinische Alphabet. *Informationsministerium, Istanbul*

17. Türkische Frauenkleidung in den Jahren um 1920. *Radio Times Hulton Picture Library*

343 18. Aufruhr in Kairo, 1952. *Associated Press*

343 19. Der Empfang Nassers in Damaskus. *Dalmas, Camera Press*

20. Nasser spricht zu seinem Volk, 1962. *Camera Press*

21. Ägyptischer Soldat im Sinai während des Jom-Kippur-Krieges 1973. *Camera Press*

344 22. Gebet in Jordanien. *Charles Harbutt, Magnum*

23. Amerikanische Autos für Kuwait. *René Burri, Magnum*

REGISTER

Kursiv gesetzte Zahlen
beziehen sich auf Illustrationen.